Ulrich Menzel · Theorie und Praxis des chinesischen Entwicklungsmodells

Studien zur Sozialwissenschaft

Band 38

Westdeutscher Verlag

Ulrich Menzel

Theorie und Praxis des chinesischen Entwicklungsmodells

Ein Beitrag zum Konzept autozentrierter Entwicklung

Westdeutscher Verlag

Diese Studie entstand im Rahmen des Forschungsprojekts „Strategien zur Überwindung peripherer Gesellschaftsformationen", das von der Berghof Stiftung für Konfliktforschung gefördert wurde.

CIP-Kurztitelaufnahme der Deutschen Bibliothek

Menzel, Ulrich
Theorie und Praxis des chinesischen Entwicklungsmodells: e. Beitr. zum Konzept autozentrierter Entwicklung. – 1. Aufl. – Opladen: Westdeutscher Verlag, 1978.
(Studien zur Sozialwissenschaft; Bd. 38)
ISBN 978-3-531-11451-4 ISBN 978-3-322-88639-2 (eBook)
DOI 10.1007/978-3-322-88639-2

Umschlaggestaltung: studio für visuelle kommunikation, Düsseldorf

ISBN 978-3-531-11451-4

VORWORT von Dieter Senghaas

Die von Ulrich Menzel verfaßte Studie über Theorie und Praxis des chinesischen Entwicklungsmodells entstand im Rahmen einer Forschungsgruppe, die sich eine Untersuchung von "Strategien zur Überwindung peripherer Gesellschaftsformationen" zur Aufgabe gestellt hat. Nach zahlreichen neueren Veröffentlichungen über die Entwicklungsgeschichte des metropolitanen Kapitalismus (d.h. über die meisten heutigen OECD-Länder) und des metropolitanen Sozialismus (UdSSR und Osteuropa) war es Ziel der Forschungsgruppe, den Entwicklungsweg der wenigen sozialistischen Entwicklungsländer zu analysieren, die in den vergangenen drei Jahrzehnten eine eigenständige Enwicklung versuchten. Dabei handelt es sich um die folgenden Fälle: Albanien, China, Kuba und Nord-Korea. Sozialistische Entwicklungsländer wie Laos, Kambodscha, Vietnam, Angola und Mozambique wurden nicht berücksichtigt, da die kurze Zeit ihrer selbständigen Entwicklung eine systematische Evaluation noch nicht erlaubt. Bei anderen Fällen, die eine Zwischenstellung zwischen sozialistischer Entwicklung und bleibender tiefer Integration in den kapitalistischen Weltmarkt einnehmen (wie z.B. Algerien), liegt eine ausreichende entwicklungstheoretische und empirische Literatur vor.

Die spezifische Perspektive des Projektes - und damit auch der Studie von Ulrich Menzel - ergibt sich aus neueren entwicklungstheoretischen Fragestellungen, die in der Analyse der mehr als 100 Fälle von peripher-kapitalistischen Entwicklungsländern in den vergangenen 10 Jahren gewonnen wurden. Diese Fragestellungen und substantiellen Antworten liegen heute gebündelt in der Theorie des peripheren Kapitalismus vor, zu deren Entfaltung Sozialwissenschaftler aus der Dritten Welt weit mehr als die Sozialwissenschaft in den Metropolen beigetragen haben (zu Bibliographien hierüber siehe Senghaas 1972; 1974, sowie jetzt Wöhlcke/von Wogau/Martens 1977). Das Projekt stellte sich zur Aufgabe, die wesentlichen Theoreme aus dieser Theorie an Fälle heranzutragen, die in unterschiedlichem Ausmaß ehedem ebenfalls in die kapitalistische Weltwirtschaft eingegliedert waren und dort mehr oder weniger (das Ausmaß und die Art der Eingliederung galt es erst zu bestimmen) den Status von Peripherie-Ökonomien einnahmen. Grob formuliert ergaben sich dabei für die Durchführung der monographischen Untersuchungen über die genannten vier Fälle sozialistischer Entwicklungsländer zwei wesentliche Stoßrichtungen der Analyse:

1. Im Einzelfall waren, soweit durchführbar, die wesentlichen Strukturmerkmale und Reproduktionsbedingungen der herkömmlichen Gesellschaftsformation und ihrer Anfälligkeit gegenüber einer Durchdringung von seiten kapitalistischer Metropolen zu untersuchen. Die relativ operationalen Fragestellungen der Theorie des peripheren Kapitalismus und eine Fülle von neueren Monographien, die in den vergangenen Jahren über Fälle entstanden sind, die heute noch den Status von kapitalistischen Peripherien einnehmen, ließen sich bei der Bearbeitung der oben genannten vier Fälle methodisch fruchtbar machen.

2. Zu fragen war, welche Konsequenzen sich aus der so diagnostizierten vorrevolutionären Gesellschaftsformation für die Entwicklung nach erfolgter Ausgliederung aus der kapitalistischen Weltwirtschaft ergaben. Im Lichte einer theoretisch angeleiteten empirischen Diagnose der vorrevolutionären Gesellschaftsformation galt es, sowohl die jeweiligen Doktrinen eigenständiger Entwicklung als auch den jeweils praktisch verfolgten Entwicklungsweg zu untersuchen. Aus der Analyse der Dialektik von vorrevolutionären Gesellschaftsformationen, Entwicklungsdoktrinen und Entwicklungspraxis sollten Aufschlüsse für eine weitere inhaltliche Ausgestaltung einer Theorie autozentrierter Entwicklung gewonnen werden, deren Entfaltung wir über die bisher bestehenden ersten Ansätze voranbringen wollen (siehe u.a. Senghaas 1977, Kpt. 10). Dabei verstehen wir unter "autozentrierter Entwicklung" einen eigenbestimmten politischen, sozio-ökonomischen und kulturellen Entwicklungsweg, dessen Ergebnis sich in einer sukzessiven Binnenmarkterschließung bei gleichzeitiger Herausbildung von gesellschaftlich relevanten

Leitorientierungen, von politischen Kräften und von sozialen Institutionen mit einem hohen Ausmaß als Selbststeuerungsfähigkeit (K.W. Deutsch 1966) dokumentiert.

Die Studie von Ulrich Menzel hat - meiner Meinung nach - die im Projekt gestellte Aufgabe exemplarisch bewältigt. Die Auswertung der Monographie unter komparativen Gesichtspunkten gehörte nicht zu den Aufgabenstellungen des Autors. Sie wird an anderer Stelle und zu einem späteren Zeitpunkt erfolgen.

Eingangs erscheint mir noch der Hinweis darauf wichtig, daß die vorliegende Studie im Endergebnis - obgleich ursprünglich nicht beabsichtigt - einen Beitrag zur weiteren Ausdifferenzierung der Theorie des peripheren Kapitalismus erbringt. Diese Theorie ist ursprünglich bei der Analyse der sozioökonomischen Entwicklung von Gesellschaften entstanden, die seit vielen Jahrzehnten und in vielen Fällen seit Jahrhunderten tief in einen asymmetrisch strukturierten kapitalistischen Weltmarkt integriert wurden (Senghaas 1977, Einleitung). Zu Recht wurde in der Theorie des peripheren Kapitalismus die in der früheren Entwicklungstheorie gängigen Dualismus-Konzeptionen theoretisch und empirisch kritisiert. In einer Fülle von Fallanalysen über Geschichte und Strukturmerkmale von peripher-kapitalistischen Gesellschaftsformationen konnte nachgewiesen werden, daß in ihnen ein abgeschotteter Bereich traditionaler Gesellschaft (im Unterschied zum sichtbar kapitalistisch durchdrungenen modernen Sektor) nicht vorzufinden ist, und daß gegenteilige Aussagen verschiedener Dualismus-Theorien Fehldeutungen sind. Je mehr die Forschung voranschritt, umso detaillierter konnte - übrigens in peripher-kapitalistischen Gesellschaften unterschiedlichster Entwicklungshöhe - nachgewiesen werden, daß die sogenannten "traditionalen" Sektoren dieser Gesellschaften zuinnerst auf die Reproduktionserfordernisse der modernen, von kapitalistischer Produktionsweise bestimmten Sektoren ausgerichtet sind (siehe u.a. Meillassoux 1977). Unterschiedliche Konzeptionen mit unterschiedlichem theoretischem Anspruch (wie "Peripherie-

Kapitalismus", "strukturelle Heterogenität", "koloniale Produktionsweise" usf.) entstanden, um diese empirische Erscheinung theoretisch angemessen zu erfassen.

Menzel vermag am Beispiel des vorrevolutionären China aufzuweisen, daß angesichts der Größe des Landes und der Art kapitalistischer Penetration sowohl jene Erscheinungen zu beobachten sind, die in der Dualismus-Theorie diagnostiziert wurden (also die Zerklüftung der chinesichen Gesellschaftsformation in einen modernen und in einen echt traditionalen Sektor) als auch jene Tatbestände, die in der Theorie des peripheren Kapitalismus typischerweise diagnostiziert wurden (wie z.B. Erscheinungen struktureller Heterogenität als Folge kapitalistischer Penetration), wenngleich letztere Tatbestände sich nur in einem beschränkten, von Menzel im Teil I seiner Studie analysierten Umkreis auffinden lassen. Dieses hier nur andeutbare, in Teil I der Studie selbst entfaltete Ergebnis, zwingt jedoch nicht zu einer Revision der Theorie des peripheren Kapitalismus. Dieses Ergebnis regt vielmehr zu einer weiteren analytischen Verfeinerung in der Theoriebildung an. Im Lichte einer Fülle von Monographien über mehr als 100 peripher-kapitalistische Gesellschaftsformationen ist die diesbezügliche Struktur der vorrevolutionären chinesischen Gesellschaftsformation eher atypisch als repräsentativ zu nennen. An dieser Stelle ist nicht der Ort, die hier angedeutete erforderliche Ausdifferenzierung in der weiteren Theoriebildung zu dokumentieren. In aller Kürze sollte nur auf den interessanten Beitrag der Studie von Menzel auch zur Theorie des peripheren Kapitalismus aufmerksam gemacht werden.

Frankfurt im Winter 1977/78 Dieter Senghaas

ANMERKUNGEN

Deutsch, Karl W., 1966: Nationalism and Social Communication, Cambridge: MIT Press (2.Aufl.).

Meillassoux, Claude, 1976: 'Die wilden Früchte der Frau'. Über häusliche Produktion und kapitalistische Wirtschaft, Frankfurt: Syndikat Verlag

Senghaas, Dieter (Hrsg.), 1972: Imperialismus und strukturelle Gewalt. Analysen über abhängige Reproduktion, Frankfurt: Suhrkamp Verlag.

Senghaas, Dieter (Hrsg.), 1974: Peripherer Kapitalismus. Analysen über Abhängigkeit und Unterentwicklung, Frankfurt: Suhrkamp Verlag.

Senghaas, Dieter, 1977: Weltwirtschaftsordnung und Entwicklungspolitik. Plädoyer für Dissoziation, Frankfurt: Suhrkamp Verlag.

Wöhlcke, Manfred; von Wogau, Peter und Martens, Waltraud, 1977: Die neuere entwicklungstheoretische Diskussion. Einführende Darstellung und ausgewählte Bibliographie, Frankfurt: Verlag K. Vervuert.

INHALTSVERZEICHNIS

Seite

Seite

VERZEICHNIS DER TABELLEN

Seite

TEIL I:

Tabellen in Fußnoten

VERZEICHNIS DER SCHAUBILDER

VORWORT

Thema der vorliegenden Arbeit ist zwar die empirische Analyse von Theorie und Praxis des chinesischen Entwicklungsmodells, sie versteht sich aber in gleichem Maße als Beitrag zur Theorie autozentrierter Entwicklung[1]. Es ist naheliegend, einen solchen Beitrag anhand des chinesischen Entwicklungsmodells zu leisten, da bislang weder in größerem Maße empirisch fundierte Arbeiten zur Theorie autozentrierter Entwicklung vorliegen, noch Länder in der Dritten Welt vorhanden sind, seien sie kapitalistisch oder sozialistisch geprägt, die für eine solche Untersuchung in Frage kommen[2]. Die VR China ist eines der wenigen unterentwickelten Länder, die bisher in konsequenter Weise einen Entwicklungsweg abgelehnt haben, der auf die "Vorteile" internationaler Arbeitsteilung, ausländische Direktinvestitionen und "Modernisierung" nach abendländischem Muster baut. Entsprechend den Prinzipien der Unabhängigkeit und des Vertrauens auf die eigene Kraft orientiert sich der chinesische Weg an den Bedürfnissen und Möglichkeiten der eigenen Ökonomie und Gesellschaft und sucht die Kooperation mit dem Ausland bisher nur sehr selektiv. Dieses Vorgehen ist aber keineswegs von vornherein die allgemein akzeptierte Maxime der chinesischen Entwicklungspolitiker gewesen. Es wird zu zeigen sein, daß nicht nur die mehr als hundertjährige Erfahrung des Imperialismus in China, der das Land zum Spielball ausländischer Interessen werden ließ, sondern auch die zehnjährige Erfahrung der engen Anlehnung an die Sowjetunion den Hintergrund bilden, vor dem das chinesische Modell formuliert wurde. Erst nach heftigen innerparteilichen Auseinandersetzungen und praktischen Erfahrungen kristallisierte es sich schließlich in seiner jetzigen Form heraus.

Der genannte theoretische Ansatz rechtfertigt es, angesichts der nicht mehr überschaubaren Flut der China-Literatur[3], noch eine weitere Arbeit über die VR China vorzulegen. Es existieren nämlich weder eine Analyse des vorrevolutionären China aus der Sicht der Theorie des peripheren Kapitalismus noch eine über das heutige China, die sich zur Aufgabe gemacht hat, die unbestreitbaren gesamtwirtschaftlichen Erfolge am Ausmaß der Überwindung von Entwicklungsdefiziten zu messen, die mit dem Begriff der strukturellen Heterogenität in gesellschaftlicher wie wirtschaftlicher Hinsicht bezeichnet werden. Dazu ist es notwendig, die spezifische Ausprägung der Unterentwicklung in China herauszuarbeiten. In Kenntnis dieser Strukturmerkmale können die verschiedenen Entwicklungskonzeptionen analysiert werden, die im Verlauf der nachrevolutionären Geschichte fruchtbar wurden. Nur so ist ein adäquates Verständnis der Resultate des Entwicklungsprozesses möglich.

Dieses methodische Vorgehen strukturiert den Ablauf der vorliegenden Arbeit. Thema des ersten Teils ist die Untersuchung, welche Ursachen dazu geführt haben, daß eine im Vergleich zu Westeuropa ursprünglich hochentwickelte Gesellschaft und Ökonomie in Stagnation einmündete und im 19. Jahrhundert der imperialistischen Penetration seitens Europas, der USA und Japans nichts entgegenzusetzen hatte. Diese Penetration führte dazu, daß sich aus der stagnierenden eine unterentwickelte Gesellschaftsformation mit neuen spezifischen Entwicklungsdefiziten herausbildete. Dabei wird zu klären sein, inwieweit die Probleme, die aus der Stagnation des traditionellen China rühren, heute eine ebensolche Bürde bedeuten wie die Probleme, für die allein der Imperialismus verantwortlich zu machen ist.

Der zweite Teil analysiert die Strategien, die im Verlauf der chinesischen Entwicklung seit 1949 praktisch wurden. Dabei handelt es sich um die Übertragung des sowjetischen Industrialisierungsmodells und Gesellschaftssystems zu Beginn der 5oer Jahre und die Varianten des chinesischen Entwicklungsmodells, wie sie sich seit etwa 1956 herauskristallisieren und mit den Begriffen Maoismus und Liuismus gekennzeichnet werden. Zum Verständnis dieser miteinander rivalisierenden Konzeptionen ist eine nur textexegetische Analyse, auch wenn sie hier im Vordergrund steht, unzureichend. Miteinbezogen wird sowohl die Genesis dieser Theorien wie die Realanalyse der Phasen der chinesischen Entwicklung, in denen sich die Problematik der einzelnen Konzeptionen besonders offenbarte. Das heißt, die Herausbildung und Akzentuierung der eigenständigen chinesischen Konzeptionen ist gleichzeitig eine Krisengeschichte der chinesischen Entwicklung. Besonderes Interesse gewinnen dabei folgende Fragen: Werden die in Teil I analysierten Probleme in den Konzeptionen reflektiert? Inwieweit sind diese geeignet, jene zu lösen? Kann der permanente innerparteiliche Linienkampf, der hier als Konflikt über die Entwicklungsstrategie verstanden wird, vor dem Hintergrund der Probleme der vorrevolutionären Gesellschaftsformation und der davon in unterschiedlichem Maße betroffenen gesellschaftlichen Klassen und Schichten gesehen werden?

In Kenntnis dieser Konzeptionen wird es möglich sein, in Teil III die reale Entwicklung zu analysieren, wobei die in Teil I identifizierten Probleme die jeweiligen Fragestellungen liefern. Das heißt, inwieweit wurden die Stagnation im traditionellen Sektor, die periphere Dynamik des modernen Sektors und die Heterogenität der Gesamtformation überwunden? Methodischer Ansatzpunkt ist dabei die Untersuchung der Dialektik zwischen der Transformation der Produktionsverhältnisse und der Entwicklung der gesellschaftlichen Produktivkräfte, da genau hier ein Schlüssel zum Verständnis der Besonderheit des chinesischen Wegs liegt.

Schließlich sei noch angemerkt, daß die chinesiche Literatur nur soweit verwendet werden konnte, wie sie von den Chinesen selber in europäischen Sprachen veröffentlicht oder von den zahlreichen westlichen Übersetzungsdiensten herausgebracht wurde. Bei der empirischen Analyse wurde nach Möglichkeit offizielles chinesisches Material verwendet, soweit es nicht erkennbar rein propagandistischen Wert hat. Für die Zeit ab 1960 sind diese Informationen allerdings sehr spärlich und nehmen erst seit der Kulturrevolution wieder zu. Es war deshalb notwendig, sich für die spätere Zeit im wesentlichen auf westliche Schätzungen und Extrapolationen zu stützen.

Dabei wurde solchen Analysen der Vorzug gegeben, die erkennbar auf chinesische Primärdaten zurückgehen. In Fällen, wo auch das nicht möglich war, wurden in der Regel die verschiedenen Varianten sogenannter "unabhängiger" Schätzungen parallel diskutiert. Die für einen Nicht-Sinologen verwirrende Vielzahl der Transkriptionen chinesischer Namen habe ich mit Ausnahme der im Deutschen gebräuchlichen Bezeichnungen entsprechend der Wade-Giles Umschrift (ohne diakritische Zeichen) vereinheitlicht. Sollten mir dabei Fehler unterlaufen sein, mögen die sinologischen Fachgelehrten sie entschuldigen. Das Manuskript wurde im August 1977 abgeschlossen.

Mein Dank gilt der Berghof Stiftung für Konfliktforschung, deren finanzielle Unterstützung diese Arbeit möglich machte.

TEIL I

STAGNATION UND UNTERENTWICKLUNG IM VORREVOLUTIONÄREN CHINA

Schaubild 1: China 1930 mit Provinzeinteilung

1. ZUM VERHÄLTNIS VON PERIPHEREM KAPITALISMUS UND TRIBUTGEBUNDENER PRODUKTIONSWEISE AM BEISPIEL CHINA

Jede Untersuchung, die sich mit Strategien zur Überwindung von Unterentwicklung in Ländern der Dritten Welt beschäftigt, bleibt verständnislos, solange nicht eine Analyse der Struktur dieser Unterentwicklung mit einbezogen wird. Eine reine Konstatierung empirisch feststellbarer Entwicklungsdefizite bleibt ungenügend, wenn nicht Genesis und Funktionsmechanismen der Struktur deutlich werden, die diese Defizite hervorgebracht hat. Die einzuschlagende Entwicklungsstrategie und ihre Praxis sind nicht auf dem Reißbrett sozialistischer oder kapitalistischer Akkumulationsmodelle zu entwerfen, sondern wesentlich durch die spezifische Struktur der Unterentwicklung geprägt. Auch eine unterentwickelte Gesellschaftsformation vermag Potentiale zu bergen, die bei entsprechend geänderten politisch-ökonomischen Rahmenbedingungen im Hinblick auf Entwicklung aktualisierbar sind.

Ausgangspunkt einer solchen Strukturanalyse ist in der vorliegenden Arbeit die Theorie des peripheren Kapitalismus[1]. Ein wesentlicher Unterschied des peripheren zum metropolitanen Kapitalismus besteht darin, daß es nicht zur vollständigen Durchkapitalisierung der Ökonomie und der Herausbildung eines integrierten Binnenmarkts kommt. Der sogenannte "traditionelle" Sektor verharrt gegenüber dem "modernen" Sektor scheinbar in Stagnation und Subsistenzwirtschaft. Das Verdienst der genannten Theorie ist der Nachweis, daß der vorkapitalistische Sektor in vielfacher Hinsicht zur Kapitalakkumulation des kapitalistischen Sektors beiträgt. Das äußert sich in der Bereitstellung von billigen Arbeitskräften, in der Sozialversicherung für diese Arbeitskräfte durch den Familienverband, in der Produktion von Exportgütern, im Transfer von Surplus, der aufgrund von Produktivitäts- und Lohnunterschieden in den modernen Sektor gelangt, u.a. Diese Mechanismen ermöglichen es dem "modernen" Sektor in unterentwickelten Ländern, angesichts der metropolitanen Weltmarktkonkurrenz überlebensfähig zu bleiben. Je nach den wechselnden Anforderungen die der "moderne" an den "traditionellen" Sektor stellt, kann dieser auf Zeit dynamisiert oder weiterer Verelendung preisgegeben werden, ohne daß diese Entwicklung in einer homogenen Gesamtökonomie kulminiert.

Theoretisch wird der scheinbare Dualismus beider Sektoren im Konzept der peripheren Gesellschaftsformation aufgehoben. Dieser Begriff ist dem Begriff "Produktionsverhältnisse" im Hinblick auf unterentwickelte Länder darin überlegen, daß er die gleichzeitige Existenz mehrerer unterschiedlicher Produktionsweisen als prägend für eine Gesellschaft annimmt. Dabei wird natürlich die kapitalistische Produktionsweise innerhalb der Gesamtformation dominierend sein und die Beziehungen zu den anderen Produktionsweisen determinieren.

Für die Analyse peripherer Gesellschaftsformationen reicht eine alleinige Beschäftigung mit dem extern ausgerichteten, modernen Sektor und seiner Einbettung in Weltmarkt und internationale Arbeitsteilung, wie sie nicht zufällig von lateinamerikanischen Autoren angesichts der dort seit Jahrhunderten andauernden Penetration nahezu ausschließlich betrieben wird, nicht aus. Hinzukommen muß die Analyse des "traditionellen" Sektors. Im Hinblick auf den Begründungszusammenhang von Unterentwicklung stellt sich dabei für die Theorie des peripheren Kapitalismus ein gravierendes Problem. Die Theorie impliziert nämlich mehr oder weniger ausdrücklich, daß die Struktur des "traditionellen" vorkapitalistischen Sektors und damit letztlich der gesamte Komplex Unterentwicklung <u>nur</u> durch die vielfältigen Beziehungen zum "modernen", extern orientierten Sektor entstanden ist[2]. Ohne auf eine Dualismusposition[3] zurückfallen zu wollen, die Unterentwicklung lediglich als Zurückbleiben hinter dem Entwicklungsstand der Industriegesellschaften versteht, ist zu bedenken, daß bereits vor und unabhängig von kapitalistischer Penetration bestimmte Gesellschaften eine Struktur aufwiesen, die als unentwickelt oder im Vergleich zu Westeuropa als stagnierend zu bezeichnen ist. Marini weist mit seiner Feststellung "Nicht weil man sie ausgenutzt hat, sind die nichtindustrialisierten Länder ökonomisch schwach geworden; sie wurden vielmehr ausgenutzt, weil sie schwach waren"[4] in diese Richtung. Der Kontakt mit den imperialistischen Metropolen hat aus diesen stagnierenden Gesellschaften unterentwickelte Gesellschaften gemacht. Damit sind aber keineswegs sämtliche Entwicklungsprobleme auf das Problem der Überwindung von Penetration und struktureller Heterogenität der Sektoren reduziert. Es stellt sich nämlich die Frage, wie weit traditionelle Probleme, die für die Stagnation der alten Gesellschaft verantwortlich waren, auch noch in der peripheren Gesellschaftsformation, wie auch immer durch externe Einflüsse[5] modifiziert, fortwirken.

Das heißt, neben die Theorie der peripheren Gesellschaftsformation muß eine Theorie der traditionellen Gesellschaftsformation treten, mit deren Hilfe sich die ursprünglichen Ursachen der Stagnation oder Unentwicklung bestimmen lassen. Ein weiterer Analyseschritt wäre dann, das Hinein- und Weiterwirken oder die Aufhebung der traditionellen in der peripheren Gesellschaftsformation herauszuarbeiten. Daraus folgt eine zentrale These dieser Arbeit: Die Struktur der traditionellen Gesellschaftsformation und die Art und Weise ihres Zusammentreffens mit der von außen gewaltsam herangetragenen kapitalistischen Produktionsweise prägen gemeinsam die Struktur der neu entstehenden peripheren Gesellschaftsformation und damit auch die einzuschlagende Entwicklungsstrategie. Es ist also für die Struktur der Unterentwicklung nicht gleichgültig, ob das penetrierte Land eine eigene, hochentwickelte Kultur mit ausgebildetem politischem System hat, oder ob es sich um Stammesgemeinschaften bzw. Weidewirtschaft treibende Nomadenvölker handelt. Im Hinblick auf die Form der Penetration ist ein Unterschied zu machen zwischen einer Durchdringung, die den Export von agrarischen oder mineralischen Rohstoffen mit allen Folgen der Monokultur zum Zweck hat, und einer Durchdringung, deren Ziel die Eroberung des nationalen Markts ist. Schließlich sind Zeitpunkt und Dauer der Penetration von wesentlicher Bedeutung.

Im vorliegenden Fall China bietet sich zur Analyse der traditionellen Gesellschaftsformation die Theorie der asiatischen Produktionsweise (APW) an[6]. Die Theorie der APW krankt allerdings daran, daß es mit Ausnahme von Wittfogel[7] kaum Arbeiten zur empirischen Überprüfung der Stichhaltigkeit und theoretischen Geschlossenheit dieses Konzepts gibt. Die zitierten neueren Arbeiten zu diesem Thema beschränken sich im wesentlichen darauf, Marx[8] und die sich an ihn anlehnenden in den 2oer und 3oer Jahren erschienenen Werke von Wittfogel, Madgar[9], Rjazanow[1o], Roy[11] und Varga[12] zu reproduzieren oder Interpretationen anzustellen, welche der im Zeitlauf des Marxschen Werkes durchaus widersprüchlichen Äußerungen zur APW als die authentischen anzusehen sind.

Neuerdings wird über die bloße Rekonstruktion der Marxschen Aussagen hinaus allerdings der Versuch gemacht, die Theorie der APW für eine Theorie der Unterentwicklung[13] fruchtbar zu machen oder sie zum Verständnis des revolutionären Prozesses[14] im heutigen China heranzuziehen. Die theoretischen Prämissen bleiben dabei aber ebenfalls einer empirischen Überprüfung weitgehend entzogen.

Eine konzeptuelle Weiterentwicklung des Marxschen Produktionsweisenkatalogs leistet Amin[15], der die bei Marx genannten antiken,germanischen und asiatischen Formen des Grundeigentums[16] neben anderen unter den Begriff "tributgebundene Produktionsweise" (TPW) subsumiert, die sich durch das Kriterium der Tributleistung auf der Basis unterschiedlicher Grundeigentumsformen von den kapitalistischen und übrigen vorkapitalistischen Produktionsweisen abhebt[17]. Die asiatische Form des Grundbesitzes unterscheidet sich von der feudalen Form dadurch, daß der Boden noch im Besitz der Dorfgemeinschaften bzw. der Bauernfamilien ist, während er im Feudalismus an den Feudalherrn übergegangen ist. In Anlehnung an Marx und Amin spreche ich im Hinblick auf China im folgenden von der asiatischen Form der tributgebundenen Produktionsweise.

Die aus meiner Sicht wesentlichen Elemente dieser Theorie sollen im folgenden skizziert und im weiteren Verlauf der Arbeit im Hinblick auf die Struktur der traditionellen chinesischen Gesellschaftsformation und die ihr innewohnenden stagnativen Elemente, soweit möglich, empirisch untersucht werden.

Die traditionelle chinesische Gesellschaftsformation wird durch die asiatische Form der TPW dominiert, enthält aber auch Elemente der feudalen Produktionsweise und der kleinen Warenproduktion. Grundlage der Gesellschaft ist die Landwirtschaft, die in einer Vielzahl weitgehend wirtschaftlich wie administrativ autarker Marktverbundsysteme organisiert ist. Darüber erhebt sich ein stark zentralisierter bürokratischer Staat, der den lokalen Rahmen sprengende ökonomische Aufgaben wahrnimmt und den inneren politischen "Frieden" garantiert. Diese tatsächlichen oder vermeintlichen Staatsfunktionen bieten neben dem Konfuzianismus die Legitimation für die Erhebung des Tributs, der im wesentlichen aus der Agrarsteuer (Natural- und Geldform) besteht. Zwischen Bauern und Beamtenschaft steht die lokale Gentry, die ihr Einkommen in Form der Pacht ebenfalls aus der Landwirtschaft bezieht. Die Legitimation für den Bezug ihrer Revenue bezieht sie also aus dem Grundeigentum. Die Gentry nimmt in lokalem Rahmen administrative Aufgaben wahr und ist die Rekrutierungsbasis der Beamtenschaft. Hydrographische, klimatische und demographische Faktoren führen dazu, daß in China eine intensive Ackerbaukultur, weitgehend auf der Grundlage künstlicher Bewässerung, betrieben wird, die den Einsatz von mechanischen oder energiegetriebenen Ackergeräten in gewissem Maße erschweren. Die menschliche Arbeitskraft ist die wichtigste Produktivkraft. Der Intensivierung der Arbeit und der Entwicklung natürlicher Hilfsmittel zur Steigerung der Arbeitsproduktivität wird große Bedeutung zugemessen. Ein weiteres Kennzeichen der traditionellen chinesischen Gesellschaft ist die weit verbreitete Hausindustrie, die sowohl der Eigenversorgung wie als zusatzliches Einkommen zur Landwirtschaft dient. Als

Ursache dieser sinnvollen Verbindung von Agrikultur und Manufaktur sind die Ausnützung saisonal brachliegender Arbeitskraft innerhalb der Familie sowie die mangelhaften Transportmöglichkeiten für Massenkonsumgüter über weitere Entfernungen anzusehen. Die außerordentliche Stabilität dieser Gesellschaft ist daraus zu entnehmen, daß sie seit ca.2ooo Jahren mit Beginn der Han-Dynastie (2o6 vor bis 22o nach Chr.)[18] nahezu unverändert bis zum Beginn der kapitalistischen Penetration in der Mitte des 19. Jahrhunderts bestand.

Für die Stagnation dieser Gesellschaft ist das Zusammenwirken folgender Faktoren verantwortlich zu machen:
1) Die natürliche Produktivkraftentfaltung kann ab einem bestimmten Stadium nicht mehr mit dem Bevölkerungswachstum Schritt halten. Zusätzliche Investitionen wären notwendig. Die Pro-Kopf-Erträge sinken.
2) Die Verelendung führt zu einer Ausbreitung des Pachtwesens. Pacht und Steuer entziehen den unmittelbaren Produzenten in der Landwirtschaft die Investitionsmittel, die die Schere zwischen Bevölkerungswachstum und sinkenden Pro-Kopf-Erträgen wieder öffnen könnten.
3) Das konfuzianische Gesellschaftsethos verbietet Maßnahmen zur Produktivitätssteigerung durch die Großgrundbesitzer.
4) Der durch die Einheit von Agrikultur und Manufaktur eingeengte Markt für Massenkonsumgüter beschränkt die Investitionsmöglichkeiten für eine Industrie, die zudem noch durch staatliche Monopole eingeengt wird.
5) Das Zusammenwirken von lokaler Selbstversorgung, mangelhafter Infrastruktur und geringer Massenkaufkraft hemmt eine Stadtentwicklung auf manufakturiell-industrieller Basis, wie sie in Westeuropa zu beobachten war. Die Städte bleiben reine Verwaltungs- und Handelsplätze.
6) Die ausbleibende Industrialisierung in den Städten verhindert wiederum eine Kommerzialisierung der Landwirtschaft, die einen wachsenden Bedarf von Rohstoffen und Lebensmitteln der Städte decken könnte.

7) Somit kommt es zu keiner Freisetzung von Arbeitskraft auf dem Land. Die latent vorhandenen überschüssigen Arbeitskräfte bleiben im Dorf und müssen von der Familie miternährt werden, obwohl deren Grenzproduktivität abnehmende Tendenz zeigt.
8) Der Staat erweist sich als unfähig, den neuen ökonomischen Anforderungen gerecht zu werden. Er versäumt es im Gegenteil infolge des allgemeinen gesellschaftlichen Niedergangs sogar, seine traditionellen Aufgaben in ausreichendem Maße wahrzunehmen.

Diese traditionellen Probleme werden infolge der kapitalistischen Penetration noch verschärft, ohne daß der moderne Sektor gleichzeitig eine wesentliche Entlastung oder Stimulierung für den traditionellen Sektor bedeutet. Die Penetration Chinas unterscheidet sich dabei in vieler Hinsicht von der anderer Länder. Im Vordergrund stand immer der sagenumwobene Markt der 4oo Millionen Chinesen. Deshalb erfolgte die Penetration hauptsächlich auf dem Wege des Imports und der importsubstituierenden Direktinvestitionen. Alle weiteren ausländischen Aktivitäten wie Organisation des Außenhandels, Eisenbahnbau, Binnenschiffahrt, Schaffung von sogenannten Vertragshäfen u.a. hatten immer das Ziel, jede nur denkbare institutionelle Barriere zur Erschließung des chinesischen Markts zu beseitigen. Die klassischen Ziele von Kolonialismus und Imperialismus: Gewinnung von agrarischen Rohstoffen oder Bodenschätzen sowie weiße Besiedlung und damit die Folgen, die Exportsektor, Monokultur und internationale Arbeitsteilung für die Struktur eines unterentwickelten Landes bedeuten, fehlen fast völlig. Das liegt zum einen an der zumindest partiell erfolgreichen Resistenz der chinesischen Regierung gegenüber Ausländern, die die Freizügigkeit und das Recht des Grunderwerbs weitgehend einschränkte, als auch an der Konkurrenz der imperialistischen Staaten untereinander, die den dicken Brocken China keinem Mitkonkurrenten allein gönnen wollten.

Zwar waren die Auswirkungen der Penetration, soweit sie die Aufwerfung neuer Probleme - etwa das Stadt-Land-Gefälle - betrafen, massiv, konnten aber nicht das zentrale Problem des Bevölkerungswachstums bei ungenügender Produktivkraftentwicklung überdecken. Eine andere These dieser Arbeit lautet, daß die periphere Gesellschaftsformation Chinas, wie sie seit 1842 entsteht, sehr stark, so stark wie vielleicht in keinem anderen Land, durch das Beharrungsvermögen der traditionellen Produktionsweise geprägt ist. Die Penetration verschärft alte Probleme, indem sie neue schafft. Das bedeutet im Hinblick auf die später eingeschlagenen Entwicklungsstrategien, daß die Überwindung der stagnativen Faktoren mindestens die gleiche Beachtung wie die genuin dem Imperialismus geschuldeten Entwicklungsprobleme finden muß. Das bedeutet weiterhin - hierin liegt die Aufgabe der weiteren Teile dieser Arbeit -, daß die Entwicklungsstrategien und ihre Praxis durch traditionelle Defizite, aber auch durch freizusetzende traditionelle Entwicklungsmöglichkeiten geleitet werden.

Schließlich seien noch einige Anmerkungen zu den Problemen gemacht, die sich bei dem Versuch der empirischen Analyse der traditionellen wie der peripheren chinesischen Gesellschaftsformation stellen. Vor 1928 ist eine systematische Statistik in China kaum vorhanden. Die am besten dokumentierte Zeit reicht nur von 1928 bis 1937. Danach verhinderten der chinesisch-japanische Krieg und der nachfolgende Bürgerkrieg die Erhebung zuverlässiger Daten. Das gesamte Material läßt aber nur Schätzungen zu. Lediglich der Außenhandelsbereich[19] ist durch die englische Kontrolle der chinesischen Seezollverwaltung ab 1867 sehr genau dokumentiert. Die wichtigsten Aspekte der volkswirtschaftlichen Gesamtrechnung für das Jahr 1933 finden sich in der sehr detaillierten Schätzung von Liu und Yeh[20]. Die einzige, allerdings weniger ausführliche Schätzung über einen früheren Zeitpunkt bietet Chang Chung-li[21] über die 188oer Jahre. Über den Bereich der ausländischen Investitionen liegen die Schätzungen von Remer[22] aus den 3oer Jahren vor. Remer macht genaue Angaben über Herkunft, Branchenverteilung und Standorte dieser Investitionen. Die statistische Erfassung des für das traditionelle China so zentralen Agrarbereichs ist demgegenüber sehr unzureichend. Glücklicherweise stehen hier aber in den 3oer und 4oer Jahren entstandene sorgfältige Feldstudien zur Verfügung, die aufgrund ihres Umfangs repräsentativen Charakter für die gesamte chinesische Landwirtschaft beanspruchen können. Andere Arbeiten konzentrieren sich auf einzelne Dörfer oder Regionen und dokumentieren den sozialen und ökonomischen Wandel auf Mikroebene. Für den gesamten Agrarbereich sind besonders die voluminösen Untersuchungen von John Lossing Buck[23] zu nennen, der in einer fünfjährigen Forschungsarbeit mit Hilfe eines großen Mitarbeiterstabes jeden nur denkbaren Aspekt der Landwirtschaft untersucht und statistisch dokumentiert hat. Im Hinblick auf die Einzelfallstudien sind vor allem die Arbeiten von Fei Hsiao-tung[24] und Chen Han-seng[25] zu nennen, die die Umwälzung der Verhältnisse in der Landwirtschaft im Zuge der kapitalistischen Penetration in den 3oer und 4oer Jahren bzw. ihre noch weitgehende Unberührtheit detailliert schildern.

Für die wichtigsten Bereiche der Phase des peripherisierten China kann man also auf umfangreiches Material zurückgreifen, das primären oder quasi primären Charakter besitzt, ohne auf chinesisch sprachige Quellen angewiesen zu sein. Für die Untersuchung des traditionellen China besteht diese Möglichkeit nur sehr begrenzt. Vielfach muß man auf Daten zurückgreifen, die sich eigentlich auf die spätere Phase beziehen, um dann die jeweils zu begründende Annahme zu machen, daß die dargestellten Verhältnisse sich kaum wesentlich geändert haben. Hier liegt allerdings ein schwer zu bewertender Unsicherheitsfaktor. Eine weitere Schwierigkeit besteht darin, daß es, abgesehen von Wittfogel, keine empirischen Arbeiten über China gibt, die das Konzept der Asiatischen Produktionsweise oder das des peripheren Kapitalismus zugrunde legen. Soweit hier empirische Arbeiten verwendet werden, geschieht das immer unter einem anderen methodischen Ansatz, als ihn die jeweiligen Autoren verfolgen. Zeitlich beziehen sich die Ausführungen in erster Linie auf die Periode von 1842, Beginn der ausländischen Penetration, bis zum Anfang der 194oer Jahre, die den Höhepunkt der japanischen Aktivitäten in China markieren.

2. DIE STAGNATION

2.1. Die Landwirtschaft ist die Grundlage

2.1.1. Ihre Bedeutung für die Gesamtwirtschaft

Ausgangspunkt jeder Betrachtung der traditionellen chinesischen Gesellschaftsformation muß die Landwirtschaft sein. Es gab kaum wirtschaftliche Aktivitäten, deren Fundamente nicht mittelbar oder unmittelbar in der Landwirtschaft begründet lagen. Die Landwirtschaft lieferte den unmittelbaren Lebensunterhalt für 8o bis 9o Prozent der Bevölkerung, sie lieferte die Ausgangsprodukte für die Hausindustrie, die Produkte für den lokalen Handel wie den Fernhandel, die Revenue für die grundbesitzende Oberschicht und die Einkünfte des Staates in Form der Agrarsteuer. Nicht zufällig standen die Bauern in der traditionellen sozialen Werteskala hinter den literarisch gebildeten Beamten an zweiter Stelle vor den Handwerkern und Kaufleuten.

Dabei ist die Struktur dieser Agrarwirtschaft grundsätzlich verschieden von der Situation, wie man sie in den großen Agrarländern wie USA, Australien, Rußland, Kanada und Argentinien mit ihren umfangreichen Gütern oder Farmen, der dünnen Besiedelung, der ausgedehnten Weidewirtschaft, dem hohen Mechanisierungsgrad und der Fähigkeit, große agrarische Überschüsse zu produzieren, findet. Die chinesische Landwirtschaft kennzeichnet keine dieser Eigenschaften.

Um einen möglichst einprägsamen Eindruck der ungeheuren Aufgabe zu vermitteln, vor die sich diese Landwirtschaft immer wieder neu gestellt sah, sollen zunächst einige Fakten präsentiert werden. Obwohl die Gesamtfläche Chinas in den Grenzen von 1949 9 561 Mil km^2 beträgt[26], sind aus topographischen und klimatischen Gründen kaum mehr als 11 Prozent dieser Fläche für den Ackerbau geeignet[27]. Wälder und Weiden sind dabei natürlich nicht mitgerechnet. Diese 11 Prozent sind aber keineswegs im Verlauf der chinesischen Geschichte jemals vollständig genutzt worden. Die Ausdehnung der kultivierten

Fläche blieb bis zum Beginn des 2o. Jahrhunderts unter der genannten Marke[28].

Tabelle 1 gibt einen Überblick über die Ausdehnung der Anbaufläche von 177o bis 1949. Aus ihr geht hervor, daß im genannten Zeitraum eine Ausweitung des Kulturlandes von 6,6 auf 1o,3 Prozent erfolgte.

Tabelle 1: Ausdehnung der kultivierten Anbaufläche 177o bis 1949

	177o	1873	1893	1913	1933	1949
in Mil km^2	o,637	o,811	o,831	o,9o9	o,986	o,984
in % der Gesamtfläche von 1949 = 9,561 Mil km^2	6,6	8,5	8,7	9,5	1o,3	1o,3

Quelle: Perkins 1969, S.16 für 177o - 1933; Ten Great Years S.96 für 1949.

Die Fehlerquote der Schätzungen reicht von ± 1oo Mil mou (177o) bis ± 25 Mil mou (1949); 1 mou = o,ooo67 km^2.

In dieser wie in allen folgenden Tabellen wurden die in den Quellen angegebenen chinesischen oder englischen Maßangaben in metrische Maße umgerechnet.

Schaubild 2: Die Verbreitung der kultivierten Fläche und die Anbauregionen[29]

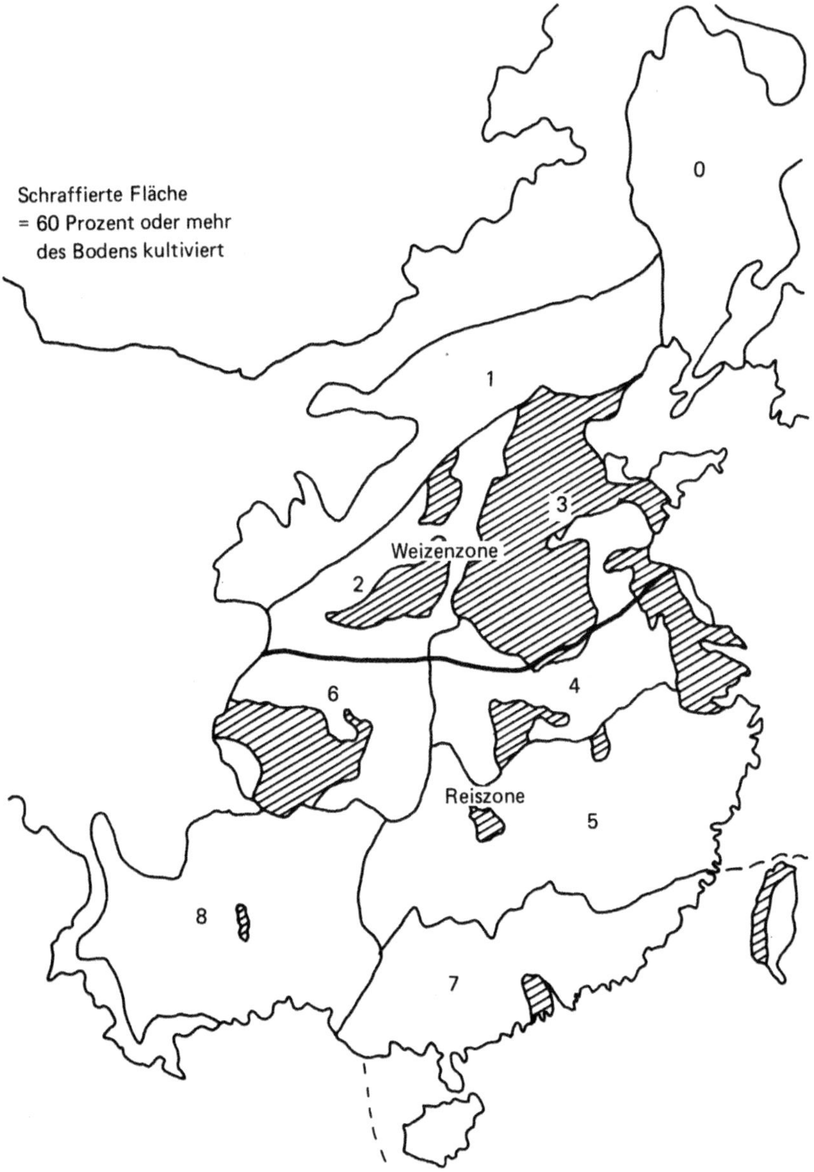

Weizenzone

0 Soja, Frühjahrsweizen, Sorghum (von Buck nicht berücksichtigt)
1 Frühjahrsweizen
2 Winterweizen-Hirse
3 Winterweizen-Sorghum

Reiszone

4 Yangtse Reis-Winterweizen
5 Reis-Tee
6 Szechwan Reis
7 Doppelernte Reis
8 Südwestreis

Herrmann 1966, S. 55

Dabei verteilt sich die Anbaufläche keineswegs gleichmäßig auf das gesamte Staatsgebiet, sondern ist hauptsächlich auf die Küstenregionen des Nordens und in geringerem Ausmaß des Südens konzentriert (vgl. Schaubild 2). Die Hauptanbaugebiete und damit auch die Masse der Bevölkerung liegen in der "Großen Ebene" zwischen Peking und Shanghai, in den Flußtälern des Huang Ho und des Yangtze,im Si Kiang-Delta (Perlfluß) und im Szechwan-Becken. Die unfruchtbaren Gebiete sind entweder Wüstenzonen wie in der Inneren Mongolei und Sinkiang oder Hochgebirgszonen wie in Tibet und Tsinghai.

Buck errechnete bei seiner Agraruntersuchung für die Jahre 1929 bis 1933, die nur das eigentliche chinesische Siedlungsgebiet und damit ca.31,5 Prozent[3o] der Gesamtfläche erfaßte,einen Anteil des kultivierten Bodens von 25 Prozent im chinesischen Kernland[31]. Die genutzte Fläche erhöht sich allerdings dadurch, daß im Süden Doppelernten bzw. im äußersten Süden sogar Dreifachernten möglich sind.

Diese allmähliche Ausdehnung der Ackerfläche wurde von einer wachsenden Bevölkerung begleitet. Über den Umfang der chinesischen Bevölkerung zu einem bestimmten Zeitpunkt gibt es nur vage Angaben, da die Validität der früheren Volkszählungen als sehr gering zu erachten ist. Die einzige moderne Volkszählung stammt aus den Jahren 1953/54 und ergab 595,6 Millionen Einwohner. Für 1949 werden 548,77 Millionen angegeben[32]. Im hier behandelten Zeitraum wächst die Bevölkerung von ca.375 Millionen (1819) auf ca.536 Millionen (1949). Das sind 16o Millionen Menschen oder 42,9 Prozent. Westliche Schätzungen für den früheren Zeitraum variieren, sind sich aber darin einig, daß die Bevölkerung in den 3oer Jahren des 2o. Jahrhunderts rund 5oo Millionen betragen haben muß[33].

Die Schätzungen über den Anteil der agrarischen Bevölkerung für die 3oer Jahre schwanken zwischen 73 und 8o Prozent[34]. Die offiziellen chinesischen Daten geben für 1949 allerdings noch einen Anteil von 89,3 Prozent ländlicher Bevölkerung an[35]. Die Differenz liegt vermutlich in dem Problem, welche

Tabelle 2: Bevölkerungsentwicklung im 19. und 2o. Jh. und Anteil der Agrarbevölkerung (in Mil.)

	1771	1819	1851	1873	1893	1913	1933	1949	1953
<u>Gesamtbevölkerung</u>									
Perkins[1] (a)	214,6	374,6	433,o	348,7	386,7	43o,4	5o3,1		582,6
Liu und Yeh[2] (a)							5oo	536	581
offiziell chin.[3] (b)								548,8	595,6
<u>Agrarbevölkerung</u>									
Liu und Yeh[4]							365	414	427
offiziell chin.[5]								484	51o
geschätzt[6]:									
nach Bucks 79 %	17o	296	342	276	3o7	34o	397	423	461
nach Bucks 9o %	193	337	39o	314	348	387	453	482	524
<u>Prozentsatz</u>									
Liu und Yeh[4]							73	77	73
offiziell chin.[7]								88	84

(a) ohne Taiwan
(b) mit Taiwan

1) Perkins 1969, S. 212 u. 2o7.
2) Liu und Yeh 1965, S.1o2 u.184.
3) Ten Great Years, S.1o.
4) Liu und Yeh 1965, S.184/185.
5) Chen Nai-ruenn 1967, S.127.
6) Auf der Basis der Zahlen von Perkins errechnet.
7) Berechnet nach Chen Nai-ruenn 1967, S.127.

Gruppen der ländlichen Bevölkerung zuzurechnen sind. Buck unterscheidet zwischen Stadtbevölkerung (1o Prozent), Bevölkerung der Landstädte (11 Prozent) und dörflicher Bevölkerung (79 Prozent)[36]. Die Differenz zwischen den westlichen Schätzungen und den offiziellen chinesischen Angaben könnte also darin liegen, daß im zweiten Fall die Bevölkerung der Landstädte hinzugezählt wird.

Wenn man davon ausgeht, daß die Relation zwischen Stadt- und Landbevölkerung in den letzten beiden Jahrhunderten konstant geblieben ist, ergibt sich das in Tabelle 2 (S. 34) gezeigte Bild, wobei allerdings die Bevölkerungsangaben einen Unsicherheitsfaktor von ± 25 Millionen für die früheren Jahre besitzen[37]. Die mit Hilfe der Buckschen Prozentsätze errechnete Agrarbevölkerung ist dementsprechend mit der gleichen Unsicherheitsmarge behaftet.

Aus den Tabellen 1 und 2 läßt sich die kultivierte Fläche pro Kopf der Gesamtbevölkerung errechnen bzw., um die Existenzgrundlage der Agrarbevölkerung zu ermitteln, die Fläche pro Kopf der Agrarbevölkerung. Dabei wird Bucks 79 Prozent-Quote zugrunde gelegt.

Tabelle 3: Kultivierte Fläche pro Kopf der Bevölkerung im 19. und 2o. Jahrhundert

	177o	1873	1893	1913	1933	1949
kultivierte Fläche in Mil ha	63,7	81,1	83,1	9o,9	98,6	98,4
pro Kopf der Gesamtbevölkerung in ha	o,297	o,233	o,215	o,211	o,196	o,184
pro Kopf der Agrarbevölkerung in ha auf der Basis der 79 %-Quote	o,375	o,294	o,271	o,267	o,248	o,233

Berechnet aus Tabelle 1 und 2

Die kultivierte Fläche stieg zwar im Zeitraum von 177o bis 1949 von 63,7 Millionen ha auf 98,4 Millionen ha, die Fläche pro Kopf der Bevölkerung fiel aber im gleichen Zeitraum von o,3o auf o,18 ha, was auf das raschere Bevölkerungswachstum zurückzuführen ist. Hier deutet sich bereits ein grundsätzliches Problem der chinesischen Landwirtschaft an, nämlich die Frage, wie die Nahrungsmittelproduktion mit dem Bevölkerungswachstum Schritt halten soll. Eine weitere Erkenntnis vermittelt die Tabelle durch die Tatsache, daß die kultivierte Fläche pro Kopf sehr gering ist, also eine sehr intensive Nutzung erfordert. Das führt zu dem grundsätzlichen Problem der optimalen Nutzung des Produktionsfaktors Boden. Daß die chinesische Landwirtschaft diese Probleme in gewissem Maße lösen konnte, zeigt die Tatsache, daß der Flächenertrag im Laufe der Jahrhunderte gesteigert werden konnte, wie aus Tabelle 4 hervorgeht.

Tabelle 4: Pflanzliche Nahrungsmittelproduktion 177o bis 1933

	177o	185o	1933	Durchschnitt 3oer Jahre
Flächenertrag pro ha				
in kg nach Perkins[1]	135	162	161	
Gesamtproduktion in t				
Perkins	86,o	129,6	133,8	
Buck[2]				2o2[a]
Liu u.a.[3]				196,8[b]
Liu und Yeh[4]			195,7	
pro Kopf in kg				
Perkins	4o1	299	266	
Liu u.a.				394
Liu und Yeh			391	

Berechnet nach: 1) Perkins 1969, S.16/17 (nur Getreide)
2) Liu u.a. 1964, S.4o
3) Liu u.a. 1964, S.12
4) Liu und Yeh 1965, S.135
(Angaben von Buck, Liu u.a. und Liu und Yeh für 14 Hauptprodukte)
a) 1929 - 33
b) 1929 - 37

Der Unterschied zwischen den niedrigen Schätzungen von Perkins gegenüber Buck sowie Liu und Yeh ist darin zu suchen, daß ersterer nur die Getreideproduktion, letztere aber die 14 Hauptanbauprodukte erfassen. Mit Hilfe der Tabelle 1 (Anbaufläche) und der Tabelle 2 (Bevölkerungsentwicklung) lassen sich Gesamtproduktion und Pro-Kopf-Produktion errechnen. Die Tabelle 4 zeigt also, daß trotz steigender Anbaufläche (vgl. Tabelle 1) und steigendem Flächenertrag die Pro-Kopf-Produktion erheblich von 4o1 auf 266 kg im Zeitraum 177o bis 1933 zurückgegangen ist. Die hier präsentierten Zahlen sind zudem Durchschnittswerte, die nichts über die Ernte in einzelnen Jahren aussagen und vermutlich infolge von Naturkatastrophen und anderen externen Einflüssen erheblichen Schwankungen unterworfen waren. Perkins nimmt an, daß in jüngerer Zeit der Ertrag immer zwischen 2oo und 35o kg ungeschälten Getreides pro Kopf gelegen hat, wobei 2oo kg als das absolute Existenzminimum anzusehen sind[38]. Hinzu kommt, daß in China Getreide die Hauptnahrung bildet. Fleischverzehr spielt für die Masse der Bevölkerung keine Rolle (vgl. Tabelle 5).

Tabelle 5: Produktion der gesamten Landwirtschaft 1933 (Bruttowerte)

	in Mrd Yuan	in Prozent der gesamten Landwirtschaft
Pflanzliche Produkte	17,12	9o,25
Nahrungsmittel	12,64	66,63
Reis	5,6o	29,52
Weizen	2,46	12,97
Kartoffeln	o,61	3,22
versch.	3,97	2o,93
Sojabohnen	o,92	4,85
Ölsaaten	o,83	4,38
Fasern	o,74	3,9o
sonst. Industriepflanzen	o,52	2,74
Gemüse	o,75	3,95
Früchte	o,73	3,85
Tierische Produkte	1,85	9,75
Vieh	1,47	7,75
tier. Produkte	o,37	1,95
Gesamte Landwirtschaft	18,97	1oo,oo

Liu und Yeh 1965, S.397/398. Prozentangaben dieser und der meisten folgenden Tabellen sind eigene Berechnungen.

Als erstes Ergebnis läßt sich also festhalten, daß die Landwirtschaft im 19. und 2o. Jahrhundert unter einem starken Bevölkerungsdruck stand, der nur zum Teil durch Ausdehnung der Anbaufläche und Steigerung des Flächenertrags ausgeglichen werden konnte. Gab es Versuche, diesen Druck anderweitig, etwa durch verstärkte Viehzucht, zu kompensieren?

Tabelle 5 schlüsselt die Produktion der gesamten Landwirtschaft für das Jahr 1933 nach Bereichen auf.

Die Tatsache, daß 1933 über 9o Prozent der Agrarproduktion auf das Konto der pflanzlichen Produkte geht, läßt den Schluß zu, daß es keinen Wandel in der absoluten Vorherrschaft des Ackerbaus gegeben hat. Die chinesische Landwirtschaft war und ist keine Weidewirtschaft, was in Anbetracht der knappen Bodenressourcen auch nicht verwundert. Buck hat festgestellt, daß nur 1,1 Prozent des Farmlandes als Weiden genutzt wurde[39].

Statt eines Hinweises auf eine mögliche Entlastung für den Ackerbau erfährt man aus der Tabelle vielmehr, daß die Nahrungsmittelproduktion zwar den Hauptzweig innerhalb der Landwirtschaft bildet, daß aber etwa 16 Prozent der Agrarproduktion für industrielle Zwecke abgezweigt werden müssen. Außerdem müssen Beträge für Export, Saatgut, Ausschuß u.a. abgezogen werden. Wenn die Produktionsstruktur der Landwirtschaft offensichtlich keine Lösung des Agrarproblems zuließ, gab es vielleicht einen Ausweg darin, daß sich das Gewicht der gesamten Wirtschaft auf andere Bereiche verlagerte?

Die Bedeutung der Landwirtschaft für die Gesamtwirtschaft soll anhand von zwei Sozialproduktstabellen für die 188oer Jahre und 1933 dokumentiert werden. Diese Tabellen sind aber nur bedingt vergleichbar, weil der Bedeutungsgehalt der einzelnen Rubriken nicht identisch ist. Die Tabelle von Liu und Yeh für 1933 bietet den Vorteil, daß in den Spalten Verarbeitende Industrie, Transport und Handel zwischen dem traditionellen und dem modernen Sektor unterschieden wird. Für die Landwirtschaft ließ sich offensichtlich eine solche Trennung nicht durchführen bzw., was wahrscheinlicher ist, es gab keinen nennenswerten modernen Bereich in der Landwirtschaft.

Tabelle 6: Aufteilung des Sozialprodukts in den 188oer Jahren und 1933

Bruttosozialprodukt der 188oer Jahre[1]			Nettoinlandsprodukt 1933[2]		
	in 1ooo Taels	Prozent		in Mrd. Yuan	Prozent
Landwirtschaft	2.229.941	66,79	Landwirtschaft	18,76	65,oo
Bergbau	47.8oo	1,43	Bergbau	o,21	o,73
Verarbeitendes Gewerbe[a]	125.8oo	3,77	Verarbeitende Industrie	o,64	2,22
			a) Produktionsgüter	o,16	o,55
			b) Konsumgüter	o,47	1,63
			Handwerk	2,o4	7,o7
Baugewerbe	3o.ooo	o,9o	Baugewerbe	o,34	1,18
Transport	3o.ooo	o,9o	Transport		
			modern	o,43	1,49
			traditionell	1,2o	4,16
Handel	22o.ooo	6,59	Handel		
			Handelshäuser u. Gaststätten	1,75	5,89
			Hausierer	o,96	3,33
Finanzwesen	74.645	2,24	Finanzwesen	o,21	o,73
Mieten, Renten	164.ooo	4,91	Mieten, Renten	1,o3	3,57
Staat	164.ooo	4,91	Staat	o,82	2,84
			Öffentliche Dienste	o,13	o,45
Priv.Dienstleistungen und Leistungen der Gentry	241.313	7,23	Priv. Dienstleistungen	o,34	1,18
Nettoeinkommen vom Ausland	11.258	o,34			
Summe	3.338.757	1oo,oo	Summe	28,86	1oo,oo

1) Feuerwerker 1969, S.2. Neuberechnung auf der Grundlage von Chang Chung-Li 1962, S.327
2) Liu und Yeh 1965, S.66

a) hauptsächlich Handwerk

Die absoluten Zahlen sind in diesem Zusammenhang von geringer Bedeutung, zumal die Vergleichbarkeit zwischen den beiden Währungseinheiten schwierig sein dürfte. Wichtig sind die Relationen. Aus ihnen geht klar hervor, daß die Landwirtschaft gegen Ende des 19. Jahrhunderts noch zwei Drittel zum Bruttosozialprodukt beitrug und, was noch wichtiger ist, sich diese Relation 5o Jahre später in den 3oer Jahren des 2o. Jahrhunderts kaum geändert hat. Die Zunahme des Anteils von Verarbeitender Industrie, Transport und Handel wird außerdem dadurch relativiert, daß in der Bilanz für die 188oer Jahre der Posten "private Dienstleistungen der Gentry" zu hoch angesetzt sein dürfte[4o]. Diese Entwicklung wird aber noch an anderer Stelle behandelt werden.

Nimmt man die Verteilung der ökonomisch aktiven Bevölkerung als weitere Information hinzu, werden die Schwerpunkte noch deutlicher.

Tabelle 7: Verteilung der ökonomisch aktiven Bevölkerung nach Sektoren 1933

	in Mil		in Prozent der ökonomisch aktiven Bevölkerung	
Gesamtbevölkerung	5oo,oo			
davon ökonomisch aktiv	259,21		1oo,oo	
Landwirtschaft	2o4,91		79,o5	
Verarb.Industrie, Bergbau und öffentliche Dienste	1,94		o,75	
Handwerk	15,74		6,o7	
Baugewerbe	1,55		o,6o	
Mod. Transport u.Komm.	o,44		o,17	
Tradit. Transport	1o,86		4,19	
Handel	14,88		5,74	
Warenhäuser u.Gaststätten		7,49		2,89
Hausierer		7,39		2,85
Staat	5,12		1,98	
Finanzwesen	o,14		o,o5	
Priv.Dienstleistungen	3,63		1,4o	

Liu und Yeh 1965, S.69

1933 erwirtschafteten demnach 79 Produzent der werktätigen Bevölkerung 65 Prozent des Sozialprodukts. Der Anteil des Agrarsektors ist also nicht nur außerordentlich hoch, er wird zudem mit einer Arbeitsproduktivität erwirtschaftet, die nur etwa halb so hoch ist wie die in der übrigen Wirtschaft. Zu vermuten ist außerdem, daß der tatsächliche Anteil der Landwirtschaft am Sozialprodukt noch um einiges höher liegt, wenn man berücksichtigt, daß die Erfassung der Beiträge von Verarbeitendem Gewerbe, Handel und Transport sicherlich viel genauer ist, als sie es bei der Landwirtschaft sein kann, die nur einen geringen Teil ihrer Produktion vermarktet und so in Wertausdrücken erfaßbar ist.

Aufgrund dieser reinen Faktenpräsentation läßt sich also schon eine erste Charakterisierung der chinesischen Wirtschaft vornehmen:

1) Die gesamte Wirtschaft war durch die absolute Vorherrschaft der Landwirtschaft geprägt und behielt diese Prägung offenbar weitgehend bis in die Mitte des 2o. Jahrhunderts.

2) Ungeheuer erschwert wird diese Bürde der Landwirtschaft dadurch, daß nur 11 Prozent des Bodens kultivierbar sind und bis in die Mitte des 2o. Jahrhunderts nur etwa 1o Prozent kultiviert wurden.

3) Diese kultivierte Fläche und damit die Bevölkerung konzentriert sich auf einen geringen Teil des gesamten Staatsgebietes.

4) Das rasche Anwachsen der ohnehin hohen Bevölkerung übt einen starken Druck auf die Landwirtschaft aus, der durch Ausdehnung der Ackerfläche und Steigerung des Flächenertrags nur teilweise ausgeglichen werden kann. Die Folge ist, daß Nahrungsmittelproduktion und Anbaufläche pro Kopf sinken.

5) Infolge des knappen Bodens ist keine Weidewirtschaft möglich. Pflanzliche Nahrung und hier wiederum Getreide bildet die Lebensgrundlage.

6) 8o Prozent der Bevölkerung sind Bauern. Die restlichen 2o Prozent hängen zum überwiegenden Teil indirekt von der Landwirtschaft ab.

Diese Faktoren beeinflussen zusammen mit klimatischen und topographischen Ursachen die Art und Weise, in der diese Lebensgrundlage der Natur abgerungen wird, und prägen damit die Gesellschaftsstruktur und die Möglichkeit, sich von dieser Produktionsweise zu lösen und den Übergang zu anderen Wirtschafts- und Gesellschaftsformen zu finden. Aus systematischen Erwägungen werden diese Faktoren zunächst nacheinander abgehandelt, bevor ihre gegenseitige Bedingtheit analysiert wird.

2.1.2. Die natürlichen Faktoren der Produktion - Klima, künstliche Bewässerung, Terrassenbau und Feldgröße

Zu einer Charakterisierung der Mittel, mit denen die chinesischen Bauern die ihnen gestellte schwierige Aufgabe zu lösen versuchten, gehören einige Angaben über Klima und Bodenbeschaffenheit. Das Klima unterteilt China in zwei Zonen, den tropischen und subtropischen Süden mit jährlichen Niederschlagsmengen zwischen 1000 und 2000 Millimetern und den gemäßigten Norden mit Niederschlägen zwischen 1000 und 250 Millimetern[41]. Im gesamten Westen liegt die Niederschlagsmenge unter 250 Millimetern und ist damit neben der Hochgebirgslage dieser Region eine Ursache für ihre Unfruchtbarkeit. Die Wachstumsperiode dauert im Norden zwischen 160 und 260 Tagen und dehnt sich, je weiter man nach Süden gelangt, bis auf das ganze Jahr aus[42]. Diese lange jährliche Wachstumsdauer ermöglicht in vielen Gebieten Doppelernten, im äußersten Süden (Perlflußdelta) sogar Dreifachernten bzw. Fruchtwechselkombinationen innerhalb eines Jahres.

Schaubild 2 zeigt den Verlauf der klimatischen Grenze, die mitten durch das Hauptanbaugebiet, die Große Ebene, verläuft. Nördlich dieser Grenzlinie ist neben Hirse das Hauptanbauprodukt Weizen. Das Gebiet heißt deswegen die Weizenzone. Südlich davon dominiert der Reis, deswegen Reiszone. Schaubild 2 zeigt weiterhin, daß das Gebiet der doppelten Reisernte auf die Provinzen Kwangtung und Kwangsi beschränkt ist, während weiter nördlich Reis und Winterweizen kombiniert werden.

Die kultivierte Fläche verteilt sich etwa gleichmäßig auf beide Zonen. 51 Prozent der kultivierten Fläche liegen in der Weizen- und 49 Prozent in der Reiszone. Die Kulturfläche des übrigen China ist unerheblich. Die Ertragsleistungen dieser beiden Zonen sind aber keineswegs gleichmäßig verteilt, wie aus der Tabelle 8 hervorgeht.

Tabelle 8: Produktionsleistung nach Anbaugebieten für 17 Produkte (Durchschnitt 1929-33)

	Weizenzone	Reiszone	gesamt
Prozent der Anbaufläche[1]	51	49	1oo
Ertrag in t[2]	54.62o	147.215	2o1.835
Prozent des Ertrags	27,1	72,9	1oo,o
Relation	1	2,69	
Index der Doppelernten[3]	127	166	149
Relation	1	1,31	

1) Liu u.a. 1964, S.45
2) Berechnet nach Liu u.a. 1964, S.5o-52
3) Buck 1964, S.216

Der Ertrag der Reiszone beträgt trotz der etwas geringeren Anbaufläche fast das Dreifache des Ertrags in der Weizenzone. Wie die Tabelle 8 weiter zeigt, ist dieser höhere Ertrag nur zum Teil auf die größere Verbreitung der Doppelernten zurückzuführen. Der von Buck ermittelte Index der Doppelernten ergibt nur eine Relation von 1 zu 1,3 zugunsten des Südens, während die Ertragsrelation 1 zu 2,7 beträgt. Der höhere Ertrag kann also nur etwa zur Hälfte durch die größere Erntefläche infolge weiter verbreiteter Mehrfachernten erklärt werden. Der Grund ist vielmehr darin zu suchen, daß im Süden ein größerer Teil der Anbaufläche künstlich bewässert wird und somit fruchtbarer ist.

Der Umstand, daß in China wie in anderen asiatischen und außerasiatischen Ländern in gewissem Umfang die künstliche Bewässerung und andere Arten des Wasserbaus die Grundlage der

Landwirtschaft bilden, hat in der Literatur zu umfangreichen Diskussionen über die Frage geführt, wie weit diese wasserwirtschaftliche Grundlage der Landwirtschaft ein wesentliches Moment der Bestimmung der sie betreibenden Gesellschaftsformation ist. Wittfogel interpretiert die chinesische Gesellschaft in dieser Hinsicht sehr extensiv, indem er nicht nur die Wasserwirtschaft an sich, sondern die weitgehend kollektiv durchgeführte und vom Staat organisierte Form dieser Wasserwirtschaft zu seiner zentralen Analysekategorie gemacht hat. Sowohl im Hinblick auf das Ausmaß der künstlichen Bewässerung wie auf die Art ihrer Durchführung sind die Thesen von Wittfogel stark kritisiert worden. Es scheint deswegen geboten, bevor man sich an eine Klärung dieser bedeutsamen Frage herangibt, einige quantitative Angaben über diesen Komplex zu machen.

Der Umfang der Bewässerung hängt von mehreren Umständen ab. Zunächst einmal ist es einleuchtend, daß das Hauptanbauprodukt des Südens, der Reis, ohne permanente Bewässerung nicht gedeihen kann. Die Niederschlagsmengen im Süden sind zwar hoch, aufgrund der wechselnden Monsunwinde aber sehr ungleichmäßig. Neben der Menge ist aber auch die Permanenz der Wasserzufuhr wichtig. Deshalb müssen die Reisfelder vom Zeitpunkt der Umpflanzung der Setzlinge vom Saatbeet in das eigentliche Feld künstlich unter Wasser gesetzt werden. Neben Anbausorten und Klima ist aber auch die Bodenbeschaffenheit von Bedeutung für die Notwendigkeit der künstlichen Bewässerung. Das gilt insbesondere für den Norden, wo die verbreitetste Bodenart der Löß ist. Der Löß ist zwar ein sehr fruchtbarer Boden, hat aber aufgrund seiner Struktur die Eigenschaft, daß das Wasser in ihm sehr schnell versickert. Um hier gute Erträge zu erzielen, reicht das Regenwasser nicht aus, weil die Gleichmäßigkeit der Bewässerung fehlt. Obwohl kein Reis angebaut wird, ist künstliche Bewässerung von Vorteil.

Vier Faktoren spielen also eine Rolle: Pflanzenart, Klima, Boden und der Umfang und die zeitliche Verteilung der natürlichen Bewässerung. Ein Zuviel an Wasser kann unter Umständen genauso schädlich sein wie zu wenig. Nicht mehr Be- sondern Entwässerung oder Eindämmung von Wasser ist dann das Problem.

Wie groß der Umfang des künstlich bewässerten Bodens im traditionellen China war, ist nicht mehr eindeutig festzulegen. Die Unterlagen, die Wittfogel zur Verfügung standen, gaben für 1917 eine Quote von 25 Prozent der Kulturfläche an[43]. Regional aufgegliedert sollte in den Provinzen Kiangsi, Chekiang, Hunan, Hupeh, Kiangsu und Anhwei, sämtlich in der Reiszone gelegen, die künstliche Bewässerung überwiegen oder zumindest einen hohen Anteil ausmachen[44]. Selber schätzte Wittfogel den Anteil der künstlich bewässerten Kulturfläche auf ein Drittel[45]. Da auf der bewässerten Fläche Ertrag und Arbeitsaufwand wesentlich höher als auf dem übrigen Boden sind, schien ihm diese Quote zur Stützung seiner These zu genügen.

Die neuere empirische Untersuchung von Buck und eine von Buck referierte Agrarstudie kommen sogar zu erheblich höheren Werten.

Tabelle 9: Anteil des bewässerten Bodens am gesamten Kulturland 19o4 bis 1933 (in Prozent)

	19o4/o9	1914/19	1924/29	1929/33
Buck[1]:				
gesamt				46
Reiszone				69
Weizenzone				15
Locality Survey[2]				
gesamt	36,4	35,8	37	38,5
Reiszone	49,o	47,2	48,2	49,8
Weizenzone	11,9	13,5	15,3	16,6

1) Buck 1964, S.186
2) in Buck 1964, S.188

Laut Buck waren zu Beginn der 3oer Jahre 46 Prozent der gesamten Kulturfläche künstlich bewässert, nach der anderen Studie immerhin noch 38,5 Prozent, wobei gegenüber dem Anfang des 2o.Jahrhunderts eine leichte Zunahme festzustellen ist. Interessant ist die Aufschlüsselung nach Reis- und Weizenzone. Aus ihr geht hervor, daß in der Reiszone die Hälfte bis zwei Drittel des Bodens bewässert sind, in der Weizenzone immerhin noch 15 Prozent. Also wird auch hier, obwohl es die Anbausorten nicht unbedingt verlangen, zum Zweck der Ertragssteigerung künstliche Bewässerung durchgeführt. Für beide Regionen läßt sich eine leichte Zunahme im 2o. Jahrhundert feststellen.

Tabelle 1o bringt eine Aufschlüsselung nach Provinzen, aus der klar hervorgeht, daß in den südlichen Reisprovinzen zwei Drittel und mehr der Fläche künstlich bewässert werden, die Annahme der höheren Schätzung von Buck also gestützt wird.

Tabelle 1o: Anteil der bewässerten Fläche am gesamten Kulturland nach Provinzen in den frühen 3oer Jahren (in Prozent)

Weizenzone	
Sinkiang	-
Kansu	26
Tsinghai	5o
Innere Mongolei	-
Heilungkiang	-
Kirin	-
Liaoning	0
Shensi	4
Shansi	7
Hopeh	14
Shantung	6
Honan	25
Weizen- und Reiszone	
Kiangsu	-
Anhwei	45
Reiszone	
Hupeh	63
Hunan	65
Chekiang	65
Fukien	57
Kiangsi	75
Kwangtung	68
Kwangsi	-
Kweichow	-
Yunnan	34
Szechwan	37

- = keine Angaben

Perkins 1969, S.67

Der höhere Flächenertrag der Reiszone (vgl. Tabelle 8) kann also durchaus auf das höhere Ausmaß der künstlichen Bewässerung zurückgeführt werden. Buck und Wittfogel schätzen die damit verbundene Ertragssteigerung auf 5o Prozent[46].

Die Agrarstudie von Buck gibt auch Auskunft über die Frage, mit welchen Mitteln die künstliche Bewässerung betrieben wurde. Die meistens angewandte Methode ist die Entnahme aus Wasserläufen oder Teichen, also Reservoiren, die von Natur aus vorhanden sind. Ein nicht unerheblicher Teil wird aber auch aus Brunnen oder Kanälen gewonnen, also erst künstlich anzulegenden Wasserquellen.

Tabelle 11: Herkunft der künstlichen Bewässerung (1929-33)

	Weizen-zone	Reis-zone	China
Prozentsatz der Bauern mit Bewässerung	87	99	95
davon benutzen (in Prozent):			
- Wasserläufe	4o	64	56
- Brunnen	72	8	29
- Gräben, Kanäle	4	16	12
- Teiche	6	56	4o
- Sonstiges	15	14	14
Methode(in Prozent):			
- Pumpen	72	78	76
- Schwerkraft	4o	5o	47

Buck 1964, S.188. Die Prozentangaben übertreffen 1oo, da vielfach verschiedene Bewässerungsangaben gleichzeitig vorkommen.

Nach Regionen unterschieden ergibt sich, daß im Norden die Brunnenbewässerung dominiert, was aus der Funktion der Bewässerung, Zusatz zum Regenwasser und nicht etwa Überfluten der Felder, verständlich ist. Auch über die Methoden, wie das Wasser aus den Reservoiren auf das Feld gelangt, gibt Tabelle 11 Auskunft. Pumpen überwiegen gegenüber der Schwerkraft. Beides sind aber sehr arbeitsintensive Methoden, da Pumpen oder Schöpfräder überwiegend mit Menschenkraft betrieben wurden, und bei der Anwendung der Schwerkraft die Anlage eines Kanalsystems notwendig ist.

Wenden wir uns jetzt der Weizenzone im Norden zu, wo die wasserwirtschaftlichen Probleme anderer Art sind. Wie schon angedeutet, ist die hauptsächliche im Norden vorkommende Bodenart der Löß, der in kleinen Partikeln durch den Huang Ho und andere Flüsse aus dem Bergland von Shensi und Shansi in die Große Ebene geschwemmt wird. Die Struktur des Lößbodens ist sehr porös, so daß das Regenwasser wie durch ein feines Kapillarsystem sofort nach unten wegsickert. Als Waldboden ist er demnach denkbar ungeeignet. Wenn aber der Waldbewuchs fehlt, ist die Bodenoberfläche in bergigen Gebieten sehr anfällig gegen Abschwemmungen. Das Mittel, um sich gegen diesen Effekt zu schützen, ist die Terrassierung. Welches Ausmaß diese Terrassierung annahm und welcher Arbeitsaufwand damit verbunden war, läßt Bucks Schätzung erkennen, daß etwa ein Viertel des kultivierten Bodens im Norden terrassiert war[48].

Tabelle 9 und 1o zeigten, daß auch in der Weizenzone, wenn auch in geringerem Ausmaß, künstliche Bewässerung vorkommt. Hier hat sie eine ergänzende Funktion. Die Fruchtbarkeit des Lößbodens ist nämlich sehr hoch, wenn er ausreichend und permanent bewässert wird.Die große Verbreitung der Brunnenbewässerung im Norden (vgl. Tabelle 11) weist daraufhin.

Ein anderes und viel schwieriger zu bewältigendes Problem liegt im Schutz vor zu viel Wasser, genauer im Schutz vor Überschwemmungen. Der Huang Ho (Gelber Fluß) hat seinen Namen daher, daß er permanent ungeheure Mengen von Lößsedimenten in seinem Oberlauf in den Bergregionen von Shensi und Shansi aufnimmt und im Unterlauf durch die Große Ebene, wenn die Stromgeschwindigkeit langsamer wird, in seinem Flußbett ablagert. Dadurch erhöht sich fortwährend das Niveau des Flußbettes. Da der Strom sich in der Ebene ungehindert durch Gebirge frei entfalten kann, besteht permanent die Gefahr, daß der Fluß über die Ufer tritt und sein Bett verlagert.

Wenn es zutrifft, daß das ursprüngliche chinesische Siedlungsgebiet nicht im heutigen Kernland, der Großen Ebene, sondern in den Flußtälern von Shensi und Shansi lag, dann war die Voraussetzung für die Besiedlung dieser Ebene die Entwässerung des Überschwemmungs- und Sumpfgebietes des Huang Ho. Diese Aufgabe stellte sich aber nicht bloß einmal, sondern die Eigenschaft des Flusses, immer wieder sein Bett zu erhöhen, verlangt den dauernden Ausbau der Deiche. Noch heute besteht hier für die chinesische Bevölkerung ein großes Problem.

Bei dem damals vorhandenen technischen Entwicklungsniveau ist es einleuchtend, daß eine solche Aufgabe nur durch einen ungeheuren Einsatz von Arbeitskräften zu bewerkstelligen war. Insofern sind Wittfogels Annahmen über die Dimension der Wasserbauten, die große Menschenmassen erforderten[49], das Einzugsgebiet mehrerer Provinzen betrafen und einer überregionalen Organisation bedurften, nicht von der Hand zu weisen. Eine andere Frage ist, wie weit diese Art der Organisation auf die Bewässerung der Felder zutrifft.

Ein Vergleich der beiden Anbauregionen zeigt, daß China nicht als wasserwirtschaftliche Einheit betrachtet werden kann[50]. Im Süden ist die künstliche Bewässerung die Grundlage der Landwirtschaft. Das Wasser wird vornehmlich aus Wasserläufen, Kanälen oder Teichen entnommen und durch Pump- oder Schöpfbetrieb auf die Felder geleitet. Im Norden stehen defensive Maßnahmen im Vordergrund. Terrassierung soll in bergigen Regionen das Abschwemmen der Oberfläche verhindern, Deichbau in der Ebene die Fehlder sichern. Weit verbreitete Brunnenbewässerung dient als Ergänzung der natürlichen Regenfälle zur Steigerung des Ertrages.

Terrassierung und Überflutung haben in bezug auf die natürliche Größe der Felder den gleichen Effekt. Ein Feld kann nur unter Wasser gesetzt werden, wenn es von einem Deich umgeben ist. Da nur technisch einfache Mittel zur Verfügung standen, und das Gefälle des Bodens ausgeglichen werden mußte, durfte das eingedeichte Areal nicht sehr groß sein.

Die Terrassierung steiler Berghänge führte ebenfalls dazu, daß die Felder sich in schmalen Streifen an die Berghänge schmiegten. Die folgende Tabelle über die durchschnittliche Größe der Felder, die nicht bloß nach Reis- und Weizenregionen, sondern weiter nach Subregionen (vgl. dazu Schaubild 2) untergliedert ist, bringt zu diesem Aspekt einige sehr interessante Aufschlüsse.

Tabelle 12: Durchschnittliche natürliche Größe der Felder nach Regionen (1929/33)

	Größe in ha	Zahl der Felder pro Bauer
China	o,381	5,6
Weizenregion	o,47o	5,7
Reisregion	o,32o	5,5
Frühjahrsweizen	o,919	4,8
Winterweizen-Hirse	o,3oo	5,5
Winterweizen-Sorghum	o,4o1	6,2
Reis-Winterweizen	o,4o9	5,3
Reis-Tee	o,178	5,4
Szechwan-Reis	o,551	9,7
Doppelernte Reis	o,231	5,4
Südwest Reis	o,259	3,7

Berechnet nach Buck 1964, S.183

Die durchschnittliche Feldgröße betrug zu Beginn der 3oer Jahre in Gesamtchina o,381 ha. In der Weizenregion waren diese Durchschnittsfelder 1 1/2 mal so groß wie in der Reiszone. Der Trockenfeldbau läßt also größere Felder zu. Innerhalb der Weizenzone hat die Winterweizen-Hirse-Region mit o,3oo ha die kleinsten Felder. Diese Region deckt sich weitgehend mit dem bergigen Lößgebiet von Kansu, Shensi und Shansi, wo der Terrassenbau notwendig ist. Die Terrassierung führt also ebenfalls zu kleineren Feldeinheiten.

Die Untergliederung der Reiszone zeigt, daß die südlicheren Regionen, wo der Reisanbau und somit die künstliche Bewässerung zunehmen, die Felder immer kleiner werden. Im Durchschnitt fallen somit 5 bis 6 getrennte Anbauflächen auf jeden Bauern, die einzeln zu bewässern und zu bearbeiten sind, was einen zusätzlichen Zeitaufwand verlangt. Ein ganz entscheidender Faktor für die Feldgröße und damit auch für die Anwendungsmöglichkeiten von Produktionsmitteln, die Ertragsleistung und den Arbeitsaufwand ist also die klimatisch und hydrographisch bedingte Struktur der Anbauzonen. Solange keine moderne Agrartechnologie zur Verfügung steht, bedeutet die Naß- und Terrassenfeldkultur mithin eine natürliche Schranke möglicher Produktivkraftentfaltung, die durch eine Agrarreform oder Kollektivierung ohne gleichzeitige Mechanisierung kaum zu überwinden ist. Daß neben die natürlichen auch gesellschaftliche Faktoren treten, zeigt allerdings der Umstand, daß die beschriebenen Felder keineswegs in einheitlichem Besitz sind. In der Regel teilen sich vielmehr infolge von Erbteilung und Landverkauf mehrere Besitzer ein terrassiertes, bewässertes oder normales Feld, so daß die tatsächliche Größe der einzelnen Parzellen wesentlich geringer ist (vgl. dazu Tabelle 15). Welche Auswirkungen das auf die Produktionsmittel wie Ackergeräte und Zugvieh sowie auf die Pflanzmethoden hat, soll der nächste Abschnitt zeigen.

2.1.3. Die technischen Faktoren der Produktion - Produktionsmittel und Arbeitsorganisation

Die chinesische Landwirtschaft wird von vielen Autoren als Gartenbaukultur bezeichnet. Nach der bisherigen Darstellung leuchtet dieser Begriff ein. Der immer knapper werdende Boden verlangt eine möglichst intensive Bewirtschaftung. Die kleinen Felder lassen kaum den Einsatz aufwendiger Agrarmaschinen rationell erscheinen[51]. Die Steigerung der Produktivkraft erfolgt nicht durch Kapital-, sondern durch gesteigerten Arbeitseinsatz. Die Gartenbaukultur unterscheidet sich von der Feldbaukultur durch die manuelle Behandlung jeder einzelnen Pflanze. Um das Ertragsergebnis zu steigern, verlangt der Boden eine sorgfältige Bearbeitung. Die Hacke dominiert deswegen vor dem Pflug[52]. Der Reis wird nicht gesät, sondern jeder Halm einzeln mit der Hand aus dem Saatbeet ins Naßfeld umgepflanzt. Stark verbreitet ist die Reihenpflanzung, um während der Wachstumszeit ein permanentes Jäten, Hacken, Düngen und Bewässern zu ermöglichen. Oft werden neue Kulturen zwischen die im Wachstum befindlichen gesetzt, um eine intensivere Nutzung des Bodens zu erreichen. Sogar beheizte Gewächshäuser sollen Verwendung gefunden haben[53].

Die Düngung spielt eine große Rolle und wird nicht nur vor, sondern auch während der Wachstumszeit verabreicht. Die Chinesen haben eine große Erfindungsgabe in der Benutzung natürlicher Düngemittel entwickelt. Flußschlamm, Lößerde, Asche, Stroh, Gras, Unkraut und vor allem tierische und menschliche Exkremente wurden verwendet, wobei der Dünger in flüssigen Zustand versetzt wurde. Es gab kaum ein Abfallprodukt, daß auf dem Wege der Düngung nicht wieder in den Naturkreislauf eingebracht wurde. Die Technik des Kompostierens wurde sehr gepflegt. Die Bewässerungsmethoden waren sehr einfach; entweder wurde das Wasser per Hand geschöpft oder es wurden durch Menschen oder Tiere zu bedienende Schöpfräder verwendet.

Der Einsatz von Zugtieren war nur für wohlhabende Bauern erschwinglich und aufgrund ihrer Besitzverhältnisse auch wirtschaftlich. Es kam allerdings vor, daß sich mehrere Bauern einen Wasserbüffel teilten. Insgesamt kann aber festgestellt werden, daß sich am Einsatz von Ackergeräten und Zugvieh seit dem Jahre 14oo kaum etwas geändert hat[54], so daß die arbeitsintensiven Methoden kaum durch kapitalintensive verdrängt wurden[55]. Wittfogel nennt drei Ursachen, die für die primitiven Ackergeräte und die Stagnation der Agrartechnologie verantwortlich sind: der gartenbaumäßige Charakter der chinesischen Landwirtschaft, ihre Kleinbetriebsform und die aus der Kleinbetriebsform herrührende Armut der meisten Bauern, die sich keine aufwendigen Investitionen leisten können[56]. Was also einerseits die angemessene Betriebsform war, die eine intensive Bewirtschaftung erst möglich machte und damit die Existenz wenigstens in etwa sicherte, bildete andererseits eine für den einzelnen Bauern unüberwindliche Schranke zur Akkumulation von Kapital in der Landwirtschaft.

Positiv für die Agrarentwicklung nach der Revolution muß das direkte Verhältnis des Bauern zur Natur gewertet werden[57]. Die traditionelle Erfahrung, daß die eigene Arbeitskraft und die eigene Erfindungsgabe die wichtigsten Produktivkräfte bei der Bearbeitung der Natur sind, kann ein Potential bilden, das unter veränderten sozialen und besitzrechtlichen Bedingungen mobilisiert werden kann.

Die natürlichen und technischen Bedingungen der Produktion haben auch auf andere Bereiche der Arbeitsorganisation Einfluß. Die kleinbäuerliche Wirtschaft wurde individuell, d.h. im Verbund der Kleinfamilie betrieben[58]. Die Feldarbeit wurde von den Männern zwischen 15 und 65 Jahren geleistet. Die Frauen versahen hausindustrielle Nebentätigkeiten wie Seidenraupenzucht, Spinnen und Weben von Baumwolle etc. Die Kinder waren mit dem Sammeln von Düngemitteln oder Futter für die Haustiere beauftragt[59].

Kollektive Arbeitsformen im Rahmen von Nachbarschaftsverbänden ergaben sich aus der Art der künstlichen Bewässerung. Da das eingedeichte und mit Wasser zu füllende Feld oft in Parzellen unter verschiedene Besitzer aufgeteilt und nur eine gleichzeitige Bewässerung des gesamten Feldes möglich war, bestand hier ein Zwang zur Absprache über den Zeitpunkt sowie zur kollektiven Durchführung der Bewässerung. Das Auffüllen der Felder durch handbetriebene Pumpen wurde von den Feldnachbarn im Schichtdienst geleistet[60]. Diese familieninterne bzw. nachbarschaftliche Organisation der eigentlichen Landarbeit wird auch von Wittfogel nicht anders dargestellt[61]. Es ist auch nicht einzusehen, welche Produktivitätsvorteile über die Summe der individuellen Arbeit hinaus bei der beschriebenen arbeitsintensiven Landwirtschaft durch kollektive Formen der Arbeit zu Tage getreten wären[62].

Differenzen ergeben sich nur an der Frage, welche Dimension die Kooperation bei umfangreicheren Be- und Entwässerungsprojekten wie Deich- und Kanalbau annahm. Hier berichtet Wittfogel von Arbeitsaufgeboten, die bis zu 3oo ooo Menschen umfaßten[63].

Tawney spricht demgegenüber von Wasserbauprojekten, die nur im Verbund mehrerer Dörfer geführt wurden[64]. Aus der Natur der Sache ergibt sich zwingend, daß zur Regulierung eines Stromes wie des Huang Ho, zumal bei den damals vorhandenen technischen Hilfsmitteln, eine große Anzahl Arbeitskräfte benötigt wurde, die sicherlich auch in die Tausende oder Zehntausende ging. Der Kaiserkanal oder die Große Mauer hätten sonst nicht gebaut werden können. Es ist auch zu vermuten, daß solche außergewöhnlichen Projekte mindestens auf Provinzebene organisiert werden mußten. Perkins hat alle ihm verfügbaren Berichte über größere Wasserbauprojekte seit dem 1o. Jahrhundert gesammelt[65] (vgl. Tabelle 13). Auch wenn diese Sammlung sicher nicht vollständig ist, so zeigt sie doch, daß in jedem Jahrhundert mehrere hundert oder bis zu tausend solcher Wasserbauprojekte durchgeführt wurden. Die regionale Aufgliederung dieser registrierten Projekte zeigt, daß im Osten, also im Überflutungsgebiet der Ströme, die sich in die Große Ebene ergießen, die meisten Arbeiten unternommen wurden. Zumindest im Hinblick auf Nordchina scheint also die Theorie von den überregional organisierten und mit großen Menschenmassen durchgeführten Wasserbauprojekten stichhaltig zu sein. Für Südchina scheint dieser Schluß nicht so zwingend, wenn auch die Aufstellung von Perkins ebenfalls für den Süden solche Arbeiten aufweist.

Tabelle 13: Zahl der Wasserbauprojekte in einzelnen Jahrhunderten

	Nordwesten	Norden	Osten	Zentral	Südosten	Südwesten	gesamt
vor dem 1o. Jh.	6	43	168	5o	27	19	313
1o.-12. Jh.	12	4o	315	62	353	1o	792
13. Jh.	1	3o	93	21	43	6	194
14. Jh.	2	53	448	52	1o6	5	666
15. Jh.	9	65	157	91	1o1	31	454
16. Jh.	28	2oo	314	361	88	83	1o74
17. Jh.	6	84	291	85	53	61	58o
18. Jh.	78	186	128	116	115	195	818
19. Jh.	92	32	9	131	34	96	394

Perkins 1969, S.61

2.1.4. Die juristischen Faktoren der Produktion - Bodenrecht und Erbteilung

Den juristischen Hintergrund für die Differenzierung der ländlichen Sozialstruktur bildete das Bodenrecht. Das chinesische Bodenrecht unterscheidet zwischen der Oberfläche und dem Untergrund des Bodens[66]. Der Besitztitel für den Untergrund bedeutet die Verpflichtung zur Entrichtung der Agrarsteuer und gleichzeitig das Recht, Pacht zu verlangen. Der Volleigentümer ist der Besitzer von Oberfläche und Untergrund. Volleigentümer sind in der Regel die selbständigen Produzenten, die auch über ihre eigenen Produktionsmittel verfügen. Ihre Abgaben bestehen hauptsächlich in der Zahlung der Agrarsteuer. Die sogenannten Landlords (Gentry) führen in der Regel selber keine Bewirtschaftung durch, da sie nur das Recht am Untergrund haben, also Pacht verlangen können, während das Recht an der Oberfläche ihren Pächtern gehört. Dieses Oberflächenrecht ist lebenslänglich, vererbbar und bedeutet das Recht zur Bebauung des Bodens. Die Oberflächenbesitzer (Pächter) sind in der Regel auch Besitzer ihrer Produktionsmittel. Sie können wiederum ihr Recht an der Oberfläche vermieten. Der Unterschied zwischen Pächter und Unterpächter wird im Englischen durch die Begriffe "tenant" und "lessee" ausgedrückt. Die Miete der Oberfläche erfolgt nur auf Zeit und ist nicht vererbbar. Die Vermietung von Land ist relativ selten und bedeutet für den Vermieter nur eine Übergangslösung, wenn z.B. eine Witwe ihr Land an einen anderen Bauern oder Pächter vermietet, bis ihr Sohn die Bewirtschaftung übernehmen kann.

Neben Volleigentümern, Landlords, Pächtern, Unterpächtern gibt es noch die Gruppe der Landarbeiter. Kurzfristige Landarbeiter sind Bauern, die einen Nebenerwerb benötigen, weil sie nicht genug Land besitzen. Langfristige Landarbeiter haben kein eigenes Land. Die Familie, bei der sie angestellt sind, benötigt auf Dauer eine Arbeitskraft. Daneben existieren alle möglichen Mischformen. Ein selbständiger Bauer kann zugleich Teilpächter sein, weil sein eigenes Land zur Bebauung nicht ausreicht.

Er oder ein Pächter kann auch zugleich Mieter von zusätzlichem Land oder Landarbeiter sein.

Der Sinn dieser differenzierten Besitzstruktur liegt in dem Schutz, den sie in Not geratenen Bauern gewährt. Unterstellt, daß ursprünglich die Masse der Bauern Volleigentümer war, bedeutet Verschuldung nicht sofort den Verlust jeder Rechte und Einkommensquellen. Der Abstieg vom Volleigentümer zum Landlosen vollzog sich vielmehr in Etappen. Infolge einer Mißernte oder Naturkatastrophe war der Bauer gezwungen, um bis zur nächsten Ernte nicht zu verhungern, Kredite bei den lokalen Wucherern aufzunehmen. Konnte er die Kredite nebst horrenden Zinsen nicht zurückzahlen, trat er seinem Gläubiger, einem Geldverleiher oder Landlord, sein Recht am Untergrund ab. Statt Zinsen und Tilgung zahlte er jetzt Pacht. An seiner materiellen Belastung änderte sich dadurch nichts. Gleichzeitig behielt er aber das Recht an der Oberfläche und damit das erbliche lebenslange Recht der Bebauung dieser Oberfläche. Reichte der Ertrag des Bodens nicht aus, die Pacht zu zahlen, vertrieb der Landlord ihn dennoch nicht ohne weiteres, da es schwierig war, für einen solchen Boden einen Nachfolger als Pächter zu bekommen. Ist die Not des Pächters allerdings zu groß geworden, muß er schließlich auch sein Oberflächenrecht abtreten. Als Landloser kann er versuchen, eine Stelle als Landarbeiter zu bekommen, oder er muß in die Stadt abwandern. Der Landlord verpachtet in der Regel seinen gesamten Boden an Kleinpächter und hat seinen Wohnsitz nicht auf dem Land. Die Rente wird durch Agenten eingezogen.

Eine schematische Darstellung dieses Systems von Eigentum, Rechten und Pflichten zeigt Tabelle 14.

Tabelle 14: Bodenrecht in der Landwirtschaft

	Recht	Ertrag	Pflichten	Besitz von Produktionsmitteln
Landarbeiter				
- kurzfristig	-	Tageslohn	Arbeit	ja und nein
- langfristig	-	Jahreslohn Unterkunft Nahrung	Arbeit	ja und nein
Unterpächter (lessee)	zeitl. Benutzung der Oberfläche	Produkt	Miete an Pächter	ja
Pächter (tenant)	dauernder Besitz der Oberfläche	Produkt (Miete)	Rente an Landlord	ja
Landlord (abwesend)	Besitz des Untergrunds	Rente	Agrarsteuer	nein
Volleigentümer	Besitz von Oberfläche und Untergrund	Produkt (Rente, Miete)	Agrarsteuer	ja

Fei Hsiao-tung 1946 (a), S.179

Erst im 2o. Jahrhundert zeigen sich Auflösungserscheinungen dieser Besitzstruktur, als die Landlords dazu übergehen, sich auch das Oberflächenrecht anzueignen und den Boden selber kommerziell zu bewirtschaften (vgl. dazu Tabelle 16). Das Dauerrecht der Pacht wurde in den 3oer Jahren in zeitlich begrenzte Pacht (jährlich oder zweijährlich) umgewandelt [76].

Ein weiterer aus der Tradition herrührender sehr wesentlicher juristischer Faktor für die Agrarstruktur ist das chinesische Erbrecht. In Westeuropa herrschte im Mittelalter weitgehend das Erstgeburtsrecht (Primogenitur), das dazu führte, daß der Grundbesitz einer Familie in seinem Umfang erhalten blieb. Weitere Söhne mußten mit einem bestimmten Alter den Hof verlassen und bekamen eine Auszahlung. Die Bildung von Großgrundbesitz wurde durch diese Regelung ebenfalls gefördert, da keine Erbteilung zur fortlaufenden Aufteilung des Grundbesitzes führte.

In China herrschte demgegenüber das Prinzip der Erbteilung. Die Begründung für diese Rechtsform ist darin zu suchen, daß der chinesische Staat einerseits einen Schutz für seine bäuerliche Basis gewährleisten wollte, um zu verhindern, daß ein Bauer völlig mittellos wurde. Andererseits versuchte der Staat mit dieser Regelung die Bildung von Großgrundbesitz niederzuhalten und damit die Entstehung einer feudalen Grundherrenklasse zu verhindern, die seinen Machtanspruch streitig gemacht hätte. Jeder Sohn hatte deshalb den gleichen Anspruch auf einen Teil des Familienbesitzes in Form von Boden und Benutzung oder Teilung des Wohnhauses. Dieses Gleichheitsprinzip ging soweit, daß nicht einfach der gesamte Boden geteilt wurde, sondern jedes Feld einzeln, um durch Unterschiede in der Güte des Bodens, des Zugangs zu Wasserstellen etc. keine Ungleichheiten aufkommen zu lassen. Die Konsequenz war, daß die aus der Natur der Bewässerungswirtschaft oder des Terrassenbaus schon kleinen Felder (vgl. Tabelle 12) in sich wiederum in Parzellen unterteilt waren, die nach Auseinanderwachsen der Familie und Landverkauf keineswegs immer im Besitz einer Familie blieben.

Tabelle 15 zeigt im Vergleich zu Tabelle 12, daß die durchschnittliche Größe der Parzellen nur die Hälfte der Felder betrug.

Tabelle 15: Durchschnittliche Parzellengröße nach Regionen (1929/33)

	Größe in ha	Anzahl der Parzellen pro Bauer
China	o,198	11,6
Weizenregion	o,332	8,5
Reisregion	o,1o1	14,o
Frühjahrsweizen	o,51o	9,3
Winterweizen-Hirse	o,21o	8,7
Winterweizen-Sorghum	o,332	8,2
Reis - Winterweizen	o,15o	1o,4
Reis-Tee	o,o69	14,1
Szechwan Reis	o,o81	23,7
Doppelernte Reis	o,1o1	13,4
Südwest Reis	o,o49	18,4

Berechnet nach Buck 1964, S.183

Die durchschnittliche Zahl der Parzellen übertrifft die Zahl der Felder, 5,6 pro Bauer, (vgl. Tabelle 12) mit 11,6 also beträchtlich. Sie war in der Reisregion wegen der geringeren natürlichen Feldgröße aber höher und konnte im Szechwan-Reisgebiet sogar die extreme Zahl von 23,7 Parzellen im Durchschnitt erreichen, obwohl hier die durchschnittlichen Felder mit o,551 ha (vgl. Tabelle 12) die größten der gesamten Reiszone sind. Die ökonomische Irrationalität äußert sich nicht nur in der Bodenzersplitterung innerhalb des Kleinstbesitzes, sondern auch in den Entfernungen, die zwischen den einzelnen Parzellen lagen. Buck hat eine durchschnittliche Entfernung der Parzellen von 644 Metern vom Bauernhaus festgestellt[68]. Das heißt, bei einer Zahl von 1o bis 2o Parzellen war der Bauer einen großen Teil seines Arbeitstages nur damit beschäftigt, zwischen seinen Parzellen hin- und herzulaufen und Lasten zu befördern.

Dieses Erbteilungsprinzip führte dazu, daß die Größe einer Familie sehr stark mit der Größe des Bodens korrelierte[69]. Das ist nicht nur ein erster Hinweis auf die Dominanz der Subsistenzwirtschaft - der Boden war die Existenzgrundlage der Familie -, sondern auch Folge der Familienpolitik. Da der zweite Sohn Erbteilung bedeutete und damit für die Familien der Nachfolgegeneration das Existenzminimum unterschritten würde, waren Abort und Infantizid durchaus üblich und auch gesellschaftlich sanktioniert[7o]. Hohe Kinderzahl war ein Statussymbol für den Reichtum einer Familie.

Andererseits verhinderte die Erbteilung auch die Bildung von Großgrundbesitz auf Dauer. Innerhalb weniger Generationen wurde umfangreicher Landbesitz oft wieder reduziert. Hier liegt möglicherweise ein Grund, warum der chinesische Großgrundbesitz nur in Relation zu den chinesischen Bauern eine solche Bedeutung erhalten konnte, im Vergleich zu Westeuropa oder anderen Ländern der Dritten Welt aber lächerlich geringe Ausmaße hatte. Insofern konnten die Einkünfte aus Grundbesitz in vielen Fällen keine außerordentliche Quelle der Kapitalakkumulation sein.

Man sieht also, daß neben den natürlichen Bedingungen traditionelle Faktoren wie das Erb- und Bodenrecht erhebliche Konsequenzen für die Bodenzersplitterung, die differenzierte Sozialstruktur und die Verhinderung der Bildung von agrarisch nutzbarem Großgrundbesitz hatten, der, wie gesagt, nicht mit dem Oberflächenrecht und damit dem Recht der Bebauung identisch war.

Was einerseits Schutz der Bauern vor sofortiger (Bodenrecht bei Verschuldung) oder völliger (Erbteilung) Mittellosigkeit war, behinderte andererseits den Übergang zur großflächigen, mechanisierten Anbauweise und beschnitt somit die Nahrungsmittelproduktion und die Fähigkeit zur Kapitalakkumulation auf gesamtwirtschaftlicher Ebene.

2.1.5. Die sozialen Faktoren der Produktion - Volleigentümer und Pächter

Einen groben Überblick über die prozentuale Verteilung der ländlichen Bevölkerung nach ihrer Klassenzugehörigkeit gibt folgende Tabelle:

Tabelle 16: Sozialstruktur auf dem Land 1934/35 (in Prozent der Familien)

Landlords (ohne eigene Bewirtschaftung)	2,o5
Landlords (mit eigener Bewirtschaftung = Großbauern)	3,73
Volleigentümer	47,61
Halbpächter	2o,81
Pächter	15,78
Landarbeiter	1,59
Sonstige	8,43

Erhebung der National Land Commission, in: Feuerwerker 1968, S.34

Die Landlords, d.h. diejenigen Grundbesitzer, die ihren Boden nicht selber bearbeiten, sondern nur die Pacht einstreichen, machen ca.zwei Prozent der ländlichen Bevölkerung aus. Die in der Tabelle auch irreführend als Landlords bezeichneten Grundbesitzer, die ihr Land in eigener Regie bewirtschaften, kann man eher als Großbauern bezeichnen. Ihr Anteil beträgt knapp vier Prozent. Aus der Quelle wird nicht ersichtlich, ob es sich dabei um reiche Bauern oder um ehemalige Landlords handelt, die inzwischen zur Eigenbewirtschaftung übergegangen sind. Die eigentlichen Volleigentümer bilden mit ca. 48 Prozent den größten Teil der ländlichen Bevölkerung. Zieht man Pächter und Teilpächter zusammen, beträgt ihr Anteil demgegenüber nur 36 Prozent. Landarbeiter bilden mit 1,5 Prozent eine marginale Größe. Der Rest setzt sich aus agrarisch nicht unmittelbar Tätigen wie Handwerkern, Händlern u.a. zusammen, die aber der ländlichen Bevölkerung zugerechnet werden.

Offensichtlich ist es einem großen Teil der Bauernschaft gelungen, ihren unabhängigen Status bis ins 2o. Jahrhundert zu erhalten. Das Pachtwesen ist zwar ein gewichtiger Faktor, hat aber bei weitem nicht das Ausmaß wie in anderen Ländern. Leider gehen die verschiedenen Untersuchungen und Schätzungen über den tatsächlichen Anteil der Pächter und Teilpächter auseinander, wie ein Vergleich in der folgenden Übersicht zeigt.

Tabelle 17: Relation Pächter - Eigentümer im 2o.Jahrhundert (in Prozent)

	Volleigentümer	Teilpächter	Pächter
Chu[1] 193o	45	22	33
Buck[2] 1929/33	54	29	17
Agricultural Survey[3]	44	23	33
Perkins[4] 1912			28
1931/36			3o
Nat. Agricultural Research Bureau[5]			
1912	49	23	28
1937	46	24	3o

1) Chu 1933, S.159
2) Buck 1964, S.196,Spalte b)
3) Buck 1964, S.196, Spalte c)
4) Perkins 1969, S.91
5) Feuerwerker 1968, S.34

Bucks Zahlen geben den niedrigsten Anteil der Pächter an, sind aber durch die Art dieser Untersuchung, in der bevorzugt wohlhabendere Bauern befragt wurden, vermutlich zu niedrig angesetzt[71]. Das hieße also, daß bei einer Aufteilung nach Eigentümern und Pächtern die Volleigentümer ca.45 Prozent der Bauern ausmachen, während ca.33 Prozent Pächter und 22 Prozent Teilpächter sind. Die Zahlen von Perkins und des National Agricultural Bureau weisen darauf hin, daß in der ersten Hälfte des 2o. Jahrhunderts eine leichte Zunahme des Pachtwesens zu verzeichnen ist[72]. Langfristig gesehen scheint aber der Anteil des Pachtwesens stabil geblieben zu sein, wenn man den Ergebnissen von Perkins folgt, der den Zeitraum von 13oo bis 1949 untersucht hat[73]. Für diese Stabilität sprechen auch die Angaben von Feuerwerker, der festgestellt hat, daß die soziale Mobilität zwischen den einzelnen Gruppen auf dem Land sehr gering war[74]. Wer einmal Pächter oder Landarbeiter war, hatte kaum eine Chance, auf der sozialen Leiter wieder hinaufzusteigen.

Daß der Anteil der Landarbeiter so gering ist, hat vermutlich den Grund, daß es kaum Beschäftigungsmöglichkeiten auf dem Land gab. Eine Bewirtschaftung großer Güter, bei der viele Arbeitskräfte benötigt wurden, war sehr selten (vgl. dazu Tabelle 2o), was aus den bereits geschilderten Ursachen einleuchtet. Wer seinen Landbesitz vollständig verloren hatte, war gezwungen, in die Städte abzuwandern bzw.,was nach 186o größere Bedeutung bekam, zu emigrieren. Die Hauptkontingente der Auslandschinesen stammen nämlich aus der Provinz Kwangtung in Südchina, einer Region, die infolge der Nähe zu Canton, bereits sehr stark kommerzialisiert war, und wo die Lebensbedingungen besonders schlecht waren[75].

Das Bild ändert sich allerdings, wenn man analog der Schilderung der natürlichen Bedingungen eine regionale Differenzierung des Pachtwesens (Tabelle 18) vornimmt. Der erste Eindruck ist, daß in der weniger fruchtbaren nördlichen Weizenzone der Anteil der selbständigen Bauern höher ist. Weil im Süden die Bodenfruchtbarkeit höher ist, kann eine höhere Pacht verlangt werden. Hier ist es also für die Landlords lohnender, in Land zu investieren[76]. Diese Erscheinung korrespondiert auch mit der Besitzstruktur.

Tabelle 18: Regionale Verteilung des Pachtwesens Anfang der 3oer Jahre (in Prozent)

	Perkins[1]	Chu[2]	
	Pächter	Pächter	Pächter + Teilpächter
Weizenzone	21,7	21,5	4o,o
Nordwesten			
Chahar	35	27	45
Suiyuan	26	2o	55
Ningsia	27	-	-
Tsinghai	21	-	-
Kansu	22	-	-
Norden	17,2	17,2	34,o
Shensi	23	29	42
Shansi	17	13	28
Hopeh	12	13	34
Shantung	12	9	28
Honan	22	22	38
Nordosten			
Heilungkiang	-	28	46
Kirin	-	37	54
Liaoning	-	31	5o
Jehol	-	7	2o
Reiszone	43,7	43,3	68,1
Osten			
Kiangsu	33	32	62
Anhwei	44	55	72
Chekiang	47	42	73
Zentral			
Hupeh	4o	51	78
Hunan	48	34	66
Kiangsi	41	39	73
Südosten			
Fukien	42	69	91
Kwangtung	52	46	7o
Kwangsi	4o	31	46
Südwesten			
Kweichow	43	35	54
Yunnan	38	28	54
Szechwan	56	57	78

1) Berechnet nach Perkins 1969, S.91
2) Berechnet nach Chu 1933, S.159

In Tabelle 18 wurden die plausiblen Werte von Perkins und Chu nach Regionen und Provinzen aufgegliedert. Beide Verteilungen stimmen weitgehend überein. Der Anteil der Pächter ist in der Reiszone mit 43,7 bzw. 43,3 Prozent doppelt so hoch wie im Norden. Die eigentlichen Kernprovinzen im Norden Shensi, Shansi, Hopeh, Shantung und Honan haben sogar nur einen durchschnittlichen Pächteranteil von 17,2 Prozent[77]. Rechnet man die Teilpächter hinzu, erreicht die Quote gerade 34 Prozent. Dem stehen extrem hohe Anteile zwischen 62 und 91 Prozent (inklusive Teilpächter) in den vier südlichen Küstenprovinzen Kiangsu, Chekiang, Fukien und Kwangtung, den am Yangtze, der Hauptverkehrsader im Binnenland, gelegenen Provinzen Hupeh, Hunan, Kiangsi sowie Szechwan gegenüber[78]. Hierbei handelt es sich mit Ausnahme von Szechwan um Regionen, die entweder in geographischer Nähe zu den wirtschaftlichen Zentren Shanghai, Hankow und Canton liegen oder günstige Verkehrsverbindungen wie die an der Küste und am Unterlauf des Yangtze gelegenen Provinzen aufweisen. Tawney spricht für die Umgebung von Shanghai sogar von 95 Prozent und für das Canton-Delta von 85 Prozent Pächtern[79]. Die abseits gelegenen Provinzen Kwangsi, Kweichow und Yunnan haben zwar gegenüber der Weizenzone einen relativ hohen Pachtanteil, innerhalb der Reiszonen liegen sie aber unter dem Durchschnitt.

Drei Momente scheinen demnach bei der Bestimmung der relativen Bedeutung des Pachtwesens von Wichtigkeit zu sein. Erstens fördert die natürliche Agrarstruktur, höherer Ertrag infolge höherer natürlicher Fruchtbarkeit und damit potentiell höhere Renten, das Pachtwesen. Größere Bodenzersplitterung fördert umgekehrt die Anfälligkeit gegen Verschuldung und Verlust des Volleigentümerstatus. Darin unterscheidet sich der Süden grundsätzlich vom Norden. Außerdem aber erhöht sich der Pachtanteil, wenn die Region im Einzugsgebiet kommerzieller Zentren liegt[80]. Im Norden gab es solche kommerzielle Zentren nicht, Peking war nur Verwaltungsmetropole, so daß hier der Pachtanteil niedriger bleibt, was er aufgrund der natürlichen Bedingungen per se ist. Die Relation zwischen den im kommerziellen Einzugsbereich liegenden Reisprovinzen und den zentralen Weizenprovinzen beträgt fast 3:1.

Aus der Pachtverteilung lassen sich also ebenfalls Hinweise für den bedenklichen Zustand der chinesischen Landwirtschaft finden, denn die Situation des Pächters war infolge der hohen Pachtbelastung materiell wesentlich ungünstiger als die des Volleigentümers. Außerdem stand ihm weniger Boden zur Verfügung. Andererseits weist die regionale Aufgliederung auf signifikant unterschiedliche Bedingungen hin, wie sie bei der Schilderung der natürlichen Grundlagen der chinesischen Landwirtschaft bereits zutage getreten waren.

Verständlich und mit anderen Ländern vergleichbar wird diese Sozialstruktur allerdings erst, wenn die ihr zugrunde liegenden Besitzverhältnisse hinzugenommen werden.

2.1.6. Die ökonomischen Faktoren der Produktion - Grundbesitz und Einkommen

Zu den ökonomischen Faktoren zählen in erster Linie die Besitzverhältnisse. Staatsbesitz spielte im 2o. Jahrhundert keine besondere Rolle mehr. Der Prozeß der Privatisierung des Bodens hatte bereits im ersten Jahrtausend nach der Zeitwende eingesetzt. Chu nennt als mutmaßliches Datum das Jahr 78o n.Chr.[81] Zwei Zahlen von Buck über den Anteil des Privatlandes für 1865 mit 92,7 Prozent und 1929/33 mit 93,2 Prozent[82] weisen darauf hin, daß der Privatisierungsprozeß bereits im 19. Jahrhundert weitgehend abgeschlossen war. Der Rest des Bodens verteilt sich auf den Staat, die Kirchen, das Militär, Schulen u.a.

Zu prüfen wäre, ob an die Stelle des Staates oder feudaler Grundherren eine neue Klasse getreten ist, die den Grundbesitz monopolisiert. Es ist zwar festgestellt worden, daß der Anteil der Volleigentümer relativ hoch ist, es ist aber noch unklar, welchen Anteil am bebaubaren Boden sie besitzen.

Tabelle 19 zeigt, daß die Bodenverteilung das Bild nicht zuungunsten der Volleigentümer verändert.

Tabelle 19: Anteil des verpachteten Ackerlandes 1929/33 (in Prozent)

China	28,7
Weizenregion	12,7
Reisregion	4o,3
Frühjahrsweizen	8,4
Winterweizen-Hirse	17,3
Winterweizen-Sorghum	11,8
Reis-Winterweizen	39,4
Reis-Tee	42,1
Szechwan Reis	49,1
Doppelernte Reis	46,8
Südwest Reis	26,8

Buck 1964, S.194

Der Anteil des verpachteten Bodens ist mit 28,7 Prozent geringer als der Anteil der Pächter. Daraus läßt sich folgern, daß der durchschnittliche Besitz der Volleigentümer höher als die durchschnittliche Pachtfläche sein muß. Unabhängig von der Höhe der Pacht wird die materielle Lage der Pächtern also schlechter sein. Die regionale Aufgliederung des Pachtlandes bestätigt die Ergebnisse von Tabelle 18. Auffällig auch hier, daß in der Region Südwestreis, die weitgehend mit den Provinzen Kweichow, Yunnan und Kwangsi identisch ist, der Anteil des Pachtlandes gegenüber den anderen Regionen so niedrig bleibt. Es fällt also nicht, wie vermutet werden könnte, mehr Land auf jeden Pächter. Die Relation Pachtland/Pächter ist mit den anderen Regionen vergleichbar, nur sind die absoluten Werte erheblich niedriger.

Die Quote von 28,7 Prozent verpachteten Bodens bedeutet aber nicht, daß dieser Boden ausschließlich Landlords gehört. Der Staat, die Kirche oder auch bäuerliche Volleigentümer können Land verpachten. Perkins schätzt den Anteil der Landlords auf zwei Drittel[83]. Das hieße, die Landlords besäßen lediglich 19 Prozent des Ackerlandes, eine im Vergleich zu anderen Ländern der Dritten Welt sehr geringe Quote.

Diese Quote erscheint allerdings plausibel, wenn man sie mit Erhebungen über die Bodenkonzentration (Tabelle 2o) vergleicht. Buck klassifizierte die von ihm untersuchten Bauernwirtschaften in Kategorien von "klein", bis "sehr, sehr, sehr groß", errechnete ihre jeweilige Durchschnittsgröße und die prozentuale Verteilung der Fälle auf die Kategorien.

Tabelle 2o: Bodenverteilung 1929/33: durchschnittliche Größe der Bauernhöfe pro Kategorie und prozentuale Verteilung

	in ha[1]			in Prozent[2]		
	China	Weizenzone	Reiszone	China	Weizenzone	Reiszone
klein	o,579	o,729	o,47o	22,5	23,5	21,8
mittel	1,15o	1,45o	o,932	37,4	34,3	39,6
mittelgroß	1,993	2,462	1,652	19,7	17,3	21,5
groß	2,9o4	3,811	2,183	1o,8	12,1	9,9
sehr groß	5,273	7,o55	3,7o2	7,2	9,2	5,8
sehr, sehr groß	8,898	1o,o89	4,135	o,8	1,5	o,2
sehr, sehr, sehr groß	9,469	11,o61	4,674	o,2	o,4	o,1
gesamt	1,693	2,28o	1,26o	1oo,o	1oo,o	1oo,o

1) Berechnet nach Buck 1964, S.272
2) Berechnet nach Buck 1964, S.271

Demnach bedeutet "kleine" Bauernwirtschaft im Durchschnitt o,579 ha und "sehr, sehr, sehr große" Bauernwirtschaft lediglich 9,469 ha im Schnitt, was für europäische oder lateinamerikanische Verhältnisse allenfalls einen Mittelbauern aber keinesfalls einen Großbauern geschweige denn einen Großgrundbesitzer abgibt. Tawney zitiert eine Erhebung des chinesischen"Department for Agriculture and Commerce" aus dem Jahre 1913, nach der in der höchsten Kategorie (über 1oo mou = 6,o75 ha und mehr) 6 Prozent der Eigentümer zu finden sind[84]. Feuerwerker schätzt die Zahl der Familien, die 1oo bis 15o mou (6 bis 9 ha) besitzen, auf zwei Millionen und meint damit die"Großgrundbesitzer"[85]. Bei einer Agrarbevölkerung von ca. 4oo Millionen in den 3oer Jahren und einer vierköpfigen Durchschnittsfamilie wären das ca. zwei Prozent, die mit den zwei Prozent Landlords der Tabelle 16 übereinstimmen würden.

Offensichtlich lassen also, wie bereits vermutet, die natürlichen und die juristischen Bedindungen keinen wirklichen Großgrundbesitz entstehen. Die einzige Möglichkeit bleibt, daß eine Kommerzialisierung der Landwirtschaft im 2o. Jahrhundert infolge fortschreitender Industrialisierung eine solche Entwicklung doch noch gefördert hat, was in einigen Regionen offenbar der Fall war[86].

Die Masse der Bauern (79,6 Prozent) besitzt laut Tabelle 2o zwischen o,5 und 2 ha und die Mittelbauern (18 Prozent) zwischen 3 und 5 ha, wobei der Unterschied zu den Großbauern nicht sehr bedeutend ist. Der Besitz des Durchschnittsbauern beträgt 1,7 ha. Das regionale Nord-Südgefälle wird auch in der Besitzkonzentration deutlich. Der geringere Flächenertrag des Nordens muß durch größeren Besitz pro Bauernwirtschaft ausgeglichen werden. Aber selbst in der Frühjahrsweizenzone, wo der Gesamtdurchschnitt 3,252 ha beträgt, erreicht die Kategorie "sehr, sehr, sehr groß" nur 21,558 ha[87].

Schließlich soll noch die Bodenfläche von Volleigentümern und Pächtern verglichen werden.

Tabelle 21: Durchschnittliche Größe der Bauernwirtschaften nach Besitzverhältnissen 1929/33 (in ha)

	Volleigentümer	Teilpächter insgesamt	davon: Eigentum	Pacht	Pächter
China	1,7o9	1,721	o,992	o,729	1,442
Weizenzone	2,25o	2,25o	1,381	o,871	2,28o
Reiszone	1,292	1,332	o,713	o,62o	1,11o

Berechnet nach Buck 1964, S.197

Für ganz China läßt sich ein leichter Vorteil für die Volleigentümer ausmachen. Die Teilpächter stehen nicht schlechter da. Ihr eigenes Land umfaßt in der Regel mehr als die Hälfte des bewirtschafteten Bodens. Das Nord-Südgefälle ist bereits bekannt. Der Unterschied zwischen Pächtern und Eigentümern ist also offensichtlich nicht in der Betriebsgröße, sondern in der jeweiligen Belastung durch Pacht oder Agrarsteuer zu suchen.

Im folgenden soll versucht werden, mittels einer Bilanz über Einkünfte, Ausgaben und sonstige Belastungen festzustellen, ob es der Masse der Bauern möglich war, aus eigener Kraft eine Steigerung der Produktivität über die bereits geschilderten Methoden hinaus qua Investitionen zu erzielen.

Tabelle 22 (S. 71) vermittelt einen Überblick über die Ertragsleistung pro Kopf, aufgeteilt nach Anbauregionen und Betriebsgröße.

Die erste Spalte gibt noch einmal das Nord-Südgefälle in der durchschnittlichen Betriebsgröße wieder. Dieses Gefälle wird zum Teil durch die weiter verbreiteten Doppelernten im Süden und damit größerer Erntefläche kompensiert (Spalte 2). Spalte 3 zeigt, daß die höhere Fruchtbarkeit infolge des Klimas und der Naßfeldbauweise zu einer höheren Pro-Kopf-Produktion führt, unterstellt, daß die Familiengröße in etwa gleich ist. Am deutlichsten wird dieser Effekt im Vergleich der Frühjahrsweizenzone (3,252 ha) mit der Region Südwestreis (1,o33 ha), wo ein Drittel der Betriebsgröße fast den dreifachen Pro-Kopf-Ertrag liefert. Von den natürlichen Bedingungen her gesehen ist der Süden also in einer besseren Situation. Es wird deutlich, wieso der Pachtanteil im Süden so viel höher ist (vgl. die Tabellen 18 und 19), da hier das Pachtland, in der Regel festgesetzter Anteil an der Ernte[88], die höchste Verzinsung erbringt. Der vermeintliche Vorteil der Reisbauern verkehrt sich also in sein Gegenteil.

Die Aufschlüsselung nach Betriebsgröße zeigt, daß sich bei den wohlhabenden Bauern Skaleneffekte einstellen (Spalten 4 bis 8). Hier können Zugtiere eingesetzt werden und die menschliche Arbeitskraft besser ausgenutzt werden, was vermutlich von großer Bedeutung ist. Schätzungen ergeben, daß lediglich 35 Prozent der 15 bis 6ojährigen Männer voll beschäftigt waren, während die anderen nur zur Saat- und Erntezeit benötigt wurden[89].

Tabelle 22: Ertragsleistung der Landwirtschaft pro Kopf nach Regionen und Betriebsgröße 1929/33

	Größe der Betriebe in ha Durchschnitt[1]	Größe der Anbaufläche in ha Durchschnitt[1]	Pro-Kopf-Produktion in Getreideäquivalenten in kg[2]	Pro-Kopf-Produktion nach Betriebsgröße in kg[2] klein	mittel	mittel-groß	groß	sehr groß	Prozent der Agrarbevölkerung[3]
	1	2	3	4	5	6	7	8	9
China	1,693	2,1o2	446	225	353	479	558	773	1oo,o
Weizenzone	2,28o	2,45o	345	159	254	339	439	592	41,1
Reiszone	1,26o	1,851	4o6	277	431	588	653	951	58,9
Frühjahrsweizen	3,252	2,762	22o	94	165	197	233	3o1	4,2
Winterweizen-Hirse	1,713	1,733	284	156	234	31o	35o	456	6,4
Winterweizen-Sorghum	2,251	2,722	426	184	296	4o5	562	83o	3o,5
Reis-Winterweizen	1,559	2,333	483	257	4o9	553	642	832	16,2
Reis-Tee	1,o21	1,511	489	257	411	545	6o2	8o5	15,7
Szechwan Reis	1,43o	2,133	712	218	394	638	714	1472	11,4
Doppelernte Reis	1,ooo	1,551	497	298	398	594	681	954	1o,6
Südwestreis	1,o33	1,15o	616	373	582	711	724	1o46	5,1

1) Berechnet nach Buck 1964, S.268
2) Buck 1964, S.286
3) Berechnet nach Buck 1964, S.362

Tabelle 23: Beschäftigungsniveau der 15-6o jährigen (in Prozent)

	Vollbe- schäftigung	Teilbe- schäftigung	Sonsti- ges
China	35	58	7
Weizenzone	3o	65	5
Reiszone	38	53	9
Frühjahrsweizen	4o	55	5
Winterweizen-Hirse	28	65	7
Winterweizen-Sorghum	28	68	4
Reis-Winterweizen	38	55	7
Reis-Tee	36	57	7
Szechwan Reis	74	21	5
Doppelernte Reis	46	37	17
Südwest Reis	15	76	9

Buck 1964, S.294

Die Vollbeschäftigungsquote ist in der Reiszone wegen der Doppelernten erwartungsgemäß höher. In der Szechwan Reis-Region mit den höchsten Pro-Kopf-Erträgen erreicht sie sogar 74 Prozent[9o]. Es läßt sich somit eine hohe Korrelation zwischen Beschäftigungsquote und Ertrag feststellen. Im Norden sind die Menschen sicherlich nicht weniger fleißig, nur läßt die Natur ohne Investitionen oder Nebentätigkeiten kein höheres Beschäftigungsniveau zu.

Aber zurück zu Tabelle 22. Das Nord-Südgefälle im Pro-Kopf-Ertrag wird durch die Hinzunahme der Betriebsgröße eklatant. Den Bauern in der Frühjahrsweizenregion (Spalte 4) stehen bei einer Pro-Kopf-Produktion von 94 kg o,729 ha (vgl. Tabelle 2o)zur Verfügung, während der Szechwan-Bauer (Spalte 8) seine 1472 kg pro Kopf auf 3,7o2 ha (vgl. Tabelle 2o) erwirtschaftet. Der Unterschied liegt wohlgemerkt nicht in der größeren Betriebsfläche, sondern in der größeren Fruchtbarkeit und dem Skaleneffekt. Die Bevölkerungsverteilung (Spalte 9) zeigt, daß nur wenige Prozent der Bevölkerung in den Genuß der hohen Pro-Kopf-Produktion von 6oo oder mehr Kilogramm kommen, da die Zahl der Bauern mit zunehmender Bewirtschaftungsfläche natürlich abnimmt.

Um die tatsächliche Einkommenssituation und den Lebensstandard der Bauern zu ermitteln, soll folgende, natürlich nur auf Annäherungen beruhende Rechnung aufgestellt werden:
1) Die Marktrate, d.h. der Anteil, den der Bauer von seinen Produkten verkauft, beträgt im Schnitt etwa 25 Prozent[91]. Bei den reinen cash-crops liegt die Quote natürlich höher, sie fallen aber mengenmäßig nicht so sehr ins Gewicht, als daß der Schnitt von 25 Prozent verändert würde. Mit diesen Einnahmen muß er als Volleigentümer die Agrarsteuer, die in den 3oer Jahren in Geldform entrichtet wurde, bezahlen und diejenigen Dinge des täglichen Bedarfs wie Salz, Zucker, Kerosin u.a. einkaufen, die er nicht selber herstellen kann, aber unbedingt benötigt.
2) Als absolutes Existenzminimum muß eine Jahresproduktion von 2oo kg Getreide pro Kopf angesehen werden, wenn der Fleischverzehr wie in China keine besondere Rolle spielt[92].
3) Für Saatgut, Ausschuß, durch die Lagerung verdorbenes Getreide, Diebstahl etc. werden 1o Prozent der Ernte veranschlagt.
4) Die Höhe der Pacht beträgt im Schnitt 5o Prozent der Ernte[93].

Wenn man zunächst den Sonderfall des Pächters oder Teilpächters außer Acht läßt, benötigt der Volleigentümer eine Jahresproduktion pro Kopf von mindestens 3oo bis 31o kg, um nach Abzug des Marktanteils (25 Prozent) und des Saatguts etc. (1o Prozent) etwa 2oo kg zur eigenen Verwendung übrig zu behalten. Bei einem Pächter erhöht sich dieses Minimum auf 6oo kg, da zunächst 5o Prozent für die Pacht abgezweigt werden. Ein Teilpächter, der im Schnitt die Hälfte seines Bodens gepachtet hat (vgl. Tabelle 21), muß für die Hälfte seines Bodens 5o Prozent Pacht zahlen. Er kommt also schon bei einer Ernte von 45o kg auf das Minimum von 2oo kg.

Um den Anteil der Bauern zu schätzen, die nach allen Abzügen nur das Minimum oder weniger übrig behalten, wurde die Tabelle 22 modifiziert. Für die Spalten 4 bis 8 der Tabelle 22 wurden die auf die einzelnen Regionen entfallenden Anteile der ländlichen Bevölkerung ausgerechnet (siehe Tabelle 24, Spalten 1 bis 5). Spalte 6 gibt noch einmal die gesamte Bevölkerung nach Regionen wieder. In den Spalten 7 und 8 werden entsprechend die Anteile der Pächter und Halbpächter verzeichnet.

Zunächst werden alle jene Felder erfaßt, die in Tabelle 22 einen Pro-Kopf-Ertrag bis 3oo kg aufweisen. Dabei ist es gleichgültig, ob es sich um Volleigentümer oder Pächter handelt, da der Ertrag von 3oo kg in jedem Fall, auch ohne Pachtbelastung, erzielt werden muß, um die 2oo kg-Untergrenze zu erreichen. Die davon betroffenen Felder sind in der Tabelle 24 mit der durchgezogenen Linie eingeschlossen. In Spalte 9 (Tabelle 24) werden die so erfaßten Anteile der Bevölkerung berechnet und aufsummiert. Das Resultat zeigt, daß 4o,92 Prozent aller Bauern, unabhängig von ihrem sozialen Status, das Existenzminimum gerade erreichen oder zum Teil erheblich unterschreiten. Betroffen sind davon besonders die Bauern der Weizenzone, weitgehend unabhängig von der Betriebsgröße, während in der Reiszone nur die "sehr kleinen" und "kleinen" Betriebe darunter fallen.

Der nächste Schritt berücksichtigt die Pächter. Sie müssen 6oo kg pro Kopf produzieren. Es interessieren aber nur noch die Fälle, die außerhalb der durchgezogenen Linie liegen. Innerhalb der gestrichelten Linie in Tabelle 24 werden also die Felder der Tabelle 22 von 3oo bis 6oo kg erfaßt. In der Spalte 1o (Tabelle 24) erscheinen aber nicht alle 3oo bis 6oo kg erwirtschaftenden Produzenten, sondern nur der Prozentsatz, der in Spalte 7 als Pächter ausgewiesen ist. Das Resultat zeigt, daß zu den 4o,92 Prozent aus der ersten Rechnung noch 17,93 Prozent hinzukommen.

Tabelle 24: Verteilung der Agrarbevölkerung nach Regionen, Betriebsgröße und Existenzminimum 1929/33 (in Prozent)

	Betriebe[1] sehr klein +klein	mittel	mittel-groß	groß	sehr groß	gesamte Agrar-bevöl-kerung[2]	davon Päch-ter[3]	davon Teil-päch-ter[3]	bis 300 kg[4] pro Kopf	300-600 kg[4] pro Kopf davon Pächter	300-450 kg[4] pro Kopf davon Teilpächter
	1	2	3	4	5	6	7	8	9	10	11
China	23,9	37,4	19,7	10,8	7,2	100	33	23			
Weizenzone	10,7	14,6	7,4	5,1	3,9	41,1	17	18			
Reiszone	13,2	22,8	12,3	5,7	3,3	58,9	46	27			
Frühjahrsweizen	1,09	1,34	0,84	0,42	0,38	4,2	39	13	4,07	-	-
Winterweizen-Hirse	1,54	2,43	1,02	0,77	0,58	6,4	16	18	4,99	0,22	0,24
Winterweizen-Sorghum	7,93	10,07	5,19	3,66	3,05	30,5	12	19	18,00	1,06	0,97
Reis-Winterweizen	4,05	6,48	3,08	1,62	0,92	16,2	49	23	4,05	4,68	1,49
Reis-Tee	5,18	5,97	3,61	1,57	0,94	15,7	49	25	5,18	5,46	1,49
Szechwan Reis	2,51	4,10	2,39	1,48	0,91	11,4	52	19	2,51	2,13	0,78
Doppelernte Reis	2,12	4,24	2,65	1,06	0,53	10,6	46	37	2,12	3,17	1,57
Südwestreis	1,12	2,24	1,17	0,36	0,20	5,1	36	25	-	1,21	0,28
Summe									40,92	17,93	6,92

1) Berechnet nach Buck 1964, S.271; die "sehr, sehr" und "sehr, sehr, sehr" großen Farmen fehlen.
2) Berechnet nach Buck 1964, S.362.
3) Agricultural Survey, in: Buck 1964, S. 196, Spalte c.
4) Laut Tabelle 22.

Schließlich müssen noch die Halbpächter hinzugenommen werden, die nach der vorhergehenden Annahme mindestens 45o kg pro Kopf erzielen müssen. Sie sind nach dem gleichen Verfahren durch die gepunktete Linie ermittelt und in Spalte 11 (Tabelle 24) aufsummiert, wiederum nur entsprechend ihrem Prozentsatz als Teilpächter. Diese Summe ergibt noch einmal 6,82 Prozent.

Das Resultat aller drei Rechenschritte lautet also, daß 65,67 Prozent (Spalten 9, 1o und 11 der Tabelle 24) der Bauern das Existenzminimum gerade erreichen oder erheblich unterschreiten. Nach dieser Rechnung bleiben aber sehr viele unter den Minima von 3oo, 45o oder 6oo kg. Mögliche Erklärungen für diese Situation sind, daß sie entweder verhungern, was tatsächlich nicht selten der Fall war, daß sie zusätzlich als Landarbeiter Beschäftigung finden, hausindustrielle Nebentätigkeiten ausüben, in die Stadt bzw. ins Ausland abwandern oder ihre Marktrate von 25 Prozent niedriger ist, d.h. daß sie nahezu vollständige Subsistenzwirtschaft treiben. Feuerwerker schätzt sogar, daß 8o Prozent der Bevölkerung auf sehr niedrigem Subsistenzniveau leben[94].

Die Vermutung über die Bedeutung der Nebeneinkommen wird durch Tabelle 25 bestätigt.

Tabelle 25: Prozentsatz der agrarischen Nebeneinkommen nach Betriebsgröße 1929/33

	klein	mittel	mittel-groß	groß	sehr groß	gesamt
China	21	14	11	1o	9	14
Weizenzone	24	15	12	1o	9	16
Reiszone	18	13	11	8	8	13
Frühjahrsweizen	3o	17	15	13	13	19
Winterweizen-Hirse	2o	15	12	11	13	15
Winterweizen-Sorghum	24	14	11	9	6	15
Reis-Winterweizen	16	13	11	9	8	13
Reis-Tee	22	13	1o	8	4	13
Szechwan Reis	31	22	13	14	15	21
Doppelernte Reis	15	11	1o	14	14	12
Südwest Reis	12	8	8	6	5	9

Buck 1964, S.299

Es besteht eine enge negative Korrelation zwischen Pro-Kopf-Produkt und Ausmaß der Nebentätigkeit. Sowohl die kleineren Bauern als auch die Bauern der Weizenzone üben in größerem Umfang Nebentätigkeiten aus. Die Aufgliederung nach Art dieser Nebenbeschäftigungen zeigt, daß Hausindustrie (22 Prozent), Handel (16 Prozent), Landarbeit (14 Prozent) und sonstige Hilfsarbeit (11 Prozent) an der Spitze stehen[95].

Folgende Schlüsse lassen sich aus dem Abschnitt über die materielle Lage der Bauern ziehen:
1) Das kärgliche Existenzminimum der Masse der Bevölkerung ist, da es weitgehend von der Landwirtschaft abhängt, sehr naturabhängig und permanent durch Naturkatastrophen wie Überschwemmungen, Dürre, Seuchen etc. bedroht. Die Wasserkontrolle hat also nicht nur die Aufgabe, den Ertrag zu steigern, sondern ist noch viel grundsätzlicher in manchen Regionen die Voraussetzung des Lebens überhaupt.
2) Fast zwei Drittel der Bauern fristen ein so kärgliches Leben, daß sie nicht in der Lage sind, auch nur den geringsten Betrag für Investitionen in Werkzeuge, Zugvieh, Land etc. anzulegen. Wenn überhaupt ein Überschuß nach einer besonders guten Ernte bleibt, muß er als Vorrat gehalten werden. Die präsentierten Zahlen sind wohlgemerkt immer Durchschnittswerte und sagen nichts über Mißernten aus.
3) Obwohl die Existenz permanent bedroht ist, und obwohl die Arbeit so intensiv ausgeübt wird, liegen 65 Prozent der Arbeitskraft teilweise während des Jahres brach.

Die eingangs festgestellte Tatsache, daß das rapide Bevölkerungswachstum im 19. und 2o. Jahrhundert nur unzureichend durch Neulandbestellung und traditionelle Mittel der Produktivitätssteigerung ausgeglichen werden konnte, vielmehr infolge der sinkenden Pro-Kopf-Produktion von einer realen Verschlechterung der Lebensbedingungen der ländlichen Bevölkerung begleitet ist, findet ihre Erklärung. Die konstatierbare Stagnation der Agrartechnologie und Arbeitsorganisation[96] konnte unter den herrschenden sozio-ökonomischen Bedingungen nicht aufgehoben werden.

Sozialstruktur und Besitzverhältnisse charakterisieren das agrarische China als ein Land von Zwergbauern, wobei der Status des Volleigentümers, Teilpächters oder Pächters in dieser Beziehung keinen Unterschied macht. Der sogenannte Großgrundbesitz hielt sich in engen Grenzen. Die Bewirtschaftung größerer Flächen war offensichtlich selten, die Landlords verpachteten lieber an Kleinpächter. Gerade die Profitabilitätsgründe, die doch eine Bewirtschaftung im Hinblick auf Skaleneffekte hätten ermuntern können, scheinen das Gegenteil bewirkt zu haben. Denn dort, wo die Flächenerträge am höchsten sind, ist die Bodenzersplitterung am weitesten fortgeschritten. Die Natur fördert bzw. erzwingt den Terrassen- und Naßfeldbau. Die Arbeitsgeräte und Produktionsmethoden passen sich an. Die Arbeitsproduktivität ist entsprechend gering. Die durchschnittliche Produktion von Getreideäquivalenten pro Arbeitskraft betrug in den 2oer Jahren des 2o. Jahrhunderts 1.4oo kg (in den USA im selben Zeitraum 2o.ooo kg)[97]. Verstärkt wird die geringe Produktivität durch die Bodenzersplitterung infolge der Erbteilung. Das Bodenrecht verhindert im Verbund mit dem Erbrecht die Bildung von wirklichem Großgrundbesitz, wo Akkumulationsfonds zur Produktivitätssteigerung hätten gebildet werden können. Die Minimaleinkommen der Masse der Produzenten lassen erst recht keine Investitionen zu. Daß diese Einkommen nicht gesteigert werden können, liegt an den gesellschaftlichen Verhältnissen, da alle Überschüsse qua Steuer oder Pacht abgeschöpft werden. Das Bündel der natürlichen, technischen, juristischen, sozialen und ökonomischen Faktoren befindet sich in einem interdependenten Zusammenhang, der in der Kleinstwirtschaft kulminiert und seinen Ausweg vor dem Abrutschen unter das Existenzminimum statt in Mechanisierung und Erzielung von Skaleneffekten nur in einer permanenten Steigerung des Arbeitseinsatzes und der Erfindungsgabe im Hinblick auf natürliche Hilfsmittel sucht. Der permanente Druck der wachsenden Bevölkerung frißt dieses Bißchen Fortschritt immer wieder auf. Das physische Ende einer solchen Spirale konnte 1949 nicht mehr fern sein.

2.2. Die Form der gesellschaftlichen Arbeitsteilung

Nachdem gezeigt wurde, welchen fundamentalen Einfluß die Landwirtschaft auf die chinesische Gesellschaftsstruktur ausübte, wird ein weiterer Komplex vorgestellt, der die Landwirtschaft ergänzt. Aus dieser Ergänzung ergeben sich entscheidende Konsequenzen für die andersartige Entwicklung Chinas gegenüber Westeuropa. Ein weiterer Aspekt des Stagnationsmechanismus wird sichtbar. Er liegt darin, daß die ursprünglich in allen Gesellschaften anzutreffende Subsistenzwirtschaft, die sich auf die Anfertigung der Gegenstände des täglichen Bedarfs erstreckt, in China nicht zur Auflösung gelangte, vielmehr die wirtschaftliche Kümmernis die Herausbildung einer hausindustriellen Produktion für den Markt hervorbrachte. Durch die Ausweitung der Einheit von Agrikultur und Manufaktur stabilisierte sich eine spezifische Form der gesellschaftlichen Arbeitsteilung.

2.2.1. Die Subsistenzwirtschaft

Der Grad der Selbstversorgung der chinesischen Bauern betrug etwa 75 Prozent[98]. Neben der Produktion von Lebensmitteln, in erster Linie Getreide - Obst, Gemüse oder gar Fleisch waren nur eine seltene Beigabe -, wurden die meisten lebensnotwendigen Dinge wie Haushalts- und Ackergeräte, Textilien etc. selber hergestellt, wobei die Anfertigung dieser Dinge innerhalb der Familie verteilt war. Aufwendigere Arbeiten wie der Hausbau wurden im Rahmen der nachbarschaftlichen Hilfe durchgeführt. Soweit für einzelne Produkte oder Reparaturen spezielle Fertigkeiten notwendig waren, wurden sie von Dorfhandwerkern übernommen, die diese Tätigkeit aber keineswegs als ihre einzige oder hauptsächliche Beschäftigung ansahen, sondern sie neben ihrer eigentlichen wirtschaftlichen Basis, der Landwirtschaft, betrieben. Reine Handwerker waren ausgesprochen selten im Dorf[99]. Die außergewöhnliche Einfachheit dieser selbstgefertigten Gebrauchsgegenstände beschreibt Hommel in großer Ausführlichkeit[100].

Der Charakter der Subsistenzwirtschaft zeigt also, daß sie keineswegs auf die Familie beschränkt war, sondern in gewissem Rahmen auf der Ebene des Dorfes anzusiedeln ist. Das bedeutet nicht, daß wir es mit einer Art Gemeinschaftsproduktion auf Dorfebene zu tun haben. Die ökonomische Verrechnungseinheit war der individuelle Haushalt[1o1]. Aber die soziale Organisation des Dorfes war so bestellt, daß Arbeiten, die über die Kraft und die Fertigkeiten des einzelnen hinausgingen, mit den Kräften, Ressourcen und Fertigkeiten des Dorfes bewältigt wurden.

Die wichtigsten Güter, die im dörflichen Rahmen nicht hergestellt und somit gekauft werden mußten, waren Salz und Eisen. Salz war die Voraussetzung, Lebensmittel zu konservieren, und Eisen wurde bei der Anfertigung von Ackergeräten benötigt. Nicht zufällig hatte der Staat bei der Herstellung dieser beiden, die Autarkie des Dorfes am ehesten bedrohenden Produkte, eine Monopolstellung[1o2]. Sie waren somit als Feld ökonomischer Aktivitäten auf dem Gebiet der Massenkonsumgüterherstellung für potentielle Investoren nicht zugänglich!

Mitte der 3oer Jahre lebte die Mehrheit der Chinesen nach wie vor auf diese Weise . Um die wenigen, nicht selber herstellbaren Güter kaufen zu können, mußte ein Teil der Agrarproduktion vermarktet bzw. ein Einkommen aus Nebentätigkeiten bezogen werden. Diese traditionelle Vermarktung betraf nicht nur agrarische Nebenprodukte wie Gemüse und Eier oder ausgesprochene cash-crops wie Tabak und Opium, sondern auch einen Teil der Getreideproduktion. Abnehmer waren der periodisch stattfindende lokale Markt oder lokale Aufkäufer. Diese Märkte wurden von Hausierern bedient, die die nicht im Dorf herstellbaren Produkte anboten.

Tabelle 26 gibt einen Überblick über den Vermarktungsanteil der wichtigsten Agrarprodukte zu Beginn der 3oer Jahre. Dabei wurde unterstellt, daß die von Buck ermittelte Marktrate für einzelne Produkte zu Beginn der 3oer Jahre für die gesamte Dekade Gültigkeit besitzt, so daß sich auf der Basis der Durchschnittswerte von Perkins für den Zeitraum von 1931 bis 1937 ein gewichteter Durchschnitt des vermarkteten Anteils der pflanzlichen Agrarproduktion berechnen läßt, die laut Tabelle 5 9o Prozent der gesamten Agrarproduktion umfaßt.

Tabelle 26: Marktrate der wichtigsten Agrarprodukte in den 193oer Jahren

	Produktion[1] in Mio 33er ¥ (Schnitt 1931-1937)	Bucks[2] Marktrate 1929-1933 in Prozent	vermarkteter Anteil in Mil 33er
Reis	4 869,6	15	73o,4
Weizen	2 o79,o	29	6o2,9
Mais	592,8	19	112,6
Kartoffeln	611,2	24	146,7
Sorghum	691,o	25	172,8
Hirse	996,5	1o	99,7
Gerste	738,7	18	133,o
versch.Getreide	382,9	2o[3]	76,6
Soja	657,5	3o	197,3
Erdnüsse	273,o	61	166,5
Rapssaat	716,3	61	436,9
Sesam	144,8	65	94,1
Baumwolle	585,3	37	216,6
Sonst.Fasern	272,2	38	1o3,6
Tabak	311,1	76	236,4
Zuckerrohr	112,3	88	98,8
Tee	1o3,o	9o[3]	92,7
Seide	1o4,8	1oo[3]	1o4,8
gesamt	14 242,5	25,2[4]	3 586,o

1) Perkins 1969, S.289
2) Buck 1964, S.234
3) eigene Schätzung
4) gewichteter Durchschnitt

Bei allen Getreidesorten, 77 Prozent der aufgeführten Produktion, liegt der vermarktete Anteil unter 3o Prozent, beim wichtigsten Getreide, dem Reis, sogar nur bei 15 Prozent. Sogar die Baumwolle, bei der eigentlich ein hoher Marktanteil zu erwarten wäre, wird nur zu 37 Prozent vermarktet. Hierbei ist nämlich zu berücksichtigen, daß die Bauern die Rohbaumwolle überwiegend selber verarbeiten und dann in Form von Garn oder Tuch verkaufen. Bei ausgesprochenen cash-crops wie Ölsaaten, Tabak, Tee und Seide ist die Marktrate natürlich hoch. Aber auch diese Produkte werden zu einem beträchtlichen Teil selber verbraucht bzw. verarbeitet. Auch wenn die Zahl der aufgeführten Produkte nicht vollständig ist, z.B. fehlt Gemüse, so dürfte sich der gewichtete Durchschnitt von 25,2 Prozent nicht wesentlich ändern, da der Anteil der sonstigen Feldfrüchte an der Agrarproduktion gering ist,und deren Marktrate nicht signifikant von der 25 Prozent-Quote abweicht[1o3].

Die Einkünfte aus diesen Verkäufen bedeuteten, um es noch einmal klar zu machen, keine Überschüsse, sondern waren zur Deckung eines nichtproduzierbaren Bedarfs, zur Zahlung der Agrarsteuer, für besondere Festlichkeiten, Begräbnisse, Aussteuer etc. bestimmt[104]. Allgemein akzeptiertes Ideal war "... not to secure the maximum return for the minimum effect, but to distribute limited and unexpanding resources among the largest possible number of human beings"[105]. Diese aus der Natur der sozialen Notwendigkeit hervorgerufene Beschränkung des wirtschaftlichen Strebens bedeutet eine Einschränkung des Markts für Massenkonsumgüter bzw. umgekehrt nur eine minimale Kaufkraft für Massenkonsumgüter .

2.2.2. Ein Modell der erweiterten Subsistenzwirtschaft

Die chinesische Wirtschaft[106] besitzt eine eigentümliche Dynamik, die nur aus der beschriebenen natürlichen, technischen, sozialen und ökonomischen Bedingtheit verständlich wird. Die Entwicklung, die ihr innewohnt, wird auf der einen Seite durch die natürlich bedingte und durch soziale und ökonomische Mechanismen verstärkte Beschränkung auf geringe Anbauflächen und einfache Produktionsmittel und auf der anderen Seite durch den permanenten Druck einer wachsenden Bevölkerung hervorgerufen. Um Bevölkerung und Ertrag im Gleichgewicht zu halten, werden arbeitsintensive Methoden und natürliche Hilfsmittel bis zu einer optimalen Grenze verfeinert. Die nicht in den Händen der Bauern verbleibenden Überschüsse verhindern den Ausweg der kapitalintensiven Produktivitätssteigerung. Was einerseits der einzig mögliche und den Gegebenheiten optimal angepaßte Ausweg erscheint, wird gleichzeitig zur Schranke dieses Auswegs. Um nicht in den Verdacht einer malthusianischen Position zu geraten, wie sie etwa bei Perkins zum Ausdruck kommt, soll ausdrücklich darauf hingewiesen werden, daß das hier präsentierte Modell nur solange Gültigkeit besitzt, wie die traditionellen Anbaumethoden nicht durch moderne Agrartechnologien ersetzt werden. Außerdem sind die für den Stagnationsprozeß verantwortlich zu machenden natürlichen Ursachen nicht von den sozialen und ökonomischen Bedingungen, die deren Überwindung verhindern, zu trennen.

Das folgende Modell[107] (Schaubild 3) soll diese labile Entwicklung beschreiben, die man als Stagnation auf erweiterter Stufenleiter bezeichnen könnte.

Schaubild 3: Modell der erweiterten Subsistenzwirtschaft

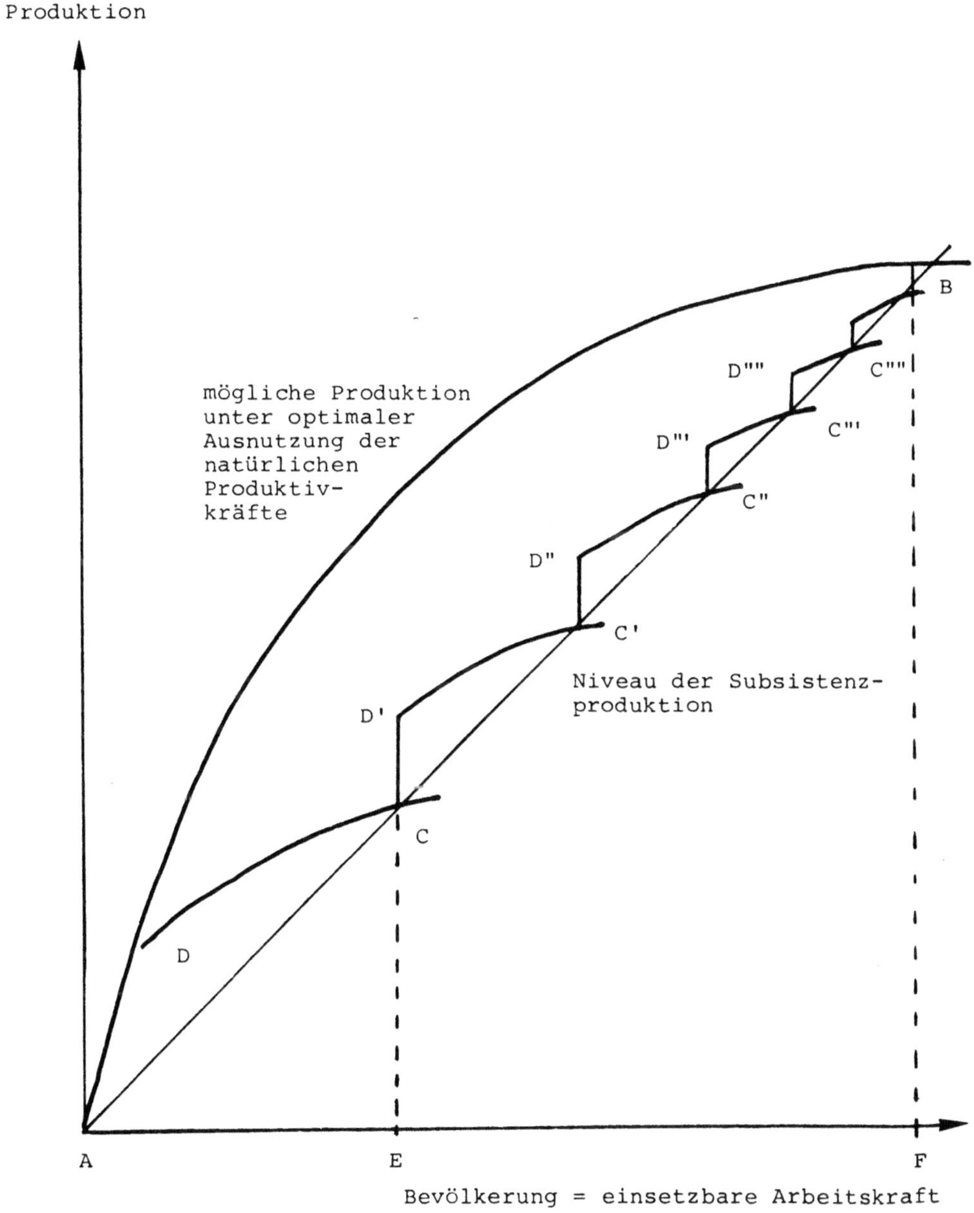

Dem Modell liegt die Annahme zugrunde, daß kaum Investitionen getätigt und die Arbeitsinstrumente selber verfertigt werden. Ein Wachstum der Bevölkerung bedeutet, da jeder zur Arbeit eingesetzt werden kann, immer eine entsprechende Vermehrung der zur Verfügung stehenden Arbeitskräfte. Bei einer völligen Subsistenzwirtschaft würde die Produktion in gleichem Maße wie die Bevölkerung wachsen und immer nur die reine Subsistenz decken (Gerade AB).Die Kurve DC gibt die aktuelle Produktion im Zeitraum AE wieder. Mit wachsender Bevölkerung steigt die Produktion, da mehr Arbeitskraft eingesetzt wird. Der Abstand zwischen den Kurven DC und AC gibt das Maß der jeweiligen Überschüsse über dem Subsistenzniveau an. Dieser Überschuß hat abnehmende Tendenz, da bei unveränderten Grundbedingungen (Kapitaleinsatz, Düngemittel, Saatwahl, Form der Bewässerung etc.) die Arbeit eine sinkende Grenzproduktivität aufweist. Spätestens am Punkt C ist eine kritische Situation erreicht, da bei weiterem Bevölkerungswachstum der Ertrag unter das Subsistenzniveau sinkt.

Der Ausweg aus dieser Situation wird darin gesucht, daß die Methoden des Arbeitseinsatzes und die Verwendung natürlicher Hilfsmittel verbessert werden. Es wird z.B. mehr bewässert, anderer oder mehr natürlicher Dünger verwandt, die Methode der Terrassierung eingeführt, andere Saaten verwandt, Fruchtwechsel betrieben etc. Der Effekt ist, daß die Produktion infolge der verbesserten Methoden von C nach D steigt und wieder ein Überschuß erzielt wird. Die Bevölkerung wächst aber weiter, und die Produktion nähert sich dem nächsten kritischen Punkt C', an dem neue Innovationen notwendig werden. Usw.

Dieses Schema ist natürlich in der Realität ein fließender Vorgang. Die Produktivität der Arbeit wird von Zeit zu Zeit durch verbesserten Arbeitseinsatz und natürliche Hilfsmittel gesteigert, die sinkende Grenzproduktivität frißt diese Steigerung aber immer wieder auf. Auf diese Weise nähert man sich dem absoluten Maximum, das mit Hilfe dieser Methoden erreicht werden kann, dem Punkt B. Die Kurve AB gibt die mögliche

Produktion an, würde von vornherein ein optimaler Einsatz der so iterativ gewonnenen Praktiken erfolgen. Im Punkt F des Bevölkerungswachstums ist eine Produktion mit traditionellen Mitteln nicht mehr in der Lage, die Subsistenz zu erhalten. Der Zwang zur kapitalintensiven Produktivitätssteigerung und Large-scale-Produktion wird unumgänglich.

Der immer zu geringe Überschuß infolge zu niedriger Arbeitsproduktivität zeigt, daß im Gegensatz zu Westeuropa eine wesentliche Voraussetzung der Kapitalakkumulation bzw. der Absatzfähigkeit von Massenkonsumgütern nicht gegeben war. Des weiteren wird ersichtlich, daß die chinesische Methode der einfachen Reproduktion auf erweiterter Stufenleiter keine unbegrenzte Ausdehnungsfähigkeit besaß, ein grundsätzlich anderer Ausweg aus dem Dilemma gefunden werden mußte. Real war die Möglichkeit, weiteres Land zu kultivieren, die Grenze der Doppelernten auszudehnen, höhere Erträge durch noch mehr Arbeitseinsatz und noch mehr natürlichen Dünger zu erzielen, beschränkt. Die sinkende Pro-Kopf-Produktion im 19. und 2o. Jahrhundert (vgl. Tabellen 3 und 4) spricht eine deutliche Sprache. Der Punkt B des Modells war in Sicht. Eine Revolutionierung der Agrartechnologie und der handwerklichen Kleinproduktion schien unumgänglich.

2.2.3. Die Hausindustrie

Ein anderer Aspekt der Einheit von Agrikultur und Manufaktur ist die Hausindustrie. Im Gegensatz zur Hausindustrie in Europa bleibt sie aber nur zusätzliche Beschäftigung neben der eigentlichen agrarischen Tätigkeit. Aus Tabelle 24 war hervorgegangen, daß ein großer Teil der Bevölkerung aus der Landwirtschaft allein das Subsistenzminimum nicht erreichen konnte bzw. durch die Pacht so sehr belastet war, daß Nebentätigkeiten unumgänglich waren. Tabelle 25 hatte weiterhin gezeigt, daß die Einkommen aus diesen Nebentätigkeiten im Durchschnitt 14 Prozent betrugen, daß sie aber, aufgegliedert nach Regionen und

Betriebsgröße, in den von der Natur schlechter bedachten Gegenden und bei den ärmeren Bauern einen Anteil bis zu 3o Prozent erreichen konnten. Ebenso war der Anteil der Pächter, die hausindustrielle Tätigkeiten ausübten, höher als der der Volleigentümer[108]. Offensichtlich bestand eine absolute Notwendigkeit für die ärmsten Familien, zusätzliche Einnahmen zu suchen.

Diese Nebentätigkeiten[109] mußten aber einige wichtige Bedingungen erfüllen:
1) Sie durften keine besonderen Investitionen erfordern, da besonders die Ärmsten dazu nicht in der Lage waren. Einzige Voraussetzungen durften Handarbeit und Geschick sein.
2) Die Art der Tätigkeit mußte so beschaffen sein, daß die saisonal schwankenden Anforderungen der Landwirtschaft an Arbeitskräfte nicht beeinträchtigt wurden. Es konnten also nur Arbeiten verrichtet werden, die jederzeit ohne Einbuße unterbrochen werden, die andererseits aber auch beliebig viel Arbeitskraft absorbieren konnten.
3) Es durften nur Roh- bzw. Hilfsstoffe Verwendung finden, die lokal vorhanden und nach Möglichkeit freie Güter waren. Weite Transporte oder kostspielige Herstellung solcher Rohstoffe hätte zu hohe Investitionen erfordert.
4) Die Ackerfläche zur Nahrungsmittelproduktion durfte nach Möglichkeit nicht beeinträchtigt werden.

Alle diese Bedingungen waren durch die Betreibung der Hausindustrie nahezu erfüllt. Einfache handwerkliche Tätigkeiten erforderten kaum Investitionen. Sie konnten entsprechend der Saison in der Landwirtschaft eingeschränkt oder ausgedehnt werden. Arbeitsplatz war das Wohnhaus. Die Art der Tätigkeit richtete sich nach den natürlichen Bedingungen. Wo Ton vorhanden war, wurde getöpfert; wo Bambus wuchs, wurden Korbwaren geflochten oder Papier hergestellt; wo Baumwolle oder Flachs angebaut werden konnte, entstand die Spinnerei und Weberei von Baumwolle oder Leinen; wo Maulbeerbäume wuchsen, die Seidenraupenzucht und Seidenherstellung. Die Hauptlast der hausindustriellen Tätigkeiten trug die Frau, die nur zur Aussaat und Ernte auf den Feldern helfen mußte.

Wichtigster Zweig der Hausindustrie wie überhaupt der Nebentätigkeiten war die Baumwollverarbeitung[11o]. Hierbei ist wiederum zu unterscheiden zwischen Spinnerei und Weberei für die Eigenversorgung, die nahezu überall in China anzutreffen war, nachdem die Einführung der Baumwolle Hanf und Flachs als Rohstoffe für Textilien verdrängt hatte[111], und der Produktion für den Markt, die auf bestimmte Regionen, besonders das untere Yangtze-Tal konzentriert war[112]. Diese Region hatte durch die Schiffahrt auf dem Yangtze, die Verbindung zur Küste und über den Kaiserkanal, der die Yangtze-Mündung mit Peking verband, zum Norden, eine verkehrsmäßig hervorragende Lage. Die Hauptanbaugebiete für Baumwolle lagen aus klimatischen Gründen[113] in Kiangsu, Chekiang, Shantung, Hopeh und Hupeh. Von dort wurde die Rohbaumwolle nach Fukien, Kwangtung, Kiangsi und Hunan im Süden sowie Shensi, Shansi und Szechwan im Norden transportiert[114].

Käufer dieser Rohbaumwolle waren die Bauern, die sie in Heimarbeit weiterverarbeiten. Sämtliche Kleidungsstücke der Massen wurden aus Baumwolle hergestellt, da sie im Sommer luftdurchlässig und im Winter die mit Baumwolle gefütterte Steppkleidung wärmebeständig ist. Ursprünglich, das heißt bis etwa Mitte des 19. Jahrhunderts, wurden sämtliche Arbeitsgänge: Entkörnen des Samens; Auffächern und Reinigen der Fasern; Spinnen, das mehr als die Hälfte der Arbeitszeit in Anspruch nahm; Weben; Waschen, Färben, Bedrucken und Glätten der Stoffe und Schneidern, in eigener Regie durchgeführt. Die dabei angewandten Techniken waren bereits Ende der Mingzeit (17.Jahrhundert) voll entwickelt und wurden seitdem kaum verändert[115].

Feuerwerker schätzt, daß die bäuerliche Hausindustrie ursprünglich 98 Prozent des Garn- und 8o Prozent des Tuchbedarfs deckte[116]. Wie weit diese Einheit des Produktionsprozesses durch Importe und Mechanisierung zerstört wurde bzw. trotz dieser Einflüsse erhalten blieb, soll weiter unten gezeigt werden.

Eine weitere wichtige, rein auf den Markt bezogene Tätigkeit war die Seidenindustrie[117]. Seide war im Gegensatz zu Baumwolle nur für den Bedarf der Oberschicht[118] bestimmt oder wurde exportiert. In der Hausindustrie wurden neben den Massenkonsumgütern also auch Luxuskonsumgüter für den überregionalen Markt und sogar den Export hergestellt. Es gab mehrere Regionen der Seidenherstellung, von denen Chekiang und Kiangsu (mit dem Zentrum Hangchow) und Kwangtung (mit dem Zentrum Canton) die bedeutendsten waren. Die bäuerlichen Haushalte beschränkten sich auf die Kultivierung von Maulbeerbäumen, die Seidenraupenzucht und das Haspeln der Seide, während die Weiterverarbeitung der Rohseide in den Städten vorgenommen wurde. Seide war im 18. und 19. Jahrhundert neben Tee das Hauptexportgut Chinas. Das Schicksal der ländlichen Seidenindustrie nach 1842 (Öffnung der Häfen im Vertrag von Nanking) zeigt gegenüber der ländlichen Baumwollindustrie eine völlig andere Entwicklung, was auf die völlig andere Bedarfsstruktur, im ersten Fall Luxuskonsumgut und Export, im zweiten Fall Massenkonsumgut, zurückzuführen ist.

Wie flexibel die hausindustriellen Tätigkeiten entsprechend den sozialökonomischen Unterschieden waren, zeigt der Bericht von Fei und Chang über drei Dörfer der Provinz Yunnan, einer Gegend, in der Bambus kultiviert wurde[119]. Aus dem Bericht über das Dorf Yits'un geht hervor, daß die ärmeren Dorfbewohnern, d.h. 42,6 Prozent der Haushalte, als Nebenbeschäftigung die Korbflechterei ausüben. Es sind dies allesamt Haushalte, die nicht genügend Land zur Verfügung haben[12o]. Die einzig notwendige Investition ist ein Messer zum Schneiden der Bambusstöcke. Der Rest ist Handarbeit.

Im selben Dorf gibt es aber auch eine hausindustrielle Papierherstellung, die nur einige reiche Bauern betreiben, da die Errichtung und Unterhaltung der Papiermühlen Kapital erfordert. Der Rohstoff ist auch hier der Bambus. In beiden Fällen ist die Produktion auf die Familie beschränkt, wird nur saisonal ausgeübt und auf lokalen Märkten abgesetzt. Da der Ertrag aus der Papierherstellung wesentlich höher ist als aus der Korbflechterei, führt die Hausindustrie zur weiteren sozialen Differenzierung im Dorf.

1933 betrug der Anteil von Hausindustrie und Handwerk 7,1 Prozent des Nettoinlandsprodukts und war damit wesentlich höher als der Anteil der gesamten Verarbeitenden Industrie des modernen Sektors mit 2,2 Prozent[121]. Dabei ist allerdings zu berücksichtigen, daß die Relationen zwischen bäuerlicher Hausindustrie und Handwerk als ausschließlicher Beschäftigung nicht festgestellt werden können.

Welche Anteile Hausindustrie und Handwerk gegenüber der modernen Industrie bis 1933 in wichtigen Bereichen behaupten konnten, zeigt folgende Tabelle.

Tabelle 27: Bedeutung wichtiger Handwerks- und Hausindustrie-Branchen im Vergleich zur modernen Industrie 1933 (in Prozent)

	Handwerk/ Hausindustrie	moderne Industrie
Baumwollgarn	15,6	84,4
Baumwollstoff	65,2	34,8
Seide	41,7	58,3
Seidenwaren	66,5	33,5
Weizenmehl	95,2	4,8
Pflanzenöl	89,1	1o,9
Ziegel, Töpferei, Glas etc.	81,1	18,9[a]

Berechnet nach Liu und Yeh 1965, S.142/43 und S.512/13 auf der Basis der Bruttowertschöpfung

a) ohne Zement

In der Baumwollweberei, in der Seidenherstellung und der Seidenverarbeitung erreicht der traditionelle Sektor Anteile von 42 bis 66 Prozent, bei der Lebensmittelherstellung (Mehl und Pflanzenöl) sogar 9o bis 95 Prozent. Der sehr niedrige Anteil von 15,6 Prozent bei der Baumwollspinnerei ist 1933 bereits auf die Wirkungen der Importe und mechanischen Spinnereien in China zurückzuführen und lag vorher wesentlich höher (vgl. Tabelle 6o).

Die Hausindustrie erfüllt also eine Reihe von wichtigen einzelwirtschaftlichen Funktionen mit weitreichenden volkswirtschaftlichen Konsequenzen. Als zusätzliche Einkommensquelle der armen Bauern ist sie die notwendige Ergänzung zur Subsistenzwirtschaft. Als saisonaler Lückenbüßer baut sie latente Arbeitslosigkeit ab. Da sie keine Überschüsse erwirtschaftet, sondern agrarische Defizite ausgleicht, ist sie sehr arbeitsintensiv. Kapitalinvestitionen können nicht getätigt werden[122]. Dadurch kann die Hausindustrie nicht auf eine eigene Basis gestellt werden und bleibt immer nur Ergänzung der Landwirtschaft.

Volkswirtschaftlich bedeutet diese Verklammerung von Agrikultur und Manufaktur, daß die eigenständige Industrialisierung, die Verlagerung der Industrie in die Stadt und die mit der geographischen Trennung verbundene Land-Stadt-Wanderung verhindert oder zumindest gebremst werden. Die weitgehende Autarkie der Bauernhaushalte bedeutet, daß sich kaum ein Markt für Massenkonsumgüter entwickeln kann, Kapitalakkumulation in diesen Bereichen also wenig erfolgversprechend ist. Was sich für den Einzelhaushalt als notwendige und sinnvolle Ergänzung anbietet, wird so zur Schranke der volkswirtschaftlichen Entwicklung. Die besondere Form der gesellschaftlichen Arbeitsteilung in China, zwar Spezialisierung auf bestimmte handwerkliche Tätigkeiten in besonderen durch Natur und Transportwege begünstigten Regionen, aber gleichzeitig die Beibehaltung der Verbindung mit der Landwirtschaft, verhindert, daß sich aus dieser Form der Arbeitsteilung eine eigenständige Industrialisierung entwickelt. Ein weiteres Moment der Stagnation wird sichtbar.

2.2.4. Die lokale Autonomie

Wenn die stabile Subsistenzwirtschaft und die besondere Form der gesellschaftlichen Arbeitsteilung, Hausindustrie immer in Verbindung mit der Landwirtschaft, die geographische Trennung der Industrie von der Landwirtschaft und damit die tendenzielle Herausbildung des nationalen Markts verhindern, fördern sie die Erhaltung vieler in sich weitgehend abgeschlossener ökonomischer Einheiten auf lokaler Ebene. Während in Westeuropa im Zuge der industriellen Entwicklung tendenziell eine nationale autozentrierte Wirtschaft entsteht, ist die chinesische Wirtschaft eher als die Summe vieler ökonomischer Mikroorganismen anzusehen, die in sich autozentriert bleiben. Das Bevölkerungswachstum ist nicht von der Vereinheitlichung des Marktes begleitet, sondern drückt sich in einer wachsenden Zahl dieser autozentrierten Mikroorganismen aus[123].

Modellhaft hat William G. Skinner diese Wirtschaftsstruktur in seinem Aufsatz "Marketing and Social Structure in Rural China" beschrieben[124]. Skinner siedelt die unterste Ebene der Vermarktung nicht, wie zu vermuten wäre, auf dem Dorf an, sondern sieht sie im Verbund mehrerer Dörfer mit einer Landstadt. In dieser Landstadt wird in periodischen Abständen ein von ihm so genannter "Standardmarkt" abgehalten, auf dem die Bauern ihre Überschüsse verkaufen bzw. die nicht selber herstellbaren Dinge einkaufen. Der Einzugsbereich eines Standardmarktes ist so bemessen, daß die Bauern innerhalb eines Tages zu Fuß mit der zu transportierenden Last auf dem Rücken den Markt aufsuchen können.

Die periodisch abgehaltenen Standardmärkte wurden durch einen "mittleren Marktort" zusammengefaßt. Diese mittleren Marktorte waren die Standquartiere der Händler, die die Standardmärkte bedienten. Darüber gab es noch "zentrale Märkte", die an wichtigen Verkehrsknotenpunkten lagen, Großhandelsfunktionen wahrnahmen und die Verbindung zu den Handelszentren in den großen Städten herstellten.

Diese Darstellung erinnert an das Kettenmodell Franks[125]. Es ist ein Verbundsystem, über das von unten nach oben agrarische Güter oder hausindustrielle Produkte aus den Dörfern über Zwischen- und Großhändler in die Städte gelangen, und umgekehrt über die gleichen Kanäle zusammen mit anderen Produkten wie Salz und Eisen auf die Dörfer verteilt werden. Die geographisch beschränkte gesellschaftliche Arbeitsteilung der Produktionssphäre wird so qua Handel erst möglich.

Die Region der Standardmärkte ist, so die These Skinners, ökonomisch weitgehend autark. Die innerhalb solcher Regionen feststellbare Einheit von Maßen und Gewichten, die in China allgemein sehr unterschiedlich waren, weist darauf hin[126]. Die Bauern besuchten in der Regel nur den Standardmarkt, den mittleren Markt nur in außergewöhnlichen Fällen. Die Häufigkeit der Markttage war durch das hohe Maß der bäuerlichen Subsistenz und die schlechten Transportmöglichkeiten bestimmt. Deswegen waren nicht seßhafte Händler, sondern Hausierer die Regel, die von ihrem mittleren Markt aus die Standardmärkte reihum aufsuchten. An Markttagen waren auch die verschiedensten Dienstleistungen wie Friseure, Ärzte, Schreiber, Wahrsager etc. vorhanden, die von den Bauern von Zeit zu Zeit in Anspruch genommen wurden.

Wuchs die Bevölkerung innerhalb einer Marktregion, erhöhte sich zunächst die Zahl der Markttage. Reichte das nicht mehr aus, spaltete sich die Region in zwei oder mehr Marktregionen, so daß die Bevölkerung entsprechend der Kapazität solcher Märkte immer gleich blieb. Auch hier findet sich ähnlich der Landwirtschaft ein Wachstumsprinzip, das bei steigenden Anforderungen nicht in eine Revolutionierung, sondern in eine Zellteilung einmündet.

Im Modell hat man sich unter solchen Marktgemeinden sechseckige Regionen von 15o km^2 im Gebirge bis 15 km^2 in der Ebene, je nach Bevölkerungsdichte, mit einer Einwohnerzahl von 7ooo Personen vorzustellen, die sich auf ca. 18 Dörfer verteilen. Im Schnitt betrug der Umfang der Region 5o km^2. Jeder Standardmarkt war 8 km vom nächsten entfernt . Die maximale Entfernung der Dörfer zum Markt betrug 4,5 km. Insgesamt war China mit ca.7o ooo solcher sechseckigen Zeilen übersäht[127].

Die Marktregion war aber nicht nur ökonomische, sondern gleichzeitig auch soziale, administrative, religiöse und kulturelle Einheit[128]. Wenn die Bauern den Markt besuchten, knüpften sie hier soziale Kontakte. Teehäuser waren an Markttagen zentrale Treffpunkte für informelle Gruppen beruflicher und sozialer Organisationen. Die verwandtschaftlichen Beziehungen bestanden über die Dorfebene hinaus im Rahmen der Marktgemeinden, nicht zuletzt weil auch die örtlichen Heiratsvermittler an den Standardmärkten ihren Sitz hatten. Auch lassen sich innerhalb dieser Regionen die Einheit der Dialekte, der kulturellen und religiösen Feste etc. feststellen. Am Ort des Standardmarkts fanden die Kontakte zwischen den Landlords bzw. ihren Agenten und den Pächtern statt. Hier wurde die Pacht abgeliefert und über Stundung oder Erhöhung verhandelt. Insgesamt gewinnt man aus der Schilderung von Skinner den Eindruck, daß diese Marktsysteme eine starke ökonomische und soziale Kohäsion besaßen, die offensichtlich auch in der ersten Hälfte des 2o. Jahrhunderts noch weitgehend erhalten war[129].

Hier beginnt allerdings die Kritik. Skinner selber spricht von zwei Formen des Wandels. Der traditionelle Wandel sah dermaßen aus, daß die Struktur erhalten blieb, nur die Zahl der Marktsysteme wuchs. Der moderne Wandel, der infolge besserer Verkehrsbedingungen zuerst in der Nähe größerer Städte einsetzte, führte zur Auflösung der mittleren und Standardmärkte, da jetzt eine direkte und schnelle Anbindung der Dörfer möglich war[13o]. Eine wichtige Voraussetzung für die Stabilität solcher abgeschlossenen ökonomischen Einheiten war demnach der fehlende Zugang zu modernen Verkehrsverbindungen. Überlandtransport für Massenkonsumgüter war unökonomisch, da die Transportkosten ein Vielfaches des Werts der transportierten Waren betragen hätten.Der Fernhandel war somit weitgehend identisch mit dem Handel von Luxuskonsumgütern[131] wie Tee oder Seide, während Massenkonsumgüter wie Getreide oder Kohle über große Strecken nur zu Wasser rentabel transportiert werden konnten. Insofern ist es nicht verwunderlich, daß das Yangtze-Tal, die bedeutendste natürliche Wasserstraße Chinas, als Zentrum des chinesischen Binnenhandels galt. In dieser Region befanden sich auch die Zentren der Seidenindustrie und Baumwollverarbeitung. Das heißt, die Schilderung von Skinner kann nicht generalisiert, sondern muß, wie alles andere in China auch, regional differenziert werden. Im Norden und im Hinterland stimmt das Modell eher als im Süden und an der Küste. Am wenigsten dürfte es in der am weitesten kommerzialisierten Region des unteren Yangtze zutreffen.

Buck hat den von ihm ermittelten Anteil der vermarkteten Agrarprodukte von ca.25 Prozent (vgl. Tabelle 26) nach Absatzorten aufgeschlüsselt[132]. Demnach werden 19 Prozent der vermarkteten Produkte im eigenen oder nahegelegenen Dorf verkauft. Der Hauptanteil mit 44 Prozent wird in der Landstadt abgesetzt, die vermutlich mit Skinners Standardmarkt identisch ist. 29 Prozent gelangen in die Distriktsstadt, eventuell Skinners mittlerer Markt, und 8 Prozent auf entlegene Märkte. Wie weit diese Erhebung mit Skinners Untersuchung übereinstimmt, ist schwierig zu beurteilen, da Bucks Daten für die Phase des Auflösungsprozesses der traditionellen Marktsysteme gelten und sie nicht so weit regional aufgeschlüsselt sind, daß sich die These rechtfertigen ließe, für das Hinterland ist Skinners Annahme gültig. Die niedrigen Durchschnittszahlen für die Standardmärkte bei Buck werden erreicht, weil in den verkehrsmäßig günstig gelegenen Regionen die weiter entfernten Märkte größeres Gewicht bekommen. Perkins nimmt gegenüber Buck einen höheren Vermarktungsanteil von ca.4o Prozent an. Davon wurden 191o zwei Drittel bis drei Viertel auf den ländlichen Märkten abgesetzt. Erst in den 2oer und 3oer Jahren stieg der Anteil der vermarkteten Agrarproduktion, der auf den Binnenfernhandel und den Export entfiel, was die von Skinner beobachteten Auflösungserscheinungen der ländlichen Marktgemeinden bestätigt[133]. Einzelfallstudien[134] untermauern allerdings auch noch für die erste Hälfte des 2o. Jahrhunderts die Gültigkeit des Skinnerschen Modells. Ein wichtiges Argument für die Richtigkeit der Skinnerschen Annahme liefert die spätere Organisation der Volkskommunen ab 1963, die in Umfang und regionaler Ausdehnung diesen traditionellen Marktsystemen entsprechen. 1948 sollen noch 58 ooo Standardmärkte in China existiert haben[135].

2.3. Bürokratie und Gentry - die politisch-sozialen Rahmenbedingungen der Stagnation

2.3.1. Die gleichgerichtete Interessenlage von Bürokratie und Gentry

Nachdem gezeigt wurde, warum die unmittelbar mit der Produktion verbundenen Faktoren einer Entwicklung qua Kapitalakkumulation und Mechanisierung im Wege standen, bleibt die Frage, warum nicht eine entsprechende Politik durch den Staat oder Aktivitäten unproduktiver, aber über Überschüsse verfügender Gruppen eine solche Entwicklung gefördert oder selber eingeleitet hat. Wir haben in Europa im ausgehenden Mittelalter die Erscheinung, daß die Zentralgewalt durch weitgehende rechtliche Konzessionen an die Städte deren wirtschaftliche Entwicklung fördert, und daß ehemals feudale Grundbesitzer (Beispiel Einhegungen in England) selber zur kommerziellen Produktion übergehen. Wittfogel und in seinem Gefolge andere Theoretiker der APW bescheinigen dem Staat eine eminente Rolle im Funktionsmechanismus der Ökonomie. In Erkenntnis der Stagnation und großen Katastrophenanfälligkeit wäre zu vermuten, daß der Staat den Übergang zu anderen Formen der Produktivitätssteigerungen forciert hätte.

Um diese Frage zu klären, sollen zunächst einige, meiner Meinung nach irrige Ansichten über die chinesische Klassenstruktur widerlegt werden. Wittfogels Theorie, die hier für viele andere[136] genannt wird, geht davon aus, daß die Grundlagen der Macht und damit auch die Klassenverhältnisse unabhängig von den Eigentumsverhältnissen zu bestimmen sind. Ihre Legitimation bezieht die herrschende Klasse, die Bürokratie und an ihrer Spitze der Kaiser, aus der Funktion, die sie durch die Organisation der von hydraulischen Bauwerken abhängigen Wirtschaft ausübt. Diese Funktion liefert ihr gleichzeitig auch die Legitimation für den Bezug ihrer Revenue in Form der Agrarsteuer. Wittfogel gesteht zwar zu, daß die "großen Landbesitzer ... in erster Linie Mitglieder der herrschenden Bürokratie" waren und "im allgemeinen über beträchtliches Eigentum" verfügten; "aber dieses Eigentum war nicht wesentlich, und es war nicht die Grundlage politischer Macht, selbst dann nicht, wenn das Eigentum in Grund und Boden bestand"[137].

Genauso irrig ist die Ansicht der heutigen chinesischen Historiker[138], die in Anlehnung an Stalins Dogma über die universelle Abfolge von Produktionsweisen[139] eine feudale Epoche in der chinesischen Geschichte konstatieren und sie etwa von 1o66 vor Chr. (Übergang von der Yin zur Chou Dynastie), der angeblichen Ablösung der Sklavenhaltergesellschaft, bis 184o, dem Eindringen des Kapitalismus in China, datieren[14o]. Eine korrekte Begründung außer der Anlehnung an das pseudomarxistische Produktionsweisenablaufschema bleiben sie allerdings schuldig, wenn man nicht den Hinweis auf die Existenz einer Monarchie, die Tributpflicht der Bauern und die Pachtleistungen der Pächter sowie das Vorhandensein von "Großgrundbesitz" als ausreichend ansieht. Hier werden offensichtlich allein die Besitzverhältnisse an Grund und Boden sowie konfuzianisch begründete Herrschaftsansprüche des Kaisers zur Charakterisierung der Klassenstruktur herangezogen.

Weder die ausschließliche Abhebung auf das Kriterium der ökonomischen Funktion innerhalb der "hydraulischen" Gesellschaft noch der ausschließliche Bezug auf die Besitzverhältnisse reichen meiner Meinung nach als hinreichendes Kriterium zur Charakterisierung der chinesischen Gesellschaft aus. Der Schlüssel zum Verständnis der chinesischen Klassenstruktur scheint mir vielmehr in der Verschränkung beider Kriterien zu liegen. Diese Verschränkung ist dafür verantwortlich zu machen, daß weder der Staat noch die Grundbesitzer als Innovatoren in Erscheinung traten noch potentiellen anderen Bewerbern für diese Rolle wie Handwerkern oder Händlern eine Chance gaben.

Die chinesische Gesellschaft war durch eine starke Zentralisierung gekennzeichnet. An der Spitze stand das Kaiserhaus und ein Stab von Berufsbeamten[141], die zentrale Verwaltungsaufgaben wie Steuereinziehung, Getreidetransport, Wasserregulierung etc. wahrnahmen. Diese hohen Beamten waren zusammen mit der Armee am Sitz des Hofes konzentriert. Darunter erstreckte sich bis zur Kreisebene (hsien) eine Hierarchie von Beamten, die die verschiedensten Ebenen der Verwaltungseinheiten zu kontrollieren hatten. Die einzelnen Ränge in der Beamtenhierarchie konnten nur durch die Absolvierung eines komplizierten

Prüfungssystems erklommen werden, das auf den Nachweis klassischer literarischer Bildung abgestellt war und de jure jedem Chinesen offenstand.

Die Beamtenlaufbahn und damit die Ausübung politischer Macht leitete sich nicht, wie etwa im Feudalismus, automatisch aus dem Grundbesitz ab, sondern war an die Leistung geknüpft, die der Kandidat bei den Examina erbrachte. Der dreijährige Wechsel im Administrationsbereich, die periodischen Zwischenprüfungen, die Nichtvererbbarkeit der Beamtenposten und die besondere Rolle, die die Eunuchen an der Spitze der kaiserlichen Verwaltung spielten, deuten darauf hin, daß das System darauf angelegt war, eigenständige Machtentfaltung der Bürokratie gegenüber dem Kaiser durch permanenten Leistungsnachweis, Mobilität und allein an Leistung geknüpfte Nachfolgeregelung zu verhindern.

Die Macht der Zentralregierung reichte aber nur bis auf die Ebene des Kreises[142]. Darunter begann die lokale Selbstverwaltung der Gemeinden, innerhalb derer die Gentry eine besondere Rolle spielte[143]. Bürokratie, Militär, Händler und Handwerker für gehobene Konsumgüter bewohnten die großen Städte, lokale Beamte, Gentry und lokale Händler die befestigten Landstädte und die Bauern sowie der minderbemittelte Teil der Gentry die Dörfer. Kennzeichen der Gentry ist die Abwesenheit von ihrem Grund und Boden und die Pflege des durch die Rente finanzierten Müßiggangs in den befestigten Landstädten[144].

Die beiden Machtzentren der chinesischen Gesellschaft liegen bei der Bürokratie qua sie legitimierender Leistung und Funktion und beim lokalen Grundbesitz qua seines Besitztitels an Grund und Boden. Da der Grundbesitz der Gentry aber nur ein sehr geringes Ausmaß annimmt, kann sie auch nicht als ernsthafter Konkurrent um die Macht gegenüber der Bürokratie auftreten. Das bedeutet, daß die feudale Produktionsweise, soweit sie durch die Pachtverhältnisse in Erscheinung tritt, eindeutig unter der Hegemonie der tributgebundenen Produktionsweise steht. Deshalb bleibt die Gentry immer nur der Juniorpartner der Bürokratie.

Fei und unabhängig von ihm Moore sehen den Mechanismus, der Bürokratie und Gentry verbindet, in der Familie[145]. Zwar stand de jure jedem die Beamtenlaufbahn offen, die langwierige und kostspielige Vorbereitung für die Prüfungen konnte aber nur von wohlhabenden Familien finanziert werden. Das führte de facto dazu, daß vornehmlich die Grundbesitzerfamilien einem ihrer Mitglieder eine entsprechende Ausbildung ermöglichen konnten. Dies geschah aber nicht uneigennützig, sondern die Familie versprach sich von dem zukünftigen Beamten entsprechende materielle Vorteile und innenpolitischen Schutz. Umgekehrt legte der Beamte sein in kaiserlichen Diensten erworbenes Vermögen zusammen mit den aus seiner Position erwachsenden nicht unwesentlichen Einnahmen aus Korruption in Grundbesitz an, wurde somit selber zum Grundbesitzer bzw. vergrößerte den Besitz seiner Familie. Diese "Einkünfte" der Beamten übertrafen die Einkommen aus dem Grundbesitz erheblich[146].

Insofern konnte die Besitzminderung qua Erbteilung durch Mitgliedschaft in der Bürokratie ausgeglichen werden. Ziel und Selbstverständnis der Beamtentätigkeit waren also weniger die Aufopferung im Dienste des Staates für ein imaginäres Gemeinwohl als die Erlangung materieller Vorteile, sozialen Prestiges und des durch die Vetternwirtschaft garantierten Schutzes nach oben gegenüber Anforderungen des Staates und nach unten vor revoltierenden, die Pachtzahlung verweigernden Bauern.

Nach Ausscheiden aus dem Staatsdienst konnten die Beamten ein gesichertes, müßiges Leben als Grundbesitzer auf Kosten ihrer Pächter führen, während neue Familienmitglieder für die Beamtenlaufbahn rekrutiert wurden. Unter dem Begriff "Gentry" sollen hier im Sinne von Fei zur Ruhe gesetzte Beamte, deren Verwandte und sonstige literarisch gebildete Grundbesitzer verstanden werden[147]. Moore rechnet zur Gentry auch die aktiven Beamten[148], also den gesamten Staatsapparat, und erweckt damit den Eindruck der völligen Homogenität innerhalb der herrschenden Klasse, der durch die o.a. Kontrollmechanismen des Hofes gegenüber der Bürokratie nicht gerechtfertigt erscheint. Eindeutig ist aber die sich ergänzende Interessenlage zwischen Bürokratie und Gentry.

Beide Gruppen beziehen ihre Revenuen in starkem Maße aus derselben Quelle, der Landwirtschaft. Wie auch immer die Begründungen für die Absorbierung des Überschusses lauten, konfuzianische Legitimation, funktionale Legitimation oder ökonomische Legitimation durch die Zurverfügungstellung des "Faktors" Boden, letztlich konnte die Ablieferung des agrarischen Mehrprodukts angesichts der erbärmlichen Lebensverhältnisse der Bauern nur durch direkten oder potentiellen Zwang garantiert werden. Nicht umsonst lebten Bürokratie und Gentry nicht auf dem Dorf, sondern in befestigten Städten, die mit militärischer Bedeckung versehen waren.

Hier ergänzen sich Bürokratie und Gentry, sowohl was die Aufbringung der Revenue als auch die Sicherung dieses Vorgangs anbetrifft, optimal. Die zentrale Staatsgewalt reichte de facto nicht bis auf die unterste Ebene, da in dem riesigen Staatsgebiet die Kommunikations- und Verkehrsverbindungen fehlten, eine effektive zentrale Kontrolle zu gewährleisten. Der unterste Beamte in der Hierarchie, der einen Kreis zu verwalten hatte, bekam die seinem Bereich zugehörigen Einwohner in der Regel nie zu sehen und konnte infolge der nur dreijährigen Amtsdauer auch nicht mit den Problemen seines Verwaltungsbereichs vertraut werden. Die wichtigsten Aufgaben der unteren Beamten waren Steuereinziehung und Rechtsprechung[149]. Die konkreten Probleme der Bauern dagegen regelten lokale Verwaltungen auf der Basis der Selbstorganisation. Das Bindeglied zwischen diesen Selbstverwaltungsorganen und der unteren Ebene der Bürokratie bildete die lokale Gentry. Sie führte z.B. die Verhandlungen über die Höhe der zu entrichtenden Agrarsteuer oder sonstiger Leistungen und Dienstpflichten entsprechend den aktuellen Möglichkeiten der Bauern[150]. Entsprechend konnte sich die lokale Gentry bei der Verweigerung der Pachtzahlungen an ihre Verwandten in der Beamtenschaft wenden und durch militärischen Druck die soziale Ordnung wieder herstellen lassen.

Dieses Gefüge von Macht- und Funktionsverteilung hielt sich bis in die 3oer Jahre des 2o. Jahrhunderts, als es durch das sogenannte "pao-chia" System ersetzt wurde, eine nach militärischem Muster organisierte Selbstverwaltung mit direkter Verantwortlichkeit zu den übergeordneten Gremien. Diese Umstrukturierung war der Versuch, die Zentralgewalt bis auf die gesellschaftliche Basis auszudehnen und eine effektivere Besteuerung zu ermöglichen[151].

Unter der herrschenden Klasse im traditionellen China verstehe ich die Bürokratie nebst dem Kaiserhof und die lokale Gentry. Gemeinsam ist beiden die Aneignung des agrarischen Überschusses aufgrund unterschiedlicher Legitimationen. Auf der Basis der Sozialproduktschätzung von Chang[152] für die 188oer Jahre und den Schätzungen über die Einnahmen der Gentry kann in etwa berechnet werden, welchen Anteil am Sozialprodukt die herrschenden Klasse absorbierte.

Tabelle 28: Einnahmen der herrschenden Klasse und Anteil am Sozialprodukt in den 188oer Jahren

		in Mil Taels	Prozent
(1)	BSP	2.781,3	1oo,o
(2)	gesamtes Steueraufkommen	382,5	13,8
(3)	gesamtes Einkommen der Gentry	675,2	24,3
(4)	(3) + (2)	1.o57,7	
(5)	Steuerleistungen der Gentry	47,5	
(6)	Einkünfte der Gentry aus öffentlichen Ämtern	121,o	
(7)	Staatsausgaben für Investitionen, Rüstung, Administration, Schuldentilgung etc. = Nicht-Gehälter betragen ca.3o Prozent des Budgets[a]	114,8	
(8)	(4) - (5+6+7) = Einkommen der herrschenden Klasse	774,4	27,8

Berechnet nach Chang Chung-li 1962, S.296 und 327-329.
a) geschätzt nach Feuerwerker 1969, S.66
(vgl. Tabelle 3o dieser Arbeit)

Bei einem Bruttosozialprodukt von etwa 2,8 Mrd. Taels in den 188oer Jahren betrug der Staatsanteil 13,8 Prozent. Neben der Agrarsteuer waren die Salzsteuer, der Zoll und verschiedene Provinzabgaben die wesentlichsten legalen Einkünfte. Die illegalen, auf Korruption zurückgehenden Einnahmen der Bürokratie sind nicht erfaßt. Das Einkommen der Gentry machte 24,3 Prozent des Sozialprodukts aus und setzte sich aus verschiedenen Quellen (vgl. Tabelle 31) zusammen, unter denen neben der Rente die Einkünfte aus öffentlichen Ämtern, privaten Dienstleistungen sowie Handel und Wucher die wichtigsten waren. Die Gesamteinnahmen beider Gruppen vermindern sich um die Steuerleistungen der Gentry an den Staat (Zeile 5), die sie wegen ihres Untergrundrechts am verpachteten Boden zu zahlen hatte, sowie ihre Einkünfte aus öffentlichen Ämtern (Zeile 6). Außerdem sind die Sachleistungen des Staates abzuziehen (Zeile 7). Nach einer Ausgabenbilanz der Staatsfinanzen für die 189oer Jahre (vgl. Tabelle 3o) betrugen sie ca.3o Prozent, d.h. 7o Prozent des Budgets wurden für die Bezüge des Hofes, der Bürokratie und des Militärs aufgewendet. Das ergibt für Bürokratie und Gentry einen Gesamtanteil am Sozialprodukt von 27,8 Prozent. Der mit 17,9 Prozent hohe Anteil des Gentry-Einkommens aus öffentlichen Ämtern weist darauf hin, daß die Besetzung dieser Ämter eine wichtige Einnahmequelle der Gentry war.

Der von der herrschenden Klasse absorbierte Surplus betrug also gegen Ende des 19. Jahrhunderts fast 3o Prozent des Sozialprodukts. Fraglich ist, ob er einer produktiven Verwendung zugeführt wurde und ob die herrschende Klasse damit einen Beitrag zur Überwindung der Stagnation leistete.

2.3.2. Die Absorption des Surplus durch die Bürokratie und ihre vermeintliche ökonomische Legitimation

Trotz der Feststellung, daß eine weitgehende Interessenidentität und personelle Verflechtung zwischen Bürokratie und Gentry zu verzeichnen ist, bliebe die Vermutung, daß beide Teile der herrschenden Klasse eine unterschiedliche Verwendung des von ihnen absorbierten Surplus betrieben und damit auch in unterschiedlichem Maß für die Stagnation verantwortlich zu machen seien.

Die staatliche Revenue stammt wie die Rente der Grundbesitzer vornehmlich aus der Landwirtschaft, wie folgende Tabelle illustriert.

Tabelle 29: Steuereinnahmen 1753 und in den 189oer Jahren (in Prozent)

	1753[1]			189oer[2]
	1 an die Zentrale	2 offizielle u.inoffizielle lokale Aufschläge in Prozent von (1)	3 gesamt (1)+(2)	4 nur Zentrale
Agrarsteuer	77,9		73,5	35,6
in Geld	54,2	23,2	5o,8	28,2
in Naturalien	23,8	25,o	22,6	7,4
Salzsteuer	12,5	25,o	11,9	15,4
Landzoll	7,7	25,o	7,3	1,4
Seezoll	-	-	-	24,7
Likin (Binnenzoll)	-	-	-	14,6
versch.Steuern	1,9	413,3	7,3	8,7
gesamt	1oo,o	31,4	1oo,o	1oo,o

1) Berechnet nach der Schätzung von Wang Yeh-chien 1971, S.832
2) Berechnet nach Feuerwerker 1969, S.66 oder Feuerwerker 1958, S.42

Die Zahlen für 1753 beruhen auf Schätzungen und sollen als repräsentativ für die Herkunft des Budgets im traditionellen China gelten. Wichtig ist hier nur die prozentuale Verteilung, die sich bis ca.1875 kaum geändert hat[153]. Die Veränderungen in den Relationen für die 189oer Jahre[154] in der Tabelle 29 ergeben sich weniger aus der Veränderung der absoluten Einnahmen als aus der Einführung neuer Zölle bzw. Steuern. Die wichtigsten sind dabei der Seezoll (seit 1854), eine Folge der im Vertrag von Nanking erzwungenen Öffnung der Häfen, die, zumindest war die Staatskasse anging, eine zusätzliche Einnahme brachte, sowie der Likin, ein Binnenzoll, der 1853 eingeführt und ab 1862 überall verbreitet, eine zusätzliche Einnahme für den Staat erbringen sollte, um die infolge der imperialistischen Aggression notwendig gewordenen erhöhten Militärausgaben und Kriegskontributionen zu finanzieren. Durch diese beiden Posten verschiebt sich die Einnahmeverteilung des Staatshaushalts gegen Ende des 19. Jahrhunderts gewaltig. Für die Zeit vorher können die Relationen, die in der Schätzung für 1753 zum Ausdruck kommen, als konstant angenommen werden[155].

Das bedeutet, daß die Agrarsteuer etwa drei Viertel der Staatseinnahmen ausmachte. Wenn man berücksichtigt, daß der zweitgrößte Posten, die Salzsteuer, auf ein Produkt erhoben wurde, das wichtigstes Massenkonsumgut war, also überwiegend ebenfalls durch die Bauern aufgebracht wurde, erhöht sich die Quote auf ca.85 Prozent.

Ferner geht aus der Tabelle hervor, daß die Agrarsteuer, ähnlich wie die Rente, sowohl in Geld wie in Naturalien erhoben wurde. Diese Naturalien waren in erster Linie Getreide, aber auch Hülsenfrüchte, Seide, Holz, Kupfer für die staatliche Münze u.a. Laut Tabelle 29 (Spalte 2) schlagen die lokalen Beamten, die für die Einziehung der Steuer verantwortlich sind, einen erheblichen Betrag auf die an die Zentrale zu entrichtende Steuer auf, um ihre eigene Amtsführung zu unterhalten. Das war in gewissem Maße auch offiziell gestattet[156], um die Loyalität der Bürokratie zu gewährleisten[157]. De facto war die überzogene Steuereintreibung für private Zwecke allerdings wesentlich höher[158]. Hier liegt eine erhebliche Dunkelziffer im Hinblick auf die tatsächliche Belastung der Bauern. Aus Spalte 4 für die 189oer Jahre geht hervor, daß die Bedeutung der Steuerleistungen in Naturalform zurückgeht, ein Hinweis auf die zunehmende Kommerzialisierung der chinesischen Gesellschaft. Die Bauern belastete die Agrarsteuer mit 7 bis 2o Prozent der Ernte, wovon den größeren Teil die Steuereinzieher vereinnahmten[159].

Wie wurden diese Einnahmen verwendet? Leider sind mir keine Aufstellungen über die Staatsausgaben im 18. Jahrhundert bekannt geworden, um einen direkten Vergleich mit der Einnahmebilanz von 1753 zu ermöglichen. Die Tabelle 3o gibt aber das Gegenstück auf der Ausgabenseite zu Spalte 4 der Tabelle 29 wieder.

Tabelle 3o: Staatsausgaben in den frühen 189oer Jahren nach Einzelposten (in Prozent)

Zentralregierung Kaiserhof Sold der Mandschu-Garnison	(1)	21,9
Seezollverwaltung	(2)	2,8
Öffentliche Arbeiten	(3)	1,7
Armeemodernisierung Küstenschutz	(4)	9,o
Verteidigung der Mandschurei	(5)	2,1
Zivile und militärische Verwaltung von Kansu u.Zentralasien	(6)	5,4
Nördliche Flotte	(7)	5,6
Südliche Flotte	(8)	5,6
Eisenbahnbau	(9)	o,6
Zuschüsse an Kwangsi, Kweichow und Yunnan	(1o)	1,9
Provinzverwaltung Provinztruppen	(11)	4o,7
Tilgung und Zinsen für Auslandsanleihen	(12)	2,8
gesamt		1oo,o

Berechnet nach Feuerwerker 1969, S.66

Hierbei ist natürlich zu berücksichtigen, daß in den 189oer Jahren der Verfall der kaiserlichen Bürokratie schon weit fortgeschritten war,und infolge der militärischen Beirohung zusätzliche militärische Ausgaben erforderlich waren. Dennoch bleiben einige Hinweise der Tabelle frappant. 68,3 Prozent des Budgets (Zeilen 1, 6 und 11) werden für den Kaiserhof, die Zentral- und Provinzverwaltung und deren militärische Bedeckung ausgeben. Lediglich 22,7 Prozent (Zeilen 4 bis 8) können maximal als nationale Verteidigungsanstrengungen deklariert werden. Als unmittelbar volkswirtschaftlich relevante Ausgaben lassen sich nur 2,3 Prozent (Zeilen 3 und 9) des Budgets ausweisen. Dieses Ergebnis korrespondiert mit dem starken Rückgang der in Tabelle 13 ausgewiesenen Wasserbauprojekte.

Im 19. Jahrhundert betrug ihre Zahl nur noch knapp die Hälfte der Projekte, die im 18. Jahrhundert ausgewiesen sind. Eine ähnliche Erscheinung läßt sich auch für die Endphase der Ming-Dynastie feststellen. Der Rückgang der Wasserbauten im 17. Jahrhundert gegenüber dem 16.Jahrhundert weist eine ähnliche Dimension auf. Somit entfällt der Einwand, daß es sich bei diesem neuerlichen Rückgang notwendig um eine Folge der Zerrüttung des Staates infolge der imperialistischen Penetration handelt. Die Tatsache, daß der Rückgang der Wasserbauten auch in der Niedergangsphase anderer Dynastien zu beobachten ist, weist vielmehr darauf hin, daß es sich hier um ein wiederkehrendes innergesellschaftliches Phänomen in Verbindung mit dem Niedergang einer Dynastie handelt.

Die These von der außerordentlichen Bedeutung der ökonomischen Funktion des Staates wird angesichts dieser Relationen doch stark erschüttert, auch wenn zugestanden wird,daß sich die ökonomischen Funktionen nicht nur in produktiven Staatsausgaben niederschlagen müssen. Schließlich handelt es sich nicht um eine kurzfristige oder augenblickliche Erscheinung. Der Niedergang der staatlichen Wasserregulierung erstreckte sich über Jahrzehnte, ohne daß die Wirtschaft vollständig zusammenbrach. Folglich kann der staatlich organisierte Wasserbau nicht so unbedingt die conditio sine qua non der chinesischen Landwirtschaft gewesen sein.

Ein weiterer Einwand lautet, daß Tabelle 3o nicht die Ausgaben der lokalen Verwaltung miteinbezieht, die nach Feuerwerker gegen Ende des Kaiserreichs das ca. Zweieinhalbfache der Einnahmen der Zentralregierung betragen haben[16o], im lokalen Rahmen die Behörden mithin größere Projekte hätten finanzieren können. Dieser Einwand erscheint ebenfalls wenig einleuchtend, da eine lokale Verwaltung, die ihre Einnahmen überwiegend außerhalb der Legalität bezog, um ihre Privatschatulle aufzufüllen, diese wohl schwerlich für öffentliche Bauten ausgegeben haben wird.

Die unzureichenden und gegen Ende der Mandschu-Dynastie nahezu auf Null zurückgehenden öffentlichen Ausgaben mit volkswirtschaftlicher Relevanz deuten auf ein weiteres Moment der Stagnation hin. Der Pferdefuß bei der Argumentation à la Wittfogel, daß die Grundlage der asiatischen Gesellschaften in den hydraulischen Funktionen des Staates liege, Stagnation dieser Gesellschaften mithin aus diesem, private Aktivitäten verhindernden, staatlichen Monopol herzuleiten wären, entblößt sich. Nicht die staatliche Organisation von Infrastrukturmaßnahmen fördert die Stagnation, sondern im Gegenteil der Niedergang dieser Aktivitäten!

Welche Funktion haben demgegenüber die bekannten öffentlichen Großprojekte wie der Kaiserkanal und die Regulierung des Huang Ho? Wer hat diese Bauwerke finanziert und welchem Zweck dienten sie? Diesen beiden umfangreichsten öffentlichen Projekten neben dem Bau der Großen Mauer waren auch die größten, zu Beginn der Ching-Dynastie gegründeten, Behörden zugeordnet[161]. Aus Tabelle 29 war hervorgegangen, daß ein erheblicher Teil der Agrarsteuer in Naturalien, d.h. vornehmlich in Getreide, erhoben wurde. Dieses Getreide diente, soweit es zur Steuereinnahme der Zentralregierung gehörte, der Versorgung des kaiserlichen Hofes, seiner Beamten und der Garnison in Peking. Die lokalen Beamten verschafften sich ihren Getreideanteil separat. Für Peking hieß das, daß ca. 17o ooo Beamte und Truppen, mit ihren Familien ca. 85o ooo bis 1,3 Millionen Menschen, je nachdem wie hoch man die Familiengröße ansetzt, mit Getreide versorgt werden mußten[162].

Dieses Getreide wurde aber keineswegs gleichmäßig aus ganz China geliefert, sondern nur aus den Provinzen Shantung, Honan, Anhwei, Kiangsi, Hupeh, Hunan, Kiangsu und Chekiang, wobei die beiden letztgenannten die Hauptbezugsregionen bildeten[163]. Diese Provinzen liegen ausnahmslos am Unterlauf des Yangtze und in der Großen Ebene zwischen Yangtze-Mündung und Peking. Der Transport des Getreides über den schiffbaren Yangtze war unproblematisch. Aus Sicherheitsgründen wählte man von dort statt des Seewegs die direkte Verbindung durch den Bau eines Kanals, der südlich des Yangtze in Chekiang begann und durch die Provinzen Kiangsu, Shantung und Hopeh bis Peking führte. So waren durch den Unterlauf des Yangtze und den Kaiserkanal sämtliche Kornkammern des Reiches an Peking angebunden,und die Beherrschung des ökonomischen Zentrums durch das politische Zentrum sichergestellt[164].

Die umfangreichste Behörde, die Getreidetransportverwaltung, hatte den Transport des von den Provinzialverwaltungen aufgebrachten Getreides zu organisieren. Ihr unterstanden 6 ooo bis 1o ooo Djunken und 12o ooo Mann militärisches und ziviles Personal[165]. Die laut Gesetz aufzubringende Getreidemenge betrug im frühen 19. Jahrhundert ca.275 ooo Tonnen, von denen 7/8 direkt nach Peking geschafft wurden. Der Rest verblieb bei den Provinzverwaltungen[166]. Die Provinzen, d.h. ihre Bevölkerung, hatten aber nicht nur die Fracht zu stellen, sondern auch den Transportraum, das Personal, Holz zum Bau von Kornspeichern in Peking, zusätzliche Abgaben zur Finanzierung des Transports sowie unentgeltliche Leistungen der lokalen Verwaltungen, so daß die Schätzungen über die tatsächlichen Leistungen zur Durchführung der Pekinger Getreideversorgung das Fünf- bis Sechsfache der offiziellen Quote an Getreide betragen[167]. Die Durchführung der eigentlichen Bauarbeiten nebst künstlicher Wasserspeisung des Kanals sowie seine Instandhaltung oblag natürlich auch den Provinzen bzw. den dazu requirierten Arbeitskräften.

Die zweitgrößte Behörde, und damit ein weiteres Zentrum potentieller staatlicher ökonomischer Aktivitäten, beschäftigte sich mit der Regulierung des Huang Ho. Die Regulierung dieses Stroms ist zweifellos eine wichtige Voraussetzung für den Ackerbau in einem Teil der Großen Ebene. Fraglich ist allerdings, ob die Deichbauten primär unter diesem Aspekt unternommen wurden, oder ob es sich dabei nur um ein Abfallprodukt einer anderen Intention handelte. Fest steht jedenfalls, daß der Huang Ho in seinem Unterlauf den Kaiserkanal kreuzt und ohne seine Regulierung der Getreidetransport nicht möglich war. Auffällig ist auch, daß die Gründung der für diese Arbeiten zuständigen Behörde mit der Gründung der Getreidetransportverwaltung und damit der Wiederherstellung und Erweiterung des alten Kaiserkanals zusammenfällt. Hu bezeichnet sie sogar ausdrücklich als Abfallprodukt der Getreidetransportverwaltung[168]. Die wichtigsten Regulierungsarbeiten fallen in das 17. Jahrhundert. Danach wird zwar der Verwaltungsapparat erheblich aufgebläht, aber der Umfang der Bauarbeiten geht erheblich zurück[169] (vgl. dazu Tabelle 13).

Obwohl die Behörde 1812 mehr als 1o Prozent des Staatshaushalts verschlang, wurden die Deichbauten im 19. Jahrhundert so sehr vernachlässigt, daß nach schweren Deichbrüchen (1835, 1841 und 1843)1855 eine solche Katastrophe eintrat, daß der Huang Ho sein 3oo Jahre altes Bett verließ und statt in der Provinz Kiangsu ca. 5oo km weiter nördlich in der Provinz Shantung ins Meer mündete[17o]. Der Kaiserkanal wurde dadurch zerstört und erst 1865 wieder notdürftig in Betrieb genommen, erreichte aber in bezug auf den Getreidetransport nie mehr seine alte Bedeutung. Die Konsequenz war, daß man die Naturalabgaben in Geldkontributionen umwandelte. 19o1 verschwand das Getreidetransportsystem vollständig[171].

Aus der Verlaufsgeschichte dieser Behörde und der entscheidenden Phase ihrer praktischen Tätigkeit direkt nach der Gründung im 17. Jahrhundert läßt sich der Schluß ziehen, daß die Annahme, hierbei handle es sich ebenfalls nur um eine ökonomische Maßnahme im Interesse der reibungslosen Versorgung des Hofes, nicht unbegründet ist[172]. Die Transportmöglichkeiten des Kanals für zivile Zwecke und der Schutz der Landwirtschaft durch die Deiche sind nur Nebeneffekte, deren Bedeutung, sobald der hauptsächliche Zweck, die Getreideversorgung Pekings, wegen der Umwandlung in Geldsteuer keine Rolle mehr spielt, nicht mehr ausreicht, die kaiserliche Administration zu weiterer Aktivität zu ermuntern. Die Tatsache, daß trotz abnehmender Tätigkeit die Behörde von 29 Beamten im 17. Jahrhundert auf 4oo Beamte Mitte des 18. Jahrhunderts nebst einer großen Zahl von Unterbeamten und 2o ooo Mann Militär aufgebläht wird[173], weist aber eher darauf hin, daß hier eine Behörde aus Gründen der Pfründenverteilung eine Eigendynamik entwickelt, die nichts mehr mit ihrer ursprünglichen Aufgabe zu tun hat. Bei diesen Angaben über das Personal der Behörden sind natürlich nicht die eigentlichen Arbeitskräfte gerechnet, die von Projekt zu Projekt ausgehoben wurden und in die Zehntausende gingen. Wittfogels These von der ökonomischen Bedeutung der Bürokratie wird also immer stärker erschüttert.

Aus der Tatsache, daß die Arbeitskräfte, die Materialien und auch zum erheblichen Teil die laufenden Kosten dieser Behörden zusätzlich requiriert wurden, ergibt sich, daß die in Tabelle 3o ausgewiesenen Ausgaben für die Behörden nahezu ausschließlich Gehälter und Sold der Beamten und Militärs ausmachten, hier also keine verdeckten öffentlichen Ausgaben zu finden sind. Die Ernährung und Unterkunft der Soldaten oblag ohnehin den gerade betroffenen Bauern.

Die staatliche Verwaltung war eine surplusabsorbierende Klasse, ohne daß sie selber permanent ökonomische Funktionen wahrnahm, die einem allgemeinen Wohl dienten, noch finanzierte sie aus diesem Surplus öffentliche Arbeiten. Barans Konzept der unproduktiven Verwendung des Surplus durch den Staat in unterentwickelten Ländern bestätigt sich[174]. Daß die Bürokratie, obwohl sie aufgrund ihrer ausschließlich klassisch-literarischen Bildung für ökonomische Aufgaben denkbar ungeeignet war, im Bewußtsein der bäuerlichen Bevölkerung ihre Legitimation aus dieser real gar nicht intendierten Funktion bekam, kann davon durchaus unberührt sein. Chi z.B. sieht die Hauptaufgaben der Bürokratie explizit in der Aufbringung und Transportierung der Agrarsteuer nach Peking[175].

Wo der Staat direkt ökonomisch aktiv wurde, wie bei der Salz- und Eisengewinnung, verschaffte er sich (vgl. Salzsteuer) erhebliche Einnahmen und monopolisierte dadurch allerdings wichtige Bereiche auf dem Massenkonsumgütersektor, die privaten Aktivitäten verschlossen blieben[176].

2.3.3. Erzeugung und Absorption des Surplus durch die Gentry

Die Einkünfte der Gentry bestanden keineswegs, wie zu vermuten wäre, ausschließlich aus der Rente. Was für die Pächter als enorme Belastung erschien, war für die Gentry nur eine, wenn auch bedeutende Einnahmequelle neben anderen. Chang[177] hat in einer eingehenden Untersuchung die verschiedenen einnahmeträchtigen Aktivitäten der Gentry untersucht und den Umfang der Einkünfte geschätzt. Bei dem für europäische Verhältnisse im Durchschnitt geringen Umfang des sogenannten Großgrundbesitzes ist es einleuchtend, daß für viele Mitglieder der Gentry, zumal wenn sie am unteren Ende der sozialen Skala der Oberschicht standen, zusätzliche Einnahmen sogar notwendig waren.

Die Einkünfte aus Handel und Geldverleih bildeten neben dem Grundbesitz eine wichtige Einnahmequelle. Da der Zugang zu öffentlichen Ämtern de facto nahezu ausschließlich der Gentry gegeben war, konnte sie in Form der Gehälter einen erheblichen Teil der Staatsausgaben absorbieren. Ihr Bildungsprivileg und ihr sozialer Status auf lokaler Ebene verschafften ihr außerdem diverse Erwerbsmöglichkeiten im Bereich der privaten Dienstleistungen.

Die prozentuale Gewichtung dieser Einnahmequellen dokumentiert Tabelle 31.

Tabelle 31: Herkunft der Gentry-Einkommen und jeweiliger Anteil am Sozialprodukt in den 188oer Jahren

	Einkommen in Mil Taels	Prozent des Gesamteinkommens der Gentry	Anteil am Beitrag des Sektors zum BSP
Landwirtschaft	22o,o	32,6	13
Handel und Finanzwesen	113,6	16,8	38
Wohnungen etc.	3o,o	4,4	18
öffentliche Dienstleistungen	121,o	17,9	74
private Dienstleistungen	19o,6	28,2	79
gesamt	675,2	1oo,o	24

Chang Chung-li 1962, S.327
Grundlage dieser Tabelle ist die Berechnung von Chang Chung-li 1962, S.296, die Feuerwerker 1969, S. 2(hier Tab.6) neu berechnet hat. Ein direkter Vergleich ist deshalb nicht möglich.

Demnach betragen die Renteneinnahmen nur ein knappes Drittel der Gesamteinnahmen. Der zweitgrößte Posten sind mit 28 Prozent die Einkünfte aus privaten Dienstleistungen, gefolgt von den Beamtengehältern mit 17,9 Prozent. Handel und Wucher steuern immerhin noch 16,8 Prozent bei. Bezogen auf den Beitrag der entsprechenden Sektoren zum Sozialprodukt ergibt das einen Gesamtanteil von 24 Prozent (vgl. Tabelle 28). Im staatlichen und privaten Dienstleistungsbereich fallen dabei 7o bis 8o Prozent der Einkünfte auf die Gentry, während der Anteil im Agrarsektor nur 13 Prozent beträgt. Hierbei ist allerdings zu berücksichtigen, daß die Staatseinnahmen zu über 7o Prozent aus der Agrarsteuer stammen (vgl. Tabelle 29), somit indirekt über die Besoldung der Beamten ein wesentlich höherer Anteil der Gentry-Einkommen aus der Landwirtschaft stammt. Die Einnahmen aus Geldverleih und lokalen privaten Dienstleistungen stammen ebenfalls vorwiegend aus Zahlungen der Bauern, so daß es durchaus vertretbar ist, den Anteil der Gentry-Einkommen, der mittel- oder unmittelbar aus der Landwirtschaft stammt, mit 6o bis 7o Prozent anzunehmen.

Chang schätzt die Gentry auf ca. 1,5 Millionen Personen. Rechnet man die Familienangehörigen hinzu, ergeben das 7,5 Millionen. Das ergibt bei einer Bevölkerung von 377,5 Millionen Ende des 19. Jahrhunderts einen Anteil von 2 Prozent[178]. Da die Bürokratie nahezu ausschließlich aus der Gentry stammt, beziehen mithin zwei Prozent der Bevölkerung 27,8 Prozent des Volkseinkommens. Das ergibt ein Pro-Kopf-Einkommen von 1o3,3 Taels. Die übrigen 98 Prozent der Bevölkerung müssen sich demgegenüber mit einem Pro-Kopf-Einkommen von 5,4 Taels begnügen[179].

Nach der Herkunft der Gentry-Einkommen soll ihre Verwendung untersucht werden. Da im Gegensatz zum Staatshaushalt keine entsprechenden Aufstellungen über die Familienbudgets der Gentry verfügbar sind, müssen andere Verfahren angewendet werden. Die Tatsachen, daß die Grundbesitzer ihr Land weitgehend verpachteten, das Bodenrecht während der Ching-Dynastie die Eigenbewirtschaftung behinderte, und daß die Pächter im Besitz ihrer Produktionsmittel waren, weisen darauf hin, daß der von der Gentry absorbierte Surplus kaum zu Produktivitätssteigerungen in der Landwirtschaft investiert wurde.

Die wichtigsten Hinweise über die tatsächliche Verwendung des Surplus bieten die Fallstudien von Hinton, Fei u.a.[18o] Aus ihnen geht hervor, daß die Gentry, wo immer es möglich war, die Dörfer verließ und sich abseits von ihrem verpachteten Boden in den befestigten Landstädten niederließ. Wenn sie auf dem Land blieb, umgab sie ihr Haus mit einer Mauer und unterhielt eine private Schutztruppe. Die Pacht wurde weitgehend von Agenten eingetrieben. Lebenszweck der Gentry in den Landstädten war der Müßiggang[181], der allein soziales Prestige verlieh[182].

Ein erheblicher Teil der Einkünfte mußte zur Unterhaltung der umfangreichen Familien aufgewendet werden[183], die im Vergleich zu den Bauern einen aufwendigen Lebensstil führten. Daraus ergab sich der Markt für die Produkte der städtischen Handwerker. Die "produktiven" Ausgaben der Gentry bestanden im Geld- oder Getreideverleih zu Wucherzinsen[184], in weiterem Grunderwerb oder in Handelsaktivitäten. Nicht unerhebliche Beträge wurden einfach gehortet bzw., wenn es sich um Naturaleinkünfte handelte, vergraben.

Der objektive Hintergrund dieses Verhaltens kann darin gesucht werden, daß aufgrund der Subsistenzwirtschaft, der Monopolisierung wichtiger industrieller Tätigkeiten durch den Staat und der staatlich organisierten Naturalversorgung der Verwaltungsstädte wenig Raum für private ökonomische Aktivitäten und damit die Anlage von Surplus durch die Gentry blieb. Die Tatsache, daß die Pacht ursprünglich in Naturalform geleistet wurde, deutet ebenfalls auf eine unproduktive Verwendung der Überschüsse hin. Die Kommerzialisierung des Pachtwesens und der Übergang zur Geldrente vollziehen sich erst im 2o. Jahrhundert, vor allem in Regionen, die in unmittelbarer Nachbarschaft zu ökonomischen Zentren wie Shanghai oder Canton liegen[185].

2.4. Die Stagnation der asiatischen Form der tributgebundenen Gesellschaftsformation

2.4.1. Die Struktur der traditionellen chinesischen Gesellschaftsformation

Marx unterscheidet in den Grundrissen drei Formen, die der kapitalistischen Produktion vorangehen: die asiatische, die antike und die germanische Form, ohne daß er damit eine Reihenfolge anzeigen will[186]. Die Unterscheidung dieser drei Formen entwickelt er am jeweiligen Status des Grundeigentums. Kennzeichen der asiatischen Form ist seiner Meinung nach der Umstand, daß der Staat, verkörpert durch den Despoten, als der einzige Eigentümer erscheint, während die Gemeinden nur die erblichen Besitzer des Bodens sind[187]. Die Nichtexistenz von Privateigentum wird von Marx und Engels in einigen Briefstellen sogar als der "Schlüssel" zum Verständnis der orientalischen Gesellschaften angesehen[188]. Den Grund, warum es nicht zur Herausbildung von Privateigentum kommt, sehen beide in der Notwendigkeit der künstlichen Bewässerung, die die klimatischen und topographischen Gegebenheiten Asiens verlangen. Sie unterstellen dabei, daß diese Bewässerungsaufgaben so umfangreich sind, daß nur der Staat auf Kommune-, Provinz- oder gar Zentralebene sie durchführen kann[189].

Damit sind bereits die Grundzüge des Interpretationsmusters gestrickt, dem sich Wittfolgel in ausführlicher Weise gewidmet hat. Die vorausgegangenen Ausführungen sollten aber in Übereinstimmung mit der neueren Literatur gezeigt haben, daß im hier relevanten und von Marx durchaus anvisierten Zeitraum vor Beginn der Penetration zumindest de facto Privateigentum an Grund und Boden bestanden hat[190], und die Bewässerung nicht zentral, sondern lokal ohne besondere staatliche Organisation erfolgte. Inwieweit der ursprüngliche staatliche Eigentumstitel auf den Grund und Boden weiterhin als Legitimation zur Erhebung der Agrarsteuer diente, ist eine andere Frage. Ebenso mag die staatliche Funktion im Bewußtsein der Bevölkerung als durchaus notwendig anerkannt worden sein, auch wenn sie es real gar nicht so sehr war, so daß hier ein zusätzlicher Rechtfertigungsgrund für die Agrarsteuer auftritt.

Wenn auch die Marxschen Begründungen zur Aneignung eines Teils des Mehrprodukts in Form von Tributleistungen nur teilweise zutreffen, so bleibt doch die Tatsache, daß Tribut erhoben wurde, ohne daß es sich um feudale Abgabeverhältnisse im europäischen Sinn handelte. Der Boden war während der hier interessierenden Phase frei verkäuflich. Die Pachtverhältnisse kamen nicht durch außerökonomischen Zwang zustande, sondern waren Resultat vorausgegangener Verelendung und Verschuldung der Bauern, die ihren Besitztitel veräußern mußten und so von Schuldnern zu Pächtern wurden. Weiterhin bleibt die Tatsache der notwendigen künstlichen Bewässerung und einer daraus resultierenden intensiven Landwirtschaft, auch wenn sie nicht durch den Staat organisiert wurde.

Als weiteres Charakteristikum der asiatischen Form der Produktion, dank Wittfogel in der späteren Literatur kaum beachtet, betont Marx die Bedeutung der Einheit von Agrikultur und ländlicher Hausindustrie, besonders im Hinblick auf die Persistenz der traditionellen chinesischen Gesellschaft[191].

Als wesentliche Elemente zur Bestimmung der AWP mögen die Kriterien (1) intensive Landwirtschaft auf der Basis künstlicher Bewässerung, (2) Abführung des Mehrprodukts an den Staat qua vermeintlicher oder tatsächlicher ökonomischer Legitimation und (3) Einheit von Agrikultur und Manufaktur auf der Basis weitgehender Subsistenzwirtschaft genügen. Zur Charakterisierung der traditionellen chinesischen Gesellschaft reichen sie nicht aus. Zur Erfassung komplexerer Gesellschaften ist Amins Konzept der Gesellschaftsformation, in der verschiedene Produktionsweisen kombiniert werden, wobei die dominierende Produktionsweise zur Kennzeichnung der Formation herangezogen wird, ein wesentlicher Schritt voran[192]. Dieses Konzept der Gesellschaftsformation deutet sich bereits beim späten Marx in seinen Entwürfen zum Brief an Vera Sassulitsch an[193].

Amin führt den hier verwendeten Begriff der "tributgebundenen Produktionsweise" ein, der als Oberbegriff für die feudale, die afrikanische, die andinische, die asiatische und andere Produktionsweisen dient, die sich alle durch Tributleistungen auszeichnen. Das Wort "asiatisch" hat in diesem Sinn also nur regionale Bedeutung. Ich verwende demzufolge statt des Begriffs "APW" die Formel "asiatische Form der tributgebundenen Gesellschaftsformation", die sowohl Marx in den Grundrissen als auch Amin gerecht wird. Laut Amin können die Varianten der TPW übereinstimmend mit dem späten Marx parallel zueinander existieren. Seine Definition lautet folgendermaßen: "Die tributgebundene Produktionsweise ist gekennzeichnet durch eine Teilung der Gesellschaft in zwei Hauptklassen: die Bauern, die in Gemeinschaften organisiert sind, und die herrschende Klasse, die allein für die politische Organisation der Gesellschaft zuständig ist und dafür einen (nicht warenförmigen)

Tribut von den ländlichen Gemeinschaften erhebt."[194] Amin irrt bei seiner Definition, zumindest im Hinblick auf China, allerdings insofern, als der Tribut durchaus Warenform annehmen kann, die Sammlung und Transportierung dieses warenförmigen Tributs sogar die Hauptgründe für die besonderen ökonomischen Aktivitäten des Staates bildeten.

Die weitere Ableitung Amins lehnt sich stark an Wittfogel an, wenn er im Gegensatz zu Marx feststellt, daß nicht das staatliche Eigentum an Grund und Boden, sondern seine Funktion den Anspruch auf das Mehrprodukt legitimiert. Er sagt sogar, die Staatsklasse leitet den Produktionsprozeß selbst[195]. Das läßt sich für China in dieser Eindeutigkeit verneinen. Wenn Funktion, dann eher im Sinne von Garantie der innenpolitischen und ökonomischen Ordnung. Was bei Marx, Wittfogel, Amin u.a. zu kurz kommt, ist die Absorption des Mehrprodukts auf der Basis des Grundeigentums der Gentry. Eine Schlußfolgerung würde demnach lauten, daß die asiatische Form der TPW um eine Kategorie erweitert werden muß: Tribut kann auch aufgrund der "Bereitstellung" von privatem Boden erhoben werden. Dabei handelt es sich aber keinesfalls um kapitalistische Bodenrente, da die Höhe der Pacht von 5o Prozent unabhängig von Erträgen, Bodenpreisen u.a. zustande kommt. Die andere plausiblere Schlußfolgerung lautet: Die chinesische Gesellschaftsformation während der Ching-Zeit ist durch eine zusätzliche Produktionsweise gekennzeichnet, die Elemente der kapitalistischen und der feudalen Grundrente vermischt, aber nur unter den Bedingungen der dominanten TPW existieren kann. Insofern liegt die wirkliche Macht im Staate bei der Bürokratie, während die Gentry nur das lokale Machtvakuum unterhalb der staatlichen Administration ausfüllen kann. Für das Verständnis des Zusammenhalts und der Strategien zur Überwindung der traditionellen chinesischen Gesellschaftsformation sind allerdings beide Teile der herrschenden Klasse und die sie konstituierenden Produktionsweisen von gewichtiger Bedeutung.

Als Folge der hausindustriellen Tätigkeiten der Bauern lassen sich außerdem noch Elemente der kleinen Warenproduktion feststellen. Tauschzentren sind die lokalen periodischen Märkte, die über ein Netz von Zwischenhändlern mit der übrigen Wirtschaft verknüpft sind, so daß neben der direkten Absorption von Surplus über die Zirkulation, insbesondere von Luxusgütern, dem bäuerlichen Sektor weiterer Surplus entzogen wird.

Die spezifische Verwendung dieses Mehrprodukts, nicht so sehr ihre Herleitung (für den Bauern machte das keinen Unterschied), gibt wesentliche Einblicke in den Funktionsmechanismus der chinesischen Gesellschaft. Schaubild 4 soll Entstehung, Aneignung, Zirkulation und Verwendung des gesellschaftlichen Mehrprodukts darstellen.

Auf der untersten Ebene befindet sich die Subsistenzproduktion der Bauern und ihre Hausindustrie. Hier entstehen die über lokale Märkte zirkulierenden agrarischen und hausindustriellen Produkte. Der direkte Abzug von Geld und Naturalien erfolgt qua Pacht, Steuern und Zinsen an die lokale Gentry und Bürokratie, die in den Landstädten ansässig ist, bzw. an die zentrale Bürokratie in den Provinz- und Hauptstädten. Über eine Kette von Zwischenhändlern gelangen hausindustrielle Produkte und Agrargüter in die Städte. Umgekehrt fließt lediglich ein von der lokalen Gentry in Form von Krediten (Geld oder Getreide) zur Verfügung gestellter Überschuß in die Dörfer, der von den Bauern zu horrenden Zinsen zurückgezahlt werden muß und somit den Surplusabfluß verstärkt. Die in den Städten entstehende Kaufkraft dient als Nachfrage für handwerkliche Luxusgüterprodukte.

Das System ist nur so lange funktionsfähig, wie es aus der Sicht der Bauern gelingt, durch die hausindustrielle Tätigkeit so viel hinzuzuverdienen, daß sie trotz der Abgaben existieren können, bzw. aus der Sicht der herrschenden Klasse gelingt, die Abgabenleistung zu erzwingen. Die handwerkliche Tätigkeit in den Städten erreicht keine Eigendynamik, da sie kaum auf Massenkonsumgüterproduktion ausgerichtet ist.

Schaubild 4: Modell der chinesischen Wirtschafts- und Gesellschaftsstruktur vor der Penetration (Aneignung und Zirkulation des Mehrprodukts)

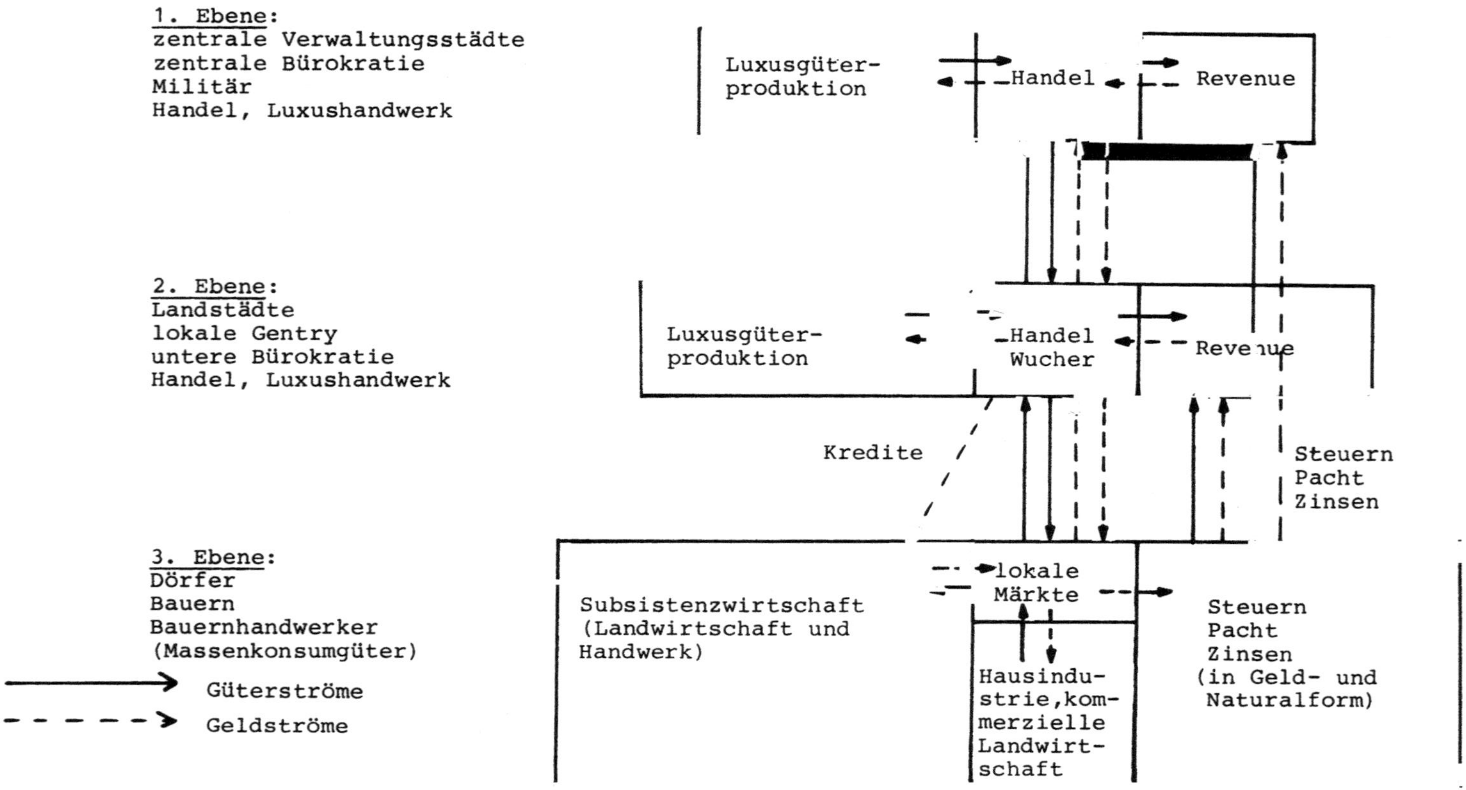

Drei wesentliche Gefahren drohen dem System:
1) Die Intensivierung der Landwirtschaft ist immer weniger in der Lage, den Bevölkerungsdruck auszugleichen.
2) Importe und Direktinvestitionen treten mit der Hausindustrie in Konkurrenz und verringern den notwendigen Nebenerwerb der Bauern.
3) Die Staatsautorität wird so sehr geschwächt, daß die reibungslose Aneignung des agrarischen Surplus nicht mehr gewährleistet ist.

2.4.2. Technologie, Verteilung und Markt als Ursachen der Stagnation

Nachdem die diversen Bedingungen der Produktion und ihrer Verwendung diskutiert worden sind, kann der Versuch unternommen werden, die Entwicklungstendenzen der traditionellen chinesischen Gesellschaftsformation zu erklären, die die Stagnation herbeigeführt haben.

Marx schien, so zumindest die Interpretation Amins[196], den Grund für die Behinderung der kapitalistischen Entwicklung im Nichtvorhandensein von Privateigentum zu sehen. Diese Erklärung ist unzutreffend, wie Amin selber konstatiert[197]. Seine eigene Erklärung der Blockierung der tributgebundenen Gesellschaftsformationen bleibt allerdings ebenfalls recht unbefriedigend. Das zentrale Argument lautet, daß der Staat im Gegensatz zu Westeuropa eine starke regulierende Position gegenüber Handel und Handwerk einnimmt. Da er (angeblich) in der Lage ist, die Entwicklung der Produktivkräfte weitgehend zu organisieren, tritt der Konflikt mit den Produktionsverhältnissen erst mit Beginn der Penetration auf. "Dennoch bedeutet diese Fähigkeit der Aneignung von Fortschritt doch relative Blockierung, relativ nämlich zu weniger entwickelten Gesellschaftsformationen, in denen mehr Fortschritt möglich ist, weil der Konflikt zwischen Produktionsverhältnissen und Entwicklung der Produktivkräfte schneller auftaucht und zur Überwindung vorkapitalistischer Produktionsverhältnisse zwingt."[198] Damit bietet

Amin eine Erklärung auf der denkbar abstraktesten Ebene, die für viele, nicht zum Kapitalismus gelangte Gesellschaften anführbar ist und wie bei Marx sehr stark durch die eurozentrische Brille gesehen ist. Was beiden Erklärungsversuchen fehlt, ist eine systematische Zugrundelegung der Strukturelemente der asiatischen Form der TPW.

Meiner Meinung nach sind drei Argumentationsstränge[199] möglich, die die wesentlichen Strukturelemente als Ausgangspunkte nehmen können:

1) das technologische Argument, das aus der besonderen arbeitsintensiven Produktivkraftentwicklung der Landwirtschaft ableitbar ist;

2) das Verteilungsargument, das vor dem Hintergrund der Tribut- bzw. Pachtleistung zu sehen ist;

3) das Marktargument, das sich aus der besonderen Form der gesellschaftlichen Arbeitsteilung (Einheit von Agrikultur und Manufaktur) und des staatlichen Monopols auf wichtige Bereiche des Massenkonsumgütersektors ergibt.

Die erste Argumentation[2oo] läuft darauf hinaus, daß aufgrund der geschilderten Bedingungen innerhalb der Landwirtschaft und Hausindustrie nur Produktivitätsfortschritte in Richtung Steigerung der Arbeitsintensität und natürliche Produktivkraftentfaltung möglich sind, mithin infolge des Bevölkerungswachstums die Fähigkeit, Überschüsse zu erzielen, immer begrenzter und damit generell die Akkumulationsfähigkeit des Wirtschaftssystems in Frage gestellt wird.

Die zweite Argumentation[2o1] greift Barans[2o2] Konzept der Verwendung des Surplus auf und steht damit, für sich allein genommen, in eklatantem Widerspruch zu Argument eins. Hier liegt die Begründung für die Stagnation nicht in der Unmöglichkeit, Überschüsse zu produzieren, sondern in der Tatsache, daß die Überschüsse den unmittelbaren Produzenten qua Steuer, Pacht und Zinsen entzogen werden. Es werden also sehr wohl Überschüsse produziert, nur werden sie nicht produktiv verwendet.

Riskin hat auf der Basis eines modifizierten Baran-Konzepts für 1933 den potentiell produzierbaren Surplus auf 36,8 Prozent des Nettoinlandsprodukts geschätzt. Zieht man den Betrag, der auf Unterbeschäftigung und ungenützte Ressourcen zurückgeht, ab, bleiben als realer Surplus über dem Massenkonsum 27,2 Prozent des Nettoinlandsprodukts. Davon erwirtschaftet der traditionelle Sektor (überwiegend die Landwirtschaft) 22,6 Prozent, während der moderne Sektor nur 4,6 Prozent aufbringt[2o3]. Aus Riskins Schätzung geht hervor, daß 82 Prozent des in der Landwirtschaft erzielten Surplus die Formen von Rente, Zinsen und Steuer annimmt. Der im traditionellen Sektor produzierte Surplus ist demnach sehr hoch, nur fließt er nahezu ausschließlich in Kanäle unproduktiver Verwendung. Nurkses Teufelskreis-Argument[2o4]: geringes Einkommen - niedrige Sparquote - geringe Kapitalbildung - niedrige Produktivität - geringes Einkommen stimmt also in keiner Weise. Nicht der Teufelskreis verursacht per se die Unterentwicklung, sondern die Tatsache, daß dem Wirtschaftskreislauf investitionsfähige Überschüsse entzogen werden und ihn erst zum Teufelskreis machen.

Das dritte Argument[2o5] schließlich hebt auf die Konsequenzen ab, die sich aus der lokalen Einheit von Landwirtschaft und Manufaktur sowie aus dem Arbeitskräfteangebot im Hinblick auf Märkte und Investitionsanreize ergeben. Hierbei wird zwar ebenfalls davon ausgegangen, daß Überschüsse produziert werden, nur finden sie in den Händen der Gentry kaum Anlagemöglichkeiten auf dem Massenkonsumgütersektor, da die traditionelle Art der Herstellung von Massenkonsumgütern nicht aufzubrechen ist. Besonders erschwert werden solche Versuche nicht zuletzt deshalb, weil der Staat die Bereiche der Produktion und des Handels von Massenkonsumgütern, die überhaupt als Investitionsfelder in Frage kommen, in eigener Regie organisiert, wie die Beispiele Salz, Eisen und Getreidetransport zeigen. Insofern kann sich auch keine Stadtentwicklung auf eigenständiger ökonomischer Basis vollziehen, die ihrerseits eine Kommerzialisierung der Landwirtschaft qua Versorgung der Städte mit agrarischen Rohstoffen fördern würde.

In dieses Argument spielt der im ersten Argument genannte niedrige Stand der Technologie hinein, der angesichts des Überflusses an Arbeitskraft aus Rentabilitätsgründen aus der Sicht der Grundeigentümer nicht modifiziert zu werden braucht. "Unter den Bedingungen einer einfachen Technik und eines Überflusses an Arbeitskräften bestand für den chinesischen Landeigentümer kein Bedürfnis, die Produktion auf seinem Gut zu rationalisieren, um den städtischen Markt zu beliefern."[206] Dieses Argument, das sich allerdings schon auf die spätere Phase bezieht, in der sich die Auflösungserscheinungen der lokalen Autarkie bemerkbar machen , deckt sich mit der Vermutung Elvins, daß trotz des vergleichbaren technologischen Niveaus zwischen China und Westeuropa im Mittelalter in China das technologische know how nicht in großem Stil zu Innovationen führte, weil weder Marktmotive noch der Anreiz zur Substitution von Arbeitskraft gegeben waren[207].

Meiner Meinung nach müssen alle drei Argumente berücksichtigt werden. Sie können, weil die ihnen zugrunde liegenden Strukturelemente der asiatischen Form der TPW in einem Zusammenhang stehen, nicht isoliert angeführt werden. Die den Ausweg in Intensivierung der Arbeitskraft suchende Landwirtschaft erreicht technologische Grenzen und damit sinkende Überschüsse nicht nur per se, sondern weil ihr durch den unproduktiven Entzug von Surplus die Möglichkeit genommen wird, diese Bahn zu verlassen. Die aus dieser prekären Situation resultierende notwendige Einkommensergänzung durch die hausindustriellen Nebentätigkeiten verhindert die Arbeitsteilung im nationalen Maßstab mit den genannten Konsequenzen für Markt, Infrastruktur, Stadtentwicklung etc. Insofern steht hinter dem subjektiven Nicht-Investieren-Wollen der Gentry das objektive Nicht-Investieren-Können infolge mangelnder Anlagemöglichkeiten. Der politisch-soziale Überbau setzt alles daran, seine Revenuebasis zu erhalten. Mögliche Investitionsfelder des Massenkonsums für Privatleute, damit Konkurrenz zum eigenen Machtanspruch und Bedrohung der Revenuebasis, werden staatlich blockiert.

Die traditionelle chinesische Entwicklung konnte sich an der Basis der Produzenten nur in der Verfeinerung der Möglichkeiten zur Arbeitsintensivierung vollziehen, während sie sich im Überbau in der Verfeinerung der Möglichkeiten unproduktiver Verwendung der Überschüsse in der Kunst, Literatur, Philosophie etc. in parasitärer Form abspielte. Deswegen konnte bei der herrschenden Klasse kein Verständnis für die Umsetzung technologischer Entwicklungen in Innovationen erwartet werden.

Als Perspektiven einer heutigen Entwicklungsstrategie ergeben sich aus den geschilderten Zusammenhängen die Redistribution der Überschüsse zur produktiven Verwendung, sei es durch die Produzenten oder den Staat, wenn er einen entsprechenden Funktionswandel vollzogen hat; die Lösung des Agrarproblems als vordringlichster Aufgabe,um den Wettlauf mit dem Bevölkerungswachstum endgültig zu gewinnen; als Mobilisierungspotentiale die Einsatzmöglichkeiten der reichlich vorhandenen Arbeitskräfte und das hochentwickelte technische Verständnis der Bauern, wie es in der intensiven Landwirtschaft und der Hausindustrie zum Ausdruck kommt; und als Voraussetzung einer binnenmarktorientierten Industrialisierung die Kommerzialisierung der Landwirtschaft, die die lokale Autarkie der Marktgemeinden aufbricht.

3. DIE PENETRATION

Nach der eingehenden Diskussion der stagnativen Elemente der traditionellen chinesischen Gesellschaftsformation sollen im folgenden die Ursachen behandelt werden, die von der Stagnation zur Unterentwicklung führten. Viele, vor allem zeitgenössiche chinesische Autoren sehen den Prozeß der Unterentwicklung in China als alleiniges Resultat fremder Einwirkungen. Wenn hier ebenfalls diese externen Faktoren behandelt werden, geschieht das nicht in der gleichen ausschließlichen Absicht. Unterentwicklung wird vielmehr verstanden als Resultat des Zusammenwirkens (und als Resultat der Separation) der stagnativen Elemente des traditionellen China mit den dynamischen und zerstörerischen Elementen der kapitalistischen Penetration seit der Mitte des 19. Jahrhunderts.

Die folgenden Ausführungen verstehen sich nicht als Geschichte der kapitalistischen Penetration Chinas, sondern heben einige Punkte hervor, die ihre spezifische periphere Dynamik kennzeichnen, soweit sie China von der Penetration anderer unterentwickelter Länder unterscheidet. Sie deuten auf die Verschärfung der traditionellen chinesischen Probleme hin. Nicht zuletzt soll eine Bestandsaufanhme dessen abgegeben werden, was die kommunistische Regierung nach der Machtübernahme 1949 vorfand, da diese Erbschaft die erste Phase des chinesischen Entwicklungsweges stark geprägt hat.

3.1. Etappen der Penetration

3.1.1. Die Hoffnung auf den chinesischen Markt (Warenexport 1842 - 1895)

Bis zum Jahre 1842 war es der kaiserlichen Regierung weitgehend gelungen, die traditionelle Abgeschlossenheit nach außen aufrecht zu erhalten. Die einzigen außenpolitischen Kontakte beschränkten sich auf die jährlichen Tributgesandtschaften der Vasallenstaaten, wodurch sie die Oberhoheit des Himmelssohns anerkannten. Neben spärlichem Karawanenhandel mit Rußland waren die außenwirtschaftlichen Beziehungen auf Canton beschränkt, wobei die staatlich kontrollierten Hong-Kaufleute auf chinesischer Seite das Außenhandelsmonopol inne hatten. Die Hauptexportgüter Chinas waren Tee und Seide, die mangels besonderer Bedürfnisse nach europäischen Fertigwaren zu einem beständigen Handelsüberschuß für China führten, der durch Silberzuflüsse ausgeglichen wurde. Diese ungleichen Handelsbeziehungen blieben solange bestehen, bis der Export von Opium nach China einen bedeutenden Umfang annahm[208]. Opium durfte in China nicht hergestellt werden, sondern wurde aus Indien eingeführt und war ursprünglich in seiner Eigenschaft als Heilmittel ein legales Importgut.

Die Ostindische Kompanie hatte seit 1757 das Monopol für den Opiumhandel und war seit 1798 zur profitableren Herstellung von Opium in Bengalen übergegangen, indem die indischen Bauern zum Mohnanbau gezwungen wurden. Da die Kompanie selber offiziell den verbotenen Handel nicht durchführen durfte, wurde das Opium an private Händler verkauft.Seit Beginn des 19. Jahrhunderts entwickelte sich ein permanent steigender Export von Opium nach China. Das wiederum bedeutete, daß England, zwar nicht direkt, aber über den Dreieckshandel: Textilien nach Indien, Opium nach China, Tee und Seide nach England[209] die negative Handelsbilanz mit China ausgleichen und den Silberabfluß eindämmen konnte. Dieses sehr vorteilhafte Geschäft wurde nur dadurch gestört, daß die chinesische Regierung, um der rasch wachsenden und zerstörerischen Flut von Opium Herr zu werden, ab 1822 Import und Genuß von Opium untersagte. Schmuggel und Korruption der chinesischen Beamten, die den Handel zu kontrollieren hatten, durchlöcherten dieses Verbot zwar, das Verbot wirkte sich aber immerhin so störend aus, daß das englische Handelsdefizit blieb.

Somit bildeten neben dem notwendigen oder vermeintlichen Drang, Englands Fertigwaren in alle Welt zu exportieren, wobei der "sagenhafte" chinesische Markt mit seinen 4oo Millionen Konsumenten natürlich besonders begehrliche Hoffnungen erweckte, das Opiumverbot und der Silberabfluß sehr konkrete Hintergründe für die englischen Ambitionen auf die Öffnung Chinas.

Eine spektakuläre Maßnahme der chinesischen Behörden in Canton 1839, die eine große Menge Opium von englischen Schmuggelschiffen aufbrachten und verbrannten, lösten die kriegerischen Verwicklungen aus, obwohl es der englischen Regierung offiziell nicht um den Opiumhandel, sondern um die verletzte Souveränität ging. Nach kleineren Geplänkeln traf 184o eine englische Kriegsflotte in Canton ein, die die chinesische Regierung nach mehreren Gefechten 1842 zum Vertrag von Nanking zwang.

Im Vertragstext[21o] schlugen sich vor allem die Vorstellungen der Manchesterleute nieder. Die wichtigsten Bestimmungen betrafen neben der Abtretung der Insel Hongkong die Öffnung von fünf Häfen für den Außenhandel, die Beseitigung des chinesischen Außenhandelsmonopols und die Festsetzung der Ein- und Ausfuhrzölle auf 5 Prozent ad valorem. Bis dahin hatte es keine Regelung in der Zollfrage gegeben. Ein Zusatzvertrag von 1843 gestattete als weitere Konzessionen die Errichtung von besonderen Siedlungen in den Vertragshäfen und deren Unterstellung unter ausländische Gerichtsbarkeit, was quasi die Exterritorialität dieser Siedlungen bedeutete. Außerdem erreichte England das Recht der Meistbegünstigung. Ähnliche Verträge anderer westlicher Länder folgten 1844. Der Opiumschmuggel war in der Folgezeit eine risikolose Unternehmung.

Die eine Folge war, daß die Einfuhr von Opium nach China einen ungeheuren Aufschwung nahm und bis in die 189oer Jahre das Hauptimportgut blieb. Der Silberabfluß nach China wurde bis 1849[211] gestoppt. Die andere, von den englischen Kaufleuten so sehnlich herbeigewünschte Folge einer raschen Zunahme des Exports von Fertigwaren nach China blieb allerdings aus. Es zeigte sich nämlich, daß im Gegensatz zum indischen Beispiel englische Manufakturwaren nur schwer den chinesischen Markt erobern konnten. Marx, der noch 1853[212] der Meinung war, daß das chinesische Handwerk ein ähnliches Schicksal wie in Indien erleiden würde, stellte bald fest: "Nach einem sorgfältigen Studium der Geschichte des chinesischen Handels kamen wir zu der Meinung, daß im allgemeinen die Konsumtionsfähigkeit und die Kaufkraft der Bewohner des Himmlischen Reiches stark überschätzt worden ist. Bei der gegenwärtigen ökonomischen Struktur der chinesischen Gesellschaft, deren Angelpunkt die in kleinste Zellen zersplitterte Landwirtschaft und das Handwerk ist, kann von einer nennenswerten Einfuhr ausländischer Waren gar nicht die Rede sein."[213] Im Gegenteil, der wachsende Opiumimport schien sogar so viel Kaufkraft abzuschöpfen, daß der Import von Fertigwaren dadurch beeinträchtigt wurde. Die Öffnung von fünf Häfen bedeutete keineswegs automatisch die Verfünffachung des Handelns, sondern lediglich die Verlagerung des Handelszentrums von Canton nach Shanghai[214].

Diese Verlagerung der Handelsmetropole hatte für das chinesische Hinterland natürlich erhebliche Konsequenzen. Shanghai, an der Mündung des Yangtze gelegen, wurde zum Einfallstor der einzigen bedeutenden Handelsstraße ins chinesische Binnenland. Da sich das Zentrum der chinesischen Seidenindustrie im Hinterland Shanghais befand, war sie jetzt direkteren ausländischen Einflüssen ausgeliefert, als der Seidenhandel noch über Canton abgewickelt wurde. Während Canton seine wirtschaftlich führende Stellung einbüßte, wurde in Shanghai der erste Schritt zur Penetration und Kommerzialisierung des unteren Yangtze-Beckens getan.

Offensichtlich sah die englische Regierung die Ursache für das bescheidene Exportwachstum weniger in einer Fehleinschätzung der Absatzmöglichkeiten englischer Waren als in den weiterhin bestehenden administrativen Beschränkungen. Außerdem hatte der Silberabfluß seit 1849 wieder eingesetzt. Ein mysteriöser Zwischenfall um die Verhaftung der chinesischen Mannschaft eines angeblich unter englischer Flagge fahrenden Schiffes durch chinesische Behörden 1856 in Canton wurde zum

Vorwand des "Zweiten Opiumkriegs" genommen[215]. Frankreich, das bis dato noch kaum Handel mit China führte, schloß sich anläßlich der Ermordnung zweier französischer Missionare diesem Krieg an, der zeitlich mit der europäischen Handelskrise von 1857 zusammenfällt und somit einen objektiven Hintergrund bekommt.

Sein Resultat war der Vertrag von Tientsin (1858) sowie nach der Besetzung der Hauptstadt und Zerstörung des Kaiserpalastes der Vertrag von Peking (186o) mit folgenden Bestimmungen: Der Opiumhandel wurde legalisiert; weitere Häfen, vor allem die am unteren Yangtze gelegenen Binnenhäfen, wurden geöffnet; damit verbunden war das Recht der Yangtzeschiffahrt; ausländische Kontrolle der Seezollverwaltung; Festlegung einer einmaligen Binnenzollabgabe von 2 1/2 Prozent; Entsendung diplomatischer Vertreter nach Peking; Freizügigkeit für Ausländer und die Ausreisemöglichkeit für chinesische Arbeitskräfte[216]. Letztere Bestimmung führte in der Folgezeit zu einem Exodus chinesischer Arbeitskräfte (vorwiegend aus der Provinz Kwangtung) nach Europa und Amerika. Die Regelung des Binnenzolls lag den englischen Kaufleuten besonders am Herzen, da dieser Zoll (Likin)[217], der von der chinesischen Regierung zur Finanzierung der Niederschlagung des Taiping-Aufstandes (185o bis 1864) eingeführt worden war und an jeder Binnengrenze erhoben wurde, eine empfindliche Störung des Binnenhandels bedeutete.

Eine Vielzahl von weiteren Verträgen mit England, wie etwa die Konvention von Chefoo (1876), und anderen westlichen Ländern hatte immer die gleichen Inhalte: Öffnung weiterer Häfen, Zollsenkungen, besondere administrative Erleichterungen für ausländische Kaufleute zur Abwicklung des Ex- und Imports. Die chinesische Regierung, durch die zweifache Niederlage sehr beeindruckt und außerdem durch den Taiping-Aufstand im Innern sehr beschäftigt, konnte diesen Forderungen außer hinhaltendem Taktieren wenig entgegensetzen, da die militärische Überlegenheit der Ausländer erdrückend war. In diese Phase fallen auch die ersten territorialen Abtretungen: 1858 die Gebiete nördlich von Amur und Ussuri an Rußland, 1864 die nordwestlichen Gebiete in Sinkiang an Rußland, 1874 die Riu-Kiu-Inseln an Japan, 1885 Indochina (chinesischer Vasallenstaat) an Frankreich und 1886 Burma (ebenfalls chinesischer Vasallenstaat) an England, wobei China nur gegenüber Frankreich militärische Gegenwehr versuchte.

Die gesamte erste Phase der Penetration Chinas kann also durchaus im Sinn der klassischen Imperialismustheorien interpretiert werden, daß vor Beginn der Monopolisierung in den kapitalistischen Zentren der Warenexport das dominierende Motiv imperialistischer Aktivitäten war.[218] Daß gerade in China das Absatzmotiv vor der Gewinnung von Rohstoffen im Vordergrund stand, ist angesichts der riesigen Bevölkerung einleuchtend. Wie weit es sich dabei auch längerfristig um eine Fehlspekulation handelte, soll weiter unten noch geklärt werden. Das Motiv war subjektiv jedenfalls gegeben und bestimmte die zwischenstaatlichen Vereinbarungen, die die einheitliche Linie verfolgten, durch immer ausgedehntere administrative Erleichterungen den chinesischen Markt zu erobern. Ab 1895 wird der Wandel in der imperialistischen Motivation infolge des Übergangs zum Monopolstadium in den Industrieländern auch für China offenbar[219].

3.1.2. Interessensphären, "open door" und Annexion (Kapitelexport 1895 - 1943)

Der Vertrag von Shimonoseki (1895) markiert den Beginn der zweiten Phase der Penetration Chinas und ist durch das Auftreten neuer Großmächte und verschärfte Konkurrenz um den chinesichen Markt gekennzeichnet. Dieser Vertrag von Shimonoseki war das Ergebnis des chinesisch-japanischen Krieges von 1894/95 um die Oberhoheit über den ehemaligen chinesischen Vasallenstaat Korea. Er sah als wichtigste Bestimmung das Recht zu Direktinvestitionen für Ausländer in China vor. Infolge der Meistbegünstigungsklausel, die sich inzwischen auch die anderen vertragschließenden Mächte mit China gesichert hatten, bedeutete das automatisch freien Zugang für europäisches und amerikanisches Kapital. Der verlorene Krieg brachte außerdem den Verlust Taiwans, der Halbinsel Liaotung und der Oberhoheit über Korea. Die Halbinsel Liaotung mußte von den Japanern allerdings auf den gemeinsamen Druck Rußlands, Frankreichs und Deutschlands zunächst wieder geräumt werden, ein Hinweis auf die sich verschärfende Konkurrenz unter den imperialistischen Mächten.

Die nächsten Jahre bis 19oo sind durch einen Wettlauf der Großmächte um die Aufteilung Chinas gekennzeichnet, wobei unterschiedliche Konzeptionen sichtbar werden. Die Anrainerstaaten Rußland und Japan erstreben territoriale Annexionen, wobei zweifellos strategische Gründe eine Rolle spielen. Die europäischen Mächte England , Frankreich und Deutschland verfolgen eine Politik der Schaffung von "Interessensphären", innerhalb derer sie Wettbewerbsvorteile gegenüber den Konkurrenten wahrzunehmen suchen. Die USA, als late-comer auf dem internationalen Parkett, setzt dieser monopolistischen Politik ihr Prinzip der "open door" gegenüber, das gleiche Chancen für alle imperialistischen Mächte im freien Wettbewerb bedeuten soll. Die kleineren europäischen Länder wie Belgien und Italien begnügen sich mit der Gewinnung von Konzessionen für einzelne Projekte. Diese Unterteilung ist allerdings etwas grob, da jede Macht, wo sich nur eine Chance bietet, nach einer anderen Konzeption einen Vorteil wahrzunehmen, zugreift.

Die Strategie,die von den europäischen Großmächten betrieben wird, läuft nach folgendem Muster ab:
1. Schritt: Besetzung und anschließende "Pachtung" eines Stützpunkthafens; so Rußland 1897 mit Port Arthur und Dairen, Deutschland 1897 mit Tsingtao und Kiautschou, England 1898 mit Wei-hai-Wei und der Erweiterung von Kowloon, Frankreich 1898 mit Kwangschouwan.
2. Schritt: Reklamierung einer "Interessensphäre", die von diesem Stützpunkt aus erschlossen werden soll. Diese Interessensphären werden ohne Einschaltung Chinas direkt unter den Mächten ausgehandelt oder einseitig erklärt. Japan

erhebt Anspruch auf die Provinz Fukien, die dem annektierten Taiwan gegenüberliegt. Deutschland einigt sich mit England über die Provinz Shantung und das Tal des Huang Ho als seiner Interessensphäre, während England das Yangtzebecken, die Provinzen südlich des Yangtze und die Provinz Shansi zugesprochen bekommt[220]. Frankreich erklärt die drei südlichsten Provinzen Yunnan, Kwangsi und Kwangtung sowie die Insel Hainan für seine Einflußsphäre. Diese Gebiete grenzen an das von Frankreich okkupierte Indochina. England einigt sich mit Rußland über eine Aufteilung entlang der Großen Mauer, wobei Rußland die nördlich und England die südlich gelegenen Gebiete erhält. In diesen Regionen soll vor allem das Recht der Eisenbahnkonzessionen der jeweiligen Interessenmacht zukommen.
3. Schritt: Innerhalb dieser Einflußzonen oder Interessensphären werden von der chinesischen Regierung Konzessionen für den Bau und die Inbetriebnahme von Eisenbahnen und Bergwerken erworben. Diese Eisenbahnen werden von den jeweiligen Ländern finanziert, gebaut, d.h. die notwendigen Kapitalgüter geliefert und die Ingenieure gestellt, und z.T. auch in eigener Regie betrieben. Außerdem stehen Gebietsstreifen längs der Strecke unter der Kontrolle der Bahngesellschaften.
4. Schritt: Der Eisenbahnbau soll zusammen mit der Ausweitung der Binnenschiffahrt auf dem Yangtze die infrastrukturellen Voraussetzungen für diverse Investitionsprojekte in den jeweiligen Einflußsphären schaffen.

Dieser Aufteilungspolitik setzen die USA 1898 und 1899 ihre Open door-Noten entgegen[221], da sie trotz verschiedener Versuche (Konzession für den Bau der Bahn Canton-Hankow, Gewinnung der Samsah-Bucht in Fukien[222]) bei der direkten Verteilung zu kurz gekommen sind. Der Hintergrund dieser US-Strategie ist darin zu suchen, daß bis 1911 infolge der Erschließung des amerikanischen Westens der Kapitelexport gering war, während seit der großen Depression ab 1873 der Drang zum Warenexport mächtig und damit auch der Chinahandel relativ bedeutend wurde[223], der durch eine solche Aufteilung und Monopolisierung des chinesischen Markts bedroht schien.

Das Jahr 1900 markiert den Abschluß dieser hektischen Aufteilungsphase und erlebt mit dem Boxeraufstand den ersten Versuch des chinesischen Volkes, sich gegen die imperialistische Aggression zur Wehr zu setzen.[224] In den beiden Opiumkriegen und den Kriegen mit Frankreich und Japan handelte es sich um Versuche der herrschenden Klasse Chinas, ihren Einfluß gegen den Ansturm der Ausländer zu verteidigen. Der Boxeraufstand ist die erste Volkserhebung, die erst spät von der kaiserlichen Regierung unterstützt wurde. Den vereinigten militärischen Anstrengungen der Westmächte und Japans mußte China sich damals allerdings noch beugen.

Im Zuge dieses Krieges besetzt Rußland die gesamte Mandschurei und leitet damit die Okkupationsphase ein, die die Auseinandersetzung zwischen den USA und den europäischen Mächten verdrängt. Fünf Jahre später im russisch-japanischen Krieg steigt nämlich Japan zur dominierenden Macht im fernen Osten auf und besetzt Port Arthur und die Südmandschurei. Später wird auch der südliche Teil der russischen Ostbahn übernommen. Nach dem Ersten Weltkrieg übernimmt Japan auch Kiautschou und die Shantungbahn. Ab 1931 schafft sich der japanische Faschismus anläßlich des sog. "Mukden-Zwischenfalls"[225] seine "Ostgebiete" mit dem Marionettenstaat "Mandschuko", der die Mandschurei und Teile der Inneren Mongolei umfaßt. Damit sind die geheimen Ziele des "Tanaka-Memorandums" erreicht, das schon 1927 die Herauslösung der nördlichen Provinzen aus dem chinesischen Staatsverband vorsah, um sie in das angestrebte japanische Großreich einzugliedern.[226] Der "Zwischenfall an der Marco-Polo-Brücke"[227] 1937 wird zum Vorwand weiterer kriegerischer Auseinandersetzungen, die bis zum Ende des Pazifikkrieges dauern und die nahezu vollständige Besetzung des chinesischen Kernlandes bis zur indochinesischen Grenze nachsichziehen. Japan verfolgt in den okkupierten Gebieten konsequent eine Industrialisierungs- und Agrarentwicklungspolitik, die sich zwar auf private Unternehmer stützt, aber durch staatliche Teilnahme oder Absicherung im Rahmen von 5-Jahresplänen[228] im Hinblick auf die japanische Rüstung für den Zweiten Weltkrieg einen ganz anderen Charakter hat als die von den Europäern und den

USA betriebene Politik, die Investitionen im Hinblick auf ihre Rentabilität nur in den Leichtindustrien konzentrierte.

Anhand der Indikatoren Partnerkonzentration im Außenhandel und Herkunft der Auslandsinvestitionen lassen sich der Wechsel der Metropolen und die wachsende innerimperialistische Konkurrenz um den chinesischen Markt ablesen (vgl. Tabelle 32).

Im 19. Jahrhundert ist England die eindeutig dominierende Macht. Im Verbund mit seinen Dominions und Hongkong, das der Haupteinfuhrhafen für englische Waren ist[229], bestreitet England nahezu 3/4 des gesamten chinesischen Außenhandels. Seit der Jahrhundertwende gewinnen aber Japan[230] und die USA erhebliche Anteile auf der Importseite und verdrängen England nach dem Ersten Weltkrieg auf Platz drei. Auf der Exportseite erringen auch Rußland, Frankreich und Deutschland gewisse Anteile. Diese unterschiedliche Partnerkonzentration beim Im- und Export könnte damit begründet werden, daß die chinesischen Hauptexportgüter Tee und Seide eine Nachfrage in vielen Ländern hervorrufen, während beim Import die starke Position der jeweiligen Metropole ausschlaggebend ist.

Tabelle 32: Partnerkonzentration im Außenhandel 1868 - 1939 (in Prozent)

Land	Import								
	1868	1888	1896	19o6	1913	1919	1927	1931	1936[a]
Großbritannien	33,4	24,o	21,1	18,4	16,5	9,5	7,3	8,3	11,7
Brit. Dominions	37,6	7,9	13,7	9,7	1o,2	-	-	-	-
Hongkong	21,4	55,1	43,2	33,8	29,3	22,6	2o,6	15,3	1,9
Japan	3,6	4,6	8,2	14,3	2o,4	36,3	28,4	2o,o	16,3
USA	1,1	2,5	5,6	1o,4	6,o	16,2	16,1	22,2	19,6
Rußland	o,1	o,4	1,1	o,1	3,8	2,1	2,2	1,7	o,1
Frankreich	-	-	-	1,o	o,9	o,5	1,4	1,5	2,o
Deutschland	-	-	-	4,o	4,8	o,o	3,8	5,8	15,9
Sonstige	2,8	5,5	7,1	8,3	8,1	12,8	2o,2	25,2	32,5

Land	Export								
	1868	1888	1896	19o6	1913	1919	1927	1931	1936[a]
Großbritannien	61,8	18,1	8,6	5,6	4,1	9,1	6,3	7,1	9,2
Brit. Dominions	5,5	6,6	4,1	2,7	3,7	-	-	-	-
Hongkong	13,o	36,3	41,2	35,o	29,o	2o,8	18,5	16,3	15,1
Japan	1,3	3,9	8,7	14,1	16,2	3o,9	22,7	27,4	26,4
USA	9,5	9,7	8,5	1o,9	9,3	16,o	13,3	13,2	26,4
Rußland	1,2	7,9	11,4	7,9	11,1	3,4	8,4	6,o	o,6
Frankreich	-	-	-	1o,7	1o,1	5,4	5,6	3,8	4,3
Deutschland	-	-	-	2,4	4,2	o,o	2,2	2,5	5,5
Sonstige	7,7	17,5	17,5	1o,7	12,3	14,4	23,o	23,7	24,4

Cheng Yu-kwei 1956, S. 2o, 48, 49.

a) ohne Mandschurei; - bedeutet in "Sonstiges" eingeschlossen

Der Wechsel von der Hauptmetropole England auf Japan im 2o. Jahrhundert wird anhand der Herkunft der ausländischen Investitionen noch deutlicher.

Tabelle 33: Herkunft der ausländischen Investitionen in China 19o2 - 1936 (in Prozent)

	19o2	1914	1931	1936
Großbritannien	33,o	37,7	36,7	35,o
Japan	o,1	13,6	35,1	4o,o
Rußland	31,3	16,7	8,4	o,o
USA	2,5	3,1	6,1	8,6
Frankreich	11,6	1o,7	5,9	6,7
Deutschland	2o,9	16,4	2,7	4,3
Belgien	o,6	1,4	2,7	1,7
Niederlande	o,o	o,o	o,9	o,o
Italien	o,o	o,o	1,4	2,1
Sonstige	o,o	o,4	o,1	1,6

Hou Chi-ming 1973, S.17

Nach 1895 erzielen England und Rußland infolge ihrer Eisenbahninvestitionen und Regierungsanleihen hohe Anteile. Während England seinen Anteil von etwa einem Drittel bis 1936 behaupten kann, wächst der Anteil Japans von O auf 4o Prozent (für 1936 ist hier die Mandschurei eingeschlossen), was nach dem Ersten Weltkrieg auf Kosten Rußlands und z.T. Deutschlands und Frankreichs geschieht. Die ähnlich dem Außenhandel, dritte Metropole USA folgt in weitem Abstand, kann aber ihren Anteil von 2,5 auf 8,6 Prozent steigern.

In der Geschichte der Penetration Chinas von 1842 bis 1949 spiegeln sich in fast schon idealtypischer Form die wandelnden Bedürfnisse der imperialistischen Länder wieder.

1) 1842 bis 1894: durch Konkurrenzkapitalismus und Warenexport geprägte Phase. England als fortgeschrittenstes Land ist die eindeutige Metropole. Alle aufgezwungenen Verträge haben das Ziel der Erleichterung der Handelsbestimmungen.

2) 1895 bis 1949: durch Monopolkapitalismus und Kapitalexport geprägte Phase. Die imperialistische Konkurrenz zwischen den Mächten wird stärker und führt zur direkten Aufteilung Chinas in Etappen und Formen, die durch den Typ der jeweiligen Metropole geprägt werden.

a) 1895 bis 1900: Europa streitet mit den USA um die Politik der Einflußsphären versus open door. Mehrere Metropolen konkurrieren untereinander. Der Inhalt der Verträge mit China erzwingt die Gewährung von Direktinvestitionen, Konzessionen und Pachtgebieten.

b) 1900 bis 1922: Zuerst Rußland und dann Japan gehen zu einer Politik der direkten territorialen Annexion über. Japan wird die dominierende Metropole.

c) 1931 bis 1945: Die besondere Aggressivität der faschistischen Variante des Imperialismus zeigt sich im Fall Japan und führt zur weitgehenden Besetzung Chinas, wobei die wirtschaftliche Ausbeutung nicht mehr dem privaten Kalkül allein überlassen bleibt, sondern planmäßig unter staatlicher Regie betrieben wird.

Die folgende Übersicht versucht, die wichtigsten Daten und Ereignisse der Penetration Chinas in eine systematische Gliederung zu bringen.

Tabelle 34: Wichtigste Daten der Penetration Chinas im 19. und 2o. Jahrhundert

Jahr	Metropole	Kriege	Okkupation	Kolonien Pachtgebiete	Interessensphären	Konzessionen	wichtigste Verträge	Vertragshäfen
1839-1842	England	1.Opiumkrieg		Hongkong		Handel seit 1842 Exterritorialität in insgesamt 19 Vertragshäfen; Zoll 5 %	Vertrag von Nanking	Shanghai Canton, Amoy Foochow Ningpo
1856-1858	England Frankreich	2.Opiumkrieg				weitere Vertragshäfen, Öffnung des Yangtze, Freizügigkeit, Meistbegünstigung, einmaliger Binnenzoll 2,5 %	Vertrag von Tientsin	Newchwang Chefoo, Nanking Kiukiang, Hankow, Swatow Kiungchow Chinkiang
1858	Rußland		Gebiete nördlich v.Amur u. Ussuri, Sachalin (z.T. an Japan)				Vertrag von Aigun	
186o	England Frankreich	Besetzung Pekings Zerstörung d.Kaiserpalastes		Kowloon		Seezollverwaltung englisch; Hafen, Ausreise f.chin. Arbeitskräfte	Vertrag von Peking	Tientsin

Tabelle 34, Fortsetzung

Jahr	Metropole	Kriege	Okkupation	Kolonien Pachtgebiete	Interessensphäre	Konzessionen	wichtigste Verträge	Vertragshäfen
1864	Rußland		Nordwestliche Gebiete in Sinkiang				Vertrag von Tacheng	
1874	Japan		Riu-Kiu-Inseln					
1876	England					Zollsenkungen, Häfen	Konvention von Chefoo	Ichang, Wuhu, Lappa, Pakhoi
1884-1885	Frankreich	franz.-chin. Krieg	Indochina					
1886	England		Burma					
1894-1895	Japan	japan.-chin. Krieg	Korea Taiwan Liaotung (auf west. Druck geräumt)		Fukien	Direktinvestitionen (Meistbegünstigungsklausel) Häfen	Vertrag von Shimonoseki	Chunking, Hangchow, Soochow, Shasi
1896	Rußland					Ostbahn, Bergwerke	Cassini-Konvention	bis 193o insges. 1o5 Häfen u. Inlandsstädte, von denen aber einige wieder geschlossen wurden.
1897	Rußland		Port Arthur, Dairen					

Tabelle 34, Fortsetzung

Jahr	Metropole	Kriege	Okkupation	Kolonien Pachtgebiete	Interessensphäre	Konzessionen	wichtigste Verträge	Vertragshäfen
1897	Deutschland		Tsingtao					
1898	Deutschland			Kiautschou 99 Jahre	Shantung, Huang ho-Tal	Shantung-Bahn, Bergwerke in Shantung	Abkommen mit England über Interessensphäre	
1898	England			Erweiterung Kowloon Weihai 25 Jahre	Yangtze-Tal Provinzen südlich d. Yangtze, Shansi	Kowloon-Canton-Bahn (engl.Teil) Yunnan-Bahn (nicht gebaut) Bergwerke in Honan u.Shansi		
1898	Frankreich			Kwangchouwan 99 Jahre	Yunnan, Kwangsi, Kwangtung, Hainan	Yunnan-Bahn, Bergbau		
1898	USA, Belgien					Eisenbahnkonzessionen		
1898	Rußland			Port Arthur, Dairen 25 Jahre				
1899	England Rußland				Gebiete südl. der Mauer Gebiete nördl. der Mauer=Mandschurei,Mongolei, Sinkiang		englisch-russisches Abkommen über Interessensphären	

Tabelle 34, Fortsetzung

Jahr	Metropole	Kriege	Okkupation	Kolonien Pachtgebiete	Interessensphären	Konzessionen	wichtigste Verträge	Vertragshäfen
19oo-19o1	Deutschland England Frankreich Rußland Österreich Belgien Spanien Japan Holland	Boxeraufstand	Mandschurei bis 19o5 durch Rußland			Zollverträge Schiffahrtswege	<u>Schlußprotokoll</u> von Peking	
19o4-19o5	Rußland Japan	ruß.-jap. Krieg						
19o5	Japan		Südmandschurei, Port Arthur	Kwangtung = südl. Teil von Liaotung				
19o6	Japan					Südmandschurische Eisenbahngesellschaft		
1915	Japan					Eisenbahnrechte in: Shantung, Hupeh, Kiangsi, Chekiang, Fukien, Kwangtung	21 Forderungen	
1922	Japan			Kiautschou		Übernahme der Shantung-Bahn		

Tabelle 34, Fortsetzung

Jahr	Metropole	Kriege	Okkupation	Kolonien Pachtgebiete	Interessensphären	Konzessionen	wichtigste Verträge	Vertragshäfen
1927	Japan		Tanaka-Memorandum: Japan beabsichtigt, die Mandschurei u.Mongolei aus dem chin. Staat auszulösen					
1931	Japan	Mukden-Zwischenfall, Beginn d. Konflikts mit Japan						
1932	Japan		Mandschurei, Teile der Inneren Mongolei = Mandschuko bis 1945					
1937-1945	Japan	Zwischenfall a.d. Marco-Polo-Brücke jap.-chin. Krieg	Nord- und Südchina					
1941-1945	Japan	Pazifikkrieg						

Zusammengestellt aus: Fan 1959, Cheng Yu-kwei 1956, Hsu 1934, Overlach 1919, Hsieh Chiao-min 1973, Illustrated Atlas of China 1972, Hou 1973, Schlomka 1924; Lochow 1948, Dittmar 1975, Allen u.Donnithorne 1962

3.2. Die Infrastruktur der Penetration

Die geschilderten Ereignisse mögen den Eindruck erwecken, als ob die Reklamierung von Interessensphären, die Gewinnung von Konzessionen, die Öffnung der Häfen und Binnengewässer sowie der Bau von Eisenbahnen den Weg zu einer vollständigen Penetration Chinas geebnet hätten, die das Land sehr rasch zu einem Bestandteil des weltweiten kapitalistischen Systems mit den typischen Deformationen des peripheren Kapitalismus verwandelt haben. Wie weit dem aber natürliche Hindernisse gegenüberstanden, welche tatsächlichen Effekte die erzwungenen institutionellen Vorkehrungen hatten und welchen Einzugsbereich die durch das Ausland forcierten Infrastrukturmaßnahmen hatten, soll im folgenden untersucht werden.

3.2.1. Die modernen Transportwege und ihr Einzugsbereich

Ein wesentlicher Umstand für die lokale Autarkie und die dadurch mitbestimmte Einheit von Agrikultur und Manufaktur lag in den beschränkten traditionellen Transportmöglichkeiten, die es nicht zuließen, Massenkonsumgüter über weite Entfernungen zu transportieren, da die Transportkosten ein Vielfaches des eigentlichen Warenwerts betragen hätten. Die einzige Transportader für Massenkonsumgüter im Norden war der Kaiserkanal, der die Reisprovinzen am unteren Yangtze mit der Hauptstadt verband und zum Transport des Tributreis diente. Die Küstenroute wurde aus Furcht vor Seeräubern gemieden. Die hauptsächlichen Transportmittel in Südchina bildeten Djunken und Kähne, die sich das verzweigte Netz der Yangtze-Zuflüsse zunutze machten. In den nördlichen und westlichen Gebieten dominierte der Landtransport, wobei neben Maultieren, Kamelen und Ochsenkarren die Lastträger eine wichtige Rolle spielten.

In dieses traditionelle Transportsystem, das eine Vielzahl von Menschen beschäftigte, brach seit den 186oer Jahren die moderne Dampfschiffahrt ein. Die in den Verträgen von Nanking und Tientsin erzwungene Öffnung der wichtigsten Küsten- und Yangtzehäfen brachte also nicht nur Erleichterung der Einfuhren, sondern auch ausländische Partizipation am chinesischen Binnenhandel und Binnentransport. Im Zeitraum von 1862 bis 1881 wurden sieben bedeutende Schiffahrtslinien in Shanghai lizensiert[231], die sowohl die Küsten- wie die Yangtzeschiffahrt betrieben. Der Yangtze war auf einer Strecke von 9oo Kilometern von der Mündung bis Hankow für Ozeandampfer befahrbar[232]. Hankow als industrielles Zentrum für die Provinzen Honan, Hupeh und Hunan[233] war der Stapel- und Umladeplatz für Flußdampfer, die bis Ichang und durch den Tung-ting-See bis Changsha und Chuchow fahren konnten. Der obere Yangtze wurde erst seit den 2oer Jahren des 2o. Jahrhunderts und auch nur in geringem Maße befahren[234]. Der Huang Ho ist wegen der starken Sedimentablagerung nur für den lokalen Verkehr, nicht aber für größere Schiffe geeignet[235]. In der Provinz Kwangtung ist der Sikiang (Perlfluß) bis Wuchow für größere Schiffe befahrbar[236]. Im Vertrag von 19o1 (Schlußprotokoll von Peking) wurde der weitere Ausbau der Binnenschiffahrtswege verlangt[237].

Welche Auswirkungen die natürlichen Voraussetzungen und der Ausbau der Schiffahrtswege auf das Frachtaufkommen der wichtigsten Küsten- und Binnenhäfen zu Beginn des 2o. Jahrhunderts tatsächlich hatte, soll die Tabelle 35 verdeutlichen.

Tabelle 35: Tonnage der eingelaufenen Schiffe in den Vertragshäfen 1913

	Tonnage in 1ooo t	Prozent
Nördliche Häfen		
Aigun	286	
Sansing	67o	
Harbin	393	
Antung	251	
Tatungkow	4	
Dairen	4 471	4,8
Newchwang	1 444	
Chinwangtao	1 o33	
Tientsin	2 492	2,7
Chefoo	3 452	
Tsingtao	2 687	
Yangtze-Häfen		
Chungking	81)	
Ichang	531)	
Shasi	727)	3,7
Changsha	465)	
Chuchow	1 683)	
Hankow	6 223)	
Kiukiang	6 267)	
Wuhu	6 293)	34,o
Nanking	6 182)	
Chinkiang	6 619)	
Zentrale Häfen		
Shanghai	19 58o	21,o
Soochow	254	
Hangchow	422	
Ningpo	1 943	
Wenchow	114	
Südliche Häfen		
Santuao	66	
Foochow	1 129	
Amoy	2 o84	
Swatow	2 854	
Canton	5 234)	
Kowloon	2 769)	
Lappa	1 o44)	12,3
Kongmoon	48o)	
Samshui	1 345)	
Wuchow	559)	
Nanning	68	
Kiungchow	631	
Pakhoi	196	
gesamt	93 o26	1oo,o

Schlomka 1924, S.153. Der Unterschied zu Tabelle 54 besteht darin, daß hier das gesamte Schiffsaufkommen, auch die Binnenschiffahrt, erfaßt ist.

Aus der Übersicht geht hervor, daß das Frachtaufkommen nicht gleichmäßig auf die bis 1913 geöffneten Häfen verteilt, sondern auf ganz bestimmte Regionen konzentriert war. Die Forderung nach der Öffnung weiterer Häfen war also ziemlich sinnlos, da sie keineswegs automatisch zu weiterem Warenabsatz führte. Ins Auge sticht die herausragende Bedeutung Shanghais als Einfuhrhafen. Hier kommen allein 21 Prozent der gesamten Tonnage auf. Die sechs Yangtzehäfen von der Mündung bis Hankow sind alle relativ bedeutend und halten zusammen 34 Prozent. Oberhalb von Hankow geht infolge der verminderten Schiffbarkeit das Schiffsaufkommen drastisch zurück. Im Süden in der Provinz Kwangtung fällt mit 12,3 Prozent noch ein erheblicher Anteil auf die Häfen im Perlflußdelta. Bei den übrigen Häfen ragt noch Dairen mit 4,8 Prozent hervor, während der Hafen von Tientsin, die Nachbarstadt Pekings, mit 2,7 Prozent ein überraschend niedriges Frachtaufkommen aufweist, obwohl dieser Hafen bereits 186o geöffnet wurde.

Anhand der Indikatoren natürliche Schiffbarkeit und Frachtaufkommen der Häfen läßt sich also feststellen, daß vornehmlich die Region des unteren Yangtze von Hankow bis Shanghai sowie die Provinz Kwangtung mit modernen Transportmitteln bedient wurde. Hier scheinen zwei wichtige Einfallstore für ausländische Waren und Umschlagplätze für einheimische Güter entstanden zu sein.

Daß dieses Frachtaufkommen, auch soweit es die Küsten- und Binnenschiffahrt betraf, weitgehend von ausländischen Linien abgewickelt wurde, zeigt das Schicksal der "China Merchants Steam Navigation Co.", die sich als einzige chinesische Gesellschaft mit staatlicher Unterstützung trotz anfänglicher Erfolge nicht gegen die ausländischen Schiffahrtsgesellschaften durchsetzen konnte[238]. Als Gründe werden Kapitalmangel und schlechtes Management der kaiserlichen Bürokratie angegeben. Bis 19oo war nahezu die gesamte moderne Schiffahrt in englischer Hand[239].

Der Eisenbahnbau ist die zweite Bresche, die in das traditionelle Transportwesen geschlagen wird. Nach zögernden Anfängen mit Gruben- und Hafenbahnen beginnt die erste Welle des Eisenbahnbaus 1895 mit dem Gerangel um die Interessensphären, wobei diese Sphären zuerst das Interesse der betreffenden Macht an Eisenbahnbauten gegen die Konkurrenz anderer Mächte sichern sollten.

Rußland baut quer durch die Mandschurei die sogenannte Ostbahn, die Vladivostok mit der transsibirischen Eisenbahn verbindet, noch bevor die Trasse nördlich des Amur fertiggestellt ist. Eine südliche Abzweigung führt von Harbin zu dem Militärhafen Port Arthur und dem Handelshafen Dairen auf der Halbinsel Liaotung. Dieser südliche Teil wird nach dem russisch-japanischen Krieg von 19o5 von der japanischen Südmandschurischen Eisenbahngesellschaft übernommen. Deutschland baut die Shantung-Bahn von Tsingtao nach Tsinan, Frankreich die Yunann-Bahn von Haiphong nach Kunming im Süden und England die Strecke Canton-Kowloon. Diese genannten Eisenbahnen werden von der jeweiligen Interessenmacht finanziert, gebaut und in eigener Regie betrieben.

Diese Linien verfolgen aber keineswegs die traditionellen Transportrouten, sondern zapfen China von den Rändern, d.h. von den jeweiligen Pachtgebieten her, an. Dadurch werden die Grundlagen für neue wirtschaftliche Zentren gelegt. Rußland verschafft sich eine erhebliche Abkürzung für die transsibirische Eisenbahn, verbindet den eisfreien Pazifikhafen Port Arthur mit dieser Linie und versucht seine Einflußsphäre zu erschließen. Ähnlich verfährt Deutschland, das von seinem Hafen Tsingtao aus eine Strecke durch 'sein' Hinterland Shantung errichtet. Frankreich beabsichtigte, die Yunnan-Bahn bis zum oberen Yangtze zu verlängern, um so 'seine' Region an ein ökonomisches Zentrum anzubinden. England baut die kurze Verbindung seiner Kolonie Hong Kong mit dem Zentrum Canton.

Ab 1905 versucht auch die chinesische Regierung, ein Eisenbahnnetz zu errichten, das den traditionellen Verkehrsrouten folgen soll. Hart bedrängt von ausländischen Kapitalgesellschaften und mangels chinesischer privater Investitionsbereitschaft muß sie dabei auf ausländische Finanzierung zurückgreifen[240]. Auch die technische Leitung untersteht der jeweiligen Finanzierungsmacht. Die notwendigen Kapitalgüter werden aus der jeweiligen Metropole importiert. So fällt die Masse des seit 1895 erlaubten Kapitalimports zunächst auf die Eisenbahnanleihen der chinesischen Regierung.

Folgende wichtige Strecken werden bis in die 1930er Jahre in Betrieb genommen[241]:
1) Die Strecke Peking-Mukden, die die Hauptstadt mit dem Zentrum der Mandschurei verbindet und an die Strecke Harbin-Port Arthur anschließt.
2) Die Strecke Tientsin-Nanking-Shanghai. Diese Route folgt dem alten Kaiserkanal, der nach der Verlagerung des Huang Ho-Flußbetts und der Aufnahme der Küstenschiffahrt[242] viel von seiner Bedeutung verlor und seit der Eröffnung der Bahnlinie nur noch dem lokalen Verkehr diente[243]. Diese Strecke, an die auch die Shantungbahn angebunden ist, stellt in moderner Form die Haupttransportader zwischen dem ökonomischen Zentrum am unteren Yangtze und dem politischen Zentrum Peking wieder her.
3) Die zweite wichtige Nord-Süd-Verbindung bildet die Strecke Peking-Hankow, dem Endpunkt der Yangtzeschiffahrt für Ozeandampfer. Die Verlängerung der Strecke bis Canton reicht Mitte der 30er Jahre erst bis Changsha.
4) Eine Strecke parallel zum Yangtze, die Changsha mit Shanghai verbinden soll, ist ebenfalls noch nicht fertiggestellt.

Nach der Besetzung der Südmandschurei durch Japan 1905 und besonders seit der Gründung des japanischen Marionettenstaates Mandschuko bauen die Japaner in dieser Region ein verzweigtes Eisenbahnnetz auf, das sowohl der ökonomischen Erschließung wie der strategisch-ökonomischen Verbindung mit Korea dienen soll.

Folgende Tabelle gibt einen Überblick der Entwicklung des gesamten Eisenbahnnetzes bis 1948.

Tabelle 36: Ausdehnung des Eisenbahnnetzes 1894 - 1948 (in km)

Jahr	Gesamtchina	Mandschurei[5] /Mandschuko	Mandschurei in Prozent von Gesamtchina
1894	312[3]	0	0
1897		0	0
19oo		451	
19o3	4 33o[3]		
19o4		3 174	
1912	9 618[1]	3 373	35,1
192o	11 o31[4]		
1923		3 488	
1926	12 25o[3]	4 o76	33,3
1928	14 5oo[3]	4 938	34,1
1931	13 982[5]	5 582	39,9
1935	15 725[4]	7 889	5o,2
1937	21 o36[1]	9 614	45,7
1941		1o 187	
1945	24 946[1]	11 5o6	46,1
1948	24 945[2]	11 5o6	46,1

Zusammengestellt und berechnet nach:
1) Feuerwerker 1968, S.42
2) Chang, John K. 1969, S.11o
3) Lochow 1948, S.52
4) Hou 1973, S.126
5) Lochow 1948, S.91

Die Gesamtlänge steigt zwar von 1894 (= 312 km) bis 1948 (= 24 945 km) beträchtlich und kontinuierlich. Wenn man aber die mandschurischen Bahnen separiert, stellt man fest, daß das Gesamtwachstum des Streckennetzes seit Beginn der 3oer Jahre weitgehend durch den Ausbau der Linien in der Mandschurei zustande kommt. Der schon hohe Anteil von 35,1 Prozent 1912 (durch die russische Ostbahn hervorgerufen) vergrößert sich bis 1935 auf 5o,2 Prozent und stabilisiert sich dann bis 1948 bei 46,1 Prozent. Andererseits bleibt nach der raschen Entwicklung bis 1912 der Bahnbau im übrigen China zurück.

Der Transportindex[244] für den Zeitraum 1917 bis 1946 zeigt, daß nach 1936 infolge des beginnenden chinesisch-japanischen Krieges das Verkehrsaufkommen der Eisenbahnen drastisch zurückgeht.

Tabelle 37: Wachstum des Eisenbahntransports 1917-1946 (Indexwerte)

Jahr	Tonnage verarbeiteter Produkte	Tonnage Bergbauprodukte	Tonnage agrarischer Produkte
1917	100,0	100,0	100,0
1925	152,5	132,6	97,0
1933	200,9	192,4	94,6
1936	268,3	282,6	132,9
1937	79,0	111,9	37,5
1942	8,7	10,0	6,1
1946	83,2	80,0	54,3

John K. Chang 1969, S.111

Nach dem enormen Anstieg bis 1936 sinkt der Eisenbahnverkehr seit 1937 abrupt, bis er 1942 nur noch ein Zehntel des Verkehrs von 1917 beträgt. Im Hinblick auf den hier relevanten Zusammenhang ist daraus die Schlußfolgerung zu ziehen, daß der Eisenbahnverkehr lediglich im Zeitraum von 1900, nach zögerndem Beginn, bis 1936 ein Träger der Penetration gewesen sein kann. Danach hat der Krieg den Schienenverkehr lahmgelegt, denn er diente nur noch militärischen Zwecken[245].

1913 wurde ein Drittel des Streckennetzes vom Ausland kontrolliert. Dieser Anteil ging bis 1931 etwas zurück. Es bleibt aber zu berücksichtigen, daß die chinesischen Bahnen in starkem Maße gegenüber dem Ausland verschuldet waren[246].

Der Indikator Eisenbahnbau weist also nur auf eine partielle Durchdringung Chinas hin. In der Mandschurei ist seit den 30er Jahren nahezu die Hälfte des chinesischen Eisenbahnetzes konzentriert, dessen Länge auch im internationalen Vergleich passabel ist. Paradoxerweise ist der Streckenanteil in den wirtschaftlichen Zentren des Südens am geringsten. Dabei ist noch zu berücksichtigen, daß ein Teil dieser Strecken nicht im Zuge der Modernisierung traditioneller Transportwege gebaut wurde, sondern die von den Metropolen okkupierten Häfen mit einem erst zu erschließenden Hinterland verbindet. Die Bevorzugung des Nordens scheint demnach mehr von strategischen als von wirtschaftlichen Gesichtspunkten geleitet gewesen zu sein[247].

Das Automobil kann in diesem Zusammenhang als drittes modernes Transportmittel vernachlässigt werden, da der Straßenbau nennenswert erst nach 1928 begann[248].

3.2.2. Anspruch und Wirklichkeit der institutionellen Penetration

Eine vorläufige Bilanz des durch die Verträge erzwungenen institutionellen Rahmens der Penetration ergibt folgendes Bild: Von grundsätzlicher Bedeutung sind die Verträge von Nanking (1842) und Shimonoseki (1895), da sie umfangreichen Handel und Direktinvestitionen erst ermöglichten. Die extraterritorialen Vorrechte für Ausländer in den Vertragshäfen erleichterten zudem die Abwicklung des Ex- und Imports und dienten später auch als Basis der ausländischen Industrie. Die Festlegung auf den niedrigen Zollsatz von 5 Prozent erleichterte den Import und überließ die traditionelle Hausindustrie und die beginnende moderne chinesische Industrie fast ungeschützt der ausländischen Konkurrenz. Dieser Zollsatz wurde 19o2 sogar noch auf effektiv 4 Prozent gesenkt und bestand bis 1929. Ab 1929 erlangte China wieder die Tarifautonomie. Das rasche Ansteigen der Zölle von 8,5 Prozent (1929) auf 29,7 Prozent (1936) zeigt, welche Bedeutung die chinesische Industrie dem gewaltsam verweigerten Zollschutz beimaß[249]. Die Festsetzung des Binnenzolls auf die einmalige Zahlung von 2,5 Prozent für Ausländer brachte zudem einen echten Wettbewerbsvorteil, da die mehrmalige Erhebung dieses Zolls entsprechend der Zahl der überschrittenen Binnengrenzen die einheimischen Produkte erheblich verteuerte .

Die Forderung nach immer weiteren Vertragshäfen, bis 193o waren es 1o5, hatte demgegenüber keinen besonderen Effekt, da das Handelsvolumen dadurch kaum erhöht wurde. Der Handel verlagerte sich nur von dem ehemaligen Zentrum Canton nach Shanghai und den Häfen am unteren Yangtze. Die Reklamierung der teilweise riesigen Interessensphären hatte außer der Gewinnung von Eisenbahnkonzessionen wenig konkrete Folgen, zumal viele Konzessionen gar nicht wahrgenommen wurden wie etwa im Fall der englischen Yunnan-Bahn, die Burma mit dem Yangtze verbinden sollte. Manche Bahnen, wie die französische Yunnan-Bahn, waren zudem eine ausgesprochene wirtschaftliche Pleite.

Drei wichtige Indikatoren im Hinblick auf die Voraussetzungen der Penetration lassen sich festhalten:

1) Für Dampfschiffahrt geeignete Flüsse (ab 1858) und Küstenhäfen (ab 1842);
2) Verbreitung des Eisenbahnnetzes (19oo bis 1936) und nennenswertes Frachtaufkommen;
3) Vertragshäfen mit bedeutendem Frachtaufkommen.

Diese Indikatoren bilden die Grundlage für die Hypothese, daß nur dort, wo diese Faktoren stark in Erscheinung treten, eine langfristige Penetration Chinas stattgefunden hat. Das folgende Schaubild 5 soll die geographische Dimension verdeutlichen.

Schaubild 5: Die Infrastruktur der Penetration

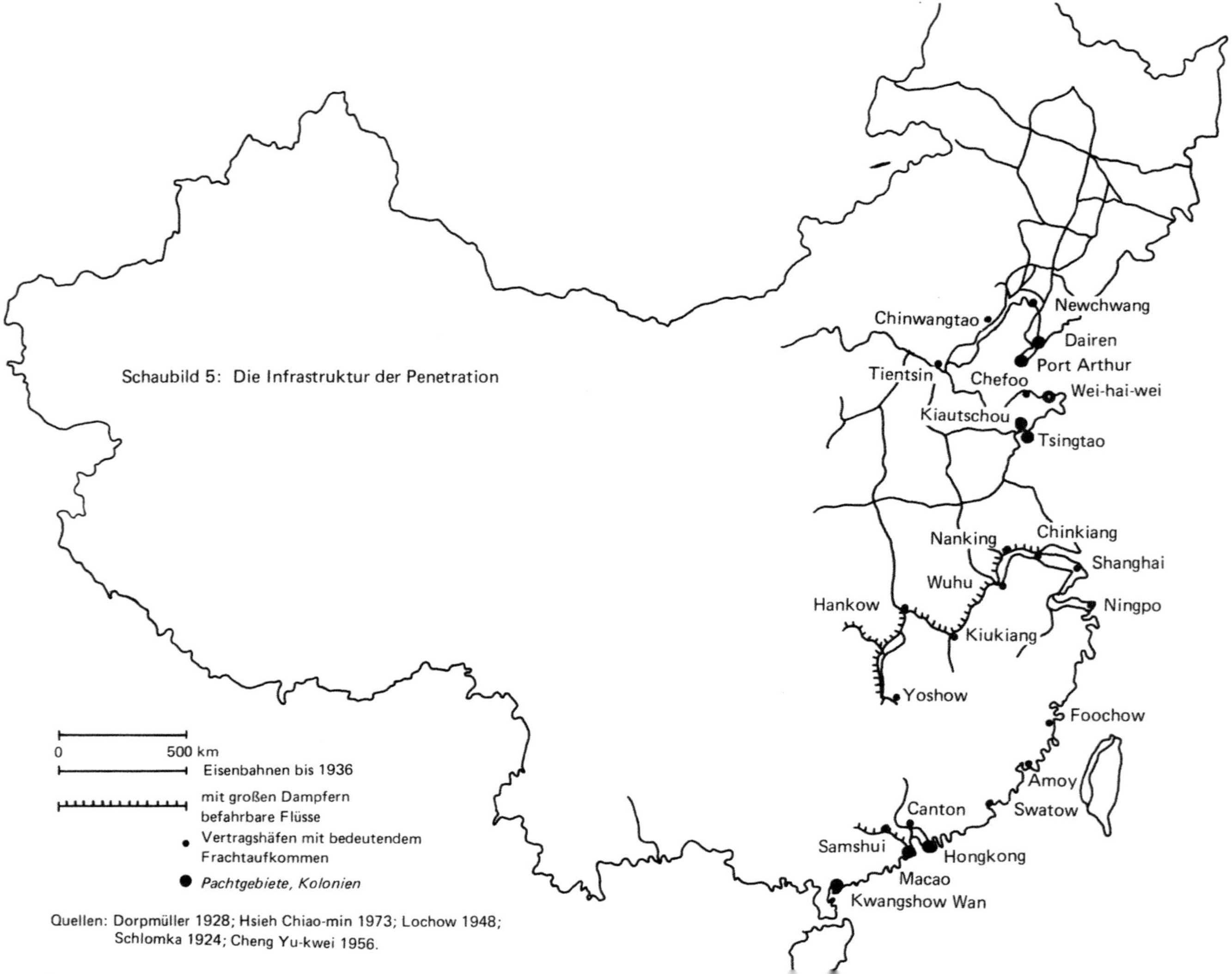

Quellen: Dorpmüller 1928; Hsieh Chiao-min 1973; Lochow 1948; Schlomka 1924; Cheng Yu-kwei 1956.

Aufgrund der für China so wichtigen Transportverbindungen lassen sich drei Regionen identifizieren, die für eine Penetration infrage kommen:

1) Der südliche Teil der Mandschurei. Hier ist das Eisenbahnnetz am weitesten ausgebaut. Die Küstennähe erfordert keine schiffbaren Flüsse. Da die beiden Metropolen dieser Region, erst Rußland und später Japan, den direkten Landzugang besitzen, spielt die Schiffahrt insgesamt keine besondere Rolle.

2) Das Gebiet des unteren Yangtze von Shanghai bis Hankow 9oo km landeinwärts. Der Küstenhafen Shanghai als Haupteinfuhrhafen und die Flußhäfen auf diesem Stromabschnitt weisen alle ein hohes Verkehrsaufkommen auf. Darüber hinaus sind die wichtigsten Städte qua Eisenbahn untereinander und mit dem Norden verbunden.

3) Das Perlflußdelta in der Provinz Kwangtung. Hier fallen alle drei Kriterien zusammen: Häfen mit besonderem Verkehrsaufkommen, Flußschiffahrt und Eisenbahn. Die Verbindung zu den anderen Zentren besteht über den Seeweg.

Die Masse der Vertragshäfen verzeichnet kein besonderes Verkehrsaufkommen und kann demnach kaum wesentlich zur Penetration beigetragen haben. Ausnahmen bilden Swatow, Amoy und Foochow im Süden sowie Tsingtao und Tientsin im Norden. Die beiden Nord-Süd-Verbindungen der Eisenbahn ersetzen die traditionelle Verkehrsader, die aber traditionell eher den Herrschaftsanspruch Pekings über den Süden garantieren und weniger ihr Hinterland erschließen sollte.

Diesen weitgehend oder partiell erschlossenen Regionen stehen weite Gebiete gegenüber, die von modernen Verkehrsmitteln vollkommen unberührt sind. Dazu gehört der gesamte Westen mit Sinkiang, Tibet, Tsinghai und Kansu, im Norden die Mongolei, Ningsia und Shensi und im Südwesten Szechwan, Yunnan, Kweichow und Kwangsi. Das sind 67 Prozent der Fläche in den Grenzen von 1949, aber nur 27,2 Prozent der Bevölkerung. Zu den nur gering erschlossenen Gebieten gehören Heilungkiang, Shansi, Honan,Hunan, Anhwei ,Kiangsi und Fukien mit nochmal 17,6 Prozent der Fläche und 28,4 Prozent der Einwohner. Diese Annäherung soll aber keineswegs heißen, daß die restlichen 15,5 Prozent der Fläche mit 44,2 Prozent der Einwohner[250] bereits der Penetration unterworfen waren. Die These lautet vorläufig nur, daß letztere Regionen aufgrund der genannten Indikatoren einer solchen Penetration überhaupt zugänglich waren.

Hier muß sicherlich innerhalb der Provinzen differenziert werden, denn es ist fraglich, ob eine 2oo oder 3oo km entfernte Bahnlinie oder ein Hafen bereits Kontakt bedeutete, solange die Landstraßen fehlen, die das Hinterland mit den Eisenbahnlinien oder Häfen verbinden. Ferner spielt die Dauer seit der Inbetriebnahme eines Verkehrswegs eine große Rolle. Andererseits ist in den drei genannten Zentren die Bevölkerungskonzentration sehr hoch. Möglicherweise können die genannten Indikatoren allein unzureichend sein, da andere Regionen über traditionelle Transportmittel an die modernen angebunden sein mögen. Hier ist allerdings der Hinweis aus Tabelle 6 von Bedeutung, wonach 1933 der Beitrag des traditionellen Transports zum Nettoinlandsprodukt noch das Dreifache des modernen Transports betragen hat. Das weist zumindest darauf hin, daß ein sehr erheblicher Teil der Bevölkerung noch nicht im Einflußbereich von Dampfschiffahrt, Eisenbahn und Lastwagen gelegen hat, sondern von Djunken, Ochsenkarren und Lastträgern bedient wurde, deren Radius und Kapazität im Hinblick auf Massenkonsumgüter sehr begrenzt waren.

3.3. Außenabhängigkeit der Wirtschaft?

Die Außenabhängigkeit einer unterentwickelten Volkswirtschaft ist ein wichtiger Indikator für die besondere Ausprägung der Unterentwicklung. Sie äußert sich zum Beispiel in einer hohen Außenhandelsquote, die mit der Konzentration auf einige wenig oder nicht verarbeitete Produkte verbunden sein muß. In einem solchen Fall können Preisschwankungen oder Nachfragerückgänge nur eines einzigen Produkts auf dem Weltmarkt katastrophale Wirkungen für die gesamte Wirtschaft hervorrufen. Die Kultivierung weniger Agrarprodukte und/oder reine Rohstoffgewinnung erzeugen infolge der kaum stattfindenden Weiterverarbeitung geringe spin-off- oder linkage-Effekte für andere Bereiche. Nach außen bedeutet es Abhängigkeit von Bedarfs- und Preiselastizitäten, die nicht beeinflußbar sind. Entsprechend kann der Erlös und damit die Importkapazität, von der wiederum die angestrebte Industrialisierung abhängt, nicht kalkuliert werden.

Anhand der Indikatoren Außenhandelsquote, Güterkonzentration und Güterklassenkonzentration soll die Frage geklärt werden, ob China als außenwirtschaftsabhängig zu bezeichnen war, und welche Konsequenzen sich daraus für eine mögliche Separation vom Weltmarkt ergaben.

3.3.1. Die Außenhandelsquote

Die Bestimmung der Außenhandelsquote, d.h. der Relation von Ex- und/oder Import zum Sozialprodukt, ist im Fall China nicht einfach, da zwar als Folge der ausländischen Kontrolle des chinesischen Seezolls seit 1867 detaillierte Angaben über den Außenhandel[251] verfügbar sind, die Angaben über das chinesische Sozialprodukt vor 1949 aber sehr spärlich sind und nur auf Schätzungen beruhen. Die Datensituation für die Blütezeit der KMT-Regierung in den 3oer Jahren erlaubt genauere Schätzungen über die volkswirtschaftliche Gesamtrechnung[252] bis zur japanischen Okkupation des chinesischen Kernlandes, d.h. von 1931 bis 1936. Die folgende Tabelle 38 faßt alle mir verfügbaren Daten zusammen.

Inflation und Umstellung der Währung von Taels auf Yuan (bzw. Fa-pi oder chinesischer Dollar) 1933 machen einen direkten Vergleich der Preisausdrücke in den Zeitreihen 1867 bis 1932 und 1933 bis 194o nicht möglich. Die Entwicklung des Mengenindex zeigt allerdings, daß das Wachstum des Außenhandels nicht sehr spektakulär war (1935 nur das Dreifache von 1867). Nach einem Gipfel zu Beginn der 3oer Jahre geht das Volumen wieder zurück. Dabei verzeichnet die Handelsbilanz ein permanentes und zu Beginn der 3oer Jahre sogar erhebliches Defizit.

Tabelle 38: Außenhandel, Sozialprodukt und Außenhandelsquote 1864 - 194o

Jahr	Netto[1] Import in Mil. Taels	Export[1] in Mil. Taels	Import[2] in Mil. Yuan	Export[2] in Mil. Yuan	Handels-bilanz[3]	Netto-inlands-produkt in Mrd. Yuan 1933	Außenhandelsquote Import	Außenhandelsquote Export	Mengenindex[8] 1913 = 1oo Import	Mengenindex[8] 1913 = 1oo Export
1864	46,2	48,7			+ 2,4					
1867	62,5	52,2			- 1o,3				24,7	31,9
187o	63,7	55,3			- 8,4				25,9	33,3
1875	67,8	68,9			+ 1,1				33,8	42,2
188o	79,3	77,9			- 1,4				36,2	47,2
1885	88,2	65,o			- 23,2				4o,5	47,6
Schnitt 188oer	9o,9	77,1				3 338,8[4]	2,72	2,31		
189o	127,1	87,1			- 39,9				54,8	42,o
1895	171,7	143,3			- 28,4				45,8	66,3
19oo	211,1	159,o			- 52,1				49,5	54,9
19o5	447,1	227,9			- 219,2				96,6	62,5
191o	463,o	38o,8			- 82,1				79,2	1o2,5
Schnitt 1914-18			824	687		22,64[6]	3,64	3,o3		
1915	454,5	418,9	7o8	653	- 35,6				7o,3	96,5
192o	762,3	541,6	1 188	844	- 22o,6				75,9	119,3
1925	947,9	776,4	1 477	1 21o	- 171,5				1o9,9	132,9
193o	1 3o9,8	894,8	2 143	1 394	- 414,9				131,o	131,1
1931	1 433,5	9o9,5	2 412	1 417	- 524,o	28,6o[5]	8,43	4,95	129,9	136,5
1932[a]	1 o49,2	493,o	1 799	768	- 556,3	29,65[5]	6,o7	2,59	1o6,o	1oo,8
1933			1 345,6	612,3	- 733,3	29,43[5]	4,57	2,o8	97,5	124,7
						(28,86)[7]	(4,66)	(2,12)		
1934			1 o29,7	535,7	- 493,9	26,85[5]	3,84	2,oo	85,1	118,6
1935			919,2	576,3	- 342,9	29,o8[5]	3,16	1,98	83,6	126,7
1936			941,5	7o6,8	- 234,8	3o,8o[5]	3,o6	2,3o	77,9	125,6
194o			2 o27,1	1 976,1	- 51,1					

1) Hsiao Liang-lin 1974, S.22-24
2) Li Cho-ming zit.nach Feuerwerker 1968, S.68 für 1915-32 und Hsiao Liang-lin 1974, S.24 f.1933-4o
3) Hsiao Liang-lin 1974, S.22-24, 1864-1932 in Mil.Taels, 1933-46 in Mil.Yuan
4) Feuerwerker 1969, S.2 = BSP in Mil.Taels
5) Yeh Kung-chia nach John K.Chang 1969, S.1o9
6) Berechnet nach Perkins 1975, S.122
7) Liu und Yeh 1965, S.66
8) Hsiao Liang-lin 1974, S.274/75
a) ab 1932 ohne Mandschurei

Die spärlichen Angaben über das Sozialprodukt lassen erkennen, daß die Exportquote, abgesehen von dem einmaligen Gipfel von 1931, zwischen 2 und 3 Prozent schwankt. Die Importquote liegt etwas darüber, befindet sich aber auch auf sehr niedrigem Niveau. Der Exportsektor hatte, wenn man überhaupt von der Existenz eines solchen Sektors sprechen kann, für die chinesische Volkswirtschaft insgesamt keine wesentliche Bedeutung und nahm auch nicht im berichteten Zeitraum an Bedeutung zu. Umgekehrt konnten ausländische Waren generell keine beherrschende Marktposition erobern.

Den Rang Chinas während der 3oer und 4oer Jahre in bezug auf die Im- und Exportquote gegenüber anderen unterentwickelten Ländern soll Tabelle 39 verdeutlichen.

Tabelle 39: Außenhandelsquote ausgewählter Länder der Dritten Welt in den 193oer und 194oer Jahren

Land	Jahr	Exportquote	Importquote
Ceylon	1938	47,9	39,7
Süd-Rhodesien	1929	44,o	62,7
Burma	1938	41,8	17,5
Venezuela	1937	4o,o	2o,3
Neu-Seeland	1932	37,6	26,9
Indonesien	1937	36,o	18,3
Surinam	1938	3o,7	36,1
Kuba	1938	3o,5	22,6
Argentinien	1937	24,9	16,8
Nyassaland	1938	24,4	2o,2
Thailand	1938	23,5	15,1
Ungarn	1929	21,6	21,2
Mexiko	1929	2o,8	13,2
Dominikanische Republik	194o	2o,2	11,8
Südafrika	1929	2o,o	31,9
Peru	1942	19,5	13,3
Australien	1929	19,4	18,2
Brasilien	194o	15,o	15,o
Jugoslawien	1937	14,2	11,7
Kolumbien	1947	14,1	2o,2
Bulgarien	1929	11,4	14,8
Philippinen	1948	11,1	19,9
Indien	1931	1o,o	8,1
Türkei	1938	9,o	9,3
Honduras	1937	6,1	8,o
China	1933	2,1	4,7

Berechnet nach UN,Statistical Yearbook 1948ff; Quoten für China berechnet nach Liu und Yeh 1965, S.66

Die wiedergegebene Länderauswahl[253] ist dadurch bestimmt, daß für andere Länder aufgrund ihres Kolonialstatus keine Angaben über das Sozialprodukt erhältlich waren. Die Quoten sind mit einer gewissen Vorsicht zu genießen, da sie von Jahr zu Jahr erheblich schwanken. Nur die Relationen im internationalen Vergleich sind aussagekräftig. Trotz dieser Einschränkungen wird die vergleichsweise geringe Bedeutung des Außenhandels für die chinesische Volkswirtschaft deutlich. Der Einwand, daß mit zunehmender Größe eines Landes (Bevölkerung und Sozialprodukt) die Außenhandelsquote abnimmt, ist zwar zutreffend, aber auch im Vergleich zu Indien oder Brasilien liegt China noch deutlich niedriger. Die ebenfalls niedrige Exportquote der USA, die seit den 2oer Jahren zwischen 4 und 6 Prozent schwankt[254], als Argument für außenwirtschaftliche Verflechtung trotz geringer relativer Bedeutung des Exports unterschlägt, daß die USA seit diesem Zeitraum bereits umfangreiche Direktinvestitionen tätigen, die Produktion im Ausland also den Warenexport substituiert.

Auch wenn man konzediert, daß große Länder von Natur aus eine geringere außenwirtschaftliche Verflechtung aufweisen, obwohl das aus Tabelle 39 nicht ohne weiteres ersichtlich wird, bleibt auf jeden Fall das Argument bestehen, daß in China, aus welchen Gründen auch immer, diese außenwirtschaftliche Verflechtung fehlt, mithin die Separation vom Weltmarkt leichter als in vielen anderen Ländern der Dritten Welt möglich ist. Weder bestand ein monokulturell ausgerichteter Exportsektor, der für das periphere Akkumulationsmodell typisch ist, noch war China auf Importe von Konsumgütern und Nahrungsmitteln angewiesen. Die zu beobachtenden jährlichen durchschnittlichen Schwankungen von 7,1 Prozent in der Menge und 5,4 Prozent im Preis für Exportgüter[255] sind zwar erheblich, hätten aber nur im Falle einer Exportquote von 2o oder 3o Prozent einschneidende Folgen für Sozialprodukt und Importkapazitäten.
Amins peripheres Akkumulationsmodell: Exporte von agrarischen und mineralischen Rohstoffen versus Importe von Luxuskonsumgütern stimmt zwar in der Tendenz, hat aber wenig

Gewicht für die Gesamtwirtschaft und kann deswegen im Fall China nicht den gesamten Akkumulationsprozeß prägen[256].

Bislang wurde immer im Hinblick auf die Gesamtwirtschaft argumentiert. Es ist aber durchaus möglich, daß einzelne Produkte, auch wenn sie nicht so sehr ins Gewicht fallen, einen hohen Exportanteil aufweisen. Wenn sie außerdem bevorzugt in bestimmten Regionen hergestellt werden, können Veränderungen in der Exportstruktur in einem solchen Fall allerdings schwerwiegende Konsequenzen für die betreffende Region hervorrufen. Deswegen sind in der folgenden Tabelle die Exportquoten der wichtigsten Exportgüter berechnet worden.

Tabelle 4o: Exportanteil ausgewählter Exportgüter 1933

	Produktion[1] in Mil. piculs	Export[3] 1933 in Mil. piculs	durschn. Export 1928-31 in Mil. piculs	Export-anteil[4]
Tee	5	o,694		13,9
Tabak	2o	o,179		o,9
Baumwolle	19	o,826		4,3
Erdnüsse	67	2,192		3,3
Sesam	19	o,553		2,9
Wolle	1,15[2]	o,225		19,6
Rohseide	o,32[2]	o,21o		65,6
Sojabohnen	236,3[2]		39,9[2]	16,9
Bohnenkuchen	47,3[2]		2o,7	43,8
Pflanzenöl	17,3[2]		4,689	27,1

1) Liu und Yeh 1965, S.135
2) Hou 1973, S.194
3) Hsiao Liang-lin 1974, S.74-124
4) berechnet nach Hsiao Liang-lin 1974, S.74-124

Im Fall der Seidenherstellung beträgt der Exportanteil fast zwei Drittel. Da diese Produktion regional stark konzentriert war, zeigten sich hier infolge der mechanisierten Seidenweberei im Ausland und entsprechenden veränderten Bedarfsanforderungen und Preisrückgängen in der Tat schwerwiegende regionale "Strukturprobleme". Das zweite bedeutende Exportgut Tee weist demgegenüber nur einen geringen Exportanteil an der Gesamtproduktion auf. Der Anteil der anderen Produkte am Gesamtexport ist gering, so daß die Güteranalyse nicht sehr viel weiter hilft. Lediglich im Fall von Sojabohnen und den daraus hergestellten Bohnenkuchen wurde eine exportorientierte Produktion in der Mandschurei errichtet.

3.3.2. Güterklassenkonzentration und internationale Arbeitsteilung

Wenn die Außenhandelsquote, mit Ausnahme der genannten Produkte, China nicht als besonders außenwirtschaftsabhängig ausweist, kann doch die Güterzusammensetzung des Außenhandels auf eine Struktur der internationalen Arbeitsteilung hinweisen, von der abhängt, ob der Außenhandel positive[257] oder negative Entwicklungseffekte für die chinesische Wirtschaft erzeugte.

Die folgende Tabelle 41 schlüsselt den Export nach Gütern auf. Die Güterkonzentration des Exports ist wichtig im Hinblick auf etwaige backward-linkages[258], die mit der Verarbeitung dieser Exporte verbunden sind.

Die vorliegende Tabelle 41 ist mit der Einschränkung zu versehen, daß der Anteil der ausgewiesenen Güter am Gesamtexport von nahezu 1oo Prozent in den 7oer und 8oer Jahren des 19. Jahrhunderts auf 6o Prozent in den 3oer Jahren des 2o. Jahrhunderts sinkt, ohne daß die benutzte Quelle angibt, welche Produkte zusätzlich exportiert wurden. Vermutlich nehmen Sojabohnen bis 1932 einen größeren Anteil ein. Da es sich hierbei aber auch um ein Agrarprodukt handelt, wird die Struktur des Exports nicht berührt.

Tabelle 41: Anteil der Hauptexportgüter am Gesamtexport 1867 - 194o (in Prozent)

Jahr	Tee	Tabak	Borsten	Eier Eiprodukte	Häute	Wolle	Hülsen-früchte	Getreide	Baum-Wolle	Roh-seide	Erd-nüsse Sesam
	1	2	3	4	5	6	7	8	9	1o	11
1867	66,2	o,1			o,o	o,o			o,9	31,67	
187o	55,6	o,1			o,o	o,o	1,25		o,6	39,8	
1875	53,3	o,2			o,1	o,1	o,2		o,5	3o,o	
188o	45,9	o,2			o,3	o,o	o,2		o,2	31,o	
1885	49,7	o,4			1,5	o,5	o,2		1,1	23,5	
189o	3o,6	1,1			o,8	1,o	o,4		3,4	28,1	
1895	22,6	1,o	o,5		o,7	1,3	o,2		7,8	27,o	o,5
19oo	16,o	1,2	o,6		2,6	1,o	1,9		6,2	25,o	o,6
19o5	11,2	1,o	1,1	o,9	2,2	2,7	3,o		5,3	26,2	1,2
191o	6,8	o,8	1,2	4,o	2,8	1,1	5,6		7,4	21,1	4,8
1915	13,3	o,8	1,2	2,o	4,o	2,7	9,1	1,5	3,3	18,7	2,8
192o	1,6	1,2	1,2	4,o	1,5	o,6	7,8	6,3	1,7	14,2	3,1
1925	2,9	o,8	1,2	4,3	1,o	1,8	17,3	2,7	3,8	19,6	2,8
193o	2,9	o,5	1,1	5,7	o,7	o,6	23,3	3,o	3,o	13,1	4,3
1935[a]	5,1	1,3	2,8	5,6	o,8	2,5	o,9	1,o	3,8	7,1	6,3
194o[a]	5,3	o,2	4,8	7,3	o,2	o,3	1,o	o,1	o,4	14,3	2,o

Berechnet nach Hsiao Liang-lin 1974, S.74-129

a) ohne Mandschurei

Tabelle 41, Fortsetzung

Jahr	Kohle Eisenerz Wolframerz 12	Bohnen-kuchen 13	Pflanzen-öl 14	Mehl 15	Ziga-retten 16	Baum-woll-garn 17	Baum-woll-waren 18	Seiden-waren 19	Hand-arbeit (Textil) 2o	raff.Antimon Stückeisen Zinnbarren 21
1867			o,o				o,o	4,5		
187o			1,3				o,1	3,7		
1875			o,o				o,1	6,1		
188o			o,1				o,1	7,3		
1885			o,1				o,2	7,3		
189o			o,3				o,1	6,6		
1895		o,o	o,7				o,9	8,3		
19oo		1,6	1,4				o,8	6,1		
19o5	o,1	2,7	1,6		o,2		o,7	4,7		1,9
191o	o,5	3,9	5,5	o,9	o,1		o,5	5,o		2,2
1915	1,6	4,9	3,3	o,2	o,1	o,1	o,7	5,3	o,1	3,9
192o	2,7	9,3	5,7	3,4	1,6	o,5	o,9	4,7	o,5	3,6
1925	3,o	6,4	5,9	o,2	2,o	o,5	1,4	3,3	o,7	2,7
193o	3,9	5,5	7,5	o,o	o,9	2,1	1,1	2,9	o,8	2,1
1935[a]	3,1	o,o	9,1	o,o	o,2	3,3	o,6	3,1	3,o	4,9
194o[a]	4,2	o,1	4,1	o,5	o,2	3,6	4,o	1,8	3,6	2,4

Berechnet nach Hsiao Liang-lin 1974, S.74-129

a) ohne Mandschurei

Bis etwa 1895 wird der Export fast vollständig von zwei Produkten - Tee und Rohseide bzw. ihre Verarbeitung zu Textilien - bestritten. Danach differenziert sich das Bild sehr stark. Hinzu kommen agrarische Rohstoffe wie Tabak, Borsten, Eier, Häute, Wolle, Hülsenfrüchte, Baumwolle und Erdnüsse, in geringerem Maße die mineralischen Rohstoffe Kohle, Eisenerz, Wolfram sowie einige Produkte der Verarbeitenden Industrie: Bohnenkuchen (Düngemittel), Pflanzenöl, Mehl , Zigaretten und Textilien. Letztere weisen aber entweder nur einfache Verarbeitungsprozesse auf, wie das Pressen von Ölsaaten, oder wurden bereits traditionell im hausindustriellen Bereich hergestellt wie Baumwoll- und Seidentextilien. Fortgeschrittene Verarbeitungsprozesse treffen lediglich für das maschinell gesponnene Baumwollgarn und die Verhüttung von Antimon, Eisen und Zinn zu.

Die ursprünglich sehr hohe Güterkonzentration des Exports wird im Laufe der Zeit abgebaut und weicht einer Palette agrarischer Güter. Das muß auf die zunächst geringe Kenntnis der ausländischen Exporteure zurückzuführen sein, welche Produkte China außer Tee und Seide zu liefern in der Lage war. Eine exportorientierte Monokultur ist in China weder jemals vorhanden gewesen, noch weisen Tendenzen auf den Aufbau einer solchen Monokultur hin. Der Anteil verarbeiteter Produkte blieb gering, zumal er teilweise noch durch traditionelle handwerkliche Methoden zustande kam. D.h., der chinesische Export erzeugte so gut wie keine backward-linkages für die übrige Wirtschaft. Eine Strategie der Exportindustrialisierung war kaum möglich. Deshalb ist es nicht verwunderlich, daß der Außenhandel im Bewußtsein der Chinesen nie eine zentrale Rolle gespielt hatte. Ihr Außenhandel kam nicht auf eigene Initiative zustande, sondern wurde ihnen aufgezwungen. Die für andere unterentwickelte Länder typische exportorientierte Fraktion innerhalb der nationalen Bourgeoisie ist deshalb in China auch kaum vorhanden.

Die Struktur des Imports könnte demgegenüber etwaige Stimuli im Hinblick auf forward-linkages erzeugen. Sie bietet aber erwartungsgemäß das Spiegelbild zum Export. Tabelle 42 schlüsselt den Import nach den wichtigsten Gütern auf.

Tabelle 42: Anteil der Hauptimportgüter am Gesamtimport 1867-194o (in Prozent)

Jahr	Opium	Tabak	Zigaretten	Getreide	Mehl	Meeresprodukte	Zucker	Seide Seidengarn	Seidenwaren	Wolle roh u. gesp.	Wollwaren	Baumwolle	Baumwollgarn
	1	2	3	4	5	6	7	8	9	1o	11	12	13
1867	51,2			1,8		2,1	1,3				11,8	8,3	2,6
187o	42,2			o,4		2,o	1,3				1o,3	5,2	3,5
1875	37,5			o,2		2,4	3,1				6,8	2,2	4,o
188o	4o,7			o,1		3,1	o,4				7,4	1,1	4,5
1885	28,8			o,5		3,2	o,6				5,6	1,5	8,5
189o	22,8			9,o	o,6	3,8	o,9				2,9	1,3	15,2
1895	17,o		o,2	9,1	o,9	3,o	4,3			o,1	2,2	o,4	12,3
19oo	14,7		o,5	5,4	1,6	2,4	3,o			o,2	1,6	o,9	14,2
19o5	7,6	o,4	1,o	1,9	o,8	2,6	5,1			o,2	1,2	o,3	14,9
191o	12,o	o,4	1,5	6,7	o,7	2,6	4,8			o,3	1,3	1,o	13,3
1915	5,4	o,3	2,7	5,6	o,2	4,1	6,7		o,o	o,1	o,5	1,5	14,8
192o	o,o	1,7	2,9	o,7	o,3	2,3	5,2		o,o	o,2	1,4	2,4	1o,3
1925	o,1	2,1	1,9	6,7	1,6	2,8	9,5	o,5	o,1	o,4	2,5	7,4	4,1
193o	o,1	2,4	2,o	1o,2	2,3	2,o	6,6	1,1	o,1	o,5	1,9	1o,1	11,5
1935[a]		o,9	o,2	13,5	o,7	2,2	3,o	o,8	o,o	o,8	1,6	4,5	o,2
194o[a]		2,1	o,2	9,4	7,o	1,8	3,5	o,7	o,8	1,o	o,8	12,9	2,o

Berechnet nach Hsiao Liang-lin 1974, S.22-7o

a) ohne Mandschurei

Tabelle 42, Fortsetzung

Jahr	Baum-woll-waren	Streich-hölzer	Papier Papier-prod.	Kerosin	Kohle	Benzin etc.	Holz	Me-talle	Chemie-waren (Farben etc.)	Maschi-nen 1)	PKW Busse	LKW Trak-toren	Eisen-bahn-material
	14	15	16	17	18	19	2o	21	22	23	24	25	26
1867	23,4	o,1			1,8		o,3	1,1					
187o	35,o	o,2		o,2	o,9		o,5	2,o					
1875	29,7	o,3		o,4	1,5		o,6	1,8					
188o	29,5	o,7		o,5	1,3		o,8	1,3					
1885	35,7	1,2		1,9	1,9		o,8	1,4					
189o	35,5	1,1		3,2	1,6		o,9	1,7	o,7				
1895	3o,9	1,1		3,9	2,o		o,7	1,5	o,5				
19oo	35,9	1,1		6,6	3,o		o,5	1,3	o,8				
19o5	4o,6	1,3	o,7	4,5	1,5	o,o	o,7	5,7	1,o				
191o	28,3	1,1	1,2	4,7	1,8	o,o	1,1	1,1	1,6	o,o	o,o		o,8
1915	33,2	1,2	1,4	6,2	1,8	o,1	1,1	1,6	1,o	o,3	o,1		o,5
192o	32,5	o,4	1,9	7,1	1,9	o,4	1,9	2,6	3,o	o,9	o,5		1,1
1925	2o,7	o,1	2,o	7,o	2,8	o,7	1,3	1,6	2,3	o,5	o,4		o,3
193o	11,4	o,3	2,9	4,2	1,9	1,4	1,8	1,7	2,9	1,3	o,3	o,4	o,5
1935[a]	3,1	o,o	5,o	4,1	o,9	4,3	3,8	1,7	3,9	2,2	o,6	o,8	1,1
194o[a]	5,2	o,2	3,2	2,4	2,4	2,3	2,7	1,3	2,2	1,o	o,3	1,3	o,2

Berechnet nach Hsiao Liang-lin 1974, S.22-7o

1) Textilmaschinen, Elektromotoren etc.

a) ohne Mandschurei

Die Tatsache, daß noch bis 188o das Opium mit über 4o Prozent den Hauptanteil am Gesamtimport ausmacht, rechtfertigt die Bezeichnung der Kriege von 1839 - 1842 und 1858 - 186o als "Opiumkriege". Neben den seit den 186oer Jahren bedeutenden Import von Textilien treten bis zur Jahrhundertwende verschiedene Konsumgüter, von denen aber nur Zucker und Kerosin als Lampenbrennstoff besondere Bedeutung erlangen. Seit 1895 (Vertrag von Shimonoseki) kommen infolge der einsetztenden Direktinvestitionen verschiedene Produktionsgüter hinzu: Textilmaschinen, Elektromotoren, Hilfs- und Rohstoffe der Textilindustrie wie chemische Farben und Baumwollgarn, Transportmaterial wie Lokomotiven, Waggons, Lastwagen und Benzin. Insgesamt überwiegen aber die Güter des Endverbrauchs, so daß der Import nur im Fall der Textilindustrie und des Transportwesens zur Entfaltung der Produktion beigetragen haben kann. Diese fallen aber mengenmäßig gegenüber Konsumgütern und Genußmitteln kaum ins Gewicht.

Auch beim Import ist ähnlich wie beim Export für das 2o. Jahrhundert eine steigende Dunkelziffer zu verzeichnen, die von der benutzten Quelle nicht aufgehellt wird. Hier könnten in wachsendem Maße Rüstungsgüter im Hinblick auf die Kriege mit Japan Bedeutung gewonnen haben. Aber auch ein verstärkter Rüstungsimport würde die Struktur des Imports in Richtung produktionsfördernder Stimuli nicht verändern.

Während der Export also kaum backward-linkages hervorrief, besteht der Import vorwiegend aus Gütern ohne forward-linkages, da die Nahrungs- oder Genußmittel bzw. Güter des täglichen Bedarfs sofort konsumiert werden. Der Anteil der Rohstoffimporte und Halbfabrikate ist mit Ausnahme des Baumwollgarns (189o bis 192o, danach wird das Garn im Lande hergestellt) gering. Speziell der Import dieses Produkts hat allerdings nicht nur weitere Produktion initiiert, sondern gleichzeitig einen wichtigen Bereich der traditionellen Produktion, die Hausspinnerei, zugrunde gerichtet. Hochentwickelte Produktionsgüter wie Maschinen, Motoren und Transportmaterial haben einen Importanteil, der 2 Prozent kaum übersteigt.

Um einen Gesamtüberblick zu verschaffen, wurden die Ex- und Importgüter der Tabellen 41 und 42 im Hinblick auf die für Entwicklungsprozesse zentrale Frage gruppiert, ob ihre Herstellung (im Fall Export) oder ihr Import die genannten Linkage-Effekte ausüben. Um eine Verzerrung infolge der Abnahme der in den Tabellen ausgewiesenen Güter am gesamten Außenhandel zu vermeiden, wurde ihr Volumen für den gesamten Zeitraum gleich 1oo Prozent gesetzt. Die in Tabelle 43 dargestellten Relationen beziehen sich also nur auf die genannten Güter.

Tabelle 43: Güterklassenkonzentration 1867 - 194o (in Prozent)

Jahr	Export		Import	
	Rohstoffe[a]	Halbfabrikate und Fertigwaren[b]	Konsumgüter und Getreide[c]	Rohstoffe, Produktionsgüter, Transportmittel ohne PKW[d]
1867	95,6	4,4	86,7	13,3
187o	95,1	4,9	88,3	11,7
1875	93,2	6,8	88,9	11,1
188o	91,3	8,7	9o,2	9,8
1885	91,o	9,o	84,2	15,8
189o	9o,1	9,9	79,1	2o,9
1895	84,4	15,6	8o,6	19,4
19oo	84,8	15,2	77,7	22,3
19o5	82,3	17,7	73,3	26,7
191o	75,4	24,6	75,3	24,7
1915	76,6	23,4	74,5	25,5
192o	6o,3	39,7	64,5	35,5
1925	72,7	27,3	7o,5	29,5
193o	73,1	26,9	55,8	44,2
1935	62,5	37,5	63,7	36,3
194o	66,3	33,7	55,7	44,3

Berechnet auf der Basis der Tabellen 41 und 42.
Genannte Hauptexport- und Hauptimportgüter = 1oo Prozent.

a = Produkte Nr. 1 - 12 aus Tabelle 41
b = Produkte Nr.13 - 21 aus Tabelle 41
c = Produkte Nr. 1, 3, 5, 6, 7, 9, 11, 14, 15, 16, 17, 19, 24 aus Tabelle 42
d = Produkte Nr. 2, 4, 8, 1o, 12, 13, 18, 2o, 21, 22, 23, 25, 26 aus Tabelle 42

Der gesamte Export teilt sich auf in agrarische und mineralische Rohstoffe, die außer ihrer Herstellung keine weiteren Verarbeitungsprozesse aufweisen, und Halbfabrikate bzw. Fertigwaren.

Das Kriterium der Unterteilung ist also die Entstehung der Produkte. Der Import wird demgegenüber nach der Verwendung aufgeschlüsselt, d.h. der Frage, ob es sich um Endprodukte für den Konsum (nicht Endprodukte für die Produktion!) handelt oder Rohstoffe, Halbfabrikate, Produktionsgüter und Transportmittel, die direkt oder indirekt zur Weiterverarbeitung dienen.

Die Relationen sind zwar typisch für unterentwickelte Länder, weisen aber doch eine interessante Tendenz auf. Bis 189o besteht der Export zu 9o Prozent aus Rohstoffen. Danach steigt der Anteil der verarbeiteten Produkte auf ein Drittel und scheint sich ab 192o auf dieser Marke zu stabilisieren. Zu berücksichtigen ist allerdings, daß es sich hierbei um Produkte einfachen Verarbeitungsgrades handelt. Die Zusammensetzung des Imports bildet das Pendant. Bis 1895 haben die Konsumgüter einen Anteil von 8o Prozent und mehr. Dann steigt infolge der beginnenden Industrialisierung und des Eisenbahnbaus der Anteil der Produktionsgüter und Transportmittel und schwankt zwischen 35 und 44 Prozent. Das Schaubild 6 erfaßt beide Tendenzen.

Der abnehmende Anteil der Rohstoffexporte korrespondiert mit dem abnehmenden Anteil der Konsumgüterimporte, während als Folge der Industrialisierung zunehmend Fertigwaren exportiert und Produktionsgüter importiert werden. Das Aminsche Akkumulationsmodell wird tendenziell auf den Kopf gestellt.

Schaubild 6: Trends der Güterklassenkonzentration (Export und Import) 1867 - 194o

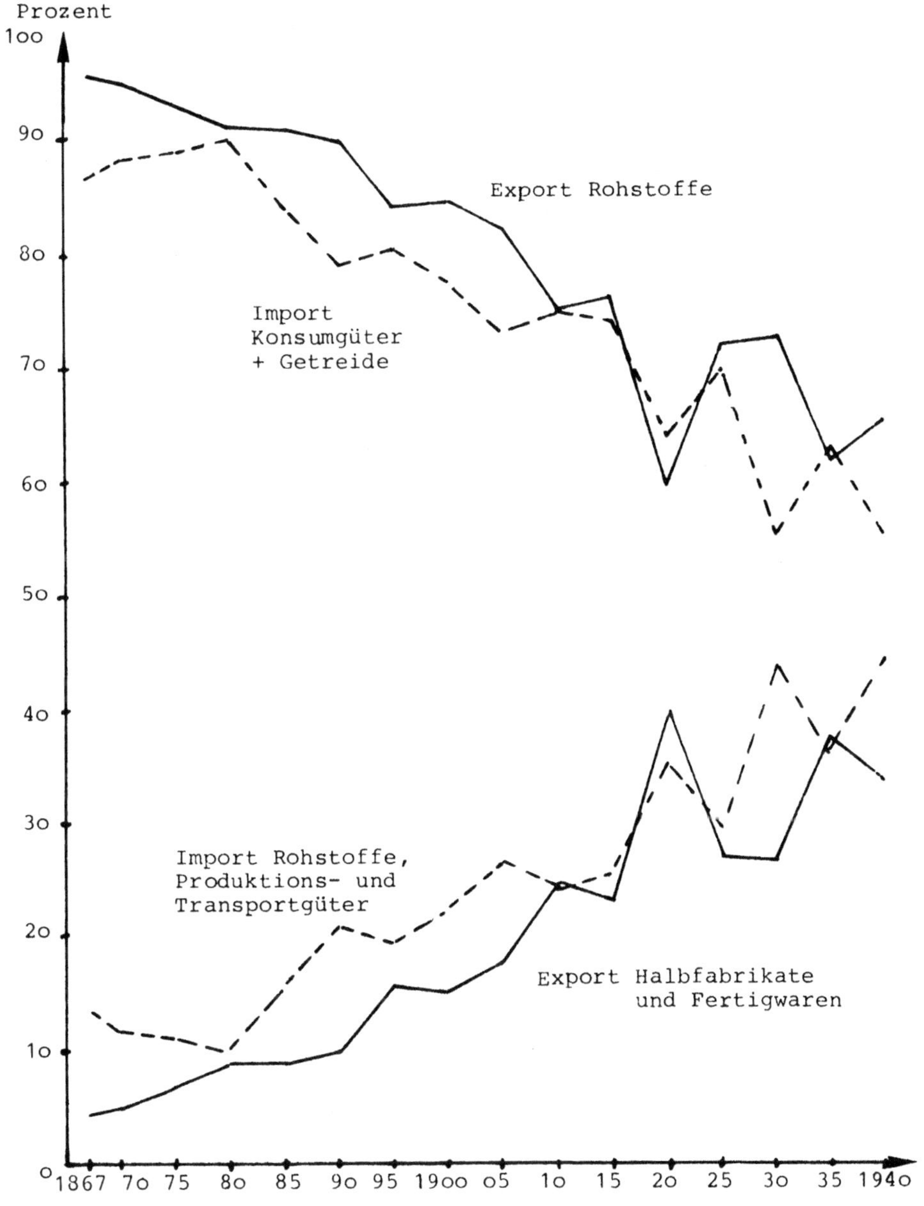

Anhand des Indikators "Güterzusammensetzung des Außenhandels" lassen sich zwar die typischen Merkmale der Unterentwicklung im Hinblick auf die internationale Arbeitsteilung: Rohstoffe versus Fertigwaren festmachen, doch die Ausprägung dieser Merkmale und ihre tendenzielle Entwicklung weicht von der anderer Länder signifikant ab. Da der Warenexport (Marktmotiv) und daran anschließend importsubstituierende Direktinvestitionen und nicht Rohstoffgewinnung am Beginn der Penetration standen, mußte sich diese besondere Interessenlage der imperialistischen Staaten auch in der Außenhandelsstruktur niederschlagen. Die ungleiche internationale Arbeitsteilung ist zwar gegeben, nur hat sie im Vergleich zu anderen unterentwickelten Ländern bereits sehr früh das Stadium (zumindest tendenziell): Produkte einfachen, arbeitsintensiven Verarbeitungsgrades versus technologisch hochwertige Produktionsgüter erreicht[259]. Ein wesentliches Element der klassischen Unterentwicklung, die Herausbildung einer Monokultur, fehlt völlig. Dadurch entfällt eine nur schwer zu nehmende Hürde für den Entwicklungsprozeß anderer Länder, die vor Erreichung des Stadiums der Exportdiversifizierung oder gar der Dissoziation vom Weltmarkt aufgebaut ist. China kann wichtige Etappen bei der Überwindung von Unterentwicklung überspringen. Dieser Umstand liefert meiner Meinung nach ein zentrales Argument, warum China etwa im Vergleich zu Kuba[26o] nach 1949 sehr schnell eine erfolgreiche Diversifizierung der Industrie und eine Orientierungen der gesamten Ökonomie am Binnenmarkt erreichen konnte.

Das wichtigste Argument für die geringe außenwirtschaftliche Abhängigkeit liefert aber die niedrige Außenhandelsquote. Die negativen Folgen der internationalen Arbeitsteilung wie hohe Preiselastizitäten bei Rohstoffen, negative Terms of Trade, hohe Nachfrageelastizitäten infolge der Substituierbarkeit von Rohstoffen und davon abhängige Importkapazitäten bzw. Devisenabfluß oder Verschuldung u.a. können zwar vorhanden sein, haben aber keine durchschlagende Relevanz für die gesamte Wirtschaft. Die geringe mengenmäßige Steigerung des Imports von 1867 (Index = 24,7) auf 1895 (Index = 45,8) zeigt, daß entgegen den hochgespannten Erwartungen der chinesische Markt nicht sonderlich ergiebig für ausländische Waren war[261], und die geringe Exportquote keinen hohen Import zuließ, der offensichtlich auch nicht in chinesischem Interesse lag.

Von einer Überschwemmung des chinesischen Markts mit ausländischen Massenkonsumgütern kann also keine Rede sein, was wiederum die These von der weitgehenden Eigenversorgung und Abgeschlossenheit der lokalen Marktverbundsysteme im chinesischen Hinterland stützt. Die dennoch zu verzeichnende Zunahme des Handels beruhte eher im Wachstum der Bevölkerung der Vertragshäfen, deren Oberschicht als potentielle Abnehmer für ausländische Konsumgüter des gehobenen Anspruchs in Frage kam, als in einer Ausweitung der Käuferschichten für diese Produkte[262].

Wenn die Struktur des Außenhandels auch keine entwicklungsstimulierende Effekte aufweist, erscheinen demgegenüber zwei Einzelphänomene von Wichtigkeit, die den gegenteiligen Effekt ausüben. Gemeint ist die hohe <u>Exportquote bei der Seide</u>, ein Produkt, das nicht wie der Bohnenkuchen alternativ auf dem Binnenmarkt abgesetzt werden konnte, und der <u>hohe Anteil des maschinengesponnenen Baumwollgarns am Import</u>. Seide und Baumwollgarn nahmen einen hervorragenden Platz in der Hausindustrie ein. Beide Produktionen geraten durch den Außenhandel in eine gefährdete Situation. Die manufakturell hergestellte Rohseide sieht sich der Konkurrenz qualitativ besserer und billiger produzierter Seide aus dem Ausland, vornehmlich Japan, ausgesetzt. Der Import von Maschinengarn verdrängt die Hausspinnerei, bis die Produktion von Maschinengarn in China selbst die Stelle des Imports antritt. Beides hat die gleichen verheerenden Wirkungen auf die Einheit von Agrikultur und Manufaktur, in der die Hausindustrie die zum nackten Leben notwendige Einkommensergänzung zur Landwirtschaft bildet.

3.4. Die Herausbildung des modernen Sektors

Der folgende Abschnitt intendiert weniger eine Schilderung des chinesischen Industrialisierungsprozesses, die bereits mehrfach unternommen wurde[263], als vielmehr eine Analyse seiner Konsequenzen für die Struktur der Unterentwicklung, die die besondere Form der Industrialisierung in China hervorgerufen hat.

Die Anfänge dieser Industrialisierung sind nämlich direkt oder indirekt eine Folge der ausländischen Penetration. Indirekt insofern, als fortschrittlich denkende Männer innerhalb der kaiserlichen Regierung nach den Niederlagen in den beiden Opiumkriegen zu der Einsicht kamen, daß nur eine moderne Armee, die durch eine moderne Rüstungsindustrie versorgt wird, in der Lage ist, weitere imperialistische Aggressionen abzuwehren. Arsenale und kleine Schiffswerften, die auf staatliche Initiative hin gegründet wurden, standen demzufolge seit 1862 am Beginn der Industrialisierung Chinas[264].

Das Beispiel der erfolgreichen staatlichen Hilfestellung in Japan[265] die japanische Überlegenheit hatte sich im chinesisch-japanischen Krieg von 1894/95 deutlich gezeigt - animierte die chinesische Regierung im Zeitraum von 1878 bis 1894 zur Politik der Gründung von sogenannten "kuan-tu shang-pan" Betrieben[266]. Dieser Begriff bedeutet soviel wie private Leitung (shang-pan) unter staatlicher Kontrolle (kuan-tu). Die unentschlossene Haltung der kaiserlichen Regierung gegenüber dieser Politik, je nachdem ob konservative[267] oder reformerische Kräfte gerade dominierten, die Unergiebigkeit des nationalen Kapitalmarktes - Großgrundbesitzer, Beamte und Kaufleute zogen es vor, zu horten, ihr Geld zu verleihen oder in Boden zu investieren - sowie technologische Schwierigkeiten und Mismanagement führten dazu, daß diese ersten Ansätze scheiterten. Hinzu kam in einigen Bereichen bereits der ausländische Konkurrenzdruck, wie bei der erwähnten "China Merchants Steamship Co.". Bis 1895 existierten ca. 1o3 Betriebe, deren Unterschied zur handwerksmäßigen Produktion hauptsächlich darin bestand, daß einige energiegetriebene Maschinen aufgestellt wurden . Ausreichende Infrastruktur war kaum vorhanden, und der Mechanisierungsgrad war gering.

Erfolgversprechender waren die Anfänge, die in direktem Zusammenhang mit der ausländischen Penetration standen. Der seit der Öffnung der Häfen zunehmende Handel hatte verschiedene Direktinvestitionen hervorgerufen, die zur Abwicklung des Außenhandels notwendig waren. Feuerwerker nennt bis 1894 88 Firmen[268], die entweder direkte Niederlassungen der Handelsfirmen waren, den Bau und die Reparatur von Schiffen betrieben oder einfache Verarbeitungsprozesse der Hauptexportgüter Tee und Seide vornahmen, soweit das aus Transportgründen notwendig oder vorteilhaft erschien. Die Niederlassung von Ausländern in den Pachtgebieten der Vertragshäfen rief darüber hinaus einen Bedarf nach öffentlichen Dienstleistungen wie Gas-, Wasser- und Elektrizitätsversorgung hervor, der von den Ausländern selber gedeckt wurde. Die Yangtze- und Küstenschiffahrt war ein weiteres Betätigungsfeld für Ausländer.

Diese bis dahin weitgehend illegalen Unternehmungen nahmen seit 1895 (Vertrag von Shimonoseki) an Umfang zu, wenn die Investitionsbereiche auch zunächst die gleichen blieben. Die folgende Tabelle gibt einen Überblick über die Entwicklung der ausländischen Investitionen bis 1936.

Tabelle 44: Ausländische Investitionen in China 1902 - 1936 nach Art der Investitionen (in Mil US $)

	1902	1914	1931	1936[a]
Direktinvestitionen	503,2	1 067,0	2 493,2	2 681,7
Regierungsanleihen	284,7	525,8	710,6	766,7
Private Anleihen	0,0	17,5	38,7	34,8
gesamt	787,9	1 610,3	3 242,5	3 483,2

Hou 1973, S.13. Werte für 1902 - 1931 nach Remer 1933, für 1936 nach jap. Quelle.

a) inklusive Mandschurei

Der Grund für den relativ hohen Anteil der Regierungsanleihen ist darin zu suchen, daß die chinesische Regierung zur Bezahlung der umfangreichen Kriegskontributionen an die Siegermächte der drei verlorenen Kriege, zur Reorganisation des Staates nach der Niederschlagung des Taiping-Aufstands und zur Finanzierung der einsetzenden Eisenbahnbauten auf ausländische Kredite angewiesen war.

Die Tabelle 45 (folgende Seite) über die Branchenverteilung der Direktinvestitionen (private und öffentliche Anleihen sind hier ausgenommen) gibt Auskunft über ihre Verwendung.

Die Übersicht dokumentiert im wesentlichen drei Investitionskomplexe. Der erste, bereits erwähnte, bezieht sich auf die Abwicklung des Außenhandels. "Import/Export/Handel" und "Banken und Versicherungen" haben 1914 bis 1936 bei den Direktinvestitionen einen Anteil von 14 bis 17 Prozent. Dem kann noch der Bereich "Kommunikation und Öffentliche Dienste" zur Versorgung der ausländischen Niederlassungen in den Pachtgebieten zugeordnet werden, so daß noch einmal 4 bis 5 Prozent unter Komplex eins fallen. Neu ist die Rubrik "Transport", die ab 1914 im wesentlichen den Eisenbahnbau betrifft. Hier werden nicht nur die Regierung qua Anleihen, sondern auch die Ausländer direkt aktiv. Der Anteil dieses Bereichs ist mit 31 bis 25 Prozent am größten. Die Bedeutung der hohen Eisenbahninvestitionen erklärt sich auf Seiten der chinesischen Regierung unter militärstrategischen Gesichtspunkten, während die ausländischen Investoren hier den Schritt von der Durchdringung qua Handel zur Erschließung des Hinterlandes mit dem Ziel der Ausbeutung von Rohstoffen und der an den Eisenbahnbau gekoppelten Industrialisierung vollziehen wollen. Der dritte wichtige Komplex "Verarbeitende Industrie" bleibt mit 1o bis 2o Prozent hinter den beiden anderen etwas zurück. Vor allem Handelsfirmen[269] gehen neben der bereits erwähnten Verarbeitung von Exportgütern dazu über, importsubstituierende Industrien aufzubauen. Dabei handelt es sich im wesentlichen um die Textilindustrie (Spinnereien und Webereien) sowie die Lebens- und Genußmittelindustrie (Mehl, Pflanzenöl, Zigaretten, Streichhölzer). Der Bergbau ist mit 2 bis 4 Prozent sehr gering vertreten und dient vor allem der Versorgung der Eisenbahnen und Dampfschiffe mit Kohle. Agrarische Investitionen fehlen völlig, da es den Ausländern außerhalb der Pachtgebiete in den Vertragshäfen verboten war, Grundbesitz zu erwerben.

Tabelle 45: Verwendung der Direktinvestitionen nach Bereichen 1894 bis 1936
(in Mil. US $, Prozentsätze in Klammern)

	1894[1]	1914[2]	1931[2]	1936[2]
Transport	(25,1)	336,3 (31,5)	592,4 (23,8)	669,5 (25,o)
Kommunikation und öffentliche Dienste	(7,7)	23,4 (2,2)	99,o (4,o)	138,4 (5,1)
Import/Export/Handel	(7,6)	142,6 (13,4)	483,7 (19,4)	45o,2 (16,8)
Banken, Versicherungen		6,3 (o,6)	214,7 (8,6)	548,7 (2o,5)
Bergbau		34,1 (3,2)	1o8,9 (4,4)	41,9 (1,6)
Verarbeitende Industrie	(59,6)	11o,6 (1o,4)	372,4 (14,9)	526,6 (19,6)
Grundbesitz		1o5,5 (9,9)	339,2 (13,6)	241,1 (9,o)
Sonstiges		3o8,2 (28,9)	282,9 (11,3)	65,3 (2,4)
gesamt	(1oc,o)	1 o67,o (1oo)	2 493,2 (1oo)	2 681,7 (1oo)

1) Feuerwerker 1964, S.81, absolute Werte in mex. $ (inklusive Hongkong)
2) Hou 1973, S.16

Die Struktur dieser Direktinvestitionen unterscheidet sich also wesentlich von der in anderen unterentwickelten Ländern. Die klassischen Anlagesphären Plantagen und Minen fehlen nahezu vollständig, während das Absatzmotiv, das schon die gewaltsame Öffnung der Häfen hervorgerufen hat, im Bereich der importsubstituierenden Industrien erneut wirksam wird.

Ein großes Hindernis geschäftlicher Aktivitäten in China war für Ausländer: ihre mangelhaften Sprachkenntnisse und die fehlende Einfühlungsgabe in bezug auf chinesische Konsumgewohnheiten und Geschäftspraktiken. Deswegen war es üblich, Chinesen, sogenannte Kompradoren,[270] einzustellen, die diese bei den Ausländern fehlenden Voraussetzungen erfüllten und als Mittelsmänner zu den einheimischen Geschäftspartnern fungierten. Diese Kompradoren adaptieren schnell die modernen westlichen Geschäftspraktiken und bildeten den Kern einer nationalen chinesischen Bourgeoisie, die etwa seit dem ersten Jahrzehnt des 2o. Jahrhunderts dazu überging, eigene, von der Regierung unabhängige[271] Unternehmungen im industriellen Sektor aufzubauen. Ihre Aktivitäten beschränkten sich ebenfalls vorwiegend auf die importsubstituierenden Textil- und Lebensmittelindustrien. Diese Industrialisierungsanfänge veränderten die Struktur der chinesischen Wirtschaft bis 1912 kaum.

Eine dazu völlig konträre Entwicklung beginnt nach dem russisch-japanischen Krieg (19o5) in der Mandschurei. Hier verfolgen die Japaner eine planmäßige Industrialisierung[272], die nach der Okkupation des gesamten Territoriums und der Gründung des japanischen Marionettenstaates Mandschuko (1932) auf die japanischen Rüstungsanstrengungen für den Zweiten Weltkrieg ausgerichtet ist.

Neben dem großzügigen Ausbau des Eisenbahnnetzes entsteht ein kompletter schwerindustrieller Sektor mit Kohle- und Eisenerzbergbau, Eisen- und Stahlindustrie sowie Maschinen- und Fahrzeugbau. Dieser gesamte Komplex ist, völlig losgelöst vom übrigen China, über seine Infra- und Lieferstruktur an Korea und Japan angebunden. Diese japanischen Aktivitäten sind es, die einen wesentlichen Beitrag zum Wachstum des industriellen Sektors in ganz China ab 1912 bis zum Zweiten Weltkrieg leisten.

Chang hat für den genannten Zeitraum einen Index der industriellen Produktion berechnet, der 15 Güter beinhaltet und als repräsentativ für die gesamte Industrie angesehen werden werden kann, da er ca.4o Prozent der industriellen Produktion erfaßt[273].

Tabelle 46: Index der Industrieproduktion 1912 - 1949

Jahr	Index über den Wert der Nettoproduktion (1933 = 1oo)
1912	15,7
192o	42,9
1922	39,o
1928	7o,5
1933	1oo,o
1936	135,o
1938	1o4,1
1942	176,1
1946	93,6
1949	119,2

John K. Chang 1969, S.6o/61; inklusive Mandschurei

Der Index zeigt ein kontinuierliches Wachstum der Industrie bis 1936, das lediglich durch einen kurzen Rückschlag nach dem Ersten Weltkrieg (vorübergehender Kriegsboom) unterbrochen wird. Der Beginn der kriegerischen Auseinandersetzungen mit Japan und die Besetzung der industriellen Zentren bringt bis 1938 einen starken Rückgang der Produktion. Dieser wird aber durch verstärkte Rüstungsproduktion der Japaner in der Mandschurei kompensiert, die 1942 ihren Höhepunkt erreichen. Der japanische Zusammenbruch führt zu einem erneuten schweren Niedergang der Produktion, der während der Periode des Bürgerkriegs nach dem Zweiten Weltkrieg nicht wettgemacht werden kann. 1949 liegt das Niveau der Produktion noch weit unter dem Höchststand in Friedenszeiten von 1936.

Die jährliche Wachstumsrate über die gesamte Periode beträgt 5,6 Prozent. Das höchste jährliche Wachstum wird in der Periode 1912 bis 192o mit 13,4 Prozent erreicht. Im Zeitraum der größten innenpolitischen Stabilität nach der Konstituierung der KMT-Regierung von 1931 bis 1936 beträgt sie immerhin 9,3 Prozent[274]. Dazu gehört natürlich die Einschränkung, daß das Ausgangsniveau dieser Industrialisierung minimal war, so daß Wachstumsraten unschwer zu erreichen sind. Der Anteil des Industriesektors an der gesamten Wirtschaft blieb trotz dieses Wachstums (vgl. die folgende Tabelle 48) sehr gering. Es läßt sich aber nicht leugnen, daß dieser Index die Entstehung eines modernen Sektors anzeigt, der seit etwa 191o/2o das chinesische Wirtschaftsgefüge, zumindest in einigen Regionen, verändert[275]. Die Dynamik des peripheren Kapitalismus kennzeichnet die wachsende Unterentwicklung.

3.4.1. Die Theorie der strukturellen Heterogenität und ihr Drei-Sektoren-Modell im Hinblick auf China

Die Dualismustheorie[276] geht davon aus, daß unterentwickelte Länder durch das unverbundene Nebeneinanderexistieren eines traditionellen und eines modernen Sektors gekennzeichnet sind. Um diesen Dualismus zu überwinden, werden verschiedene Strategien[277] des gleichgewichtigen oder ungleichgewichtigen Wachstums angeboten, die sich darin einig sind, daß es innerhalb des bestehenden Gesellschafts- und Außenwirtschaftssystems möglich sei, qua Direktinvestitionen, Kapitalhilfe, Partizipation an Welthandel und internationaler Arbeitsteilung, sowie im Innern durch Agrarreformen und staatliche Reorganisation, den rückständigen Sektor dem Niveau des modernen Sektors anzugleichen.

Die Theoretiker des peripheren Kapitalismus[278] stellen dagegen ihr Konzept der "strukturellen Heterogenität", das sowohl für die Dynamik der Gesellschaftsformation als auch die Strategien der Überwindung von Unterentwicklung bestimmte, vom Dualismuskonzept verschiedene Konsequenzen aufweist. Die Bezeichnung strukturell heterogen will heißen, daß in ihnen unterschiedliche Produktionsweisen mit unterschiedlichem Entwicklungsstand der Produktivkräfte aufeinander bezogen existieren, wobei die jeweils fortgeschrittensten Produktionsaktivitäten auf den kapitalistischen Weltmarkt hin orientiert sind, und die übrigen Sektoren der peripheren Gesellschaften von diesen im wesentlichen außenorientierten Sektoren funktional abhängig sind, d.h. je nach Bedürfnis selbst auf Zeit dynamisiert bzw., soweit ein solches Bedürfnis nicht vorliegt, in Stagnation abgedrängt werden. In der Entwicklung des metropolitanen Kapitalismus ist die tendenzielle Homogenisierung der verschiedenen Wirtschaftssektoren eines der hervorstechendsten Merkmale des Entwicklungsprozesses gewesen. Diese Homogenisierung drückt sich aus in der tendenziellen Angleichung der Produktivitätsniveaus, der Intensität der Arbeit sowie dem Übergang von arbeitsintensiver zu kapitalintensiver Produktion in allen wesentlichen Sektoren. Dadurch gewannen diese Gesellschaften eine Homogenität und Kohärenz, die sie zu eigenständigen, autonomen Gebilden werden ließen.

Gerade eine solche Entwicklung zur strukturellen Vereinheitlichung einer gegebenen Gesellschaftsformation ist in den Peripherien nicht zu beobachten. Durch das wachsende Eindringen der ausländischen Investoren in den Bereich von Dienstleistungen und der Produktion von Konsumgütern für eine privilegierte Minorität in den Peripherien wird diese strukturelle Heterogenität vertieft. Die Kluft besteht demzufolge nicht nur zwischen der nach außen orientierten Exportwirtschaft und einer bis auf wenige sektorelle Ausnahmen stagnierenden Landwirtschaft, sondern gerade auch zwischen dem für einen kleinen Binnenmarkt von Luxusgütern produzierenden Sektor und der übrigen, nicht für den Außenmarkt produzierenden Gesellschaft und Ökonomie.

Neben der Unterscheidung traditionell und modern wird also innerhalb des modernen Sektors zwischen nationalem modernem und ausländischem Sektor unterschieden. Die Beziehungen zwischen den Sektoren sind aber, keineswegs wie im Dualismuskonzept behauptet, nicht vorhanden, sondern führen qua Surplustransfer, Bereitstellung und Wiederaufnahme von Arbeitskräften, Erzeugung von unterbewerteten Exportgütern (aufgrund niedrigerer Produktivität und niedrigerem Lohnniveau)u.a. dazu, daß die im Rahmen des bestehenden Systems für die modernen Sektoren unabdingbare Heterogenität weiter verschärft wird. Die entwicklungspolitische Konsequenz erfordert einen grundsätzlichen Wandel der Gesellschaftsstruktur und eine außenwirtschaftliche Neuorientierung[279].

Wie weit dieses Drei-Sektoren-Modell für das China der ersten Hälfte des 20. Jahrhunderts zutreffend war, und ob sich der angesprochenen kohärenten und autozentrierten Entwicklung abträgliche Beziehungen zwischen den Sektoren feststellen lassen, sollen die folgenden Ausführungen zeigen.

Zunächst werden der quantitative Umfang und die Aktivitäten dieser Sektoren geschätzt. Als Zeitpunkt einer solchen Querschnittsanalyse bietet sich das Jahr 1933 an, da hier aufgrund der Arbeit von Liu und Yeh[280] das detaillierteste Material verfügbar ist.

Der <u>erste Schritt</u> besteht in der <u>Abgrenzung des modernen vom traditionellen Sektor</u>, d.h. in der Frage, welche wirtschaftlichen Aktivitäten als modern anzusehen sind, und welchen Umfang der gesamte moderne Sektor aufweist. Die mir verfügbaren Schätzungen divergieren erheblich im Hinblick auf beide genannten Aspekte, wie Tabelle 47 erkennen läßt.

Tabelle 47: Aktivitäten des modernen Sektors und Anteil am Nettoinlandsprodukt 1914-1952 (in Prozent)

	1914-18	1931	1933	1936	1952
Liu[1]			5,98		1o,o
nach Liu und Yeh[2] (vgl. Tabelle 6) Feuerwerker: Industrie, Bergbau, öffentl.Dienstleistungen, Baugewerbe, Transport u. Kommunikation, Finanzwesen, Handel u.Gaststätten			12,6[3]		19,17[5]
Perkins: Industrie, Bergbau, öffentl. Dienstleistungen, Transport u.Kommunikation			4,88[4]		8,8o[5]
Chang: Industrie, Bergbau, öff.Dienstleistungen			3,4[6]		6,24[5]
Perkins[7] (Bruttoinlandsprodukt)	2,69		7,36		16,86
Chang[8] (Nationalprodukt)		3,o	3,4	4,2	6,2
Hou[9]			13,o		

1) Liu Ta-chung 1959, S.93
2) Liu und Yeh 1965, S.66
3) Feuerwerker 1968, S.8
4) Perkins 1975b,S.117, Fußnote (d)
5) entsprechend der Sektorenauswahl auf der Basis von Liu und Yeh 1965, S.66
6) John K. Chang, 1967, S.73
7) Perkins 1975, S.117
8) John K. Chang 1969, S.1o9 u.11o nach Yeh 1964
9) Hou 1973, S.97

Die quantitativen Angaben über den modernen Sektor reichen für das Jahr 1933 von 3,4 bis 12,6 Prozent des Sozialprodukts, wobei die Schätzungen von Liu und Yeh gegenüber Perkins und auch Liu den Vorteil haben, daß genau ersichtlich wird, auf welcher Basis sie zustande gekommen sind und welche Bereiche sie einschließen. Deshalb werden sie von anderen Autoren als Grundlage eigener Berechnungen genommen, wobei die Differenzen darin bestehen, was alles dem modernen Sektor zuzurechnen ist. Feuerwerker und offensichtlich auch Hou schließen sich der weitgehenden Definition von Liu und Yeh an und zählen die Verarbeitende Industrie, Bergbau, öffentliche Dienste (= Gas, Wasser, Elektrizität), moderne Transport- und Kommunikationsmittel, modernes Finanzwesen sowie modernen Handel und Gaststätten zum modernen Sektor, wobei insbesondere im Hinblick auf die letzte Rubrik die Abgrenzung gegenüber den traditionellen Unternehmen sehr schwer zu ziehen sein dürfte. Er gelangt damit zu sehr großzügig[281] bemessenen 12,6 Prozent. Perkins und Chang benutzen ebenfalls das Material von Liu und Yeh, schließen nur, wie aus der Tabelle ersichtlich wird, einige der genannten Bereiche aus. Mit ihrer Auswahl gelangen sie dann zu vergleichbaren Quoten über den längeren Zeitraum, wobei im Fall Perkins allerdings nicht einleuchtet, wieso er trotz des Bezugs auf Liu und Yeh für 1933 und der von ihm genannten Auswahl auf 7,36 und nicht, wie eigentlich zu errechnen wäre, auf 4,88 Prozent kommt[282].

Die Werte für 1952 wurden deshalb angeführt, weil sie in etwa dem höchsten Vorkriegsstand des modernen Sektors entsprechen. Wenn sich die Zurechnungs- und Berechnungsgrundlagen bei den Autoren auch unterscheiden, so weisen sie im Trend über den dokumentierten Zeitraum doch eine ähnliche Entwicklung auf. Die weitgehende Zurechnung von Liu und Yeh bzw. Feuerwerker scheint mir am plausibelsten, weil der moderne Sektor nicht nur mit Industrie und Bergbau identisch ist, sondern auch die verschiedensten Bereiche des Tertiärsektors umfaßt. Alle Autoren stimmen darin überein, daß die Landwirtschaft, auch nicht zu einem geringen Teil, dem modernen Sektor nicht zuzurechnen ist.

Ausgehend von den 12,6 Prozent Gesamtumfang werden in Tabelle 48 die einzelnen Bereiche des traditionellen und modernen Sektors für das Jahr 1933 getrennt ausgewiesen.

Tabelle 48: Entstehung des Nettoinlandsprodukts und Beschäftigung nach modernem und traditionellem Sektor 1933

	Beitrag der Sektoren in Mrd. Yuan 1933[1]	Beitrag der Sektoren in Prozent	Beschäftigte in Mil.[2]	Beschäftigte in Prozent
Traditioneller Sektor	25,22	87,4	247,72	95,6
Landwirtschaft	18,76	65,0	204,91	79,1
Handwerk/Hausindustrie	2,04	7,1	15,74	6,1
Transport	1,20	4,2	10,86	4,2
Handel	0,96	3,3	7,39	2,9
Wucherer etc.[3]	0,07	0,2	0,07[4]	0,0
Dienstleistungen und freie Berufe	0,34	1,2	3,63	1,4
staatl.Verwaltung	0,82	2,8	5,12	2,0
Mieten, Renten	1,03	3,6		
Moderner Sektor	3,64	12,6	11,49	4,4
Verarbeitende Industrie	0,64	2,2)		
Bergbau	0,21	0,7)	1,94	0,7
Gas, Wasser, Elektr.	0,13	0,5)		
Baugewerbe	0,34	1,2	1,5[5]	0,6
Transport und Kommunikation	0,43	1,5	0,44	0,2
Banken,Versicherungen[3]	0,14	0,5	0,07[4]	0,0
Handel, Gaststätten	1,75[5]	6,1	7,49[5]	2,9
gesamt	28,86	100,0	259,21	100,0

1) Liu und Yeh 1965, S.66
2) Liu und Yeh 1965, S.69
3) Liu und Yeh 1965, S.604
4) auf der Basis von Liu und Yeh 1965, S.604 geschätzt
5) vermutlich zu hoher Ansatz bei Liu und Yeh

Nicht nur im traditionellen Sektor, sondern in der gesamten Wirtschaft dominiert die Landwirtschaft mit 65 Prozent, wobei dieses Gewicht durch den Beschäftigtenanteil von 79,1 Prozent noch schwerer wiegt. Den nächstgrößten Bereich bilden Handwerk/Hausindustrie mit 7,1 bzw. 6,1 Prozent Beschäftigten.

Im modernen Sektor dominiert der Bereich Handel und Gaststätten, was darauf hinweist, daß die Vermutung der zu großzügigen Bemessung zutrifft. Kriterien zur Beschneidung dieses Bereichs sind aber nicht verfügbar. Der nächstgrößte Bereich, die Verarbeitende Industrie, nimmt mit 2,2 Prozent der Gesamtwirtschaft nur einen verschwindenden Anteil ein. Rechnet man Bergbau und öffentliche Dienste noch hinzu, kann man gerade 2 Millionen oder o,7 Prozent der Beschäftigten als Arbeiterschaft im modernen Sinne ansehen, eine marginale Größe in der chinesischen Gesellschaft, die einen wesentlichen Hinweis auf die nach 1927 eingeschlagene politische Strategie der KPCh liefert. Der Beschäftigtenanteil des gesamten modernen Sektors macht mit 4,4 Prozent nur knapp ein Drittel seines Beitrags zum Nettoinlandsprodukt aus, was auf die erheblichen Produktivitätsunterschiede zwischen den Sektoren hinweist.

Im zweiten Schritt wird der Versuch gemacht, den modernen Sektor nach inländisch und ausländisch zu untergliedern. Dazu ist zu sagen, daß ich mich hierbei nicht auf eine ähnliche oder annähernd vollständige Schätzung stützen konnte, sondern anhand verschiedener Einzelaussagen und teilweise nur Indikatoren zu folgendem Ergebnis gekommen bin (vgl. Tabelle 49).

Unproblematisch war die Untergliederung 67 zu 33 Prozent bei der Verarbeitenden Industrie, da sie von Liu und Yeh selber durchgeführt wurde. Hou präsentiert eine davon unabhängige, aber in der Relation übereinstimmende Schätzung. Das Baugewerbe wurde nach dem gleichen Schlüssel aufgeteilt. Die Unterteilung im Bergbau 1o zu 9o Prozent stützt sich darauf, daß in den beiden Hauptbereichen Kohle und Erzbergbau diese Relation ausgewiesen ist. Der Auslandsanteil bei Gas, Wasser und Elektrizität ist einzeln belegt. Die Unterteilung bei Transport und Kommunikation stützt sich auf Angaben über Dampfschiffahrt und Eisenbahn, die hier den größten Anteil ausmachen.

Tabelle 49: Aufgliederung des modernen Sektors nach nationalem und ausländischem Sektor 1933 (Werte in Mrd Yuan, Prozentangaben in Klammern)

	moderner Sektor	davon: national		ausländisch	
Verarbeitende Industrie Baugewerbe	o,64[1]) o,34[1])	o,66	(67)[3]	o,32	(33)[3]
Bergbau	o,21[1]	o,o2	(1o)[5]	o,19	(9o)[5]
Gas, Wasser, Elektrizität	o,13[1]	o,o6	(47)[4]	o,o7	(53)[4]
Transport u.Kommunikation	o,43[1]	o,o9	(2o)[6]	o,34	(8o)[6]
Banken, Versicherungen	o,14[2]	o,o7[2]	(5o)	o,o7[2]	(5o)
Handel u. Gaststätten	1,75[1]	1,56	(89)[7]	o,19	(11)[7]
gesamt	3,64	2,46	(67,6)	1,18	(32,4)

1) Liu und Yeh 1965, S.66
2) Liu und Yeh 1965, S.6o4
3) Liu und Yeh 1965, S.428, vgl. dazu auch Hou 1973, S.129
4) Hou 1973, S.129
5) geschätzt nach Feuerwerker 1968, S.16 und Hou 1973, S.128
6) geschätzt nach Hou 1973, S.253 und S. 128
   - Schiffahrt und Eisenbahn (Besitz und Kontrolle)
7) sehr vage geschätzt auf der Basis der Branchenverteilung der Direktinvestitionen für 1931 (laut Tabelle 45) in Relation zu den in den anderen Sektoren erzielten Auslandsanteilen.

Der hohe Auslandsanteil von 8o Prozent kommt im Fall der Eisenbahn dadurch zustande, daß nicht nur der direkte ausländische Besitz, sondern auch die ausländische Kontrolle qua Finanzierung, Verpfändung der Einnahmen, Betriebsleitung etc.bei formal staatlichen Bahnen miteinbezogen wurde. Der Posten Banken und Versicherungen ist einzeln belegbar. Die größte Schwierigkeit und auch die größte Unsicherheit birgt der Bereich Handel und Gaststätten, da hier außer der Tatsache, daß der Ex- und Importhandel zu 1oo Prozent in ausländischen Händen war, keine direkten Angaben aufzufinden waren. Der ausländische Anteil am Binnenhandel war sicherlich wesentlich geringer, beim Gaststättengewerbe betrug er vermutlich nur einen Bruchteil. Unklar ist auch die Verteilung zwischen Handel und Gaststättengewerbe. Gravierend ist diese Unsicherheit besonders deshalb, weil es sich hier um den größten Bereich innerhalb des modernen Sektors handelt. Die vorgenommene Schätzung von 11 Prozent Auslandsanteil basiert auf der in Tabelle 45 ausgewiesenen Branchenverteilung der Direktinvestitionen für 1931. Dabei wurde zunächst berechnet, welcher Auslandsanteil in allen anderen Bereichen auf der Basis der ausgewiesenen Direktinvestitionen zustande gekommen ist. Es wurde daraufhin unterstellt, daß die Direktinvestitionen im Bereich Handel einen analogen Anteil erreichen. Dieser müßte demnach ca.11 Prozent betragen. Insgesamt ergäbe sich somit eine Relation von zwei zu eins zugunsten des Inlands innerhalb des modernen Sektors.

In einem dritten Schritt lassen sich jetzt die Gesamtanteile der Sektoren und ihre Branchengliederung berechnen.

Tabelle 5o: Traditioneller, nationaler moderner und ausländischer Sektor 1933 (in Prozent)

Traditioneller Sektor	87,4	
Landwirtschaft		65,o
Handwerk, Hausindustrie		7,1
Transport		4,2
Handel		3,3
Finanzwesen		o,2
Dienstleistungen und freie Berufe		1,2
Staatliche Verwaltung		2,8
Mieten, Renten		3,6
Nationaler moderner Sektor	8,5	
Verarbeitende Industrie, Baugewerbe		2,3
Bergbau		o,1
Öffentliche Dienste		o,2
Transport u.Kommunikation		o,3
Finanzwesen		o,2
Handel und Gaststätten		5,4
Ausländischer Sektor	4,1	
Verarbeitende Industrie, Baugewerbe		1,1
Bergbau		o,7
Öffentliche Dienste		o,2
Transport und Kommunikation		1,2
Finanzwesen		o,2
Handel		o,7
Gesamte Wirtschaft	1oo,o	

Zusammengestellt nach Tabellen 48 und 49

Demnach beträgt 1933 die Relation von traditionellem, nationalem modernem und ausländischem Sektor 87,4 zu 8,5 zu 4,1 Prozent. Die prozentuale Aufgliederung des traditionellen Sektors ist aus Tabelle 48 bereits bekannt. Im nationalen modernen Sektor dominieren Handel und Gaststätten und mit Abstand die Verarbeitende Industrie nebst Baugewerbe. Die übrigen Bereiche sind marginal. Im ausländischen Sektor dominieren Verarbeitende Industrie sowie Transport und Kommunikation. Aber auch Bergbau und Handel erreichen einen ähnlichen Umfang. Es deuten sich also bereits ohne detaillierte Branchenanalyse unterschiedliche Schwerpunkte und damit Arbeitsteilung zwischen dem nationalen modernen und dem ausländischen Sektor an.

Einen Gesamtüberblick über die Relationen und eine Charakterisierung der wichtigsten Funktionsbereiche der drei Sektoren soll folgendes Schaubild 7 vermitteln.

Die außerordentliche Prägung des vorrevolutionären Chinas durch die Landwirtschaft und damit die Dominanz der beschriebenen Produktionsweise steht außer Frage. Zum traditionellen Bereich zählen weiterhin die vom Rhythmus der Landwirtschaft bestimmte Hausindustrie, das Handwerk, der Transport mit Djunken, Ochsenkarren, Maultieren, Lastträgern, die Kleinhändler und für die lokalen Märkte so wichtigen Hausierer, die Geldverleiher und Getreidewucherer, Hauspersonal, Schreiber, Advokaten, Privatlehrer, Artisten und andere Freie Berufe sowie die gesamte klassisch-literarisch gebildete, aber modernen administrativen Anforderungen gegenüber unfähige Beamtenschaft. Die Arbeitsteilung zwischen dem traditionellen und den modernen Sektoren bedarf keiner weiteren Erläuterung. Die Arbeitsteilung zwischen den beiden modernen Sektoren und ihre Beziehungen kann nur durch eine differenzierte Branchenanalyse geklärt werden.

Schaubild 7:

Prozentuale Verteilung der Sektoren traditionell, national modern und ausländisch sowie Anteile der Branchen in den Sektoren 1933

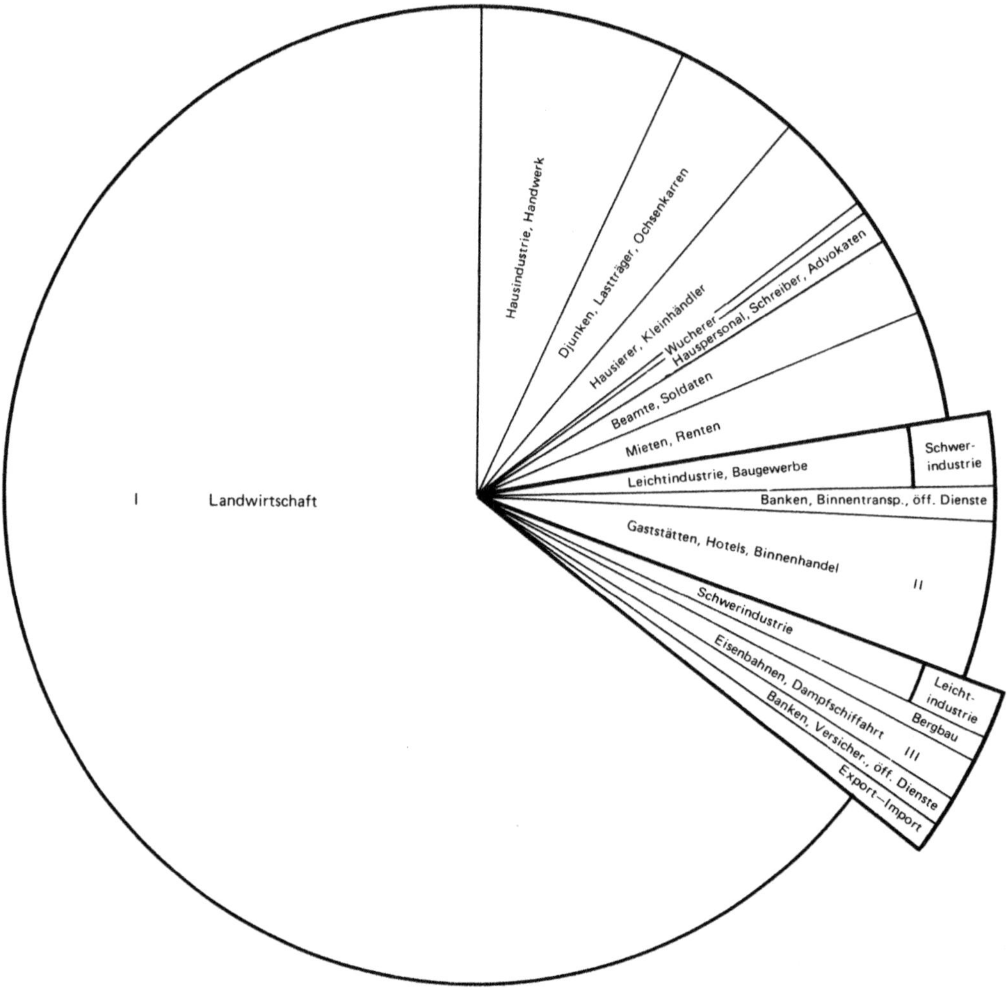

I = traditioneller Sektor mit 87,4 Prozent
II = nationaler moderner Sektor mit 8,5 Prozent
III = ausländischer Sektor mit 4,1 Prozent

3.4.2. Die Arbeitsteilung innerhalb des modernen Sektors zwischen nationalen und ausländischen Unternehmen

Die gemeinsame Abgrenzung der beiden modernen gegenüber dem traditionellen Sektor besteht in der ausschließlichen Versorgung des städtischen Markts und bevorzugt des Markts der Vertragshäfen. Die Unterschiede soll folgende Tabelle klären, die die wichtigsten Branchen der Verarbeitenden Industrie, des Bergbaus und des Tertiärsektors nach in- und ausländisch aufschlüsselt.

Tabelle 51: Auslandsanteile im modernen Sektor der Wirtschaft nach Branchen und Importverteilung 1933 (in Prozent)

	relative Bedeutung d.Branche 1	ausländischer Anteil 2	Importanteile der Branchen 193o[7] 3
Verarbeitende Industrie[1]			
Holz	o,9	76,9	1,8
Maschinenbau	1,7	3o,5	1,3
Metall- und Metallverarbeitung	4,o	21,3	1,7
Elektr. Bauteile	o,8	37,9	
Transportmittel	1,2	55,9	1,2
Werften	o,6	36,3	
Steine und Erden	2,2	21,2	
Chemie	4,6	29,5	3,2
Öl, Koks, Holzkohle	2,o	28,2	7,5
Textilien	35,9	34,7	23,2
Bekleidung	4,1	7,3	13,4
Leder und Gummi	3,2	13,4	
Lebensmittel	24,o	31,2	21,1
Tabak, Spirituosen	1o,5	55,2	4,5
Druck und Papier	3,7	23,1	2,9
Sonstiges	o,7	19,3	
gesamt	1oo,o	33,o	1oo,o
Kohle[2]		83,3	
Eisenerz[3]		99,o	
Schiffahrt[3] (a)		83,o	
Eisenbahn[4] (b)		91,o	
Elektrische Energie[2]		63,o	
Gas, Wasser, Elektrizität insgesamt[5]		53,o	
Export- Import[6]		1oo,o	
Banken, Versicherungen[5]		5o,o	

1) berechnet nach Liu und Yeh 1965, S.426-428
2) Feuerwerker 1968, S.16
3) Hou 1973, S.128
4) Hou 1973, S.127
5) vgl. Tabelle 49
6) Hou 1973, S.51
7) berechnet laut Tabelle 42
a) 193o, nur moderne Schiffahrt
b) 1937, Besitz und Kontrolle qua Anleihen

In den wichtigsten Branchen innerhalb der Verarbeitenden Industrie: Textilien, Lebens- und Genußmittel (siehe 1. Spalte der Tabelle 51) weichen die ausländischen Anteile mit Ausnahme der Zigarettenindustrie nicht signifikant vom Durchschnittswert von 33 % ab. Hierbei ist allerdings zu berücksichtigen, daß es sich um Branchen handelt, die gleichzeitig auch den Schwerpunkt der Importgüter (Spalte 3) bilden. Das heißt, die Direktinvestitionen substituieren nur z.T. den Import. Die Summe aus Import und Produktion ausländischer Betriebe würde also in den wichtigen Branchen wesentlich höhere Anteile als 33 Prozent erreichen. Der ausländische Marktanteil muß also bei bestimmten Konsumgütern die 33 Prozent-Marke bei weitem übersteigen. Den Importwert einfach dem Produktionswert der ausländischen Betriebe hinzuzuzählen, wäre aber unzulässig, da gleichzeitig ausländische Betriebe gerade im Bereich der Lebensmittel, z.T. auch der Textilverarbeitung, für den Export produzieren. Die korrekte Berechnung: Ausländische Produktion + gesamter Import - Export der ausländischen Betriebe ist aber aufgrund der vorhandenen Daten nicht möglich. Es muß also die Feststellung genügen, daß aufgrund des Indikators Importgüterverteilung der ausländische Marktanteil höher war als in Tabelle 49 ausgewiesen.

Im Bereich des Kohle- und Erzbergbaus, der Erzeugung von elektrischer Energie sowie der Roheisenherstellung[283] ist der ausländische Anteil erdrückend. Gleiches gilt für den Transportbereich (Dampfschiffahrt und Eisenbahnen). Im Bereich des Handels ist der Außenhandel total in ausländischer Hand. Bei den Dienstleistungsbereichen Banken und Versicherungen und öffentliche Dienste ist das Verhältnis zwischen inländischen und ausländischen Anteilen ausgeglichen.

Daraus läßt sich der Schluß ziehen, daß das chinesische Kapital zwar einen dominierenden Anteil im Bereich der Leichtindustrie aufweist - Maschinenbau und Metallverarbeitung sind 1933 noch marginale Größen -, daß aber im Bereich der Grundstoffindustrien, der Energieerzeugung und des Transportwesens eine nahezu vollständige ausländische Dominanz festzustellen ist. Hinzu kommt noch das ausländische Außenhandelsmonopol. Diese Arbeitsteilung im Hinblick auf Leicht- und Schwerindustrie wird nach 1933 erst richtig ausgeprägt, weil die Masse der japanischen Investitionen im Bereich der Eisen- und Stahlerzeugung und des Maschinenbaus erst nach 1933 einsetzt. Hinzu kommt, daß Transportmittel wie Eisenbahnmaterial, Lastwagen, Busse etc.,aber auch Textilmaschinen und Elektromotoren importiert werden, während die entsprechenden einheimischen Branchen nur Reparaturaufgaben wahrnehmen.

Sogar innerhalb der einzelnen Branchen läßt sich eine Arbeitsteilung feststellen. So produziert die einheimische Garnindustrie gröberes Garn, das im Hinterland abgesetzt wird, während die ausländischen Betriebe bessere Qualitäten für den städtischen Markt herstellen[284]. Die Verarbeitung der exportierten Konsumgüter für den Markt der Metropolen ist ebenfalls eine ausländische Domäne[285]. Die ausländischen Banken und Versicherungen finanzieren den Außenhandel (in den 3oer Jahren noch zu 9o Prozent), die gesamten Direktinvestitionen,aber auch Großprojekte chinesischer Unternehmer wie etwa das Kaiping Bergwerk[286]. Die ausländischen Bergwerke versorgen die Eisenbahnen, die Binnenschiffahrt und die Vertragshäfen mit Kohle[287] Die ausländischen Betriebe im Bereich der Gas-, Wasser- und Elektrizitätsversorgung bedienen die ausländischen Niederlassungen in den Vertragshäfen[288].

Aufgrund dieser Beispiele läßt sich die These aufstellen, daß neben der genannten Arbeitsteilung zwischen den Branchen auch innerhalb der Branchen eine klare Funktionstrennung zu beobachten ist. Die <u>ausländischen Direktinvestitionen</u> haben vorwiegend zwei Aktionsfelder:

1) <u>Durchführung des Ex- und Imports</u> mit zugehöriger Finanzierung, Versicherung, Transport, Verarbeitung von Exportgütern. Hier übernimmt das nationale chinesische Kapital keinerlei Funktionen.

2) Nicht so eindeutig geschieden, aber doch mit deutlichen Schwerpunkten: Versorgung des Markts der Vertragshäfen mit vor allem dauerhaften Konsumgütern durch Produktion und Import; öffentliche Dienste sowie finanzielle Versorgung dieser Häfen durch Banken und Versicherungen.

Die einheimischen Aktivitäten des modernen Sektors konzentrieren sich demgegenüber auf die Lebensmittel- und Textilindustrie, wobei eher das Hinterland beliefert wird. Entsprechend besteht einheimische Dominanz im Binnenhandel, den Dienstleistungen außerhalb der Vertragshäfen, der Finanzierung kapitalärmerer nationaler Industrie und beim Gaststättengewerbe.

Neben der regionalen und funktionalen Trennung lassen sich auch Unterschiede in der durchschnittlichen Kapitalausstattung, der Zahl der Beschäftigten, der Qualifikation der beschäftigten Arbeitskräfte, des Einsatzes moderner Maschinen, moderner Finanzierungsmethoden (Anteil der Aktiengesellschaften) u.a. feststellen[289], wobei die ausländischen Betriebe in der Regel im Vorteil waren. So ist es nicht verwunderlich, daß angesichts des begrenzten Markts der Konkurrenzdruck der Direktinvestitionen und des Imports die Entfaltungsmöglichkeiten der nationalen Industrie stark einschränkte.[290] Das führte dazu, daß Chinesen es oft vorzogen, ihr Kapital in ausländischen Firmen zu investieren[291].

Ein Sektorenmodell der chinesischen Wirtschaft hätte demnach folgendes Aussehen:
1) Der traditionelle Sektor ist durch eine Vielzahl kleiner Wirtschaftskreisläufe der lokalen Marktsysteme geprägt, die z.T. durch ein Netz von Zwischenhändlern an den modernen Sektor angebunden sind.
2) Darüber existieren drei Kreisläufe innerhalb des modernen Bereichs.
a) Die Abwicklung des Ex- und Imports mit allen Dienstleistungs- und notwendigen Verarbeitungsvorgängen, der ausschließlich vom Ausland kontrolliert wird (Exportenklave).

b) Der Markt der Vertragshäfen, wo ausländisches Kapital dominiert, und das nationale Kapital auf die Massenkonsumgüter konzentriert ist.
c) Die Städte des Hinterlandes, in denen das nationale Kapital dominiert und das Ausland auf Bergbau, Transport und Energieversorgung konzentriert ist.

3.5. Regionale und sektorale Hypertrophie der Industrie

Der weitgehend direkt oder indirekt auf die ausländische Penetration zurückgehende Industrialisierungsprozeß Chinas hat nicht nur zur beschriebenen Aufgliederung in drei Sektoren geführt. Wenn Importsubstitution oder Verarbeitung von Exportgütern sowie strategisch-militärische Beweggründe des Auslands die Haupttriebkräfte der Industrialisierung sind, dann hat das auch wesentliche Konsequenzen für Branchenstruktur und Akkumulationsdynamik sowie regionale Konzentration der Industrie.

Im Gegensatz zu anderen unterentwickelten Ländern, wo diese Erscheinungsformen abhängiger industrieller Entwicklung oft nur auf ein einziges Erklärungsmuster gebracht werden können, etwa die Gewinnung und der Export eines bestimmten Rohstoffs versus Import von Konsumgütern, lassen sich in China von der Motivation des Auslands, den binnenwirtschaftlichen Auswirkungen und dem zeitlichen Ablauf der Penetration zwei völlig unterschiedliche Entwicklungen feststellen, die zu einer Verdoppelung der Strukturmerkmale abhängiger Industrialisierung führten. Das hängt zusammen mit den bereits geschilderten unterschiedlichen Typen des Imperialismus, der in China wirksam wurde, die wiederum auf die unterschiedlichen politisch-wirtschaftlichen Strukturen der Metropolen zurückzuführen sind.

Nach quasi "liberal-imperialistischem" Muster läuft die 1842 einsetzende und zunächst durch England, seit der Jahrhundertwende auch durch Deutschland, Frankreich und die USA betriebene Penetration des Handels und der Interessensphären ab. Außenhandel und später importsubstituierende Industrialisierung führen zu einer Konzentration der Leichtindustrie auf wenige, verkehrsmäßig günstig gelegene Küstenstädte. Dieser Prozeß wird 1937 durch die Besetzung des chinesischen Kernlandes durch Japan abrupt unterbrochen.

Die faschistische Variante des japanischen Imperialismus, die nicht die zumindest auf Seiten der Westmächte behauptete "friedliche" kommerzielle Durchdringung Chinas im Sinn hat, sondern die im Tanaka-Memorandum klar bekannte Okkupation und Annexion bestimmter Gebiete anstrebt, um sie zu einem integralen Bestandteil des angestrebten japanischen Großreichs und der japanischen Wirtschaft zu machen, führt demgegenüber seit 19o5 (russisch-japanischer Krieg) zunächst in der südlichen und seit der Gründung des japanischen Marionettenstaates "Mandschuko" im Jahre 1932 in der gesamten Mandschurei zum Aufbau eines integrierten schwerindustriellen Komplexes unter nahezu völliger Vernachlässigung der Leichtindustrie. Diese Entwicklung setzt ab 1934 in voller Stärke ein, besonders forciert im Hinblick auf die japanische Aufrüstung für den Pazifik-Krieg, und wird erst ab 1944 durch die amerikanische Luftwaffe gebremst.

Es ergibt sich die paradoxe Situation, daß sowohl ein leichtindustrieller wie ein schwerindustrieller Sektor aufgebaut werden, beide aber keinerlei funktionale Beziehungen zueinander aufweisen und zudem noch regional vollständig separiert sind. Die strukturelle Heterogenität der drei Sektoren wird also bestimmt von zwei Akkumulationsmodellen mit unterschiedlichen Auswirkungen auf den nationalen modernen und den traditionellen Sektor.

3.5.1. Importsubstitutionen und Exportindustrialisierung in den Vertragshäfen 1842 bis 1936

Wie aus der Tabelle 45 zu entnehmen war, betrug der Anteil der Verarbeitenden Industrie an den ausländischen Direktinvestitionen maximal 2o Prozent. Diese industriellen Investitionen durch das Ausland standen in direkter oder indirekter Beziehung zum Außenhandel, da sie entweder den Import bestimmter Fertigwaren wie Textilien, Kerosin und Zigaretten substituieren oder die einfache Verarbeitung bestimmter Exportgüter wie Pflanzenöl, Seide und Tee übernehmen sollten. Eine Aufgliederung der Direktinvestitionen in der Verarbeitenden Industrie 1936 läßt diese Branchenstruktur erkennen.

Tabelle 52: Branchenverteilung der Direktinvestitionen in der Verarbeitenden Industrie 1936 (in Prozent)

Textil	54,7
Metall und Maschinenbau	8,8
Chemie	22,4
Holz	1,6
Druck und Papier	o,5
Lebensmittel und Tabak	9,5
Sonstiges	2,5
gesamt	1oo,o

Hou 1973, S.81

Fast 55 Prozent dieser Direktinvestitionen fallen auf den Textilbereich. Dabei handelt es sich vorwiegend um Spinnereien und Webereien (Importsubstitution) sowie die Seidenherstellung (Exportindustrie). Der nächstgrößte Bereich, Chemie, erfaßt ursprünglich importierte Konsumgüter wie Streichhölzer, Seife, Kerosin und Farben, die zur Textilverarbeitung benötigt werden. Der dritte Bereich, Lebensmittel und Tabak, setzt sich im wesentlichen aus Ölmühlen (Exportverarbeitung) sowie der Zigarettenindustrie und Getreidemühlen (Importsubstitution) zusammen. Der noch relevante Bereich, Metall und Maschinenbau, der dem schwerindustriellen Sektor zuzurechnen wäre, umfaßt nur 8,8 Prozent der Direktinvestitionen in der Verarbeitenden Industrie, was lediglich einem Anteil von 1,7 Prozent der gesamten Direktinvestitionen entspricht (berechnet nach Tabelle 45). Konkret bedeuten letztgenannte Investitionen Reparaturwerkstätten für Transportmittel und die Maschinerie der Textilindustrie.

Da die Direktinvestitionen im Bergbau 1936 nur 1,6 Prozent betrugen (vgl. Tabelle 45), fallen auf den Produktions- und Grundstoffsektor insgesamt nur 3,2 Prozent. Wenn man berücksichtigt, daß der Auslandsanteil 1933 in der Verarbeitenden Industrie 33 Prozent und im Bergbau mehr als 8o Prozent (vgl. Tabelle 51) betrug, läßt sich die Vernachlässigung des gesamten schwerindustriellen Bereichs bis zu diesem Zeitpunkt direkt auf das ausländische Investitionsverhalten zurückführen.

Da die einheimische Industrialisierung durch ähnliche Betätigungsfelder, Importsubstitution und Exportverarbeitung, geleitet wurde, erscheint das Gesamtbild des modernen Industriesektors nicht wesentlich anders, wie aus Tabelle 53 zu entnehmen ist.

Bei einer Zusammenfassung von Verarbeitender Industrie und Bergbau erreicht die Konsumgüterindustrie 1933 fast 73 Prozent, während für den Produktionsgütersektor knapp 17 und den Bergbau 1o Prozent übrig bleiben.

Innerhalb des leichtindustriellen Sektors dominieren eindeutig der Textilbereich (32,4 Prozent), die Lebensmittel (21,5 Prozent) und die Genußmittel (9,4 Prozent), d.h. im wesentlichen die Spinnerei und Weberei, die Öl- und Getreidemühlen und die Zigarettenfabriken. Diese fünf Branchen halten zusammen 53,4 Prozent des gesamten Bereichs Verarbeitende Industrie und Bergbau. Ihre Entstehung ist ein Reflex auf den Außenhandel. Die Gesamtstruktur der Leichtindustrie unterscheidet sich also kaum vom ausländischen Anteil in diesem Bereich. Der Produktionsgütersektor weicht nur unerheblich von dem ausländischen Muster ab. Eisen und Stahl erreichen 1,1 und der Kohle- und Eisenerzbergbau 5,1 Prozent.

Tabelle 53: Produktion von Verarbeitender Industrie und Bergbau nach Branchen 1933

	Bruttoproduktionswert in Mil. Yuan		Prozent	
Verarbeitende Industrie				
Konsumgüterindustrie	2 146,6		72,9	
Holzwaren	2,6		0,1	
Metallwaren	15,6		0,5	
Elektrowaren	19,2		0,7	
Porzellan	2,2		0,2	
Chemische Produkte	86,9		2,9	
davon Streichhölzer		37,3		1,3
Textilien	955,9		32,4	
davon Baumwollgarn		520,1		17,7
Baumwollstoff		260,4		8,8
Bekleidung	85,5		2,9	
Leder- und Gummiwaren	38,4		1,3	
Lebensmittel	634,1		21,5	
davon Getreide		172,4		5,9
Weizenmehl		194,9		6,6
Pflanzenöl		155,5		5,3
Tabakwaren und Spirituosen	277,8		9,4	
davon Tabakwaren		267,9		9,1
Papierwaren	11,3		0,4	
Verschiedenes	17,1		0,6	
Produktionsgüterindustrie	498,5		16,9	
Holz	21,6		0,7	
Maschinenbau	92,4		3,1	
Metall	48,9		1,7	
davon Stückeisen		30,9		1,0
Stahl		2,5		0,1
Elektro	2,1		0,1	
Steine und Erden	55,8		1,9	
davon Zement		27,1		0,9
Chemie	87,6		3,0	
Textil	16,9		0,6	
Leder	46,1		1,6	
Druck und Papier	86,1		2,9	
Metallgeld	41,0		1,4	
Bergbau	301,0		10,2	
Kohle	142,0		4,8	
Rohöl	13,0		0,4	
Eisenerz	9,0		0,3	
Kalk	10,0		0,3	
Salz	66,0		2,2	
Sonstiges	61,0		2,1	
gesamt	2 946,1		100,0	

Liu und Yeh 1965, S.142/143 und 569

Das Gesamtbild ist das Bild der peripheren Industrialisierung, deren Kennzeichen die Verzerrung zugunsten der Konsumgüter statt der ausgewogenen Beziehung zwischen Grundstoffe, Produktionsmittel und Konsumgüter erzeugenden Industrien ist. Soweit Produktionsgüter oder Transportmittel nötig sind, regen sie nicht den Aufbau einer entsprechenden Industrie an, sondern führen nur zum Import der konkurrenzfähigeren ausländischen Maschinen und Fahrzeuge, da der notwendige Zollschutz für eine einheimische Industrie fehlt. Nur da, wo Transport- und Lohnkostenvorteile die Verarbeitung der Exportgüter verlangen bzw. die Importsubstitution ermöglichen, findet Industrialisierung statt. Das bedeutet im Fall China mechanische Seidenherstellung, Teeverarbeitung und Ölmühlen einerseits, Spinnereien, Webereien und Zigarettenfabriken andererseits.

Ebenso wie die Branchenstruktur war auch die regionale Verbreitung der Direktinvestitionen sehr stark durch die Bedürfnisse des Außenhandels geprägt, d.h. vornehmlich dort konzentriert, wo die natürliche Infrastruktur den Außenhandel am meisten begünstigte. Nach der Öffnung der Häfen verlagerte sich die Masse des Außenhandels von Canton nach Shanghai, das wegen seiner zentralen Lage an der Mündung des Yangtze idealer Stapelplatz für die Küsten- und Yangtzebinnenschiffahrt war. Obwohl der Yangtze bis Hankow (9oo km landeinwärts) für Ozeanschiffe passierbar war, und eine Vielzahl von Häfen entlang der Küste existierte, empfing Shanghai neben seinem eigenen Frachtaufkommen auch einen großen Teil der für andere Gegenden bestimmten Güter, die in Shanghai auf Küsten- und Flußdampfer umgeladen wurden.

Die nachfolgende Tabelle zeigt die Verteilung des Ex- und Importvolumens auf die wichtigsten Häfen im Zeitraum von 1867 bis 194o.

Tabelle 54: Anteile einzelner Häfen am Im- und Export 1867 - 1940 (in Prozent)

Jahr	Antung	Canton	Dairen	Hankow	Harbin	Tsingtao	Kowloon	Shanghai	Tientsin	Yangtze-häfen ohne Hankow	übrige
1867	-	16,1	-	0,5	-	-	-	66,1	0,8	-	16,5
1870	-	15,2	-	1,9	-	-	-	72,2	1,7	-	9,0
1875	-	11,8	-	4,2	-	-	-	56,1	2,9	0,2	24,8
1880	-	10,0	-	4,9	-	-	-	58,7	2,7	0,2	23,5
1885	-	10,6	-	4,9	-	-	-	56,8	3,3	0,0	24,4
1890	-	12,1	-	2,7	-	-	15,3	46,2	3,0	0,0	20,7
1895	-	10,8	-	1,7	-	-	14,1	53,6	4,5	0,5	14,8
1900	-	8,8	-	1,9	-	0,1	11,2	55,2	1,3	0,6	20,9
1905	-	9,4	-	5,3	-	1,0	5,5	54,3	6,2	1,0	17,3
1910	0,6	10,3	4,6	4,4	4,3	2,4	5,7	44,3	4,6	1,1	17,7
1915	1,9	7,8	6,9	5,1	3,8	0,9	4,8	45,8	6,6	1,1	15,3
1920	4,1	7,1	14,0	4,2	1,4	3,1	2,7	44,3	6,8	2,0	11,2
1925	4,3	5,2	12,0	4,9	3,2	3,9	2,7	42,8	8,5	1,4	10,5
1930	3,4	5,1	14,5	2,1	3,0	4,0	2,2	45,0	8,3	1,4	11,0
1935[a]	-	4,9	-	3,1	-	8,9	5,1	53,3	11,8	2,4	11,5
1940[a]	-	0,7	-	0,0	-	8,0	3,0	53,2	20,3	0,3	12,4

berechnet nach Hsiao Liang-lin 1974, S.22ff und 168ff

a) ohne Mandschurei. Der Unterschied zur Tabelle 35 liegt darin, daß nicht der gesamte Schiffsverkehr, sondern nur das Frachtaufkommen, das auf den Außenhandel zurückzuführen ist, verzeichnet wird.

Mehr als die Hälfte des gesamten Außenhandels wird über Shanghai abgewickelt. Canton, das bis 1842 das Außenhandelsmonopol besaßt, verzeichnet 1867 nur noch 16 Prozent und sinkt im 2o. Jahrhundert bis auf 5 Prozent. Das zentral gelegene und für Ozeanschiffe erreichbare Hankow in der Provinz Hupeh mit dem bedeutenden Industriezentrum Wuhan in unmittelbarer Nachbarschaft kommt nie über 5 Prozent. Die übrigen, unterhalb von Hankow gelegenen Yangtzehäfen sind nahezu bedeutungslos für den Auslandsverkehr. Die mandschurischen Häfen Antung und Dairen halten 193o zusammen immerhin fast 18 Prozent, was in etwa dem Anteil der Mandschurei am BSP zu diesem Zeitpunkt entspricht. Für diese Region scheint Shanghai keine Zwischenhandelsfunktion übernommen zu haben. Hinzukommt noch der Eisenbahnknotenpunkt Harbin, der Umschlagplatz für den Überlandhandel mit Rußland war. Diese drei Orte erscheinen nach der Abtrennung der Mandschurei nicht mehr in der Außenhandelsstatistik. Die Spalte "übrige" umfaßt ca.1oo weitere Häfen und Inlandsstädte, die für den Außenhandel geöffnet waren. Ihre im einzelnen marginale Bedeutung dokumentiert noch einmal den geringen Ausbreitungseffekt, den die immer wieder erhobene Forderung nach der Öffnung weiterer Häfen auf das Außenhandelsvolumen ausgeübt hat.

Diese Konzentration des Außenhandels auf Shanghai und in geringerem Maße auf andere Vertragshäfen zog natürlich auch den größten Teil der Direktinvestitionen auf sich, soweit sie nicht wie bei Bergwerken oder Eisenbahnen geographisch gebunden waren. Shanghai war der Sitz der großen Handelshäuser, Hauptbankplatz[292], Sitz der Versicherungen und Transportgesellschaften, vielfach Verarbeitungsort für Exportgüter und wegen der vielen ansässigen Ausländer, die mit der Abwicklung des Außenhandels beschäftigt waren, Markt für bestimmte Konsumgüter und öffentliche Dienste. Deswegen siedelten sich seit 1895 viele Konsumgüterbetriebe in Shanghai an.

Tabelle 55 zeigt, daß dieser Konzentrationsprozeß bis 1931 weiter fortschreitet.

Tabelle 55: Regionale Verteilung der ausländischen Investitionen 19o2 - 1931 in (Prozent)

	19o2[1]	1914[1]	1931[1]	1931[2] nur Direkt-investitionen
Shanghai	14,o	18,1	34,3	46,4
Mandschurei	27,4	22,4	27,1	36,o
übriges China	22,5	26,9	18,8	17,6[a]
unverteilt	36,1	32,6	19,8	-
gesamt	1oo,o	1oo,o	1oo,o	1oo,o

1) Remer 1933, S.73
2) Remer 1933, S. 97 (nur für die Länder Großbritannien, Japan, Rußland und USA)

a) inklusive Hongkong

Der Anteil Shanghais steigt von 14 Prozent 19o2 auf 34,3 Prozent aller ausländischen Investitionen 1931, was nach Abzug der geographisch nicht gebundenen Regierungsanleihen einen Anteil von 46,4 Prozent bedeutet. Wenn man berücksichtigt, daß Eisenbahnen und Bergbau zwangsläufig über das Land gestreut sein müssen, wird sich die Konzentration der übrigen Bereiche auf Shanghai noch verstärken. Zweites Zentrum ist die Mandschurei, wo allerdings, aus der Tabelle nicht mehr ersichtlich, die Hauptmasse der japanischen Investitionen erst nach 1932 getätigt wird. Das bedeutet, daß nach 1932 mehr als 82,4 Prozent der Direktinvestitionen auf eine Stadt und eine Region entfällt[293].

Die regionale Verteilung der nationalen Industrie entsprach dieser regionalen Verteilung ebenso wie dem seit dem 1.Weltkrieg zu beobachtenden Konzentrationsprozeß. Für das Jahr 1913, als auf Shanghai erst 18 Prozent der Direktinvestitionen fielen, ergab sich folgendes Bild (Tabelle 56),

Tabelle 56: Regionale Verteilung von Bergbau und Verarbeitender Industrie in chinesischem Besitz (gegründet 1895-1913)

Provinz	Prozent der Betriebe	Prozent des Gründungskapitals
Anhwei	3,3	1,6
Chekiang	5,3	3,6
Chihli (Hopeh)	9,3	13,5
davon Tientsin	3,1	3,5
Fukien	3,5	1,2
Honan	2,2	1,6
Hupeh	6,7	15,9
davon Wuhan	5,1	14,3
Hunan	4,4	3,3
Kiangsi	2,4	2,o
Kiangsu	27,9	31,1
davon Shanghai	15,1	19,9
Kwangsi	o,9	1,2
Kwangtung	15,3	9,o
davon Canton	2,9	4,8
Kweichow	o,2	o,1
Mandschurei	8,o	4,1
Shansi	1,8	2,5
Shantung	3,6	3,8
Shensi	o,2	o,3
Szechwan	3,5	1,9
Yunnan	o,9	1,4
übrige	o,7	2,o
gesamt	1oo,o	1oo,o
davon[a]		
alle Vertragshäfen	51,1	66,2
nur Shanghai, Wuhan, Tientsin, Canton	3o,8	52,1

Feuerwerker 1969, S.39 und 42

a) nur Verarbeitende Industrie

Demnach konzentrierten sich 69,5 Prozent des Gründungskapitals der nationalen Industrie auf die vier Provinzen Chihli (heute Hopeh), Hupeh, Kiangsu und Kwangtung, in denen mit Tientsin (Hopeh), Hankow (Hupeh), Shanghai (Kiangsu) und Canton (Kwangtung) auch die wichtigsten Häfen bzw. an Stelle Hankows das benachbarte Wuhan auch die industriellen Zentren lagen. Innerhalb dieser vier Provinzen ist die chinesische Industrie aber keineswegs gleichmäßig verteilt. 52,1 Prozent fallen auf die vier genannten Städte. Auf sämtliche Vertragshäfen fallen 66,2 Prozent. Das übrige China teilt sich den Rest, der sich zudem noch, wie die Relation: Prozent der Betriebe zu Prozent des Gründungskapitals aufweist,im Durchschnitt aus den kleineren Unternehmen zusammensetzt.

Daß nach 1913 bei der nationalen Industrie ein ähnlicher Konzentrationsprozeß wie bei der ausländischen Industrie auf Shanghai zu beobachten ist, geht daraus hervor, daß der Anteil der Provinz Kiangsu an der gesamten Industrie (ausländisch und national) 1928 = 35,7 Prozent betrug und bis 1932 auf 61 Prozent stieg. Im wichtigsten Industriezweig, der Baumwollspinnerei, waren 1932 55,4 Prozent der Spindeln in Shanghai in Betrieb[294]. Eine regionale Aufschlüsselung der gesamten Industrie für das Jahr 1947 weist für Shanghai 54 Prozent, für Tientsin 9 Prozent und für Tsingtao und Canton jeweils 3 Prozent Anteile auf[295]. Die restlichen 31 Prozent dürften im wesentlichen auf die Mandschurei entfallen. Demnach ist zu vermuten, daß, auch ohne die gesamten Angaben über die regionale Verbreitung der chinesischen Industrie in den 3oer und 4oer Jahren zu besitzen, eine außerordentliche Konzentration des Industrie- und Dienstleistungsbereichs auf wenige Vertragshäfen zu verzeichnen war, wobei Shanghai die einsame nationale Metropole bildete. Dabei dominiert eindeutig die Leichtindustrie. Im Hinblick auf den letzten Punkt bietet die Mandschurei allerdings ein ganz anderes Bild.

3.5.2. Aufbau eines schwerindustriellen Komplex in der Mandschurei 1932 - 1943

Bis 1931 unterschied sich die Mandschurei im Industrialisierungsgrad kaum vom übrigen China[296]. Die Anfänge gingen auf russische Initiativen zurück und dienten der Versorgung der russischen Truppen und der Ostbahn. Während des Ersten Weltkriegs gab es einen gewissen Aufschwung in der Verarbeitung von Öl und Getreide. Sojabohnen waren das traditionelle Anbauprodukt. 9o Prozent der Exporte der Mandschurei bestanden aus Bohnen und Bohnenprodukten[297]. Der Kohlebergbau (Fushun-Bergwerk) diente der Versorgung der Eisenbahn[298].

Nach dem Sieg über Rußland 19o5 forcierten die Japaner im südlichen Teil die Entwicklung, indem sie den Hafen von Dairen ausbauten und 16 Städte durch den Vertrag von Peking dem Außenhandel öffneten. Dairen löste Newchwang als Handelszentrum ab. Die Südmandschurische Eisenbahngesellschaft (SME), die den südlichen Teil der russischen Ostbahn von Harbin bis Dairen/ Port Arthur übernommen hatte, wurde zum Hauptträger der verschiedensten industriellen Aktivitäten: Transport, Verarbeitende Industrie, Bergbau, öffentliche Dienste u.a. Sie konzentrieren sich vornehmlich auf das Pachtgebiet Kwangtung am äußersten Zipfel der Halbinsel Liaotung und die Eisenbahnzone entlang der Strecke[299]. In diesen beiden Gebieten wurde bis 1934 65 Prozent der gesamten Industrieproduktion erzeugt[300].

Die genannten Aktivitäten blieben aber vorläufig in ähnlichem Rahmen wie in Zentralchina, wenn auch durch die Fushun-Kohlengruben (seit 1911), das Eisen- und Stahlwerk Anshan (seit 1919[301]) und ein Eisenerzbergwerk (seit 1916) ein Akzent auf dem schwerindustriellen Sektor gelegt wurde. Japan stieg nach dem russisch-japanischen Krieg zur eindeutigen Metropole in dieser Region auf.

Der von Japan angestrebte Aufbau eines schwerindustriellen Komplex mit Rüstungsgüterproduktion setzte erst nach der völligen Besetzung des gesamten Territoriums und der formalen Abtrennung vom übrigen China ein. In der Phase von 1932 bis 1936 wurden unter der Federführung der SME und der japanischen Armee die Grundlagen für eine planmäßige Industrialisierung gelegt, um einen Eckpfeiler des zukünftigen japanischen Großreiches zu errichten. Im einzelnen wurden folgende Maßnahmen ergriffen[302]:

- Gründung einer "Mandschurischen Gesellschaft zur industriellen Entwicklung", die langfristige Wirtschaftspläne ausarbeiten sollte. Die eine Hälfte des Kapitals dieser Gesellschaft übernahm der Nissan-Konzern, die andere Hälfte die Regierung von Mandschuko. Kontrollinstanz war die japanische Armee unter Mitarbeit der SME.
- Staatliche Kontrolle folgender Industrien: Metall, Maschinenbau, Papier, Lebensmittel, Textilien, Zement, Chemie (gleichbedeutend mit allen wichtigen Wirtschaftszweigen). Prinzip war dabei die Zusammenfassung jeder Branche in einer Gesellschaft.
- Reorganisation des Geld-, Bank- und Transportwesens. Private Finanzierung und Rendite waren erwünscht, staatliche Kontrolle aber vorhanden.
- Bau von insgesamt 10 000 Kilometern neuer Eisenbahnlinien (bis in die 40er Jahre), Übernahme der gesamten russischen Ostbahn durch die SME (1935) und Aufbau eines Fernstraßennetzes.

Der erste Fünfjahresplan sollte von 1937 bis 1941 reichen, wurde aber 1938 revidiert, da sich u.a. die angestrebte Versorgung Deutschlands und Italiens mit Soja aus der Mandschurei infolge des Zweiten Weltkrieges nicht mehr realisieren ließ. Nach Kriegsausbruch wurde die Mandschurei in einen Plan für den gesamten Yen-Block integriert, der 1938 in Kraft trat. Ziel dieses Plans war die Autarkie der Mandschurei in strategisch besonders wichtigen Bereichen, wobei insbesondere Steigerungen bei der Produktion von flüssigen Brennstoffen, NE-Metallen, Eisen und Stahl, Chemie, Maschinen- und Fahrzeugbau vorgesehen waren[3o3].

Wenn auch die tatsächlich erreichte Produktion im Spitzenjahr 1943 zum Teil erheblich unter den Planzielen blieb (bei Kohle statt 34,9 Mil t nur 25,6 Mil t, bei Stückeisen statt 4,85 Mil t nur 1,71 Mil t oder bei Kraftfahrzeugen statt 3o ooo nur 2 8oo)[3o4], so war der Ausstoß im gesamten Bereich des Bergbaus, der Energieerzeugung, der Eisen- und Stahlindustrie sowie des Maschinen- und Fahrzeugbaus enorm, besonders wenn man Vergleiche zum übrigen China anstellt.

Die totale Ausrichtung auf den japanischen Rüstungsbedarf, der sogar Flugzeugbau beinhaltete und ohne Rücksicht auf Kosten und Profitabilität rein unter strategischen Gesichtspunkten durchgeführt wurde - hier liegt der wesentliche Unterschied in der Entwicklungslogik zur Industrialisierung in den Vertragshäfen -, bedeutete die weitgehende Ignorierung des Konsumgütersektors. Das Problem des Arbeitskräftemangels wurde durch die vorher unterbundene Einwanderung von Chinesen behoben. Als Reservearmee für billige Arbeitskräfte hat hier der traditionelle Sektor eine wesentliche Funktion im Hinblick auf die Dynamik des modernen Sektors. Diese Zuwanderungspolitik stand zwar im Gegensatz zur ursprünglich angestrebten "Japanisierung" der Mandschurei, die durch die Ansiedlung von einer Million japanischer Bauern, vor allem im nördlichen Neulanderschließungsgebiet, erreicht werden sollte. Dieser Plan war aber infolge des Truppen- und Rüstungsarbeiterbedarfs in Japan nicht mehr zu verwirklichen.

Tabelle 57: Bergbau- und Industrieproduktion in der Mandschurei 1926 - 1945

	1926[1]	1931[1]	1931/32[2]	1936[3]	1936[1]	1943[3]	1944/45[2]
Kohle in Mil t	5,437	7,oo9	8,83o	11,7oo	1o,27o	25,32o[4]	25,627
Eisenerz in Mil t	o,737	o,762			1,682	5,4o8[4]	3,758[4]
Rohöl in Mil barrels	o,o11	o,45o	o,3o1		1,286		1,o69
NE-Metalle in t[a]				1 22o		3o 9o4	
Roheisen in Mil t	o,111	o,25o	o,335	o,85o	o,525	1,71o	1,159
Gußstahl in Mil t		o,o		o,58o		o,645	
Walzstahl in Mil t		o,o		o,4oo		o,485	
Zement in Mil t	o,1o8	o,162	o,1o9		o,58o	1,5o3[4]	1,514
Soda in t				21 ooo		65 ooo	
Ammoniumsulphat in 1 ooo t				o,o		199,7	
Papier in t			8 ooo				76 ooo
Baumwollgarn in 1 ooo Ballen	48	76			2 o39		
Baumwollstoff in 1 ooo boults	366	2 774			3o 479		
Spindeln			151 34o				541 172
Eisenbahnstrecke in km			5 572				11 147
Lokomotiven				65o			
Automobile				o		2 8oo	
Flugzeuge				o		1 2oo	

1) John K. Chang 1969, S.1oo
2) Cheng Yu-kwei 1957, S.194
3) Sun Kungtu C. 1969, S.82/83
a) ohne Gold
4) Eckstein 1968a, S.158

Die beachtlichen Produktionssteigerungen in wichtigen Bereichen gibt Tabelle 57 wieder. Wenn auch die verschiedenen, mir zur Verfügung stehenden Quellen nicht genau übereinstimmen, läßt sich doch der rasante Aufschwung nach 1932 ablesen. Für den Zeitraum 1931/32 bis 1944/45 hat Cheng ein Wachstum bei Kohle von 71o, bei Roheisen von 29o, bei Rohöl von 346, bei Zement von 1 392, bei Papier von 931, im Chemiesektor von 865, bei der Eisenbahn von 2oo Prozent und beim Maschinenbau gar von 31 537 Prozent ermittelt[3o5]. Diese phantastischen Wachstumsraten sind natürlich nur erklärlich, weil vorher wenig existierte. Im Fall von Kohle- und Eisenerzbergbau, bei Rohöl und Stückeisen und bei der Eisenbahn war das Vorhandene im Vergleich zum übrigen China aber bereits erheblich.

Das außerordentliche Übergewicht der Mandschurei im Hinblick auf den schwerindustriellen Sektor in ganz China zeigt die nächste Tabelle, aus der hervorgeht, daß auch in Bereichen, in denen bereits eine mandschurische Dominanz vorhanden war, diese noch fortschreitet.

Tabelle 58: Anteil der Produktion in der Mandschurei an Gesamtchina 1926 - 1945 (in Prozent)

	1926[1]	1931[1]	1933[2]	1936[1]	1944/45[3]
Kohle	34,7	33,8		3o,3	49,4
Eisenerz	71,5	41,3		57,5	
Roheisen	48,7	72,7		78,1	89,4
Stahl	o,o	o,o		83,1	
Zement	21,8	23,6		46,7	9o,5
Rohöl	84,6	99,3		99,8	64,1
Elektrische Energie	39,3	42,2		41,5	71,2
Papier			21,1		4o,9
gesamte Textilindustrie			7,5		
Baumwollgarn	2,4	3,2		5,1	11,1[a]
Baumwollstoff	9,7	12,1		14,o	
gesamte Verarb.Industrie			14,2		
Eisenbahnstrecke[4]	33,3	39,9			46,1

1) berechnet nach John K. Chang 1969, S.1oo
2) berechnet nach Liu und Yeh 1965, S.426-428
3) berechnet nach Cheng Yu-kwei 1956, S.194
4) laut Tabelle 36
a) Prozent der Spindeln

In den Schlüsselbereichen einer Entwicklung, die sich an der Schwerindustrie orientiert, steigen im Zeitraum von 1931 bis 1944/45 die Anteile bei Kohle von 33,8 auf 49,4 Prozent, bei Stückeisen von 72,7 auf 89,4 Prozent, bei Stahl von o auf 83,1 Prozent (1936), bei Zement von 23,6 auf 9o,5 Prozent und bei der elektrischen Energie von 42,2 auf 71,2 Prozent. Demgegenüber nimmt sich die relative Zunahme bei den wichtigsten leichtindustriellen Branchen (Spinnereien und Webereien) von 3,2 auf 11,1 bzw. 12,1 auf 14 Prozent (1936) recht bescheiden aus. Die wichtigsten Bereiche der Schwerindustrie sind also in der Mandschurei konzentriert, wobei diese Konzentration nach 1933 noch zunimmt, während die Leichtindustrie stark vernachlässigt wird. Ihre relative Zunahme nach 1936 ist einfach das Resultat der Produktionsunterbrechung in Zentralchina infolge der japanischen Eroberung. Besonders bemerkenswert bei der mandschurischen Entwicklung ist, daß der gesamte Industriekomplex keine Beziehungen zum übrigen China (abgesehen von der Rekrutierung billiger Arbeitskräfte) aufweist, sondern durch seine Infra-, Liefer- und Bedarfsstruktur in den militärisch-industriellen Komplex des Yen-Block integriert ist. Die mit dem schwerindustriellen Entwicklungsmodell verbundenen forward-linkages treten nicht auf.

Die beiden Entwicklungsmodelle in den Vertragshäfen und der Mandschurei unterscheiden sich nicht nur sektoral und regional, auch die Zeitphasen laufen getrennt voneinander ab. Das wird ersichtlich aus den Indizes der Industrieproduktion, die Chang und Sun für Gesamtchina (inklusive Mandschurei) und die Mandschurei gesondert berechnet haben. Basis der Indizes sind in beiden Fällen Zeitreihen über die Produktion wichtiger industrieller Branchen. Das entsprechende Schaubild macht die zeitliche Trennung noch deutlicher.

Tabelle 59: Indizes der Industrieproduktion für die Mandschurei und Gesamtchina 1912 - 1945 (Bruttoproduktionswerte)

	Mandschurei		Gesamtchina	
	1926=1oo[1]	193o=1oo	1933=1oo[2]	193o=1oo
1912	22,2	19,2	11,9	14,6
1913	23,6	2o,5	15,6	19,1
1914	22,2	19,5	2o,1	24,6
1915	32,o	27,7	22,5	27,6
1916	41,o	35,5	24,o	29,4
1917	6o,6	52,5	26,9	33,o
1918	61,8	53,6	27,8	34,1
1919	69,2	6o,o	34,1	41,8
192o	61,7	53,3	4o,2	49,3
1921	67,8	58,8	42,4	52,o
1922	65,7	56,9	34,7	42,5
1923	91,2	79,o	41,6	51,o
1924	86,9	75,3	46,9	57,5
1925	85,3	73,9	55,7	68,3
1926	1oo,o	86,7	59,o	72,3
1927	111,7	96,8	66,6	81,6
1928	1o8,5	94,o	72,1	88,4
1929	11o,5	95,8	76,9	94,2
193o	115,4	1oo,o	81,6	1oo,o
1931	117,3	1o1,6	88,1	1o8,o
1932	98,8	85,6	91,6	112,3
1933	99,2	86,o	1oo,o	122,5
1934	111,8	96,9	1o3,6	127,o
1935	134,2	116,3	1o9,7	134,4
1936	157,8	136,7	122,o	149,5
1937	178,8	154,9	96,o	117,6
1938	2o7,8	18o,1	76,2	93,4
1939	226,9	196,6	88,2	1o8,1
194o	239,9	2o7,9	94,1	115,3
1941	277,3	24o,3	1o9,2	133,8
1942	293,2[a]	254,1[a]	115,7	141,8
1943			1o5,6	129,4
1944			91,8	112,5
1945			62,o	76,o

1) Sun Kungtu C. 1969, S.1o2
2) John K. Chang 1969, S.6o/61; gleicher Index wie in Tab.46.
a) 1. Hälfte 1942

Schaubild 8: Indizes der Industrieproduktion für die Mandschurei und Gesamtchina 1912 - 1945 (193o = 1oo)

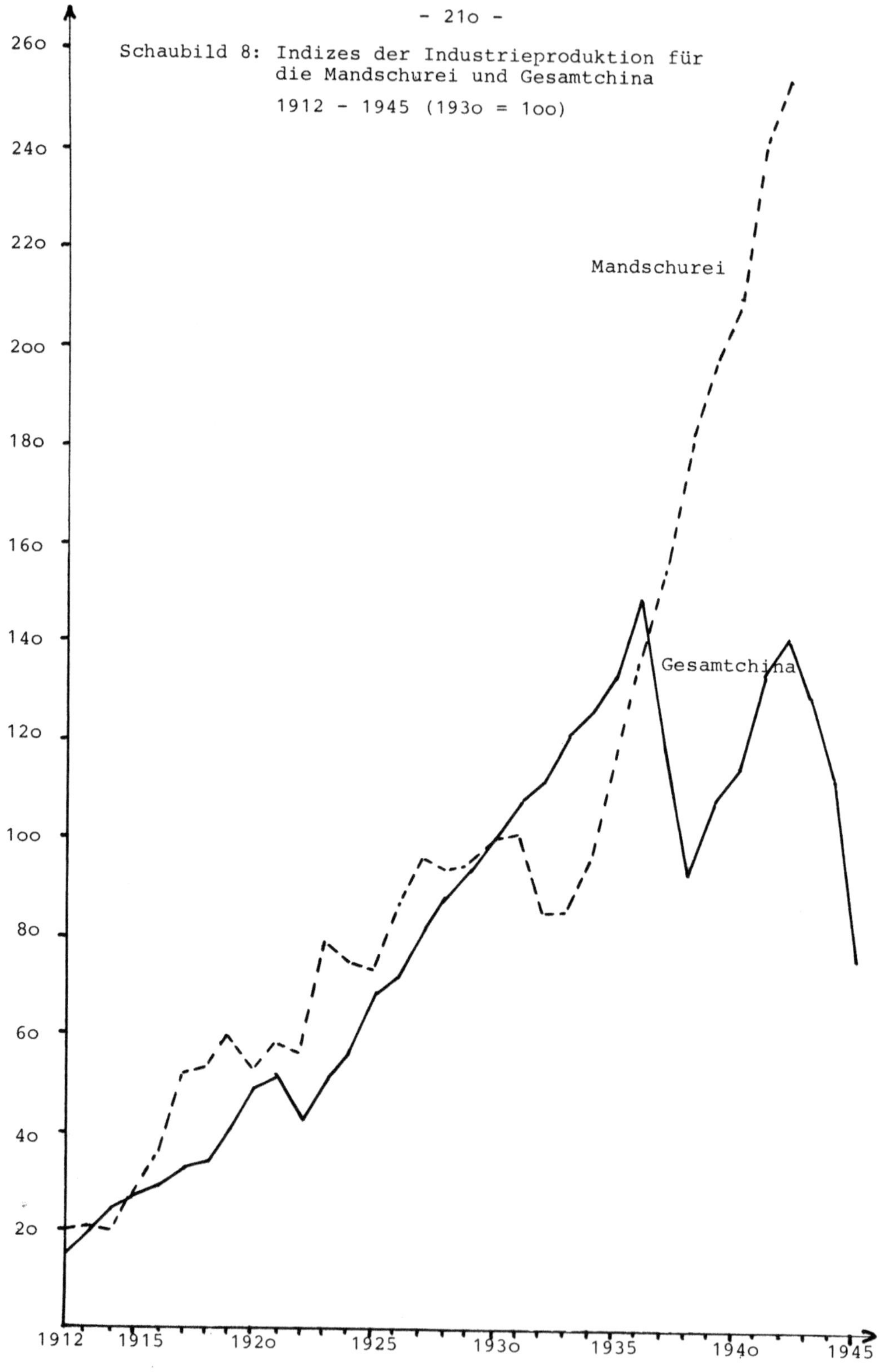

Danach läßt sich für Gesamtchina im untersuchten Zeitraum bis 1936 ein kontinuierlicher Aufwärtstrend feststellen, der durch die japanische Besetzung abrupt unterbrochen wird. Die Entwicklung in der Mandschurei verläuft bis 1931 zwar weniger gleichmäßig, aber doch parallel zur gesamtchinesischen Entwicklung. Die Besetzung der Mandschurei 1931 und die Gründung von Mandschuko 1932 bringen zwar zunächst Rückgang und Stillstand, ab 1934 beginnt aber die planmäßige Industrialisierung, die sich in einem fulminanten Aufwärtstrend bis 1943 äußert, der quantitativ so stark ist, daß er ab 1939 sogar die Kurve für Gesamtchina wieder ansteigen läßt, obwohl hier in weiten Teilen die Produktion zum Stillstand gekommen ist.

Das jährliche Wachstum für die Mandschurei in der gesamten Periode 1911 bis 1943 beträgt nach dem Sun-Index 9,2 Prozent[306], für ganz China nach dem Chang-Index in der Periode 1912 bis 1949 5,6 Prozent[307]. Separate Berechnungen von Chang ergeben für Zentralchina im Zeitraum 1926 bis 1936 6,4 Prozent und 1931 bis 1936 6,7 Prozent, während (laut Chang) die Mandschurei allein in den genannten Perioden 14,2 bzw. 16,7 Prozent aufweist[308], also Wachstumsraten, die erheblich höher liegen und in der Periode 1934 bis 1943 trotz des inzwischen höheren Basisniveaus noch einmal gesteigert wurden.

1942/43 erreichte die Produktion in der Mandschurei ihren Gipfel. Danach zwangen Nachschubschwierigkeiten und Arbeitskräftemangel zur Reduzierung, wobei die Bombardierung des Stahlwerks von Anshan im Juli 1944 durch die USA besonders schwerwiegend war. 1945 ging die Produktion nach Abzug der japanischen Ingenieure auf Null zurück[309]. Die umfangreiche russische Demontage nach Kriegsende besorgte den Rest[310].

Vier Merkmale kennzeichnen die chinesische Industrialisierung vor 1949:

1) Sektorale Hypertrophie
Bis 1933 ist eine absolute Dominanz der Leichtindustrie zu verzeichnen. Ihre Dynamik wird lediglich durch Exporterfordernisse und Importsubstitution bestimmt. Stimuli im Hinblick auf einen vorgelagerten Maschinenbau und Grundstoffindustrien entstehen kaum. Kapitalgüter werden importiert. Ab 1933 wird, völlig losgelöst davon, der forcierte Aufbau eines nur in sich geschlossenen schwerindustriellen Komplexes betrieben, der keinen Bezug zum chinesischen Markt hat, aber Arbeitskräfte absorbiert, die japanische Rüstungsgüter herstellen. Hier wird umgekehrt der Konsumgüterbereich total vernachlässigt. Es existieren paradoxerweise sowohl ein leicht- wie ein schwerindustrieller Komplex, nur sind sie durch keine Lieferstruktur verbunden, sondern auf Kapitalgüterimporte im einen und die Lebensmittelversorgung des traditionellen Sektors im anderen Fall angewiesen. Die Erklärung liegt in der unterschiedlichen metropolitanen Motivation, die im einen Fall kommerziell und im anderen Fall militärisch ist.

2) Regionale Hypertrophie
Die aufgrund der sektoralen Struktur geringen trickle-down-Effekte für die übrige Wirtschaft werden dadurch verschärft, daß beide Komplexe auf jeweils eng begrenztem geographischem Raum angesiedelt sind: die Leichtindustrie in wenigen Vertragshäfen mit Schwerpunkt Shanghai; die Schwerindustrie in der südlichen Mandschurei mit den Schwerpunkten Kwangtung (Port Arthur und Dairen), Anshan, Harbin und Mukden. Das führt zu einer zusätzlichen Agglomeration von Transporteinrichtungen, Finanzierungs- und Dienstleistungsgewerben, die der übrigen Wirtschaft nicht zur Verfügung stehen. Der Infrastrukturausbau hat geringe Flächenwirkung.

3) Phasentrennung
Zeitlich laufen beide Entwicklungen getrennt, so daß erhebliche Konsequenzen für Absorption und Resorption von Arbeitskräften, Anforderungen an die Landwirtschaft nach Lebensmitteln und Rohstoffen, die nicht so kurzfristig wie der Bergbau umzuorientieren ist, Migrationsbewegungen, Auflösung

und wieder Zurückbildung der dörflichen Autarkie in den Einzugsbereichen der entstehenden und wieder vergehenden Zentren auftreten.

4) Abhängigkeit von außen
Alle drei Phänomene sind der völligen Abhängigkeit von externen Bedürfnissen geschuldet, die nach sich wandelnden Einflüssen sofort zum totalen Zusammenbruch der gesamten Industrialisierung führen, da keine organisch gewachsene, an innerchinesischen Bedürfnissen orientierte, Entwicklung stattgefunden hat. Mit der Blockierung der Seerouten und dem Rückgang des Außenhandels verlieren Industrie und Dienstleistungen in den Vertragshäfen weitgehend ihren Sinn. Mit der japanischen Niederlage stehen in der Mandschurei nur noch Hülsen, die von den Chinesen nicht mit know how, Bedarf, Lieferung von Inputs und Ersatzteilen sowie verkehrsmäßiger Anbindung gefüllt werden können.

3.6. Auswirkungen der Penetration auf den traditionellen Sektor

Hier soll keineswegs, wie fälschlicherweise auch Marx[311] unterschoben wurde, die These vertreten werden, der Handwerks- und hausindustrielle Sektor sei infolge der kapitalistischen Penetration vollständig zerstört worden. Der Argumentation von Feuerwerker[312], Chang[313], Hou[314] und Chao[315], die das Gegenteil nachweisen wollen, ist soweit zuzustimmen, daß die Einheit von Agrikultur und Manufaktur sich offensichtlich als sehr resistent erwiesen hat. Nach 1933 behauptet der traditionelle Sektor in vielen Branchen gegenüber der modernen Industrie trotz Rückgang hohe Anteile (vgl. dazu Tabelle 27).

Das kann aber nicht darüber hinwegtäuschen, daß diese Resistenz durch erhöhten Einsatz von Arbeitskraft und damit einem Werttransfer in den modernen Sektor erkauft wurde, um weiterhin konkurrenzfähig zu bleiben; daß es in einigen ehemals wichtigen

Zweigen der Hausindustrie wie der Spinnerei und Seidenproduktion zur weitgehenden Verdrängung dieser Gewerbe kam, die nur partiell durch Wechsel der betroffenen Bauern in andere hausindustrielle Zweige aufgefangen werden konnte; daß insbesondere die ärmsten Bauern, die keine Investitionen in modernere Produktionsmittel tätigen konnten, unter dem Druck des modernen Sektors besonders zu leiden hatten;und schließlich, daß in bestimmten, den industriellen Zentren nahegelegenen, Regionen der Anteil des Pachtwesens sprunghaft zunahm, weil infolge der hier beginnenden Kommerzialisierung der Landwirtschaft die Erträge und damit auch der Anreiz für die Großgrundbesitzer, in Boden zu investieren, zunahm, da die Pacht als fester Prozentsatz der Ernte bei höherem Erlös automatisch mitanstieg[316].

Sowohl die Schmälerung der agrarischen Nebeneinkommen wie die Ausweitung des Pachtwesens sind aber Hebel, die in der Lage sind, die gesamte Agrarstruktur aufzubrechen. Wie in Abschnitt 2 dieser Arbeit gezeigt wurde, war die Landwirtschaft aufgrund der sinkenden Pro-Kopf-Erträge seit dem 19.Jahrhundert allein nicht mehr in der Lage,die ländliche Bevölkerung zu ernähren. Die hausindustriellen Nebeneinkünfte errangen eine eminente Bedeutung bei der Inganghaltung des dörflichen Wirtschaftskreislaufs. Das galt insbesondere für die ärmsten Schichten mit dem geringsten Boden oder für die Pächter, da sich eine eindeutige Korrelation zwischen abnehmenden agrarischen Einkommen und Ausmaß der Nebentätigkeiten feststellen läßt[317]. Eine Beeinträchtigung dieser hausindustriellen Nebentätigkeiten durch externe Konkurrenz mußte die gleichen verheerenden Auswirkungen auf die Einkommenssituation der Bauernfamilien haben wie eine Verschärfung der Steuer- oder Pachtbelastung. Beide Vorgänge lassen sich nachweisen.

3.6.1. Partielle Zerstörung der Hausindustrie

Am Schicksal der bäuerlichen Baumwollverarbeitung, Spinnerei und Weberei, die bis 1842 die bedeutendsten Zweige der Hausindustrie bildeten[318], soll gezeigt werden, welche verheerenden Folgen die Penetration hatte, welches teilweise Beharrungsvermögen die traditionelle Produktion aber auch bis ins 2o. Jahrhundert aufweisen konnte.

Hauptanbaugebiet der Baumwolle war das Tal des unteren Yangtze. Von dort wurde die Baumwolle in alle Landesteile zur bäuerlichen Weiterverarbeitung transportiert[319]. Bis zu Beginn der 3oer Jahre des 2o. Jahrhunderts war Baumwollgarn ein wichtiger Bestandteil des chinesischen Imports. Diese Importe wurden seit der Jahrhundertwende allmählich von der Fabrikation mechanisch gesponnener Baumwolle in China selbst verdrängt, da seit 189o Chinesen[32o] und in der Folge des Vertrags von Shimonoseki Ausländer zur maschinellen Produktion von Garn übergehen. Mit dem drastischen Rückgang der Importe infolge des Ersten Weltkriegs nimmt die Textilindustrie einen starken Aufschwung, an dem seit den 3oer Jahren in großem Maße Ausländer partizipieren, wobei vor allem Japan eine starke Stellung gewinnt[321]. Import und maschinelle Fabrikation von Tuch zeigen demgegenüber keine ähnlich zunehmende Tendenz.

Tabelle 6o dokumentiert den Zusammenhang von Importen, fabrikmäßiger und hausindustrieller Herstellung von Garn und Tuch im Zeitraum von 1871 bis 1935.

Die Tabelle geht auf eine sehr sorgfältige Schätzung von Feuerwerker[322] zurück, die zumindest in der Tendenz eine hohe Wahrscheinlichkeit hat. Infolge des Bevölkerungswachstums verdoppeln sich Garn- und Tuchproduktion bzw. Import im genannten Zeitraum. Der Anteil des insgesamt zur Verfügung stehenden Garns, das auf traditionelle Weise hergestellt wird, beträgt in den 7oer und 8oer Jahren des 19. Jahrhunderts 98 Prozent, sinkt zu Beginn des 2o. Jahrhunderts auf 41 bis 42 Prozent und landet Mitte der 3oer Jahre bei 17 Prozent.

Tabelle 6o: Durchschnittliche jährliche Garn- und Tuchproduktion und Importe 1871 - 1935

	1871 - 1880		1901 - 1910		1934 - 35	
	Menge in 1ooo tan/ Quadrat-yards	Prozent	Menge in 1ooo tan/ Quadrat-yards	Prozent	Menge in 1ooo tan/ Quadrat-yards	Prozent
Baumwollgarn[1]						
Spinnereien	-	-	1 o55,o	17,98	8 141,1	83,o
Importe	97,5	1,96	2 363,o	4o,27	-[a]	-
Hausindustrie/Handwerk	4 882,4	98,o4	2 449,7	41,75	1 65o,o	17,o
gesamt	4 979,8	1oo,oo	5 867,8	1oo,o	9 791,1	1oo,o
Baumwollstoff[2]						
Webereien	-	-	24 494	o,97	1 471 ooo	37,82
Importe	376 165	18,92	654 2oo	25,87	89 ooo	2,29
Hausindustrie/Handwerk	1 612 48o	81,o8	1 849 945	73,16	2 329 ooo	59,89
gesamt	1 988 645	1oo,oo	2 528 64o	1oo,oo	3 889 ooo	1oo,oo

1) Feuerwerker 1972, S. 356 (Alternative c)
2) Feuerwerker 1972, S.359 (Alternative c)

a) Nettogarnexport von ca. 24o ooo tan

Dieser Rückgang ist aber nicht nur relativ, sondern beträgt auch absolut ca.66 Prozent, was mit der weitgehenden Vernichtung der Hausspinnerei gleichzusetzen ist. Verantwortlich dafür sind bis zu Beginn des 2o. Jahrhunderts die vornehmlich aus England stammenden Garnimporte. Seit Ende der 2oer Jahre wird in China selber aber bereits so viel Maschinengarn produziert, daß seit 1927 ein Nettoexport[323] stattfindet.

Bei der Weberei verläuft die Entwicklung wesentlich anders. Der Anteil der Hausweberei geht zwar im genannten Zeitraum von 1871 bis 1935 von 81 auf 6o Prozent zurück, steigt aber absolut um 31 Prozent. Der Import von Tuch erreicht zwar im Vergleich zum Garn schon im 19. Jahrhundert einen höheren Anteil, kann aber längst nicht in dem Maße gesteigert werden, daß er wie im Fall der Hausspinnerei auch die Hausweberei verdrängt. Die in den 3oer Jahren stark ausgeweitete Webereiindustrie[324] in China verdrängte den Tuchimport fast völlig, vermochte aber nur einen geringen relativen Rückgang der Heimweberei zu bewirken.

Die Ursache der Zerstörung der Hausspinnerei liegt zweifellos in der Konkurrenz des billigeren und qualitativ besseren Maschinengarns. Für die relative Stabilität der Hausweberei, die sogar noch erhebliche absolute Zuwächse verzeichnen kann, werden unterschiedliche Argumente angeführt. Eine bei vielen Autoren[325] verbreitete Ansicht, die auch der späte Marx teilte[326], lautete, daß es in China einen gespaltenen Markt für Tuch gebe. Die englischen Importe und Erzeugnisse der modernen Textilindustrie erobern zwar mit ihren feinen Qualitäten den städtischen Markt, auf dem Land erweist sich aber das handgewebte Tuch von schwererer Qualität infolge seiner größeren Haltbarkeit und Wärme als überlegen.

Dieser Grund mag eine Rolle spielen. Scheinbar tiefergehender ist die Argumentation Chaos. Seine These lautet: "Die handwerkliche Textilindustrie überlebte nicht, weil zwei separate, nicht austauschbare Nachfragestrukturen bestanden, sondern weil der Handwerkssektor und der moderne Sektor unterschiedliche, nicht in Wettbewerb tretende Ressourcen benutzen."[327] Zunächst einmal kann nicht geleugnet werden, daß die Weberei im Gegensatz zur Spinnerei gewisse Vorteile durch die Penetration erfuhr. Aus dem Umfang des importierten und in China hergestellten Maschinengarns geht hervor, daß die Hausweberei in großem Maße Maschinengarn verarbeitete[328]. Damit war ein früher bestehender Engpaß beseitigt, der darin bestand, daß für eine Stunde Arbeit am Webstuhl drei Stunden gesponnen werden mußte[329]. Die vom Ausland übernommene verbesserte Webstuhltechnik erhöhte zudem Produktivität und Qualität des handgewebten Tuchs. Da parallel zum Preisverfall für Garn die Tuchpreise anstiegen[330], ist es einleuchtend, daß die Weberei erheblich profitabler als die Spinnerei wurde.

Chao argumentiert mit Hilfe der komparativen Kostentheorie:

1) Auf dem Land besteht erhebliche überschüssige Arbeitskraft.
2) Das zusätzliche Einkommen durch die Hausindustrie ist unbedingt notwendig.
3) Auch wenn infolge des Konkurrenzdrucks durch Importe oder moderne Industrie der Grenzertrag pro Arbeitskraft unter das Existenzminimum sinkt, wird die Tätigkeit dennoch fortgesetzt[331], da auch ein noch so geringes Einkommen immer noch besser als kein Einkommen ist, wenn die Arbeitskraft auf jeden Fall von der Familie ernährt werden muß. Dieses Argument ist natürlich nur unter vorkapitalistischen Bedingungen haltbar.
4) Getreu der Theorie der komparativen Kosten wird sich, wenn in allen hausindustriellen Bereichen die moderne Industrie bzw. der Import überlegen ist, die Hausindustrie auf den Bereich verlagern, in dem der relative Nachteil am geringsten ist. In diesem Fall ist das die Weberei.

Chao zieht daraus den Schluß, daß es zwar infolge der Konkurrenz des modernen Sektors gewisse Verlagerungen innerhalb der Hausindustrie, besonders von der Spinnerei zur Weberei, gegeben habe; daß die Hausindustrie als ganze sich aber durchaus als stabil erwiesen habe[332], das marxistische Argument von der Zerstörung der Hausindustrie durch den Imperialismus mithin nicht stichhaltig sei.

Dabei unterschlägt Chao aber einige wesentliche Momente:
1) Der Aufschwung der Hausweberei war keineswegs so umfangreich, daß sie die gesamte, in der Hausspinnerei freigesetzte Arbeitskraft hätte absorbieren können[333]. Man erinnere nur an die Relation der Arbeitszeit von 3 zu 1.
2) Die Spinnerei war eine Tätigkeit, die außer dem Rohstoff Baumwolle keine Investitionen erforderte, also prädestiniert als Nebentätigkeit für sehr arme Bauern war. Die im Vergleich zur Weberei geringere Arbeitsqualifikation konnte auch Kinder und Alte zum Einsatz kommen lassen. Die Weberei, wenn sie mit der modernen Entwicklung, Verarbeitung von Maschinengarn und moderner Handwebstuhltechnologie, Schritt halten wollte, erforderte Investitionen, die von den ärmsten Bauern kaum getätigt werden konnten. Die Verlagerung von der Spinnerei zur Weberei war also für die ärmsten Bauern nicht möglich und begrenzte wegen der höheren Qualifikationsanforderungen den Einsatz der familiären überschüssigen Arbeitskraft.
3) Erkauft wurde die Stabilität der Hausweberei mit einem Werttransfer in den modernen Sektor, da die hausindustriellen Weber nur durch Ausdehnung des Arbeitstages mit der Industrie konkurrieren konnten. Der mengenmäßige Zuwachs des handgewebten Tuchs geht also zu einem erheblichen Teil nicht auf den zusätzlichen Einsatz ehemaliger Spinner, sondern verbesserte Webetechnik und Verlängerung der Arbeitszeit zurück. Die absolute Zunahme des handgewebten Tuchs bedeutet also nicht unbedingt zusätzliches Einkommen für mehr Weber.

Es kann vielmehr gefolgert werden, daß die Konkurrenz des modernen Sektors bzw. des Imports zu einem erheblichen Einkommensrückgang[334] in den Textilbereichen des traditionellen Sektors führte, der bei der Hausspinnerei besonders schwerwiegend war. Laut Feuerwerker lassen sich auch Hinweise finden, die auf die Ausbreitung des Verlagswesens hindeuten[335]. Besonders betroffen waren die ärmsten Bauern, die auf die Nebeneinkünfte der Hausindustrie am meisten angewiesen waren. Der trotz der modernen Konkurrenz zu beobachtende Zuwachs der Heimweberei bestätigt nur die bittere Notwendigkeit der Nebeneinkünfte.

Welchen Rückgang[336] die ehemals bedeutenden Textilbereiche im Vergleich zu anderen hausindustriellen und handwerklichen Tätigkeiten zu verzeichnen hatten, zeigt die folgende Tabelle.

Tabelle 61: Nettoproduktionswert von Handwerk/Hausindustrie 1933 nach Branchen

	in Mil Yuan		in Prozent	
Holzprodukte	3o,1		2,4	
Maschinen	8,6		o,7	
Metallwaren	3,7		o,3	
Transportmittel	41,6		3,4	
Steine und Erden = Ziegel, Glas, Töpferei	61,o		4,9	
Chemische Produkte = Streichhölzer, Kerzen, Farben etc.	17,3		1,4	
Textilien	2o7,7		16,8	
davon Baumwollgarn		23,5		1,9
Baumwollstoff		111,7		9,o
Seide		6,8		o,5
Seidenwaren		6o,4		4,9
Bekleidung	62,2		5,o	
Leder	28,1		2,3	
Nahrungsmittel	623,3		5o,4	
davon Verarbeiteter Reis		126,1		1o,2
Weizenmehl		239,2		19,3
Tee		23,7		1,9
Pflanzenöl		1o6,8		8,6
Tabak und Spirituosen	49,6		4,o	
Papier und Druckerei	46,6		3,8	
Verschiedenes	29,5		2,4	
gesamt	1 236,4		1oo,o	

berechnet nach Liu und Yeh 1965, S.512/13

Ein direkter Vergleich mit früheren Jahren ist mangels Daten nicht möglich. Nach übereinstimmender Auskunft vieler Autoren war die Textilherstellung ursprünglich aber der bedeutendste Zweig der Hausindustrie, wobei die Baumwollverarbeitung im ganzen Land verbreitet[337] war, während die Seidenherstellung regionale Zentren aufwies. Der gesamte Textilbereich hat 1933 aber nur noch einen Anteil von 16,8 Prozent innerhalb der traditionellen handwerklichen Fertigung, wobei die Spinnerei mit 1,9 und die Seidenproduktion mit o,5 Prozent fast schon marginale Größen bilden. Lediglich die Hausweberei und die Verarbeitung der Seide können noch nennenswerte Nebeneinkünfte für die Bauern erbracht haben.

3.6.2. Die Peripherisierung eines chinesischen Dorfs

Welche konkreten Auswirkungen Aussagen über Importquoten, Rückgang von Anteilen an der Gesamtindustrie, veränderte Weltmarktbedürfnisse etc. für die Lebensumstände der Bauernhaushalte im chinesischen Dorf bedeuten, kann durch keine Statistik vermittelt werden. Glücklicherweise stehen einige Feldstudien zur Verfügung, die in den 3oer und 4oer Jahren des 2o. Jahrhunderts von chinesischen und ausländischen Sozialwissenschaftlern in chinesischen Dörfern unternommen wurden[338], die minutiös beschreiben, wie die sozialen und ökonomischen Mechanismen im Dorf funktionierten,und welchem Wandel sie nach Einbruch westlicher Technologie und Rationalität unterworfen waren; wie die Dorfbewohner versuchen, mit den ökonomischen Zusammenhängen fertig zu werden, die ihnen, außerhalb ihres Einflußbereichs, vom "Weltmarkt" diktiert und bis in ihre sozialen und familiären Beziehungen wirksam werden.

Unter diesen Einzelfallstudien ist besonders die Arbeit von Fei Hsiao-tung[339] über das Dorf Kaihsienkung aus dem Jahr 1936 hervorzuheben, die ohne Kenntnis der theoretischen Begriffe von struktureller Heterogenität, Peripherisierung und Marginalisierung ein faszinierendes Bild entwirft, was mit dieser Begrifflichkeit konkret zu verbinden ist. Die folgenden Ausführungen referieren deshalb im wesentlichen die Studie von Fei.

Das Dorf Kaihsienkung liegt am Tai-See (Unterlauf des Yangtze) im Zentrum der traditionellen Seidenindustrie. Diese Gegend gehört seit dem Bau der Eisenbahnlinie Shanghai-Tientsin, die in der Nähe des Dorfes vorbeiführt, zum Einflußbereich des acht Stunden Bahnfahrt entfernten Shanghai. Die Bevölkerung des Dorfes besteht aus 1458 Personen, von denen 76 Prozent hauptsächlich in der Landwirtschaft beschäftigt sind. 9o Prozent des Bodens wird für den Reisanbau genutzt, etwas mehr als die Hälfte der Reisproduktion wird im Dorf konsumiert. Der Reisanbau erfordert sechs Monate Arbeit im Jahr und erbringt etwa die Hälfte des dörflichen Einkommens. Dazu kommen in geringerem Maße Gemüse und Süßwasserfische, die im örtlichen periodischen Marktzentrum verkauft werden. Wichtigster und entscheidender Nebenerwerb ist die Seidenraupenzucht und die häusliche Seidenherstellung.

Die Bodenverteilung im Dorf ist dadurch charakterisiert, daß zwei Drittel des Untergrunds im Besitz von Landlords sind, d.h. verpachtet werden. Unter den Volleigentümern sieht die Besitzverteilung folgendermaßen aus[34o]:

Es besitzen:	5o - 7o mou =	o,6 Prozent der Familien
	3o - 49 mou =	o,7 Prozent der Familien
	15 - 29 mou =	o,9 Prozent der Familien
	1o - 14 mou =	4,o Prozent der Familien
	5 - 9 mou =	18,o Prozent der Familien
	o - 4 mou =	75,8 Prozent der Familien

(1 mou = o,o67 ha)

Die Masse der Familien (über 75 Prozent) besitzt also nur 4 oder weniger mou eigenes Ackerland. Fei hat aufgrund seiner Beobachtungen berechnet, daß eine Arbeitskraft im Jahr etwa 7 mou bestellen kann; bei der angenommenen Durchschnittsfamilie von 4 Personen wäre die männliche Arbeitskraft damit ausgelastet. Wäre die gesamte Bodenfläche des Dorfes mit 3o65 mou im gleichmäßigen Volleigentum der Bauern, kämen auf die 45o arbeitsfähigen Männer des Dorfes im Schnitt 6,6 mou, die

Auslastung der Arbeitskraft wäre also nahezu gegeben. Aufgrund der Bodenkonzentration besteht aber für die meisten Bauern im Dorf der Zwang, Boden zu pachten und damit einen erheblichen Teil der Ernte zu verlieren.

Die Pachtbelastung und zu geringes agrarisches Einkommen verlangen die Nebeneinkünfte aus der Seidenindustrie, zumal außer in den Saat- und Erntezeiten die familiäre Arbeitskraft nicht ausgelastet ist. Die Seidenindustrie wird im Dorf hauptsächlich von den Frauen betrieben. Der Zwang wird um so deutlicher, wenn man sich das von Fei ermittelte Jahresbudget einer vierköpfigen Familie vor Augen führt:

Das Hauptnahrungsmittel ist Reis und wird selber produziert. Folgende Ausgaben in jeder Familie sind notwendig für Dinge, die nicht selber produziert werden können (Preise in Yuan):

Lebensmittel	47	
davon Gemüse und Verschiedenes		3o
Zucker		5
Salz		12
Kleidungsstücke u.Rohstoffe	3o	
Geschenke	1o	
Brennstoff, Kerzen etc.	36	
Haltbarmachung von Booten und Haus durch Anstrich etc.	2o	
Werkzeuge und Dünger	1o	
Ausgaben für die Seidenherstellung	5o	
Agrarsteuer	1o	
periodische Ausgaben für Feste, Mitgift etc. (ausgedrückt in Sparen)	5o	
Summe	263	

Diese Summe muß durch den Verkauf des Reisüberschusses und die Seidenproduktion erwirtschaftet werden. Bei einer durchschnittlichen Ackerfläche von 8,5 mou beträgt der Ertrag 51 bushel Reis pro Jahr. Bei einer vierköpfigen Familie werden aber für

Konsum und Saatgut 42 bushel pro Jahr benötigt, d.h. es bleibt ein Überschuß von 9 bushel, der bei einem durchschnittlichen Preis von 2,5 Yuan pro bushel 22 Yuan erbringt. Ist der Boden, wie in der Mehrzahl der Fälle, gepachtet, müssen noch 2o bushel Reis als Rente abgezogen werden, so daß der Ertrag nicht einmal zum Leben reicht, geschweige denn einen Überschuß abwirft. Die Differenz zum oben errechneten Familienbudget bei Volleigentümern von 241 bzw. bei Pächtern von 29o Yuan muß durch die Seidenindustrie erwirtschaftet werden. In guten Zeiten erbrachte sie tatsächlich einen jährlichen Nettoertrag von 25o Yuan pro Familie. Die Seidenindustrie wurde in der ganzen Gegend seit mehr als 1ooo Jahren in der Form der Hausindustrie betrieben. Sie bestand in der Kultivierung von Maulbeerbäumen, Zucht von Seidenraupen und dem Haspeln von Rohseide, was im Haus geschah. Mitte der 2oer Jahre verbesserte man die Zuchtmethoden und gründete eine Seidenkooperative im Dorf. Die Gründe für diese Neuerungen lagen in den höheren Qualitätsanforderungen für gehaspelte Seide infolge der Mechanisierung der Seidenweberei im Ausland und im Preisverfall für Seide auf dem Weltmarkt infolge der Weltwirtschaftskrise. Als dann der Preis für ein liang Rohseide von ursprünglich einem Yuan bis 1935 auf ein Drittel gefallen war, der Jahresertrag pro Haushalt sich also auf ca.45 Yuan reduziert hatte, waren die notwendigen Ausgaben bei weitem nicht mehr zu decken. Die erste Konsequenz war der Verkauf der Reisreserven im Winter und die anschließende Verschuldung im folgenden Sommer sowie die Einschränkungen der Sonderausgaben für Feste. Vorläufig konnten im Dorf keine Hochzeiten mehr stattfinden. Langfristig mußte aber die Produktion modernisiert werden, wenn die Existenz des Dorfes erhalten bleiben sollte. Diese Modernisierungsanstöße kamen aber nicht aus dem Dorf selbst, sondern durch die "Sericulture school for girls" aus dem benachbarten größeren Ort Hanshukuan.

Ein Mangel der traditionellen Seidenherstellung war die geringe Erfolgsquote bei der Seidenraupenzucht, da nur 3o Prozent der Raupen das Puppenstadium erreichten. Die anderen gingen wegen mangelhafter Hygiene an Seuchen ein. Die Infektionen wurden dadurch weitergegeben, daß die toten Würmer als Dünger für die Maulbeerbäume verwandt wurden. Hinzu kamen Ausfälle durch Temperatur- und Feuchtigkeitsschwankungen sowie unregelmäßige Fütterung bei der Zucht. Ein zweiter Mangel bestand in der traditionellen Haspelmethode der Seidenfasern, die zu ungleichmäßiger Stärke der Fäden und starker Verschmutzung wegen unzureichender Reinigung führte. Die moderne Fabrikweberei verlangt aber gleichmäßige Qualität.

Das erforderte entweder Maßnahmen zur Verbesserung der Zucht und mechanisches Haspeln oder Untergang des ganzen Gewerbes. Seit 1924 unternahm die Seidenschule auf Initiative der traditionellen informellen Dorfführer die Unterweisung der Dorfbewohner. Die informellen Führer zogen daraus, als spätere Leiter der Seidenfabrik im Dorf, zum ersten Mal auch ökonomische Vorteile. Nach zwei Jahren beteiligten sich von anfänglich 24 alle Familien an der Schulung. Die Schulung erzielte im wesentlichen zwei Ergebnisse:
1) Einführung wissenschaftlicher Methoden bei der Seidenraupenzucht. Zu diesem Zweck wurden spezielle Zuchthäuser errichtet, in denen die gesamte Zucht des Dorfes zusammengefaßt wurde. Die Ausfallquote betrug so nur noch 2o statt 7o Prozent und der Seidenertrag pro Wurm konnte um 4o Prozent gesteigert werden. 2) Einführung von Motorkraft, um ein gleichmäßiges Haspeln der Seide zu erzielen. Dazu wurde eine Fabrik im Dorf errichtet, die die Produktion des Dorfes zusammenfaßte. Damit verschwand die individuelle häusliche Industrie. Eigentümer der Fabrik ist jetzt eine Kooperative, deren Mitglieder die Dorfbewohner sind. Die Leitung der Fabrik liegt bei den Reformern (früher informelle Dorfführer). Die Dorfbewohner haben ein Kontrollrecht, können aber de facto keinen Einblick nehmen, da sie Analphabeten sind und von Buchführung und komplizierten ökonomischen Prozessen keine Ahnung haben. Zur Finanzierung der Fabrik wurden Regierungskredite in Anspruch genommen. Das Rohmaterial liefern die Dorfbewohner laut Vereinbarung unter dem Marktpreis.

Etwa die Hälfte der Rohstoffe muß die Fabrik allerdings von außerhalb beziehen, da die Dorfbewohner wegen des höheren Marktpreises die Abmachung unterlaufen und einen Teil ihrer Rohseide frei verkaufen. Die etwa 5o Arbeitskräfte der Fabrik werden durch die Mitglieder der Genossenschaft gestellt, die dafür entlohnt werden. Die Seidenschule hat die technische Kontrolle und die kreditgebende Bank die Finanzverwaltung. Die Ertragslage der Seidenfabrik verläuft allerdings wegen des fallenden Weltmarktpreises für Seide unbefriedigend.

Die Ergebnisse der Modernisierung stellen sich folgendermaßen dar: Die Verbesserung der Zuchtmethoden führte zur Reduktion der Kosten und steigender Produktion von Puppen, was eine Verdoppelung des Einkommens aus der Rohseide bedeutete. Die Rendite der Fabrik blieb demgegenüber unbefriedigend, obwohl die Dorfbewohner einen Teil der Puppen unter dem Marktpreis an sie abliefern mußten. Ein echter Einkommenszuwachs ergab sich nur für die Arbeitskräfte und die Leiter der Fabrik, was aber nur einer Minderheit im Dorf zugute kam. Die Qualität der Seide ist zwar verbessert worden, da aber kein Einfluß auf die Preisschwankungen des Weltmarkts besteht, bedeutet bessere Qualität nicht unbedingt höheren Preis. Die Dorfbewohner weigern sich infolge ihrer enttäuschten Erwartungen in bezug auf die Rendite der Fabrik, ihre jährlichen Einzahlungen (= Abzahlung der Kredite) zu leisten.

Ein wichtiges Resultat betrifft die sozialen Beziehungen im Dorf. Früher waren 35o Frauen mit der Seidenhaspelei beschäftigt. Seit der Gründung der Fabrik sind es weniger als 7o, so daß sich neue Beschäftigungsprobleme ergeben. Das führt zu mehreren Konsequenzen: Wiederaufnahme der traditionellen Seidenhaspelei bei den Frauen, die aus verschiedenen Gründen permanent im Dorf bleiben müssen; Abwanderung der weiblichen Bevölkerung in städtische Seidenfabriken; Entstehung einer Lohnarbeiterklasse im Dorf; Änderung der sozialen Stellung der Frau, da sie zum ersten Mal Lohn als Bezahlung für ihre individuelle Leistung erhält und nicht mehr einen Arbeitsbeitrag zum gemeinsamen

Familienbudget leistet; durch die Arbeit in der Stadt werden die auf das Dorf beschränkten Verwandtschaftsbeziehungen gelockert.

Die Feldstudie von Fei zeigt, daß die Dorfbewohner, obwohl sie alle ihnen möglichen Anstrengungen unternehmen, mit den Einflüssen der Penetration fertig zu werden, den wirtschaftlichen Niedergang nicht aufhalten können, und daß ihnen nur unter Preisgabe der überkommenen sozialen und wirtschaftlichen Strukturen, der Einheit von Manufaktur und Agrikultur, eine marginalisierte Fortexistenz erhalten bleibt.

Die Schilderung ist vermutlich repräsentativ für die häusliche Seidenindustrie, wie ihr geringer Anteil am traditionellen Sektor 1933 (vgl. Tabelle 61) zeigt, doch darf sie sicher nicht als repräsentativ für ganz China[341] angesehen werden. Denn erstens ist die Seidenherstellung als Exportgut in besonderem Maße den Weltmarktzwängen unterworfen (vgl. die hohe Exportquote laut Tabelle 4o), und zweitens ist sie mit ihrem Zentrum am Unterlauf des Yangtze wegen der guten Transportmöglichkeiten und der direkten Kontakte zur städtischen Industrie eher modernen Einflüssen ausgesetzt als die Dörfer und Hausindustrien des Hinterlandes. Das Beispiel soll aber zeigen, daß im Gegensatz zu der Annahme von Feuerwerker, Hou, Chao, Chang u.a. in einigen Bereichen die traditionelle Hausindustrie tatsächlich infolge der Weltmarktentwicklungen zerstört wurde, ohne daß, wie im Fall der Baumwollspinnerei, eine angebliche Verlagerung auf andere Bereiche möglich war.

3.6.3. Regionale Kommerzialisierung der Landwirtschaft und Ausweitung des Pachtwesens.

Mit Beginn der industriellen Entwicklung seit den 9oer Jahren des 19. Jahrhunderts muß zwangsläufig auch eine Kommerzialisierung der Landwirtschaft einhergegangen sein, da die Rohstoffe für die Leichtindustrie agrarischer Herkunft waren. Die Zunahme des Exports agrarischer Rohstoffe und das Wachstum der Städte hatten ähnliche Effekte auf die Landwirtschaft. Umstritten ist nur, ob diese Kommerzialisierung, wie etwa Myers[342] nachzuweisen versucht, seit den 189oer Jahren ein genereller Trend war, oder ob sie nicht bloß auf einige Regionen beschränkt blieb. Angesichts der Relationen zwischen Industrie und Landwirtschaft in ihren Beiträgen zum BSP, der niedrigen Außenhandelsquote, der Erhebungen über Vermarktungsquoten der agrarischen Produktion von Buck[343], der Fallstudien von Fei und Chang[344] u.a., der Untersuchungen von Skinner[345] über die lokalen Marktverbundsysteme und vor allem angesichts der noch mangelhaften Transportmittel, die ein Haupthindernis für die Vermarktung von Massenkonsumgütern über weite Entfernungen darstellten, ist die Annahme plausibel, daß diese Kommerzialisierung der Landwirtschaft auf bestimmte Regionen in der Nähe industrieller Zentren, entlang der Küste, am unteren Yangtze und längs der Eisenbahnlinien beschränkt war[346]. Die Fallstudie von Myers und Uhlie über die Agrarentwicklung im japanischen Pachtgebiet Kwangtung in unmittelbarer Nähe zu Port Arthur und Dairen, das zudem durch die südmandschurische Eisenbahn erschlossen war, zeigt, wie unter dieser Konstellation eine Kommerzialisierung und Spezialisierung der Landwirtschaft möglich war[347].

Die Mandschurei ist wieder als Sonderfall zu betrachten. Seit den 3oer Jahren versuchten die Japaner mittels langfristiger Agrarpläne für Baumwolle, Weizen, Schafzucht, Forstwirtschaft u.a. sowie eines groß angelegten Kolonisierungsprogramms, in dessen Rahmen eine Million Bauernstellen mit je 2o ha innerhalb von 2o Jahren gegründet werden sollten, die Mandschurei zu einem agrarischen Überschußgebiet zur Versorgung Japans zu machen[348]. Diese Pläne scheiterten infolge des Zweiten Weltkrieges. Bis 1942 waren erst 57 ooo Familien angesiedelt worden[349]. Insgesamt führten diese staatlich forcierten Anstrengungen jedoch gegenüber Zentralchina zu gewissen Erfolgen.

Die Kommerzialisierung, die in Zentralchina stattfand, ging demgegenüber auf Privatinitiativen zurück und orientierte sich an den Bedürfnissen des Exports und der Leichtindustrie. Dabei handelte es sich neben dem traditionellen Exportgut Tee hauptsächlich um sogenannte cash-crops wie Baumwolle, Tabak, Ölsaaten, Erdnüsse und kaum um Grundnahrungsmittel wie Reis.

Da es den Ausländern außerhalb der Pachtgebiete verboten war, Land zu erwerben, wurden diese cash-crops nicht auf Plantagen angebaut. Produzenten oder Handelsfirmen veranlaßten vielmehr Kleinbauern, zu einer entsprechenden Spezialisierung überzugehen, wobei sie Unterweisungen oder Hilfestellungen vornahmen. So veranlaßten japanische Baumwollhändler den Anbau von langfaseriger amerikanischer Baumwolle in Nordchina[350]. Die British American Tobacco Company importierte Virginia-Tabakpflanzen, den 1934 bereits 300 000 chinesische Bauern für die Zigarettenindustrie von BAT in Shanghai anpflanzten[351]. Diese Beispiele lassen sich aber kaum verallgemeinern.

In diesem Zusammenhang interessiert vor allem die Frage, ob die regional begrenzte Kommerzialisierung der Landwirtschaft die materielle Lage der Bauern verbessern half, mithin eine Fortsetzung dieser Entwicklung von selber die strukturellen Agrarprobleme beseitigt hätte. Zweifellos stiegen die Erträge infolge der Spezialisierung auf bestimmte cash-crops. Ich behaupte aber, daß diese Ertragssteigerungen den Produzenten nicht oder nur kaum zugute kamen.

Das soll mit der Theorie belegt werden, daß ein direkter Zusammenhang zwischen Kommerzialisierung der Landwirtschaft und der Ausweitung des Pachtwesens besteht. Mit anderen Worten, dort wo die Kommerzialisierung der Landwirtschaft am weitesten fortgeschritten ist, im Einflußbereich der industriellen und Handelszentren, ist der Anteil des verpachteten Bodens und damit die Belastung der gesamten Bauernschaft am höchsten. Im Abschnitt über die Verbreitung des Pachtwesens war bereits festgestellt worden, daß der Anteil des verpachteten Bodens im Süden Chinas wesentlich höher als im Norden war. Als Begründung wurde angegeben, daß die höhere Fruchtbarkeit in Verbindung mit mehreren Jahresernten, den Flächenertrag und damit auch die prozentual an den Ertrag gebundene Pacht erhöhten, mithin die Investitionen in Land gegenüber anderen Anlagemöglichkeiten bzw. gegenüber anderen Regionen dort eine höhere Verzinsung bedeuteten. Folglich wird eine weitere Ertragssteigerung infolge kommerzieller Spezialisierung noch mehr Geldverleiher, Beamte, Händler und Landlords dazu veranlassen, das Recht am Untergrund des Bodens verschuldeter Bauern aufzukaufen, da hier eine neuartige Rendite winkt. Die Auflösung des traditionellen Bodenrechts im 2o. Jahrhundert weist darauf hin, daß in bestimmten Regionen die Landlords über den Erwerb des Oberflächenrechts selber zur kommerziellen Bewirtschaftung übergingen oder ihre Pächter dazu anhielten. Die Regel war aber sicherlich immer noch die Bewirtschaftung durch Kleinpächter.

Es müßte der Nachweis erbracht werden, daß in Regionen, wo ein besonders hoher Kommerzialisierungsgrad der Landwirtschaft vermutet wird, der Anteil des verpachteten Bodens am höchsten ist. Dem steht die Schwierigkeit im Wege, daß sich die meisten Angaben über Anteile des verpachteten Bodens entweder global auf ganze Provinzen beziehen oder nur einzelne Dörfer betreffen. Eine Klassifikation nach Provinzen wäre aber unsinnig, da die Kommerzialisierung nur bestimmte Regionen innerhalb verschiedener Provinzen betrifft.

Deshalb wurde ein anderes methodisches Vorgehen gewählt, über dessen Repräsentativität allerdings keine genauen Angaben gemacht werden können. Aufgrund der Standortverteilung der Industrie, der Exportzentren und der vorhandenen Transportmöglichkeiten wurden zunächst die Regionen festgelegt, die für eine Kommerzialisierung in Frage kommen. Das sind vor allem die Region Shanghai-Yangtzemündung und das Canton-Delta[352]. Die Südküste wurde aufgrund der günstigen Verkehrslage hinzugenommen, zumal sich hier auch Hinweise für eine Kommerzialisierung finden ließen[353].

Diese regionale Aufgliederung wurde sodann mit Aussagen über den Anteil des Pachtwesens in insgesamt 212 Orten[354], die über ganz China verstreut liegen, konfrontiert. Eine Auszählung der Einzelangaben nach den Regionen "Shanghai/Yangtzemündung" + "Canton-Delta", "Südküste" und "Übriges China", entsprechend einer Klassifizierung des Pachtanteils in fünf Gruppen ergab das in Tabelle 62 dargestellte Bild.

Die Auszählung der Verteilung der Fälle ergab, daß 31 Orte (= 14,6 Prozent) der Fälle in die höher kommerzialisierten Regionen fallen und 181 Orte (= 85,4 Prozent der Fälle) auf das übrige China. Das Sample von 31 ist natürlich sehr klein, die Korrelation zwischen hoher Kommerzialisierung und hohem Pachtanteil allerdings sehr hoch. In 61,3 Prozent der Fälle in Regionen hoher Kommerzialisierung der Landwirtschaft beträgt der Anteil des verpachteten Bodens 6o Prozent und mehr. Im übrigen China sind es entsprechend nur 9,4 Prozent der Fälle. Umgekehrt fallen auf die Kategorien bis 4o Prozent Pachtanteil in den höher kommerzialisierten Regionen nur 22,6 Prozent der Fälle, während es im übrigen China 75,7 Prozent sind.

Diese Ergebnisse werden von Einzelaussagen bestätigt, die für das Canton-Delta einen Anteil von 85 Prozent und die Umgebung von Shanghai sogar von 95 Prozent Pächtern angegeben[355]. Einen sehr hohen Pachtanteil für das Einzugsgebiet von Canton hat auch Chen[356] festgestellt. Umgekehrt weisen etwa die Untersuchungen von Myers über Hopeh und Shantung, Regionen, die unter die Rubrik "Übriges China" fallen, in denen über viele Einzelfälle berichtet wird, generell nur Pachanteile in der Dimension von 5 bis 15 Prozent auf[357].

Tabelle 62: Anteil des verpachteten Ackerlands und Kommerzialisierungsgrad der Regionen in 212 Orten Anfang der 3oer Jahre (Prozentangaben in Klammern)

Region	Anteil des verpachteten Bodens					
	o - 2o Prozent	2o - 4o Prozent	4o - 6o Prozent	6o - 8o Prozent	8o - 1oo Prozent	gesamt
Shanghai und Yangtze-mündung + Canton-Delta	1	-	2	7	4	
Südküste Shanghai-Canton	2	4	3	8	-	
gesamte Region mit vermutetem hohen Kommerzialisierungsgrad	3 (9,7)	4 (12,9)	5 (16,1)	15 (48,4)	4 (12,9)	31 (14,6)
Übriges China	94 (51,9)	43 (23,8)	27 (14,9)	14 (7,7)	3 (1,7)	181 (85,4)
gesamt						212 (1oo)

Zusammengestellt aus: Perkins 1969, S.9o; Buck 1964, S.195

Wenn die Theorie über den Zusammenhang von Kommerzialisierung der Landwirtschaft und Ausdehnung des Pachtwesens zutrifft, dann hat diese Art der Agrarentwicklung keinesfalls zur Verbesserung der bäuerlichen Lage beigetragen. Vorteile hatten nur die Landlords.

Beide in diesem Abschnitt behandelten Komplexe über die Folgen der Penetration auf den traditionellen Sektor, partielle Verdrängung der Hausindustrie und Ausweitung des Pachtwesens infolge regionaler Kommerzialisierung der Landwirtschaft, haben auf den traditionellen Sektor ähnliche Auswirkungen. Schmälerung der Nebeneinkommen und zusätzliche Pachtbelastung bedeuten für den Agrarsektor als ganzes Rückgang der Einkommen und damit Verschärfung der Situation, die bereits durch sinkende Pro-Kopf-Erträge heraufbeschworen ist. Gleichzeitig werden weitere Ressourcen entzogen, die für potentielle Agrarinvestitionen der Bauern hätten zur Verfügung stehen können.

4. FAZIT

Beide analysierten Komplexe, Stagnation der traditionellen Gesellschaftsformation und periphere Dynamik des modernen China in den Vertragshäfen und der Mandschurei sind verantwortlich für die Entwicklung der Unterentwicklung. Dabei verschärft die Penetration die Probleme des traditionellen Sektors, indem über die partielle Zerstörung der Hausindustrie und die Ausbreitung des Pachtwesens als Folge der Kommerzialisierung der Landwirtschaft in stadtnahen Regionen die bäuerliche Einkommenssituation verschlechtert wird.

Die neu entstehende periphere Gesellschaftsformation ist gekennzeichnet durch eine Hierarchie der Sektoren, die sich im Hinblick auf die Standorte, die Produktivität und Arbeitsorganisation, die Arbeitsteilung und Akkumulationsdynamik, die Märkte, die externe Orientierung und den Zugang zu Finanzierung und Transportmitteln äußert. Dieses nationale Gefälle, das einer kohärenten und autozentrierten Entwicklung auf nationaler Ebene zuwider läuft, bedeutet neben den traditionellen Entwicklungsproblemen ein neues schweres Defizit. Die Errungenschaften der modernen Sektoren erweisen sich als Fremdkörper in einer rückständigen Umwelt.

Eine schematische Darstellung der regionalen Verteilung dieser Hierarchie der Sektoren im China der 3oer und 4oer Jahre des 2o. Jahrhunderts müßte das in Schaubild 9 wiedergegebene Aussehen[358] haben.

Schaubild 9:
Regionen der Penetration
und ihr Einzugsbereich
in der ersten Hälfte des 20. Jhs.

Der ausländische Sektor ist weitgehend auf drei Regionen konzentriert:

1) Shanghai ist das Zentrum für Zentralchina. Als Haupteinfuhr- und Ausfuhrhafen beherbergt es den gesamten Bereich des vom Ausland vollständig kontrollierten Außenhandels mit Abwicklung, Transport, Wartung, Finanzierung und Versicherung. Hier befinden sich auch die Industrien zur Verarbeitung der Exportgüter. Die starke Ansammlung von Ausländern bildet den Markt für öffentliche Dienstleistungen und Luxusgüter, der durch Importe oder importsubstituierende Produktion bedient wird.

2) Canton/Hongkong steht im Schatten von Shanghai und bildet für das südliche China ein zweites Zentrum. Canton verlor seine ursprüngliche Bedeutung in der zweiten Hälfte des 19.Jahrhunderts an Shanghai. Die Entwicklung des nahegelegenen Hongkongs machte diesen Rückgang teilweise wieder wett. Das für Shanghai Gesagte gilt in geringerem Maße auch für diese Region.

3) Die Südmandschurei mit Mukden, Fushun und Anshan ist das Zentrum des Nordens. Die Entwicklung dieser Region wurde aber weniger durch den Außenhandel als durch die Rüstungs- und Autarkieinteressen des von den Japanern angestrebten Großreichs induziert. Statt profitabilitätsabhängiger Leichtindustrie entsteht hier ein integrierter schwerindustrieller Komplex mit einer an strategischen Gesichtspunkten orientierten Infrastruktur.

Diese drei Zentren spannen jeweils ein Netz von Beziehungen zu den umliegenden Subzentren, das über den Aufbau moderner Verkehrsmittel die importierten Güter verteilen und die Exportgütern einsammeln soll.

Shanghai ist die Metropole für das Tal des unteren Yangtze bis Hankow (9oo km landeinwärts). Über Eisenbahn und Flußschiffahrt werden die im unmittelbaren Einflußbereich, dem Yangtzedelta, liegenden Städte Soochow, Wusih und Changchow und die am Unterlauf des Yangtze liegenden Häfen Chinkiang, Nanking, Wuhu und Kiukiang angebunden. Das zentral gelegene Hankow ist als Stapelplatz die Submetropole für das nahe Industriezentrum Wuhan, das über den Tungting-See zu erreichende Changsha sowie Ichang und Chungking am mittleren Yangtze. Über die Küstenschiffahrt wird Shanghai zum Umschlagplatz für die südlichen Häfen Hangchow, Ningpo, Wenchow und Foochow sowie die nördlichen Häfen Tsingtao und Tientsin.

In der Dimension einige Nummern kleiner, aber regional klar davon getrennt,spannt sich das Netz von Canton/Hongkong über den schiffbaren Sikiang bis Wuchow und über die Küstenschiffahrt in nördlicher Richtung nach Swatow und Amoy bzw. zu den kleineren Vertragshäfen im äußersten Süden. Eine direkte Eisenbahnverbindung zu Zentral- und Nordchina besteht noch nicht.

Diese Städte des Hinterlandes sind eher die Standorte und Märkte der modernen nationalen Industrie und Dienstleistungen. Hauptsächlich werden ebenfalls importsubstituierende Leichtindustrien aufgebaut. Die Bedürfnisse sind aber eher auf den nationalen einheimischen Markt bezogen, wenn auch die Vertragshäfen an der Küste bedient werden. Diese Trennung ist nicht so eindeutig wie im ausländischen Sektor. Eindeutig ist dagegen die starke Konzentration auf den Binnenhandel und die Zulieferung für den Export.

Das Zentrum in der südlichen Mandschurei ist über das verzweigte Eisenbahnnetz mit Harbin im Norden und den Häfen Dairen, Antung und Newchwang (ursprünglich zentraler Hafen dieser Region) an der Küste verbunden. Außerdem bestehen direkte Verkehrs- und Lieferbindungen zu Korea. In dieser Region ist nach 1932 kein Platz mehr für eine einheimische Industrie.

Das agrarische Hinterland der Zentren und Subzentren ist sehr stark kommerzialisiert und spezialisiert und liefert die Lebensmittel für die rasch wachsenden Städte, die Rohstoffe für die Leichtindustrie und die Exportgüter. Das gilt besonders für das Delta des Yangtze (Region Shanghai) und des Sikiang (Region Canton/Hongkong) sowie die Südspitze der Halbinsel

Liaotung (das ehemalige Pachtgebiet Kwangtung im Einflußbereich von Dairen). Diese Erscheinungen lassen sich ebenfalls in unmittelbarer Nachbarschaft der Eisenbahnlinien feststellen.

Das gesamte übrige China, Städte, Landstädte und Dörfer, bildet den traditionellen Sektor und liegt weitgehend außerhalb des direkten Zugriffs der penetrierten Zentren und Subzentren. Die Landwirtschaft kennzeichnet die von Skinner festgestellte Struktur der 5o ooo bis 6o ooo quasi autarken Marktverbundsysteme. In den Städten und Landstädten herrscht die Bürokratie und Gentry. Hier deckt das traditionelle Handwerk den Bedarf der einheimischen Oberschicht. Die Verkehrsmittel sind althergebracht und lassen kaum Massenkonsumgüterverkehr zu.

Dennoch leidet dieser Sektor unter der Dynamik der modernen Sektoren. Der Staat versucht durch verstärkte Auspressung (Anhebung und Neueinführung von Steuern) den Widerstand und das Wetteifern mit dem Ausland zu finanzieren. Über ein Netz von Zwischenhändlern gelangen kostbare Produkte der Landwirtschaft und Hausindustrie wie Tee und Handarbeiten in den Exportsektor. Überschüssige Arbeitskräfte werden infolge der rapiden Verschlechterung der Lebensverhältnisse verdrängt und bilden die Reservearnee der Vertragshäfen und des Auslands. Dominierend sind für diesen Sektor aber eher die traditionellen Entwicklungsprobleme.

Es würde zu weit gehen, für das vorrevolutionäre China von Dualismus und struktureller Heterogenität zu sprechen. Eindeutig nachweisen läßt sich aber, daß auch innerhalb der Landwirtschaft eine starke Kluft zwischen kommerzialisierter und spezialisierter stadtnaher und auf die eigene Subsistenz bezogener Landwirtschaft des Hinterlands besteht. Nicht nur die Überwindung des Stadt-Land-, sondern auch die Überwindung des Land-Land-Gefälles ist eine Entwicklungsaufgabe. Das wirft die Frage auf, ob nicht eine Doppelstrategie zur Entwicklung des ganzen Landes notwendig ist bzw. das unterschiedliche Entwicklungsniveau zwischen Vertragshäfen und Hinterland die Ursache des permanenten innerchinesischen Konflikts um die richtige Linie ist, solange dieser Widerspruch zwischen den beiden Regionen nicht gelöst ist.

TEIL II

ENTWICKLUNGSPOLITISCHE KONZEPTIONEN VOR DEM HINTERGRUND DES INNERPARTEILICHEN LINIENKAMPFES

1. DAS KRÄFTEFELD DER CHINESISCHEN ENTWICKLUNGSSTRATEGIEN

Während in der Sowjetunion die Diskussion um den rechten Weg zum Aufbau des Sozialismus Ende der 2oer Jahre weitgehend entschieden wurde, ihr Ausgang später im Lehrbuch "Politische Ökonomie", Abschnitt über die sozialistische Produktionsweise, kodifiziert wurde, und die neueren Auseinandersetzungen nur um die Operationalisierung der unbestrittenen Grundprinzipien geführt werden, ist dieser Diskussionsprozeß und der daraus ableitbare innerparteiliche Konflikt in der VR China seit Ende der 2oer Jahre ununterbrochen im Gange. Das heißt, es gibt keine eindeutig identifizierbare "Generallinie", die durchgängig als Richtschnur der entwicklungspolitischen Entscheidungen dient, und die textlich in einer dem sowjetischen Lehrbuch vergleichbaren Form niedergelegt wäre. Demzufolge ist es nicht möglich, etwa <u>den</u> Maoismus, auch wenn sich alle maßgeblichen Kräfte in China auf den Vorsitzenden Mao berufen, als die herrschende Theorie anzusehen, aus der etwa <u>das</u> chinesische Entwicklungsmodell stringent zu deduzieren wäre. Der Maoismus oder seine Elemente, die sich mit ökonomischen Fragen befassen, sind nur eine, allerdings sehr einflußreiche,Kraft neben anderen Faktoren, die,insbesondere was die eigentümliche Dynamik der chinesischen Entwicklung anbetrifft, von hervorragender Bedeutung ist. Eine Analyse des chinesischen Entwicklungsmodells muß damit beginnen, das jeweils unterschiedliche Verständnis der einzelnen Konzeptionen von Entwicklung herauszuarbeiten, die zu diesem Verständnis notwendigen Grundlagen zu berücksichtigen und schließlich aus der Wechselwirkung der objektiven Faktoren und theoretischen Konzepte die tatsächliche Entwicklungsstrategie und ihre Varianten zu bestimmen.

Das <u>Kräftefeld</u>, dem die chinesischen Entwicklungskonzeptionen ihre Entstehung verdanken, und auf das sie fortwährend selber einwirken, soll zunächst skizziert werden. Dabei wären an erster und zweiter Stelle die in Teil I dieser Arbeit geschilderten Bürden zu nennen, die mit Stagnation des traditionellen China umschrieben wurden bzw. die Widersprüche, die sich auf allen

Ebenen aus der Heterogenität der Gesamtformation ergaben. Diese Widersprüche sind heute noch längst nicht aufgehoben, sondern wirken nicht zuletzt in der innerparteilichen politisch-ökonomischen Auseinandersetzung weiter. Die beiden Hauptrichtungen innerhalb der Partei, die mit den Begriffen "Maoismus" und "Liuismus" in Verbindung gebracht werden, haben, so die These, ihren Hintergrund in der aus der Penetration resultierenden heterogenen chinesischen Gesellschaft.

Gefördert wurden die Probleme, die sich aus den beschriebenen Hypotheken ergaben, durch die Intervention der Sowjetunion nach 1949, die sich während der Phase des 1. Fünfjahresplans (1953-1957) in der Ausrichtung der chinesischen Planungs- und Wirtschaftspolitik am sowjetischen Akkumulations- und Industrialisierungsmodell äußerte. Die damit verbundene Konzentration auf bestimmte kapitalintensive, schwerindustrielle Bereiche mit allen Nebenwirkungen der Qualifikations-, Arbeitsorganisations-, Einkommens- und Konsumeffekte ließ die Probleme des stagnierenden, agrarischen China völlig unbeachtet und verschärfte mit dem alleinigen Ausbau des überkommenen modernen Sektors das Problem des innergesellschaftlichen Gefälles. Der sowjetische Einfluß erstreckte sich natürlich nicht nur auf die materielle Allokation der Ressourcen, sondern führte über die Hilfestellung bei der Planung, der Ausbildung der qualifizierten Kader und der Übertragung von Arbeitsformen, Effizienzdenken, Technologietransfer u.a. zu einer starken Orientierung großer Teile der chinesischen Führung am sowjetischen Vorbild.

Die <u>liuistische</u> Position ist die konsequenteste Fortsetzung eines Wachstums- und Industrialisierungsmodells, das auf die von den Japanern und den westlichen Ländern hinterlassene Industrie aufbaut und alle verfügbaren gesellschaftlichen Ressourcen auf deren weiteren Ausbau konzentriert, wobei im Sinne optimaler Effektivität die Prinzipien moderner kapitalintensiver Technologie, individuelle Leitung, hohe Spezialisierung, materielle Anreize, gestuftes Lohnsystem etc. zugrunde gelegt werden. Im Hinblick auf die Landwirtschaft soll keineswegs eine breite Entwicklung stattinden, sondern die knappen Ressourcen auf die Regionen konzentriert werden, in denen am ehesten Ertragssteigerungen zu erwarten sind. Die soziale Basis dieser Strategie in Partei und Bevölkerung sind die Manager und Techniker, die qualifizierten Arbeitskräfte, generell die Bevölkerung der städtischen Zentren, die qua höherer Einkommen, besserem Konsumgüterangebot, besserer medizinischer und schulischer Versorgung u.a. an der regional begrenzten Entwicklung partizipieren.

Soweit diese Position nicht rein pragmatisch ist, findet sie ihre theoretischen Grundpositionen vor und differenzierter nach dem Schisma mit Moskau in einem Marxismus, der,wenn auch sinifiziert, der sowjetmarxistischen Politischen Ökonomie der Übergangsgesellschaft ähnelt. Ideologisch befindet sie sich allerdings, nicht zuletzt wegen des Schismas, in der Defensive.

Die maoistische Position ist demgegenüber seit den 3oer und 4oer Jahren eine eindeutige originär sino-marxistische Position, die entstanden ist unter den Bedingungen des Kriegskommunismus in den armen bäuerlichen Regionen des Hinterlands. Hier herrschte noch weitgehend unbeeinflußt die traditionelle Produktionsweise. Die durch die KMT und Japan verhängte Blockade zwang notwendigerweise zum Vertrauen auf die eigene Kraft und die Mobilisierung lokal vorfindlicher Ressourcen. Fehlendes Kapital und nicht vorhandene Technologie mußten durch Arbeitskraft, neue Formen der Arbeitsorganisation und eigene Erfindungsgabe ersetzt werden. Es läßt sich der Nachweis führen, daß Mao und die Anhänger seiner Linie den Versuch machen, diese Erfahrungen, die im sogenannten "Yenan-Modell" kulminierten, seit Mitte der 5oer Jahre, in Reaktion auf die internen Akkumulations- und externen Zahlungsbilanzprobleme infolge der Kooperation mit der Sowjetunion, wieder zu aktivieren und auf ganz China anzuwenden.

Ihre soziale Basis bildet die Masse der armen Bauern des Hinterlandes, die am dem sowjetischen /liuistischen Entwicklungsweg kaum partizipieren. Dieser Versuch Maos führt gegen den Widerstand der sogenannten "Pragmatiker" dazu, daß sich zumindest phasenweise Elemente der reinen maoistischen Entwicklungskonzeption durchsetzen und damit der chinesischen Entwicklung eine neue, vom sowjetischen Vorbild verschiedene, Dynamik verleihen.

Gebremst wird diese Dynamik immer wieder durch objektive natürliche Zwänge, die im traditionellen China noch nicht gelöst waren, sowie Zwänge, die sich aus der nicht zu negierenden Existenz des modernen Sektors ergaben, die, wenn nicht hinreichend berücksichtigt, die gesamte Wirtschaft kollabieren ließen. Damit sind wir bei einem weiteren Komplex des chinesischen Kräftefeldes angelangt, der sich unabhängig von der jeweils herrschenden Ideologie als Bündel von Bestimmungsfaktoren wie hohes Bevölkerungswachstum, geringe Kulturfläche pro Kopf, Anfälligkeit gegenüber Naturkatstrophen, militärische Bedrohung von außen, durch das vorhandene Produktionspotential gebundene Ressourcen u.a. darstellt. Diesen Problemen mußte immer wieder Rechnung getragen werden, sei es, daß durch sie geförderte Krisen den Wechsel in der Herrschaft der jeweiligen Linie bedingen, sei es, daß sie die Modifizierung der Entwicklungsstrategien erfordern.

Festzuhalten bleibt allerdings, daß das in jeder Hinsicht revolutionäre, das dynamische, das chinesische Element im Entwicklungsprozeß durch die maoistischen Vorstellungen eingebracht wird, wobei diese Vorstellungen in viel stärkerem Maße diejenigen Probleme als Entwicklungsdefizite erkennen, die sich aus den Ausprägungen des peripherisierten und heterogenen China ergeben. Diese von Mao herangetragene revolutionäre Dynamik bedarf allerdings um ihrer Realisierbarkeit willen der permanenten Korrektur durch das politisch wie wirtschaftlich Machbare. Nur so werden die "Ideen Mao Tse-tungs" auch wirklich zur materiellen Gewalt.

2. ENTWICKLUNG ODER INDUSTRIALISIERUNG - DIE CHINESISCHEN ERFAHRUNGEN MIT DEM SOWJETISCHEN MODELL

2.1. Entwicklungs- und Akkumulationsprobleme des sowjetischen Modells

Der Sieg der sozialistischen Revolution in einem unterentwickelten Land, das nicht entsprechend dem klassischen marxistischen Revolutionsverständnis bereits die Phase des Kapitalismus durchlaufen hat, stellt die Partei vor das Problem, wie die Überwindung der Unterentwicklung mit den sozialistischen Zielvorstellungen zu vereinbaren ist. Gemäß der Theorie müßte die Entfaltung der Produktivkräfte, sprich Industrialisierung, den Anstoß zur Veränderung der Produktionsverhältnisse, d.h. zur Einführung sozialistischer Produktionsverhältnisse, gegeben haben. Da das aber kaum der Fall war, stellt sich die Frage, ob sich die Formel vom "Aufbau des Sozialismus" rein auf ihre materielle Seite, d.h. die Entfaltung des gesellschaftlichen Reichtums qua Industrialisierung reduzieren läßt,oder ob dieser Prozeß von der Entfaltung sozialistischer Produktions- und Lebensverhältnisse begleitet sein muß.Im ersten Fall könnte man argumentieren,daß der Begriff "Sozialismus" nur noch im Sinne zentral geplanter und staatlich organisierter Industrialisierung zu einer für unterentwickelte Länder effizienteren Entwicklungstechnologie verkommt. Ist aber andererseits die damit verbundene Verbesserung der Lebensbedingungen der Massen nicht bereits ein Stück Sozialismus, auch wenn dieser sich zunächst "nur" in der ausreichenden und permanenten Versorgung mit Lebensmitteln, Beschäftigung, Gesundheitsfürsorge und Schulbildung äußert, eine Frage, der die herrschende Klasse des vorrevolutionären China weitgehend gleichgültig gegenüberstand ?

Im zweiten Fall könnte eingewendet werden, daß in einer Situation, in der der Mangel und nicht der Überfluß in allen Lebensbereichen regiert, die Verwirklichung sozialistischer Produktionsverhältnisse mit großen Schwierigkeiten und Reibungsverlusten verbunden ist, mithin für die Entwicklung der Produktivkräfte, die diesen Mangel beseitigen soll, dysfunktional ist.

Andererseits kann aber bereits in der Veränderung der Produktionsverhältnisse ein Potential liegen, das seinerseits zur Entfaltung der Produktivkräfte beiträgt. Wie diese Dialektik von Produktivkraftentfaltung und Wandlung der Produktionsverhältnisse gemeistert wird, ist fraglos ein zentrales Problem in Ländern, die zur Überwindung ihrer Unterentwicklung einen wie auch immer gearteten sozialistischen Weg einschlagen wollen.

Soweit man den offiziellen Verlautbarungen entnehmen kann, stellte sich dieses Problem der chinesischen Parteiführung Anfang der 5oer Jahre noch nicht. Bei der Suche nach möglichen Beispielen und Erfahrungen sozialistischer Entwicklungsstrategien stand mit der Sowjetunion nur ein einziges Modell zur Verfügung, das mit seinen wirtschaftlichen Erfolgen und mit dem Sieg über den Faschismus seine Stabilität und Leistungsfähigkeit eindrucksvoll unter Beweis gestellt hatte. Angesichts der politischen Verbundenheit, der internationalen Machtverhältnisse, der wirtschaftlichen Blockade seitens der USA im Zuge des Koreakriegs und des Angewiesenseins auf materielle Unterstützung konnte es für die chinesische Parteiführung keine Frage sein, dem sowjetischen Vorbild zu folgen, auch wenn man in den befreiten Gebieten bereits eigene Erfahrungen zur Bewältigung wirtschaftlicher Probleme gemacht hatte[1].

Damit war auch vorläufig die oben aufgezeigte Alternative entschieden, da diese sich im heutigen sowjetischen Entwicklungsmodell gar nicht stellt. Entwicklung heißt hier immer nur Entwicklung der Produktivkräfte, Aufbau des Sozialismus,Schaffung seiner materiellen Voraussetzungen. Diese Gleichsetzung von Entwicklung und Industrialisierung bedeutet konkret, daß sich alles dem angestrebten Ziel, also der Schaffung einer breiten materiellen Basis des Sozialismus unterzuordnen hat. Zur möglichst raschen Erreichung dieses Ziels sind Leistungsprinzip, gerechtfertigt durch Marx' Äußerungen in der "Kritik des Gothaer Programms"[2], Effizienzdenken, Erzielung von Skaleneffekten, sozialistischer Wettbewerb und dergleichen ohne weiteres legitimiert, auch wenn sie in Konflikt mit Prinzipien geraten, die sozialistische Produktionsverhältnisse auszeichnen. Die Lösung dieser Probleme wird aus der sogenannten "Übergangsphase" eskamotiert und auf die Phase des Sozialismus verschoben. Inwieweit damit gesellschaftliche Mechanismen reproduziert oder gar noch verstärkt werden, wie sie sonst in kapitalistischen Gesellschaften auftreten, wird tabuisiert oder mit Formeln wie "Bündnis der Arbeiter und Bauern" verkleistert. An dieser gesellschaften Problematik sollte sich später wesentlich das maoistische vom sowjetischen Entwicklungskonzept unterscheiden.

Eine Spezialität des allein auf Industrialisierung abgestellten sowjetischen Modells besteht außerdem darin, daß dem schwerindustriellen Sektor absoluter Vorrang eingeräumt wird. Seine Entwicklung wird in der Anfangsphase vornehmlich auf Kosten der Landwirtschaft vorangetrieben. Dies geschieht, indem die Überschüsse des privaten oder genossenschaftlichen Agrarsektors über Steuern, Preise, Sparen oder Requirierung in den staatlichen Sektor transferiert werden und dort zur Finanzierung von Investitionen in Bereich der Schwerindustrie dienen. Dabei sind diese so angelegt, daß sie vorrangig die Erweiterung des schwerindustriellen Sektors selber vorantreiben. Die Produktion von solchen Produktionsmitteln, die zur Herstellung von Konsumgütern oder agrarischen Inputs dienen, insofern also eine Gegenleistung für den Agrarsektor erbringen, werden in der Anfangsphase dieses Industrialisierungsmodells weitgehend vernachlässigt. Erst zu einem späteren Zeitpunkt, wenn eine breite schwerindustrielle Basis geschaffen ist, soll die Schwerindustrie einem Funktionswandel unterzogen werden und verstärkt agrarische bzw. leichtindustrielle Inputs liefern. Im Gegensatz zum kapitalistischen Entwicklungsmodell, das anfänglich von der Nachfrageseite seine Dynamik gewinnt, also folgerichtig mit der Textilindustrie und der Herstellung von Textilmaschinen beginnt, wird der umgekehrte Weg eingeschlagen,von dem anzunehmen ist,daß er schneller zu bewältigen ist. Hier liegt angesichts der unterentwickelten Ausgangssituation die Rechtfertigung für dieses Vorgehen. Das ist aber nur möglich, weil in einem zentral geplanten Wirtschaftssystem der Zwang zur Verwertung des Kapitals nicht besteht, mithin unabhängig von zahlungsfähiger Nachfrage der

Konsumenten die Ressourcen verteilt werden können. Eine Vernachlässigung des Konsums oder einzelner Wirtschaftssektoren wie der Landwirtschaft zugunsten beschleunigter Kapitalakkumulation im Bereich der Schwerindustrie ist deshalb zumindest zeitweise möglich.

Damit stellt sich bei der Übernahme des sowjetischen Modells durch China ein zweites Problem. In der Sowjetunion war das Konzept aufgrund der gegebenen Voraussetzungen 1928 offensichtlich zu verwirklichen. Fraglich ist aber, ob die wirtschaftlichen, natürlichen und demographischen Voraussetzungen auch in China zu Beginn der 5oer Jahre bestanden. Zu der genannten gesellschaftlichen Problematik gesellt sich also die akkumulationstechnische Problematik der Übertragbarkeit ökonomischer Modelle auf andere Länder. Vergleicht man die Sowjetunion von 1928 (= Beginn des 1. Fünfjahresplans) und die VR China von 1952 (Jahr vor Beginn des 1. Fünfjahresplans) anhand einiger Schlüsselindikatoren, lassen sich erhebliche Unterschiede im Ausgangsniveau erkennen.

Tabelle 63: Indikatoren zum wirtschaftlichen Entwicklungsniveau der Sowjetunion 1928 und der VR China 1952

	Sowjetunion 1928	VR China 1952
Anteil der städtischen Bevölkerung in Prozent	17,9	13,o
ländliche Bevölkerung pro acre kultivierten Bodens	o,43	1,67
BSP in US $ (1952) pro Kopf	24o	5o-6o
Kohleproduktion in kg pro Kopf	273,o	11o,5
Roheisenproduktion in kg pro Kopf	22,o	3,27
Stahlproduktion in kg pro Kopf	29,o	2,35
Elektrische Energie in kW pro Kopf	o,o1	o,oo5
Zement in kg pro Kopf	13,o	4,97
Baumwollspindeln pro Kopf	o,o5	o,o1
Schienenlänge pro Quadratmeile	o,oo93	o,oo33

Eckstein 1957, S.63

In allen genannten Bereichen hatte die Sowjetunion 1928 erhebliche Vorteile. Die Pro-Kopf-Produktion als zentraler Indikator weist für die Sowjetunion das Vier- bis Fünffache auf. Die Industrieproduktion in den schwerindustriellen Schlüsselbereichen Kohle, elektrische Energie, Eisen und Stahl war in der Sowjetunion drei- bis zwölfmal so hoch pro Kopf wie in China. Der Verstädterungsgrad war wesentlich höher, und der Bevölkerungsdruck auf das kultivierte Ackerland betrug nur ein Viertel. Aus diesen Indikatoren lassen sich drei wesentliche Schlüsse ziehen:

1. Das <u>industrielle Ausgangsniveau</u>, zumal im für den einzuschlagenden Entwicklungsweg zentralen Bereich der Schwerindustrie, lag in der Sowjetunion 1928 wesentlich <u>höher</u> als in China 1952. Außerdem sollte berücksichtigt werden, daß man in China 1949 infolge der Kriegszerstörungen und Demontagen gerade im Bereich der Schwerindustrie nahezu bei Null anfangen mußte. Hinzu kommt eine bessere Infrastruktur im Transportwesen und der Energieversorgung auf seiten der Sowjetunion.

2. Der höhere Anteil der Stadtbevölkerung in Verbindung mit dem höheren Industrialisierungsgrad deutet auf eine vergleichsweise umfangreichere qualifizierte Arbeiterschaft.
3. Wesentlichster Punkt im Hinblick auf das praktizierte Akkumulationsmodell ist die viel geringere Agrarbevölkerung pro kultivierter Flächeneinheit. Rußland war traditionell ein Land mit großen Agrarüberschüssen, die nach Westeuropa exportiert wurden. Der hohe Bevölkerungsdruck auf die Ackerfläche in China sorgte demgegenüber für ein labiles Gleichgewicht, das permanent vom Defizit bedroht war. Seit ca. 189o mußte China in größerem Maße Getreide und andere agrarische Lebensmittel importieren. Diese Importe nahmen insbesondere seit den 3oer Jahren des 2o. Jahrhunderts ein bedeutende Ausmaß an[3]. Das heißt, der zentrale Transfermechanismus im sowjetischen Industrialisierungsmodell: auf sich selbst gerichtete Schwerindustrialisierung, finanziert durch die Überschüsse des Agrarsektors, war aufgrund der Ausgangsbedingungen in der Sowjetunion der späten 2oer Jahre zumindest möglich, während er in China den Effekt ausübte, das schwerwiegendste Problem, die unzureichende Agrarproduktion, nicht nur zu vernachlässigen, sondern noch zu verschärfen, ohne wenigstens indirekt zur agrarischen Produktivitätssteigerung beizutragen.

An dieser eher akkumulationstechnischen Problematik der Übertragung des sowjetischen Modells entzündete sich die chinesische Entwicklungskonzeption, die den Namen Liuismus trägt.

Wie weit dieses sowjetische Modell in der VR China rezipiert wurde, welche konkreten Auswirkungen es hatte und damit auf seine Rezeption modifizierend wirkte, soll im folgenden analysiert werden. Insbesondere die Analyse der sowjetischen Leistungen in China und der daraus resultierenden Kosten und Konsequenzen soll zeigen, welchen indirekten Anteil die Sowjetunion an der Formulierung und Durchsetzung der verschiedenen Varianten des chinesischen Entwicklungsweges gehabt hat.

2.2. Die chinesische Rezeption des sowjetischen Entwicklungsmodells in der ersten Hälfte der 5oer Jahre

Weder der eingangs problematisierte Entwicklungsbegriff, der dem sowjetischen Modell zugrunde liegt, noch die besondere Problematik der Anwendung dieses Modells auf China schienen der chinesischen Parteiführung in der ersten Hälfte der 5oer Jahre eine Erörterung wert, soweit sich das aus den zugänglichen offiziellen Dokumenten und offiziösen Darstellungen entnehmen läßt[4]. Erst mit der Vorlage des Entwurfs zum 2. Fünfjahresplan[5] (1958-1962) auf dem 8. Parteitag der KPCh (1. Sitzung) im September 1956 lassen sich die ersten differenzierten Formulierungen im Hinblick auf die Durchführung des eingeschlagenen Industrialisierungsweges feststellen, die allerdings die generelle Akzeptierung des sowjetischen Modells noch nicht in Frage stellen. Demgegenüber ließ der Bericht von Li Fu-chun über den 1. Fünfjahresplan[6] ein Jahr vorher auf dem 1. Nationalen Volkskongreß im Juli 1955 noch kein Anzeichen vom Abrücken gegenüber dem sowjetischen Vorbild erkennen. Offensichtlich mußten im Zeitraum dieses Jahres Schwierigkeiten aufgetreten sein, die eine Kurskorrektur nötig machten.

In diesem Zusammenhang fällt auf, daß Mao sich in der Phase der totalen Identifizierung mit dem sowjetischen Modell in wirtschaftspolitischen Fragen fast völlig zurückhält und erst 1955 mit seiner Rede"Zur Frage des genossenschaftlichen Zusammenschlusses in der Landwirtschaft"[7] ein Thema berührt, das bis dahin aus den wirtschaftspolitischen Erörterungen ausgeblendet war. Aus der Zeit vorher gibt es seinerseits lediglich einen Hinweis auf die große Bedeutung des chinesisch-sowjetischen Vertrags von 195o[8] und die später oft als Legitimation angeführte Formulierung von 1949 "Die kommunistische Partei der Sowjetunion ist unser bester Lehrer, wir müssen von ihr lernen"[9], die in ihrem Kontext aber nicht eindeutig auf wirtschaftspolitische Maßnahmen abgestellt ist. Ich würde die offensichtliche Zurückhaltung Maos dahin interpretieren, daß er von Anfang an ein ambivalentes Verhältnis zur Industrialisierung nach sowjetischem Muster hatte, aber erst in dem Moment mit seinen Bedenken an die Parteiöffentlichkeit tritt, als die Probleme dieser Strategie offenbar werden.

Die bis 1955 vertretene Generallinie des sozialistischen Aufbaus war in ihrer konkreten Ausformulierung (qua Plan) allerdings wesentlich von zwei sowjetischen Zusagen über umfangreiche wirtschaftliche Unterstützung abhängig[1o]. Im Jahre 195o wurde ein Wirtschaftsabkommen geschlossen, das u.a. die sowjetische Hilfe bei 5o industriellen Großprojekten vorsah und in erster Linie die Wiederherstellung der zerstörten und von der Sowjetunion demontierten ehemaligen Industrieanlagen der Japaner in der Mandschurei anstrebte. Eine weitere sowjetische Zusage über 91 zusätzliche Projekte verzögerte sich bis zum September 1953. Erst mit diesen insgesamt 141 Projekten waren die Voraussetzungen erfüllt, daß der 1. chinesische Fünfjahresplan formuliert und in die Tat umgesetzt werden konnte. Bis zu diesem Datum sind die chinesischen Äußerungen im Hinblick auf die Bedeutung der Hilfe und das Vorbild der Sowjetunion zwar sehr enthusiastisch[11] aber wenig konkret über den einzuschlagenden Entwicklungsweg.

Erst der erfolgreiche Abschluß der Verhandlungen über die zweite Serie der Hilfsprojekte ermöglichte es Li Fu-chun im Juli 1955 in seinem Bericht über den 1. Fünfjahresplan Ausmaß und Bandbreite der sowjetischen Hilfe konkret zu benennen. "The Soviet Union is giving systematic, all-round assistance to our country's construction. On the 156 industrial projects, which the Soviet Union is helping us to build, she is helping us from start to finish of the whole process, beginning with geological surveys, selecting construction sites, collecting basis data for designing, designing itself, supplying equipment, directing the work of construction, installation, and getting into production, and supplying technical information on new types of products, and ending with directing manufacture of the new products."[12] Mit anderen Worten, der gesamte Planungs-, Entwicklungs-, Konstruktions- und Produktionsprozeß der 156 sowie anderer Projekte[13], die das Herz des 1. Fünfjahresplans bildeten[14], wurden mit sowjetischer Hilfe errichtet.

Diese totale Anlehnung an die sowjetische Unterstützung bedeutet über den Nachvollzug der volkswirtschaftlichen und betriebswirtschaftlichen Maßnahmen hinaus die Übernahme des skizzierten Entwicklungsbegriffs. Dabei steht folgende Überlegung im Vordergrund: China ist in wirtschaftlicher wie in gesellschaftlicher Hinsicht ein rückständiges Land. Zur Überwindung der Rückständigkeit muß eine beschleunigte Industrialisierung in Gang gesetzt werden. Die gesellschaftlichen Kräfte des vorrevolutionären China - Feudalismus, Imperialismus und bürokratischer Kapitalismus - waren dazu nicht in der Lage. Also muß eine neue gesellschaftliche Kraft, der Sozialismus, diese Industrialisierung durchführen. Das heißt aber nicht, daß man sofort in die Phase des Sozialismus überwechselt. Vorher ist eine Transformationsphase zu durchlaufen. Transformiert werden sollen das rückständige Agrarland in einen fortschrittlichen Industriestaat und der private Sektor der Wirtschaft in den sozialistischen. Diese Transformationsphase wird wiederum in zwei Stadien unterteilt. Im ersten Stadium findet eine <u>demokratische Revolution</u> statt, die sich gegen den Imperialismus, Feudalismus und bürokratischen Kapitalismus richtet. In diesem Stadium werden die privaten in gemischte staatlich-private Betriebe überführt. Im zweiten Stadium findet die <u>sozialistische Revolution</u> mit der endgültigen Verstaatlichung der Betriebe statt. Beide Stadien bilden zusammen die Übergangsperiode zum Sozialismus[15]. Die offensichtlich notwendige Inanspruchnahme der Kenntnisse und der Mitarbeit der sogenannten "nationalen Kapitalisten" in der Anfangsphase wird also mit einem Rückgriff auf das orthodoxe (stalinistische) Produktionsweisenablaufschema[16] legitimiert, bei dem jede einzelne Produktionsweise durch eine Revolution abzulösen sei.

Bei dem Begriff "Sozialismus" wird also unterschieden zwischen dem politisch-gesellschaftlichen <u>Ziel</u>, das anzustreben ist, und den <u>Mitteln</u>, derer man sich zu der Erreichung dieses Ziels bedienen muß[17]. Im zweiten Sinn des Begriffs werden der <u>Staat</u> bzw. seine Aktivitäten quasi mit Sozialismus gleichgesetzt. Der sozialistische Staat soll die Rolle des industriellen Innovators übernehmen. Industrialisierung ist demzufolge immer staatliche, im Rahmen des zentralen Plans durchgeführte Industrialisierung. Je rascher diese Industrialisierung durchgeführt und je weiter der staatliche Sektor ausgeweitet wird, desto eher werden die Voraussetzungen des Endziels Sozialismus geschaffen. Der schnellste Weg der Industrialisierung ist im Gegensatz zum kapitalistischen Weg, der mit der Leichtindustrie begann, die Konzentration aller vorhandenen Ressourcen auf die Schwerindustrie[18], da sie die Voraussetzungen zur Entwicklung aller anderen Bereiche der Wirtschaft legt[19]. Damit sie dazu so rasch und so umfangreich wie möglich in der Lage ist, muß sie sich zunächst selber entwickeln, d.h. nicht Produktion von Produktionsmitteln zur Herstellung von Konsumgütern oder Agrarinputs, sondern Produktion von Rohstoffen und Produktionsmitteln zur Herstellung weiterer Produktionsmittel bietet die Gewähr der schnellstmöglichen Verwirklichung des sozialistischen Ziels. In diesem Sinne sind Formulierungen zu verstehen wie "To carry through the socialist industrialization of the country, China must in the first place ensure the steady growth of the Socialist sector of the national economy. Only by this way can the steady development of the people's democracy be achieved and a firm national foundation be laid for China's transition to Socialism"[20] und "Socialist industrialization is the central task of our country during the transition period, and the main link in socialist industrialization is to give priority to the development of heavy industry"[21]. Die Probleme der Übergangsgesellschaft werden letztlich auf reine ökonomische Wachstumsfragen reduziert. Der "Sozialismus" hat in dieser Phase lediglich die Aufgabe, qua Ausdehnung der staatlichen Aktivitäten und forcierter Industrialisierung die materielle Basis des angestrebten Endziels zu schaffen[22]. Entwicklung heißt Industrialisierung. Gesellschaftliche Probleme werden ausgeblendet. Ihre Lösung wird in die nächste historische Phase verschoben.

Soweit überhaupt eine Verbindung zwischen dem Begriff "Sozialismus" und den Bedürfnissen der Massen in der Übergangsphase gezogen wird, dann derart, daß der sozialistische Charakter der

Industrialisierung sich in den damit verbundenen materiellen und kulturellen Vorteilen für das Volk zeige[23]. Dieses Argument läßt sich aber auch zur Rechtfertigung eines kapitalistischen Industrialisierungsweges anführen. Hier kommt es ebenfalls langfristig über den Verwertungszwang und daraus resultierenden Reallohnsteigerungen zur relativen Beteiligung der Bevölkerung am steigenden Wohlstand der industrialisierten Gesellschaft. So fehlt denn auch in der Anfangsphase, die rein auf den Wachstumsgedanken abgestellt ist, als zusätzliche Legitimation der Überlegenheit des Systems nicht die Parole vom Einholen und Überholen der kapitalistischen Länder[24], wobei im Fall China zunächst England als Maßstab genommen wurde.

Wie aufgrund der in jedem Text wiederkehrenden Aufforderungen, von der Sowjetunion zu lernen, nicht anders zu erwarten war, ist zumindest bis 1955 kein Anzeichen vorhanden, daß die chinesischen Planer in wesentlichen Dingen vom sowjetischen Vorbild abwichen. Die allgemeinen Grundprinzipien schlagen sich auf der technischen Seite der Entwicklung, das heißt der Frage der Allokation der gesellschaftlichen Ressourcen und der Form, wie diese Ressourcen benutzt werden, folgendermaßen nieder:

1. Die <u>Akkumulation</u> hat absoluten <u>Vorrang</u> vor dem <u>Konsum</u>[25]. Da der hauptsächliche Investor der Staat ist, muß der Staatsanteil möglichst rasch ausgedehnt werden, und ein wachsender Anteil der Staatsausgaben für Kapitalinvestitionen verwendet werden. Alle anderen Staatsausgaben und vor allem der private Konsum müssen weitgehend eingeschränkt werden, um diese Politik zu finanzieren[26].
2. Die Akkumulation der Industrie, insbesondere der <u>Schwerindustrie</u>, hat unbedingten <u>Vorrang</u> vor der <u>Landwirtschaft</u>[27]. Erst wenn die Schwerindustrie ein bestimmtes Niveau erreicht hat, kann sie von dem Primärziel, ihrer eigenen Erweiterung, abgehen und Inputs für die anderen Sektoren der Wirtschaft liefern.
3. Optimale Ergebnisse werden nur dann erzielt, wenn man sich bei den Investitionen auf <u>Großbetriebe</u> und <u>modernste Technologie</u> konzentriert[28].
4. Eine Dezentralisierung dieser Industrie ist zwar nicht zuletzt aus militärstrategischen Gründen wünschenswert, aus Gründen der optimalen Leistungsfähigkeit ist aber der Wiederaufbau und die Ausweitung der vorhandenen Kapazitäten vorteilhaft und nicht zu

umgehen. Das bedeutet in der Praxis entweder die Konzentration der Investitionen auf die bereits vorhandenen Industriezentren oder den Aufbau neuer Zentren[29].

5. Um die Leistungsfähigkeit der Betriebe zu erhöhen, werden die sowjetischen Erkenntnisse über Management, Arbeitsorganisation, materielle Anreize der Arbeitskräfte u.a. übernommen[3o].

6. Der Landwirtschaft kommt im Zuge der Industrialisierung eine steigende Bedeutung als Lieferant von Nahrungsmitteln für die Arbeiter und agrarischer Rohstoffe für die Leichtindustrie zu[31]. Da staatliche Investitionen für die Landwirtschaft vorläufig , abgesehen von den Staatsfarmen, nicht zu erübrigen sind, muß die Landwirtschaft Produktivitätssteigerungen mittels der Intensivierung der bekannten traditionellen Methoden herbeiführen[32]. Die später einsetzende Kollektivierung kann in diesem Sinne rein als organisatorisches Mittel zur Ertragssteigerung angesehen werden[33]. Das gilt insbesondere für die im Kollektiv durchgeführten Wasserbauten.

7. Der Außenhandel dient der Industrialisierung[34]. Der Schwerpunkt der Importe liegt auf den Kapitalgütern, die durch vermehrte Exporte von Agrargütern finanziert werden müssen. Zu diesem Zweck muß ebenfalls die Produktion in der Landwirtschaft gesteigert werden[35]. Agrarimporte werden eingestellt[36]. Gerechtfertigt wird diese Form der Arbeitsteilung mit einer Theorie der komparativen Kostenvorteile innerhalb des sozialistischen Lagers, nach der es nur natürlich und vorteilhaft sei, die Technologie der Sowjetunion qua Außenhandel in Anspruch zu nehmen[37].

8. Ideologisch abgesichert wird diese Industrialisierung auf Kosten der Masse der bäuerlichen Produzenten und Konsumenten[38] durch die Propagierung des Bündnisses der Arbeiter und Bauern[39].

Die materielle Verwirklichung dieses Konzepts, die im März 195o mit der Zentralisierung der Finanz- und Wirtschaftspolitik begann, soll im folgenden analysiert werden. Im Vordergrund steht dabei die Frage nach der Bilanz der sowjetisch-chinesischen Zusammenarbeit. Wie weit waren die unbestreitbaren wirtschaftlichen Erfolge der 5oer Jahre nur mit sowjetischer Hilfe, das heißt nur über die Mobilisierung externer Ressourcen und Technologie möglich? Welche Kosten und Konsequenzen ergaben sich daraus andererseits für China, die den allein aus der ideologischen Kontroverse nicht erklärbaren totalen Bruch seit Juli 1960 plausibel erscheinen lassen. Hierhin gehört zweifellos die Überprüfung des neuerdings erhobenen Imperialismusvorwurfs[40] gegenüber der Sowjetunion. Besonders delikat ist dabei die Frage, inwieweit trotz der im sowjetischen Sinne möglicherweise besten Absichten die Struktur der chinesischen Unterentwicklung in gewissem Sinne auf erweiterter Stufenleiter reproduziert wurde. Diese Fragestellung erscheint mir sinnvoller, da grundlegender, als eine Hinterfragung des Imperialismusvorwurfs gegenüber der Sowjetunion, die auf der Ebene von ungünstigen Terms of Trade, Lieferung von minderwertigen Ausrüstungen oder Technologie, die nicht mehr auf dem neuesten Stand ist, angesiedelt bleibt[41].

Auf der anderen Seite soll nicht unterschlagen werden, daß die Sowjetunion nicht nur ihr Modell anempfohlen, sondern, wenn auch nicht uneigennützige,so doch tatkräftige Unterstützung zur Verwirklichung dieses Modells in China geleistet hat, mithin weder die sogenannte Restaurationsphase, d.h. im wesentlichen die Wiederinbetriebnahme der von den Japanern hinterlassenen Industrien hätte vollzogen werden können, noch der Kern des heutigen Industriepotentials, wie er sich während des 1. und 2. Fünfjahresplans herausgebildet hat, ohne sowjetische Planer, Techniker, Betriebsleiter, Konstruktionspläne, Lieferung von Maschinen und kompletten Anlagen hätte aufgebaut werden können. Das spätere chinesische Experimentieren konnte also immer vor dem Hintergrund eines breiten mit sowjetischer Hilfe errichteten Industriepotentials stattfinden. Fest steht auch, daß außer der Sowjetunion zum damaligen Zeitpunkt kein Land bereit oder in der Lage gewesen wäre, der VR China einen kompletten schwerindustriellen Industriezyklus zu errichten, der Verzicht auf die sowjetische Unterstützung nach den Erfahrungen des Koreakrieges für die VR China allein schon aus militärischen Gesichtspunkten undenkbar war.

2.3. Die Kooperation mit der Sowjetunion

2.3.1. Die Aufbauleistungen der Sowjetunion

Alle bekannten Daten über die sowjetischen Aktivitäten während der 5oer Jahre in China[42] sprechen dafür, daß nahezu sämtliche Aspekte des nationalen Wiederaufbaus und der sich anschließenden weiteren Entwicklung von sowjetischer Seite geplant, geleitet und in wesentlichen Bereichen durch Material- und Technologielieferungen ermöglicht worden sind. Das reicht von der grundlegenden Zielsetzung der wirtschaftlichen Prioritäten über drei Fünfjahrespläne bis zum Management einzelner Industriebetriebe. Im einzelnen lassen sich fünf Komplexe der sowjetischen Aktivitäten unterscheiden:

Planung

Nachdem im Februar 195o ein erstes Paket von Abkommen geschlossen wurde, dessen entwicklungsrelevante Aspekte den Aufbau von 5o Industrieprojekten (vgl. Tabelle 64)und einen Kredit zur Lieferung von Ausrüstungsgütern im Wert von 3oo Mio US $ (vgl. Tabelle 67)betrafen, blieben, für einige Jahre weitere konkrete Abmachungen oder Hilfsmaßnahmen aus. Zu vermuten ist, daß diese ersten Vereinbarungen vornehmlich dem Wiederaufbau und der Wiederinbetriebnahme der japanischen Industrieanlagen in der Mandschurei dienten, was im Hinblick auf die chinesische Teilnahme am Koreakrieg sicherlich von Bedeutung war.

Zwar wurde im November 1952 die Staatsplankommission gegründet, doch ist es äußerst fraglich, ob der 1. Fünfjahresplan zum Zeitpunkt seines offiziellen Beginns am 1.1.1953 bereits existierte. Für diese Annahme spricht folgender Umstand[43]: Im August 1952 sandte die VR China eine Verhandlungsdelegation unter Führung von Chou En-lai nach Moskau, der u.a. auch prominente Mitglieder der Staatsplankommission angehörten. Die Verhandlungen dieser Kommission zeigten aber erst ein Jahr später konkrete Ergebnisse[44], als im September 1953 Abmachungen über weitere 91 Hilfsprojekte bekannt wurden. Zusammen mit den 5o Projekten von 195o sollten sie den Kern des 1. Fünfjahresplans bilden. Ein interessantes Detail ist, daß 13 Tage später in der Pravda vom 28.9.1953 die erste öffentliche Erwähnung dieses Fünfjahresplans gemacht wurde. Diese Hinweise lassen den Schluß zu, daß die Entscheidung über den ersten und evtl. auch die weiteren Fünfjahrespläne in Moskau gefallen war[45], da ohne die mit sowjetischer Hilfe zu errichtenden Industrieprojekte und die sowjetischen Kapitalgüterlieferungen der 1. und 2. Fünfjahresplan in ihren bekanntgegebenen Umfängen undenkbar gewesen wären.

Spekulationen über die lange Hinauszögerung der Vertragsschließung laufen darauf hinaus, daß Stalin zwar die chinesische Teilnahme am Korea-Krieg unterstützte oder verlangte, eine großangelegte Industrialisierung Chinas aber verzögern wollte. Fest steht jedenfalls, daß nach Stalins Tod im März 1953 sowohl der Koreakrieg bald zu Ende ging, als auch die Verhandlungen über das chinesische Industrialisierungsprogramm zu konkreten Ergebnissen kamen . Fest steht ebenfalls, daß die Entscheidungen über die wesentlichen Projekte des 1. Fünfjahresplans erst Ende 1953 getroffen wurden, der Plan offenbar während des Jahres 1954 im Detail ausgearbeitet und dann am 3o.7.1955 offiziell gebilligt und veröffentlicht wurde.

Mit diesen 141 Projekten ist das Ausmaß der grundlegenden sowjetisch-chinesischen Zusammenarbeit aber keineswegs erschöpft. Folgende Tabelle faßt Zahl und Umfang der bis 1959 geschlossenen Abkommen über die großen Hilfsprojekte zusammen.

Tabelle 64: Sowjetische Industrieprojekte im Rahmen des 1. und 2. Fünfjahresplans (geplant und ausgeführt)

Datum	geplante Zahl 1)2)3)1o)	Wert in Mio US $	Durchschnitts-[5] wert in Mio US $	fertiggestellte Zahl
14.2.195o	5o)	1.3oo[2]	9,2	
Sept. 1953	91)			
Ende 1953				o[9]
12.1o.1954	15	1oo[2]	6,9	
1. Fünfjahresplan insgesamt	156	1.4oo		
7.4.1956	55(49)[4]	625[1,2,4]	11,4	
Ende 1957 Reduzierung auf insgesamt 166	-45			
Ende 1957				57[7] bzw. 68[11] ganz o. teilw., 135 begonn.[11]
August 1958	47	55o[5]	11,7	
Ende 1958				mehr als 3o[6]
7.2.1959	78	1.25o[2]	16,o	
Ende 1959 bzw. 196o				ca. 13o[6,8,a]
1963				198[5,b]
2. Fünfjahresplan insges.	135(129)	2.425		
1. und 2. Fünfjahresplan insgesamt	291(285)	3.825[5]		

1) Cheng Chu-yuan 1964, S.13-19
2) Price 1968, S.591
3) Mah 1959, S.43
4) Mah 1959, S.79
5) Klatt 1965, S.128
6) Cheng Chu-yuan 1964, S. 18 und 44
7) Mah 1959, S.8o
8) Price 1968, S.591
9) Mah 1959, S.43
1o) Mah 1959, S.81
11) Hsüa Mu-tjiao u.a.1962, S.76

a) Lieferungen im Wert von 1,35 Mrd US $
b) Lieferungen im Wert von ca. 2,5 Mrd US $

Demnach wurden die 141 Projekte für die erste Planperiode im Oktober 1954 um weitere 15 ergänzt, so daß sich ihre Zahl auf 156 erhöhte, deren Gesamtwert ca. 1,4 Mrd US $ betrug. Laut Li Fu-chun wurden davon aber nur 145 im 1. Fünfjahresplan begonnen[46]. Zusammen mit diesen 15 Projekten wurde noch ein zweiter Lieferkredit in Höhe von 13o Mio US $ vereinbart. Von diesen Projekten war nach Ablauf des ersten offiziellen Planjahrs, also Ende 1953, noch keines fertiggestellt.

Im April 1956 (nach dem XX. Parteitag) wurden weitere 55 Projekte[47] vereinbart, die neue Gesamtzahl von 211 aber Ende 1957 auf insgesamt 166 reduziert. Die Abkommen vom August 1958 und Februar 1959 (also bereits während des Großen Sprungs) schraubten die Zahl der im 2. Fünfjahresplan zu verwirklichenden Projekte auf 135. Damit erhöht sich die Gesamtzahl für die erste und zweite Planperiode auf 291 mit einem Gesamtwert von 3,825 Mrd US $. Der Durchschnittswert der einzelnen Anlagen stieg von 9,2 Mio (195o) auf 16,o Mio (1959). Bis zum Ende des ersten Fünfjahresplans 1957 waren davon 57 bzw. 68 ganz oder teilweise fertiggestellt, bis zum Abzug der sowjetischen Techniker im Juli 196o ca. 13o. 1963, nach Ende der zweiten Planperiode, betrug die geschätzte Zahl der fertiggestellten Projekte 198, die restlichen 1oo sind vermutlich infolge des Bruchs mit der Sowjetunion niemals fertiggestellt worden. Eine andere Quelle spricht für 196o nur von 13o Projekten, während die restlichen 1964 noch nicht in Betrieb genommen werden konnten[48]. Fraglich ist auch, ob diese in Betrieb genommenen Projekte tatsächlich mit der geplanten Kapazität arbeiteten. Es ist z.B. bekannt, daß für das riesige Sanmen Gorge Kraftwerk am Gelben Fluß[49] aufgrund der Unterbrechung der Wirtschaftsbeziehungen statt der 8 geplanten nur eine Turbine aus der Sowjetunion geliefert wurde. Die dadurch ausgefallene Kapazität läßt es zweifelhaft erscheinen, ob das laut Planung nach Anshan zweitgrößte Stahlwerk in Paotow[5o] im vorgesehenen Zeitraum in Betrieb genommen werden konnte, da das genannte Kraftwerk die Energie für diesen Eisen- und Stahlkomplex bereitzustellen hatte.

Neben der Sowjetunion leisteten auch die anderen sozialistischen Länder ihren Beitrag zur chinesischen Industrialisierung. Sie halfen bei insgesamt 68 Projekten, von denen Ende 1957 64 im Bau und 27 fertiggestellt waren[51]. Inwieweit die Fertigstellung der übrigen durch den Bruch mit der Sowjetunion betroffen war, ist nicht mit Gewißheit festzustellen. Die Tatsache, daß die Lieferung von Kapitalgütern aus den osteuropäischen Ländern 196o nicht so abrupt zurückging wie bei der Sowjetunion, weist eher darauf hin, daß diese Projekte zu Ende geführt wurden.

Die Branchenverteilung dieser Projekte ist nur für die 156 sowjetischen des 1. Fünfjahresplans bekannt. Aus ihr geht, insbesondere wenn man sie mit den anderen der 694 "Übernormprojekte"[52] des 1. Fünfjahresplans vergleicht, die starke Orientierung am sowjetischen Industrialisierungsmodell mit eindeutigem Vorrang der Schwerindustrie hervor.

Tabelle 65: Branchenverteilung der "Übernormprojekte" des 1. Fünfjahresplans, Anteil der sowjetischen Industrieprojekte und jeweilige sowjetische Lieferungen

Branche	Zahl der "Übernorm-projekte"	davon sowjet. Projekte	Art der sowjetischen Lieferungen
Schwerindustrie			
Eisen und Stahl	15	3	Maschinen u.Ausrüstungen f.d.Werke in Anshan, Wuhan und Paotow
NE-Metalle	18+?	18	Maschinen u.Ausrüstungen f.d.18 sowjetischen Projekte
Elektr.Energie	1o7	24	Maschinen u.Ausrüstungen f.d.24 sowjet. und 7o % der Ausrüstungen f.d. übrigen 83 Projekte
Maschinenbau	63+?	63	Maschinen u.Ausrüstungen f.d.63 sowjet.Projekte
Kohle	194	27	Maschinen u.Ausrüstungen f.d.27 sowjet.Projekte
Erdöl	13	2	Maschinen u.Ausrüstungen f.d. 2 sowjet.Projekte
Chemie	15	5	Maschinen u.Ausrüstungen f.d.5 sowjet.Projekte
Baustoffe	21	O	-
Holz	6	O	Import von Transportfahrzeugen u.Maschinen (evtl. aus der SU)
Leichtindustrie			
Textil	53	o	-
Nahrungsmittel	34	O	-
Arznei u. med. Geräte	4	2	Maschinen u.Ausrüstungen f.d. 2 sowjet.Projekte
Papier	1o	1	Maschinen u.Ausrüstungen f.d. sowjetische Projekt
Sonstiges	7	O	-
nicht identifiziert	134	11	-
gesamte Projekte	694	156	

Mah 1959, S.9o

Tabelle 65 zeigt, daß von den 694 Übernormprojekten die 156 sowjetischen Projekte auf die Schlüsselbranchen der Schwerindustrie[53] konzentriert sind. Die drei Eisen- und Stahlkomplexe von Anshan (Wiederinbetriebnahme und Erweiterung der japanischen Gründung), Wuhan und Paotow bilden das Rückgrat der chinesichen Eisen- und Stahlindustrie. Für die übrigen Werke dieser Branche liefert die Sowjetunion entscheidende Ausrüstungen[54]. Außerdem befinden sich unter den identifizierten sowjetischen Projekten alle bekannten Anlagen aus dem Bereich der NE-Metalle und des Maschinenbaus. Aus dem gesamten Bereich der Leichtindustrie wurden lediglich drei Projekte sowjetischen Ursprungs festgestellt. Die"chinesischen" Projekte konzentrieren sich demgegenüber auf die Bereiche der Roh- und Hilfsstoffproduktion - Kohle, Erdöl, Baustoffe, Holz - und vor allem auf die Leichtindustrie mit Textil- und Nahrungsmittelproduktion. Die beiden letztgenannten Bereiche sind Branchen, die bereits vor der Revolution in den Vertragshäfen in großer Zahl mit ausländischem Kapital errichtet wurden. Hier mag es sich also zum Teil um Wiederinbetriebnahme oder Ausbau vorhandener Kapazitäten handeln. Aus der Tabelle 3 geht weiterhin hervor, daß die Sowjetunion nicht nur die kompletten Anlagen für ihre Projekte lieferte, sondern auch Ausrüstungsgüter für die "chinesichen" Projekte.

Wenn man berücksichtigt, daß 45,5 Prozent der staatlichen Investitionen der 1. Planperiode für den Industriesektor aufgewendet wurden (gegenüber 7,6 Prozent für den Agrarsektor), von denen wiederum 85 Prozent in die Schwerindustrie flossen, wird deutlich, daß das Gros der staatlichen Kapitalinvestitionen auf die 156 sowjetischen Industrieprojekte fiel. Der Anteil der industriellen Investitionen wies sogar von 1953 = 35,4 Prozent bis 1957 = 52,3 Prozent eine steigende Tendenz auf und war für die zweite Planperiode bis 1962 auf 64,8 Prozent im Schnitt (davon 87,4 Prozent Schwerindustrie) veranschlagt[55].

Sowohl die Allokation der gesamtwirtschaftlichen Ressourcen wie die Verteilung innerhalb der Branchen mit Konzentration auf Eisen und Stahl, Maschinenbau sowie Kohle- und Erzbergbau läßt klar die Orientierung am sowjetischen Modell erkennen. Die Feststellung scheint nicht übertrieben, daß die Sowjetunion im Jahre 1953 auf das chinesische Ersuchen nach großzügiger Kooperation den Chinesen eine Industrialisierung getreu ihrem eigenen Weg seit Ende der 2oer Jahre empfohlen hatte. Mangels eigener Erfahrungen mit diesem Weg sahen sich die Chinesen zu diesem Zeitpunkt kaum veranlaßt, dieses Anerbieten nicht zu akzeptieren.

Lieferung von Produktionsgütern und kompletten Industrieanlagen

Wie bereits angedeutet, beschränkte die Sowjetunion sich nicht auf die Globalplanung, sondern lieferte in großem Stil die notwendigen Anlagen zur Realisierung dieser Pläne. Tabelle 66 gibt einen Überblick über das Wachstum und die Struktur der sowjetischen Exporte in die VR China bis zum Ende des 2. Fünfjahresplans.

Zwei Trends bestimmen die Struktur der sowjetischen Exporte. Bis 1954 erscheint der Hauptteil der Lieferungen unter der Rubrik "unspezifiziert". Dabei handelt es sich aller Wahrscheinlichkeit nach um Rüstungslieferungen im Hinblick auf die chinesische Teilnahme am Korea-Krieg und die auch weiterhin bestehende militärische Bedrohung. 1953 (Ende des Koreakriegs) erreichen diese Lieferungen mit fast 4oo Mio US $ ihren absoluten Höhepunkt und 37,2 Prozent des Gesamtexports nach China. Bis 196o gehen sie dann absolut und relativ zurück.

Der zweite Trend bezieht sich auf die Lieferungen von Maschinen und kompletten Anlagen. Außer einem leichten Rückgang 1956 steigen hier die sowjetischen Exporte absolut und relativ bis 1959/6o und erhöhen ihren Anteil von 195o = 1o,6 Prozent auf 196o = 61,7 Prozent. Auch während des Großen Sprungs wird dieser Trend nicht gebrochen, im Gegenteil, die größte absolute Zunahme erfolgt gerade von 1958 auf 1959. Infolge des wirtschaftlichen Bruchs im Juli 196o gehen die sowjetischen Lieferungen, in erster Linie die Ausrüstungslieferungen und weniger die sonstigen Exporte, rapide zurück und betragen 1962 weniger als 195o.

Tabelle 66:Exporte der Sowjetunion nach China 195o-62 in Mio US $ (4 Rubel = 1 US $)

	1 gesamt[1]	2 unspezifiziert[2] = Rüstungsgüter	3 2 in Prozent von 1[2]	4 Industrieanlagen u. Maschinen[1]	5 davon komplette Anlagen[3]	6 4 in Prozent von 1[1]
195o	388,2	285,3	73,5	41,3	1,o	1o,6
1951	478,4	2o1,9	42,2	1o9,8	34,4	22,9
1952	554,2	248,8	44,9	156,6	45,o	28,2
1953	697,6	399,o	57,2	168,9	) 142,4	23,1
1954	756,3	392,5	51,9	198,8	)	26,2
1955	748,3	322,5	43,1	229,6	141,5	3o,7
1956	733,o	239,o	32,6	3o4,7	216,9	41,6
1957	544,1	12o,8	22,2	271,5	2o9,9	49,9
Zwischensumme 1957 = Ende des 1.Fünfjahresplans	4.9oo,1	2.2o9,8	45,1	1.481,2		3o,2
1958	634,o	12o,9	19,1	318,o	166,2	5o,2
1959	954,4	165,5	17,3	597,5	399,8	62,6
196o	817,1	1o7,o	13,1	5o3,9	373,8	61,7
1961	367,3	19,1[a]	5,2[a]	1o8,1	78,9	29,4
1962	233,2	4o,3[a]	12,8[a]	27,3	8,9	11,7
Summe bis Ende des 2. Plans	7.9o6,2	2.662,6	33,7	3.o36,1	1.817,8	38,4

1) Cheng Chu-yuan 1964, S.58, 61 und 65
2) berechnet nach Cheng Chu-yuan 1964, S.52 und 58
3) Cheng Chu-yuan 1964, S.31

a) inklusive "Sonstiges"

Insgesamt lieferte die Sowjetunion bis zum Ende des 2. Fünfjahresplans Ausrüstungsgüter im Wert von 3,o36 Mrd US $, davon allein komplette Anlagen im Wert von 1,817 Mrd US $. Galensons Feststellung, "ohne Importe aus der Sowjetunion hätte es keinen chinesischen Fünfjahresplan gegeben"[56], erscheint einleuchtend. Insgesamt sind ca.6o Prozent der Maschinerie für die sowjetischen Projekte importiert worden[57]. Der enorme Zuwachs der Importe von Maschinen und Anlagen in den Jahren 1959 und 196o (hier vor allem in der ersten Jahreshälfte) läßt darauf schließen, daß in diesen beiden Jahren, wie auch aus Tabelle 64 hervorgeht, eine große Zahl von Projekten in Angriff genommen und auch fertiggestellt worden ist. Der Anfang 1958 einsetzende Große Sprung hat demnach auch im Bereich der langfristigen Planung der sowjetischen Projekte zur forcierten Fertigstellung geführt. Keinesfalls ist aber, wie infolge einer sowjetischen Verstimmung über den ersten chinesischen Emanzipationsversuch in der Entwicklungskonzeption zu vermuten wäre, das sowjetische Engagement zurückgegangen. Im Gegenteil, die Sowjetunion hat, wenn vielleicht auch nur widerwillig, den Großen Sprung durch gesteigerte Lieferungen unterstützt. Der ab 1961 einsetzende rapide Rückgang der Exporte betrifft in erster Linie die Maschinenexporte, wie aus dem drastischen relativen Rückgang von 61,7 auf 11,7 Prozent zu entnehmen ist, während die übrigen allerdings geringen Rohstoff- und Konsumgüterlieferungen weitgehend konstant bleiben. Die Frage, die sich anschließt, lautet, wie diese Importe finanziert wurden.

Sowjetische Kredithilfe

Eine mögliche Antwort lautet, daß die Sowjetunion parallel zu ihren Lieferungen der VR China in gleichem Maße Kredite einräumte. Über Umfang und Verwendung der sowjetischen Kredite an die VR China sind nur sehr wenige offizielle Angaben verfügbar. Außer den beiden genannten Wirtschaftskrediten[58] von 3oo Mio US $ im Jahre 195o, auszahlbar in 5 Raten zu 6o Mio, und 13o Mio US $ im Jahre 1954 sind keine direkten Angaben gemacht worden. In seinem Report über die Staatsausgaben 1956 und den Haushalt 1957 machte der frühere Finanzminister Li Hsien-nien allerdings einige Angaben über die Gesamthöhe der sowjetischen Kredite von ca.

2,25o Mrd US $ und ihre Verteilung auf die Periode des 1. Fünfjahresplans sowie die Zeit von 195o-1952. Die Kredite für 1956 und 1957 bezifferte er auf 5o bzw. 1o Mio US $. Außerdem existieren indirekte Hinweise, daß die Sowjetunion Anfang der 5oer Jahre umfangreiche Kredite im Zusammenhang mit den Rüstungslieferungen im Hinblick auf den Koreakrieg, zur Nationalisierung von 4 sowjetisch-chinesischen Joint Ventures im Jahre 1953 und für die Übernahme von sowjetischem Kriegsmaterial nach der Räumung des SU-Stütztpunkts Port Arthur im Jahre 1954 gewährte. Ein nicht unerheblicher Rest der Gesamtsumme bleibt allerdings ungeklärt. Aus der Tatsache, daß die beiden expliziten Wirtschaftskredite besonders angekündigt wurden, kann allerdings gefolgert werden, daß es sich bei dem verbleibenden Rest kaum um wirtschaftliche, sondern eher um weitere militärische Kredite handelte. Nach 1957 sind mit ziemlicher Sicherheit, abgesehen von einem Kredit zur Überbrückung chinesischer Zahlungsbilanzschwierigkeiten im Jahre 1961 in Höhe von 366 Mil US $, keine langfristigen Kredite sowjetischerseits mehr vergeben worden. Li Hsienniens Angabe von 1957 über die gesamte Kredithöhe wurde 1966 nämlich von Yung Lung-kwei, Vizepräsident des "All China Committee for the Promotion of International Trade", gegenüber Han Suyin bestätigt. Yung nannte den Betrag von 2616 Mil US $ sowjetischer Kredite bis 1961[59], was der Summe aus Lis Angabe und dem Überbrückungskredit von 1961 entsprechen würde.

Auf der Basis der direkten und indirekten Hinweise gibt es verschiedene Kalkulationen über die mögliche Zusammensetzung der gesamten Kreditsumme[6o]. Einig sind sich die meisten Autoren, daß außer den genannten 43o Mil keine weiteren Kredite eingeräumt wurden, mit denen Kapitalgüterimporte hätten finanziert werden können. Der Kredit zur Übernahme der vier Joint Ventures war zwar wirtschaftlicher Art, garantierte aber nicht die Finanzierung weiterer Importe. Mehr oder weniger eindeutig sind demgegenüber 1,379 Mrd US $ als Rüstungskredite zu identifizieren. Whiting[61] spricht sogar von 2 Mrd für Rüstungslieferungen, eine Zahl, die aber aufgrund der vorhandenen Daten als überhöht anzusehen ist.

Folgende Übersicht scheint mir am plausibelsten. Ein Vergleich mit den gesamten chinesischen Investitionen des staatlichen Sektors verleiht ihnen das entsprechende Gewicht.

Tabelle 67: Sowjetische Kredite, ihre Verwendung und ihr Anteil an den chinesischen Kapitalinvestitionen, 195o - 1957

		in Mio US $ (1 $ = 2,355 ¥)			in Mio ¥		
		Wirtschaftskredite zur Finanzierung von Importen	sonstige Kredite	gesamte Kredite[1]	Kapitalinvestitionen[2] im Rahmen des Staatsplans	sowjet. Wirtschaftskredite	Kredite in % der Kapitalinvestitionen
Restaurationsphase	195o	)	)	)	1.o4o	)	)
	1951	) 12o	) 8o5[a]	) 925	1.88o	) 283	) 4,3
	1952	)	)	)	3.71o	)	)
Summe		12o	8o5	925	6.63o	283	4,3
1. Fünfjahresplan	1953	6o	126[b]	186	6.51o	141	2,2
	1954	6o	315[c]	375	7.5oo	141	1,9
	1955	13o	574[d]	7o4	8.63o	3o5	3,5
	1956	5o	O	5o	13.99o	117	o,8
	1957	1o	O	1o	12.64o	23	o,2
Summe		31o	1.o15	1.325	49.27o	727	1,5
Gesamtsumme		43o	1.82o	2.25o	55.9oo	1.o1o	1,9

1) Diese Aufstellung bringt auch Dernberger 1959, S.155

2) Ten Great Years, S.43

a) - d) vgl. Tabelle in Fußnote 5o

Demnach gelangten die von 195o bis 1952 fälligen wirtschaftlichen Kredite von 18o Mio nicht voll zur Auszahlung, sondern wurden, wie nach den Bestimmungen des Vertrages möglich, erst in späteren Jahren voll in Anspruch genommen. Im Rahmen des 1. Fünfjahresplans standen demnach 31o Mio US $ Kredite für Investitionszwecke zur Verfügung. Das bedeutet, daß in der sogenannten Restaurationsperiode 4,3 Prozent und während des 1. Fünfjahresplans lediglich 1,5 Prozent der staatlichen Kapitalinvestitionen durch sowjetische Kredite abgedeckt waren. Diese Quote sinkt aber bereits 1956 unter 1 Prozent. Die Gesamtkredite während des 1. Plans von 1,325 Mrd US $ betragen, gemessen am gesamten Staatsbudget dieser Periode, o,53 Prozent[62]. Mißt man die sowjetischen Kredite an den chinesischen Importen aus der Sowjetunion während der gesamten Periode, ergibt sich immerhin eine Quote von 45,9 Prozent. Separiert man allerdings nach Rüstungs- und Zivilimporten bzw. wirtschaftlichen und eindeutig militärischen Krediten, zeigt sich, daß die Sowjetunion nur zur Finanzierung der Rüstungslieferungen sehr spendabel war. Demnach wären im Zeitraum 195o - 1957 6o,o Prozent der vermutlichen Rüstungslieferungen durch eindeutig militärische Kredite abgedeckt, während die Quote bei den zivilen Lieferungen nur 16,o Prozent betragen würde. Gemessen an den reinen Produktionsgüterlieferungen wären es immerhin 29,o Prozent[63].

Die Sowjetunion hatte also im Hinblick auf die chinesische Teilnahme am Korea-Krieg ein starkes Interesse, dieses Engagement durch Lieferungen von Rüstungsgütern und massive Kredite zu fördern, während die Finanzierung des Industrialisierungsprogramms weitgehend durch interne Ressourcen vorgenommen werden mußte. Das wird besonders deutlich, wenn man die Periode bis 1962 (Ende des 2. Fünfjahresplans) verlängert. Dann beträgt die Quote der kreditierten zivilen Importe nur noch 8,2 Prozent bzw. 14,2 Prozent, bezogen auf die Produktionsmittelimporte. Als vorläufiges Resultat kann festgehalten werden, daß die Kapitalgüterimporte sofort und die Rüstungsimporte mit Zeitverzögerung zu einem starken Anstieg des chinesischen Exportvolumens führen mußten, was sich, da es sich dabei naturgemäß in erster Linie um Agrarexporte handelte, in einer wachsenden Belastung der chinesischen Landwirtschaft äußerte. Welche Konsequenzen sich daraus ergaben, soll weiter unten behandelt werden.

Technologietransfer

Neben den genannten Industrieprojekten leistete die Sowjetunion umfangreiche technologische Hilfe im weitesten Sinn, die sowohl in der Zurverfügungstellung von Bauplänen und Konstruktionsanleitungen wie der Entsendung von Technikern nach China und der Ausbildung von chinesischen Studenten, Ingenieuren und Facharbeitern in der Sowjetunion bestand.

Bis 1960 arbeiteten in China insgesamt ca. 10.800 Techniker und andere Spezialisten aus der Sowjetunion sowie ca. 1.500 aus anderen osteuropäischen Ländern[64]. Einzelne Hinweise über deren Tätigkeiten[65] weisen darauf hin, daß ein Schwerpunkt die sowjetisch-chinesischen Joint Ventures bildeten. So wurden 1.500 Experten bei der Reorganisation der Changchung-Eisenbahn in der Mandschurei und 500 bei der Erschließung der Ölfelder in Sinkiang eingesetzt, beides Aktionsfelder, in denen Rußland schon in früheren Zeiten aktiv war[66].

Weitere Einzelheiten über die Tätigkeiten der sowjetischen Experten beziehen sich auf den Wiederaufbau bzw. die Errichtung der Eisen- und Stahlwerke in Anshan (300) und Wuhan (100), von Maschinenfabriken in Loyang, Shenyang, Shangai und Wuhan (zusammen mehr als 200), von Traktoren- und Automobilfabriken in Loyang und Changchun (mehrere hundert), von drei Chemiefabriken in der Provinz Kirin (100), von Elektroindustrie in Peking und Shenyang (229) sowie beim Zinnbergbau in Yunnan (100)[67]. Darüber hinaus umfaßten die Tätigkeiten mit der bereits genannten Reorganisation des Eisenbahnwesens in der Mandschurei, dem Bau der Yangtze-Brücke in Wuhan (24) und Bodenexplorationen in Hunan (mehr als 200) auch den Bereich der Infrastruktur. Mit Hilfe von 54 sowjetischen Agrarexperten wurde auch die "Freundschaftsfarm"[68] in der Nordmandschurei errichtet, die als Musterbetrieb dienen sollte. Besonders interessant ist die Tätigkeit von

16o sowjetischen Experten im Ministerium für Metallurgie. Das weist darauf hin, daß die Sowjetunion nicht nur die Planung und den Aufbau einzelner Projekte durchführte, sondern auch weiterhin wesentlichen Anteil an der globalen Industrieplanung hatte, nachdem die grundsätzlichen Entscheidungen und Abkommen bereits getroffen waren.

Bei der Ausbildung von Chinesen wurde zweigleisig verfahren. Sie umfaßte zum einen die Ausbildung von chinesischen Ingenieuren und Facharbeitern vor Ort durch die sowjetischen Spezialisten an Instituten oder in den Fabriken [69], wobei fortgeschrittene Betriebe in einem Rotationssystem auch die Ausbildung der Arbeitskräfte anderer Betriebe übernahmen. Zum anderen wurden ca.8.ooo chinesische Ingenieure und 38.ooo Studenten in der Sowjetunion ausgebildet [7o].

Hier macht sich eine Hinterlassenschaft der japanischen Industrialisierung bemerkbar. Die Japaner hatten zwar in den 3oer und 4oer Jahren einen kompletten schwerindustriellen Sektor in der Mandschurei errichtet, dabei aber fast ausschließlich auf japanische Ingenieure und Facharbeiter zurückgegriffen, während den Chinesen nur die Hilfstätigkeiten zugewiesen wurden. 1949 war das chinesische Know-how in diesem Bereich nahezu Null [71]. Die Sowjetunion mußte also im Zuge ihres Aufbauprogramms erst einmal die Ausbildung der benötigten Arbeitskräfte und Techniker sicher stellen.

Die andere Seite des Technologietransfers betraf die Überlassung von ca.1o.ooo Konstruktionsbeschreibungen für technische Verfahren und Bauanleitungen für Maschinen und komplette Produktionsanlagen neben den eigentlichen Hilfsprojekten. Hierbei handelte es sich fast um die gesamte Palette der Industrie: Stahl, Kohle, Chemie, Maschinenbau, Baustoffe, Transporteinrichtungen, Kraftwerke, verschiedene Branchen der Leichtindustrie sowie Agrarprojekte [72]. Hierbei ist zu berücksichtigen, daß diese technologischen Verfahren entsprechend den Voraussetzungen und Bedürfnissen der Sowjetunion entwickelt worden waren. So arbeitete die Sowjetunion z.B. in der Eisen- und Stahlindustrie auf einer Rohstoffbasis, die für China nur mit Schwierigkeiten nachzuvollziehen war [73].

Management und Arbeitsorganisation

Ein fünfter Bereich, der in seiner Bedeutung nicht zu unterschätzen ist, betraf den Bereich der Betriebsführung. Oftmals blieben die sowjetischen Experten auch nach Errichtung der Werke, um bei der Betriebsführung mitzuwirken. Das führte dazu, daß die Sowjetunion wesentlichen Einfluß auf den Prozeß der Rechnungsführung[74], der Arbeitsorganisation, der Betriebshierarchie, der Festsetzung der Normen nach Menge und Gewicht, der Einführung von materiellen Anreizen und gestaffelten Lohnsystemen[75] nehmen konnte bzw. nehmen mußte, weil entsprechende chinesische Erfahrungen nicht vorhanden waren[76]. Ein Effekt des Abzugs der sowjetischen Spezialisten im Juli 196o war demzufolge nicht nur die Zurücklassung von Investitionsruinen, sondern auch die Stillegung bereits produzierender Betriebe, da das technische Management fehlte[77].

2.3.2. Kosten und Konsequenzen der sowjetisch-chinesischen Kooperation

Es gibt verschiedene Untersuchungen, die sich auf die Suche nach möglichen wirtschaftlichen Hintergründen für die Abkühlung der chinesisch-sowjetischen Beziehungen seit etwa 1956 begeben haben[78]. Wenn auch der Hauptgrund für den schließlichen Bruch im Juli 196o in ideologischen Auseinandersetzungen gesehen wird, aktueller Anlaß waren die scharfen persönlichen Angriffe der chinesischen Delegation gegenüber Chrustchow auf dem 3. Parteitag der rumänischen KP in Bukarest im Juni 196o[79], so lassen sich doch eine Reihe von für China negativen Begleiterscheinungen der chinesich-sowjetischen Zusammenarbeit feststellen, die vor allem seit Mitte der 5oer Jahre ein gravierendes Ausmaß annahmen. Die Frage ist nur, ob tatsächlich jene Begleiterscheinungen, wie diverse Autoren vermuten, den Anlaß zu den Spannungen gaben, oder ob nicht die grundlegenden Konsequenzen des sowjetischen Industrialisierungsmodells im Hinblick auf den Entwicklungsbegriff im allgemeinen und die spezifischen Wirtschaftsprobleme der Übertragung des Modells im besonderen, die sich erst seit der Mitte der 5oer Jahre in verstärktem Maße äußerten, auf chinesischer Seite Anlaß zu einer grundsätzlichen Revidierung der chinesisch-sowjetischen Beziehungen gegeben haben. Im folgenden unterscheide ich deshalb zwischen den eher sekundären Kosten der Zusammenarbeit und den viel fundamentaleren langfristigen Konsequenzen der Nachvollziehung des sowjetischen Wirtschaftsmodells.

Kosten

Der erste Komplex dieser "Kosten" hat seinen Ursprung in der Zeit vor der kommunistischen Machtübernahme, betraf aber auch die Zeit nach 1949. Nach den Bestimmungen des Jalta-Abkommens und aufgrund des Kriegseintritts eine Woche vor der japanischen Kapitulation hatte die Sowjetunion das Recht erworben, Reparationen zu fordern[80], die in ihrer Auswirkung aber weniger die Japaner als die Chinesen trafen. Im Hintergrund dieser Reparationsforderungen stand offenbar der Versuch, solange das weitere politische Schicksal Chinas noch nicht entschieden war, den alten russischen Einfluß in der Mandschurei wieder zu gewinnen. Die Reparationen bestanden in der umfangreichen Demontage der von den Japanern errichteten Schwerindustrie, der neuerlichen Kontrolle über die ehemalige russische Ostbahn (Changchun-Bahn) und der Wiedergewinnung des Militärstützpunkts und Hafens Port Arthur.

Unmittelbar nach Abzug der Japaner aus der Mandschurei im August 1945 begann die Sowjetunion mit der Demontage der zurückgelassenen Industriebetriebe, obwohl abzusehen war, daß diese Region in den zukünftigen Machtbereich der chinesischen Kommunisten fallen würde, während die Herrschaft der KMT sich auf den Süden Chinas erstreckte. Über den Umfang dieser Demontage gibt es unterschiedliche Aussagen[81]. Die sogenannte Pauley-Kommission die 1946 im Auftrag der US-Regierung den Zustand der japanischen Industrieanlagen in der Mandschurei untersuchte, kam zu dem Ergebnis, daß Anlagen im Wert von 895 Mio US $ demontiert oder zerstört worden waren, wobei Pauley aber nicht mit Bestimmtheit angeben konnte, welcher Anteil dieser Summe auf die sowjetische Demontage und welcher Anteil auf Folgen des Bürgerkriegs zurückzuführen sei. Der Sowjetunion wies er aber die

Hauptverantwortung zu. Den Wiederbeschaffungswert bezifferte er auf ca.2 Mrd US $. Eine später von der KMT-Regierung verpflichtete japanische Expertenkommission schätzte den Wert der demontierten Anlagen auf 1.233 Mio US $. Darüber hinaus seien ca. 5o Prozent dieser Summe als Bürgerkriegsschäden zu veranschlagen, so daß der Gesamtverlust etwa 2 Mrd US $ zu Vorkriegspreisen betrage. Einig sind sich beide Kommissionen weitgehend in der Schätzung über den Kapazitätsausfall, der in erster Linie die Schwerindustrie betraf und je nach Branche zwischen 5o und 1oo Prozent betrug. Die Angaben der Sowjetunion über demontierte Anlagen beziffern sich demgegenüber auf 97 Mio US $. Wie hoch diese Summe genau gewesen sein mag, wird nicht mehr geklärt werden können. Fest steht jedenfalls, daß die Demontage zur fast völligen Stillegung der Produktion in der Mandschurei führte, zumal vor allem die modernste Maschinerie entnommen wurde, und daß die VR China später keine angemessene Erstattung erhielt, wenn auch einzuräumen ist, daß es sich um ehemalige japanische Investitionen handelte. Der übrige ehemalige japanische Besitz, der von der Sowjetunion 1945 übernommen worden war, wurde den Chinesen 195o übereignet[82]. Die Wiederinbetriebnahme der mandschurischen Schwerindustrie, eine der Hauptaktivitäten der Restaurationsphase bis 1952, wurde zwar weitgehend durch sowjetische Maschinen und Ausrüstungen ermöglicht, nur mußten die Chinesen dafür entsprechenden Gegenwert leisten.

Die Unterstellung der <u>Ostbahn</u> (Changchun-Eisenbahn) unter eine gemischte sowjetisch-chinesische Kontrolle blieb auch nach der kommunistischen Machtübernahme erhalten, nur wurden die nationalchinesischen durch kommunistische Direktoren ersetzt. Das große Interesse, daß die Sowjetunion an dieser Eisenbahn hatte, zeigt die Tatsache, daß allein 1.5oo der 1o.8oo sowjetischen Experten mit der Reorganisation und Betriebsführung des mandschurischen Eisenbahnnetzes betraut waren. Durch die Kontrolle der Ostbahn war die Verbindung zum wiedergewonnenen Militärhafen <u>Port Arthur</u> hergestellt. Die Kontrolle über Eisenbahn und Militärstützpunkt wurde in den Verträgen vom Februar 195o weiterhin sichergestellt[83]. Erst nach Stalins Tod und dem Ende des Koreakriegs fand sich die Sowjetunion bereit, diese Rechte im Vertrag vom Oktober 1954 aufzugeben. Die Eisenbahn wurde allerdings schon Ende 1952 ohne Kompensation "nationalisiert"[84]. Die sowjetischen Truppen ließen 1955 bei ihrem Abzug aus Port Arthur große Mengen Kriegsmaterial zurück, das den Chinesen gegen Entgelt überlassen wurde . Die vermuteten Kredite für diese Übernahme schwanken zwischen 577 und 7o4 Mio US $[85].

Ökonomische wie militärstrategische Gründe scheinen beim Komplex Reparationen ähnlich der sowjetischen Deutschlandpolitik nach 1945 ineinander verwoben zu sein. Neben dem Interesse an den demontierten Industrieanlagen war die Sowjetunion darauf bedacht, alten militärischen Einfluß in der Region zurück zu gewinnen und gleichzeitig den wirtschaftlichen Kern einer gegen sie gerichteten militärischen Bedrohung in Ostasien zu vernichten. Dieses Interesse wurde offenbar höher veranschlagt als der Nutzen, den die in dieser Region erwartungsgemäß herrschenden chinesischen Kommunisten hätten davontragen können.

Der zweite Komplex, <u>Joint Ventures</u>, knüpft ebenfalls an alte russische Interessen an. Am 27.3.195o wurden im Rahmen des allgemeinen Hilfsprogramms Verträge über drei sowjetisch-chinesische Gesellschaften geschlossen, die die Gewinnung von NE- und anderen seltenen Metallen in Sinkiang (u.a. Uran), die Gewinnung und Raffinierung von Öl und Gas in Sinkiang und die Betreibung einer zivilen Luftfahrtgesellschaft durchführen sollten. Diese Abkommen wurden am 28.7.1951 um eine vierte Gesellschaft ergänzt, die Schiffsbau und Schiffsreparatur in Dairen betreiben sollte[86]. Diese Joint Ventures greifen die traditionellen russischen Interessen an den Bodenschätzen in Sinkiang wieder auf bzw. scheinen mit der Werft im ehemaligen russischen Handelshafen Dairen, der in unmittelbarer Nachbarschaft von Port Arthur liegt, auch militärische Interessen zu berühren. Mit Port Arthur besaß die Sowjetunion einen eisfreien Pazifikhafen, der jetzt durch Schiffsbau und Reparatureinrichtungen in Dairen ergänzt wurde. Auch diese Unternehmungen scheinen ein bevorzugtes Objekt der sowjetischen Experten gewesen zu sein, wie die Zahl von

5oo Technikern bei der Erschließung der Ölfelder in Sinkiang beweist. Insgesamt betrafen vermutlich die sowjetischen Zusagen über die Wirtschaftshilfe im Jahre 195o in erster Linie die Errichtung von (rüstungsrelevanten?) Industriekapazitäten in der Mandschurei[87].

Im Gegensatz zu Grow würde ich diese Unternehmungen aber weniger als Zeichen des ökonomischen Sowjetimperialismus deuten[88] als als den Versuch, militärstrategisch relevante Positionen zu errichten, deren Aufrechterhaltung nach dem Ende des Koreakrieges wieder aufgegeben wurde. Am 12.1o.1954 wurden die vier Gesellschaften nämlich "nationalisiert", wobei die Chinesen allerdings eine Abfindung von ca.18o Mio US $ zu leisten hatten[89]. Die Uranlieferungen aus Sinkiang wurden allerdings weiterhin vertraglich festgelegt. So scheinen denn weniger die etwaigen Folgen dieser doch recht kurzen ökonomischen Penetration als die mit der Nationalisierung bzw. Übernahme der Rüstungsgüter verbundenen Zahlungsbilanzprobleme gravierend. Beides wurde zwar zunächst kreditiert (Gesamtkredite laut Tabelle 67 ca. 9oo Mio US $), die Rückzahlung bzw. Entgeltung mit chinesischen Warenlieferungen trug aber seit 1956 wesentlich zu der diskrepanten chinesisch-sowjetischen Zahlungsbilanz bei.

Als dritter Komplex knüpfen die ökonomischen Aspekte der chinesischen Teilnahme am Koreakrieg direkt daran an. Wie weit dies auf sowjetische Intervention geschah, interessiert in diesem Zusammenhang nicht. Möglich war die Teilnahme chinesischer Truppen jedenfalls nur mit Hilfe massiver sowjetischer Waffenlieferungen. Der unspezifizierte Anteil der sowjetischen Exporte nach China, hierbei handelt es sich vermutlich ausschließlich um Rüstungsgüter, betrug 195o bis 1953 zwischen 42,2 und 73,5 Prozent. Absolut handelte es sich dabei um Lieferungen im Wert von ca. 1,135 Mrd US $ (vgl. dazu Tabelle 66)[9o]. Nach 1953 nahmen diese Lieferungen nur allmählich ab. Die Sowjetunion war zwar bereit, diese Lieferungen zunächst großzügig zu kreditieren (vgl. den vermutlichen Rüstungskredit von 8o5 Mio US $ 195o-1952 laut Tabelle 67), zurückzahlen mußte China diese Kredite aber schließlich in Form von Warenlieferungen.

Es stellt sich somit heraus, daß vor allem in der ersten Hälfte der 5oer Jahre ein erheblicher Teil des chinesisch-sowjetischen Außenhandels direkt oder indirekt durch Rüstungstransfers absorbiert wurde. Ebenso diente die Masse der sowjetischen Kredite den Waffenlieferungen, während man bei der Entwicklungsfinanzierung eher zurückhaltend war. Dies alles weist, im Zusammenhang mit der bereits erwähnten Verzögerung des 1.Fünfjahresplans, darauf hin, daß bis zum Tode Stalins auf sowjetischer Seite die militärischen Aspekte in den sowjetisch-chinesischen Beziehungen im Vordergrund gestanden haben. Die daraus resultierende Erbschaft spielt eine nicht unerhebliche Rolle bei den außenwirtschaftlichen Schwierigkeiten der Chinesen in der zweiten Hälfte der 5oer Jahre. Darüber hinaus gibt es Hinweise, daß die chinesischen Investitionen Anfang der 5oer Jahre vornehmlich in Rüstungsbetriebe flossen. Insgesamt absorbierte der Koreakrieg einen erheblichen Teil der öffentlichen Finanzen[91].

Konsequenzen

Damit sind wir bei den chinesischen Zahlungsbilanzschwierigkeiten, dem prekärsten Kostenfaktor der gegenseitigen Beziehungen der 5oer Jahre, die seit dem Jahre 1956 ein solches Ausmaß annahmen, daß sie zu wesentlichen Modifizierungen dieser Beziehungen führten. Die Konditionen der diversen sowjetischen Kredite sahen vor, daß sie in Warenlieferungen, Gold oder US-Dollars zurückzuzahlen seien. Ab 1955 begann die Rückzahlung dieser Kredite und übertraf ab 1956 das Ausmaß weiterer sowjetischer Kreditleistungen. Der bis dahin bestehende chinesische Importüberschuß gegenüber der Sowjetunion, der bis 1955 durch die Kredite finanziert werden konnte, mußte in einen Exportüberschuß verwandelt werden, um über die Abzahlung der Kredite weitere Importe abdecken zu können. Den Zusammenhang der Entwicklung der chinesisch-sowjetischen Handels- und Kreditbilanz gibt Tabelle 68 wieder[92].

Tabelle 68: Chinesisch-sowjetische Handels- und Kreditbilanz 1950-1962 in Mio US $
(1 US $ = 2,355 ¥)

	Import[1]	Export[1]	Saldo I	kumulativer Saldo I	Kredite[2]	Rückzahlungen[4]	Saldo II	kumulativer Saldo II	Saldo I + II[5]
1950	-388,2	+191,3	-197	-	)	-	)	)	)
1951	-478,4	+331,2	-147	-344	)+925	-	)+925	)+925	)+441
1952	-554,2	+413,8	-140	-484	)	-	)	)	)
1953	-697,6	+474,7	-223	-707	+186	-	+186	+1111	- 37
1954	-756,3	+578,4	-181	-888	+375	-	+375	+1486	+194
1955	-748,3	+643,5	-105	-993	+704	-253	+451	+1937	+346
1956	-733,0	+764,2	+ 31	-962	+ 50	-253	-203	+1734	-172
1957	-544,1	+738,1	+194	-768	+ 10	-259	-249	+1485	- 55
1958	-634,0	+881,2	+247	-521	-	-256	-256	+1229	- 9
1959	-954,5	+1100,3	+146	-375	-	-253[5]	-253	+ 976	-107
1960						(-335)[a]			
1960	-817,1	+848,1	+ 31	-344	-	- 15	- 15	+961	+ 16
1961	-367,3	+551,4	+184	-160	+366[3]	-212	+154	+1115	+338
1962	-233,2	+515,8	+283	+123	-	-161	-161	+954	+122

\+ = Einnahmen, - = Ausgaben

1) Cheng Chu-yuan 1964, S.58-66
2) Tabelle 67
3) Infolge chinesischer Zahlungs- und Lieferschwierigkeiten in der Krise nach dem Großen Sprung mußte die SU einen neuen Kredit über 5 Jahre in Höhe von 320 Mio + 46 Mio US $ Kredit für Zuckerlieferungen aus Kuba einräumen . Price 1965, S.593.
4) Berechnet nach Cheng Chu-yuan 1964. S.84.
5) Die Rückzahlung von insgesamt 1274 Mio US $ bis 1959 einschließlich bestätigte Yung Lung-kwei gegenüber Han Suyin; Derek Davies 1966, S.431.

a) geplant

Das bis 1955 aufgelaufene kumulative Handelsdefizit von nahezu 1 Mrd US $ konnte bis dahin ohne weiteres durch Kredite finanziert werden. 1956, als zum ersten Mal der Anteil der chinesischen Kapitalgüterimporte die Rüstungsgüterimporte (vgl. Tabelle 66) übersteigt, ist der Kreditsaldo für die VR China zum ersten Mal negativ. Die Folge ist ein leichter Rückgang der seit 195o ständig gestiegenen Importe aus der Sowjetunion, der sich 1957 in verstärktem Maße fortsetzt. Gleichzeitig muß ein zunehmender Handelsüberschuß erwirtschaftet werden, der die Kreditzahlungen allerdings nur zum Teil abdecken kann. Das weiterhin bestehende Defizit (vgl. Saldo I und II) mußte offensichtlich durch die im Westhandel verdienten Devisen ausgeglichen werden.

Schaubild 1o dokumentiert den Schnittpunkt der Handels- und Kreditbilanz im Jahre 1956, der quasi als turning point der sowjetisch-chinesischen Wirtschaftsbeziehungen anzusehen ist.

Schaubild 1a: Chinesisch-sowjetische Handels- und Kreditbilanz 195o - 1962

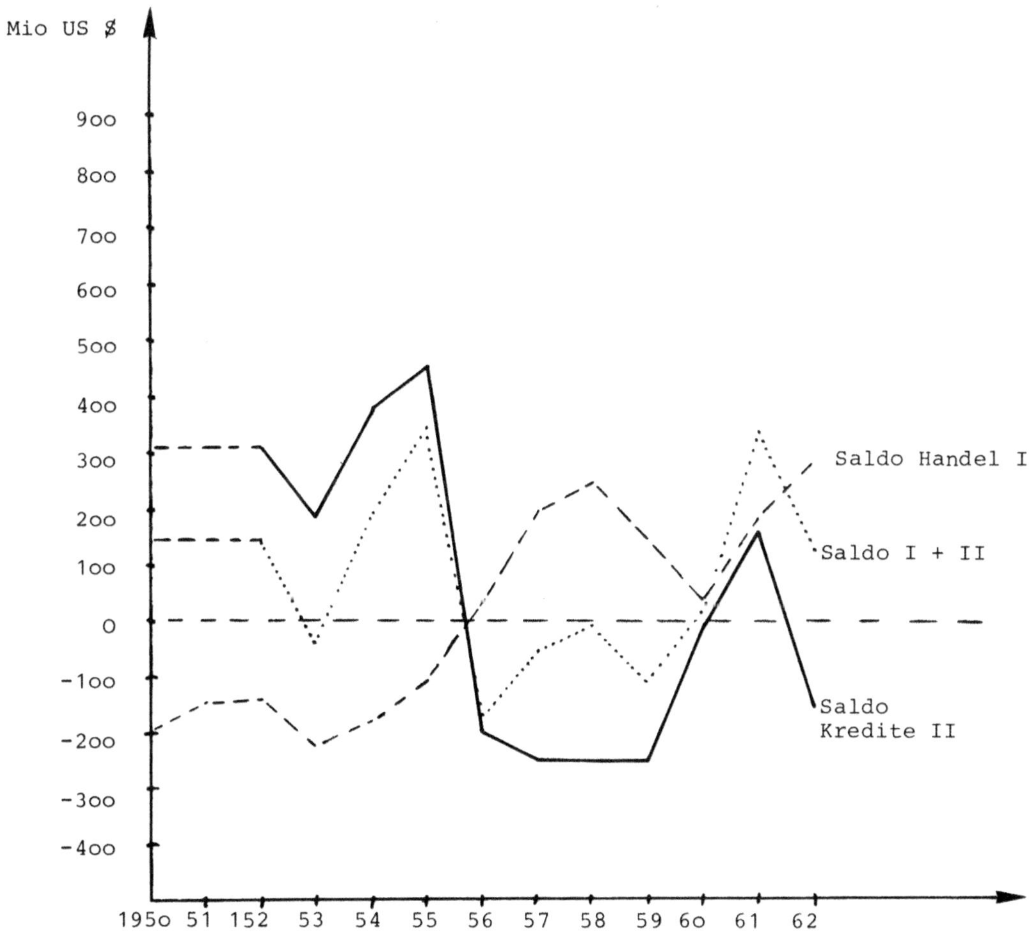

Die Konsequenz der sogar absolut im Jahre 1957 zurückgehenden Kapitalgüterimporte, der Rückgang im Import kompletter Industrieanlagen setzte sich sogar noch 1958 fort (vgl. Tabelle 66), war der Zwang, bei den weiteren Industrialisierungsprojekten in verstärktem Maß auf chinesische Bauteile zurückzugreifen. So sank denn auch der Anteil der aus der Sowjetunion importierten Ausrüstungen, der bei den 156 Projekten des 1. Fünfjahresplans noch 5o - 7o Prozent betragen hatte, bei den im August 1958 vereinbarten 47 Projekten auf 4o Prozent[93]. Diese Besinnung auf die "eigene Kraft", die sich 1956 schlicht durch Zahlungsbilanzprobleme ergab, kalkulierte sogar einen damit verbundenen Qualitäts- und Kostennachteil ein, wie ein diesbezügliches Zitat des damaligen Planungschefs Po I-po vom Juli 1957 zum Ausdruck bringt: "... die Importe von Maschinen und Ausrüstungen, die im eigenen Lande produziert werden können, (müssen) reduziert (werden) oder ganz aufhören... - sogar auf die Gefahr hin, daß die Qualität der selbstproduzierten Maschinen niedriger ist, und die Kosten höher liegen"[94].

Der stark wachsende Bedarf nach sowjetischen Kapitalgütern infolge des Großen Sprungs ab 1958, der durch die Sowjetunion mittels vorfristiger Lieferungen gedeckt wurde, ließ allerdings das Importvolumen wieder anschwellen mit der Konsequenz, daß die chinesischen Exporte in die Sowjetunion noch stärker gesteigert werden mußten, da ja weiterhin zusätzlich die Kredite abzutragen waren. Da aber die chinesischen Exporte zu einem erheblichen Teil aus Nahrungsmitteln und agrarischen Rohstoffen bestanden, brachte die Agrarkrise von 1959 bis 1961 im Zuge des Großen Sprungs den Finanzierungsmechanismus des sowjetisch-chinesischen Handels zum Einsturz. Die Chinesen waren nach der katastrophalen 1959er Ernte im folgenden Jahr nicht mehr in der Lage, genügend Exportgüter bereitzustellen, um die geplante Rückzahlung von 335 Mio US $ (vgl. Tabelle 68) abzudecken. Im Gegenteil, die Sowjetunion sah sich 1961 sogar gezwungen, einen neuen Kredit von 32o Mio US $ zu gewähren, um die offensichtlich anhaltenden chinesischen Lieferschwierigkeiten zu überbrücken. Ab 1961 geht der sowjetisch-chinesische Handel bei steigendem chinesischen Exportüberschuß stark zurück. Das war zunächst eine Folge des wirtschaftlichen Bruchs, der mit einer Suspendierung der sowjetischen Kapitalgüterlieferungen verbunden war. 1962 sind die sowjetischen Maschinenexporte fast auf Null zurückgegangen (vgl. Tabelle66). Gleichzeitig löste sich dadurch aber auch das chinesische Zahlungsbilanzproblem.

Im wesentlichen lassen sich drei Resultate des chinesisch-sowjetischen Handels festhalten:
1. Die Konsequenzen der hohen Rüstungsimporte in der ersten Hälfte der 5oer Jahre machen sich ab 1956 gravierend bemerkbar. Die fälligen Rückzahlungen der Rüstungskredite absorbieren etwa ein Drittel des gesamten chinesischen Exports bzw. reduzieren die Importkapazität enorm, die andererseits im Hinblick auf den Großen Sprung eine große Ausweitung verlangt.
2. Ab 1956 findet in Form des chinesischen Handelsüberschusses ein ständiger Warenabfluß in die Sowjetunion statt, für den die VR China keinen Gegenwert erhält.
3. Diese Exporte müssen, zumindest teilweise, durch verstärkte Agrarexporte erbracht werden, die angesichts der traditionellen chinesischen Agrarsituation zu neuen Engpässen führen. Die Auswirkungen dieses Ressourcentransfers von der Landwirtschaft in den schwerindustriellen Sektor qua Außenhandel auf das gesamte Akkumulationsmodell werden weiter unten noch behandelt.
4. Der Ausweg aus diesem außenwirtschaftlichen Dilemma kann nur in verstärkter self-reliance Politik liegen, wie sie sich seit 1956/57 in offiziellen Äußerungen ankündigt und ab 196o, wenn auch nicht ganz freiwillig, betrieben wird.

Diese Folgerungen weisen auf die Kernproblematik der sowjetisch-chinesischen Wirtschaftsbeziehungen der 5oer Jahre hin, nämlich die Frage, inwieweit das damit implizierte Akkumulationsmodell für China auf Dauer praktizierbar war.

Aufgrund der Untersuchung in Teil I dieser Arbeit war festgestellt worden, daß die gravierendste Erbschaft des traditionellen China das ungelöste Agrarproblem war. Die üblichen Methoden der natürlichen Produktivkraftsteigerung waren immer weniger in der Lage, das Bevölkerungswachstum aufzuhalten. Daneben stellte sich als zweites bedeutendes Problem die wachsende Kluft zwischen Stadt und Land im weitesten Sinne heraus. Ich vertrete die These, daß beide Problemkomplexe während der Phase der Nachahmung des sowjetischen Industrialisierungsmodells nicht nur nicht verringert, sondern sogar noch verschärft wurden, dergestalt, daß sich das strukturelle Agrarproblem Ende der 5oer Jahre schärfer denn je stellte, und die heterogenen Beziehungen zwischen Stadt und Land weiter gewachsen waren.

Tabelle 69 gibt Auskunft über Herkunft und Verteilung der staatlichen Ressourcen während der 5oer Jahre.

Die gesamten Staatseinnahmen wachsen von 195o = 6,52 Mrd ¥ bis 1959 auf 54,16 Mrd ¥. Im gleichen Zeitraum wächst der Staatsanteil am Sozialprodukt[95] von 28,7 Prozent (1952) auf 35,o Prozent (1959)[96]. Dieser wachsende Staatsanteil gewinnt vor allem dadurch an Bedeutung, daß ein rasch wachsender Anteil der Staatsausgaben zu Investitionszwecken verwendet wird (195o nur 25,5 Prozent, 1958 bereits 64,1 Prozent). Damit steigt die gesamtwirtschaftliche Investitionsquote von 1952 = 7,1 Prozent auf 1958 = 21,o Prozent[97]. Dahinter verbirgt sich vermutlich eine Umschichtung im Staatshaushalt, da nach Ende des Koreakrieges die Rüstungsausgaben zugunsten produktiver Ausgaben reduziert werden können. Da der Umfang der nichtstaatlichen Investitionen weitgehend konstant bleibt, ist dieser Zuwachs nahezu ausschließlich auf die staatlichen Aktivitäten zurückzuführen.

Tabelle 69:Staatsbudget 195o - 1959

	Einnahmen, gesamt[1] in Mrd ¥	davon in Prozent: Steuern[1]	nur Agrarsteuer[1]	direkte Einnahmen a.d.bäuerlichen Sektor[2]	Einnahmen der Staatsunternehmen[1]	Ausgaben, gesamt[3] in Mrd ¥	davon in Prozent: gesamte Kapitalinvestitionen[3]	nur Schwerindustrie[4]	Leichtindustrie[4]	Landwirtschaft[4,a]
195o	6,52	75,1	29,3	29,6	13,4	6,81	25,5	5,7[3]	4,1[3]	2,9[3]
1951	12,96	62,6	16,7	18,2	23,5	11,9o	29,5	6,9[3]	5,o[3]	3,7[3]
1952	17,56	55,6	15,4	16,o	32,6	16,79	45,4	7,6	2,5	3,6
1953	21,76	55,o	12,5	13,5	35,2	21,49	4o,2	1o,9	2,3	3,6
1954	26,23	5o,4	12,5	14,2	38,o	24,63	5o,2	12,8	2,8	1,7
1955	27,2o	46,9	11,2	13,2	41,1	26,92	51,1	14,o	2,o	2,3
1956	28,74	49,o	1o,3	11,2	46,7	3o,58	52,1	19,2	3,1	3,9
1957	31,o2	49,9	9,6		46,5	29,o2	51,4	21,2	3,8	4,1
1958	41,86	44,8	7,8	13,7	52,6	4o,96	64,1	42,2	5,3	6,4
1959	54,16	37,8			61,6	52,77	61,o			

1) Chen Nai-ruenn 1967, S.441
2) Chen Nai-ruenn 1967, S.442; Steuern der Einzelbauern und Genossenschaften + Anleihen des bäuerlichen Sektors an den Staat ; Transfers über interne Preisverschiebungen sind nicht erfaßt.
3) Chen Nai-ruenn 1967, S.446
4) Ten Great Years, S.44 und 48

a) inklusive Investitionen für Wasserkontrolle, Forstwirtschaft und Meteorologie

Wie aus Tabelle 69 hervorgeht, nimmt die direkte Finanzierung des Staatsbudgets aus dem bäuerlichen Sektor von 195o = 29,6 Prozent auf 1958 = 13,7 Prozent beträchtlich ab. In diesen Zahlen sind die Steuern der Einzelbauern bzw. Genossenschaften sowie das bäuerliche Sparen in Form von Staatsanleihen enthalten[98]. Der gesamte Steueranteil beträgt 1958 noch 44,8 Prozent. Gleichzeitig wächst die "Eigenfinanzierung" des Staates durch die Einnahmen der Staatsunternehmen von 13,4 auf 52,6 Prozent. Wie weit sich dahinter eine Umschichtung der staatlichen Allokationspraktiken vom direkten Transfer qua Steuern auf indirekten Transfer qua Preise für die von den staatlichen Betrieben produzierten Güter bzw. der staatlichen Ankaufspreise für die Agrargüter vollzieht, soll an anderer Stelle behandelt werden. Es ist aber sicherlich realistisch, daß der Anteil des bäuerlichen Sektors an den Staatseinnahmen über diese internen Terms of Trade um einiges höher ist, als aus der Tabelle hervorgeht[99].

Dieser Vorgang wäre im Hinblick auf die Landwirtschaft solange nicht tragisch, wie steigender Staatsanteil und vor allem steigende staatliche Investitionen dem Agrarsektor in gleichem Maße zugute kämen. Das ist aber weder direkt noch indirekt der Fall. Das rapide Anwachsen der Kapitalinvestitionen an den Staatsausgaben kommt nämlich fast ausschließlich dem Bereich der Schwerindustrie (Steigerung von 5,7 auf 42,2 Prozent im genannten Zeitraum) zugute, während die Anteile der Leichtindustrie (4,1 auf 5,3 Prozent) und Landwirtschaft (2,9 auf 6,4 Prozent) fast stagnieren. Die direkten staatlichen Investitionen im Agrarsektor sind also gemessen am Gesamtumfang fast marginal, zumal sie noch die Aufwendungen für Forstwirtschaft, Wasserkontrolle und Meteorologie enthalten. Die oben beschriebene Branchenverteilung der staatlichen Projekte im Bereich der Schwerindustrie zeigte zudem, daß diese Investitionen auch indirekt kaum dem Agrarsektor dienlich sein konnten, da sie auf die Produktion von Produktionsmitteln zur beschleunigten Entwicklung der Schwerindustrie selbst angelegt waren, während agrarische Produktionsmittel in den 5oer Jahren durch die Staatsbetriebe in keinem nennenswerten Maße hergestellt wurden (vgl. Tabelle 1o4).

Konsequenz dieser Beziehungen ist qua Staatshaushalt ein massiver Transfer von Überschüssen aus dem Agrarsektor in den Sektor der Schwerindustrie, dem kaum agrarentwicklungsrelevante Ausgaben gegenüberstehen. Das geht durchaus konform mit dem sowjetischen Industrialisierungsmodell.

Während also die dringend nötigen Voraussetzungen zur Produktivkraftentfaltung in der Landwirtschaft qua Mechanisierung, Elektrifizierung und Chemisierung nicht oder fast nicht getätigt werden, wachsen gleichzeitig die Anforderungen an die Landwirtschaft während der 5oer Jahre enorm. Die beschleunigte Industrialisierung bedeutet:

1. Rapides Anwachsen der Industriearbeiterschaft und damit der Städte. Die städtische Bevölkerung wuchs durch Geburtenüberschuß und Migration von 1953 bis 1957 von 77,7 auf 91,o Millionen. Diese Zahl steigerte sich bis 196o auf 13o Millionen[1oo]. Das war gleichbedeutend mit einem rapiden Anstieg des städtischen Nahrungsmittelbedarfs. Entsprechend stieg der Umfang des vom Agrarsektor aufzubringenden Getreides, das über die Agrarsteuer und staatliche Käufe absorbiert wurde, von 25,8 Mio t 195o auf 55,7 Mio t 1958[1o1]. Der Marktanteil des Getreides stieg von 24,5 Prozent (1952) auf 29 Prozent (1957), während er in den 3oer Jahren nur 18 Prozent betragen hatte[1o2].

2. Neben der steigenden Anforderung an Lebensmittel erfordert die beschleunigte Industrialisierung auch steigende Anforderungen an agrarische Rohstoffe wie Baumwolle, Flachs, Jute, Ölsaaten, Tabak etc., die in der Leichtindustrie verarbeitet werden. Wenn auch das Wachstum der Leichtindustrie weniger spektakulär als das der Schwerindustrie war, so weist doch das rapide Anwachsen der Städte und damit der Nachfrage nach Konsumgütern auf steigende Anforderungen hin.

3. Zur Finanzierung der rapide wachsenden Rüstungsgüter- und Kapitalgüterimporte bzw. der ab 1955 fälligen Rückzahlung der Kredite an die Sowjetunion sah sich die VR China in gleichem Maße zu steigenden Exporten gezwungen, die aufgrund des unterentwickelten Zustandes der Volkswirtschaft vorwiegend in Agrarexporten bestehen mußten.Gleichzeitig wurden Agrarimporte eingestellt[1o3], um die Importkapazitäten voll der Schwerindustrie zugute kommen zu lassen. Tabelle 7o gibt über diese Entwicklung Auskunft.

Tabelle 7o: Agrarexporte und Anteil der Exporte an der Agrarproduktion 195o -1958

	Gesamtexport in Mrd ¥ 1	Agrarexport in Mrd ¥ 1	Anteil d. Agrarexporte am Gesamtexport	Bruttoproduktion des Agrarsektors in Mrd ¥2	Exportanteil der Agrarproduktion
195o	2,03o	1,841	9o,7	38,36	4,8o
1951	2,44o	2,o98	86,o	41,97	5,oo
1952	2,71o	2,225	82,1	48,39	4,6o
1953	3,52o	2,872	81,6	49,91	5,75
1954	4,o5o	3,o78	75,3	51,57	5,97
1955	4,91o	3,658	74,5	55,54	6,59
1956	5,689	4,2o4	73,9	58,29	7,21
1957	5,624	4,o27	71,6	6o,35	6,67
1958	6,748	4,892	72,5	67,1o	7,29

1) Perkins 1969, S. 13o.
2) Ten Great Years, S.16 .

Zwar sinkt der Anteil der Agrarexporte am Gesamtexport von 9o,7 Prozent (195o) auf 72,5 Prozent (1958), der absolute Zuwachs ist aber so stark, daß der Exportanteil der Agrarproduktion von 4,8 auf 7,3 Prozent im gleichen Zeitraum steigt. In den 2oer Jahren hatte diese Quote bei 3 Prozent gelegen[1o4]. Man könnte argumentieren, daß es sich hierbei um eine trotz der Steigerung geringe Quote handelt. Angesichts der in Teil I festgestellten säkularen Neigung zur sinkenden Pro-Kopf-Produktion in der Landwirtschaft, die sich bedrohlich dem Existenzminimum näherte, ist eine zunehmende Absorption qua Export, also keine interne Umverteilung wie bei Punkt 1 und 2, sicherlich nicht unerheblich, zumal dem keine Agrarimporte gegenüberstehen.

4. Die in den 5oer Jahren einsetzenden Maßnahmen der Krankenversorgung und Hygiene führen zu einem beschleunigten Wachstum der Bevölkerung, was den Druck auf die Agrarproduktion verstärkt. Vor diesem Hintergrund versucht Perkins[1o5] den statistischen Nachweis zu erbringen, daß die Agrarproduktion pro Kopf seit Beginn des 2o. Jahrhunderts stagniert, und aufgrund der geschilderten außerordentlichen und steigenden Belastungen die Situation sich Ende der 5oer Jahre dramatisch verschlechtert. Wenn auch aufgrund des unsicheren statistischen Materials über die Landwirtschaft der genaue Nachweis problematisch ist, aufgrund

der Zahlen von Chao ist z.B. eine Pro-Kopf-Steigerung der Nahrungsmittelproduktion von 1950-1957 festzustellen[106], so bleibt doch die Tatsache, daß ab 1959 die Agrarexporte drastisch reduziert werden mußten,und ab 1961 ein Getreideimport einsetzte, der sich bis 1977 zwischen 2 und 7,7 Mio t bewegt[107]. Wie weit man diesen Umschwung in der Außenhandelsstruktur nur auf die Konsequenzen des Großen Sprungs und die Mißernten 1959 - 1961 zurückführen kann, zumal die Getreideimporte andauern, scheint mir fraglich. Hier machen sich u.a. die strukturellen Versäumnisse der 50er Jahre bemerkbar.

Parallel zu der sektoralen Umverteilung der agrarischen Ressourcen in den Sektor der Schwerindustrie vollzog sich natürlich auch ein regionaler Transfer von Ressourcen aus dem agrarischen Hinterland in die ehemaligen und neuen industriellen Wachstumszentren. Berücksichtigt man weiterhin, daß diese ungleiche Entwicklung - Stagnation des traditionellen agrarischen China und forcierte Industrialisierung des modernen China - von weiter wachsenden ungleichen Ausbildungsmöglichkeiten, medizinischer und kultureller Versorgung, Lohnniveau und Konsumgüterangebot und daraus resultierender Migration, Arbeitslosigkeit in den Städten - die kapitalintensive Industrialisierung schaffte kaum neue Arbeitsplätze in den Städten[108] - begleitet war, scheint ein wachsender innenpolitischer und daraufhin innerparteilicher Konflikt nahezuliegen.

Die hier zu Tage getretenen Probleme der sowjetisch-chinesischen Wirtschaftsbeziehungen in den 50er Jahren liefern meiner Meinung nach den entscheidenden Hinweis, warum die VR China ab 1956 zunächst zögernd und dann seit 1958 in unterschiedlichen Varianten zu einer eigenständigen Entwicklungskonzeption fand, die sich weitgehend auf die eigene Kraft besann und die Landwirtschaft zum Ausgangspunkt nahm. Mit dieser entwicklungspolitischen Emanzipation war die allgemeine politische Emanzipation von der Sowjetunion zumindest angelegt, da das chinesische Entwicklungsmodell, wie es sich schließlich herausschälte, auch erhebliche gesellschafts- und außenpolitische Konsequenzen aufwies, die zwangsläufig zu Konflikten mit der Sowjetunion geführt hätten, auch wenn die massive Form, in der dieser Konflikt im Jahr 196o ausbrach, sicher nicht im chinesischen Interesse gelegen hat.

Der Vorwurf, der später von chinesischer Seite gegenüber der Sowjetunion mit dem Begriff "Sozialimperialismus" erhoben wurde, kann sich allerdings nicht auf Motive beziehen, die auf der Ebene des Ungleichen Tauschs[1o9] oder anderen Mechanismen internationaler Ausbeutung angesiedelt sind. Wenn sich die Sowjetunion auch sicherlich gegenüber China nicht völlig uneigennützig verhalten hat, wie die militärpolitischen Aspekte in den Beziehungen gezeigt haben, so lieferte sie doch in ihrem Sinne die angemessene und tatkräftige Unterstützung zur chinesischen Industrialisierung, die zum damaligen Zeitpunkt niemand sonst hätte leisten können oder wollen. Auch die These von Galtung, daß der Begriff "Sozialimperialismus" in erster Linie die außenpolitischen und militärischen Aspekte in den Beziehungen der beiden Länder charakterisiere, scheint mir, wenn auch nicht falsch, so doch zu kurz zu greifen[11o].

Der entscheidende Punkt in den sowjetisch-chinesischen Beziehungen, der meiner Meinung nach auch Begriffe wie "Imperialismus" oder "Penetration" rechtfertigt, liegt darin, daß die Sowjetunion in China, ob guten Willens oder nicht, ein Entwicklungsmodell praktizierte, das den traditionellen chinesischen Problemen nur unzureichend gerecht wurde bzw. diese sogar in verstärktem Maße reproduzierte. Das Akkumulationsmodell, das der Industrialisierung nach sowjetischem Muster zugrunde lag, war nicht in der Lage, das fundamentale Agrarproblem zu lösen, und führte im Gegenteil dazu, daß die Belastung für die Landwirtschaft nur noch weiter zunahm. Gleichzeitig bedeutete die Konzentration der Ressourcen auf alte oder neue Industriezentren eine Perpetuierung der Merkmale, die in der Theorie des peripheren Kapitalismus mit struktureller Heterogenität zwischen modernen Zentren und Hinterland bezeichnet werden. Damit ist der Kern des Problems getroffen. Die Basis der KPdSU war die Arbeiterklasse in den Industriezentren Moskau und Petersburg.

Eine forcierte Industrialisierung auf Kosten der Landwirtschaft, wie sie in der Sowjetunion seit 1928 praktiziert wurde, entsprach insofern den Interessen der sozialen Basis der Partei, da sie mit einer entsprechenden Allokation der gesellschaftlichen Ressourcen verbunden war. In China hatte die Partei nach 1927 ihre Strategie auf die Revolutionierung der Kleinbauern und Pächter des Hinterlands verlagert. Diese Bauern partizipierten aber, nachdem die Früchte der Agrarreform rasch aufgezehrt waren, in keiner Weise an der stadtorientierten Entwicklungspolitik. Damit drohte die Partei sich ihrer sozialen Basis zu entziehen. Wollte man nicht, wie in der Sowjetunion geschehen, zum Mittel des Zwangs greifen, mußte eine rasche Neuorientierung der Strategie erfolgen, die die Interessen der eigentlichen Träger der chinesischen Revolution mit den Zielen der Entwicklungspolitik wieder in Einklang brachte.

Deren notwendige Bestandteile mußten lauten:
1. Einstellung oder weitgehende Reduzierung der Agrarexporte. Das war gleichbedeutend mit verminderter Importkapazität. An die Stelle des Imports kompletter Industrieanlagen mußte also eine wie auch immer geartete Politik des self reliance treten.
2. Neuformulierung des Akkumulationsmodells. Der weitere Entzug von Ressourcen aus der Landwirtschaft mußte unterbunden werden. Gleichzeitig mußten die vorhandenen Industriekapazitäten in verstärktem Maße zur Herstellung agrarischer Inputs genutzt werden, da nur so die Stagnation der Landwirtschaft aufzubrechen war. Der Slogan "Die Landwirtschaft ist die Grundlage" bekommt hier seine Bedeutung.
3. Anstelle der weiteren Konzentration von Ressourcen auf vorhandene Wachstumszentren war eine breitere Streuung anzustreben. Hier fällt das Stichwort "Dezentralisierung".

Diese drei Axiome sind, unterschiedlich gewichtet, in den chinesischen Entwicklungskonzeptionen, wie sie seit der zweiten Hälfte der 5oer Jahre entstehen und miteinander konkurrieren, enthalten. Ihr gemeinsamer Nenner ist die differenzierte Abkehr vom sowjetischen und die Suche nach einem chinesischen Modell[111]. Worin sie sich unterscheiden und welchen Einfluß sie auf die chinesische Wirklichkeit genommen haben, sollen die folgenden Erörterungen darlegen.

2.4. Die erste Sinifizierung des sowjetischen Modells - der Versuch einer gemäßigten Politik im Jahre 1956

Die genannten Zahlungsbilanzschwierigkeiten gegenüber der Sowjetunion und sich abzeichnende interne Allokationsprobleme führten offensichtlich im Jahre 1956 zu einem Umdenken der chinesischen Planer. Der 8. Parteitag (1. Sitzung) im September 1956, auf dem der Entwurf des 2. Fünfjahresplans (1958-1962) vorgelegt wurde, markiert das Datum einer neuen "gemäßigten" Generallinie. Hierbei handelt es sich um den Versuch, die seit 1956 auftretenden Probleme durch eine Glättung der krassesten Auswüchse und Disproportionalitäten aufzufangen und damit auch etwaigen innenpolitischen Schwierigkeiten zu begegnen.

Während der Grundtenor der gesamten Äußerungen bislang darauf hinauslief, möglichst viel zu akkumulieren, einen möglichst großen Prozentsatz auf die Schwerindustrie zu konzentrieren, und möglichst große Betriebe mit der modernsten Technologie zu errichten, klingt der Tenor auf dem 8. Parteitag (1.Sitzung) gedämpfter. Zwar werden die genannten Prämissen nicht grundsätzlich in Frage gestellt, doch spielt jetzt das"Gesetz der proportionalen Entwicklung"[112] in allen Äußerungen die zentrale Rolle. Darunter ist vor allem eine ausgeglichene Beziehung zwischen Akkumulation und Konsum[113] zu verstehen. Die Akkumulationsrate soll bei etwa 2o Prozent des Nationaleinkommens fixiert werden, der Staatsanteil, über den die Akkumulation weitgehend finanziert wird, bei ca. 3o Prozent liegen, und etwa 4o Prozent des staatlichen Budgets für Investitionszwecke ausgegeben werden[114]. Weiter scheint mit diesem Gesetz der proportionalen Entwicklung auch die Vermeidung von Schwierigkeiten anvisiert zu sein, die sich infolge des beschleunigten Ausbaus der Schwerindustrie bezüglich knapper Inputs oder zeitweilig unverwendbarer Outputs ergeben haben.
In diesem Sinne wird die ausgewogene Beziehung zwischen den einzelnen Branchen und Sektoren der Industrie gefordert[115]. Das soll zwar nicht den Primat der Schwerindustrie in Frage stellen aber doch ihre organische Einbettung in den übrigen Wirtschaftskreislauf betonen. In diesem Zusammenhang spricht Po I-po zum ersten Mal von "eigenen Erfahrungen", die auch die Berücksichtigung von Landwirtschaft und Leichtindustrie[116] verlangen. Hinter diesen Korrekturen im Hinblick auf das Akkumulationstempo steht neben der Vermeidung von Reibungsverlusten offensichtlich die Befürch-

tung, daß eine zu geringe Rücksichtnahme auf die Bedürfnisse der Bevölkerung das propagierte Arbeiter- und Bauernbündnis in Frage stellt[117].

Ein zweiter neuer Akzent in der Planformulierung liegt in der Betonung, daß innerhalb von drei Fünfjahresplänen der Aufbau eines kompletten Industriesystems angestrebt wird, und jede Art von internationaler sozialistischer Arbeitsteilung ausdrücklich abgelehnt wird[118]. Das steht in totalem Gegensatz zu Äußerungen, die bislang enthusiastisch die komparativen Vorteile der Arbeitsteilung innerhalb des sozialistischen Lagers gefeiert hatten[119]. Zwar wird weiterhin die Bedeutung der Zusammenarbeit mit der Sowjetunion gewürdigt, der Ton ist aber nicht mehr so emphatisch wie zu Beginn der 5oer Jahre. Dahinter verbirgt sich angesichts der außenwirtschaftlichen Schwierigkeiten seit 1956 die chinesische Weigerung, dem Drängen der Sowjetunion nachzugeben und analog zu den osteuropäischen Ländern einen Platz im System der Arbeitsteilung zwischen den RGW-Ländern einzunehmen[12o]. Statt langfristiger Handelsverträge waren von 195o - 1957 immer nur jährliche Verträge zwischen der Sowjetunion und der VR China abgeschlossen worden[121]. Auch der Begriff "self reliance"[122] fällt 1956 zum ersten Mal, wenn er auch noch nicht im Zentrum der außenwirtschaftlichen Überlegungen steht. 1957 fordert Li Fu-chun aber bereits eine 7o- bis 8oprozentige Eigenleistung bei neuen Betrieben und Bergwerken, auch wenn damit ein Qualitätsverlust verbunden ist[123].

Aus dem Grundtenor gemäßigterer und im Hinblick auf eigene Erfahrungen differenzierterer Äußerungen des Jahres 1956 ist zu entnehmen, daß man zwar bereit war, leichte Kurskorrekturen vorzunehmen, die Industrialisierungskonzeption als solche aber noch nicht in Frage stellte. Die viel weiter gehenden Einwände Maos gegen den dieser Art von Industrialisierung zugrunde liegenden Entwicklungsbegriff wurden erst im Jahre 1957 formuliert, als die außen- und binnenwirtschaftlichen Schwierigkeiten immer brisanter wurden. Sie führten dann allerdings zu radikalen Konsequenzen, die die gemäßigte Generallinie des 8. Parteitages (1. Sitzung) völlig über den Haufen warfen.

3. DIE ENTWICKLUNGSKONZEPTION MASO TSE-TUNGS - PRIMAT DER POLITIK

Als Grundlagentexte zur Herleitung eines maoistischen Entwicklungsmodells werden in der Regel die drei Reden Maos "Zur Frage des genossenschaftlichen Zusammenschlusses in der Landwirtschaft" (vom 31.7.1955), "Über die zehn großen Beziehungen" (vom 25.4.1956) und "Über die richtige Behandlung der Widersprüche im Volke" (vom 27.2.1957) herangezogen[124]. Die in diesen Reden formulierten Prinzipien und Vorschläge werden mit den Organisationsformen konfrontiert, in denen dieses maoistische Entwicklungsmodell im Verlauf der chinesischen Geschichte praktisch geworden ist. Soweit es dabei nur um ein konkretistisches Verständnis des maoistischen Entwicklungskonzepts geht, reicht diese Textgrundlage weitgehend aus[125]. Der gesamte Komplex des Konflikts mit der Sowjetunion, der vor allem ein Konflikt über das Entwicklungsmodell und die Theorie der Übergangsgesellschaft ist, und des innerchinesischen Linienkampfes wird allerdings erst verständlich, wenn man Herkunft und sozialen Bezug des maoistischen ökonomischen Denkens, wie es in Hunan, Kiangsi und Yenan entstanden ist[126], sowie die aus den praktischen Erfahrungen mit der Übernahme des sowjetischen Modells gewonnenen grundlegenden theoretischen Bestimmungen Maos zur Übergangsgesellschaft[127] mit einbezieht.

Es lassen sich zwei Phasen in der Entwicklung der ökonomischen Theorie Maos unterscheiden. Die Yenan-Periode von 1937 bis 1945, in der unter den Bedingungen des antijapanischen Widerstandskrieges und der japanischen Blockade eine weitgehend auf Autarkie gegründete Wirtschaftspolitik betrieben werden mußte. Das hier auf die in Teil I dieser Arbeit beschriebene bäuerliche Kleinproduktion gegründete Wirtschaftsmodell bildet den Hintergrund zu den in erster Linie praxisorientierten Äußerungen Maos zu wirtschaftlichen Fragen, wobei aber doch grundsätzliche Aspekte der späteren Zeit schon in Ansätzen vorweggenommen werden. Die nach der Machtergreifung der KPCh zunächst unbestrittene Übernahme des sowjetischen Modells lassen die Yenan-Ökonomie und wirtschaftspolitische Äußerungen Maos zunächst in den Hintergrund treten. Erst die theoretischen und praktischen Erfahrungen und vor allem die geschilderten Schwierigkeiten mit der Anwendung des sowjetischen Modells veranlassen Mao seit Mitte der 5oer Jahre,wieder aktiv in die Wirtschaftspolitik einzugreifen. Im Gegensatz zur Linie des 8. Parteitags (1. Sitzung) fordert Mao aber keine Schönheitskorrekturen am Tempo der Akkumulation und der Verteilung der Ressourcen, sondern in letzter Konsequenz die radikale Abkehr vom sowjetischen Weg und die Übertragung des auf Mikroebene erprobten Yenan-Modells auf die gesamte chinesische Wirtschaft. Auf dem 3. erweiterten Plenum des 8. ZK im September und Oktober 1957 wird Maos Slogan "Let us build socialism more faster, better, and more economically by working with maximum vigor and competing for high goals at all time" zur neuen gegenüber dem 8. Parteitag radikalen Generallinie[128].

Diese zweite Phase der politökonomischen Aussagen beginnt 1954 und dauert etwa bis 196o. Hier entstehen aber nicht nur die gegenüber der Yenan-Phase konkretisierten Forderungen und Vorschläge zu den Prinzipien der wirtschaftlichen Entwicklung und ihrer praktischen Durchführung, sondern vor allem die aus der inneren und äußeren Auseinandersetzung notwendig gewordenen grundlegende maoistische Theorie der Übergangsgesellschaft, die Fragen der Entwicklung im weitesten Sinne zum Inhalt hat. Alle späteren, in der Kulturrevolution oder danach propagierten Äußerungen, Parolen, Kampagnen etc., soweit sie als maoistischen Ursprungs zu identifizieren sind, sind in ihren Grundzügen in dieser zweiten Phase bereits formuliert worden. Nicht umsonst sind die meisten, in den 5oer Jahren entstandenen Texte Maos erst während der Kulturrevolution als Argumentationen für die maoistische Linie veröffentlicht worden.

Aus der Entstehungsgeschichte des maoistischen ökonomischen Denkens lassen sich zwei Schlüsse ziehen. Der konkrete Anlaß, daß Mao mit seinen Vorstellungen hervortritt, ist immer in Tendenzen zu sehen, die sich mit seinen Vorstellungen von Entwicklung nicht mehr vereinbaren lassen, sei es die Politik, die zur Niederlage von 1927 geführt hat, die Konsequenzen, die sich aus der Anwendung des sowjetischen Modells ergaben, oder später die Resultate der liuistischen Wirtschaftspolitik. Der Ursprung seiner Theorie und damit auch seiner Politik liegt in den Erfahrungen, die er nach dem Scheitern der städtischen Revolution in Hunan, Kiangsi, auf dem langen Marsch, in Yenan und den später befreiten Gebieten gemacht hat. Ebenso orientieren sich die von Mao initiierten oder propagierten Organisationsformen wie die Volkskommune, die ländlichen und industriellen Autarkiemodelle von Tachai und Taching, die Prinzipien des Großen Sprungs mit der Anwendung von traditioneller Technologie und dem Vertrauen auf die eigene Kraft im geistigen und physischen Sinn, das Konzept der ländlichen Industrialisierung und die diversen Massenkampagen immer an Produktionsformen und kreativen Potentialen, wie sie das traditionelle China des Hinterlands hervorgebracht und noch bewahrt hat.

3.1. Die Herkunft des maoistischen Denkens - das Yenan-Modell

Bereits in seinen ersten Schriften, die entstanden sind, bevor im Sommer 1927 der Bruch mit der KMT und die Verfolung und Zerschlagung der kommunistischen Organisationen in den Städten eine allmähliche Neuorientierung der politischen Strategie der Partei einleitete, wendete Mao seine Aufmerksamkeit dem politischen Potential der armen Bauern des Hinterlandes zu. In seiner Klassenanalyse vom März 1926 hatte er bereits darauf hingewiesen, daß die überwiegende Mehrheit der großen Masse der Bevölkerung, die Pächter, Halbpächtern und armen Bauern - Mao bezeichnet sie als Halbproletariat - durchaus revolutionär gesinnt sei[129]. Er vertritt damit eine Position, die gegenüber der damaligen offiziellen Linie der Komintern schon fast an Häresie grenzt. Noch deutlicher wird Mao ein Jahr später in seinem "Untersuchungsbericht über die Bauernbewegung in Hunan", in dem er über die politischen Organisationsformen der Bauern im Kampf gegen die örtlichen Grundherren berichtet. Hier wird zum ersten Mal auf die Bedeutung hingewiesen, die drückenden Steuer- und Pachtbelastungen der Bauern zu erleichtern, durch Konsum-, Absatz- und Kreditgenossenschaften das Einkommen der Bauern zu erhöhen und durch Instandhaltung von Straßen,

Teichen und Dämmen die Grundvoraussetzungen der Landwirtschaft zu gewährleisten bzw. zu verbessern[13o]. Dieser Untersuchungsbericht ist ausdrücklich in der Absicht verfaßt worden, Material und Argumente gegen die Richtung in der Partei zu gewinnen, die die politische Organisierung der Bauern ablehnte[131].

Nach dem Bruch der 1. Einheitsfront mit der KMT im Sommer 1927 geht Mao, etwa im Gegensatz zu Liu Shao-shi, der die illegale Gewerkschaftsarbeit im städtischen Untergrund aufnimmt, endgültig aufs Land und wendet sich der politischen Organisierung der Bauern zu. Die sich an die erste Einheitsfront anschließende Phase der Sowjets von Kiangsi und Hunan (1927-1934) war von starken Richtungskämpfen in der Partei gekennzeichnet, ohne daß Mao bereits die Richtlinien bestimmen konnte. Die in dieser Phase betriebene Agrarpolitik war demzufolge radikaler als in späteren Perioden. Sie verfolgte die Enteignung der Großgrundbesitzer zugunsten der armen Bauern und den Aufbau von Genossenschaften. Unzureichende Überschüsse der Bauern wurden durch verstärkte Requirierung kompensiert. Maos Politik dieser Zeit ist gemäßigter. Zwei seiner Texte aus der Kiangsi-Periode betonen, daß neben dem politischen und militärischen Kampf die Arbeit auf wirtschaftlichem Gebiet von großer Bedeutung ist. In der Rede vom 2o.8.1933 fordert Mao die Entfaltung der Genossenschaftsbewegung, die Verbesserung der Lebensbedingungen der Volksmassen, die Entwicklung der Handwerksindustrie zur Herstellung von Ackergeräten und Kalk (Düngemittel) und die Massenmobilisierung auf unbürokratische Weise. Dabei betont er die Berücksichtigung der jeweiligen Verhältnisse und Stimmungen der Massen[132]. Ähnliche Forderungen finden sich auch in dem Referat über "Unsere Wirtschaftspolitik" vom 23.1.1934, in dem hervorgehoben wird, daß die Landwirtschaft den ersten Platz im wirtschaftlichen Aufbau einnimmt, da sie die Ernährung der Bevölkerung gewährleistet und die Rohstoffe für die Massenbedarfsgüter liefert. Hierbei handelt es sich um die erste Formulierung der seit Anfang der 6oer Jahre grundlegenden Losung von der Landwirtschaft als der Grundlage der Wirtschaft. Im Hinblick auf die in den 5oer Jahren praktizierten Genossenschaftsformen finden sich in diesem Text ebenfalls Parallelen, wenn Mao die Organisation von Gruppen der gegenseitigen Arbeitshilfe zur Feldbestellung, der gemeinsamen Nutzung von Zugvieh und der Mobilisierung des ganzen Dorfes zu den Zeiten der wichtigsten Feldarbeiten fordert[133]. Auch wenn Mao erst auf dem Langen Marsch während der Politbürotagung in Tsunji (Januar 1935) Vorsitzender des ZK und damit de facto zum Parteiführer wird, lassen bereits die Äußerungen Maos aus den Jahren 1933 und 1934 und die ersten kollektiven Organisationsformen der Bauern in den Sowjets von Kiangsi die Konzeption erkennen, die in den 4oer Jahren in Yenan theoretisch und praktisch weiterentwickelt wird, und die das spätere maoistische Modell zur Entwicklung des gesamten chinesischen Hinterlandes abgibt.

Nach Beendigung des Langen Marsches (Oktober 1934 bis Oktober 1935) und einer kurzen agrarrevolutionären Phase in Nordshensi bis Anfang 1937 schließen die KPCh und die KMT unter dem Eindruck der japanischen Aggression und Besetzung des chinesischen Kernlandes eine zweite Einheitsfront, die bis zum August 1945 dauert. Diese Zeit ist aus Rücksicht zur KMT durch eine gemäßigte Agrarpolitik gegenüber den Landlords und Großbauern gekennzeichnet und identisch mit der sogenannten Yenan-Ökonomie[134].

Bevor dieses <u>Yenan-Modell</u> anhand der Schriften Maos aus der fraglichen Zeit rekonstruiert wird, ist es notwendig, sich die äußeren und inneren Bedingungen der Situation zu vergegenwärtigen, unter denen das Modell praktiziert wurde. Die äußeren Bedingungen sind durch die Anforderungen des antijapanischen <u>Widerstandskrieges</u> und die von den Japanern gegen die von den Kommunisten beherrschten Gebiete verhängte <u>Blockade</u> bestimmt. Diese Blockade verhinderte es, daß in größerem Maße materielle Unterstützung von der KMT-Regierung in Südwest-China geleistet werden konnte. Außerdem war der regionale Warenverkehr unterbrochen. Die materiellen und personellen Anforderungen des Guerilla-Krieges und die Unterbrechung des Handels erzwangen die Konzentration auf die im eigenen Machtbereich vorhandenen Ressourcen und ihre optimale Nutzung, um einen größtmöglichen Betrag zur Finanzierung des Krieges abzuzweigen. Die internen Bedingungen sind durch die außerordentliche

Armut der Bauern und die Dürftigkeit der natürlichen Voraussetzungen im Grenzgebiet von Shensi-Kansu-Ningsia, das in den Bereich der unbewaldeten Lößhügel fällt, geprägt. Diese Region war bis dahin fast völlig von jeder modernen, sei es national oder imperialistisch initiierten, Entwicklung unbeeinflußt. Eine Industrie oder Infrastruktur auf der Basis moderner Technologie existierte nicht. Stattdessen herrschten die geschilderten Bedingungen der traditionellen Produktionsweise, wobei im Unterschied zu den südlichen Provinzen die künstliche Bewässerung und das günstige Klima nicht zutrafen. Der Einfluß der lokalen Gentry und die Pacht- und Zinsbelastungen bestanden ungebrochen. Dabei ist allerdings zu berücksichtigen, daß der Anteil des verpachteten Bodens in dieser Region aufgrund der geschilderten Umstände relativ niedrig, der Anteil der Eigentümer-Bauern also sehr hoch war, was aber mit entsprechend niedrigen Flächenerträgen und Pro-Kopf-Einkünften verbunden war[135].

Um angesichts dieser desolaten Voraussetzungen einen Krieg gegen die japanische Übermacht zu finanzieren, boten sich zwei Alternativen an: Entweder, wie z.T. in der Kiangsi-Periode praktiziert, den Mangel an absorbierbaren Überschüssen durch verstärkte Abpressung von den Bauern zu gewinnen, oder zunächst Maßnahmen zur Produktions- und Einkommenssteigerung der Bauern zu ergreifen, um dann vor dem Hintergrund einer verbesserten wirtschaftlichen Situation auch höhere Einnahmen für Armee und Regierung zu erzielen[136]. Die erste Alternative wurde in der ersten Hälfte der 5oer Jahre gewählt, als die Finanzierung der Schwerindustrie über den Staatshaushalt durch starke und wachsende Belastungen des Agrarsektors aufgebracht wurde, ohne gleichzeitig eine Entwicklung der Landwirtschaft einzuleiten. Mao entschied sich in den 4oer Jahren für die zweite Alternative. Der später gegenüber der Sowjetunion erhobene Vorwurf, daß sie "den Teich ablasse, um den Fisch zu fangen", wird von Mao bereits im Jahre 1942 im Hinblick auf die Finanzprobleme der Yenan-Ökonomie gegenüber der Parteilinken erhoben[137].

Vor dem Hintergrund der materiellen Voraussetzungen und der gewählten grundsätzlichen Alternative lassen sich folgende Maßnahmen als Grundprinzipien des Yenan-Modells aus den einschlägigen Mao-Texten rekonstruieren:

1. Die Antwort auf die japanische Blockade war die Formulierung eines Autarkiekonzepts im Vertrauen auf die eigene Kraft[138].

2. Voraussetzung für die finanzielle Entlastung der Bauern waren Maßnahmen zur Abschaffung oder zumindest Reduzierung der Pacht- und Zinsbelastung[139] und die Einschränkung der Steuern[14o].

3. Eine egalitäre Bodenverteilung wurde zwar vermieden, weil die Überschüsse der Reichen- und Mittelbauern sowie ihre politische Unterstützung (2. Einheitsfront) notwendig waren, die Agrarreform sollte aber soweit getrieben werden, daß der Grundsatz "jedem Pflüger sein Feld" Gültigkeit bekam[141].

4. Im Zentrum der Überlegungen stehen Maßnahmen zur Produktivitätssteigerung in der Landwirtschaft und der ländlichen Entwicklung im weitesten Sinne[142]. Da diese aufgrund der knappen Ressourcen nicht auf kapitalintensivem Wege erzielt werden können, bleiben nur die Möglichkeiten der Arbeitsorganisation[143], der Intensivierung und der Mobilisierung kreativer Fähigkeiten[144]. Richtschnur ist dabei die von Mao 1937 getroffenen Feststellung, die in den 5oer Jahren der Angelpunkt des maoistischen Denkens im Hinblick auf die Dynamik der Übergangsgesellschaft sein wird: "Wenn sich ohne eine Änderung der Produktionsverhältnisse die Produktivkräfte nicht weiter entwickeln können, dann spielt die Änderung der Produktionsverhältnisse die hauptsächliche, entscheidende Rolle."[145]
Darunter versteht Mao im einzelnen:

- Bildung von Genossenschaften und Arbeitsaustauschbrigaden zum Zwecke der gegenseitigen Arbeitshilfe, wobei zur Einführung dieser kollektiven Organisationen ein gemäßigtes Tempo einzuschlagen ist. Neben den damit verbundenen Produktivitätssteigerungen wird immer die Entwicklung neuer politischer und sozialer Lebensformen angestrebt[146].
- Massenkampagnen zur Bewältigung nur im Kollektiv durchführbarer Aufgaben (Wasserkontrolle, Terrassierung, Straßenbau etc.).

- Eliminierung repressiver gesellschaftlicher und ideologischer Institutionen und Verhaltensformen zur Weckung kreativer Potentiale und Interesse der Bevölkerung an Produktionssteigerungen. Das ist nur möglich, wenn Einkommenszuwächse erwartet werden können[147].
- Mobilisierung ganz (Frauen)[148] oder saisonal brachliegender Arbeitskraft

5. Neben den Maßnahmen zur Produktionssteigerung in der Landwirtschaft sollen die hausindustriellen Tätigkeiten[149] von den Bauern wieder reaktiviert und ausgebaut werden, um Einkommensverbesserungen zu erzielen und vor allem Versorgungsengpässe zu schließen. Dabei handelt es sich neben der Textilindustrie um die Gewinnung von Roheisen zur Herstellung von Ackergeräten und Waffen sowie Ausrüstungen für die Armee. Außerdem sollen kleine Betriebe errichtet werden, die auch unter unrationellen Bedingungen produzieren können[15o]. Die Entwicklung der Kleinindustrialisierung hatte gleichzeitig die Absicht, den sozialen und technologischen Wandel auf dem Dorf zu provozieren. "Crude iron produced in this context was important not only because it provided the best available war material for certain weapons and implements, but because it symbolized man's conquest of nature and developed a new sense of the people."[151] Hier findet sich also bereits dieselbe Intention, die später im Großen Sprung verfolgt wurde, nämlich die Kampagne zur Erzeugung von Eisen in den sogenannten Hinterhofhochöfen als Vehikel zur Veränderung der Menschen zu benutzen.

6. Dezentralisierung der Wirtschaftsentscheidungen bei gleichzeitiger einheitlicher Leitung war das Mittel, den lokalen Bedürfnissen Rechnung zu tragen und Transportkosten zu sparen[152].

7. Zur Entlastung des Staatshaushalts ist die weitgehende Selbstversorgung der Armee, der politischen Institutionen und der Ausbildungseinrichtungen mit Lebensmitteln, Textilien und Ausrüstungsgütern anzustreben. Die politischen Kader sollen einen Nebenerwerb betreiben[153]. Das Selbstversorgungsprinzip der Soldaten gilt sogar für die Kämpfer in den Partisanengebieten[154]. Maos Ziel der achtzigprozentigen Selbstversorgung der Armee wurde zwar nicht erreicht, aber die Erwirtschaftung von 4o Prozent des Armeebudgets durch die Armee selbst stellt schon eine wesentliche

Entlastung des Staatshaushalts dar[155].
8. Zur Ermittlung der politischen und wirtschaftlichen Bedürfnisse der Bauern sind die Prinzipien der Massenlinie anzuwenden[156]. Dieses Prinzip wurde zum ersten Mal in einer Resolution des Politbüros vom 1.6.1943 propagiert.

Die Blütezeit des Yenan-Modells fiel in die Jahre 1942 bis 1944, als die Partei großangelegte Kampagnen zur Abschaffung oder Reduzierung von Pacht und Zins, zur Bildung von Genossenschaften und Arbeitsaustauschbrigaden sowie zur Steigerung der Produktion veranstaltete. Dabei galt immer das Prinzip, daß zwar die Anstöße durch die Parteiführung kamen, die Ausrichtung entsprechend den jeweiligen Gegebenheiten, die Finanzierung und Weiterentwicklung der Projekte aber immer von den lokalen Ressourcen und der Mobilisierung der vorhandenen Arbeitskräfte abhing. Auf Dorfebene sollte die Selbstorganisation Vorrang vor Eingriffen und Anleitungen von außen genießen. Die Verwirklichung der Prinzipien der Massenlinie: Aus den Erfahrungen der Massen lernen, diese systematisieren und dann erneut unter den Massen propagieren, fanden in den genannten Kampagnen ihre erste konkrete und umfassende Anwendung[157]. Die Wirkungen des Yenan-Modells waren aber nicht nur auf das von den Kommunisten beherrschte Gebiet begrenzt. In den Jahren 1937-1945 wurden nämlich mehr als 40 000 Kader für die Arbeit hinter den japanischen Linien ausgebildet, die das Yenan-Modell weitertrugen[158].

Als nach der japanischen Kapitulation die 2. Einheitsfront im August 1945 wieder auseinanderbrach, konnte die KPCh zwar ohne die Rücksichtnahme auf ihre früheren Verbündeten wieder eine radikalere Agrarpolitik betreiben, die Äußerungen Maos zur Arbeit in den befreiten Gebieten während der gesamten Phase des Bürgerkriegs bis zum Oktober 1949 behalten aber den gleichen Tenor wie während der Yenan-Zeit. Im Zentrum stehen immer: Pachtsenkung zur finanziellen Entlastung der Bauern[159]; gemäßigte und schrittweise Durchführung der Bodenreform, wobei vor allem das Bündnis mit den Mittelbauern gesucht wird, da deren Überschüsse zu Produktivitätssteigerungen genutzt werden können[160]; Anstrengungen zur ländlichen Produktionssteigerung im staatlichen wie im individuellen Interesse[161] (hier liegt die Bedeutung der Agrarreform, im einzelnen ist die Agrartechnik, die Saatzucht, die Be- und Entwässerung sowie die Wiederingangsetzung der ländlichen Industrie zu betreiben[162]);Aufbau von Kooperativen[163]; die Durchsetzung der Pachtsenkung und Bodenreform muß auf Dorfebene immer von den Bauern selbst betrieben werden, wobei dem Bewußtseinsstand und der politischen Situation in den jeweiligen befreiten Gebieten (Dauer der Befreiung) Rechnung getragen werden muß[164]; generell die Betonung, daß die Agrarentwicklung die Voraussetzung jeder weiteren industriellen Entwicklung ist[165].

Seit den ersten Zeugnissen des Maoschen Denkens im Jahre 1926 steht also bis zur Übernahme der Staatsgewalt durch die KPCh immer das Thema im Vordergrund, wie die Verbesserung der materiellen Lage der armen Bauern des Hinterlandes zu erreichen sei. Ihre Besserstellung ist die Voraussetzung der wirtschaftlichen Entwicklung des ganzen Landes. Dabei wird auf Methoden zurückgegriffen, die aus eigener Kraft der Bauern zu bewältigen sind, und die immer den politischen Mobilisierungseffekt miteinbeziehen. Diese Konzeption wird theoretisch präzisiert und praktisch erprobt in der Yenan-Phase und dann im Vormarsch der Revolution in den Jahren 1945 bis 1949 schrittweise auf das übrige ländliche China ausgedehnt, bis dann die Eroberung der Städte mit ihrer modernen Industrie die Partei vor neue, nicht gekannte Probleme stellte, die die maoistische Yenan-Konzeption zugunsten der sowjetischen Entwicklungskonzeption zunächst in den Hintergrund treten ließen.

3.2. Die sowjetmarxistische Kritik an der ökonomischen Theorie Mao Tse-tungs

Der wirtschaftliche und politische Bruch zwischen der Sowjetunion und China im Sommer 196o findet auch seine Widerspiegelung in der sowjetmarxistischen China-Literatur[166]. Bis 196o erschien eine große Zahl von Veröffentlichungen, deren Grundtenor auf die positive Würdigung des sozialistischen Aufbaus abgestellt war. Danach bricht diese Literatur so abrupt und vollständig ab, daß man in den folgenden Jahren fast von einem Totschweigen der ökonomischen

Probleme Chinas sprechen kann. Erst gegen Ende der 60er Jahre setzt eine erneute Beschäftigung ein, die allerdings nur noch die Kritik der "ökonomischen Theorien" Mao Tse-tungs zum Inhalt hat, die als unmarxistisch identifiziert und für alle wirtschaftlichen Mißerfolge verantwortlich gemacht werden[167].

Grundsätzlich werden zwei Phasen in der chinesischen Entwicklung unterschieden. Bis zum Jahre 1956 verläuft der Aufbau des Sozialismus entsprechend den sowjetmarxistischen Vorstellungen. Besonders die auf dem 8. Parteitag (1.Sitzung) formulierte gemäßigte Generallinie, die eine langfristige proportionale und schrittweise Industrialisierung und Umgestaltung der Landwirtschaft vorsah, findet den Beifall der Autoren[168], obwohl festgestellt wird, daß sich bereits seit 1955 der Einfluß des maoistischen Denkens störend bemerkbar macht und den Bruch vorbereitet[169]. Danach setze eine voluntaristische, sprunghafte und unwissenschaftliche Konzeption ein, die die allgemeinen Gesetzmäßigkeiten des Sozialismus und der Übergangsgesellschaft negiere[170]. Soweit in der Darstellung der Ereignisse nach 1956 differenziert wird, wird eher Partei für die liuistische Fraktion genommen.

Es würde in dem hier interessierenden Zusammenhang zu weit führen, eine Untersuchung anzustellen, ob die reichlich durch Marx- und Lenin-Zitate belegte sowjetmarxistische Kritik die wahre marxistische Position vertritt oder die kritisierte maoistische Position, für die sich ebenfalls Klassiker-Zitate finden lasen, zumal dieses Unterfangen insofern fragwürdig ist, als weder Marx noch Lenin konkrete Vorstellungen über die Politische Ökonomie des Sozialismus hatten. Eine solche Theorie wird erst von Stalin entwickelt und ist auch später Anlaß der maoistischen Kritik. Auf Stalin Bezug zu nehmen, vermeidet die sowjetmarxistische Kritik allerdings. Die folgende Zusammenfassung dieser Kritik im Hinblick auf die wesentlichen Aussagen soll vielmehr eine schärfere Akzentuierung der Probleme bewirken, die der maoistischen Entwicklungskonzeption zugrunde liegen.

Neben dem allgemeinen Vorwurf, daß Mao keine geschlossene Theorie anbiete, die zudem noch häufigen Änderungen unterworfen sei[171], werden im wesentlichen sechs Komplexe kritisiert:

1. Umkehrung der Beziehungen von Produktivkräften und Produktionsverhältnissen[172]

Nach Ansicht der Kritik besteht für die gesellschaftliche Entwicklung im allgemeinen und für die Entwicklung der Übergangsgesellschaft im besonderen die eindeutige Beziehung, daß die Entwicklung der Produktivkräfte die Entwicklung der Produktionsverhältnisse determiniere. Das bedeute für ein unterentwickeltes Land mit nur geringer Industrialisierung, daß zunächst die Schaffung der materiellen Voraussetzungen des Sozialismus im Vordergrund zu stehen habe. Erst müsse eine fortgeschrittene Industrialisierung (Entwicklung der Produktivkräfte) vollzogen sein, bevor sich die sozialistischen Produktionsverhältnisse in jeder Beziehung durchsetzen könnten. Dieser Vorwurf spielt insbesondere, auch wenn der Begriff sozialistische Produktionsverhältnisse nicht näher definiert wird, auf die maoistische Agrarpolitik an, die die Kollektivierung der Landwirtschaft ohne Rücksicht auf den Stand der Produktivkräfte vor ihre Mechanisierung setzt[173]. Damit zusammen hängt die Kritik, daß das auf Stalin zurückgehende "Gesetz des Vorrangs der Schwerindustrie"[174] beim Aufbau des Sozialismus zugunsten einer gleichmäßigeren Berücksichtigung der Sektoren verletzt werde.

2. Umkehrung der Beziehungen von Basis und Überbau

Die Umkehr des Verhältnisses von Produktivkräften und Produktionsverhältnissen setze sich fort in der Umkehr der Basis-Überbau-Beziehungen. Grundlegend für die Wirtschaftspolitik im Sozialismus sei die Berücksichtigung der objektiven Bedingungen, auch wenn dem subjektiven Faktor eine größere Bedeutung als in vorsozialistischen Gesellschaftsformen zukomme[175]. Mao verfolge demgegenüber eine rein subjektiv-idealistische Deutung der gesellschaftlichen Erscheinungen[176], die sich in einer voluntaristischen Wirtschaftspolitik ohne Rücksicht auf ihre objektiven Möglichkeiten äußere. Das wirtschaftliche Chaos im Anschluß an den Großen Sprung und die Kulturrevolution seien Resultate dieses Voluntarismus[177].

3. Verletzung der Prinzipien des demokratischen Zentralismus zugunsten der Massenlinie

Der ökonomische Voluntarismus führe notwendig zur Unterminierung der Planung. Anstelle gesamtwirtschaftlicher Planung unter zentraler Leitung trete Plankonfusion und Anarchie der Produktion[178], was als wirtschaftliche Dezentralisierung[179] ausgegeben werde. Statt eine Konzentration der Ressourcen auf moderne Großbetriebe zu betreiben, werde eine ineffiziente Kleinindustrialisierung idealisiert[180]. Auf Betriebsebene werde an die Stelle des Prinzips der Einmannführung die sogenannte Massenlinie gesetzt. Politischer Einstellung werde der Vorrang vor Qualifikation und Expertentum gegeben[181].

4. Wellentheorie statt proportionale Entwicklung

Die Verletzung der genannten Prinzipien führe zu einer stoßweisen, sprunghaften und unproportionalen wirtschaftlichen Entwicklung, die sich in permanenten Disproportionskrisen äußere. Diese Disproportionen sollen im Zuge eines wellenförmigen Wachstums immer wieder ausgeglichen werden[182].

5. Vernachlässigung des Leistungsprinzips und der materiellen Anreize

Die Leugnung des Prinzips der Einmannführung und der Bedeutung von Experten zugunsten politischer Einstellung sowie der Massenlinie führe zu einer Vernachlässigung des Leistungsprinzips[183]. Stattdessen richte sich die Entlohnung nach politischen Kriterien. Da es sich hierbei um eine grobe Verletzung von wesentlichen Charakteristika der Phase des Sozialismus handle, leugne Mao offensichtlich das Schema des Produktionsweisenablaufs in der Übergangsgesellschaft[184].

6. Self-Reliance statt internationaler sozialistischer Zusammenarbeit

Statt die Vorteile iner internationalen wirtschaftlichen Zusammenarbeit des sozialistischen Lagers wahrzunehmen, betreibe China eine Autarkiepolitik. Der Bruch mit der Sowjetunion sei von chinesischer Seite aus betrieben worden[185] und nur vor dem Hintergrund verständlich, daß in der VR China der Militarismus herrsche und eine "großmachtchauvinistische" Außenpolitik betrieben werde[186]. Die Parole "aus eigener Kraft" sei in Wirklichkeit gegen die Sowjetunion gerichtet[187].

Wieweit die Darstellung der maoistischen Position von sowjetischer Seite in jedem Fall korrekt ist, soll zunächst dahingestellt sein. Aus der Kritik wird jedenfalls ersichtlich, daß im wesentlichen Punkte angesprochen werden, die die Abweichung des chinesischen vom sowjetischen Modell berühren. Die dahinter stehende Sorge, daß auch über die Verwirklichung eines alternativen Entwicklungsmodells die Vorrangstellung der Sowjetunion in Frage gestellt werden kann, kommt besonders in Punkt 6 zum Ausdruck. Die Prinzipien der Autarkiepolitik werden nicht als Konsequenz der teilweise richtig erkannten internen Zusammenhänge gewertet, sondern lediglich als Ausdruck einer antisowjetischen Haltung interpretiert, zu deren Begründung neue Variablen - Militarismus und Großmachtstreben - eingeführt werden müssen. Hier entlarvt sich in gewisser Weise die Stoßrichtung der sowjetmarxistischen Kritik.

Abgesehen von dieser Erkenntnis bleibt als wichtiges Ergebnis festzuhalten, daß die Kritik sich nicht nur gegen wirtschaftspolitische Maßnahmen im engeren Sinne richtet, sondern grundsätzlicher behauptete "Gesetzmäßigkeiten" der Übergangsgesellschaft bis hin zu Prinzipien der gesellschaftlichen Entwicklung überhaupt anspricht, die von Mao verletzt würden. Diese Kritik auf drei Ebenen weist darauf hin, daß die Darstellung der maoistischen Entwicklungskonzeption genau diese drei Dimensionen zu berücksichtigen hat, wobei bei der Darstellung in der Reihenfolge: allgemeine Entwicklungsprinzipien - besondere Entwicklungsprinzipien während der Phase des Übergangs zum Sozialismus - Wirtschaftsmodell der Übergangsgesellschaft unter den besonderen Bedingungen der Unterentwicklung in China - verfahren werden soll.

3.3. Erkenntnistheorie und Widerspruchstheorie

Am Anfang jeder Beschäftigung mit der Entwicklungskonzeption Mao Tse-tungs müssen seine Erkenntnistheorie und seine Widerspruchstheorie stehen. Nur so sind sein Verständnis über die Triebkräfte von Entwicklung, seine anvisierten Entwicklungsziele sowie die von ihm geforderten Methoden und Mittel zur Erreichung dieser Ziele einsichtig, wobei Verständnis des Entwicklungsprozeß, Zieldefinition und Durchsetzung dieser Ziele in einem dialektischen Zusammenhang stehen. Nur der Erkenntnisfortschritt im Prozeß der Gestaltung gesellschaftlicher Entwicklung und die Erkenntnis ihrer Widersprüchlichkeit vermittelt Einsicht in den Entwicklungsprozeß und korrigiert damit die Praxis dieser Gestaltung.

Die Genese des philosophischen Denkens Mao Tse-tungs reflektiert diesen Zusammenhang. Seine grundlegenden Schriften "Über die Praxis" und "Über den Widerspruch" stammen aus dem Jahre 1937[188] und stehen am Beginn der Yenan-Phase. Ihnen zugrunde liegen Maos Erfahrungen in Hunan und Kiangsi. Sie werden zum ersten Mal praktisch in den genannten Kampagnen während der Jahre 1942-1944. Die Erfahrungen der 5oer Jahre mit dem sowjetischen Entwicklungsmodell und die politische Durchsetzung einer neuen Konzeption erforderten auch auf theoretischer Ebene eine Präzisierung des Mao-Denkens. Diesen theoretischen Niederschlag finden sie in der Auseinandersetzung mit Stalins "Ökonomische Probleme des Sozialismus" (1958) und den "Notizen nach der Lektüre des Lehrbuchs 'Politische Ökonomie'" (196o). Hier entwickelt Mao seine Vorstellungen von den Problemen eines unterentwickelten Landes, das sich in der Phase des Übergangs zum Sozialismus befindet[189]. Diese Texte bilden mit anderen die Grundlage der Bewegung zum Studium der Politischen Ökonomie (1958 bis 196o)[19o]. Der Konkretisierung im Hinblick auf die besonderen Verhältnisse Chinas und der innenpolitischen Auseinandersetzung um den Entwicklungsweg ab 1955 diente u.a. die von Mao mit edierte Aufsatzsammlung "Der sozialistische Aufschwung im chinesischen Dorf" (1955)[191], die Reden "Zur Frage des genossenschaftlichen Zusammenschlusses in der Landwirtschaft" (1955), "Über die zehn großen Beziehungen" (1956)[192], "Über die richtige Behandlung der Widersprüche im Volke" (1957) sowie die Reden auf der

Chengtu-Konferenz[193] (1958) und die "6o Punkte über Arbeitsmethoden" (1958). In diesen Äußerungen der Jahre 1955 bis 1958 spiegeln sich das beschleunigte Tempo und die auftretenden Probleme in der Agrarpolitik während der zweiten Hälfte der 5oer Jahre. Ihren praktischen Ausdruck findet die Mao-Konzeption im gleichen Zeitraum in der von ihm forcierten Kollektivierung, der Politik des Großen Sprungs und der Kommune-Bewegung. Welche Aktualität und Berechtigung trotz der eingestandenen Fehler in der Praxis[194] Mao dieser Konzeption weiterhin beimißt, zeigt die Neuausgabe[195] der Schriften zur Erkenntnis- und Widerspruchstheorie aus den Jahren 1937 bis 1963 am Vorabend der Kulturrevolution.

Erkenntnistheorie

Ein grundlegender Vorwurf, den Mao gegenüber der Methode des sowjetischen Lehrbuchs "Politische Ökonomie" erhebt, ist dessen deduktives Vorgehen. Zu Beginn jedes Abschnitts setzt das Lehrbuch feste Begriffe und Definitionen, aus denen alle weiteren Ausführungen abgeleitet werden[196]. Für Mao erweist sich demgegenüber der materialistische Charakter der Erkenntnistheorie in ihrem Ausgang von den Erscheinungen. Demzufolge steht am Anfang jeder Erkenntnis die sinnliche Erfahrung, die nur durch gesellschaftliche Praxis gewonnen werden kann. "Vom Standpunkt der Reihenfolge im Erkenntnisprozeß ist die sinnliche Erfahrung das Primäre, und wir unterstreichen deshalb die Bedeutung der gesellschaftlichen Praxis im Erkenntnisprozeß, weil nur die gesellschaftliche Praxis den Anstoß dazu geben kann, daß der Mensch zu erkennen beginnt, daß er beginnt, aus der objektiven Außenwelt sinnliche Erfahrung zu gewinnen."[197] Die sinnlichen Wahrnehmungen müssen zu Begriffen, Urteilen und Schlußfolgerungen verarbeitet werden. Dieser Prozeß bedeutet das Fortschreiten von der sinnlichen Erfahrung zur rationalen Erkenntnis. In der Notwendigkeit, die sinnliche Erfahrung zu vertiefen und zur rationalen Erkenntnis fortzuschreiten, äußert sich die Dialektik der Erkenntnistheorie[198].

Vom Standpunkt der marxistischen Philosophie, die immer Anleitung zu gesellschaftlicher Praxis sein will, darf man nicht auf der Stufe der rationalen Erkenntnis stehen bleiben, sondern muß im Verständnis der objektiven Gesetzmäßigkeiten der Welt zu ihrer praktischen Umgestaltung gelangen[199]. "Nachdem man die Gesetzmäßigkeiten der Welt erkannt hat, muß diese Erkenntnis wiederum zur Praxis der Umgestaltung der Welt zurückkehren, wiederum auf die Praxis der Produktion, die Praxis des revolutionären Klassenkampfes und des revolutionären nationalen Kampfes sowie die Praxis wissenschaftlicher Experimente angewandt werden."[2oo] Während die hier zitierte Stelle aus dem Jahre 1937 stärker den antiimperialistischen Kampf und den Klassenkampf als revolutionäre Praxis hervorhebt, steht im Text von 1963 der Produktionskampf im Vordergrund[2o1]. Die Praxis im Bewußtsein der rationalen Erkenntnis muß also immer gesellschaftlicher und revolutionärer Kampf sein, wobei sich der Charakter dieses revolutionären Kampfes je nach Entwicklungsstadium der Geschichte ändert. Zuerst steht der antiimperialistische Kampf im Vordergrund, dann der Klassenkampf im Innern, der sich nach Erringung der Staatsgewalt durch das Proletariat, zu dem auch die armen Bauern gezählt werden, im Kampf zum Aufbau des Sozialismus fortsetzt. Wie später noch genauer zu zeigen wird, ist der revolutionäre Prozeß bei Mao niemals abgeschlossen, sondern wird auch in der Phase des Sozialismus und sogar des Kommunismus fortgeführt.

Die Dialektik zwischen Theorie und Praxis erweist sich darin, daß die Erkenntnis durch die bewußte Praxis jederzeit überprüft und korrigiert werden muß, um über die neugewonnene Erkenntnis zu einer neuen angemesseneren Praxis zu gelangen[2o2]. Irrtümer im Erkenntnisprozeß und daraus resultierende Niederlagen in der Praxis sind also durchaus möglich, ja sogar notwendig[2o3]. Der Gesamtprozeß der Erkenntnis, der sich in immer höheren Stufen äußert, lautet also: Praxis - sinnliche Erfahrung - rationale Erkenntnis - wieder revolutionäre Praxis etc. Dieser Erkenntisprozeß verläuft entsprechend der revolutionären Praxis nicht kontinuierlich, sondern in Sprüngen[2o4]. Maos eigene Praxis und sein eigener Erkenntnisfortschritt lassen sich in diesen Prinzipien wiederfinden.

Die Form, in der sich diese Dialektik vollzieht, wird im Prinzip der Massenlinie verwirklicht. "Wir müssen in die Massen gehen, von den Massen lernen, ihre Erfahrungen zu besseren, systematisierten Erkenntnissen und Methoden verallgemeinern, diese sodann wieder in die Massen tragen (sie propagieren), die Massen aufrufen, diesen Erkenntnissen und Methoden gemäß zu handeln, und die Probleme der Massen zu lösen, damit die Massen Befreiung und Glück erlangen."[205] Damit wird zum Ausdruck gebracht, daß der Erkenntnisprozeß nicht bloß auf die politische Avantgarde beschränkt ist, sondern die Massen mit einbezieht. Die Verwirklichung der Massenlinie soll einen ständig wachsenden Kreis von Menschen zur richtigen Erkenntnis und damit zum sozialistischen Bewußtsein führen. Die Dialektik besteht also nicht nur zwischen Theorie und Praxis, sondern auch zwischen Erkenntnis der Avantgarde und Erkenntnis der Massen bzw.,vermittelt, zwischen der Praxis der Massen und der Erkenntnis der Avantgarde. Hier verbirgt sich ein weiterer Vorwurf gegenüber dem sowjetischen Lehrbuch, das den Eindruck erweckt, als ob die Avantgarde das richtige Bewußtsein immer schon von vornherein besäße[206].

Beispiele für die Anwendung dieses Prinzips sind die vielen Kampagnen, die, auch wenn sie nach der sozialistischen Revolution vielfach Produktionssteigerungen zum Ziel haben, immer den Erkenntnisfortschritt mit einbeziehen. Man kann sogar zu dem Schluß gelangen, daß der massenhafte Produktionskampf das Medium der Erkenntnis überhaupt ist, wobei Erkenntnis hier sowohl im praktischen Sinn Bewältigung der Natur als auch im Sinne der Bewältigung gesellschaftlicher Prozesse, die in den kollektiv durchgeführten Kampagnen zum Ausdruck kommen, verstanden wird. Die erwähnten Kampagnen der Jahre 1942 bis 1944 in Yenan zur Abschaffung von Pacht und Zins, Bildung von Arbeitsaustauschbrigaden und Bildung von Genossenschaften waren die ersten, der Große Sprung und die Bildung der Volkskommunen (1958/6o) die berühmtesten und die Kampagnen "Lernen von Dadschai in der Landwirtschaft" im weiteren Kontext der ländlichen Entwicklung evtl. die dauerhaftesten und erfolgversprechendsten Beispiele der Verwirklichung dieser Prinzipien, da sie immer gleichzeitig als Produktionskämpfe, Klassenkämpfe und Anwendung des wissenschaftlichen Experiments verstanden wurden.

Widerspruchstheorie

Die Erkenntnistheorie führt Mao zu seiner Lehre vom Widerspruch, der allen Dingen innewohnt, und die er als das fundamentalste Gesetz der materialistischen Dialektik ansieht[207]. Mao unterscheidet die von ihm kritisierte metaphysische, evolutionistische Weltanschauung, die Entwicklung nur als quantitative Ab- oder Zunahme versteht, wobei die Anstöße von außen kommen, die Dinge selbst aber unverändert bleiben, gegenüber der dialektisch-materialistischen Anschauung, aufgrund derer die Entwicklung der Dinge einer immanenten Notwendigkeit folgt. Das hieße beispielsweise im ersten Fall, daß die Klassengesellschaft an sich unveränderlich ist, und die Ursachen für historische Entwicklungen in externen Faktoren wie dem Klima, dem geographischen Milieu etc. liegen, während im zweiten Fall die innere Widersprüchlichkeit der Klassengesellschaft selbst eine Entwicklung herbeiführt. "Die gesellschaftlichen Veränderungen hängen in der Hauptsache von der Entwicklung der Widersprüche innerhalb der Gesellschaft ab, also der Widersprüche zwischen Produktivkräften und Produktionsverhältnissen, zwischen den Klassen, zwischen dem Neuen und Alten; die Entwicklung dieser Widersprüche treibt die Gesellschaft vorwärts und gibt den Impuls für die Ablösung der alten Gesellschaft durch eine neue."[208] Äußere Anstöße werden zwar als Bedingungen der Veränderung anerkannt, die inneren Ursachen sind aber immer die Grundlage der Veränderung. So vermochten der Imperialismus und die Oktoberrevolution in Rußland Anstöße auf die innenpolitische Entwicklung in China zu geben, aber nur, weil die traditionelle chinesische Gesellschaft selbst widersprüchlich war.

Mao unterscheidet zwischen der Allgemeinheit und Besonderheit des Widerspruchs. Der allgemeine gesellschaftliche Widerspruch ist der Klassenkampf. Die Besonderheit dieses Widerspruchs äußert sich jedoch je nach der gesellschaftlichen Situation in verschiedenen Qualitäten und erfordert somit auch qualitativ verschiedene Lösungsmethoden. Diese können im revolutionären nationalen Krieg, in der demokratischen oder sozialistischen Revolution, in der Kollektivierung und Mechanisierung der Landwirtschaft oder, soweit sie sich in der Partei widerspiegeln, in Kritik und Selbstkritik liegen.

Die Lösung der Widersprüche zwischen Gesellschaft und Natur muß durch die Entwicklung der Produktivkräfte herbeigeführt werden, wobei hier ebenfalls die besonderen Konstellationen zu berücksichtigen sind.

Alle komplexen Dinge enthalten eine Vielzahl von Widersprüchen, unter denen immer einer als der Hauptwiderspruch anzusehen ist. Seine Existenz und seine Entwicklung bestimmen Existenz und Entwicklung aller anderen Widersprüche. Natürlich können zu verschiedenen Zeiten unterschiedliche Widersprüche als Hauptwidersprüche auftreten. Das kann in China, je nach der internationalen Lage, zum Beispiel der Widerspruch zwischen Nationalismus und Imperialismus oder der Widerspruch zwischen Volk und der herrschenden Klasse sein, die vom Imperialismus unterstützt wird. Man muß also erst den aktuellen Hauptwiderspruch herausfinden, bevor man die anderen Widersprüche lösen kann.

Bei jedem Widerspruch gibt es eine hauptsächliche Seite, wobei allerdings ein Wechsel zwischen der primären und sekundären Seite eines Widerspruchs auftreten kann. In der Auseinandersetzung zwischen Feudalismus und Kapitalismus stellte die Bourgeoisie zunächst die sekundäre und später im Zuge der kapitalistischen Entwicklung die primäre Seite. Umgekehrt erging es ihr in ihrem Widerspruch zum Proletariat. Durch den Wechsel der hauptsächlichen Seite eines Widerspruchs verändert sich der Charakter einer Gesellschaft. Sehr große Bedeutung mißt Mao diesem Seitenwechsel im Hinblick auf die drei Widersprüche zwischen Produktivkräften und Produktionsverhältnissen, zwischen Basis und Überbau und zwischen Praxis und Theorie bei. Zwar wird man grundsätzlich die Produktivkräfte, die Basis und die Praxis als die hauptsächlichen Seiten der drei Widersprüche betrachten, eine Wechselwirkung zu leugnen, hieße aber statt des dialektischen nur einen mechanischen Materialismus zu verfolgen. "Man muß jedoch auch erkennen, daß unter bestimmten Bedingungen die Produktionsverhältnisse, die Theorie und der Überbau an die Reihe kommen können, die entscheidende, die Hauptrolle zu spielen."[209] Diese Betonung der Wechselwirkung von Sein und Bewußtsein spielt bei Mao insbesondere zur

Lösung der Widersprüche innerhalb der Gesellschaft und zwischen Gesellschaft und Natur nach der sozialistischen Revolution eine zentrale Rolle.

Der Kampf der beiden Seiten eines Widerspruchs setzt ihre Identität in doppelter Hinsicht voraus. Der Begriff Identität bezieht sich einmal darauf, daß die Existenz der einen Seite notwendig die Existenz der anderen Seite voraussetzt. Kampf der beiden Seiten ist gleichzeitig Koexistenz in der Einheit. Andererseits ist damit gemeint, daß sich die beiden entgegengesetzten Seiten unter bestimmten Bedingungen in ihr Gegenteil verwandeln können, daß also etwa das Proletariat sich (in China die Bauern) von der unterdrückten zur herrschenden Klasse wandeln kann. Die Kommunistische Partei gründen, heißt gleichzeitig ,ihr Verschwinden vorbereiten. Die Agrarreform durchzuführen und die Bauern zu Kleineigentümern zu machen, heißt gleichzeitig, über die Kollektivierung und Vergesellschaft das bürgerliche Eigentum zum Verschwinden zu bringen. "Alle Gegensätze sind untereinander verbunden und koexistieren nicht nur unter bestimmten Bedingungen in einer Einheit, sondern gehen unter bestimmten Bedingungen ineinander über; das ist eben die volle Bedeutung des Begriffs Identität der Gegensätze."[21o] Mit dieser Aussage wird ein Grundprinzip des maoistischen Entwicklungsdenkens sichtbar. Der Kampf der gegensätzlichen Seiten der Widersprüche in der Gesellschaft ist zwar verantwortlich für ihre Entwicklung, der Verwandlungsprozeß der gegensätzlichen Seiten eines Widerspruchs kann aber letztlich zum Verschwinden des Widerspruchs führen. Dieses Ergebnis wird allerdings durch die Feststellung wieder eingeschränkt, daß die Identität der Gegensätze sich nur unter bestimmten Bedingungen bilde, also relativ sei, während der Kampf der Gegensätze einen absoluten Charakter trage[211]. Hier scheint eine wesentliche Frage bei Mao offen gelassen. Einerseits betont er immer wieder, daß die Widersprüchlichkeit einer Gesellschaft niemals aufhöre, Kämpfe also auch in der sozialistischen und sogar kommunistischen Gesellschaft notwendig bleiben. Andererseits strebt auch Mao die schließliche Aufhebung aller Widersprüche in der Endphase der kommunistischen

Gesellschaft an. Im Lichte der späteren Auseinandersetzungen mit den Liuisten scheint der späte Mao die Absolutheit der Widersprüche in den Vordergrund gestellt zu haben.

Resultat der auf Widersprüchen gegründeten Dynamik des Entwicklungsprozesses ist, analog zum Erkenntnisprozeß, sein sprunghafter Verlauf. Die Lösung eines Widerspruchs hebt die Entwicklung auf eine neue Stufe und führt so zu dem Gesamtbild einer wellenförmigen Entwicklung[212]. Die Begriffe "Sprung" oder "Welle" spielen, hier liegt die entwicklungspolitische Konsequenz, eine zentrale Rolle in der maoistischen Strategie des wirtschaftlichen Wachstums.

Schließlich differenziert Mao noch zwischen antagonistischen und nichtantagonistischen Widersprüchen, wobei ein Widerspruch je nach Kontext den einen oder anderen Charakter annehmen kann und entsprechend unterschiedliche Lösungswege verlangt. Die Widersprüche zwischen Stadt und Land oder zwischen Bourgeoisie und Proletariat sind im Kapitalismus antagonistisch, können aber im Sozialismus zu nicht antagonistischen Widersprüchen werden. Die Klassenwidersprüche spiegeln sich in den innerparteilichen Widersprüchen wider. Die Entwicklung der gesellschaftlichen Widersprüche bzw. das Einwirken der Partei durch ihre Politik auf die Gesellschaft entscheidet darüber, ob die innerparteilichen Widersprüche antagonistischen Charakter gewinnen[213].

Diese zunächst sehr philosophisch anmutenden Ausführungen werden in späteren Schriften Maos, die sich mit der materiellen und gesellschaftlichen Widersprüchlichkeit der Übergangsgesellschaft und ihren Lösungsmöglichkeiten befassen, sehr politisch und auf einer weiteren Ebene der Konkretion sehr praktisch. Die Lehre vom Widerspruch hat also allgemeine Gültigkeit und wird nicht, wie in dem von Mao kritisierten sowjetischen Lehrbuch, in der Phase des Sozialismus von dem Prinzip der Einheit und Geschlossenheit in Partei und Gesellschaft als Triebkraft der weiteren Entwicklung abgelöst[214].

Die für den hier interessierenden Zusammenhang zentralen Aussagen der Erkenntnis- und Widerspruchstheorie und ihre Verknüpfung im Hinblick auf die Gestaltung des Entwicklungsprozesses lassen sich folgendermaßen formulieren: Jede gesellschaftliche Entwicklung wird durch die Widersprüche in der Gesellschaft und zwischen Gesellschaft und Natur bestimmt. Das ist ein allgemein gültiges Gesetz und gilt explizit auch für die Zeit nach der sozialistischen Revolution. Zur Lösung der in einer komplexen Gesellschaft vielfältigen Widersprüche muß der, je nach Lage wechselnde, Hauptwiderspruch identifiziert werden. Der mögliche Wechsel zwischen den Hauptseiten eines Widerspruchs und die Prinzipien der materialistischen Dialektik erlauben es, daß die Lösung dieser Widersprüche auch von der Seite der Produktionsverhältnisse und des Überbaus in Angriff genommen werden kann. Das dabei anzuwendende erkenntnisleitende und praxisleitende Prinzip ist die Massenlinie, der die Kader ebenso wie die Massen unterworfen sind. Dieses Prinzip garantiert durch die Dialektik von Praxis, Erfahrung, Erkenntnis und darauf gegründeter revolutionärer Praxis den permanenten Rückbezug zur Ebene der Produktivkräfte und zur Basis. Diesen Zusammenhang meint der Begriff der permanenten Revolution. Die gesellschaftlichen Widersprüche spiegeln sich in der Auseinandersetzungen in der Partei. Solange sie keinen antagonistischen Charakter annehmen, können sie mit den Mitteln der Kritik und Selbstkritik gelöst werden. Schlagen sie in der Gesellschaft wie in der Partei in antagonistischer Widersprüche um, dann muß eine neue Revolution stattfinden.

3.4. Die Widersprüche in der Übergangsgesellschaft und ihre besondere Ausprägung im unterentwickelten China

Die Einsichten der Widerspruchstheorie konkretisieren sich in Maos Schriften der 5oer Jahre im Hinblick auf die allgemeinen Widersprüche der Übergangsgesellschaft und ihre besondere Ausprägung im unterentwickelten China. Die Erfahrungen mit dem sowjetischen Modell haben offensichtlich einen tiefen Eindruck auf das Denken Maos hinterlassen, da seine grundsätzlichen theoretischen Aussagen zu Problemen der Übergangsgesellschaft an der Kritik der kodifizierten sowjetmarxistischen Theorie der Übergangsgesellschaft, dem Lehrbuch "Politische Ökonomie, Abschnitt Sozialismus", gewonnen sind, und seine konkreten Vorschläge als Gegenmodell zum sowjetischen Industrialisierungsmodell zu verstehen sind.

Um die Unterschiede weiter zu profilieren, scheint ein Exkurs auf die maoistische Revolutionstheorie geboten. Mao läßt nämlich das auf Marx zurückgehende Axiom fallen, daß die sozialistische Revolution nur in den entwickelten kapitalistischen Ländern auf der Tagesordnung steht. Lenin hat die theoretische Schwierigkeit, daß die Revolution nicht in Deutschland, England oder Frankreich, sondern im vergleichsweise rückständigen Rußland zuerst stattfand, dadurch zu umgehen versucht, daß er die Oktoberrevolution in einen internationalen Kontext stellte. Mit Hilfe seiner Imperialismus-Theorie konnte er behaupten, daß der Bruch des schwächsten Gliedes der Kette, d.h. das revolutionäre Ausscheren eines unterentwickelten Landes, das ganze internationale System des Imperialismus zum Einsturz bringen und so über die damit verbundenen ökonomischen Schwierigkeiten für die imperialistischen Metropolen die Revolution in den kapitalistischen Zentren selbst auslösen würde. Die orthodoxe marxistische Revolutionstheorie wäre damit gerettet gewesen. Aus dem Fehlschlag dieser internationalistischen Strategie zog Stalin die praktische Konsequenz vom Aufbau des Sozialismus in einem Land. Damit korrespondierte notwendig die Theorie der friedlichen Koexistenz und als strategische Komponente für die Kommunistischen Parteien in den kapitalistischen Ländern das Bemühen, einen friedlichen, parlamentarischen Übergang zum Sozialismus anzustreben. Im Innern blieb Stalin insofern orthodox, als er die Revolution der Produktionsverhältnisse mit der Änderung der Eigentumsverhältnisse für vollendet ansah, so daß vorerst die schnellstmögliche Angleichung des Entwicklungsstandes der Produktivkräfte durch beschleunigte Schwerindustrialisierung anzustreben sei.

Mao bezweifelt demgegenüber die Möglichkeit der sozialistischen Revolution in den entwickelten kapitalistischen Ländern und betont, daß sie nur in den Ländern der Dritten Welt auf der Tagesordnung stehe. Das versucht er einerseits mit der Theorie zu belegen, daß das revolutionäre Weltzentrum von Westen nach Osten (der Osten ist rot), von Frankreich über Deutschland und Rußland nach China wandere, wobei ein Weiterwandern in andere Länder der Dritten Welt nicht ausgeschlossen ist[215]. Überzeugender ist seine Argumentation, daß sich die bürgerliche Ideologie in den kapitalistischen Zentren so sehr gefestigt habe, daß eine sozialistische Revolution äußerst schwierig geworden sei[216]. Demgegenüber birgt gerade die Armut der Bauern in den Ländern der Dritten Welt ein besonders revolutionäres Potential. Die Arbeiterklasse dieser Länder müsse deshalb ein Bündnis mit den Bauern eingehen[217]. Die bürgerliche Ideologie ist noch nicht so stark, daß sie die Bildung des sozialistischen Bewußtseins verhindern kann. "Neben anderen Besonderheiten besitzt das 600 Millionen zählende chinesische Volk zwei bemerkenswerte Eigenschaften: es ist arm und ein unbeschriebenes Blatt. Das sind scheinbare Nachteile, in Wahrheit aber sind es Vorteile. Wer arm ist, will seine Lage bessern, er will Anstrengungen machen, er will die Revolution. Ein weißes Blatt ist noch unbeschrieben; es lassen sich die neuesten und schönsten Worte darauf schreiben, es lassen sich die neuesten und schönsten Bilder darauf malen."[218] Mao kehrt die Dialektik von Produktivkräften und Produktionsverhältnissen um, wie seiner Meinung nach auch in den bürgerlichen Revolutionen oder der Oktoberrevolution geschehen[219]. Erst die Revolutionierung der Produktionsverhältnisse machte den Weg frei für eine den neuen Bedürfnissen angemessene Produktivkraftentfaltung. Im Hinblick auf die unterentwickelten Länder sind nur die sozialistischen Produktionsverhältnisse in der Lage, die Unterentwicklung zu überwinden.

Das bedeutet aber keineswegs, daß mit der sozialistischen Revolution alle Widersprüche zwischen den Menschen gelöst sind. Hier tut sich ein grundsätzlicher Unterschied zur sowjetmarxistischen Theorie der Übergangsgesellschaft auf. Alle Versionen des sowjetischen Lehrbuchs, ob sie unter dem Einfluß Stalins, nach dem XX. Parteitag oder in der Nachchrustchow-Ära entstanden sind, gehen davon aus, daß die gesellschaftlichen Widersprüche gelöst sind. An die Stelle des Widerspruchs wird das Prinzip der Einheit als Triebkraft der weiteren Entwicklung gesetzt[220]. Widersprüche bestehen nur noch zwischen Gesellschaft und Natur und sind durch die Entwicklung der Produktivkräfte zu beseitigen. Mao betont demgegenüber, daß nicht nur die Widersprüche zwischen Mensch und Natur als Resultat der Unterentwicklung, sondern auch die Widersprüche innerhalb der Gesellschaft nach der Revolution weiterwirken[221]. Das gilt nicht nur für die Periode der Übergangsgesellschaft zum Sozialismus, sondern auch für die sozialistische Phase, ja sogar für die Phase des Kommunismus[222]. "Obwohl im Sozialismus keine Revolution mehr stattfindet, in der eine Klasse die andere stürzt, gibt es immer noch Revolution. Der Übergang vom Sozialismus zum Kommunismus ist eine Revolution, ebenso der Übergang von einem zum anderen Stadium des Kommunismus; außerdem gibt es noch die technische Revolution und die Kulturrevolution."[223] Nur das Prinzip der permanenten Revolution auf allen Ebenen - Produktivkräfte, Produktionsverhältnisse und Überbau - kann zu einer Lösung dieser Widersprüche führen.

Als Hauptwidersprüche in der Phase der Übergangsgesellschaft betrachtet Mao offensichtlich die Widersprüche zwischen Produktivkräften und Produktionsverhältnissen und zwischen Produktionsverhältnisse und Überbau[224], wobei im ersten Fall die Produktionsverhältnisse und im zweiten Fall der Überbau als die hauptsächliche Seite des Widerspruchs angesehen werden. Die Produktionsverhältnisse entsprechen in erster Linie deswegen noch nicht den geforderten Bedingungen, wie sie eine optimale Produktivkraftentfaltung erwarten ließen, weil es noch verschiedene Formen des Eigentums gibt[225].

Das bezieht sich einmal auf unterschiedliche Eigentumsverhältnisse in Landwirtschaft und Industrie, wo im ersten Fall das Kollektiveigentum und im zweiten Fall das Staatseigentum die Regel ist. Innerhalb der Landwirtschaft gibt es wiederum verschiedene Formen des Eigentums: Kommuneeigentum, Brigadeeigentum, Gruppeneigentum und Privateigentum. Mit diesen verschiedenen Eigentumsformen korrespondieren Einkommensunterschiede zwischen Industrie und Landwirtschaft und innerhalb der Landwirtschaft. Die unterschiedlichen Interessenlagen von Staat, verschiedenen Kollektiven und Individuen[226] im Hinblick auf die Verteilung von Akkumulations- und Konsumtionsfonds, auf die Liefer- und Bedarfsstruktur zwischen den einzelnen Sektoren, Branchen und Regionen der Wirtschaft und damit die Existenz von Warenverhältnissen und Regulativen, die über das Wertgesetz (Preise und Gewinne) vermittelt sind, beeinträchtigen eine optimale Produktivkraftentfaltung. Neben den unterschiedlichen Einkommensverhältnissen besteht sogar noch ein Moment der Ausbeutung fort. Damit meint Mao die offensichtlich immer noch nicht abgeschaffte Praxis der 5-prozentigen Verzinsung des Kapitals der ehemaligen nationalen Kapitalisten, deren Betriebe vom Staat übernommen worden sind[227]. Die Praxis der materiellen Anreize zur Arbeitsmotivation und Produktionssteigerung, verbunden mit der Bezahlung nach Leistung, Qualifikation der Arbeit und Dauer der Ausbildung sind ebensowenig geeignet, den Vorrang der Kollektiven vor den individuellen Interessen zu fördern.

Auf der Ebene der Arbeitsbeziehungen herrscht nach wie vor das Prinzip der Unterordnung und Hierarchie vor der kollektiven Leitung. Solange Direktoren, Techniker, Spezialisten etc. den Arbeitsprozeß, die Art der Produktion und die Dynamik der industriellen Entwicklung bestimmen, werden immer Einzel- oder Gruppeninteressen mit den Interessen des Kollektivs oder des ganzen Volkes in Konflikt geraten und dadurch einer optimalen, sprich den Interessen des ganzen Volkes dienenden, Produktivkraftentfaltung im Wege stehen. Dabei betont Mao besonders den Aspekt, das einmal geschaffene Produktionsverhältnisse die Tendenz zu ihrer Zementierung aufweisen. Das gilt auf der individuellen Ebene für Einkommensunterschiede oder sonstige Vorteile, auf die die Privilegierten nicht ohne weiteres verzichten wollen. Das gilt auf der gesamtwirtschaftlichen Ebene für die Steuerungsmechanismen, die sich zu einem gegebenen Zeitpunkt als sinnvoll erweisen. Die Produktivkraftentfaltung schreitet aber fort. "In der sozialistischen Gesellschaft mögen 'Verteilung gemäß der Leistung', Warenproduktion, Wertgesetz usw. gegenwärtig mit den Erfordernissen der Entwicklung der Produktivkräfte übereinstimmen; da sie sich aber weiterentwickeln, werden sie eines Tages der Entwicklung der Produktivkräfte nicht mehr entsprechen."[228]. Der immer fortschreitende Entwicklungsprozeß erfordert also laufend die Revolutionierung der Verhältnisse, in deren Rahmen er sich vollzieht.

Das gilt in noch viel stärkerem Maße für die Widersprüche zwischen Produktionsverhältnissen und politischem, sozialem und ideologischem Überbau. Der Sozialismus kann nicht bereits in einer kapitalistischen oder vorkapitalistischen Gesellschaft entstehen, sozialistisches Bewußtsein muß erst im Zuge des sozialistischen Aufbaus entwickelt werden[229]. Geschieht das nicht, ist dieser Aufbau ständig in Gefahr. Als Haupthindernis für die Entwicklung sozialistischer Produktionsverhältnisse sieht Mao die bürgerliche Ideologie und ihre Abart,den Bürokratismus, an. Die bürgerliche Ideologie ist vor allem unter den Intellektuellen verbreitet, die früher dem alten System gedient haben oder in seinem Geiste erzogen worden sind[230]. Das bürgerliche Denken unterminiert nicht nur ständig den Aufbau sozialistischer Verkehrsformen, die Bourgeoisie ist auch ständig bestrebt, sobald sich nur eine Möglichkeit eröffnet, die gesellschaftliche Entwicklung wieder rückgängig zu machen und zum Kapitalismus zurückzukehren. Als Beispiel solcher Versuche nennt Mao den Verlauf der Hundert Blumen-Kampagne im Jahre 1957,die als Liberalisierungsversuch in Reaktion auf den Ungarnaufstand gedacht, in eine groß angelegte Kritik von rechts ausuferte und offensichtlich für die Partei bedrohliche Formen annahm. Als weiteren Versuch in dieser Richtung empfand Mao offenbar die Kritik Peng Te-huais gegen das Konzept der Volkskommunen und des Großen Sprungs auf dem Lushan-Plenum des ZK im Jahre 1959[231]. Die Angriffe der Maoisten im Frühjahr 1976 gegen Teng Hsiao-ping wiesen ebenfalls in diese Richtung[232].

Die Gefahr des Bürokratismus betrifft vor allem die führenden Kader in der Partei. Ein bürokratischer Überbau ist für die weitere Revoltuionierung der Produktionsverhältnisse genauso schädlich wie ein bürgerlicher Überbau. Nicht die Bürokraten, das Volk muß die Möglichkeit haben, die Gestaltung der Produktionsverhältnisse so einzurichten, daß eine seinen Bedürfnissen gerechte Produktivkraftentfaltung möglich ist. Deswegen konstatiert Mao:

"... das Volk muß das Recht haben, den Überbau zu verwalten. Es ist unmöglich, die Frage der Rechte des Volkes dahingehend zu interpretieren, daß der Staat lediglich von einer Gruppe von Leuten verwaltet wird, und daß das Volk nur unter der Verwaltung gewisser Leute in den Genuß des Rechts auf Arbeit, Ausbildung, Sozialversicherung usw. kommt."[233]. Dieser Satz bezieht sich zunächst auf Maos Kritik an den Rechten, die das sowjetische Lehrbuch dem Volk zugesteht. Die Frage der Rechte des Volks betrifft aber letztlich die Frage, ob der Staat lediglich eine sozial orientierte Wirtschaftspolitik betreibt, oder ob tatsächlich die Massen bei der Gestaltung der Produktionsverhältnisse einbezogen sind. Die Kulturrevolution, die zur weitgehenden Zerschlagung des Partei- und Staatsapparates führte und an deren Stelle die Revolutionskomittees setzte, ist als Versuch im Sinne der maoistischen Forderung zu verstehen, die Widersprüche zwischen Produktionsverhältnissen und Überbau von der hauptsächlichen Seite des Widerspruchs,vom Überbau her, zu lösen.

Diese Widersprüche jeder Übergangsgesellschaft konkretisiert Mao im Hinblick auf die besondere Situation eines unterentwickelten Landes wie China. Dabei scheinen bei Mao zwei Widersprüche im Zentrum zu stehen: der Widerspruch zwischen einer rückständigen Landwirtschaft, die nur unzureichend in der Lage ist, die Anforderungen einer wachsenden Industrie nach Lebensmitteln und Rohstoffen zu decken[234] und umgekehrt einer Industrie, die aufgrund ihrer Dimension und Branchenstruktur nicht in der Lage ist, die Anforderungen der Landwirtschaft nach Traktoren, Düngemitteln, Energie u.a. zu decken. Weiterhin ist der Widerspruch zwischen einer relativ modernen Küstenregion und dem rückständigen Hinterland von zentraler Bedeutung[235]. Die Konzentration von Industrie, Infrastruktur und qualifizierten Arbeitskräften auf wenige Zentren in küstennahen Regionen zieht die Masse der neu zur Verfügung stehenden Ressourcen an sich, da hier ihre effektivste Verwendung erwartet wird. Dadurch vertieft sich die Kluft zwischen Stadt und Land und verstärkt den erstgenannten Widerspruch.

Resultat der Widersprüche, die sich in der Phase des Übergangs zum Sozialismus bzw. aus den spezifischen Widersprüchen des unterentwickelten China ergeben, sind die Widersprüche im Volke. Die Verkettung dieser Ursachen weist darauf hin, daß Mao keine Trennung zwischen gesellschaftlichen und materiellen Widersprüchen wie in der Sowjetunion vornehmen will, sondern, wie noch zu zeigen sein wird, nur die gleichzeitige Inangriffnahme dieser Widersprüche ihre Lösung garantiert. "Zu den Widersprüchen im Volke gehören unter den gegenwärtig in China bestehenden Verhältnissen: Widersprüche innerhalb der Arbeiterklasse, Widersprüche innerhalb der Bauernschaft, Widersprüche innerhalb der Intelligenz, Widersprüche zwischen Arbeiterschaft und Bauernschaft, Widersprüche zwischen Arbeitern und Bauern einerseits und der Intelligenz andererseits, Widersprüche zwischen der Arbeiterklasse und anderen Werktätigen einerseits und der nationalen Bourgeoisie andererseits, Widersprüche innerhalb der nationalen Bourgeoisie."[236] Die hauptsächlichen Widersprüche im Volke scheinen diejenigen zwischen Arbeitern und Bauern und zwischen diesen beiden Klassen und der Intelligenz zu sein, wobei unter letzterer die leitenden Funktionäre in Industrie, Partei, Staat und Armee sowie Wissenschaftler und Ingenieure zu verstehen sind. Interessant wäre die Frage, inwieweit nicht auch noch der von Mao zumindest nicht explizit formulierte Widerspruch zwischen Arbeitern und Intelligenz einerseits (= Stadtbevölkerung) und den Bauern andererseits hinzuzufügen wäre.

Der Widerspruch zwischen Arbeitern und Bauern leitet sich einmal aus den genannten unterschiedlichen Produktionsverhältnissen zwischen Industrie und Landwirtschaft ab (Besitzverhältnisse, Einkommen) und ist zum anderen Resultat der geschilderten Ausprägung der Unterentwicklung in China. Die weitere Konzentration der Ressourcen auf die moderne Industrie der Küstenstädte bedeutet steigendes Einkommen, besseres Angebot an Konsumgütern etc. Die Bauern erwarten umgekehrt eine stärkere Berücksichtigung ihrer Interessen, die sich in Infrastrukturmaßnahmen, Elektrifizierung, Dezentralisierung der Industrie etc. äußern würde. Die Widersprüche innerhalb der beiden Klassen sind Resultat der Leistungsprinzipien bei der Entlohnung und der verschiedenen Eigentumsformen, soweit bei Kollektivbesitz das Einkommen ertragsabhängig ist. Die Widersprüche zwischen Hand- und Kopfarbeit resultieren aus der bürgerlichen Ideologie und dem Bürokratismus. Die Kopfarbeiter wollen ihre materiellen und immateriellen Privilegien erhalten. Ihre Konzentration auf die Städte verstärkt die Stadt-Land-Kluft und macht sie damit zu potentiellen Bundesgenossen der Arbeiterschaft. Die Lösung dieser Widersprüche ist von zentraler Bedeutung für die politische Stabilität der Gesellschaft und damit den Erfolg des sozialistischen Aufbaus[237]. Dabei betont Mao ausdrücklich den Kampf als Mittel zur Lösung dieser Widersprüche[238].

Wenn die Tendenzen zu Bürokratismus und Restauration bürgerlicher Ideologie sich verstärken, können sich die Widersprüche im Volke zu Widersprüchen zwischen dem Staat und dem Volk entwickeln[239]. Das bezieht sich nicht nur auf die Fernhaltung des Volkes von Entscheidungen, sondern auch materiell auf die Ressourcenverteilung im Hinblick auf Akkumulation und Konsumtion[24o]. Die Form der Arbeitsorganisation, die Technologiewahl u.a. erlauben oder verhindern es, daß die Massen diese Prozesse durchschauen und an ihnen partizipieren können.

Diese Widersprüche im Volke und zwischen Volk und Staat finden ihre Entsprechung innerhalb der Partei. Der permanente Kampf der zwei Linien innerhalb der Partei ist somit im maoistischen Verständnis nichts anderes als der Kampf zwischen Sozialismus und Kapitalismus bzw. Bürokratismus, zwischen den Massen und den Intellektuellen, zwischen den Bauern des Hinterlands und den Bewohnern der Küstenstädte, ist die Fortsetzung des Klassenkampfs. Die genannten Widersprüche im Volke und in der Partei sind unter sozialistischen Bedingungen im Prinzip nicht antagonistisch und können durch Kritik und Selbstkritik, durch Erziehung und durch Ausrichtungskampagnen gelöst werden. "Unter gewöhnlichen Umständen sind Widersprüche im Volke nicht antagonistisch. Aber wenn man die Wachsamkeit verliert, sorglos und nachlässig wird, kann ein Antagonismus entstehen."[241] Zur Lösung von antagonistischen Widersprüchen kann sich dann sogar die Notwendigkeit einer erneuten Revolution ergeben[242].

Das maoistische Denken läuft also im Kern darauf hinaus, daß die Überwindung der Unterentwicklung, das heißt die Befriedigung der Bedürfnisse der Volksmassen, in China in erster Linie die 600 Millionen Bauern, nur gleichzeitig mit der Verwirklichung sozialistischer Produktionsverhältnisse und der Revolutionierung des traditionellen Überbaus möglich ist. Die Schaffung des neuen Menschen und die Industrialisierung bzw. Agrarentwicklung müssen gleichzeitig erfolgen, denn nur der neue Mensch garantiert die Entfaltung der Produktivkräfte in eine Richtung, die wirklich die Befriedigung der Bedürfnisse der Massen gewährleistet. Die Mittel und Strategien, die Mao vorschlägt, die Produktivkräfte in der gewünschten Richtung zu entfalten, müssen also immer mit den Prinzipien der Massenlinie gekoppelt sein. Die Reduzierung des maoistischen Entwicklungsmodells auf die besonderen Erfordernisse und Bedingungen der Unterentwicklung: Mobilisierung brachliegender Arbeitskraft, Ausnützung lokaler Ressourcen, Reduzierung der Transportkosten, Ergänzung der überbeanspruchten modernen Industrie, partielle Schließung von Engpässen im modernen Sektor, Entlastung des Staatshaushalts und was immer an weiteren ökonomistischen Begründungen angeführt werden kann, versperrt den Blick für das grundsätzliche Anliegen. Die Entwicklung der innovatorischen Fähigkeiten, die Partizipation am Entscheidungsprozeß und die Erfahrung der eigenen Leistungsfähigkeit durch revolutionäre Praxis im politischen wie im Produktionskampf sind das Vehikel zur Bildung des sozialistischen Bewußtseins der Massen[243].

3.5. Die Lösung der Widersprüche

Parallel zur Formulierung seines Entwicklungsmodells vollzieht sich auch der Lösungsprozeß Maos vom sowjetischen Vorbild[244]. Zeitpunkt und Dauer dieses Lösungsprozesses stimmen dabei mit den geschilderten binnen- und außenwirtschaftlichen Schwierigkeiten Chinas im Hinblick auf den Nachvollzug der sowjetischen Industrialisierungsstrategie überein. Im Gegensatz zur gemäßigten Linie des 8. Parteitags (1. Sitzung) kommt Mao allerdings zu einer radikalen Lösung.

Der erste Hinweis auf die Betonung der chinesischen Eigenständigkeit findet sich in der "Rede gegen Rechtstendenzen und Konservatismus" (6.12.1955) im Zusammenhang mit der Genossenschaftsbewegung, wo Mao die unterschiedlichen Ausgangsbedingungen Chinas betont, das gegenüber der Sowjetunion nach der Revolution bereits über eine 2o-jährige Erfahrung mit wirtschaftlichen Fragen in den befreiten Gebieten verfügt[245]. In der Rede über die "Zehn großen Beziehungen" im April 1956 findet sich der generelle Hinweis, daß man zwar vom Ausland lernen müsse, aber nicht alles zu kopieren, sondern im Hinblick auf die chinesischen Belange zu modifizieren habe[246]. Hier wird nur allgemein vom "Ausland" gesprochen, ohne daß die zweifellos damit gemeinten sozialistischen Länder und besonders die Sowjetunion bereits beim Namen genannt werden. Deutlicher wird Mao im Februar 1957 in seiner Rede über die Widersprüche im Volke, wo zwar nicht in Abrede gestellt wird, daß man aus den Erfahrungen der sozialistischen Länder und besonders der Sowjetunion zu lernen habe, die unterschiedlichen Bedingungen in den einzelnen Ländern aber auch zu unterschiedlichen Ansichten über einzelne Punkte führen können. Das bezieht sich an einer Stelle der Rede konkret auf die richtige Behandlung der Widersprüche im Volke[247], wird aber an einer anderen Stelle im selben Text, wenn auch vage formuliert, auf die Form der Übertragung der sowjetischen Erfahrungen auf China bezogen. "Es gibt zwei verschiedene Einstellungen zu lernen. Die eine ist dogmatisch. Sie besteht darin, alles zu übernehmen, sei es für die Verhältnisse unseres Landes geeignet oder nicht. Das ist keine gute Einstellung. Die andere besteht darin, beim Studium den Geist anzustrengen und alles das zu erlernen, was den Bedingungen unseres Landes entspricht, das heißt alle für uns nützlichen Erfahrungen auszuwerten. Wir brauchen diese Einstellung."[248] Deutlich wird die Kritik an der Übernahme des sowjetischen Modells erst in den Reden des Jahres 1958. Die erste Chengtu-Rede Maos vom 1o.3.1958 ist eine kritische Auseinandersetzung mit der Praxis der ersten Hälfte der 5oer Jahre, als man mangels eigener Erfahrungen und Kenntnisse die Politik der starren Übernahme betrieb[249]. Da diese Erfahrungen inzwischen aber gesammelt seien, könne sowohl im Grundsätzlichen wie im Detail eine den chinesischen Gegebenheiten gerechte Wirtschaftspolitik verfolgt werden. "Wir hatten kein Einsehen in die gesamte Wirtschaftssituation, vom Unterschied zwischen der sowjetischen und der chinesischen Wirtschaftssituation verstanden wir noch weniger, wir sind ihnen nur blindlings (!) gefolgt. Jetzt hat sich die Lage verändert, Projektierung und Aufbau in den Großbetrieben können wir generell gesprochen selbst durchführen; die Ausrüstung werden wir nach weiteren fünf Jahren selbst herstellen können, die sowjetische und chinesische Situation verstehen wir nun besser."[25o] Mao bezieht sich in dieser Rede ausdrücklich auf seine Rede über die "Zehn großen Beziehungen", die er als Grundlage einer eigenen Linie beim Aufbau versteht. Im Mai 1958, auf der 2. Sitzung des 8. Parteitags, während der enthusiastischen Phase des Großen Sprungs, kommt dann die gegenüber dem 8. Parteitag (1. Sitzung) radikale These, daß die Aufbaugeschwindigkeit in China aufgrund der anderen Ausgangsbedingungen sogar <u>schneller</u> sein könne als in der Sowjetunion[251]. Offenbar schien Mao aber die Distanzierung vom sowjetischen Vorbild, wie sie auf dem 8. Parteitag (2. Sitzung) zum Ausdruck kam, noch nicht weitgehend genug. In einer Rede Ende Juni kritisierte er nämlich, daß einige Resolutionen immer noch zu sehr die Nachahmung der Sowjetunion empfahlen, was von ungenannten "Dogmatikern" in der Partei gerechtfertigt würde. "Today the dogmatists advocate copying the Soviet Union. Whom, I would like to know, did the Soviet Union copy in the past? In the resolutions of the Eigth Congress there is a passage dealing with the problems of technological reform. From the point of view of present conditions this is inappropriate because it over-emphasizes Soviet aid. It is very necessary to win Soviet aid, but the most important thing is self-reliance."[252] Die grundsätzliche und differenzierte theoretische Kritik an der sowjetischen Praxis erfolgt im November 1958 in der Rede über Stalins Buch "Ökonomische Probleme des Sozialismus"[253] sowie im Jahre 196o in den bereits mehrfach zitierten "Notizen" zum sowjetischen Lehrbuch, die als Maos Politische Ökonomie der sozialistischen Produktionsweise[254] zu verstehen sind. Mit der Betonung der besonderen chinesischen Bedingungen und der eigenen Leistung beim Aufbau des Sozialismus wird folgerichtig die Rolle der externen Hilfe durch die sozialistischen Länder relativiert[255]. Demnach erkannte Mao in der Übertragung des sowjetischen Modells einen Hauptwiderspruch für die chinesische Entwicklung. Erst die Lösung dieses Widerspruchs durch die allmähliche Emanzipation von der Sowjetunion und durch die Formulierung eines eigenen

Weges, der sich die chinesischen Widersprüche zum Ausgangspunkt nahm, konnte im Sinne der Maoschen Widerspruchstheorie erfolgreich sein[256]. Der wirtschaftliche Bruch im Sommer 1960 war auf chinesischer Seite zumindest theoretisch vorprogrammiert und letztlich auch nur konsequent, wenn seine Auslösung auch durch die Sowjetunion betrieben wurde.

Entsprechend dem Gerüst von Widersprüchen, die Mao für die nachrevolutionäre chinesische Gesellschaft identifiziert hat, siedelt er seine Konzeption zur Lösung dieser Widersprüche auf drei Ebenen an. Auch wenn die Einzelmaßnahmen im folgenden hintereinander abgehandelt werden, ist bei Mao immer die Wechselwirkung der Maßnahmen intendiert. Dabei wird hier darauf verzichtet, die unterschiedlichen Nuancen der Mao-Schriften von 1955 bis 1960, in denen wirtschaftspolitische Äußerungen enthalten sind, jeweils zu berücksichtigen. Es wird vielmehr der Versuch gemacht, abstrahierend von der Genesis, die Gesamtkonzeption möglichst widerspruchsfrei darzustellen. Grundsätzlich ist nur zu bemerken, daß die Äußerungen Maos bis 1958 von stärkerem Enthusiasmus geprägt sind und auf die Forcierung seiner Konzeption drängen, während die Aussagen der Jahre 1959 und 1960 einen differenzierteren, im Hinblick auf die Grundsätze der Konzeption aber keineswegs modifizierten Tenor haben[257].

3.5.1. Die Ebene der Produktivkräfte

Auf der Ebene der Produktivkräfte steht an erster Stelle die Forderung nach einer koordinierten Entwicklung der Sektoren[258] zur Lösung der Widersprüche zwischen Schwerindustrie, Leichtindustrie und Landwirtschaft. Vor dem Großen Sprung, als die zentrale Bedeutung des absoluten Vorrangs der Schwerindustrie noch nicht in Frage stand, verband Mao mit dieser Koordinierung offensichtlich die Überlegung, daß das Wachstum der Schwerindustrie nicht ohne entsprechendes Wachstum der anderen Sektoren möglich sei. "Im Mittelpunkt des wirtschaftlichen Aufbaus unseres Landes steht die Schwerindustrie, das steht unbedingt fest. Aber gleichzeitig muß der Entwicklung der Landwirtschaft und der Leichtindustrie volle Aufmerksamkeit gewidmet werden."[259] Dahinter stand einmal das Argument, daß die Schwerindustrie sich nicht entwickeln kann ohne eine entsprechende Zunahme der Lebensmittelproduktion und der Produktion von agrarischen Rohstoffen für die Leichtindustrie.

Das zweite Argument lautete, daß letztlich die Akkumulation in der Schwerindustrie zu einem erheblichen Teil von den Überschüssen der anderen Sektoren, die über Preise oder über Steuern transferiert werden, abhängig ist. Es muß also ein Absatzmarkt geschaffen bzw. die Einkünfte der anderen Sektoren verbessert werden. Die potentiellen Kunden bzw. Steuerzahler sind aber in erster Linie die Bauern. "Unser Land ist ein großes Agrarland, dessen Bevölkerung zu mehr als 8o Prozent auf dem Lande lebt; die Entwicklung der Industrie muß gleichzeitig mit derjenigen der Landwirtschaft erfolgen, nur dann wird die Industrie Rohstoffe und einen Absatzmarkt haben, und nur dann wird es möglich sein, mehr Mittel für den Aufbau einer mächtigen Schwerindustrie zu akkumulieren."[26o] Hier schlagen sich offenbar die Akkumulationsschwierigkeiten infolge der Disproportionalitäten Mitte der 5oer Jahre nieder. Die Argumentation weist große Ähnlichkeit zu Bucharin und Basarow in der sowjetischen Industrialisierungsdebatte der 2oer Jahre auf. Im Unterschied zu Bucharin setzt Mao aber die Kollektivierung der Landwirtschaft voraus[261].

Das Primat der Schwerindustrie, insbesondere die Forcierung der Stahlproduktion, wurde allerdings im großen Sprung nicht aufgegeben, im Gegenteil, Mao dachte, noch zusätzliche Mittel zur Stahlproduktion mit der traditionellen Roheisenherstellung in Kleinsthochöfen mobilisieren zu können. Diese während des Sprungs weiterhin vernachlässigte Balance zwischen den Sektoren läßt Mao aber bereits Mitte 1959 erneut und jetzt nicht nur mehr verbal die Forderung nach einer Reorientierung der wirtschaftspolitischen Schwerpunkte erheben. "Die Reihenfolge, die wir in der Vergangenheit der Wirtschaftsplanung zugrunde gelegt hatten, war Schwerindustrie, Leichtindustrie und Landwirtschaft; in Zukunft muß sie, fürchte ich, auf den Kopf gestellt werden. Hat sie jetzt nicht Landwirtschaft, Leichtindustrie, Schwerindustrie zu lauten?"[262] Das Marktargument wird jetzt noch dadurch ergänzt, daß die Schwerindustrie ihre Produktion auch an den Bedürfnissen der Landwirtschaft orientieren soll. Zehn Prozent der Stahlproduktion sollen für die Belange der Landwirtschaft bereitgestellt werden.

Die Formel von der Umkehrung der Reihenfolge der Bedeutung der Sektoren darf allerdings nicht darüber hinwegtäuschen, daß die Leitlinie der wirtschaftlichen Entwicklung auch nach den Erfahrungen des Großen Sprungs noch die <u>Schwerindustrie</u> ist[263]. Nur darf diese Entwicklung nicht allein auf Kosten der Landwirtschaft über erhöhte Abfuhr der Überschüsse und niedrigen Konsum geschehen, sondern setzt vorhergehende Produktions- und Einkommenssteigerungen der Bauern voraus. Damit will Mao verschiedene Effekte gleichzeitig erzielen. Die Steigerung der Agrarproduktion soll die Nahrungsmittel- und Rohstoffengpässe schließen. Die daraus resultierenden Einkommenssteigerungen der Bauern sorgen für ein erhöhtes Steueraufkommen und verstärkte Kaufkraft für Industriegüter. Beides erhöht die Mittel, die zur Finanzierung der Investitionen in der Schwerindustrie herangezogen werden können. Die Schwerindustrie soll nicht nur ihre eigenen Produktionsmittel herstellen, sondern einen Teil ihrer Produktion zur Herstellung agrarischer Inputs abzweigen. "Nur wenn wir erreichen, daß sich Landwirtschaft, Leichtindustrie und Schwerindustrie alle gleichzeitig mit hoher Geschwindigkeit weiterentwickeln, können wir gewährleisten, daß wir gleichzeitig mit der schnellen Entwicklung der Schwerindustrie entsprechend das Leben des Volkes verbessern."[264]

Über die <u>koordinierten Beziehungen</u> zwischen <u>Akkumulation</u> und <u>Konsumtion</u> macht Mao nur vage Aussagen. Er betont zwar, daß auch ein Widerspruch zwischen Investitionszielen des Staates und Konsumbedürfnissen des Volkes besteht, sagt aber nur, daß die richtigen Proportionen jedes Jahr durch den Wirtschaftsplan festgelegt werden müssen[265]. Unter Bezug auf die Feststellung, daß die Akkumulationsrate 1958 36 Prozent und 1959 42 Prozent betragen hat, weist er lediglich darauf hin, daß sie auch in Zukunft die beachtliche Quote von über 3o Prozent erreichen könne, eine Quote, die über die der Sowjetunion (ca.25 Prozent) erheblich hinausgeht[266]. Mao will also am Tempo der Akkumulation keine Abstriche machen, sondern befürwortet im Gegenteil eher eine weitere Forcierung. Der entscheidende Unterschied zur Sowjetunion liegt also nicht in der Investitionsquote, sondern in der Aufbringung und der Verteilung der Investitionen.

Die Widersprüche bei der <u>regionalen Verteilung der Investitionen</u>, zwischen den industriellen Ballungszentren, vor allem Shanghai und der Nordosten, und dem rückständigen Hinterland sollen durch weitgehende <u>Dezentralisierung</u> der Investitionen gelöst werden[267].

Wir haben festgestellt, daß Mao auf der einen Seite ein hohes Industrialisierungstempo nicht in Frage stellt, auf der anderen Seite aber der Agrarentwicklung und der Steigerung der ländlichen Einkommen große Bedeutung beimißt. Das wäre auf den ersten Blick nur denkbar, wenn dem industriellen Sektor bzw. dem Akkumulationsfonds entsprechende Ressourcen entzogen würden. Vorrang von Landwirtschaft <u>und</u> Industrie, von Akkumulation <u>und</u> Konsum schließen sich scheinbar gegenseitig aus. In der Auflösung dieser beiden Widerspruchspaare zeigt sich die Genialität des maoistischen Wirtschaftsmodells. Mao will nämlich Produktivkräfte mobilisieren, die beim sowjetischen wie beim kapitalistischen und, wie noch zu zeigen sein wird, auch beim liuistischen Industrialisierungsmodell nur zum Teil freigesetzt werden. Dieses Potential soll die zusätzlichen Ressourcen schaffen, die Agrarentwicklung und Einkommensverbesserungen ermöglichen, ohne daß die vorhandenen Ressourcen für den industriellen Sektor bzw. für die Akkumulation geschmälert werden. Maos Konzeption geht über die Vorschläge von Nurkse[268] hinaus, weil er nicht bloß durch Mobilisierung brachliegender Arbeitskräfte ohne besonderen Investitionsaufwand zusätzliche Produktion initiieren will, im übrigen aber auf den modernen Sektor vertraut, daß der langfristig die übrigen Bereiche der Wirtschaft in seine Aktivitäten mit einbezieht. Sein Ziel ist es vielmehr, daß der <u>traditionelle Sektor aus eigener Kraft</u> seine Entwicklung im weitesten Sinn in Gang setzt, damit die Kluft zum modernen Sektor <u>von beiden Seiten</u> geschlossen werden kann.

Die dazu notwendigen Maßnahmen finden sich bei Mao an keiner Stelle in systematischer Darstellung. Lediglich die Aufsatzsammlung "Der sozialistische Aufschwung im chinesischen Dorf" enthält Beiträge über die verschiedenen Möglichkeiten der Bauern zur Selbsthilfe bei der Agrarentwicklung im engeren Sinn. Das Beispiel des Großen Sprungs zeigt aber, daß Maos eigentliche Konzeption zur ländlichen Entwicklung über die Ziele der Kollektivierung Mitte der 5oer Jahre hinausgeht. Die folgende Katalogisierung der Maßnahmen stützt sich deshalb auf eine Reihe von Texten, wobei wieder die Schwierigkeit besteht, daß die Äußerungen im Zusammenhang mit der Anfangsphase des Großen Sprungs viel optimistischer im Hinblick auf ihre Realisierungsmöglichkeiten sind als die Äußerungen der Jahre 1959 und 196o, in denen die Erfahrungen des Sprungs bereits verarbeitet sind.

1) Ausgangspunkt der Überlegungen ist natürlich die Mobilisierung der reichlich vorhandenen unter- oder unbeschäftigten Arbeitskräfte, wobei besonders die Frauen eine riesige Arbeitskraftreserve bilden[269]. Die Hervorhebung der Frauenarbeit weist darauf hin, daß die Einsatzmöglichkeiten dieser Arbeitskräfte nicht nur auf die "klassischen" Aktionsfelder wie Straßen- und Eisenbahnbau, Flußregulierung, Kanalbau, Terrassierung u.a. sowie Agrareinsätze beschränkt sein sollen, sondern eine Vielzahl von agroindustriellen Tätigkeiten umfassen, die auf die Herstellung agrarischer Inputs bzw. die Verarbeitung agrarischer Produkte konzentriert sind. In der Hochzeit des Großen Sprungs wurde sogar die Versorgung der Schwerindustrie mit Vorprodukten intendiert, wie das bekannte Beispiel der Roheisenherstellung in den sogenannten "Hinterhofhochöfen" zeigte.

2) Neben den Infrastruktur- und Agrarprojekten sollte also die Gründung von Klein- und Mittelbetrieben[27o] neben und unabhängig von der Großindustrie das Mittel zur Beschäftigung dieser Arbeitskräfte bilden. Dabei handelt es sich um Betriebe, die saisonal betrieben werden können, um gegenüber dem Rhythmus der Landwirtschaft und ihren nach Jahreszeit unterschiedlichen Anforderungen an Arbeitskräfte flexibel zu sein. Diese Flexibilität ist eine Erfahrung des Großen Sprungs, als der zu umfangreiche Entzug von Arbeitskräften für die Stahlkampagne und andere Projekte zu erheblicher Arbeitskräfteknappheit in der Landwirtschaft führte und das Einbringen der Ernte gefährdete. Ziel dieser Kleinindustrialisierung ist die Herstellung einfacher Ackergeräte, Düngemittel auf einfacher chemischer Basis, Elektrifizierung mit Hilfe von Wasserkraft sowie die Verarbeitung von Agrarprodukten im Bereich der Lebensmittelindustrie (Ölmühlen, Getreidemühlen) und Textilindustrie (Spinnerei, Weberei von Baumwolle u.a.). Neben der besseren Arbeitskräfteauslastung soll auf diesem Weg die Einkommenssituation der ländlichen Bevölkerung verbessert werden und als Ergebnis der Herstellung eigener Vorprodukte die Produktivität in der Landwirtschaft gesteigert werden.

3) Da die Ressourcen des modernen Sektors weitgehend unangetastet bleiben, also auch keine modernen Produktionsmittel abgezweigt werden können, muß bei den Produktionsmethoden auf traditionelle bzw. sogenannte intermediäre Technologie[271] zurückgegriffen werden. Die Technologie muß den arbeitsintensiven Prozessen angepaßt sein. Dieses Konzept ist wegen des Effekts der Ausnützung brachliegender Arbeitskraft erwünscht und wegen der zunächst beschränkten Kapazität zur Aneignung technologischer Prozesse durch die Bauern auch nicht zu umgehen.

4) Soweit es sich um die Anwendung traditioneller Technologie handelt, hierzu gehören auch die Hinterhofstahlküchen, kann auf das technologische Potential der Hausindustrie zurückgegriffen werden. Soweit es sich um die Adaption neuer Technologien handelt, sollen Kampagnen durchgeführt werden, in denen Modellbetriebe oder modellhafte Einrichtungen und Verfahren verbreitet werden. Außerdem sollen die Bauern selber experimentieren[272], wobei sowohl industrielle Verfahren wie Agrartechnologien - Ackergeräte, Saatwahl, Pflanzmethoden, Verwendung von Düngemitteln - gemeint sind. Mit diesen Maßnahmen des technologischen Wandels auf Dorfebene soll gleichzeitig ein sozialer Wandel in Gang gesetzt werden.

5) Die Finanzierung dieser Maßnahmen sollen die Bauern weitgehend selber vornehmen. Einfache Ackergeräte und Gebäude sollen mit den vorhandenen Hilfsmitteln gefertigt werden. Soweit Investitionen notwendig sind, sollen diese allmählich aus den über die arbeitsintensiven Maßnahmen erwirtschafteten Mehreinnahmen getätigt werden. Unterhalb des staatlichen Akkumulationsprozesses sollen also die Kollektive - Produktionsgruppen, Brigaden oder Volkskommunen - eigene kleine Akkumulationsfonds unterhalten.

6) Das Prinzip "aus eigener Kraft" hat also für eine Reihe von Bereichen Gültigkeit. An erster Stelle steht dabei die eigene Arbeitskraft[273], die zur ersten und wichtigsten Produktivkraft überhaupt wird. Aus eigener Kraft heißt aber auch, eigene Technologien zu entwickeln oder neue zu adaptieren und auf die eigenen Bedürfnisse anzuwenden, sowie die Finanzierung dieser Maßnahmen

und ihre Organisation und Leitung durchzuführen. In letzter Konsequenz bedeutet diese weitgehende Dezentralisierung der Entscheidungsprozesse den Aufbau vieler autozentrierter Wirtschaftskreisläufe unterhalb des nationalen Wirtschaftskreislaufs[274]. Das durch außenwirtschaftliche Engpässe und den Bruch mit der Sowjetunion erzwungene Self-Reliance-Konzept findet so seine konsequente Fortsetzung im Innern auf Provinz- und Kommuneebene.

Da die gesamte Wirtschaftskonzeption stark auf den von saisonalen Einflüssen abhängigen stoßweisen Einsatz von Arbeitskräften abgestellt ist, führt sie in ihren gesamtwirtschaftlichen Auswirkungen zu sprunghaften Entwicklungen[275]. Dieser Effekt der Wellenbewegung steht bei Mao im geschilderten weiteren Kontext seiner Widerspruchstheorie. Sprunghafte Entwicklungen schaffen nämlich gesamtwirtschaftliche Widersprüche, die die ständige Korrektur durch Gegenbewegungen und neue Kampagnen erfordern. Das Wachstumsprinzip soll also nicht von planmäßigen Gleichgewichtsbeziehungen ausgehen, sondern wellenförmig sein und permanente Plankorrekturen erfordern, so daß die Dynamik des Wirtschaftsprozesses selbst ein Moment der permanenten Unruhe in sich birgt. In Resumierung des Großen Sprungs hält Mao die Sprung-Taktik auch noch für sinnvoll, wenn eine vordergründige Kosten-Nutzen-Bilanz negativ ausfällt, da der initiierte technologische Wandel langfristig die Voraussetzungen für neue Industrialisierungsprojekte schafft[276].

3.5.2. Die Ebene der Produktionsverhältnisse

Die eingehende Darstellung der maoistischen Konzeption von Produktivkraftentwicklung ließe den Schluß zu, daß Mao, wenn auch auf anderen Gebieten als die Sowjetunion, doch hier die hauptsächliche Seite des Widerspruchs sieht. Dies ist aber eindeutig nicht der Fall. In der Kritik am sowjetischen Weg, der die Folgen der kapitalistischen Herrschaft durch rasche Entwicklung der Großindustrie beseitigen will, indem er damit die Grundlage für die sozialistische Umgestaltung schafft, bringt Mao folgendes Statement: "Die Geschichte aller Revolutionen beweist, daß nicht notwendig die umfassende Entwicklung neuer Produktivkräfte am Anfang zu stehen hat, bevor man die rückständigen alten Produktionsverhältnisse umgestalten kann. Unsere Revolution beginnt damit, den Marxismus zu propagieren, um so in der Gesellschaft eine neue öffentliche Meinung zu schaffen und die Revolution voran zu treiben. Erst nachdem im Verlauf der Revolution der rückständige alte Überbau umgewälzt worden ist, wird es möglich, die rückständigen alten Produktionsverhältnisse zu beseitigen. Die alten Produktionsverhältnisse werden beseitigt und neue aufgebaut, wodurch der Entwicklung neuer gesellschaftlicher Produktivkräfte ein Weg gebahnt wird. In der Folge kann man dann im großen Ausmaß die technische Revolution vorantreiben und in ganz großem Maße die gesellschaftlichen Produktivkräfte entwickeln. Gleichzeitig aber mit der Entwicklung der Produktivkräfte muß man mit der Umgestaltung der Produktionsverhältnisse fortfahren und in der technologischen Umerziehung voranschreiten."[277] Das heißt nicht nur die Umgestaltung der Produktionsverhältnisse, sondern sogar die Umwälzung des Überbaus muß am Anfang stehen, bevor die Produktivkräfte entfaltet werden können. Im weiteren Verlauf entwickelt sich dann eine Wechselwirkung zwischen den drei Polen. Der erste Anstoß soll aber offensichtlich von Seiten des Überbaus und der Produktionsverhältnisse erfolgen.

Mao unterscheidet bei den Produktionsverhältnissen drei Aspekte: Die Eigentumsverhältnisse, die Arbeitsbeziehungen der Menschen untereinander und die Verteilung der Produktion[278]. Alle drei Komplexe sind einem Wandel zu unterziehen.

Im Hinblick auf die Eigentumsverhältnisse sieht Mao den Hauptwiderspruch zu einer optimalen Produktivkraftentfaltung in der Existenz von Privateigentum bzw. generell in unterschiedlichen Eigentumsformen. "... die längerfristige Koexistenz von Volkseigentum und Kollektiveigentum (kann) sich immer weniger der Entwicklung der Produktivkräfte anpassen, noch die Bedürfnisse des bäuerlichen Lebens nach ständig wachsender landwirtschaftlicher Produktion oder den ständig wachsenden Bedarf der Industrie an Rohstoffen vollständig befriedigen. Wenn man diese Bedürfnisse befriedigen will, kann man nicht umhin, die Widersprüche zwischen diesen beiden Eigentumsformen zu lösen, das Kollektiveigentum in

Volkseigentum zu überführen und auf der Grundlage des im ganzen Land vereinheitlichten Volkseigentums die Produktion und Distribution der Industrie und Landwirtschaft einheitlich zu planen."[279] Im industriellen Sektor, wo die Abschaffung des Privateigentums eher durchsetzbar ist, lautet die Losung: Sozialisierung vor Industrialisierung[280]. Obwohl einige Zwischenstufen wie die gemischten staatlich-privaten Betriebe der sogenannten"nationalen Kapitalisten" und die spätere Abfindung im Rahmen einer langfristigen Verzinsung ihres Kapitals eingeschoben wurden, wurde hier der Übergang vom privaten zum staatlichen Eigentum rasch vollzogen. Im Agrarsektor gestaltet sich dieser Prozeß offensichtlich schwieriger. Hier heißt die Parole zunächst Kollektivierung vor Mechanisierung, wobei ebenfalls verschiedene Zwischenstufen eingeschaltet werden. "Der Wechsel von der Einzelwirtschaft zur Kollektivwirtschaft ist ein Prozeß qualitativer Veränderung. Dieser Prozeß wurde bei uns über den Weg partieller Qualitätsveränderungen in solch unterschiedlichen Stadien wie der Gruppe für gegenseitige Hilfe, den Genossenschaften niederen und höheren Typs und den Volkskommunen erreicht."[281] Mao begnügt sich aber keineswegs mit dem Stadium des Kommuneeigentums, das tatsächlich auch nur für kurze Zeit im Jahre 1958 erreicht war, sondern will das Kommuneeigentum schließlich in das Eigentum des ganzen Volkes überführen[282], also auch die Bauern zu Lohnarbeitern machen, um so jegliche Eigentumsunterschiede zu beseitigen. "Die sogenannte Überführung des Kollektiveigentums in sozialistisches Volkseigentum bedeutet, die landwirtschaftlichen Produktionsmittel gänzlich in Staatseigentum zu überführen, die Bauern sämtlich zu Arbeitern zu machen, die der Staat insgesamt übernimmt und deren Lohn er zahlt."[283] Sogar das Volkseigentum kann noch Wandlungen unterliegen[284]. Die Kollektive oder die Volkskommunen sind also noch keine Ziele an sich, sondern Vehikel[285] auf dem Weg der schrittweisen Lösung von Widersprüchen, die sich aus den unterschiedlichen Eigentumsverhältnissen ergeben. Das Prinzip des schrittweisen Vorgehens ist notwendig, um den Bauern die Einsicht in die Vorteile zu vermitteln[286]. Zeitweise Rückschläge wie die Rückstufung der Kollektive auf die Produktionsgruppen als Basiseinheit müssen in Kauf genommen werden. Im Fall eines solchen Rückschlags, hier zeigt sich der Vermittlungsprozeß zur materiellen

Basis, haben sich die angestrebten Produktionsverhältnisse zu weit gegenüber dem Stand der Produktivkräfte entfernt.

Die Umwandlung der Eigentumsbeziehungen ist kein Selbstzweck, sondern rechtfertigt sich nur durch die damit verbundenen Produktivitätsfortschritte[287]. Das bezieht sich sowohl auf die Dynamik der Übergangsgesellschaft allgemein, in der die Verstaatlichung die Voraussetzung der planmäßigen Industrialisierung ist. Das bezieht sich bei Mao insbesondere aber auf den unterentwickelten Zustand des Agrarsektors, der vorläufig keine große Hilfe von der Industrie zu erwarten hat. Hier ist die Kollektivierung ohne vorhergehende Mechanisierung bereits ein gewaltiger Produktivitätsfortschritt,weil nur sie die Voraussetzungen der genannten Maßnahmen der ländlichen Entwicklung schafft[288].

Mit der Forderung nach der Umwandlung der Eigentumsbeziehungen korrespondiert die Forderung nach der Umwandlung der Arbeitsbeziehungen. Im Gegensatz zum erstgenannten Aspekt sind die Ausführungen Maos zum Komplex der Arbeitsbeziehungen dürftig. Die größte Bedeutung legt er, wie in der von Mao propagierten Betriebsverfassung des Hüttenwerks Anshan festgehalten[289], auf die Abschaffung des Prinzips der Einmannleitung in der Industrie und ihre Ersetzung durch kollektive Leitungsorgane, wobei die Partei eine wesentliche Rolle zu spielen habe[29o]. Im übrigen finden sich nur die nicht weiter konkretisierten Hinweise auf die "Verbindung von zentralistischer Führung mit Massenbewegungen, die Verbindung führender Parteimitglieder, der Massen der Arbeiter und Techniker, die Teilnahme von Kadern an körperlicher Arbeit und die Teilnahme von Arbeitern an der Verwaltung, ständige Änderungen unpassender Vorschriften und Systeme."[291]Hier antizipiert Mao Forderungen, die erst in der Kulturrevolution praktisch wurden. Beispiele dafür sind die sogenannte Dreierverbindung und die Rotationssysteme. "Dreierverbindung" bezeichnet die kollektive Planung und Forschung von Arbeitern, Technikern und Parteikadern in Industrie und Landwirtschaft. Der Rotation zwischen geistiger und körperlicher Arbeit bzw. zwischen Stadt- und Landarbeit sollen periodisch Parteikader, Studenten, Wissenschaftler, Betriebsleiter u.a. unterworfen sein. Im Agrarbereich bedeutet Rotation den saisonalen Wechsel zwischen landwirtschaftlichen und agroindustriellen Tätigkeiten.

Der dritte Aspekt der Produktionsverhältnisse bezieht sich bei Mao auf die Verteilung der Produktion. Dahinter steht die Lösung des Widerspruchs zwischen individuellem und kollektivem Interesse. Verteilung der Produktion meint hier weniger die Relation zwischen Akkumulation und Konsumtion, die bereits oben behandelt wurde, als die Verteilung zwischen individuellem und kollektivem Einkommen im Hinblick auf individuelle und kollektive Konsumtion sowie die Relation der individuellen Einkommen untereinander. Generell strebt Mao das Anwachsen der kollektiven Konsumgüter gegenüber den individuellen an[292]. Das heißt, die individuellen Einkommen müssen gegenüber den Einkommen, die die Kollektive oder der Staat zu Konsum- oder Dienstleistungszwecken verwenden, nicht unbedingt absolut aber relativ abnehmen. Im Frühjahr 1958 strebte Mao sogar eine radikale Umkehr der Relation des individuellen zum kollektiven Einkommen von damals 6o/4o bis 7o/3o auf 3o/7o bis 2o/8o Prozent an[293]. Im späteren Text von 196o, nachdem die Versuche des Großen Sprungs mit Volksküchen u.a. wieder rückgängig gemacht worden waren, spricht Mao nur noch von der Notwendigkeit der Ausweitung der kollektiven Einkommen. Diese Forderung führt zu der Konsequenz, das materielle Anreize für die Produzenten in erster Linie kollektiven Charakter tragen sollen[294]. Wenn Mao also wie im vorhergehenden Abschnitt festgestellt, die Einkommenssituation der Bauern verbessen will, um so über den Markt die Entwicklung der Industrie zu fördern, dann meint er in erster Linie kollektive Einkommensverbesserungen. In diesem Punkt unterscheidet er sich somit auch von Bucharin, der den Bauern individuelle Anreize bieten wollte. Langfristig zielt Maos Strategie allerdings darauf ab, materielle durch politische Anreize zu ersetzen.

Im Hinblick auf die individuellen Einkommensunterschiede, die Einkommensunterschiede zwischen Industrie und Landwirtschaft und die Einkommensunterschiede zwischen Kollektiven innerhalb der Landwirtschaft soll die Nivellierung der Besitzverhältnisse allen Produzenten den gleichen Status als Lohnarbeiter bescheren, die eine einheitliche staatliche Entlohnung empfangen[295]. Die Überwindung des antagonistischen Widerspruchs zwischen persönlichem und kollektivem Interesse[296] ist also nur über die Angleichung der

Eigentumsbeziehungen und damit der Einkommensverhältnisse möglich. Darüber hinaus weiterbestehende Widersprüche dieser Art sind auf der Ebene der Produktionsverhältnisse nicht zu lösen, sondern verlangen Maßnahmen zur Revolutionierung des Überbaus.

3.5.3. Die Ebene des Überbaus

Die Lösung der gesellschaftlichen Widersprüche von der Seite des Überbaus anzugehen, ist das schwierigste Problem. Während diese Frage im sowjetischen Lehrbuch völlig ausgeklammert wird[297], ist für Mao die Umwälzung des politischen, sozialen und ideologischen Überbaus unbedingt geboten[298], wenn die Produktionsverhältnisse gründlich verändert und damit auch die Produktivkräfte optimal entwickelt werden sollen. Im Vordergrund steht dabei negativ der Kampf gegen bürgerliche Ideologie und Bürokratismus und positiv die Schaffung von sozialistischem Massenbewußtsein. Eine wesentliche Stütze der bürgerlichen Ideologie ist die Trennung von Hand- und Kopfarbeit. Die bereits erwähnten periodischen Einsätze von Intellektuellen in der industriellen oder agrarischen Produktion sollen die bürgerlichen Vorbehalte gegen manuelle Arbeit abbauen[299]. Der entsprechende Einsatz von Parteikadern und Staatsbeamten soll ihre bürokratische Verselbständigung verhindern[300]. Darüber hinaus sollen permanente Berichtigungskampagnen zur Umerziehung beitragen. Wichtigstes Mittel zur Umerziehung ist allerdings der Klassenkampf[301].

Voraussetzung zur Ausübung von Führungstätigkeiten soll nicht allein die fachliche Qualifikation, sondern auch die politische Einstellung sein[302]. Generell soll die Politik das Kommando haben[303]. Damit ist, wie später noch zu zeigen sein wird, direkte Parteikontrolle bei der Betriebsführung gemeint. Das übergeordnete Kriterium zur Entscheidung betriebs- oder volkswirtschaftlicher Fragen bildet nicht das ökonomische Kalkül, sondern die mit der Entscheidung verbundenen gesellschaftspolitischen Konsequenzen. Der Abbau materieller Anreize und die Ausweitung der kollektiven Einkommen sollen langfristig zum Abbau des Leistungsprinzips führen. Der Übergang vom Leistungs- zum Bedarfsprinzip und zum politischen Ansporn[3o4] wird also nicht auf die zukünftige Phase des Kommunismus verschoben, sondern ist von Anfang an Teil des gesellschaftlichen Umwälzungsprozesses.

Wie das Mittel der Massenkampagnen ein wichtiges Instrument zur Bekämpfung von bürgerlicher Ideologie und Bürokratismus ist, kann es ebenso als Medium zur Entwicklung des sozialistischen Bewußtseins der Massen herangezogen werden. Die Kampagnen zur Durchsetzung der Bodenreform, die Kollektivierung, der Große Sprung, die Kommune-Bewegung, die verschiedenen Produktionskampagnen u.a. sind demzufolge nicht nur Mittel zur Produktionssteigerung und Produktivkraftentfaltung, sondern gleichzeitig immer Medien, in denen sich der Klassenkampf vollzieht, sind Mittel zur Schaffung des sozialistischen Bewußtseins[3o5]. Deshalb müssen in diesen Kampagnen immer die Prinzipien der Massenlinie Berücksichtigung finden, da nur die Rücksichtnahme auf den Bewußtseinsstand der Massen,ihre Einsicht und die Möglichkeit ihrer aktiven Teilnahme die Gewähr für die angestrebten politischen Erfolge solcher Kampagnen bieten. Die reine Mechanisierung der Landwirtschaft wäre also z.B. ohne eine damit verbundene Veränderung des Bewußtseins der Bauern nur gering einzuschätzen[3o6].

Die Lösung der Widersprüche im Volke wird von drei Pfeilern getragen: Kampf gegen bürgerliche Ideologie und Bürokratismus, Erziehung der Massen zum sozialistischen Bewußtsein und Schließung des Bündnisses zwischen Arbeitern und Bauern. Letzteres ist nur über die Gleichrichtung der Interessenlage beider gesellschaftlicher Gruppen zu erreichen. Der politische Hintergrund der Bodenreform, der Kollektivierung und der Mechanisierung der Landwirtschaft liegt also in der Angleichung der objektiven Voraussetzungen zur Zementierung dieses Bündnisses. Erst wenn auch die Bauern Lohnarbeiter geworden sind,und die Mechanisierung die Produktionsbedingungen in der Landwirtschaft denen der Industrie angeglichen hat, ist ein wesentlicher Schritt zur Festigung des Bündnisses zwischen Arbeitern und Bauern und somit im Hinblick auf die Stabilität des Gesellschaftssystems getan.

3.6. Die gesellschaftliche Basis der maoistischen Konzeption - Wirtschaftspolitik als Gesellschaftspolitik

Die Entwicklungskonzeption Maos nimmt ihren Ausgang von den Erfahrungen, die Mao zunächst in Hunan, später in den Sowjets von Kiangsi und schließlich während der Yenan-Periode gemacht hat[3o7]. Ergebnis dieser Erfahrungen über die Lage der Bauern des chinesischen Hinterlands ist die Erkenntnis, daß ihre Situation nur verändert werden kann, wenn die der chinesischen Gesellschaft innewohnenden Widersprüche gelöst werden. Die ersten Lösungsversuche brachte das sogenannte Yenan-Modell einer auf Autarkie beruhenden Ökonomie, die das Prinzip des Vertrauens auf die eigene Kraft in der Landwirtschaft und der Kleinindustrie zur Anwendung brachte. In kollektiven Organisations- und Arbeitsprozessen sollten die in den Arbeitsbeziehungen bestehenden Widersprüche überwunden werden. Die gesellschaftlichen Widersprüche reduzierten sich weitgehend auf die Beziehung zwischen Landlords und Pächtern und wurden durch die revolutionäre Praxis der betroffenen Bauern in Angriff genommen.

Während die Widersprüche in Yenan relativ einfach zu durchschauen und auch zu lösen waren, stellten sich nach der Eroberung des ganzen Landes, vor allem mit der industriellen Ökonomie der Küstenstädte, neue ungekannte Probleme. In der zunächst unausweichlichen Phase der Übernahme des sowjetischen Modells sammelte Mao die Erfahrungen über die Widersprüchlichkeit einer heterogenen und deformierten Gesellschaft und Ökonomie, die das sowjetische Industrialisierungsmodell mit seiner Ausklammerung gesellschaftlicher Probleme nicht lösen konnte.

Mao kommt zu der Erkenntnis, daß auch in einer Gesellschaft, die den Sozialismus aufbauen und gleichzeitig die Unterentwicklung überwinden will, nicht nur Widersprüche zwischen Gesellschaft und Natur, sondern vor allem auch innerhalb der Gesellschaft zu beseitigen sind. Ergebnis dieser Erkenntnis ist ein System von Widersprüchen, das in der folgenden schematischen Darstellung zusammengefaßt werden soll.

Schaubild 11: Mao Tse-tungs System der Widersprüche

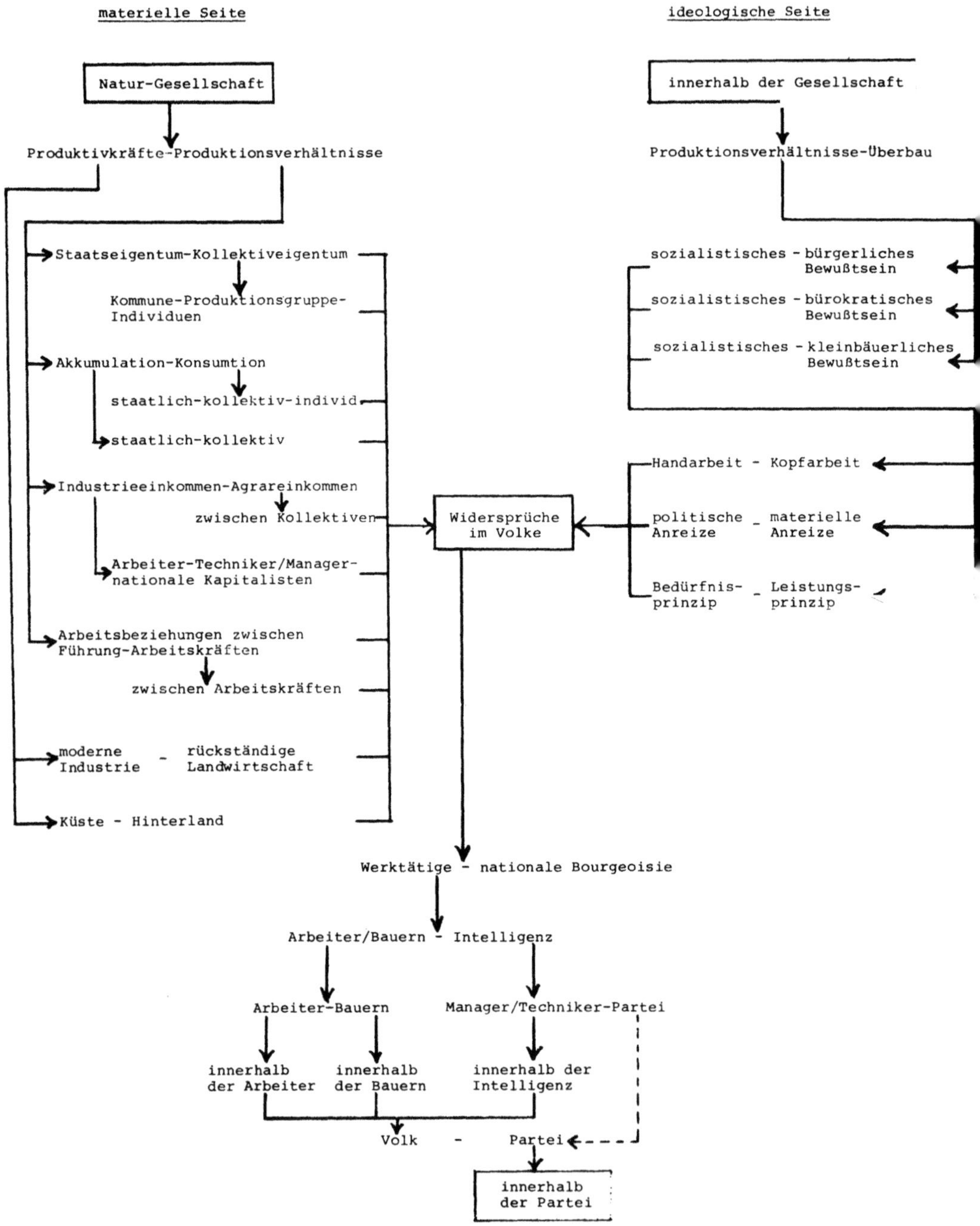

Die materielle Seite der Widersprüche betrifft die Widersprüche zwischen Natur und Gesellschaft oder anders ausgedrückt zwischen Produktivkräften und Produktionsverhältnissen. Die hauptsächliche Seite dieses Widerspruchs nehmen dabei zunächst die Produktionsverhältnisse ein. Die optimale Ausrichtung der sozialistischen Produktionsverhältnisse erfordert die Beseitigung einer Vielzahl ihnen zugrunde liegender Widersprüche. Dazu gehören die Angleichung der unterschiedlichen Eigentumsverhältnisse, die Festlegung der besten Relation zwischen Akkumulation und Konsumtion, der Ausgleich der Einkommen und schließlich die Lösung der Widersprüche in den Arbeitsbeziehungen. Die endgültige Lösung dieser Widersprüche ermöglicht erst eine optimale Entfaltung der Produktivkräfte. Gleichzeitig birgt die Art der Produktivkraftentfaltung ebenfalls eine Reihe von Widersprüchen, unter denen die unterschiedliche Dynamik zwischen sich modernisierender Industrie und rückständiger Landwirtschaft und den damit verbundenen gegenseitigen Versorgungsproblemen an erster Stelle steht. Die widersprüchliche regionale Konzentration der Produktivkräfte, d.h. die Kluft zwischen penetrierten und nicht- oder weniger penetrierten Gebieten verschärft diese Probleme.

Die materielle Seite der Widersprüche ist aber nur zu lösen, wenn der zweite Hauptwiderspruch auf der ideologischen Seite, der Widerspruch zwischen den angestrebten sozialistischen Produktionsverhältnissen und dem aus der vorrevolutionären Gesellschaft stammenden Überbau gelöst wird. Hier bildet wiederum der Überbau die hauptsächliche Seite des Widerspruchs. Das sozialistische Bewußtsein muß sich gegen das bürgerliche Bewußtsein der Intellektuellen und ehemaligen Kapitalisten durchsetzen, es muß permanent den Kampf gegen den Bürokratismus der Parteikader führen und schließlich das kleinbäuerliche Bewußtsein der ländlichen Volksmassen ersetzen. Die verschiedenen Formen des vorrevolutionären Bewußtseins sind verantwortlich für die Überheblichkeit der Kopf- gegenüber den Handarbeitern, die Neigung eher auf materielle als auf politische Anreize zu reagieren und die Vorherrschaft des Leistungs- gegenüber dem Bedürfnisprinzip.

Die Summe der materiellen und ideologischen Widersprüche führt zu den Widersprüchen im Volke zwischen Hand- und Kopfarbeitern, innerhalb der Werktätigen zwischen Arbeitern und Bauern und innerhalb der einzelnen gesellschaftlichen Klassen. Da die Partei einerseits das fortgeschrittene Bewußtsein repräsentiert, kann sie insgesamt in Gegensatz zum Volke treten. Da ihre Mitglieder aber andererseits Teile des Volkes mit seiner jeweiligen bürgerlichen, bürokratischen, proletarischen oder bäuerlichen Herkunft sind, spiegeln sich die Widersprüche im Volke innerhalb der Partei wider. Die Lösung der Widersprüche muß also auf allen gesellschaftlichen, politischen, ideologischen und ökonomischen Ebenen betrieben werden.

Maos Konzeption zur Lösung der Widersprüche verfährt demzufolge dreigleisig, indem sie die Ebene der Produktivkräfte, der Produktionsverhältnisse und des Überbaus mit einbezieht. Agrarentwicklung und Industrialisierung sind nicht möglich ohne Sozialismus. Der Sozialismus ist nicht zu verwirklichen ohne den neuen Menschen. Also muß bei jeder Investition und Ertragssteigerung immer die Frage im Vordergrund stehen, wer ist davon betroffen, und welchen Einfluß hat der Effekt auf das Bewußtsein der betroffenen Menschen[308]. (Siehe Tabelle 71)

In vielen Elementen dieser Konzeption läßt sich eine eindeutige Zweiteilung zwischen Maßnahmen, die den traditionellen Sektor, also das agrarische Hinterland, betreffen und denen, die auf die modernen Küstenstädte bezogen sind, feststellen. Das ist aufgrund der unterschiedlichen Ausgangsbedingungen bzw. der unterschiedlichen Widersprüche auch sinnvoll. Ziel der Maßnahmen ist aber immer die Angleichung der Sektoren auf allen drei Ebenen. Der Schwerpunkt der Maßnahmen und ihre konkrete Ausformulierung liegt bei Mao allerdings in der Regel auf dem traditionellen Sektor, insbesondere was die Ebenen der Produktivkräfte und Produktionsverhältnisse anbelangt. Die korrespondierenden Maßnahmen im modernen Sektor können teilweise nur aus dem Prinzip "auf zwei Beinen gehen" geschlossen werden. Hinter dieser relativen Vernachlässigung der Widersprüche des modernen Sektors verbirgt sich das Anliegen Maos, in erster Linie die Lage der armen Bauern des Hinterlands zu verbessern[309].

Tabelle 71: Mao Tse-tungs Konzeption zur Lösung der Widersprüche zwischen Natur und Gesellschaft und innerhalb der Gesellschaft

	moderner Sektor	traditioneller Sektor
EBENE DER PRODUKTIVKRÄFTE	kapitalintensiv	arbeitsintensiv Mobilisierung saisonal überschüssiger Arbeitskraft
	große Betriebe	kleine Betriebe
	moderne Technologie	traditionelle oder einfache Technologie
	industrielle Fertigung der Produktionsmittel	handwerkliche Fertigung der Produktionsmittel
	staatliche Finanzierung Akkumulationsquote über 3o % (sehr hoch!)	kollektive Finanzierung
	wissenschaftliche Forschung und Entwicklung	Experiment, Propagierung von Modellen
	zentrale Planung	regionale und lokale Planung im Rahmen des Zentralplans
	gesamtwirtschaftliche Autarkie	regionale und lokale Autarkie
	Dezentralisierung, Autarkie der Provinzen	
	Produkte der Schwer- und Leichtindustrie, aufwendige Agrarinputs	Lebensmittel, agrarische Rohstoffe, einfache Agrarinputs, Verarbeitung von Agrarprodukten
	intersektoral koordiniertes Wachstum; Industrialisierung soll über Einkommensteigerungen der Bevölkerung (Preise, Steuern) vorangetrieben werden. Landwirtschaft bestimmt Dynamik der Gesamtentwicklung, schwerindustrielle Entwicklung ist das Ziel; gesamtwirtschaftliche Entwicklung soll sich in Sprüngen vollziehen	
EBENE DER PRODUKTIONSVERHÄLTNISSE	Verstaatlichung der Produktionsmittel	Kollektivierung der Produktionsmittel (schrittweise); Ziel ist ihre Überführung in das Eigentum des ganzen Volkes
	kollektive Leitung, Dreierverbindung, Parteikontrolle	Selbstorganisation der Kollektive
	periodische Rotation zwischen Hand- und Kopfarbeit, zwischen Stadt- und Landarbeit	saisonale Rotation zwischen agrarischen und agroindustriellen Tätigkeiten
	Lohnempfänger	Nutznießer kollektiv erarbeiteten Einkommens; Ziel ist Überführung in den Status von Lohnempfängern
	Rückgang des individuellen zugunsten des staatlichen Einkommens zwecks staatlicher Dienst- und Konsumleistungen	Rückgang des individuellen zugunsten des kollektiven Einkommens zugunsten kollektiver Versorgung und Konsum
	Angleichung des Einkommensniveaus	
	kollektive materielle Anreize, Ersetzung der materiellen durch politische Anreize	
EBENE DES ÜBERBAUS	Kampf gegen bürgerliche Ideologie und Bürokratismus	Kampf gegen kleinbäuerliches Bewußtsein
	durch Ausrichtungskampagnen, Rotation zwischen Hand- und Kopfarbeit für Intellektuelle und Kader	durch Produktions- und Kollektivierungskampagnen zur Erzielung technologischen und sozialen Wandels
	Politk hat das Kommando vor ökonomischem Kalkül, Parteikontrolle auf Betriebeebene	Verwirklichung der Prinzipien der Massenlinie: Praxis, Erfahrung, Erkenntnis, revolutionäre Praxis
	politische Anreize statt materielle Anreize	
	permanente Revolution in ideologischer und sozialer Hinsicht	
	Festigung des Arbeiter- und Bauernbündnis	

Ganz offensichtlich greift Mao dabei auf die Yenan-Erfahrungen zurück. Wie in Yenan sollen durch die revolutionäre Praxis der Kollektivierungs- und Produktionskampagnen die Produktionsverhältnisse umgewälzt, die Produktivkräfte entfaltet und über den damit verbundenen technologischen und sozialen Wandel Erkenntnisprozesse eingeleitet werden. Einerseits setzt Mao also Prioritäten für Produktionsverhältnisse und Überbau, andererseits liegt aber im Akt der Produktivkraftentfaltung und der praktischen Veränderung der Produktionsverhältnisse das Element, das den Überbau beeinflußt.

Hinter den Yenan-Erfahrungen Maos stehen die Erfahrungen und Entwicklungspotentiale der traditionellen chinesischen Produktionsweise, soweit sie noch nicht durch den Imperalismus zerstört wurde. Die arbeitsintensiven Methoden der Landwirtschaft mit ihrem Erfindungsreichtum im Hinblick auf Bewässerung, Düngung, Pflanzmethoden, Saatwahl u.a. werden wieder aufgegriffen und experimentell weiterentwickelt, bis die Mechanisierung und Chemisierung überall verbreitet ist. Die handwerklichen Fertigkeiten der traditionellen Hausindustrie werden wieder entdeckt und über die traditionellen Tätigkeiten hinaus verstärkt auf die Bereiche Herstellung von Agrarinputs und Verarbeitung der Agrarprodukte gelenkt. Die frühere wirtschaftliche und gesellschaftliche Organisation der weitgehend autarken Marktverbundsysteme findet ihre Fortsetzung in der Volkskommune. Peck stellt die These auf, daß sogar die Theorie der permanenten Revolution in den früheren Bauernaufständen eine Tradition besitzt[31o].

Die vielleicht größte Leistung des maoistischen Denkens ist die Erkenntnis, daß in einer unterentwickelten traditionellen Agrargesellschaft nur die Bauern das historische Subjekt zur Revolutionierung der Gesellschaft sein können[311]. Da die chinesische Gesellschaft infolge der imperialistischen Penetration aber keine reine Agrargesellschaft mehr war und einen, wenn auch deformierten modernen industriellen Sektor hervorbrachte, traten neben und in Gegensatz zu den traditionellen neue Widersprüche mit neuen sozialen Trägern dieser Widersprüche, den Arbeitern und der Bourgeoisie der Küstenstädte. Maos Politik der weitgehenden Konzentration auf die Lösung der Widersprüche des agrarischen Hinterlands vernachlässigt also einen Teil der Widersprüche im Volke zumindest in der Praxis. Die Auswirkungen seiner Politik sind in ihren materiellen wie gesellschaftlichen Konsequenzen gegen die relativen Privilegien der Stadtbevölkerung gerichtet. Hier bekommt die Konfrontation mit der sowjetischen wie der liuistischen Entwicklungskonzeption ihre soziale und politische Relevanz. Letztere Modelle sind nämlich keineswegs bloß eine alternative Konzeption mit letztlich gleicher Zielrichtung, sie haben vielmehr einen anderen gesellschaftlichen Hintergrund mit zum maoistischen Modell konträren Konsequenzen auf die gesamtwirtschaftliche Allokation der Ressourcen und ihrer gesellschaftlichen Verteilung. Insofern ist der Kampf der zwei Linien um die Entwicklungskonzeption innerhalb der Partei die Widerspiegelung eines Kampfes unterschiedlicher sozialer Kräfte. In der Konsequenz der Maoschen Widerspruchslehre läuft dieser Widerspruch jederzeit Gefahr, antagonistisch zu werden und ist dann nur noch durch revolutionäre Praxis zu lösen. Der Ausgang des Linienkampfes entscheidet mithin über das Konzept von Entwicklung überhaupt, das in China verwirklicht wird.

4. DIE LIUISTISCHE ENTWICKLUNGSKONZEPTION - PRIMAT DER PRODUKTION

Der Unterschied in den Kapitelüberschriften "Die Entwicklungskonzeption Mao Tse-tungs" und "Die liuistische Entwicklungskonzeption" soll darauf hinweisen, daß im ersten Fall eine eindeutige Zuordnung der Konzeption auf die Person Maos bzw. seine Texte gegeben ist, während die Gewinnung einer solchen Konzeption aus entsprechenden Liu-Texten nur sehr bedingt möglich ist. Denn anders als Mao hat Liu nur selten zu ökonomischen Fragen Stellung genommen und wenn, dann weniger, um eigene Vorstellungen theoretisch vorzubereiten, als in der Form offizieller Verlautbarungen.

Seine politischen Texte, die im wesentlichen vor 1949 entstanden und zum Teil in revidierter Fassung nach 196o wieder neu aufgelegt worden sind, bieten demgegenüber eher Einblicke in originäre Positionen Lius zu Fragen der Partei,ihrer Klassenbasis, der revolutionären Strategie u.a., die wesentliche Unterschiede zu entsprechenden Äußerungen Maos erkennen lassen. Diese grundlegenden politischen Positionen schlagen sich in Lius postrevolutionären Konzeptionen des sozialistischen Aufbaus nieder.

Wenn Lius eigene Texte also nicht genügend Material zur Formulierung eines liuistischen Entwicklungsmodells hergeben, muß auf Texte anderer Autoren zurückgegriffen werden, die entweder in ihrer Funktion als prominente Wirtschaftspolitiker oder als Teilnehmer theoretischer Debatten mit dem liuistischen Modell in Verbindung gebracht werden können. Diese Zuordnung ist aber nicht in jedem Fall unproblematisch, da die hier anvisierten Personen auch Texte veröffentlicht bzw. Maßnahmen vertreten haben, die als maoistischen Ursprungs zu identifizieren sind. Es ist also sehr genau zu unterscheiden, zu welchem Zeitpunkt bzw. unter der Führung welcher Linie diese Texte entstanden sind.

Die Identifizierung solcher Autoren wird insofern erleichtert, als jeder einer revisionistischen Position verdächtige Theoretiker oder Praktiker in der Kulturrevolution von der maoistischen Kritik gebrandmarkt wurde. Die Benutzung dieser vor allem in der Rotgardistenpresse erschienenen Texte ist zwar sehr aufschlußreich, birgt aber andererseits die Gefahr, einer parteilichen Darstellung zu erliegen, da viele Belege und Zitate der kritisierten Personen in der Rotgardistenpresse ohne ihren Zusammenhang wiedergegeben sind,und ihr usprünglicher Kontext nicht immer zu rekonstruieren ist. Leider gilt auch in der VR China, daß die Partei nicht nur die Geschichte, sondern auch die Geschichtsschreibung macht. Jede im parteiinternen Linienkampf unterlegene Gruppe landet nicht nur auf dem Kehrichthaufen der Geschichte, sondern wird in der offiziellen Darstellung auch entsprechend behandelt, wobei keine Scheu vorhanden ist, auch weit zurückliegende Vorgänge in das Prokrustesbett des aktuellen Linienkampfes zu zwängen. Auch in der maoistischen Liu-Kritik werden weit zuürckliegende Vorgänge und Äußerungen zum Beweis der schon immer revisionistischen Grundhaltung angeführt, die sich in Phasen ereignet haben bzw. gemacht worden sind, in denen schwerlich ein grundsätzlicher Gegensatz zu Mao festzustellen ist.

Diese teilweise unzureichende und teilweise unsichere Textbasis erfordert es, daß die Rekonstruktion des liuistischen Entwicklungsmodells nicht allein auf theoretischer Ebene geleistet werden kann, sondern auch die wirtschaftspolitischen Maßnahmen der Phasen miteinbeziehen muß, in denen die liuistische Konzeption praktisch geworden ist. Dabei handelt es sich neben der bereits geschilderten kurzen Phase des Jahres 1956, wo auf dem 8. Parteitag (1.Sitzung) eine gemäßigte Generallinie das erste Abrücken vom sowjetischen Modell im liuistischen Sinne markiert hatte, vor allem um die Jahre 196o bis 1966 und die Zeit ab 1972. Seitdem wurden und werden viele prominente Opfer der Kulturrevolution wieder rehabilitiert und in Amt und Würden versetzt. Im Vordergrund steht aber die Politik der Jahre 196o bis 1966, in die sowohl die bedeutenden theoretischen Debatten fallen, als auch die konsistente Konzipierung eines liuistischen Modells feststellbar ist. Dabei muß aber sorgfältig unterschieden werden zwischen eher kurzfristigen Maßnahmen des Krisenmanagements im Anschluß an den Großen Sprung und den langfristigen Überlegungen, die ab 1963 formuliert werden und experimentell zur Ausführung gelangen. Mit Beginn des 3. Fünfjahresplans am 1.1.1966 wurden sie dann, soweit das nicht im Zuge der Kulturrevolution von den Maoisten verhindert wurde, im großen Stil verwirklicht.

Als Grundlagen dieses Kapitels dienen also verschiedene Quellen. Erstens werden alle verfügbaren maoistischen Texte herangezogen, in denen prominente Vertreter dieser Linie kritisiert werden. Diese Texte sind weitgehend während der Kulturrevolution in den Jahren 1967 bis 1969 entstanden und zunächst in der Rotgardistenpresse und später auch in offiziellen Zeitungen und Zeitschriften erschienen. Sie enthalten sehr viele wörtliche Zitate aus Reden oder sonst unzugänglichen Texten der kritisierten Personen, die nicht nur aus der besonders inkrimierten Zeit von 196o bis 1966 stammen, sondern auch in die 5oer Jahre,ja sogar bis in die Yenan-Zeit vor dem 7.Parteitag 1945 zurückreichen.In Verbindung mit und korrigiert durch anderes Material sind diese Texte sehr aufschlußreich. In diese Gruppe gehören auch die ab 1966 entstandenen Selbstkritiken von Liu, Teng und anderen Opfern der Kulturrevolution.

Zweitens wurden alle verfügbaren relevanten Texte von Liu zu politischen und ökonomischen Fragen herangezogen, wobei besonders die in den 4oer Jahren entstandenen Texte Unterschiede zum Mao-Denken aufweisen. Bei den Liu-Texten ist allerdings immer Anlaß und Zeitpunkt zu berücksichtigen, da er, wie gesagt, vielfach in offizieller Funktion Berichte, Kommentare und Reden gehalten hat, die natürlich nicht immer nur seine eigene Meinung, sondern die der jeweiligen Parteimehrheit widerspiegeln. So finden sich zum Beispiel Äußerungen aus dem Jahr 1958 zur Politik des Großen Sprungs, die im Kontext früherer und späterer Veröffentlichungen wie Fremdkörper wirken.

Drittens werden einige theoretische Debatten berücksichtigt, die grundsätzliche Fragen der Akkumulations- und Planungsstrategie betreffen. Eine dieser Debatten wurde besonders intensiv in den Jahren 1956 und 1957 geführt, als sich die Probleme der Übertragbarkeit des sowjetischen Modells auf China bereits offenbart hatten. Sie beschäftigt sich mit der Frage, ob statt eines big push nach sowjetischem Muster eine Strategie des balanced growth angemessener wäre. Diese Debatte hat möglicherweise bereits auf die Linie des 8. Parteitags (1. Sitzung) 1956 Einfluß genommen.

Eine andere Debatte setzt 1961/62 ein und weist starke Parallelen zur Liberman-Diskussion in der Sowjetunion auf. Hier steht die Frage im Zentrum, ob und wie das Wertgesetz über die Kalkulation von Produktionspreisen und Durchschnittsprofitraten für die Planung fruchtbar gemacht werden kann, und mittels Gewinn- und Kosten- anstelle von Mengenkennziffern eine Planung vorgenommen werden kann, die eine ganz andere Art von Dezentralisierung impliziert, als sie im maoistischen Modell vorgesehen ist. Hier lassen sich konkrete Auswirkungen auf die Wirtschaftspolitik in der ersten Hälfte der 6oer Jahre feststellen. Die diesbezüglichen Primärtexte sind allerdings nur bei der zweiten Debatte auf englisch zugänglich.

Viertens sollen die wirtschaftspolitischen Maßnahmen der Jahre im Anschluß an den Großen Sprung bis Anfang 1966 selbst als Materialbasis herangezogen werden. Hierbei besteht allerdings im Gegensatz zur Praxis der 5oer Jahre die Schwierigkeit, daß kaum noch offizielle Dokumente wie Wirtschaftspläne, Reden auf ZK-Plena, statistische Daten etc. von chinesischer Seite veröffentlicht worden sind. Man ist also weitgehend auf das Material der sogenannten "China Watchers" angewiesen, die permanent und systematisch alle Detailinformationen aus der chinesischen Presse und Radiosendungen zusammentragen und versuchen, diese Mosaiksteine zu einem Gesamtbild zu komponieren.

Hinsichtlich originärer Texte steht die Analyse der chinesischen Rezeption des sowjetischen Modells wie die maoistische Konzeption also auf wesentlich festerem Boden als bei der liuistischen Konzeption. Deshalb bittet der Autor, das sich anschließende methodisch umständliche Verfahren zu entschuldigen.

Unter Liuismus soll also diejenige gesellschafts- und wirtschaftspolitische Konzeption verstanden werden, die sich aus den Schriften und Reden Liu Shao-chis sowie solcher Politiker und Ökonomen gewinnen läßt, die in Phasen, in denen sich der liuistische Kurs in der Politik durchsetzt, zu Wort bzw. zu maßgeblichen Ämtern gekommen sind. Abgestützt werden diese theoretischen Aussagen durch die liuistische Praxis. Dabei ist es nicht unbedingt notwendig, daß die Person Liu Shao-chis selber eine aktive Rolle spielt. Wenn sich ab 1972 praktisch und theoretisch wesentliche Elemente der Politik wiederfinden, die während der Amtszeit Lius als Staatspräsident 1959 bis 1966 in Erscheinung traten, ist es legitim, auch für die Gegenwart von einer liuistischen Konzeption zu sprechen, auch wenn ihre Vertreter Teng Hsiao-ping oder Li Hsien-nien heißen.

4.1. Die maoistische Kritik an den Liuisten

Während der Kulturrevolution wurde eine Flut von Artikeln[312] publiziert, in denen grundsätzliche und Detailkritik an der "hauptverantwortlichen Person innerhalb der Partei auf dem kapitalistischen Weg" wie an seinen zahlreichen Weggenossen innerhalb der Partei wie Teng Hsiao-ping, Po I-po[313], Peng Cheng[314] und anderen[315] sowie an prominenten Wissenschaftlern außerhalb der Partei wie Sun Yeh-fang[316], Ma Yin-chu [317] und anderen geübt wird. Neben dem immer wiederholten Ritual stereotyper Vorwürfe, daß Liu und seine Gefolgsleute sich des Revisionismus, der Verhinderung des Sozialismus (bis zur Vollendung der sozialistischen Transformation der Eigentumsverhältnisse im Jahre 1956) und der Restauration des Kapitalismus (nach 1956) schuldig gemacht haben, enthalten diese Texte etliche differenzierte, grundsätzliche Anschuldigungen im Zusammenhang konkreter Ereignisse sowie Kritik an Einzeläußerungen und ganzen Texten[318], von denen hier zwei Komplexe vorrangig behandelt werden sollen.

Zunächst wird die Kritik an Lius politischer Theorie resümiert, soweit sie grundsätzliche gesellschaftspolitische und entwicklungstheoretische Alternativen zum Mao-Denken aufweist. Daraus ergeben sich zwangsläufig die von der maoistischen Kritik vorgebrachten Differenzen in Theorie und Praxis des sozialistischen Aufbaus. Diese Vorwürfe sind später von Liu[319] und Teng[32o] teilweise in diversen Selbstkritiken "bestätigt" worden.

Die maoistische Kritik an der liuistischen Linie wird leider an keiner Stelle in Form einer Gesamtdarstellung des liuistischen

Systems vorgebracht, sondern erschöpft sich meist in der Aufzählung von inkriminierenden Verhaltensweisen, Äußerungen und Texten bzw. reiht als Belege Liu-Zitate aus den verschiedensten Perioden und Anlässen, meist ohne nähere Angabe des Kontexts, aneinander. Beliebt ist dabei ein historisches Vorgehen, das den Zweck verfolgt, die gesamte Biographie Lius als revisionistische Abweichung von Anfang an zu entlarven. Im Licht der maoistischen Konzeption erscheint es aber möglich, diese Partikel der Liuismus-Kritik zu einem Gesamtbild zusammenzusetzen, das, wenn man zunächst von der Stichhaltigkeit der Vorwürfe absieht, ein weitgehend konsistentes Alternativkonzept aus maoistischer Sicht bietet.

Quintessenz der maoistischen Kritik scheinen drei miteinander in Verbindung stehende Vorwürfe zu sein. Sie betreffen die Dauer der Revolution und ihre Endgültigkeit, die Bedeutung des Klassenkampfs im Entwicklungsprozeß und die Dialektik von Produktivkräften und Produktionsverhältnissen. Hierbei handelt es sich im maoistischen Denken um so zentrale Komplexe, daß kontroverse Ansichten in diesen Fragen in der Tat zu antagonistischen Auseinandersetzungen führen müssen.

Wenn Liu vorgeworfen wird, daß er nach 1945 auf die Erringung der Macht durch das Proletariat mit den Mitteln des bewaffneten Kampfes zugunsten des parlamentarischen Weges verzichten wollte[321], daß er 1949 die sozialistische Transformation der Wirtschaft habe verhindern wollen und stattdessen eine Zusammenarbeit mit der nationalen Bourgeoisie und den reichen Bauern angestrebt habe[322], daß er im Jahre 1956 nach Abschluß der Umwandlung der Eigentumsverhältnisse die Revolution für beendet erklärt habe, und jetzt statt Massenaktionen Gesetze notwendig seien[323], und daß er schließlich 1960 sogar auf die Gefahr der Entstehung einer neuen Bourgeoisie hin den Marktkräften freien Lauf lassen wollte[324], weist das, sofern die Kritik berechtigt ist, auf fundamentale Unterschiede zum Maoismus hin. Ergänzt wird dieses Bild noch durch den Vorwurf, Liu betrachte das Verhältnis von Produktivkräften und Produktionsverhältnissen nicht dialektisch, sondern ausschließlich von der Seite der Produktivkräfte her[325]. Gegenüber Po I-po, dem "Hauptverantwortlichen für die liuistische Politik in der Industrie" wird der Vorwurf erhoben, er halte nicht den Klassenkampf, sondern die Beziehungen zwischen Produktivkräften und Produktionsverhältnissen für den Hauptwiderspruch[326]. Als Anhänger der Theorie vom Primat der Produktivkräfte deklariert zu werden, ist so ziemlich der schlimmste Vorwurf, da man damit bereits in die Nähe der "Sowjetrevisionisten" gerät.

Damit deutet sich ein Verständnis von Entwicklung an, dem nicht die maoistische Lehre vom Widerspruch zugrunde liegt und auch nicht die in der maoistischen Erkenntnistheorie begründete Forderung zur Lösung dieser Widersprüche durch die Praxis des Klassenkampfes. Wenn der revolutionäre Prozeß endlich, der Klassenkampf durch andere Mittel ersetzbar ist, und nicht die Transformation der Produktionsverhältnisse, sondern die Entfaltung der Produktivkräfte Vorrang genießt, dann spielen Begriffe wie Einheit, Kooperation, Kompromiß, Vorrang der Industrialisierung etc. die entscheidende Rolle.

Konsequenzen aus dieser grundsätzlich anderen Sicht von Entwicklung ergeben sich auf allen Ebenen, die die maoistische Kritik anspricht. Auf philosophischem Gebiet stellt Liu die Einheit der Widersprüche in den Vordergrund[327]. Während Mao nur von einer relativen Identität der Widersprüche ausging, besitzt diese Identität bei Liu absoluten Charakter. Auf erkenntnistheoretischem Gebiet setzt Liu anstelle der revolutionären Praxis, die nach Mao allein sozialistisches Bewußtsein vermitteln kann, die Selbstschulung der Parteikader[328]. Das bringt ihm den Vorwurf des Idealismus ein[329]. Auf gesellschaftlicher Ebene führt das zum Ende bzw. "Austrocknen" des Klassenkampfes[330], an dessen Stelle der parlamentarische Weg und die Kooperation des Proletariats mit der Bourgeoisie und anderen Klassen gesetzt wird. Widersprüche im Volke bestehen nur noch auf ideologischer Ebene[331] und sind durch Kompromisse lösbar[332]. Hinzu kommt die behauptete Wandlungsfähigkeit der Bourgeoisie, einer Bourgeoisie neuen Typs[333], die die sozialistische Transformation akzeptiert habe[334] und bereit sei, beim sozialistischen Aufbau Handlangerdienste zu leisten. Wenn aber nicht mehr der revolutionäre Prozeß das Medium zur Austragung von Widersprüchen ist, tritt auf politischer Ebene an die Stelle der Massenlinie die Kaderlinie[335]. Das schlägt wiederum auf den Erziehungsektor durch, wo eine elitäre Konzeption die Ausbildung von Experten fördert[336].

Auf ökonomischem Gebiet bedeutet das den Vorrang der Industrialisierung vor der Sozialisierung und den Vorrang der Mechanisierung vor der Kollektivierung[337]. Folglich ist die Zusammenarbeit mit der Bourgeoisie in der Industrie und mit den reichen Bauern in der Landwirtschaft die Voraussetzung dieses Konzepts, da nur sie in der Lage sind, ohne Veränderung der Eigentumsverhältnisse zu industrialisieren bzw. zu mechanisieren. Das bringt Liu natürlich den Vorwurf ein, den Sozialismus verhindern bzw. nach der sozialistischen Transformation den Kapitalismus restaurieren zu wollen[338] und als "chinesischer Bucharin" Agent der Kulaken zu sein[339]. Wichtig ist in diesem Zusammenhang der Vorwurf, Liu leugne den revolutionären Charakter der armen Bauern[34o]. Diese Feststellung ist im Hinblick auf die Einschätzung der sozialen Basis des Liuismus von Bedeutung.

Im Kontext ungestörter Produktivkraftentwicklung steht auch die Leugnung des Primats der Politik. Nicht die lokalen Parteiorganisationen dürfen die Kontrolle über die unmittelbare Produktion ausüben, wie in der von Mao favorisierten Anshan-Charta gefordert. Die Betriebe bzw. ihr Management sollen vielmehr eine weitgehende Autonomie besitzen und nur den Pekinger Zentralministerien verantwortlich sein[341].

Außenpolitisch wird an die Stelle der Weltrevolution die Koexistenz mit den imperialistischen und revisionistischen Mächten und der Abbau der Unterstützung für die revolutionären Befreiungsbewegungen in der Dritten Welt gesetzt[342]. Hinsichtlich der Partei wird schließlich die objektive Notwendigkeit des innerparteilichen Kampfes geleugnet[343]. Der Kulturrevolution kann Liu demnach auch kein Verständnis entgegenbringen[344].

Zur Durchsetzung dieser Politik muß sich Liu notwendig gegen das Mao-Denken und den theoretischen und praktischen Führungsanspruch

Maos wenden[345]. Dieser innerparteiliche Linienkampf zwischen Maoisten und Liuisten setzt in den Augen der maoistischen Kritiker bereits im Jahre 1948 ein[346], obwohl andere Texte auch noch weiter zurückliegende Verfehlungen Lius anprangern. Den theoretischen Versuch, das Mao-Denken abzulösen, soll Liu 1962 mit der revidierten Ausgabe seiner Schrift "How To be a Good Communist" aus dem Jahre 1939 gemacht haben, in der er die "idealistische Selbstschulung" anstelle des Klassenkampfes zur politischen Erziehung propagiere. Außerdem liefere das Buch die ideologische und theoretische Basis zur Restauration des Kapitalismus in Gesellschaft und Partei[347]. Gleichzeitig habe Liu versucht, durch konspirativen Aufbau von Verschwörernetzen innerhalb der Partei[348], durch die Errichtung unabhängiger "Königreiche" (relative Autonomie der Provinzparteigremien) und "bürgerlicher Hauptquartiere"[349] die Macht zu ursupieren. Dieser machtpolitische Aspekt ist insofern von Bedeutung, als die maoistische Konzeption auf die Massenlinie, den charismatischen Kontakt zwischen Massen und Führung sowie die Kontrolle der Partei auf allen Ebenen angewiesen ist. Eine Partei-, Staats- und Wirtschaftsorganisation, die auf den Prinzipien der Kaderlinie, Betriebsautonomie, Zentralisierung der Macht bei staatlichen Spitzenorganen und weitgehendem Ausschluß von Partizipation der Massen und unteren Parteigliederungen beruht, kann auf diesem Wege verbal durchaus vertretene maoistische Prinzipien sehr effizient unterlaufen.

In diesen gesellschaftspolitischen Rahmen sind die maoistischen Vorwürfe einzuordnen, die sich mit der liuistischen Wirtschaftspolitik im engeren Sinn befassen. Die Liste der wirtschaftspolitischen Verfehlungen Lius und seiner Anhänger reicht bis in die Zeit vor der Gründung der VR China im Oktober 1949 zurück. Da die Partei in ihrer wechselvollen Geschichte vor und nach der Revolution auch in der Wirtschaftspolitik verschiedene und häufig sehr radikale Kursänderungen vornahm, war diese Geschichte von permanenten Linienkämpfen und daraus resultierenden linken und rechten Abweichungen begleitet. Aus der Sicht einer späteren Entwicklung war es durchaus möglich, daß diese oder jene Abweichung sich später als korrekte Linie herausstellte, während umgekehrt eine ehemalige Linie der Mehrheit als Abweichung erscheinen mochte. Die Ursachen für diese Kursänderungen waren nicht immer parteiintern bestimmt, sondern lagen oft in nicht von der Partei beeinflußbaren Anlässen, wie z.B. der japanischen Invasion, so daß sowohl die Kursänderung wie die Kritik an der Kursänderung von Fall zu Fall gerechtfertigt sein konnte. Ebenso ist es legitim, aus späterer Sicht solche Änderungen als falsch zu kritisieren und die damalige Opposition zu rechtfertigen. Zweifelhaft wird dieses Verfahren allerdings, wenn aus späterer Sicht sowohl, was noch angehen mag, frühere Abweichungen von der Mehrheitslinie angeprangert werden, als auch Abweichungen, die erst aufgrund der heute verfolgten Linie als Abweichungen erscheinen, während sie zu dem inkriminierten Zeitpunkt durchaus die parteioffizielle Linie verfolgt haben. Solches geschieht mit Liu während der Kulturrevolution.

Drei Arten von Verfehlungen wirtschaftspolitischer Art werden ihm vorgeworfen: zum Teil weit zurückliegende Abweichungen von der damaligen offiziellen Linie, die aber seinerzeit nicht als so schwerwiegend betrachtet worden sein können, da sie die Position Lius in der Partei nicht erschütterten; aktuelle Abweichungen von der maoistischen Linie, die offenbar schwerwiegen, da sie zum Sturz Lius führten; zurückliegende Abweichungen, die zum Zeitpunkt ihrer Begehung gar keine Abweichungen waren, sondern erst aus der Sicht der Kulturrevolution als solche erscheinen, wobei aber der zeitgenössische Kontext unterschlagen wird. So kommt es, daß Lius Politik in der Agrarfrage z.B. 1947 als linke Abweichung angeprangert wird, während sein Einschwenken auf die offizielle Linie im Jahre 1949 aus heutiger Sicht als rechte Abweichung erscheint. In sofern kann es nicht damit sein Bewenden haben, eine möglichst vollständige Zusammenstellung dieser Vorwürfe zu liefern, um auf dieser Basis Schlüsse im Hinblick auf das zu ziehen, was man als liuistisches Entwicklungsmodell bezeichnen könnte; es ist vielmehr notwendig, sorgfältig Anlaß und Zeitpunkt jedes inkriminierten Ereignisses zu berücksichtigen, um diejenige Kritik zu separieren, der es nur um das Faktum der Abweichung an sich geht oder Punkte vorbringt, die nur aus heutiger, aber keineswegs aus damaliger Sicht Verfehlungen in sich bargen. Ziel der Analyse ist vielmehr, solche Kritik herauszudestillieren, die tatsächliche Hinweise auf eine eigenständige liuistische Konzeption unabhängig von den Zeitläuften erbringt. Dieses Unterfangen wird allerdings dadurch kompliziert, daß sowohl Liu als auch Mao ihre Meinung im Laufe der Zeit geändert haben können oder aber, wenn man diese Annahme zugunsten einer Stetigkeit fallen läßt, die offizielle Parteilinie mit Bestimmtheit mal mehr der maoistischen und mal mehr der liuistischen Position zuneigte. Es müßte also auch untersucht werden, warum manches Verhalten nicht kritisiert wurde.

Um diese Schwierigkeiten in den Griff zu bekommen, soll eine chronologische Sammlung der Kritikpunkte an den Liuisten aufgestellt werden, die natürlich keinen Anspruch auf Vollständigkeit erhebt. Die Zeittafel zum innerparteilichen Linienkampf (Appendix) soll die historische Einordnung der folgenden Daten erleichtern.

1946

Liu schreibt Briefe an seinen in der Sowjetunion studierenden Sohn mit der Aufforderung, möglichst viel von der Sowjetunion zu lernen und insbesondere die Methoden des sozialistischen Aufbaus und des Betriebsmanagements zu studieren[350].

1947

Liu versäumt es, in den befreiten Gebieten gegen zu radikale Maßnahmen bei der Agrarreform vorzugehen[351].

1949 (vor dem 1. Oktober)

Im Frühjahr 1949 ermuntert er die Kapitalisten im bereits befreiten Tientsin, ihre Tätigkeit fortzuführen, d.h. weiterhin Profite zu machen und mit der Ausbeutung fortzufahren. Er bestätigt ihnen das Recht der Verfügungsgewalt über ihre Betriebe einschließlich des Rechts, Entlassungen von Arbeitern vorzunehmen. Gleichzeitig untersagt er den Gewerkschaften, die Übernahme von Betrieben voranzutreiben[352]. Im März dieses Jahres stellt er die These auf, daß die Partei auf 15 Jahre mit den Kapitalisten zusammen arbeiten müsse , und daß sich Kapitalisten und reiche Bauern noch eine Weile entwickeln sollen[353].

1949 (nach dem 1. Oktober)
Nach der Befreiung vertritt Liu die These, Ausbeutung ist verdienstvoll[354].

1950
Liu vertritt die Meinung, daß langfristig die reichen Bauernwirtschaften beibehalten werden sollen, und gesteht den Bauern ausdrücklich die "Vier Freiheiten": Geld zu verleihen,Lohnarbeiter einzustellen, Land zu kaufen und verkaufen sowie Nebengewerbe zu betreiben zu[355]. Die Kollektivierung der Landwirtschaft sei nur qua Mechanisierung möglich[356]. Liu lädt sowjetische Experten nach China ein[357].

1951
Liu bezeichnet die Politik, durch die Gruppen der gegenseitigen Hilfe und durch Kooperativen eine Agrarentwicklung herbeiführen zu wollen, als "utopischen Sozialismus"[358]. Er übt Kritik am Zeitpunkt der Kollektivierung[359]. Kollektivierung ohne Industrialisierung ist nicht möglich[360]. Selber forciert er nicht den Aufbau von Gruppen der gegenseitigen Hilfe in Shensi[361]. Liu fordert die Klassenkooperation zwischen Ausbeutern und Ausgebeuteten[362].

1952
Liu vertritt die These, daß die Industrialisierung und Mechanisierung der Sozialisierung und Kollektivierung voranzugehen habe[363].

1953
Liu will die Bourgeoisie in den Sozialismus einbeziehen[364].

1954
Liu stellt auf dem 1. Volkskongreß die These auf, daß noch lange Koexistenz zwischen sozialistischer und kapitalistischer Wirtschaft bestehe[365]. Ein nicht datierter Kritikpunkt, der zeitlich und inhaltlich dazu passen würde, lautet, daß Liu neben dem staatlichen schwerindustriellen Sektor die Entwicklung eines kapitalistischen (leichtindustriellen?) Sektors zulassen will[366].

1955
Liu befürwortet den Vorschlag Teng Tze-huis zur Auflösung bzw. Reduzierung der Größe von 2oo.ooo bereits gegründeten Kooperativen[367]. Er vertritt die Theorie der "drei Übertreibungen" hinsichtlich der Kollektivierung. Damit meint er die "Übertreibung" hinsichtlich der aktuellen Möglichkeiten, in bezug auf die Mobilisierung der Massen und in bezug auf die Erfahrungen der Kader[368]. Po I-po betont den Primat der Technik gegenüber der Politik[369].

1956
Liu will dem freien Markt im Rahmen staatlicher Kontrolle Spielraum geben[37o]. Die Bourgeoisie akzeptiert die sozialistische Transformation und nimmt selber den Status von Arbeitern an[371]. Po kritisiert, daß die Investitionsraten (im staatlichen Sektor) zu hoch sind[372].

1957
Liu bezeichnet die Arbeitsbedingungen der Industriearbeiter im Vergleich zu den Bauern als hart. Er rechtfertigt in diesem Zusammenhang unterschiedliche Einkommen zwischen Industrie und Landwirtschaft. Die Anwendung des Leistungsprinzips bei der Entlohnung fördert die Produktivität[373]. Liu kritisiert die zu geringe Flexibilität der Planung nach sowjetischem Muster[374]. Mit der sozialistischen Transformation der Wirtschaft ist der Klassenkampf beendet[375]. Die Kapitalisten akzeptieren diese Transformation und können als "Kapitalisten neuen Typs" einen positiven Beitrag zur wirtschaftlichen Entwicklung leisten. Die partielle Beibehaltung der kapitalistischen Industrie und des kapitalistischen Handels bilden eine flexible Ergänzung zur Planung, da ihre Aktivitäten auf Lücken und Mängel der staatlichen Produktion hinweisen[376]. Po äußert sich gegen die bevorstehende Sprung-Politik[377].

1958
Liu hält eine Differentialrente in der Landwirtschaft für gerechtfertigt[378]. Po wendet sich gegen die Stahlkampagne während des Großen Sprungs[379]. Er stimmt zwar verbal mit der Politik der 3 Roten Banner überein, macht aber Fehler[38o].

1959

Po ist im Mai gegen die Politik des Großen Sprungs, obwohl er 1958 dafür war. Besonders kritisiert er das hohe Tempo und die Disproportionen, die zu einem Kollaps führen. Vor der Lushan-Konferenz beauftragt er Sun Yeh-fang und Hsueh Mu-chiao , Material gegen die Politik der 3 Roten Banner zu sammeln. Er wendet sich gegen den Aufbau von Kleinbetrieben und umfangreiche Investitionen im Hinterland[381].

196o

Liu kehrt nach dem Großen Sprung mit der von ihm betriebenen San-tzu I-pao-Politik 196o bis 1963 (= 3 Freiheiten und eine Festlegung: Privatland, freie Märkte, private Kleinbetriebe und Festlegung der Produktionsquoten auf Familienbasis) zu seiner alten Position zurück[382]. Er gestattet den freien Markt sogar auf die Gefahr hin, daß eine neue Bourgeoisie entsteht[383]. Er betont das Einzelinteresse mit der These, daß die Summe der Einzelinteressen das Gesamtinteresse ausmache[384]. Po stellt sich mit seinen "7o Artikeln zur Industriepolitik" in Gegensatz zu der von Mao favorisierten Anshan-Charta. Diese "7o Artikel" legen u.a. fest: materielle und politische Anreize, Manager statt Parteikomitees in der Betriebsführung, anstelle der Massenlinie feste Regeln in der Betriebsführung, Verantwortlichkeit des Chefingenieurs, gleichgewichtiges und stetiges Wachstum statt Sprünge, ausländische Technologie[385]. Liu ist für die feste Verzinsung des Betriebskapitals der enteigneten ehemaligen Kapitalisten[386].

1961

Peng Cheng und Liu kritisieren die Politik der 3 Roten Banner. Liu führt die wirtschaftlichen Schwierigkeiten im Anschluß an den Großen Sprung nur zu 3o Prozent auf Naturkatastrophen und den Abzug der sowjetischen Techniker und zu 7o Prozent auf eigenes Verschulden zurück. Der Große Sprung kam zu früh. Die drei Jahre wirtschaftlichen Ungleichgewichts bedürfen eines 8- bis 1o-jährigen Ausgleichs[387]. Liu läßt unwirtschaftliche Sprung-Betriebe schließen[388]. Liu, Po und Teng (auf dem 9. ZK-Plenum) befürworten weiter die San-tzu I-pao-Politik[389], die ebenso wie das Leistungsprinzip auch für die Staatsfarmen gelten soll[390]. Liu hält es für vorteilhaft, wenn bürgerliche Elemente illegale Fabriken errichten, da sie nützliche Dinge produzieren[391]. Po ist gegen die Dezentralisierung der Betriebe[392]. Liu fordert, daß die Bauern höhere Preise für Industriegüter zahlen sollen[393]. Den Bauern selber sollen materielle Anreize geboten werden[394].

1962

Dieses Jahr bildet den Höhepunkt des Linienkampfes bezüglich der San-tzu I-pao-Politik[395]. Teng vergibt Produktionsquoten an einzelne Haushalte[396]. Liu fördert die individuelle Landwirtschaft[397]. Er mahnt zur Vorsicht gegenüber den Volkskommunen und bevorzugt die Kooperativen[398]. Liu und Po kritisieren weiterhin die 3 Roten Banner. Das Vorgehen während des Großen Sprungs war "irrational". Statt auf Quantität hätte auf die Qualität der Produktion geachtet werden sollen. Wegen zu hoher Investitionen sind Disproportionen entstanden. Die Ziele waren zu hoch gesteckt. Statt nur auf die erweiterte Reproduktion zu achten, muß erst die einfache Reproduktion gesichert sein. Das Parteizentrum ist zu 70 Prozent für die Fehlschläge verantwortlich. Nur 30 Prozent fallen auf Naturkatastrophen[399]. Der Große Sprung "war ein historisches Experiment und eine Lehre"[400]. In der Schrift "How To Be a Good Communist" rechtfertigt Liu die Kritik Peng Te-huais auf dem Lushan-Plenum gegenüber den 3 Roten Bannern[401]. Po ist gegen die Politik, daß die Landwirtschaft die Grundlage bilden soll[402].

1963

Liu fordert dazu auf, das kapitalistische Management zu studieren. In der Industrie soll das wirtschaftliche Rechnungswesen eingeführt werden. Die einzelnen Branchen sollen nach Art der kapitalistischen Trusts unter zentraler Leitung der Ministerien und das Fabrikmanagement wie in kapitalistischen Betrieben organisiert sein. Lokale Parteikontrolle wird ausgeschlossen. Der sozialistische Charakter eines Betriebs erweist sich bereits durch die Änderung der Eigentumsverhältnisse[403]. Po befürwortet den Primat der Technik und die Entscheidungsgewalt der Techniker. Er wendet sich gegen die Modelle von Tachai und Taching[404]. Liu initiiert in der Landwirtschaft das Taoyüan-Experiment als Gegenmodell zu Tachai[405].

1964

Liu führt in der Industrie statt geplanter Zuteilung von Arbeitskräften und statt des Rechts auf Daueranstellung das System der Kontrakt- und Zeitarbeit[406] ein. Die Leichtindustrie soll saisonal ländliche Arbeitskräfte anwerben[407]. Po errichtet in der Industrie in 12 Branchen experimentelle Trusts. Er vertritt die Expertenlinie. Effektives Management hat Vorrang vor der Politik[408].

1965

Po betont 1965 und 1966 den Primat der Technik gegenüber der Politik. Er wendet sich gegen das Taching-Modell in der Industrie und verweist auf das Modell von Tsitshihar[409].

Undatiert ist der Vorwurf, daß Liu bei der Planung die Dominanz des Wertgesetzes und das Profitkriterium befürwortet[410]. Dieser Vorwurf bezieht sich vermutlich auf die Zeit ab 1962/63.

Vergleicht man diese Kritik aus den Jahren 1967 bis 1969 mit der Kritik an Teng Hsiao-ping aus dem Jahre 1976[411], lassen sich Parallelen feststellen. Der auf Tengs Veranlassung 1975 verfaßte, aber nicht zur Veröffentlichung gelangte Artikel "Über das Hauptkettenglied für die Arbeit der ganzen Partei und des ganzen Landes" vertritt die These, daß die sogenannten "Drei Weisungen" für die nächsten 25 Jahre als Leitlinie der wirtschaftlichen Entwicklung dienen sollen. Mit diesem "eklektizistischen Trick" wird die Bedeutung des Klassenkampfs zurückgestellt und die alten Theorie vom Primat der Produktivkräfte wieder in den Vordergrund gestellt[412]. Prinzip der wirtschaftlichen Entwicklung soll volkswirtschaftlich die Organisation der Betriebe nach Trustmuster unter Ministerialkontrolle sein. Sowohl die Kontrolle lokaler Parteigremien wie die Kontrolle des ZK soll weitgehend ausgeschlossen werden. Hier findet sich also wieder der bereits erwähnte machtpolitische Aspekt der Kontroverse Politik- oder Produktionsprimat, der hier eindeutig im Sinne von vorhandener oder nicht vorhandener direkter Parteikontrolle über die Wirtschaftsführung verstanden wird[413]. Das betriebswirtschaftliche Prinzip orientiert sich am sowjetischen System und bedeutet relative Betriebsautonomie, direkte Transfers zwischen den Betrieben, Kontraktarbeit, Profitkennziffern, materielle Anreize etc. Außenwirtschaftliches Prinzip ist die Aufgabe der Self-Reliance-Politik zugunsten umfangreicher Importe von Technologie und Export von Rohstoffen[414]. Zu den maoistischen Elementen in der Wirtschaftspolitik wie der Massenlinie, dem Lernen von Tachai und der Kommune-Bewegung äußert sich Teng skeptisch bis abfällig[415].

Ein vorläufiges Resümee der maoistischen Kritik hat folgenden Inhalt:

1) Die Kritik, Liu habe in den Jahren 1947 und 195o dem sowjetischen Vorbild nacheifern wollen, ist, unbeschadet möglicher Meinungsverschiedenheiten innerhalb der Partei zu dieser Zeit über die Anlehnung an die Sowjetunion[416], absurd, da dies bis 1956 offiziell unbestrittene Politik war.

2) Bei der Kritik, Liu habe im Frühjahr 1949 in Tientsin die dortigen Kapitalisten ermuntert, ihre Betriebsführung fortzuführen, ist zu berücksichtigen, daß zu diesem Zeitpunkt der Kampf gegen die KMT noch nicht entschieden war, die Partei aber an der raschen Wiederaufnahme der Produktion in den bereits befreiten Gebieten allein aus Nachschubgründen interessiert sein mußte. Liu war jedenfalls offizieller Abgesandter der Partei in Tientsin, um die dortigen Streitigkeiten zwischen den Gewerkschaften, die eine radikale Enteignungspolitik betreiben wollten, und den dortigen Kapitalisten zu schlichten. Dabei hat er sich offenbar "im Interesse der raschen Wiederaufnahme der Produktion" auf Seiten der Kapitalisten gestellt.

3) In der Frage der Agrarpolitik nach der Befreiung hat Liu offenbar gegenüber seiner radikalen Position von 1947 einen Schwenk vollzogen. Die Aussagen von Anfang der 5oer Jahre, daß sich reiche Bauernwirtschaften und kapitalistische Industrie für eine Weile weiter entwickeln sollen, liegt durchaus auf der damaligen offiziellen Parteilinie der Neuen Demokratie. Im Lichte der Kontroverse mit Mao über die Reihenfolge in der Agrarpolitik, erst Kollektivierung oder erst Mechanisierung, bekommen sie allerdings einen anderen Akzent. Wenn Liu vom Primat der Produktivkräfte ausgeht, d.h. die Industrialisierung der Sozialisierung vorangehen

soll, eine leistungsfähige Industrie dann die Möglichkeit zur Mechanisierung der Landwirtschaft bietet, die erst zum Schluß kollektiviert wird, dann sind in diesem Konzept nationale Kapitalisten und reiche Bauern notwendig als diejenigen, die die Industrialisierung vorantreiben bzw. das Kapital zur Finanzierung der Mechanisierung der Landwirtschaft aufbringen können.

4) Nachdem, eventuell gegen seinen Willen, die rasche Kollektivierung der Landwirtschaft und die Sozialisierung der Industrie durchgedrückt worden ist, versucht Liu 1956/57 mit seinen Aussagen über das Ende des Klassenkampfs und die Kooperationsfähigkeit der geläuterten Kapitalisten das revolutionäre Weiterschreiten der maoistischen Strategie zugunsten seiner auf Konsolidierung bedachten Politik der Produktivkraftentfaltung zu bremsen.

5) Der Vorwurf der nur verbalen Zustimmung zum Großen Sprung mag durchaus zutreffen. Bei der nachfolgenden Politik der Reprivatisierung bis 1962 und der kolportierten Liu-Kritik an den 3 Roten Bannern ist allerdings zu berücksichtigen, daß Anfang der 6oer Jahre angesichts der Schwere der Wirtschaftskrise auch von maoistischer Seite kaum Kritik an den Sofortmaßnahmen geübt wurde. Wichtig ist deshalb, die Phase 196o bis 1966 in Krisenmanagement bis 1962 und, nach der allmählichen wirtschaftlichen Erholung, sich daran anschließende Konzeptualisierung und qua Experiment bereits praktizierter genuin liuistischer Wirtschaftspolitik zu unterscheiden, zumal die Reprivatisierung ab 1963 auch von den Liuisten wieder zurückgedrängt wurde[417].

6) Lius Taoyüan-Modell für die Landwirtschaft, eine in den Anbauprodukten spezialisierte Brigade mit massiver staatlicher finanzieller und technologischer Unterstützung, bildet in der Tat das Gegenmodell zu Maos autarkem Tachai-Modell.

7) Pos "7o Artikel zur Industrie" und vor allem das Trustkonzept unter ministerialer Kontrolle bei Ausschluß der lokalen Partei, Betriebsautonomie, Verantwortung von Management und Ingenieuren, Kontraktarbeit, Profitkennziffern bei der Planung etc. bilden analog das Gegenmodell zu Maos autarken (vertikal wie horizontal) Fabriken, die entsprechend der Anshan-Charta geführt werden sollen. Daß genau diese Konzeption, die das Primat der Politik - sprich die Parteikontrolle auf allen Ebenen über die Wirtschaft -

bestreitet, 1o Jahre später Teng wieder zum Vorwurf gemacht wird, zeigt, daß hier der Kern des Linienkampfes hinsichtlich seiner Auswirkungen auf die Wirtschaftspolitik getroffen ist.

4.2. Exegese der Schriften und Reden Liu Shao-chis

4.2.1. Der historisch-politische Kontext der Liu-Texte

Im Gegensatz zu Mao sind theoretische Äußerungen Lius zu ökonomischen Fragen vor dem Jahre 1949 nicht bekannt. Seine bedeutenden politisch-theoretischen Arbeiten schrieb er während seiner Yenan-Zeit Anfang der 4oer Jahre[418]. Im Zusammenhang des hier behandelten Themas sind diese Texte deshalb von Bedeutung, weil sie Aufschluß über Lius Verständnis der Partei, ihrer Klassenbasis, das Verhältnis zu anderen Klassen, sein Verständnis von Revolution und Bewußtseinsbildung sowie seine Position zum Maoismus geben. Aus Lius Sicht dieser Themen lassen sich entscheidende Hinweise für sein Verständnis von Entwicklung und damit die soziale Basis seiner Entwicklungskonzeption gewinnen.

Lius Biographie weist[419] hinsichtlich seiner politischen Herkunft und Aktionsfelder bedeutsame Unterschiede zu Mao auf. Während Mao sich schon vor Ende der ersten Einheitsfront mit der KMT der politischen Arbeit in ländlichen Regionen zuwandte, war Liu von 1922 bis 1927 in der Gewerkschaftsarbeit in Shanghai tätig. Nach 1927 setzte er diese Arbeit illegal in den von der KMT kontrollierten Gebieten fort. Im Herbst 1932 stieß er zu Mao in das Sowjetgebiet von Kiangsi. Auf dem 5. Plenum des 6. ZK im Januar 1934 wird Liu noch in Kiangsi zum Mitglied des Politbüros gewählt. Seit dieser Kiangsi-Zeit soll die Zusammenarbeit zwischen Mao und Liu bestehen, obwohl Chang Kuo-t'ao, gegen den beide 1937 in der innerparteilichen Auseinandersetzung zusammenwirken[42o], das Gegenteil behauptet, und bereits zu diesem Zeitpunkt den Beginn der Mao-Liu-Kontroverse sieht[421], was soviel heißen würde, daß es nie eine Übereinstimmung zwischen den beiden gegeben habe. Dem Langen Marsch (Oktober 1934 bis Oktober 1935) schließt sich Liu nur zu Beginn an. Stattdessen nimmt er ziemlich bald wieder seine Untergrundarbeit in den sogenannten "weißen Gebieten" im

Einflußbereich der KMT auf. Dabei hält er sich meistens in Nordchina auf und bekleidet dort hohe Regionalämter der Partei. Unterbrochen von sporadischen Besuchen in Yenan dauert diese Phase Lius bis 1942. Erst seit Anfang 1943 bleibt er ständig in Yenan und wird Mitglied des 5-köpfigen ZK-Sekretariats. Seit Beginn seiner politischen Arbeit im Jahre 1922 bis zum Ende des 2. Weltkriegs, als die Partei von der Guerilla-Taktik allmählich zum offenen Kampf um die Städte übergeht, verbringt Liu mithin ca.17 Jahre in der Gewerkschaftsarbeit und mit Organisationsproblemen der Partei im städtischen Untergrund.

Seit dem Jahre 1937 ist Liu im Verein mit Mao in parteiinterne Linienkämpfe verwickelt. Neben der bereits erwähnten Auseinandersetzung mit Chang Kuo-t'ao handelt es sich dabei vor allem um den Konflikt mit der sogenannten "Moskaufraktion" innerhalb der Partei um Wang Ming[422]. Höhepunkt dieser Auseinandersetzung ist die Cheng Feng-Kampagne (1. Berichtigungskampagne) der Jahre 1942 bis 1944, deren Ziel es ist, den sowjetischen Einfluß in der Partei zurückzudrängen und die erste theoretische Sinifizierung des Marxismus herbeizuführen. Ausgelöst wurde diese Kampagne durch Maos "Den Arbeitsstil der Partei verbessern" vom 1. Februar 1942. Theoretische Grundlage der Kampagne und gleichzeitig Schulungsmaterial für die Parteikader bildete eine Textsammlung[423], zu der u.a. auch Liu einige zentrale Texte beisteuerte. Dabei handelt es sich um Lius Vorlesung am Marx-Lenin-Institut in Yenan aus dem Jahre 1939 "Training of the Communist Party Member" sowie die Rede "On the Intra Party Struggle" vom 2.7.1941 und "Liquidation of Menshewik Thought in the Party" von 1943[424]. Daß diese Kampagne zu diesem Zeitpunkt erfolgreich abgeschlossen werden konnte, da Mao und Liu sich in der Parteiführung gegen Wang Ming durchsetzten, muß mit der Schwäche der Sowjetunion angesichts des Krieges mit Deutschland in Verbindung gebracht werden.

Diese drei Liu-Texte betonen die Besonderheiten der chinesischen KP gegenüber den europäischen Parteien und weisen bereits auf die Bedeutung Maos für die marxistische Theoriebildung hin. Den entscheidenden Durchbruch in dieser Richtung bringt aber erst der 7. Parteitag vom 23.4. bis 11.6.1945 in Yenan, auf dem Mao zum Parteivorsitzenden gewählt, und das Mao-Denken in das Parteiprogramm aufgenommen wird. Liu, der auf diesem Parteitag zweiter Mann inder Parteihierarchie wird, liefert mit seiner Rede "On the Party" vom 14.5.1945 die theoretische Begründung zur Revision des Parteiprogramms, in der Mao zum Parteiführer von Anfang an stilisiert wird, durch dessen Denken der Marxismus-Leninismus mit der Praxis der chinesischen Revolution vereinigt wird[425]. Es läßt sich also, vorbehaltlich noch zu klärender theoretischer Differenzen zwischen Mao und Liu, für die Yenan-Phase bis zum 7.Parteitag eine enge politische Zusammenarbeit der beiden feststellen, die sogar so weit geht, daß Liu die entscheidende theoretische Legitimation zur Durchsetzung des theoretischen und praktischen Führungsanspruchs Maos innerhalb der Partei und gegen Moskau liefert.

In den Jahren 1946 bis 1948, als die Partei ihre ländlichen Gebiete verließ und den Klassenkampf in die Städte trug, bezog sie gegenüber ihrer früheren Agrarpolitik eine linksradikale Position[426], die sich vor allem in der Forcierung des Klassenkampfes in den Betrieben und, soweit die Städte bereits im Machtbereich der Partei lagen, in einer Bevorzugung des öffentlichen gegenüber dem privaten Sektor äußerte. Da diese Politik aber wirtschaftliche Schwierigkeiten mit sich brachte, und die noch anhaltende politische und militärische Auseinandersetzung mit der KMT auf die Aufrechterhaltung der Produktion, die Lieferung von Nachschub und die Gewinnung von Bündnispartnern angewiesen war, kritisierte Mao diese "ultralinke" Politik und riet zur Mäßigung[427]. In diesem Zusammenhang ist Lius Tientsin-Affaire aus dem Frühjahr 1949 zu sehen, die in der Kulturrevolution so viel Staub aufwirbelte.

Tientsin war die erste moderne Großstadt, die in kommunistische Hände fiel. Die dortigen Arbeitskämpfe führten zu einem starken Rückgang der Produktion, so daß Liu im April in Vermittlungen zwischen Gewerkschaften und Unternehmern versuchte, die Produktion wieder in Gang zu setzen. Richtig ist wahrscheinlich der Vorwurf, daß Liu die Forderungen der Arbeiter unterdrückte und die Tientsiner Kapitalisten zu beruhigen versuchte. Die Frage ist nur, ob das in der aktuellen Bürgerkriegslage nötig war oder nicht. Lieberthal interpretiert den Vorfall so, daß Liu in Übereinstimmung mit Mao handelte, da beide in dieser Situation zwischen kurz- und langfristigen Zielen unterschieden[428].

Kontroverser Ansicht waren beide nach der Machtübernahme hinsichtlich der Dauer der Neuen Demokratie. Während Liu die Produktionskapazitäten der nationalen Bourgeoisie und der reichen Bauern länger erhalten wollte, strebte Mao den raschen Übergang zum Sozialismus an. In diesem Kontext stehen Lius "May Day Address" vom 1.5.195o, sein Kommentar "On the Agrarian Reform Law" vom 14.6.195o, der "Report on the Draft Constitution of the People's Republic of China" auf dem 1. Nationalen Volkskongreß 1954, sowie der politische Bericht auf dem 8. Parteitag (1. Sitzung) im Jahre 1956. Vor allem der letzte Text, in dem Liu die Revolution für beendet erklärt, erregt später den Unwillen der Maoisten. Auf der 1. Sitzung des 8. Parteitags wird, ebentuell auf Veranlassung der Liuisten, das Mao-Denken wieder aus dem Parteiprogramm gestrichen[429].

Hinsichtlich Lius Sympathie für die Sowjetunion, trotz seiner Sinifizierungsbeiträge in der Cheng Feng-Kampagne, werden der Text "Internationalism und Nationalism" von 1949, in dem Titos Bruch mit der Sowjetunion verurteilt wird[43o], angeführt, sowie Lius Vorsitz in der chinesisch-sowjetischen Freundschaftsgesellschaft, zu deren 3. Jahrestag er 1953 eine Adresse veröffentlichte. Lius Moskaureise vom Oktober 1952 bis Januar 1953 stand vermutlich im Zusammenhang mit dem Koreakrieg und den bereits geschilderten weiteren Kooperationsverträgen[431]. Im November 196o unternahm Liu mit einer weiteren Moskaureise noch den Versuch, den bereits vollzogenen wirtschaftlichen Bruch wieder zu kitten[432]. Gegen die Moskaufreundlichkeit spricht allerdings, daß Liu auf dem 4. Plenum des 7. ZK im Februar 1954 den Angriff gegen die vermutlich sehr eng mit Moskau liierte Kao-Jao-Gruppe führte[433].

Innenpolitisch vollzieht er 1957/58 zumindest verbal die maoistische Wende zur Sprung-Politik mit. Liu hält den offiziellen Bericht des ZK auf dem 8. Parteitag (2. Sitzung) im Mai 1958, in dem die Strategie des Großen Sprungs und der permanenten Revolution vorgetragen werden. Noch im September 1959, also nach dem Lushan-Plenum vom August, identifiziert er sich in seinem Beitrag für den Jubiläumsband des 1o-jährigen Bestehens der VR China "Ten Glorious Years" mit dieser Politik. Gleichzeitig ist die innerparteiliche Auseinandersetzung über die 3 Roten Banner: Generallinie des 8. Parteitags (2. Sitzung), Großer Sprung und Volkskommunebewegung, bereits im vollen Gang. Mao trat eher unfreiwillig[434] im April 1959 zugunsten Lius vom Amt des Staatspräsidenten zurück und zog sich auf die sogenannte "zweite Führungslinie" zurück. Auf dem Lushan-Plenum des ZK im August 1959 trug Peng Te-huai seine Angriffe gegen die Sprung-Politik vor[435]. Mao kann sich zwar nach außen hin durchsetzen, in der Folgezeit sind die Maoisten aber de facto aus der Führung von Staat und Partei zurückgedrängt. Ab 196o beginnt die sogenannte liuistische Phase.

Bis zu diesem Zeitpunkt besteht also die Schwierigkeit, wie Lius Verhalten zu interpretieren ist. Folgt man seinen schriftlichen Äußerungen der Jahre 1958 und 1959, liegt er voll auf der maoistischen Linie. Betrachtet man sie allerdings im Licht der Position Lius vor 1956 oder nach 196o, erscheint diese Annahme sehr zweifelhaft, zumal aus der 62er Ausgabe von "How To Be a Good Communist" eine nachträgliche Rechtfertigung Peng Te-huais entnommen werden kann[436]. Die Oper "Hai Juis Entlassung", in der an Maos Amtsführung Kritik geübt wird, erscheint bereits im Jahr 1961. Folglich reicht es nicht aus, allein Lius Texte als Grundlage zur Einschätzung seiner Entwicklungskonzeption heranzuziehen.

Eine direkte eindeutige Kontroverse zu Mao ist nur aus der Neuauflage von "How To Be a Good Communist" aus dem Jahre 1962 herauszulesen[437]. Dieser Text aus dem Jahre 1939 wurde mehrmals in den 4oer und 5oer Jahren neu aufgelegt. Interessant ist in diesem Kontext aber nur die überarbeitete Ausgabe von 1962, die während der Kulturrevolution die heftige Kritik der Parteilinken hervorgerufen hat, da dem Text eine Anti-Mao-Tendenz vorgeworfen wurde.

Von diesen Überarbeitungen sind nur wenige Passagen von Bedeutung. Eine überarbeitete Stelle, die sich in der 39er Ausgabe gegen den theoretischen Führungsanspruch der Moskaufraktion richtet, liest sich in der 62er Ausgabe folgendermaßen: "Es gibt Leute, die Marx und Lenin studieren, aber außerstande sind, in das Wesen des Marxismus-Leninismus einzudringen, die nur oberflächlich marxistisch-leninistische Termini und Sätze erlernen ... Es gab zu einer Zeit gewisse Vertreter des Dogmatismus, die sogar noch schlimmer waren. Ein solcher Mensch wußte absolut nichts vom Marxismus-Leninismus und vermochte lediglich marxistisch-leninistische Phrasen daherzuplappern, betrachtete sich selbst als einen "chinesischen Marx" oder "chinesischen Lenin", trat als solcher in der Partei auf und hatte die Unverschämtheit, von den Mitgliedern unserer Partei zu verlangen, daß sie ihm ebensolche Ehrerbietung entgegenbringen, wie sie Marx und Lenin zuteil geworden war, ihn als den"Führer" unterstützen und ihm Treue und Ergebenheit bezeugen. Er ging soweit, sich selbst zum "Führer" zu ernennen, ohne gewählt worden zu sein, kletterte in eine autoritative Stellung hinauf, erteilte der Partei wie ein Patriarch Befehle, suchte unsere Partei zu belehren, schimpfte auf alles, was es in der Partei gab und strafte nach Belieben Mitglieder unserer Partei, kommandierte mit ihnen herum."[438] Nicht so sehr die Textänderung als die Wiederholung dieser Stelle im Jahre 1962 ist dabei der entscheidende Punkt, da zu dieser Zeit außer Mao niemand in der Partei hätte kritisiert werden können, daß er sich als "Chinas Marx und Lenin" betrachte, einen Führungsanspruch erhebe, ohne ordentliche Wahl (nämlich 1935 in Tsunji) die Parteiführung übernommen hätte und die Partei wie ein Patriarch behandle. Von Bedeutung ist noch eine weitere Textänderung, bei der zwar an den "Linksopportunisten" in der Partei Kritik geübt, gleichzeitig aber eine entsprechende Passage über Rechtsabweichler entfernt wurde[439]. Diese Stelle mußte 1962 als eindeutiger Angriff auf die linke Fraktion innerhalb der Partei und als Versuch der nachträglichen Rechtfertigung Peng Te-huais gewertet werden.

Wichtig sind außerdem noch der genaue Zeitpunkt und die Auflagenhöhe der revidierten Ausgabe. Der Text erschien nämlich vor dem 1o. Plenum des 8. ZK im September 1962, auf dem u.a. die Widereinführung des Leistungsprinzips und die San-tzu I-pao-Politik diskutiert wurden. Auf diesem Plenum war Mao noch in der Minderheit. Diese ZK-Sitzung wird von manchen Autoren als der Beginn des antagonistischen Mao/Liu-Konflikts angesehen. Hinzu kommt, daß der Text in einer ungewöhnlich hohen Auflage von 15 bzw. 2o Millionen Exemplaren aufgelegt und in acht Sprachen übersetzt wurde, während Maos vierbändige Werkausgabe im gleichen Zeitraum nur 1,5 Millionen Exemplare erreichte[44o].

Diese Hinweise lassen in der Tat die starke Vermutung zu, daß Liu 1962 versuchte, auch wenn das etwa von Leys bestritten wird[441], den Führungsanspruch Maos abzubauen. Zumindest hat die Mao-Fraktion, wie die heftigen Vorwürfe während der Kulturrevolution zeigen, das entsprechend empfunden.

Aus der folgenden Zeit sind keine bedeutsamen Liu-Äußerungen mehr bekannt, wenn man von den später verbreiteten Zitaten in der Kulturrevolution absieht. Wichtig wäre vermutlich neben den ominösen "Reflections" über das sowjetische Lehrbuch Politische Ökonomie aus dem Jahre 1959, deren Text aber nirgends zugänglich ist[442], vor allem seine sogenannte "7ooo-Kader-Rede" von Anfang 1962 auf einer (um 7ooo Kader) erweiterten ZK-Konferenz[443]. Hier bringt Liu das offizielle Eingeständnis der schlechten wirtschaftlichen Lage und formuliert seine Kritik am Großen Sprung, in der auch die später oft mit Empörung zitierte Äußerung von der 7o-prozenigen Verschuldung der Misere durch Fehlentscheidungen fällt, die aber ihrerseits auch nur ein Zitat war, da Liu die Aussagen von Bauern aus Shensi referiert. Vermutlich gibt sie aber Lius Meinung wieder. Bis zu den diversen Selbstkritiken 1966 und 1967 finden sich keine veröffentlichten Liu-Texte gewichtigen Inhalts. In dieser für das Verständnis des liuistischen Modells so wichtigen Phase kann man sich also auf keine konsistenten schriftlichen Darlegungen stützen, sondern ist auf die Analyse der praktischen Politik angewiesen.

Am 1o. November 1965 veröffentlicht Yao Wen-yüan seine Kritik an der Oper "Hai Yuis Entlassung", die ihrerseits eine kritische

Anspielung auf den Sturz Peng Te-huais 1959 war[444], und gibt damit den Auftakt zur Kulturrevolution. Die offenen Auseinandersetzungen der beiden Fraktionen ziehen sich bis zum August 1966 hin, bis Liu auf dem 11. Plenum des 8. ZK gestürzt wird[445]. Seit dem 1.1o.1966 tritt er nicht mehr öffentlich auf und wird im Oktober 1968 formell aus Partei ausgeschlossen.

4.2.2. Revolution und Klassenbewußtsein

Hier soll die Frage behandelt werden, ob trotz unbestrittener Zusammenarbeit in den 4oer Jahren Liu bereits vor 1949 von Mao abweichende politische Konzeptionen vertreten hat, die hinsichtlich der nach 1949 einzuschlagenden Entwicklungsstrategie von Bedeutung sind. Einen wesentlichen Punkt in dieser Hinsicht sehe ich in dem Verhältnis von Bewußtsein und Revolution.Bei Mao besteht hier ein direkter Zusammenhang. Sozialistisches Bewußtsein und richtige Erkenntnis über den einzuschlagenden Weg bei der Verwirklichung des Sozialismus sind nur durch den Klassenkampf, den Produktionskampf, die revolutionäre Praxis der Massen zu erzielen. Ähnliche Formulierungen finden sich ursprünglich auch bei Liu: "The cultivation of Communist Party members is a revolutionary cultivation. We can not carry out our cultivation by divorcing ourselves from revolutionary practice or the practical revolutionary movement of the broad toiling masses, particularly the proletarian masses. The aim of our cultivation is solely to serve the interest of revolutionary practice and to direct more effectively the practical revolutionary movement of the masses."[446] Diese und ähnliche Formulierungen aus "How To Be a Good Communist" werden allerdings in der Ausgabe von 1962 abgeschwächt und an ihrer Stelle die theoretische "Selbstschulung" der Kader betont, was natürlich den geschilderten Zorn der Maoisten erregte.

Damit korrespondiert Lius differenzierte Aussage zu Maos Theorie der Massenlinie "Our massline is a classline, the massline of the proletariat" und "The complete emancipation of the masses of the people is possible only when they have such a vanguard as our Party; otherwise they would be without revolutionary leadership"[447]. Liu macht also zwei Einschränkungen: Erstens beschränkt er die Gültigkeit der Massenlinie auf die Arbeiterklasse, eine damals noch verschwindende Minderheit der Bevölkerung, und zweitens betont er die Führungsrolle der Avantgarde, auch wenn im zitierten Kontext in den folgenden Sätzen die enge Beziehung zwischen Avantgarde und Massen betont wird.

Daraus ließe sich folgern, daß Liu trotz verbaler Verbeugung vor Mao doch eine elitäre Kaderlinie vertritt, die vor allem in der postrevolutionären Phase weniger an revolutionären Massenaktionen im Zuge des sozialistischen Aufbaus interessiert ist, in denen die Massen gleichzeitig das sozialistische Bewußtsein erlangen sollen, als auf die theoretische Selbstschulung der Kader baut, die als Avantgarde die Massen zum sozialistischen Aufbau anleiten. Das würde zu den späteren Äußerungen passen, die auf ein Nacheinander von sozialistischem Aufbau und Verwirklichung des Kommunismuß hindeuten. Hinsichtlich der Entwicklungsstrategie erinnert dieses Konzept also eher an das sowjetische Vorbild als an Maos permanente Revolution, in der Produktivkraftentfaltung und Entfaltung des Bewußtseins sich gegenseitig bedingen.

Einen weiteren Kontrapunkt zu Mao bildet Lius Vorstellung über den Charakter der Partei[448]. Die Partei ist die organisierte Avantgarde der Arbeiterklasse und repräsentiert die Interessen von Volk und Nation[449]. Den Bauern wird allenfalls ein "halbproletarischer" Status zugebilligt. Das Dilemma ist nur, daß erstens der Bevölkerungsanteil des Proletariats sehr gering ist, und zweitens in den 4oer Jahren die Basis der Partei das agrarische Hinterland bildet. Die Mehrzahl der Parteimitglieder besteht also aus Bauern mit kleinbäuerlicher Ideologie. Sogar feudale, bürgerliche und kleinbürgerliche Elemente erkennt Liu in der Partei. Diese verschiedenen ideologischen Einflüsse sind der Ursprung von Subjektivismus, Sektierertum und politischem wie organisatorischem Opportunismus, dem nur mit permanenter Umerziehung begegnet werden kann.

Der proletarische Charakter der Partei erweist sich dennoch anhand folgender Faktoren:

1) Die Partei steht in der Tradition der weltweiten proletarischen Revolution und der Arbeitskämpfe in China vor 1927.
2) Die Entwicklung der Partei vollzieht sich in strikter Übereinstimmung mit der marxistisch-leninistischen Lehre Maos.
3) Die Partei hat ein proletarisches Programm.
4) Jedes Parteimitglied muß eiserne proletarische Disziplin halten.
5) Mehr als 2o Jahre Bürgerkrieg und Befreiungskrieg haben die Partei gestählt.
6) Durch die marxistisch-leninistische Erziehung sind die Mitglieder kleinbürgerlicher Herkunft ideologisch geformt worden[45o].

Die Stichpunkte lauten wohlgemerkt "Tradition", "Lehre", "Programm", "Disziplin" und "Erziehung", während Mao an dieser Stelle vermutlich mit den Begriffen "revolutionäre Praxis" und "Klassenkampf" operiert hätte. Folglich ist nach Liu die Partei trotz überwiegend anderer sozialer Herkunft ihrer Mitglieder den proletarischen Parteien der kapitalistischen Länder ebenbürtig, da nicht die Herkunft, sondern Tradition und vor allem Erziehung den Charakter der Partei bestimmen. Wenn man also keinen proletarischen Status hat, muß man einen proletarischen Standpunkt einnehmen. "Obviously, if all the members of the Chinese Communist Party became proletarians through training, the existence of a proletariat is guaranteed in the form of the Party itself, and therefore the Party is entitled to the mantle of leadership of the Chinese revolution."[451]

Um zu beweisen, daß die Partei trotz ihrer augenblicklichen ländlichen Strategie dennoch das primäre Ziel der Befreiung der Arbeiterklasse verfolgt, konstruiert Liu folgende Theorie: Nach der Niederlage der Revolution in den Städten 1927 habe die Arbeiterklasse ihre Avantgarde in Form der Partei aufs Land geschickt, um die Bauern zur Unterstützung der Revolution zu organisieren. Durch das Bündnis der Arbeiter und Bauern ist die schließliche Befreiung der Städte möglich. Darin liegt die aktuelle Bedeutung der Parteiarbeit im Hinterland[452]. Erst wenn das Proletariat die Macht errungen hat, kann mit seiner Hilfe die Bauernschaft befreit werden[453].Wenn an dieser Stelle auch nicht explizit ausgeführt, heißt das, erst wenn die Industrialisierung des Landes vollzogen ist, sind die Voraussetzungen zur Mechanisierung, zur Produktionssteigerung und zur Kollektivierung und damit auch die Bedingungen des Kampfes gegen das kleinbürgerliche Bewußtsein gegeben. Im Sinne Lius handelt es sich in China also um keine Bauernrevolution, da das eigentliche Ziel die Machtergreifung des Proletariats bleibt.

In der Schrift "The Class Character of Man" von 1941, die 1949 als Appendix von "How To Be a Good Communist" veröffentlicht, 1962 bei der Neuausgabe aber evtl.schamhaft weggelassen wurde,liefert Liu die theoretische Begründung für diese Strategie, indem er den Bauern im Gegensatz zu den Arbeitern ein revolutionäres Bewußtsein abspricht. "The peasants have for a long time been tied to the land and have been engaged in production in a form that is scattered, independent, simple, self-sufficing and with little mutual cooperation. Their way of life is simple and individualistic, and they bear the burden of land rent and unpaid services etc. Thus, the ground is prepared for their lax ways, conservatism, narrow-mindedness, backwardness, outlook as of private owners, revolt against the feudal lords and their demand for political equality etc."[454] Demgegenüber bescheinigt Liu den Arbeitern Solidarität, gegenseitige Zusammenarbeit, Sinn für Organisation und Disziplin, die Einsicht in die Forderung nach Verstaatlichung des Eigentums, das Aufbegehren gegen Ausbeuter, Militanz und Ausdauer[455]. Die KP ist sozusagen die "Substanz und der Geist des Proletariats".

Mit diesen Ansichten nimmt Liu natürlich konträre Positionen zu Mao ein. Während Mao die Befreiung des ganzen Volkes und gerade auch der Masse der ländlichen Bevölkerung anstrebt, wobei er schon seit den 2oer Jahren auf das revolutionäre Potential der Bauern setzt, insofern auch ein anderes Verständnis vom Verhältnis zwischen Partei und Massen (in erster Linie die Bauern) haben kann, hat die Befreiung der Bauern für Liu sekundäre Bedeutung. Das begründet er damit, daß die Bauern mangels revolutionärem Bewußtsein zu langfristigen und endgültigen revolutionären Aktionen allein nicht fähig seien. Nur das Proletariat ist dazu in der Lage, nur mit seiner Hilfe kann letztlich auch die

Bauernschaft befreit werden, auch wenn sie vorher als nützlicher Bündnispartner der Arbeiterklasse dient . Da die Partei Ausdruck des revolutionären Bewußtseins ist, kann sie nur Avantgarde der Arbeiterklasse sein. Soweit sie in Wechselwirkung mit ihrer Basis tritt, kann das Prinzip der Massenlinie auch nur für die Arbeiterklasse Gültigkeit haben.

Sowohl hinsichtlich der sozialen Basis der Partei, ihrer politischen Zielsetzung als auch ihrer Strategie nach der Revolution ergeben sich im liuistischen Konzept also grundsätzliche Unterschiede gegenüber Mao. Die agrarische Entwicklung muß vorläufig hinter eine forcierte Industrialisierung zurücktreten, da die Bauern mangels Bewußtsein allein durch kooperative Arbeitsformen keine Entwicklung in Gang setzen können. Sie bedürfen vielmehr zunächst der von der Arbeiterklasse qua Industrialisierung bereitgestellten technischen Hilfsmittel. Wenn die Bauern später mit Traktoren und Agrarmaschinen umgehen, so argumentiert allerdings auch Mao, werden sie ebenfalls zu Arbeitern und erfahren den entsprechenden Bewußtseinswandel. Die Industrialisierung der Städte muß also auch im Interesse der Bauern absoluten Vorrang genießen. Dieser wirtschaftspolitische Vorgriff aufgrund einer Interpretation primär politischer Texte soll weiter unten belegt werden. Es wird aber bereits deutlich, daß Lius politische Theorie im Hinblick auf den Klassencharakter des von ihm intendierten Entwicklungsmodells die eindeutige Präferenz für die Arbeiterklasse und damit die Ökonomie der modernen Städte nahelegt.[456]

Hinsichtlich des Charakters der chinesischen Revolution und der Dauer der Übergangsphase zum Sozialismus lassen sich aus den frühen Liu-Texten ebenfalls mögliche Kontroversen zu Mao herauslesen. Die augenblickliche Revolution ist eine bürgerlich-demokratische Revolution neuen Typs, in der das Proletariat, die Bauern und das Kleinbürgertum die Hauptkräfte bilden, und die gegen den Imperialismus und einheimischen Feudalismus gerichtet ist[457]. Bis dahin würde Mao in seinen Texten aus den 4oer Jahren, vor allem "Über die Neue Demokratie" mit Liu übereinstimmen. Unterschiede ergeben sich aber in der Beurteilung der Dauer dieser bürgerlich-demokratischen Revolution neuen Typs und der Feststellbarkeit ihres Endes. Liu führt dazu aus: "Only after this revolution has been thoroughly completed, only when China's social economy has developed to the fullest ektent possible in a New-Democratic country, only when many necessary preparatory steps have been taken, and finally only when the needs and the wishes of the Chinese people have been consulted, can the Chinese proletariat build up a socialist and communist social system in China."[458] Diese Aussage läßt sich durch einen anderen Text noch präzisieren. "Our country must undergo a prolonged period of socialist reconstruction before it can finally pass, through gradual transition, into Communist society."[459] Für Liu hat die Periode der Neuen Demokratie offensichtlich so lange Bestand, bis der industrielle Aufbau abgeschlossen ist. Wann das der Fall ist, kann allerdings beliebig hinausgeschoben werden, da das Kriterium der vollstmöglichen wirtschaftlichen Entwicklung eine sehr relative Zieldefinition ist. Danach soll dann ein gradueller Übergang zum Sozialismus und Kommunismus stattfinden. Solange die Neue Demokratie besteht, ist die Zusammenarbeit mit den anderen revolutionären Klassen, also auch mit der nationalen Bourgeoisie und den wohlhabenden Bauern möglich und sogar opportun, da sie ihren Beitrag zur wirtschaftlichen Entwicklung zu leisten haben. Der Begriff "Revolution" fällt in diesem Zusammenhang kein einziges Mal.

Auch wenn Mao vor 1949 ähnliche Formulierungen gebraucht, zeigte die unterschiedliche Theorie und Praxis beider nach 1949[460] doch, daß Mao die Phase der Neuen Demokratie sehr einschränken und den revolutionären Prozeß kontinuierlich weitertreiben wollte und vor allem ein Nacheinander von Produktivkraftentfaltung und Verwirklichung des Sozialismus ablehnte. In der liuistischen Position vor 1949 wird demgegenüber bereits die Rezeption der sowjetmarxistischen Position in den frühen 5oer Jahren vorweggenommen, was soviel heißen könnte, daß Liu keineswegs der "chinesische Chrustchow" ist, der nur das sowjetische Modell auf chinesische Verhältnisse anpassen wollte, sondern durchaus eine originäre Konzeption von Anbeginn an verfolgte, die allerdings der sowjetischen Strategie nahekommt.

Die Fronten zeichnen sich also bereits vor 1949 ab. Grundsätzliche Gegensätze zwischen Mao und Liu bestehen hinsichtlich des Verhältnisses von revolutionärer Praxis und Klassenkampf versus theoretischer Schulung im Erkenntnisprozeß und, daraus resultierend, zwischen Massen- und Kaderlinie. Beide haben ein anderes Verständnis von der sozialen Basis, der Herkunft des revolutionären Charakters und damit auch der Zielsetzung der Partei. Bei Mao liegt die Betonung auf dem ganzen werktätigen Volk. Dadurch ergibt sich ein natürliches Schwergewicht für die Bauern. Liu verankert die Partei allein in der Arbeiterklasse und weist den Bauern nur eine Bündnisfunktion zu. Das hat langfristige Konsequenzen für die Prioritäten des sozialistischen Aufbaus. Schließlich deutet sich ein Unterschied im Verhältnis von revolutionärem Prozeß und Produktivkraftentfaltung und damit hinsichtlich der Dauer der Übergangsgesellschaft und der Form an, in der der Übergang zum Sozialismus sich vollziehen soll.

4.2.3. Primat der Produktivkräfte

Soweit vollständige Liu-Texte und nicht nur kolportierte Zitate bekannt sind, aus denen sich Hinweise auf seine Konzeption wirtschaftlicher Entwicklung entnehmen lassen, bieten sie im Gegensatz zu Mao kein homogenes Bild.

Im Jahre 195o kommentiert Liu das Agrarreformgesetz und knüpft dabei auf wirtschaftlichem Gebiet an seine politische Theorie über das Verhältnis zwischen Arbeiterklasse und Bauernschaft an. Inhalt der Agrarreform von 195o war die Verteilung des Bodens der ehemaligen Landlords an landlose oder landarme Bauern. Absicht war, die ökonomische Basis der Grundherrenklasse zu zerschlagen und den bäuerlichen Kleinbesitz zu stabilisieren. Vor allem letzterer Aspekt hat bei Liu einen wichtigen Hintersinn. Primäres Ziel ist keineswegs nur die Verbesserung der Lebenssituation der Bauern. Die mit der Bodenumverteilung verbundenen bzw. erhofften Produktivitäts- und Einkommenszuwächse sollen vielmehr dazu führen, daß sich ein ländlicher Markt für Industriegüter bildet, um das eigentliche Ziel, die Industrialisierung, zu fördern[461]. Liu gibt denn auch unumwunden zu, daß die Agrarreform das ärmliche Schicksal der Bauern nur zum Teil lösen kann. Das wird erst die sozialistische Transformation ermöglichen, wobei deren Voraussetzung wieder die Industrialisierung bildet[462]. Hier liegt der Kern der liuistischen Entwicklungskonzeption zu Beginn der 5oer Jahre. Eine zunächst bescheidene Agrarentwicklung aufgrund administrativer Maßnahmen soll Ressourcen freisetzen, die über den Kauf industrieller Waren durch die Bauern die Industrialisierung im staatlichen Sektor vorantreiben. Erst wenn die Industrialisierung so weit getrieben ist, daß in großem Maße Güter zur Mechanisierung der Landwirtschaft produziert werden können, ist die Landwirtschaft reif zur Kollektivierung und zur endgültigen Lösung des Agrarproblems. Solange sollen die wohlhabenderen Bauernwirtschaften beibehalten werden, da ihre Fähigkeit zur Erzeugung von Überschüssen und folglich ihre Kaufkraft auf dem Markt für industrielle Güter der ganzen Wirtschaft zugute kommt. "Only when the conditions are mature for the extensive application of mechanised farming, for the organisation of collective farms and for the socialist reform of the rural areas, will the need for a rich peasant economy cease, and this will take a somewhat long time to achieve."[463]

Das ist ganz eindeutig der ökonomische Inhalt von Lius Bündniskonzeption zwischen Arbeiterklasse und Bauern. Wie die Bauern wegen ihres mangelnden revolutionären Bewußtseins ihre Befreiung letztlich nur durch die Hilfe der Arbeiterklasse erringen können, dabei aber eine Hilfsfunktion zugeordnet bekommen, sind sie auch nicht fähig, die wirtschaftliche Entwicklung der Landwirtschaft aus eigener Kraft zu vollziehen. Sie sollen zwar auch hier in der Anfangsphase eine Starthilfe für die Industrie geben, aber letztlich garantieren erst die von der Arbeiterklasse produzierten Agrarmaschinen die Agrarentwicklung. Wenn die Bauern selber Traktoren und Agrarmaschinen bedienen, werden sie quasi zu Arbeitern und können das proletarische Bewußtsein erlangen. Erst dann ist die sozialistische Umgestaltung der Landwirtschaft möglich. Die Entwicklung der Landwirtschaft ist also in wirtschaftlicher wie ideologischer Hinsicht der Stützpfeiler des Arbeiter- und Bauernbündnisses. Diese Position der schrittweisen Sozialisierung des Agrarsektors nimmt Liu auch noch 1954 ein[464]. Obwohl er offensichtlich Anfang der 5oer Jahre klare Vorstellungen in der Reihenfolge von Mechanisierung und Kollektivierung hatte, scheint er zumindest nachträglich und verbal Maos forcierter Kollektivierung im Jahre 1955 zuzustimmen. Lius "Politischer Bericht des ZK der KPCh auf dem 8. Parteitag" befürwortet eindeutig die Beschleunigung der Kollektivierung des Jahres 1955 gegen eine ungenannte Parteirechte, die den Enthusiasmus der Kollektivierung unterdrücken wollte[465]. Vom Vorrang der Mechanisierung ist keine Rede mehr. Später sollte Liu selber in den Augen seiner maoistischen Kritiker zu den Unterdrückern der Kollektivierung gehören.

Eine dritte Variante hinsichtlich der Agrarpolitik scheint der spätere prominente Liuist Po I-po Mitte der 5oer Jahre vertreten zu haben. Po stellte nämlich angesichts des hohen Überschusses von Arbeitskräften eine Mechanisierung der Landwirtschaft grundsätzlich in Frage[466].

Während Liu in der Agrarpolitik 1956 zumindest in seiner Eigenschaft als offizieller Berichterstatter des ZK auf der Linie Maos liegt, auch wenn Maos gesellschaftspolitische Intentionen der Kollektivierung nicht angesprochen werden, vertritt er im industriellen Bereich eine Linie, die von Mao in den beiden folgenden Jahren total über den Haufen geworfen wird.

Die bereits weiter oben in Korrektur der Schwierigkeiten mit dem sowjetischen Modell dargestellten Ziele sehen den langfristigen Aufbau eines integrierten Industriesystems innerhalb von drei Fünfjahresplänen vor, wobei besonders solche Bereiche zu fördern sind, in denen eine hohe Importabhängigkeit besteht[467]. Der Vorrang der Schwerindustrie bleibt unbestritten, doch plädiert Liu für eine Mäßigung der Investitionsraten im schwerindustriellen

Sektor. Nach einem Bekenntnis zur Dezentralisierung betont er die volle Ausnützung der Kapazität der Küstenindustrie[468]. Die Betonung des Leistungsprinzips bei der Entlohnung und die Befürwortung materieller Anreize runden das Bild konventioneller Maßnahmen ab[469]. Interessant ist der Hinweis auf den Entwurf eines Gesamtplans zur Entwicklung der Wissenschaft bis 1967[470]. Eine langfristige Planung zur Förderung von Ingenieuren und Wissenschaftlern weist kaum aus Maos Massenlinie hin, sondern orientiert sich an der von Liu auch in anderen Bereichen bevorzugten Experten- bzw. Kaderlinie.

Der sozialpolitische Teil des Berichts kündigt Lohnsteigerungen, Arbeitsschutzmaßnahmen, verbesserte Versorgung mit Gütern des gehobenen Konsums (non-staple-foods), verbesserte Sozialleistungen und Ausdehnung der Freizeit für die Arbeitern an[471], also ausschließlich gewerkschaftliche Forderungen, die Liu in seiner Tradition als Gewerkschaftsführer bestätigen. Ähnliche Passagen lassen sich bei Mao nirgends finden. Im politischen Teil wird wieder der bekannte Führungsanspruch des Proletariats über die Bauern bekräftigt, ohne die die Bauern nicht zum Sozialismus gelangen können[472]. Hinsichtlich der Dauer der Klassenkämpfe in der Übergangsgesellschaft trifft Liu nicht die Aussage, die ihm von seinen maoistischen Kritikern in der Kulturrevolution vorgehalten worden ist, er habe im Jahre 1956 die sozialistische Transformation und damit auch den Klassenkampf für beendet erklärt. Es ist zwar richtig, daß Liu einen Zusammenhang zwischen Vollendung der sozialistischen Transformation und dem Ende des Klassenkampfes sieht, seine betreffende Äußerung "Class struggle will go on until socialist transformation is completed. Even after that, there will still be struggles between socialist and capitalist stands, viewpoints and methods over a long period of time"[473] weist aber weder darauf hin, daß das nach Ansicht Lius bereits 1956 der Fall war, noch, daß es danach keine "Kämpfe" mehr gibt. Richtig ist allerdings, daß Liu in gleichem Zusammenhang von der Zusammenarbeit mit der nationalen Bourgeoisie spricht, die inzwischen Erfahrungen mit dem sozialistischen Wandel gewonnen habe, und daß er die folgenden Auseinandersetzungen mit den Mitteln der Erziehung und Überzeugung führen will.

Liu steht also nicht in so totalem Gegensatz zu Mao, wie später von der Kritik behauptet wurde, was angesichts der offiziellen Funktion, in der Liu auch im Namen Maos diesen ZK-Bericht hielt, auch gar nicht denkbar gewesen wäre, er unterscheidet sich aber doch in den Nicht-Nur-Nuancen, anstelle der Austragung der gesellschaftlichen Widersprüche durch die Praxis des Klassenkampfs die Theorie der Erziehung und das Vertrauen auf die Kooperation durch Wandel des Klassengegners zu setzen. Auch die Formulierung, die auf eine Verknüpfung der Vollendung der sozialistischen Transformation und der Lösung gesellschaftlicher Widersprüche, im liuistischen Verständnis Vorausgehen der Produktivkraftentfaltung, hinweist, kann nicht darüber hinwegtäuschen, daß Mao die Schwerpunkte anders setzen würde.

Bereits 1957 löst sich Liu von der Position des 8. Parteitags (1. Sitzung) und nähert sich der maoistischen Position an, wenn er seine harmonisierenden Aussagen von 1956 zugunsten der Feststellung aufgibt, daß der Klassenkampf nocht nicht zu Ende sei[474]. Der Primat der Politik bei der Produktivkraftentfaltung wird allerdings noch abgelehnt[475].

Auf der 2. Sitzung des 8. Parteitags 1958, nachdem die innerparteiliche Entscheidung über die neue Generallinie und die Sprungpolitik bereits gefallen ist, hat Liu zumindest verbal die maoistische Linie akzeptiert. Lius Arbeitsbericht des ZK zur 2.Sitzung des 8. Parteitags betont den andauernden Kampf zwischen dem kapitalistischen und dem sozialistischen Weg, die innergesellschaftlichen Hauptwidersprüche und Maos Konzept zur Lösung dieser Widersprüche von der Seite der Produktionsverhältnisse und des Überbaus. Lius Hinweise auf Maos für dieses Thema zentrale Reden über die Genossenschaftsbildung, die Widersprüche im Volke, die 1o großen Beziehungen und den sozialistischen Aufschwung im Dorf fehlen selbstverständlich nicht. Hinsichtlich der Politik des Großen Sprungs trifft Liu die für ihn zwei Jahre früher undenkbare Feststellung "The development is U-shaped , i.e. high at the beginning and the end, but low in the middle. Didn't we see very clearly how things developed on the production front in 1956-1957-1958 in the form of an upsurge or, in other word, a leap forward, then a conservative phase and then another big leap forward."[476]

Nachdem allerdings die verbale Pflichtübung geleistet worden ist, werden Einschränkungen gemacht, die eher an liuistische Gedankengänge erinnern, indem sie zur Vorsicht und Voraussicht beim Großen Sprung mahnen. Die Begriffe "greater" und "faster" bedeuten zwar mehr Quantität und höhere Geschwindigkeit, "more economical" soll aber gleichzeitig mehr Qualität und Kostenbewußtsein betonen[477]. Nur wenn beide Kriterien berücksichtigt werden, ist Verschwendung ausgeschlossen. Generell sollen keine unrealistischen Planziele gesetzt werden.

Hinsichtlich der Strategie, bewußt wirtschaftliche Ungleichgewichte zu erzeugen, betont Liu ihre Grenzen in bezug auf die proportionalen Beziehungen zwischen den Branchen und zwischen Industrie und Landwirtschaft[478]. Die Rechtfertigung für die gleichzeitige Entwicklung von Groß- und Kleinbetrieben liegt in der Arbeitsteilung. Darüber hinaus gehende gesellschaftspolitische Zielsetzungen werden durch Lius Forderung nach der Einbindung der dezentralen Kleinindustrialisierung in den zentralen Gesamtplan relativiert[479]. Trotz Akzeptierung der Massenlinie fehlen nicht die Hinweise auf effizientere Ausnutzung der Arbeitskräfte und effizienteres Management[48o]. Im Gegensatz zu der von Mao intendierten egalitären Einkommenspolitik beharrt Liu auf einer zwar maßvollen, aber doch an Leistungskriterien ausgerichteten Entlohnung und dem grundsätzlichen Einkommensgefälle zwischen Stadt und Land. "Certain reasonable differentials between the living standards in the city and countryside, and between the wages for various trades, technical grades and localities are necessary, but unreasonable and excessive differences must be avoided. Measures suited to conditions in the rural and semi-rural regions must be worked out in regard to wages, labour insurance and welfare in enterprises run by the counties and administrative units below the county level; the measures now in force in big enterprises in big cities should not be mechanically applied here."[481] Das heißt im Klartext, Entlohnungen und Sozialleistungen in ländlichen Gebieten dürfen sich nicht an den Standards der Großbetriebe in den Großstädten messen. Warum das so sein muß, hält Liu für keiner weiteren Erklärung bedürftig.

Abschließend kommt die Bemerkung, die die maoistische Zielsetzung der 3 Roten Banner eigentlich auf den Kopf stellt, daß man sich in den letzten Jahren auf die sozialistische Revolution konzentriert habe und jetzt wieder stärkere Aufmerksamkeit dem sozialistischen Aufbau schenken müsse. Obwohl Liu also die komplette maoistische Terminologie im Munde führt, verbindet er damit Vorstellungen, die stark an sein Konzept der Jahre 195o und 1956 erinnern. Soweit die Entwicklung, etwa in der Frage der beschleunigten Kollektivierung, über liuistische Zielsetzungen hinweg gegangen ist, wird diese zwar akzeptiert, aber gleichzeitig der Versuch gemacht, die maoistische Dynamik durch zentrale Steuerung zu bremsen. Liu handelt offensichtlich nach dem Motto, daß man Entwicklungen, die man nicht verhindern kann, mitvollziehen muß, um die Einflußmöglichkeiten zu behalten.

Erst im Jahre 1959, als die innerparteiliche Diskussion über die neue Linie bereits heftig entbrannt ist, artikulieren sich Liu[482] und die Garde der späteren prominenten Liuisten wie Teng Hsiao-ping[483] und Po I-po[484] ohne Einschränkung im Sinne der maoistischen Linie. Sogar der später wegen seiner Bremsversuche bei der Kollektivierung im Jahre 1955 angeprangerte Teng Tze-hui[485] preist die sozialistische Transformation der chinesischen Landwirtschaft. Dazu ist natürlich zu bemerken, daß die letztgenannten Artikel Beiträge zur offiziellen Jubiläumsschrift anläßlich des 1ojährigen Bestehens der VR China waren und insofern propagandistischen Zielen dienten, wo interne Differenzen nicht zum Ausdruck kommen. Dieser offensichtliche Widerspruch, daß 1958, als der Große Sprung akzeptierte und praktizierte Politik war, Liu trotz verbaler Zustimmung Einwände macht, während 1959, als die innerparteiliche Diskussion bereits im Gange ist, nach außen hin Einmütigkeit demonstriert wird, weist darauf hin, wie stark diese Dokumente angesichts ihres jeweiligen historisch-politischen bzw. in der Wirkung beabsichtigten Kontexts relativiert werden müssen. Diese Schwierigkeit besteht bei den einschlägigen Mao-Schriften weniger, da es sich hier oft um später bekannt gewordenes internes Material handelt.

Nach 1959 sind außer einer Vielzahl protokollarischer Reden und Ansprachen keine in unserem Kontext relevanten Veröffentlichungen bekannt geworden, aus denen sich die Formulierung eines liuistischen Modells nach 1960 rekonstruieren ließe. Lius sogenannte 7000-Kader-Rede von Anfang 1962, in der möglicherweise die Grundzüge eines solchen Modells dargelegt wurden, ist nur in Zitaten maoistischer Kritiker überliefert. Erst für die allerjüngste Zeit nach der Kulturrevolution gibt es Hinweise auf drei Texte, die unter der Ägide Teng Hsiao-pings entstanden sind, die darauf hinweisen, daß inzwischen wieder eine Reihe "liuistischer" Prinzipien akzeptiert werden[486]. Dabei handelt es sich um das bereits erwähnte "Generalprogramm für die Arbeit der ganzen Partei und des ganzen Landes" vom 7.10.1975, in dem die "Drei Weisungen" als Generallinie für Partei, Regierung und Armee zur Erfüllung der ökonomischen Ziele bis zum Jahre 2000 erläutert werden. Dieses Programm knüpft offensichtlich an die von Chou En-lai im Januar 1975 auf dem 4. Nationalen Volkskongreß anvisierten langfristigen Zielsetzungen der weiteren wirtschaftlichen Entwicklung an[487].

Inhalt des Generalprogramms ist die Reorganisation von Industrie, Landwirtschaft, Kommunikation und Transport, Finanzen und Handel, Wissenschaften und Technologie, Kultur und Erziehung, Armee und Partei. Die Ausführungsbestimmungen zu den Prinzipien des Generalprogramms im industriellen Bereich liefert der Text "Einige Probleme bei der Beschleunigung der industriellen Entwicklung". Die bereits von Chou genannten <u>4 Modernisierungen</u> betreffen Landwirtschaft, Industrie, Verteidigung sowie Wissenschaft und Technologie. Im einzelnen sollen folgende Prinzipien gelten:

1) Self-reliance heißt nicht Isolationismus. Import von ausländischer Technologie soll betrieben werden.

2) Die lange vermiedenen Kreditvereinbarungen mit ausländischen Lieferanten von Geräten zur Kohle- und Ölförderung sollen getroffen werden. Die Rückzahlung der Kredite soll durch die erhöhte Produktion in diesen Bereichen gewährleistet sein.

3) Gegenüber dem modernen Industriemanagement darf keine völlige Opposition betrieben werden, da sonst der Zustand der Anarchie eintreten würde.

4) Die zentralen Ministerien sollen statt der Provinzbehörden die Kontrolle über die Großbetriebe erhalten. Dabei sollen die Ministerien sich nicht nur auf die Richtlinienkompetenzen beschränken, sondern auch die Verteilung der Vorprodukte regulieren.

5) Beschneidung bürgerlicher Rechte heißt nicht Egalitarismus. Das Leistungsprinzip ist strikt einzuhalten. Die Löhne haben sich daran zu orientieren.
6) Die Begriffe "rot" und "Experte" sollen nicht in Opposition zu einander stehen, sondern hinsichtlich der Arbeitskräfte eine Verbindung eingehen[488].

Die Modernisierung im Bereich Wissenschaft und Technologie wird in dem "Entwurf über die Arbeit der Akademie der Wissenschaften" vom Juli 1975 konkretisiert. Um den wissenschaftlichen und pädagogischen Überbau mit der ökonomischen Basis in Einklang zu bringen, sollen folgende Prinzipien gelten:
1) Wissenschaft und Technologie sind Produktivkräfte. In diesem Bereich gibt es keine Diktatur des Proletariats.
2) Die Errungenschaften in Wissenschaft und Technologie der gesamten 26jährigen Geschichte der VR China, nicht erst seit der Kulturrevolution,sind von Bedeutung.
3) Die Methode, das Volk an der wissenschaftlichen Entwicklung Teil haben zu lassen, führt zu niedrigen Standards. Bisher sei zu viel Praxis und zu wenig Theorie betrieben worden[489].

Die Tatsache, daß diese Texte 1975 noch nicht veröffentlichungsreif waren, weist darauf hin, daß die liuistische Restauration noch auf Widerstände stieß. Der Aufsatz des prominenten chinesischen Raketenexperten Tjiän Hsüän-sen in der theoretischen Parteizeitschrift "Hongqi" vom Juli 1977, in dem die Ansicht vertreten wird, daß nur eine völlige Forschungsfreiheit unter dem Motto "Laßt hundert Schulen miteinander wetteifern" es ermöglicht, daß China den Weltstandard in Wissenschaft und Technologie bis zum Ende des Jahrhunderts erreichen kann, zeigt allerdings, daß nach dem Sturz der "Viererbande" auch diese Widerstände gebrochen sind[490]. Offensichtlich ist auf der konzeptionellen Ebene der Anschluß an das Jahr 1956 und die frühen 6oer Jahre wieder gefunden worden.

Profilierter wird die liuistische Konzeption, wenn man sie als wirtschaftspolitischen Ausfluß theoretischer Debatten über die Politische Ökonomie des Sozialismus versteht, die 1956/57 und Anfang der 6oer Jahre geführt worden sind.

4.3. Die chinesische Planungsdebatte

4.3.1. Großer Sprung oder balanced growth

Ebenso wie die Partei auf die seit 1955 auftretenden Akkumulationsschwierigkeiten reagierte, indem sie 1956 auf dem 8. Parteitag (1. Sitzung) eine neue gemäßigte Generallinie propagierte, regte sich seit 1956 auch eine Diskussion unter prominenten Ökonomen außerhalb der Partei[491], deren Argumente und Vorschläge in eine ähnliche Richtung liefen, wie sie 1956 parteioffiziell propagiert wurden. Es gibt verschiedene Hinweise, daß zumindest Vertreter des liuistischen Flügels in Kontakt mit diesen bürgerlichen Ökonomen standen und sowohl 1956 wie nach dem Großen Sprung von dieser Seite Argumentationshilfe bekamen.

Eine Gruppe von Wissenschaftlern um den bereits in Teil I dieser Arbeit zitierten Ou Pao-san, der sich in den 3oer Jahren mit seinen Schätzungen über das chinesische Sozialprodukt einen Namen gemacht hatte, trat während der 1oo Blumen-Kampagne mit einem Manifest an die Öffentlichkeit, in dem die dogmatische Rezeption der marxistisch-leninistischen Theorie im Hinblick auf die Lösung chinesischer Entwicklungsprobleme kritisiert und bezweifelt wurde, ob es einen für alle Länder in gleichem Maße gangbaren Entwicklungsweg gibt. Insbesondere die blinde Übernahme des für China ungeeigneten sowjetischen Industrialisierungsmodells sei für die aufgetretenen Disproportionen, Fehler und Vergeudungen verwantwortlich. Stattdessen wurde die Entwicklung einer für China angemessenen Theorie gefordert[492].

Diese Kritik, die wenig konstruktive Vorschläge unterbreitete, blieb ohne große Resonanz. Ganz anders Ma Yin-chu, dessen Kritik 1956/57 in einer Artikelserie zu Problemen des gleichgewichtigen Wachstums und der Bevölkerungsproblematik veröffentlicht wurde, und die 1958 als Buch und 1959/6o in abgeschwächter Form erneut vorgetragen wurde. Auch wenn Mas Konzeption des gleichgewichtigen Wachstums nach dem 8. Parteitag (1. Sitzung) im Zuge der Sprung-Politik sich zunächst nicht durchsetzen konnte, bildete sie im Zuge der Ernüchterung über die Resultate des Großen Sprungs einen Anknüpfungspunkt für den ab 196o einsetzenden grundsätzlichen

Wandel in der Akkumulationspolitik, die eine stärkere Berücksichtigung der Landwirtschaft vorsah.

Mas[493] Ausgangspunkt war die Einsicht, daß alle Bereiche der Wirtschaft in einem interdependenten Zusammenhang stehen, die zum Zwecke einer optimalen Allokation der Ressourcen die Beachtung genereller Gleichgewichtsbeziehungen in jeder Hinsicht verlangen. Da wirtschaftliche Entwicklung ein dynamisches Element voraussetzt, kann dieses Gleichgewicht natürlich nicht absolut sein. Das Gleichgewicht ist also nur relativ und bedeutet gegenseitiges Aufschaukeln der Sektoren im Sinne eines spiralförmigen Wachstums. Grundprinzip wirtschaftlicher Entwicklung ist das auch auf dem 8. Parteitag (1. Sitzung) vorgetragene "Gesetz der proportionalen Entwicklung". Die von Mao favorisierte Sprung-Konzeption, deren Ausgangspunkt wie in seinen philosophischen und gesellschaftspolitischen Theorien die Vorstellung vom absoluten Ungleichgewicht ist, steht also in völligem Gegensatz zu Ma.

Der Begriff des Gleichgewichts bezieht sich sowohl auf die Relation zwischen Akkumulation und Konsum wie die zwischen den einzelnen Sektoren und Branchen der Wirtschaft im Hinblick auf deren Input-Output-Beziehungen. Diese Vorstellungen sieht Ma vor allem dadurch verletzt, daß erstens die Investitionsrate zu hoch ist, und zweitens die Investitionen zu stark auf den schwerindustriellen Sektor unter Vernachlässigung der Landwirtschaft konzentriert sind, obwohl gerade die Landwirtschaft das schwächste Glied im chinesischen Wirtschaftskreislauf darstellt. Das führt auf der einen Seite dazu, daß Versorgungsschwierigkeiten hinsichtlich der Bereitstellung von Lebensmitteln und agrarischen Rohstoffen auftreten und auf der anderen Seite, daß die hohen Investitionen in bestimmten schwerindustriellen Branchen zu Input-Engpässen und Überkapazitäten führen, weil andere Branchen/Sektoren nicht genügend Bedarf nach Gütern der Schwerindustrie aufzuweisen haben. Außerdem sei das Planungssystem zu wenig flexibel und arbeite hinsichtlich des Agrarsektors mit zu wenig indirekten Instrumenten wie Steuern, Preisen, Löhnen und Gewinnen, die angesichts der anderen Eigentumsverhältnisse in der Landwirtschaft geboten scheinen.

Ma schlägt vor, daß den Bauern preisliche Anreize zur Produktionssteigerung gegeben werden sollen, die zugunsten einer stärkeren Dezentralisierung des Markts für bestimmte Agrarprodukte und eines Abbaus des staatlichen Ankaufsmonopols zugunsten des Wettbewerbs verschiedener Käufer durchgesetzt werden. Die damit verbundenen höheren bäuerlichen Einkommen bedeuten eine stärkere Nachfrage in Richtung Konsum- und Produktionsgüter. Steigende Preise für Agrargüter verlangen natürlich auch höhere Industriearbeiterlöhne, die wiederum durch eine Senkung der staatlichen Investitionsquote finanziert werden sollen.

Drei Gleichgewichtsbeziehungen sind also miteinander verknüpft. Die Anhebung der Agrarproduktion im Hinblick auf einen sektoralen Ausgleich auf der Entstehungsseite der volkswirtschaftlichen Gesamtrechnung verlangt gleichzeitig Korrekturen auf der Verteilungsseite zugunsten des Agrarsektors (steigende Agrareinkommen) und der Verwendungsseite zugunsten des Konsums. Generell steigende Einkommen verlangen natürlich auch vermehrte Konsumgüterproduktion. Das ist völlig im Sinne Mas, da die Investitionen in der Leichtindustrie wegen der kürzeren Anlaufzeiten eher Ergebnisse zeigen und sich somit auch schneller amortisieren. Schnellere Amortisation bedeutet wiederum schnellere Akkumulation, die dann auch der Schwerindustrie zugute kommt. Das Wachstum der Leichtindustrie bedeutet zudem höheren Bedarf nach agrarischen Rohstoffen und nach Gütern der Produktionsmittelindustrie, so daß auf beide Sektoren ein Anreiz ausgeübt wird, bzw. in der Schwerindustrie überschüssige Kapazitäten abgebaut werden. Letztlich angestrebt wird also eine homogene Einbindung des schwerindustriellen Sektors in die Gesamtwirtschaft, der nur in dem Maße wachsen soll , wie Konsumgüter- und Nahrungsmittelproduktion das erlauben, und andererseits Landwirtschaft und Leichtindustrie Bedarf nach schwerindustriellen Gütern aufweisen. Beides soll wesentlich über den Mechanismus höherer Agrarpreise und erhöhter Kaufkraft der Bauern und Arbeiter auf Kosten der Investitionen erreicht werden.

Obwohl das maoistische Entwicklungskonzept, in einigen Bereichen, etwa der Finanzierung der Industrialisierung durch vorausgegangene

Agrarentwicklung, bäuerliche Einkommensverbesserungen und somit Erhöhung der Massenkaufkraft, Parallelen zu Mas Position aufweist, was angesichts des chinesischen Agrarproblems bei jeder Entwicklungsvariante ein Axiom sein muß, wich die Politik des Großen Sprungs insofern völlig von Mas Konzept ab, als die einseitige Forcierung der Schwerindustrie, besonders der Stahlproduktion, sowohl mit modernen wie mit traditionellen Methoden, die von ihm geforderten Gleichgewichtsbedingungen eklatant verletzten und zu Versorgungsengpässen einerseits und überschüssigen Kapazitäten andererseits führten. De facto wurde die Landwirtschaft sogar noch weiter vernachlässigt, insofern das Konzept der Ausnützung und Mobilisierung brachliegender ländlicher Arbeitskraft zu anderen Zwecken so sehr überzogen wurde, daß in der Erntezeit auf einmal zu wenig Arbeitskräfte vorhanden waren. Der Grad zwischen zu viel und zu wenig Arbeitskräften ist also offenbar in Ländern, in denen die Landwirtschaft auf arbeitsintensive Weise betrieben wird, sehr schmal. Die Arbeitskräfte sind nur saisonal, aber keineswegs dauernd zu entbehren. Diese Tatsache wurde wie in Teil III noch zu zeigen sein wird, im Großen Sprung außer acht gelassen.
Das Ausmaß dieser Disproportionalitäten und einige daraus ableitbare Konsequenzen, die ab 1961 zu einem radikalen Umdenken in der Partei führten und damit eine starke Annäherung an Mas Vorschläge brachten, sollen einige Daten verdeutlichen (siehe Tabelle 72).

Die Zeitreihen der Tabelle 72 weisen für die Periode des 1. Fünfjahresplans 1953-1957 bei der Agrar- wie bei der Industrieproduktion relativ gleichmäßige und parallele Wachstumsraten auf, wobei sie in der Industrie insgesamt und besonders in der Schwerindustrie allerdings höher sind als in der Landwirtschaft. Diese relativ proportionale Entwicklung wird aber während des Großen Sprungs in den Jahren 1958-196o in ihr Gegenteil verkehrt, wie aus Schaubild 12 zu entnehmen ist.

Tabelle 72: Bevölkerung, Agrar- und Industrieproduktion 1953-1965

Jahr	Bevölkerung in Mio[1]	BSP in Mio US $ (197o)[2]	Agrarproduktion Indexwerte[2]	Industrieproduktion Indexwerte[3]	Produktionsgüter Indexwerte[3]	Konsumgüter Indexwerte[3]	Baumwolle in Mio t[4]	Baumwollstoff in Mio m[5]	Eisen u. Stahl Mio t[6]
1953		63	83	61	51	73	1,17	4,69	5,5
1954	589,2	66	84	7o	62	82	1,o7	5,23	7,1
1955	6o3,2	72	94	73	66	81	1,52	4,36	9,o
1956	617,9	78	97	88	84	94	1,45	5,77	12,5
1957	633,o	82	1oo	1oo	1oo	1oo	1,64	5,o5	15,6
1958	648,7	95	1o8	145	166	117	1,7o	5,7o	3o,9
1959	664,5	92	86	177	212	131	1,2o	6,1o	42,o
196o	679,1	89	83	184	237	114	o,9o	4,9o	57,7
1961	69o,o	72	78	1o8	129	8o	o,8o	3,3o	21,8
1962	699,2	79	9o	114	138	83	1,oo	3,5o	21,8
1963	7o9,5	82	9o	137	158	1o9	1,2o	4,6o	25,7
1964	723,1	9o	96	163	183	135	1,7o	5,1o	3o,8
1965	738,5	97	1o1	199	212	183	1,9o	6,4o	35,7

1) FDAD Schätzung(=Aird) nach Orleans 1975a,S.75.Orleans' eigene Schätzung ebd. S.77 liegt niedriger, Ashbrook 1972, S.5, liegt höher.
2) Ashbrook 1972, S.5
3) Field 1975, S.149.
4) Erisman 1975, S.328
5) Field 1975, S.167
6) berechnet nach Field 1975, S.166

Alle Angaben sind Schätzungen

Schaubild 12: Indexwerte der Agrar-, Konsumgüter- und Produktionsgüterproduktion 1953-1965

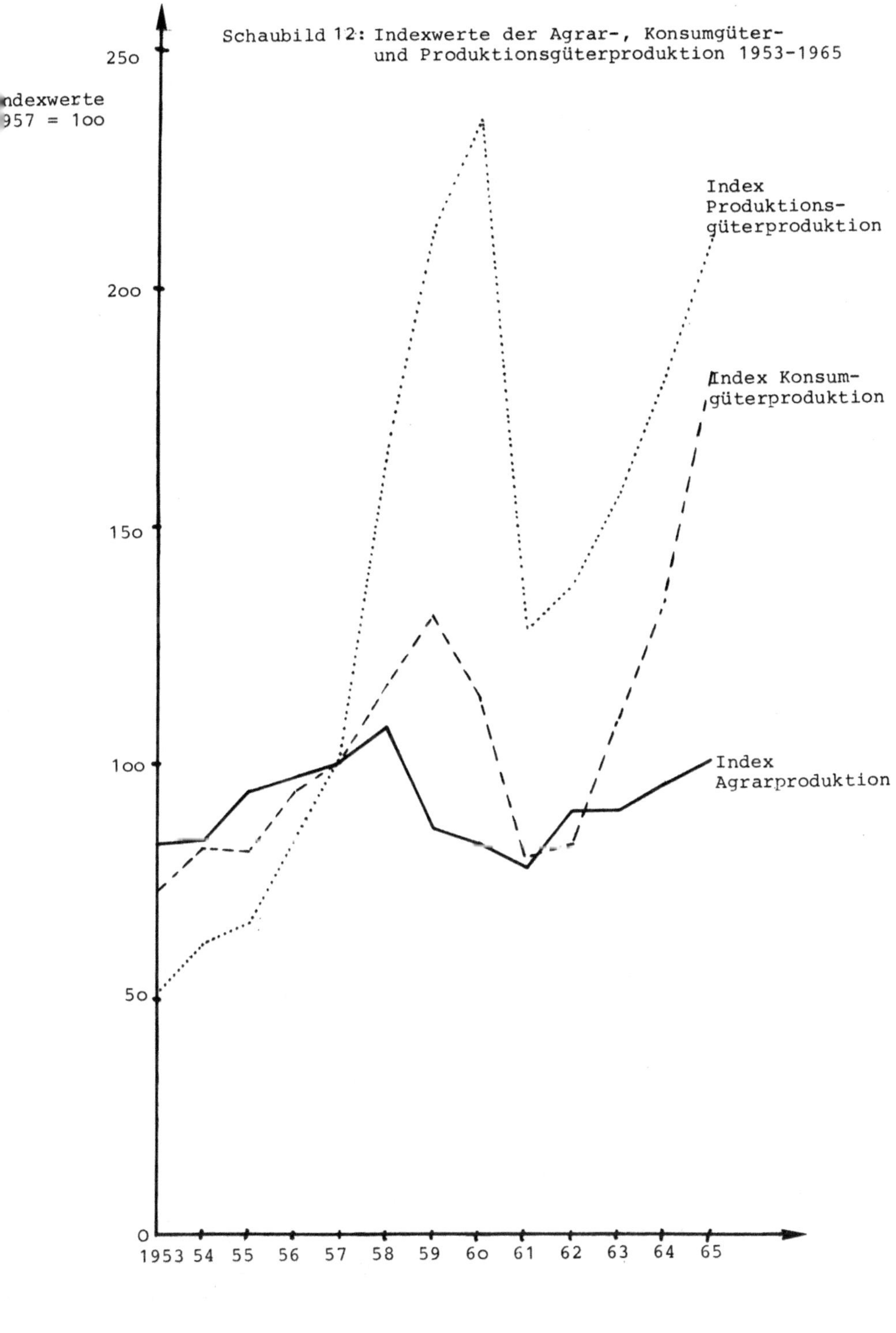

Vorab sei bemerkt, daß es sich in der Graphik um Indexwerte handelt, die nichts über das absolute Ausmaß der Produktion aussagen. Trotz der hohen Zuwächse der Indices im industriellen Bereich liegt absolut gesehen das Schwergewicht immer noch bei der Landwirtschaft.

1958, im ersten Jahr des Großen Sprungs, bewegen sich dank einer Rekordernte von ca.2o5 Mio t Getreide die Indexkurven aller drei Wirtschaftssektoren in dieselbe Richtung, wenn auch die Zuwächse vor allem im Bereich der Produktionsgüterindustrie wesentlich höher sind. Im zweiten Jahr des Sprungs, 1959, erfolgt aber bereits in der Landwirtschaft ein fast schon katastrophal zu nennender Einbruch. Die Getreideernte sinkt mit 17o Mio t fast unter das Niveau von 1955. Gleichzeitig wird aber die Produktion der Leichtindustrie weiter forciert, was auch möglich ist, da hier die agrarischen Rohstoffe der vorjährigen Rekordernte verarbeitet werden. Die schwerindustrielle Produktion wird nochmal in schwindelerregendem Maße gesteigert, wobei insbesondere die Eisen- und Stahlindustrie gegenüber 1957 schon fast das Dreifache produziert. Die Ernte von 196o, dem 3. Sprungjahr, ist noch schlechter. Die gesamte Agrarproduktion sinkt unter den Stand zu Beginn des 1. Fünfjahresplans.[494] In diesem Jahr macht sich auch in der Leichtindustrie die schlechte 1959er Ernte bemerkbar, denn die Indexwerte der leichtindustriellen Produktion sinken 196o fast um das gleiche Maß, wie die Indexwerte der Agrarproduktion 1959 gefallen sind.

Den engen Zusammenhang zwischen Agrarproduktion und leichtindustrieller Produktion dokumentieren ausgezeichnet die Spalten "Baumwolle" und "Baumwollstoff" in Tabelle 72. Mit einjähriger Phasenverschiebung paßt sich die Herstellung von Baumwollstoff (zusammen mit der Spinnerei die wichtigste Textilbranche) dem Rhythmus der Produktion von Rohbaumwolle an. Die Rückschläge in der Textilproduktion 1955, 1957 und besonders 196o-62 korrespondieren jeweils mit schlechten Baumwollernten des Vorjahrs. In den anderen Textilbereichen oder der Lebensmittelverarbeitung ließe sich derselbe Zusammenhang dokumentieren. Infolge der schlechten Ernte von 1959 ist offensichtlich der Anbau von Industriepflanzen zugunsten des Getreideanbaus 196o zurückgedrängt worden, denn die

Baumwollernte 196o geht in wesentlich stärkerem Maße als die Getreideernte zurück. Infolge der ebenfalls schlechten Ernte von 196o verstärkt sich diese Tendenz 1961 nochmals. Resultat ist 1961, daß nicht nur die Agrarproduktion, sondern auch die Produktion der Leichtindustrie fast wieder das Niveau zu Beginn des 1. Fünfjahresplans erreicht hat. Während der turning point 196o auch die Leichtindustrie erreicht hat, wird die schwerindustrielle Produktion nochmals gesteigert, obwohl bereits 1959 die Schwierigkeit der Lage erkannt war und seit dem Lushan-Plenum in der Partei diskutiert wurde.

1961 folgt jetzt auch der große Einbruch in der Schwerindustrie. Die Sprungpolitik wird gestoppt. Die bis zu 1oo Millionen Menschen, die in der Eisen- und Stahlkampagne mobilisiert wurden, müssen wieder schwerpunktmäßig in der Landwirtschaft eingesetzt werden. Angesichts des agrarischen und leichtindustriellen Produktionsrückgangs und der im schwerindustriellen Bereich zu beobachtenden Konzentration auf die Kohle-, Eisenerz-, Eisen- und Stahlproduktion stellt sich die Frage, was mit dem riesigen Eisen- und Stahlberg, der 1958 bis 196o produziert wurde, eigentlich gemacht wurde. Hier liegt das Problem nicht wie in der Leichtindustrie bei Versorgungsengpässen, sondern bei den riesigen Überkapazitäten bzw. unverwendbaren Produkten. Die Überkapazitäten wurden aber offenbar schlagartig stillgelegt, denn die Produktion der Jahre ab 1961 führt, wenn man den Gipfel 1958-196o unberücksichtigt läßt, den Wachstumstrend der Jahre 1957 und vorher fort. Während es sich hier also nur um Vergeudung von Rohstoffen und Arbeitskräften handelt, die die langfristige Entwicklung der modernen Großbetriebe in der Schwerindustrie kaum berührte, haben Landwirtschaft und Leichtindustrie echte Rückschläge zu verzeichnen. Besonders in der Landwirtschaft dauerte es bis 1965, um das Niveau des Jahres 1957 wieder zu erreichen.

Daß die Disproportionen nicht bloß die Sektoren als ganze, sondern auch die Branchen untereinander betrafen, soll Schaubild 13 über die Produktion von Roheisen, Rohstahl und Fertigstahl im genannten Zeitraum unter Beweis stellen.

Schaubild 13: Eisen- und Stahlproduktion 1953 - 1965

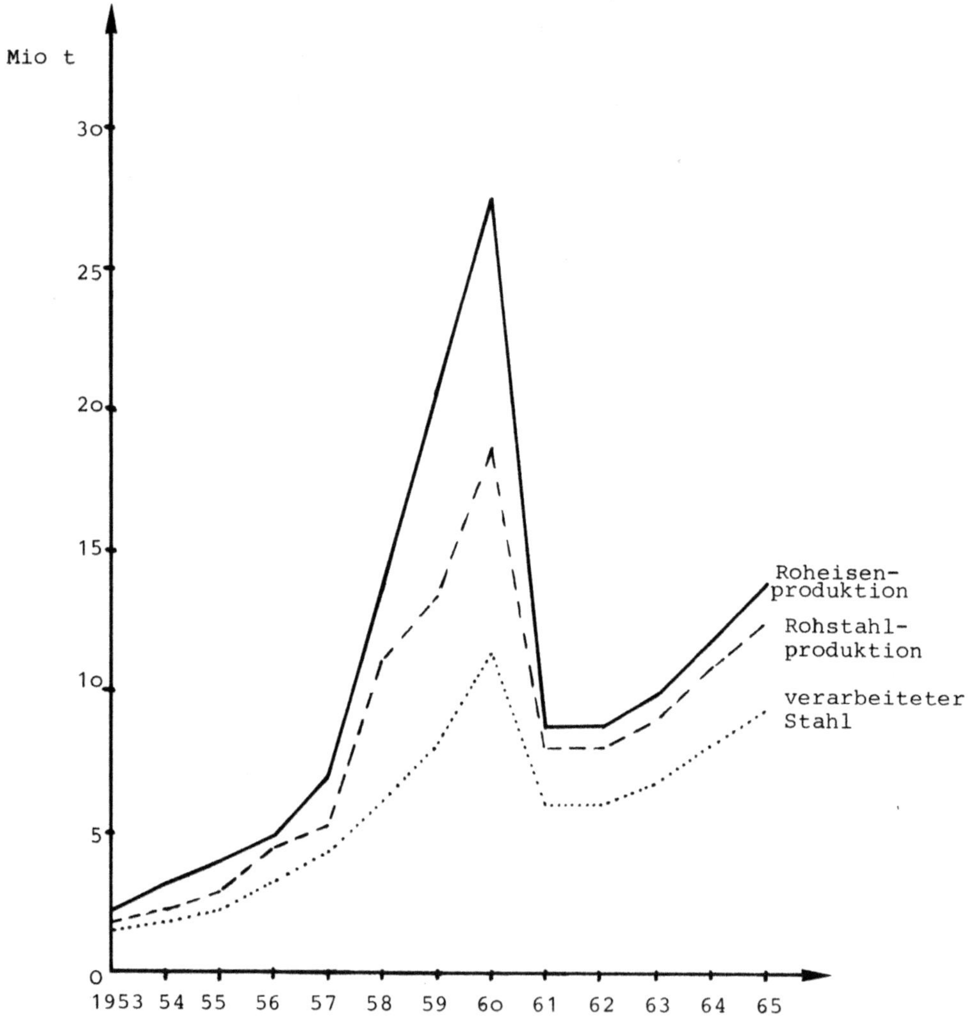

Daten bei Field 1975, S.166

1953 bis 1957 wächst die Produktion aller drei Branchen annähernd proportional, was darauf hindeutet, daß jeweils eine bestimmte Menge Stahl in seiner endgültigen Verarbeitungsstufe gleiche Mengen von Roheisen und Rohstahl zu seiner Erzeugung verlangt. Diese Proportionalität wird aber bereits 1958 verletzt. Zwar wird die enorm ansteigende Roheisenproduktion noch annähernd im gleichen Maße zu Rohstahl verarbeitet, wenn auch die absolute Kluft zwischen beiden Produkten sich schon fast verdoppelt, die Weiterverarbeitung des zusätzlichen Rohstahls ist aber nur in geringem Maße möglich. 1959 und 196o fallen die Produktionsergebnisse der drei Branchen noch weiter auseinander, so daß die Roheisen- und Rohstahlproduktion 1961 erheblich unter den Stand von 1958 gesenkt werden muß, während der Rückgang von weiterverarbeitetem Stahl 1961 zumindest das Niveau des 1. Sprungjahres halten kann. Danach pendeln sich die Wachstumsraten der drei Branchen wieder auf das proportionale Ansteigen bis 1957 ein.

Demnach sind alle sogenannten Sprung-Betriebe, im traditionellen Sektor die "Hinterhofhochöfen" und im modernen Sektor die von den Chinesen in eigener Regie errichteten kleineren, relativ modernen Eisen- und Stahlwerke, wieder geschlossen worden. Die kontinuierlichen Produktionssteigerungen der Jahre ab 1962 setzen den Trend bis 1957 fort. Dafür verantwortlich sind die langfristig geplanten und während des 1. Fünfjahresplans mit sowjetischer Hilfe errichteten bzw. ausgebauten großen Stahlwerke in Anshan, Wuhan und Paotow, die seit Beginn der 6oer Jahre ihre Produktion steigern können, da die Investitionen der 5oer Jahre inzwischen betriebsbereit sind[495].

Während, beginnend mit der Landwirtschaft, die drei Hauptsektoren der Wirtschaft mit einjähriger Phasenverschiebung erhebliche Rückschläge hinnehmen müssen, wächst ein Faktor mit unverminderter Geschwindigkeit weiter, nämlich die <u>Bevölkerung</u>[496].

Tabelle 73: Pro-Kopf-Produktion von Getreide und Baumwolle 1954 - 1965

	BSP pro Kopf in Mio US $ (197o)	Getreide (ohne Soja) pro Kopf in kg	Baumwolle pro Kopf in kg
1954	112	272	1,82
1955	119	29o	2,52
1956	126	295	2,35
1957	13o	292	2,59
1958	146	316	2,62
1959	138	256	1,81
196o	131	221	1,33
1961	1o4	235	1,16
1962	113	249	1,43
1963	116	258	1,69
1964	124	277	2,35
1965	131	271	2,57

Berechnet nach Tabelle 72 und 76

Bis zum Großen Sprung steigt demnach das BSP pro Kopf erheblich langsamer als das gesamte BSP. Gesamt- und Pro-Kopf-Wachstum sind nur im Jahr 1958 spektakulär und gehen bereits 1959 zurück. Das weist darauf hin, daß trotz weiter anhaltender Zuwächse in der Industrie 1959 und 196o der Rückgang in der Landwirtschaft ab 1959 allein bereits ausreicht, die Gesamtproduktion zu senken. Die Abhängigkeit der Gesamtwirtschaft von der Landwirtschaft ist also noch erheblich. Als dann 1959 die Leicht- und 196o auch noch die Schwerindustrie kollabieren, hat das besorgniserregende Auswirkungen auf die Pro-Kopf-Produktion, die noch weit unter den Stand von 1954 und damit vermutlich auch unter den Stand des Vorkriegsspitzenjahres von 1936 (vgl. dazu Tabelle 59 in Teil I) fällt. Während der Rückgang der Stahlproduktion pro Kopf nicht notwendig sofort zu ernsten Schwierigkeiten führt, verhält sich das bei den wichtigsten Lebensmitteln bzw. Konsumgütern, nämlich Getreide und Baumwolle als hauptsächlichem Rohstoff zur Textilherstellung, ganz anders. Während die Getreideernten bis 1958 auf eine Produktion von 316 kg pro Person und Jahr steigen und damit trotz zu berücksichtigender Abzüge für Saatgut, Ausschuß etc. eine sichere Ernährungsgrundlage der Bevölkerung erreicht ist -

Getreide ist nach wie vor Hauptnahrungsmittel -, bedeutet der Sturz auf die Marke unter 26o kg 1959 und fast auf 22o kg 196o das Erreichen des Existenzminimums. Nimmt man nämlich 2oo kg Getreide pro Kopf und Jahr unter Berücksichtigung, daß nichtpflanzliche Ernährung eine untergeordnete Rolle spielt, als absolutes Existenzminimum an und bringt von den 196o und 1961 geernteten 221 bzw. 235 kg 1o Prozent für Saatgut und Ausschuß zum Abzug, dann ist das Existenzminimum erreicht, wenn nicht unterschritten[497]. Berücksichtigt man weiterhin, daß es sich nur um Durchschnittswerte handelt, die in manchen Regionen mit Sicherheit nicht erzielt worden sind, bedeutet das zumindest regionale Hungersnöte. Die ab 1961 einsetzenden Getreideimporte von 5,6 Mio t, die auch in den folgenden Jahren nicht zurückgehen, sprechen, auch wenn zwischen o,5 und o,8 Mio t Reis exportiert werden, eine deutliche Sprache[498]. Bei einem Defizit gegenüber 1958 von 4o bis 5o Mio t können die 5 bis 6 Mio t Nettoimport natürlich nur zur Deckung des Mangels in den am stärksten betroffenen Gebieten, vermutlich in den Städten, ausreichen, da die Bauern weniger Getreide abliefern können und werden.

Noch stärker ist der Rückgang der Pro-Kopf-Produktion bei Baumwolle bis 1961 und damit der Textilproduktion bis 1962, die nicht nur gegenüber dem 1. Sprungjahr, sondern auch gegenüber 1957 um die Hälfte zurückgeht. Statt 2,6 kg stehen 1961 nur noch 1,2 kg Baumwolle pro Kopf zur Verfügung. Die Ernsthaftigkeit nicht nur der wirtschaftlichen, sondern auch der politischen Krise ist augenscheinlich. Nicht nur drohte das Vertrauen in die Vorteile kollektiver Wirtschaftsformen zu schwinden, abgesehen von den Frustrationen nach dem Enthusiasmus der Sprungkampagne, viel gravierender war noch, daß das im maoistischen wie im liuistischen Sinne so wichtige Arbeiter- und Bauernbündnis zu zerbrechen drohte. Die Landwirtschaft konnte und wollte nicht mehr genug Lebensmittel zur Versorgung der städtischen Bevölkerung liefern, und die Arbeiter konnten nicht mehr genügend Konsumgüter für den ländlichen Bedarf produzieren. Daß auch ohne möglichen ideologischen Hintergrund liuistischer Entwicklungsstrategie ab 196o private Produktion in Landwirtschaft und Handwerk nebst dazugehörigen

Schwarzmärkten wieder aufblühten, bzw. die Bauern wieder ihre privaten traditionellen hausindustriellen Tätigkeiten aufnahmen, liegt auf der Hand.

Zusammenfassend lassen sich folgende Schlüsse aus den Erfahrungen mit der Sprung-Politik ziehen, die ihren Niederschlag in der ab 196o einsetzenden chinesischen Literatur zum Akkumulationsmodell finden:

1) China ist zu Beginn der 6oer Jahre noch immer ein Land mit agrarischem Schwerpunkt. Schwankungen in der Agrarproduktion schlagen auf alle Bereiche der Gesamtwirtschaft durch.

2) Die Landwirtschaft ist das schwächste Glied der Kette. Die Produktionsstruktur ist so instabil, d.h. es sind in so unzureichendem Maße technische Mittel vorhanden, daß natürliche Einflüsse wie konzeptionelle Fehler zu katastrophalen Mißernten führen können.

3) Die Landwirtschaft ist für weite Bereiche der übrigen Wirtschaft die Grundlage, da sie die Lebensmittel und in großem Maße die industriellen Rohstoffe liefert. Ernterückgänge führen also nicht nur zu Lebensmittelknappheiten, sondern zu Versorgungsengpässen in vielen Branchen und können so eine Kettenreaktion von Produktionsrückgängen auslösen.

4) Die Landwirtschaft liefert über Steuern, Preise oder Sparen immer noch einen großen Beitrag zur industriellen Akkumulation. Die Akkumulation in der Industrie ist somit immer noch von der Überschußfähigkeit der Landwirtschaft abhängig.

5) Sowohl gesamtwirtschaftlich wie intersektoral sind gewisse Proportionen einzuhalten. Das heißt, die anderen Sektoren können aus Versorgungsgründen (Lebensmittel, Rohstoffe, Arbeitskräfte, Finanzmittel) nur synchron zur Landwirtschaft wachsen, je nachdem die Freisetzung von Arbeitskräften bzw. zusätzliche Produktion das erlaubt. Das gleiche gilt für die proportionale Entwicklung zwischen den Branchen. Sonst treten Versorgungsschwierigkeiten auf der einen bzw. unverwendbare Produktion und überschüssige Kapazitäten auf der anderen Seite auf. Balanced growth ist das Gebot der Stunde.

6) Solange die Landwirtschaft arbeitsintensiv betrieben wird, können Arbeitskräfte nur in beschränktem Maße ganzjährig für andere Verwendungen mobilisiert werden. Die kurzfristige Lösung

liegt in saisonaler Rotation. Die Einführung dieses durchaus sinnvollen Rotationsprinzips nach dem Großen Sprung wurde den Liuisten von maoistischer Seite zum Vorwurf gemacht. Langfristig ist die Agrarmechanisierung die Voraussetzung für dauernde Mobilität.

7) Auch wenn das Ziel die schleunige Industrialisierung bleibt, kann das nur über eine vorangehende Agrarentwicklung erreicht werden, die den Schritt von traditioneller intensiver Produktivitätssteigerung zu moderner wissenschaftlich-technischer Produktivitätssteigerung vollzieht.

8) Die Funktion der Landwirtschaft als industriellem Rohstofflieferanten muß entlastet werden, indem etwa in verstärktem Maße chemische Rohstoffe für die Textilherstellung verwendet werden.

9) Ein nicht zuletzt entscheidender Faktor ist die Lösung des Bevölkerungsproblems. Die wachsende Bevölkerung besteht nicht nur aus Produzenten, sondern bis zum arbeitsfähigen Alter erst einmal aus Konsumenten. Solange das Bevölkerungswachstum nicht gebremst werden kann, wird ein nicht unerheblicher Teil der erzielten Erfolge immer wieder aufgezehrt.

Auch wenn nicht zufriedenstellend geklärt werden kann, ob Lius Behauptung zutrifft, daß die Relation von 7o Prozent Fehlplanung und 3o Prozent Natureinflüsse bei der Verursachung zutrifft,bleibt festzuhalten, daß sich seit 196o theoretische Artikel in der chinesischen Presse häufen, die sich mit dem "Gesetz der proportionalen Entwicklung" befassen und die Basisfunktionen der Landwirtschaft betonen[499]. Daß der Wandel von der Sprung-Strategie zum gleichgewichtigen Wachstum und die Abkehr von der forcierten Stahlproduktion zugunsten der Landwirtschaft nicht ohne weiteres in der Parteiführung durchzusetzen war, zeigt die nur schrittweise Abkehr, die erst Anfang 1961 abgeschlossen ist. Obwohl 1959 bereits die Einbrüche in der Agrarproduktion aufgetreten sind, wird bis 196o die Mobilisierung im Hinblick auf die Eisen- und Stahlproduktion durchgehalten. Der schrittweise Rückzug wird aber bereits im Dezember 1958 (also im 1. Sprungjahr!) eingeleitet, als Mao auf dem 6. ZK-Plenum, dem sogenannten Wuhan-Plenum, vom Amt des Staatspräsidenten und in die sogenannte "zweite

Führungslinie" zurücktritt. Trotz eingestandener Übertreibungen wird aber vorerst die Politik der drei Roten Banner, wie sie auf der Politbürokonferenz in Peitaiho im August 1958 beschlossen wurde, aufrecht erhalten. Im August 1959 werden auf dem Lushan-Plenum heftige Kontroversen über die Sprungpolitik ausgetragen, die zur Entlassung des Hauptkritikers, des Verteidigungsministers Peng Te-huai und seiner Anhänger, führen. Mao stellt die Vertrauensfrage und kann sich noch einmal durchsetzen. Seit dem Frühjahr 196o beginnt dann de facto der Umschwung in der Wirtschaftspolitik, obwohl die grundsätzliche Änderung der Entwicklungsstrategie erst auf dem 9. Plenum ohne Teilnahme Maos im Januar beschlossen wird. Hier wird die Parole verkündet, daß die Landwirtschaft die Grundlage und die Industrie der führende Faktor zu sein habe.

Wie schwer dieser Wandel auch auf theoretischem Gebiet zu vollziehen war, zeigen die zitierten Artikel, die sich bemühen, das maoistische Vokabular bei der Rechtfertigung der neuen Linie beizubehalten[5oo]. In einem Fall wird sogar das Kunststück fertig gebracht, Maos Konzept der wellenförmigen Bewegung mit der Konzeption des spiralförmigen Wachstums in Einklang zu bringen[5o1].

Im wesentlichen werden ab 196o folgende Argumente als Rechtfertigung für die Maxime Die Landwirtschaft ist die Grundlage angeführt, die die oben in Betracht gezogenen Schlußfolgerungen bestätigen: Da in China 8o Prozent der Bevölkerung auf dem Land leben, trifft diese Aussage besonders zu. Die Landwirtschaft liefert Lebensmittel und Rohstoffe, ist der Markt für die Industrie und stellt ihr Arbeitskräfte zur Verfügung. Also ist die gesamtwirtschaftliche Akkumulation nicht ohne grundlegende Berücksichtigung der Landwirtschaft möglich[5o2]. Das gilt insbesondere, da sie im Gegensatz zu anderen Sektoren naturabhängigen Schwankungen unterworfen ist. Nur eine erfolgreiche Agrarpolitik sichert das Bündnis der Arbeiter und Bauern[5o3]. Mehr grundsätzlicher Natur sind die Argumente, die darauf hinweisen, daß die Landwirtschaft die Grundlage der menschlichen Existenz bildet, und die letzte Begründung sozialistischer Produktion im Konsum liegt[5o4].

Daß über die Betonung der Bedeutung der Landwirtschaft das eigentliche Ziel, die weitere Industrialisierung nicht aus den Augen verloren werden soll, wird durch die wiederholte Bekräftigung, daß die Industrie der führende Faktor sei, betont. Denn nur sie ist langfristig in der Lage, die notwendigen Produktionsmittel zur weiteren Entwicklung zu erzeugen[5o5]. Das klingt möglicherweise selbstverständlich bis banal. Die Bedeutung der Diskussion liegt darin, daß seit dem 1. sowjetischen Fünfjahresplan in der marxistischen Industrialisierungsdiskussion der Vorrang der Schwerindustrie unbestritten war. Auch Mao versuchte letztlich, wenn auch mit anderen Mitteln, diese Konzeption in noch übersteigerter Form weiterzuverfolgen. An die Stelle des "Gesetz vom Vorrang der Schwerindustrie" tritt das "Gesetz der proportionalen Entwicklung". Generelle Gleichgewichtsbeziehungen müssen bestehen zwischen der Produktion von Produktionsmitteln und Konsumgütern, zwischen Industrie und Landwirtschaft, innerhalb der industriellen und agrarischen Branchen, zwischen der laufenden Produktion und dem Investbau, in der Verteilung des Volkseinkommens hinsichtlich des staatlichen, kollektiven und privaten Sektors, zwischen dem Angebot an Konsumgütern und der Kaufkraft und zwischen Akkumulation und Konsumtion[5o6]. Der 1958 während der enthusiastischen Phase des Großen Sprungs so heftig angegriffene Ma Yin-chu - gegen ihn wurden in diesem einen Jahr über 1oo Kritik-Artikel verfaßt[5o7], in denen seine "Interdependenz-Theorie" als Restauration des Kapitalismus geschmäht wird - ist zum, wenn auch nicht genannten, theoretischen Stammvater geworden.

4.3.2. Mao contra Malthus

Die Tabellen 72 und 73 hatten gezeigt, daß ein Großteil der wirtschaftlichen Zuwachsraten durch die unvermindert wachsende Bevölkerung wieder aufgezehrt wurde. An der Frage, welche Konsequenzen aus diesem Faktum zu ziehen sind, entspann sich eine Diskussion, die zu sehr ähnlichen Lösungsvorschlägen führte, obwohl sie von unterschiedlichen Prämissen ausging.

Bereits im Jahre 1949 hatte Mao in einer Kontroverse mit dem damaligen US-Außenminister Dean Acheson zu diesem Problem Stellung genommen. Acheson hatte behauptet, daß der Bevölkerungsdruck auf die Landwirtschaft für China, egal ob mit oder ohne Revolution, ein unlösbares Problem darstelle, an dem auch die Kommunistische Partei scheitern werde. Der einzige Ausweg bestehe in der Hilfe der USA. Mao antwortete in scharfer Form und entgegnete u.a.: "Es ist eine ausgezeichnete Sache, daß China eine große Bevölkerung hat. Sogar wenn sich die Bevölkerung Chinas auf ein Vielfaches erhöht, wird es trotzdem durchaus möglich sein, eine Lösung zu finden: die Lösung ist die Produktion."[508] Mao bezog sich dabei explizit auf Malthus und verwies darauf, daß dessen Bevölkerungstheorie durch den Marxismus und die Erfahrungen in der Sowjetunion und in den befreiten Gebieten Chinas widerlegt sei.

Diese optimistische Einschätzung der Partei erhielt offenbar etwa seit Mitte der 5oer Jahre einen Dämpfer, denn im Herbst 1954 setzte eine erste Kampagne zur Familienplanung und Senkung der Geburtenrate ein. Im Zuge der Sprung-Politik vertraute man allerdings wieder voll auf das Potential einer großen Bevölkerung. Im Jahre 1957 griff Mao in seiner Rede "Über die Widersprüche im Volke" diesen Punkt auf und stellte fest, daß China bei allen wirtschaftspolitischen Überlegungen davon auszugehen habe, daß das Land eine große Bevölkerung besitzt. Gegen nicht genannte Personen gewandt, die diese Tatsache offenbar übersehen wollen bzw. ihre Vorteile skeptisch betrachten,und lieber im "engen Kreis",sprich mit kapitalintensiven Methoden, arbeiten,betont Mao, trotz eingestandener Schwierigkeiten die positive Bedeutung dieses "Menschenkapitals". "Alle positiven Faktoren in Bewegung setzen, alle Menschen, die zusammengeschlossen werden können, zusammenschließen, nach Möglichkeit alle negativen Faktoren in positive umwandeln, um sie in den Dienst der großen Sache des Aufbaus der sozialistischen Gesellschaft zu stellen. Ich hoffe, daß diese Menschen (die Skeptiker) ihren Horizont erweitern und wirklich anerkennen werden, daß unser Land eine Bevölkerung von 600 Millionen hat, daß das eine objektive Tatsache und unser Kapital ist."[509] Während Mao das Vorhandensein einer großen Bevölkerung grundsätzlich als Positivum ansieht, viele Menschen bedeuten viele Produzenten, sieht Ma gerade in der hohen und weiter wachsenden Bevölkerung einen zusätzlichen Widerspruch, da für ihn viele Menschen zunächst viele Konsumenten bedeuten. Die Bevölkerung übt einen so starken Druck auf den Konsum aus, daß die Investitionsraten zwangsläufig niedrig sein müssen[51o]. Hohe Investitionsraten, die den Kapitalstock schneller als die Bevölkerung wachsen lassen, sind aber die Voraussetzung wirtschaftlicher Entwicklung. Dieser Hinweis auf das Bevölkerungsproblem hat Ma natürlich den Vorwurf des Malthusianismus eingehandelt.

Hintergrund dieser Auseinandersetzung ist das von Malthus popularisierte "Bevölkerungsgesetz" und die Kritik, die Marx und Engels daran geübt haben[511]. Malthus' Argument lautete, daß die Bevölkerung sich in geometrischer Progression vermehre, während die Agrarproduktion allenfalls in arithmetischer Progression zu steigern sei. Das raschere Bevölkerungswachstum könne also niemals durch vermehrte Agrarproduktion ausgeglichen werden, so daß die unstreitig zu beobachtende Verelendung breiter Volkskreise quasi naturgegeben sei. Später untermauerte Malthus diese Argumentation mit dem "Gesetz des abnehmenden Bodenertrages", was soviel besagt, daß bei knappem, also gegebenem Boden, die zusätzliche Ausbringung von Kapital und Arbeit je Flächeneinheit ab einem bestimmten Punkt nur noch abnehmende Ertragszuwächse erzielen kann, die Möglichkeit zur Produktion agrarischer Güter also letztlich begrenzt ist.

In unserem Zusammenhang interessiert weniger der von Ricardo und Marx zu Recht entlarvte ideologische Hintergrund dieser Argumentation, die Elend als etwas Natürliches und nicht als gesellschaftlich bedingtes Phänomen betrachtet und somit die Handhabe liefert, Maßnahmen zur Behebung des Elends als unsinnig oder sogar verwerflich abzulehnen, da sie das Elend nur verlängern bzw. sogar infolge weiterer Bevölkerungsvermehrung noch potenzieren würden.

Wichtig ist hier vielmehr, daß die Grundgedanken Malthus' auch noch heute in der Diskussion um Entwicklung und Unterentwicklung eine große Rolle spielen, wenn auch auf das geometrische bzw. arithmetische Prinzip verzichtet wird, und stattdessen nur das zu rasche Bevölkerungswachstum vor dem Hintergrund abnehmender Ertragszuwächse hervorgehoben wird.

Marx' Argumentation gegen Malthus stützt sich auf zwei Punkte. Das Elend der Bevölkerung ist nicht naturgegeben, sondern von den jeweiligen gesellschaftlichen Bedingungen abhängig. Im Kapitalismus ist dafür der Akkumulationsprozeß verantwortlich, da mit fortschreitendem Wachstum des Gesamtkapitals die Nachfrage nach Arbeit relativ fällt und so tendenziell eine überschüssige Bevölkerung erzeugt wird. Nicht die Unmöglichkeit der ausreichenden Nahrungsmittelproduktion, sondern das relativ sinkende Arbeitsplatzangebot ist die Ursache des Elends[512]. Dieses Populationsgesetz ist bei Marx ausdrücklich auf die Phase des Kapitalismus beschränkt. Hinsichtlich des "Gesetz vom abnehmenden Bodenertrag" argumentiert Marx, daß diese Tendenz durch den Fortschritt der Wissenschaft immer wieder kompensiert werden könnte. Wenn unter anderen gesellschaftlichen Bedingungen - so müßte die Schlußfolgerung lauten, auch wenn sie von Marx nicht explizit formuliert wird - die relative Überschußbevölkerung hinsichtlich der Arbeitsmöglichkeiten nicht besteht, da nicht der Verwertungszwang der kapitalistischen Produktion ausschlaggebend ist, müßte sich das Bevölkerungsproblem von allein lösen. Da nicht der Mangel an Nahrungsmitteln, sondern der Mangel an Arbeitsplätzen die Ursache des Elends ist, wird im Sozialismus jede Person zunächst als Produzent und nicht als Konsument fungieren. So ähnlich lauten auch die Argumentation bei Mao und die maoistische Kritik gegen Ma [513]. Also machen die reichlich vorhandenen Arbeitskräfte gerade den Reichtum Chinas aus, wenn nur die gesellschaftlichen Barrieren eingerissen sind, die dessen Entfaltung behindern.

Liu vertrat zumindest offiziell 1958 im Zuge der Sprung-Politik die orthodoxe marxistische Position, als er in seinem ZK-Bericht auf dem 8. Parteitag (2. Sitzung) betonte,"... that men are first of all producers and that when there is a large population there is also the possibility of greater production and more accumulation."[514] Nach dem Scheitern des Großen Sprungs, wo genau das in die Tat umgesetzt werden sollte, hatte er dann aber offensichtlich keine Einwände gegen die seit 1962 wieder einsetzenden Maßnahmen zur Begrenzung des Bevölkerungswachstums.

Mas nicht ohne weiteres von der Hand zu weisende Argumentation[515] liefert eine Variante zu Malthus. China besitzt eine große Bevölkerung, die zudem noch eine Wachstumsrate von mehr als 2 Prozent aufweist. Besonders ungünstig wirkt sich dabei die Struktur der Alterspyramide aus. 41 Prozent der Bevölkerung sind unter 17 Jahren und somit noch nicht in erwerbsfähigem Alter. Diese Gruppe tritt also keineswegs zunächst als Produzent, sondern nur als Konsument auf. 12 Millionen Geburten im Jahr sorgen dafür, daß die Basis der Bevölkerungspyramide immer breiter wird, mithin der Anteil des Volkseinkommens, der für Konsum, Wohnungsbau, Dienstleistungen etc. verwendet wird, immer weiter zunimmt. Umgekehrt können in der modernen Industrie pro Jahr nur 1 Million neue Arbeitsplätze geschaffen werden, so daß der Druck auf die Landwirtschaft wächst. So gerät China in einen abwärts gerichteten Teufelskreis. Die wachsende Konsumrate schmälert immer mehr die Investitionsrate und verhindert so die Schaffung vermehrter Arbeitsplätze. Gleichzeitig vermehrt die moderne Industrialisierung zumindest relativ das Arbeitskräfteüberschußproblem. Was bei Marx Kennzeichen der kapitalistischen Industrialisierung war, gerät bei Ma zum Kennzeichen von Industrialisierung überhaupt[516].

Als Ausweg schlägt Ma erstens eine strikte Geburtenkontrolle vor. Diese Konsequenz wurde in China schließlich auch gezogen. 1962 setzte nämlich eine zweite Kampagne zur Begrenzung des Bevölkerungswachstums ein, die in der Kulturrevolution abermals unterbrochen wurde. Seit Sommer 1969 ist die Begrenzung des Bevölkerungswachstums die unbestrittene offizielle Politik[517]. Diese Maßnahmen wurden auf Seiten der Maoisten allerdings nicht ökonomisch, sondern im Sinne von "Schutz" für Mütter und Kinder begründet. Der zweite Vorschlag von Ma fordert die Steigerung der Arbeitsproduktivität in allen Bereichen, insbesondere die Entwicklung arbeitsintensiver Methoden zur Steigerung der Agrarproduktion. Dabei definiert Ma Kriterien des investitionssparenden Arbeitseinsatzes, die stark an Mao erinnern. Was bei Mao als adäquate Aktualisierung des Reichtums an Arbeitskraft erscheint, wird bei Ma zur einzig möglichen Defensivmaßnahme gegen eine abwärtsgerichtete Spirale, die ihre Dynamik aus steigender Konsumquote, sinkender Investitionsrate und relativ abnehmender Zahl der Arbeitsplätze gewinnt. Wenn auch die Vorzeichen verschieden sind, treffen sich beide Konzepte angesichts objektiver Probleme. Die bereits während des 19. Jahrhunderts zu beobachtende sinkende Pro-Kopf-Produktion, wohlgemerkt nicht Resultat von Naturgesetzen,sondern Ausdruck der Unterbeschäftigung,hatte sich in den drei Sprung-Jahren so zugespitzt,daß eine Lösung gefunden werden mußte.Bevölkerungskontrolle,beschleunigte Agrarentwicklung und wirtschaftliche Autarkie zur Vermeidung belastender Agrarexporte sollten die defensiven, stärkere Auslastung saisonal brachliegender Arbeitskraft durch vielfältige, zunächst arbeitsintensive Projekte in Landwirtschaft, Infrastruktur und Kleinindustrie sollten die offensiven Maßnahmen bilden. Daß man am Ende des 19. Jahrhunderts, wie in Teil I vermutet, an eine Grenze des Ertragszuwachses in der Landwirtschaft gekommen war, hatte mithin keine natürlichen Gründe, sondern ist darin zu suchen, daß die traditionelle chinesische Gesellschaft unfähig war, durch Investitionen und Schaffung neuer Arbeitsplätze den Widerspruch zwischen wachsender Bevölkerung und sinkender Pro-Kopf-Produktion zu lösen.

4.3.3. Wertgesetz und Planung

Neben den Kontroversen über Akkumulationsmodell und Bevölkerungspolitik standen die Prinzipien und Methoden der Volkswirtschaftsplanung im Zentrum der Diskussion chinesischer Ökonomen. Bei letztgenannter Diskussion ging es um die Frage, ob statt der in den 50er Jahren üblichen Materialbilanzen und Mengenkennziffern andere Kriterien, die stärker Produktivitäts-, Kosten- und Qualitätsgesichtspunkte berücksichtigen, zu verwenden seien. Das galt sowohl hinsichtlich der Allokation der gesamtwirtschaftlichen Ressourcen zwischen den einzelnen Branchen, Sektoren und Regionen als auch auf Betriebsebene hinsichtlich der Ausnützung der betrieblichen Ressourcen. Der Hintergrund dieser Diskussion ist darin zu sehen, daß analog zu den Erfahrungen in der Sowjetunion die rein mengenmäßige Planung auf der Basis von Materialbilanzen zu ineffektiver und zu wenig kostenbewußter Nutzung der vorhandenen Ressourcen und zu rein auf quantitative Ziele ausgerichtete Produktion führte, die den Gesichtspunkt der Qualität eines Produkts weitgehend außer acht ließ. Das "Sesam, öffne Dich" zur Lösung dieser Probleme erblickte man darin, in irgendeiner Weise das Wertgesetz für die Planung fruchtbar zu machen. Seine Gültigkeit sei zwar im Sozialismus beschnitten hinsichtlich der proportionalen Entwicklung, der Produktion und der Zirkulation könnte es aber nicht außer acht gelassen werden. Bis 196o blieb diese Diskussion offen[518], lebte nach dem Scheitern des Großen Sprungs wieder neu auf und gelangte in den Jahren 1962 bis 1964 zu entscheidungsreifen Ergebnissen.

Ein Protagonist der Diskussion war Sun Ye-fang[519], ein ehemals nichtmarxistischer Wirtschaftswissenschaftler. Sun wurde von der maoistischen Kritik als Repräsentant der liuistischen Linie auf dem Gebiet der ökonomischen Theorie bezeichnet. Er soll bereits in den 4oer Jahren mit Liu zusammengearbeitet haben, im Jahre 1959 Peng Te-huai mit Argumenten im Hinblick auf dessen Sprung-Kritik auf dem Lushan-Plenum versorgt haben und soll ebenfalls 1959 Inspirator der ominösen "Reflections" von Liu über das sowjetische "Lehrbuch Politische Ökonomie" gewesen sein. Sein Hauptwerk "Theory of Socialist Economy" soll stark von Liu und Po gefördert worden sein[52o].

Sun, von dem der Ausspruch kolportiert wird "Ich gehe weiter als Liberman", übte seit 1949 verantwortliche Positionen in verschiedenen Wirtschaftsbehörden aus, machte in dieser Eigenschaft 1956, 1959 und 1961 Reisen in die Sowjetunion, in deren Verlauf er die revisionistische Infizierung erhalten haben soll, und war seit 1958 in Hauptfunktion Direktor des Instituts für Volkswirtschaft an der chinesischen Akademie der Wissenschaften. Bis zu seiner Entlassung zu Beginn der Kulturrevolution 1966 war er einer der führenden chinesischen Wirtschaftstheoretiker.

Die hauptsächliche Kritik wandte sich gegen seine Äußerungen aus den Jahren 1962 bis 1964, obwohl er vor allem während des Großen Sprungs massive Kritik an der maoistischen Konzeption geübt hatte. Maos Rede über die Widersprüche im Volke bezeichnete er als idealistischen Standpunkt. Die Produktionsverhältnisse könnten erst geändert werden, wenn die Produktivkräfte entsprechend entwickelt seien. So wären die Resultate Pfuscherei, Qualitätsverlust und Atrophie der Produktion[521]. "Our economy is approaching the margin of collapse. Manpower, natural resources, and financial power suffered excessive losses, and it will be difficult to recover within seven or eigth years."[522] Nach Suns Ansicht habe die Generallinie zu lauten "Einheit von Kosten und Nutzen oder die Erzielung eines Maximums an Nutzen bei einem Minimum an Kosten"[523].

Um die unzureichende Nutzung der Ressourcen, ineffektive Betriebsführung und Verschwendung zu vermeiden, muß das Nettoprodukt, also die jeweilige Wertschöpfung, gegenüber dem Bruttoprodukt im Vordergrund stehen. Die Planung soll sich nicht nur am Gebrauchswert der Produkte, sondern auch an der zu ihrer Herstellung gesellschaftlich notwendigen Arbeitszeit orientieren. Ob dieses Kriterium erfüllt wird, mißt sich am Gewinn, den ein Unternehmen macht. Nettoprodukt und Gewinn sind somit die zentralen Planziele, wobei das Nettoprodukt als Produktionswert abzüglich der Produktionskosten und der Gewinn als Nettoprodukt abzüglich der Löhne definiert ist. Das Planziel der Gewinnmaximierung soll also in erster Linie durch Kostenminimierung erreicht werden. Statt Mengen- sollen den Betrieben Gewinnkennziffern vorgegeben werden. Dadurch sind die Betriebe angehalten, die produktivste Technologie und Arbeitsorganisation anzuwenden, Rohstoffe zu sparen und die Produktionsmittel effektiv zu nutzen. Das "Gesetz der geplanten und proportionalen Entwicklung" ersetzt zwar eine Reihe von Funktionen, die das Wertgesetz im Kapitalismus ausübt, nämlich Verteilung der Ressourcen qua Kapitalmobilität infolge des Wettbewerbs, soweit aber die Bestimmung des Maßes der gesellschaftlich notwendigen Arbeitszeit anvisiert ist, hat das Wertgesetz unabhängig von der Produktionsweise Gültigkeit[524].

Der Gewinn wird damit zu einer zentralen Kategorie auf allen Ebenen der Wirtschaft. Das gilt hinsichtlich des gesamtwirtschaftlichen Ziels, der Planungskennziffern, des Anreizes für die Betriebsführung und des Maßstabs, nach dem der Wert eines Unternehmens gemessen werden kann[525]. Das heißt aber nicht, daß das Wertgesetz allein die Planung bestimmt, es soll vielmehr von der Planung benutzt werden, da Kriterien wie die vorrangige Entwicklung bestimmter Schlüsselbranchen, die Rücksicht auf die nationale Verteidigung, wirtschaftliche Autarkie, Dezentralisierungsbestrebungen u.a. Vorrang genießen und qua Plan gegen das Wertgesetz durchgesetzt werden. Nur, so lautet Suns Argument, diese politischen und gesellschaftlichen Ziele bleiben für China unerreichbar, wenn nicht Kosten- und Effektivitätsgesichtspunkte berücksichtigt werden, die unter Anwendung des Wertgesetzes am ehesten erfüllbar sind[526].

Hinsichtlich der Betriebsführung ergeben sich fünf Konsequenzen:
1) Die Erzielung von Gewinn ist oberstes Ziel der Produktion. Wird dieses Ziel nicht erreicht, muß der Betrieb geschlossen werden. "Profit is the most important overall indicator in evaluating the performance of enterprises. So long as we keep a firm grip on profits, it is just like leading a bull by its nose; in this way the legs of the bull (other targets) will naturally follow"[527].
2) Die Produktion hat Vorrang vor der Politik. Hiermit ist vermutlich wieder die Nichteinmischung von Parteigremien in die Betriebsführung gemeint, was aus den weiteren Punkten ersichtlich wird.
3) Zur Stimulierung der Produktion müssen materielle Anreize gewährt werden. Das gilt im Hinblick auf die Entlohnung der Arbeiter wie die Prämien, die an die Betriebsleitung im Falle überdurchschnittlicher Betriebsergebnisse gezahlt werden.
4) Die effektive Führung der Betriebe ist durch Experten auf allen Ebenen, also durch Direktoren, Ingenieure und Techniker zu erzielen.
5) Den Betrieben ist innerhalb des Plans eine weitgehende Autonomie zu gewähren. "The state need only watch the value target (profit indicator) and leave the rest of business management to the enterprises."[528] Diese Eigenverantwortlichkeit gilt natürlich nur hinsichtlich der einfachen Reproduktion, die erweiterte Reproduktion, das heißt die Verwendung der akkumulierten Mittel, wird von den genannten umfassenden Planprioritäten bestimmt[529].

Diese letzte Einschränkung ist zum Verständnis der Sunschen Vorschläge eminent wichtig. Er will also keineswegs die Planung durch das Wertgesetz ersetzen und dem Staat nur noch eine Art oberster Kontrollfunktion zugestehen, was in der Konsequenz tatsächlich auf eine Art Staatskapitalismus hinauslaufen würde, sondern er will mittels der Gewinnkennziffern und daraus abzuleitenden Konsequenzen erreichen, daß die Betriebe mit den ihnen zur Verfügung stehenden Ressourcen eine optimale Kombination der Produktionsfaktoren erreichen und ein optimales Ergebnis erzielen. Alles was darüber hinausgeht, d.h. die Weiterverwendung der Gewinne, die Entscheidung, welche Branchen oder Regionen gefördert werden etc., also Dynamik und Struktur des Akkumulationsprozesses und seine innen- wie außenpolitische Absicherung wird durch den zentralen Plan bestimmt. Worauf es Sun ankommt, ist der Hinweis, daß allein durch die Art der Kennziffern - Material-, Arbeitsstunden- oder finanzielle Vorgaben, Mengen-, Gewichts- oder Gewinnziele - die Anordnung der Produktionsfaktoren auf Betriebsebene ganz wesentlich beeinflußt wird. Wenn Mengenziele vorgegeben werden, steht deren Erfüllung unter Vernachlässigung der Kosten an erster Stelle. Werden Finanzmittel vorgegeben, wird eventuell der Einsatz von billiger Arbeitskraft maximiert. Werden gesellschaftlich notwendige Arbeitsstunden vorgegeben, wird die Arbeitsproduktivität qua Rationalisierungen maximiert, etc. Welches Ziel bzw. die Kombination welcher Ziele Priorität genießen soll, entscheiden die Politiker. Nur, wenn diese Entscheidungen gefallen sind, sollen sie sich aus deren Verwirklichung heraushalten.

Während bei Suns Beiträgen zur Planungsdiskussion die grundsätzlichen Prinzipien im Vordergrund standen, entspann sich seit 1961, vor allem im Anschluß an Yang Chien-pai[53o], eine Diskussion, wie denn das Wertgesetz bei der Planung gehandhabt werden könne, wenn Gewinne und Preise als Planungskennziffern angewendet werden sollen.

Dabei standen die chinesischen Ökonomen vor dem gleichen Problem, das Marx bereits im 3. Band des "Kapital" zu lösen versucht hatte. Marx war im 1. Band davon ausgegangen, daß die Waren sich entsprechend ihrem Wert, d.h. der in ihnen inkorporierten Arbeitszeit austauschen, die Marktpreise also jeweils um den Wert schwanken. Das würde aber in einer entwickelten kapitalistischen Wirtschaft mit unterschiedlicher organischer Zusammensetzung des Kapitals in einzelnen Branchen oder Betrieben, d.h. wenn neben den ursprünglich einzigen Faktor Arbeit der Faktor Kapital getreten ist, dazu führen, daß die Kapitale mit der höchsten organischen Zusammensetzung (d.h. dem höchsten Kapitalaufwand) die niedrigste Profitrate erzielen, da die Rate des Profits auf das insgesamt eingesetzte Kapital berechnet wird. Um dieser Schwierigkeit zu entgehen, griff Marx zum Konstrukt des Produktionspreises[531], der sich aus dem verausgabten konstanten und variablen Kapital (dem Kostpreis) und dem Durchschnittsprofit ergibt. Der Durchschnittsprofit kann über oder unter dem individuell produzierten Mehrwert liegen, je nachdem ob mit höherer oder niedrigerer als der durchschnittlichen organischen Zusammensetzung des Kapitals produziert wird. Die Waren tauschen sich also nicht mehr zu ihren Werten, sondern die Bildung des Durchschnittsprofits reguliert den Austausch. Die Marktpreise schwanken nicht mehr um den Wert, sondern um den Produktionspreis. Um aber dennoch die Determination der Preisbildung durch die Werte zu retten, erklärt Marx, das gesamtwirtschaftlich gesehen die Summe aller Werte mit der Summe aller Preise und die Summe aller Mehrwerte mit der Summe aller Profite übereinstimmen muß. Damit wäre sichergestellt, daß die Quelle des Profits nach wie vor die unbezahlte Mehrarbeit ist, auch wenn der Mehrwert in der Zirkulationssphäre nicht nach dem Wertgesetz, sondern nach dem Gesetz des Profitratenausgleichs unter die Betriebe verteilt wird.

Marx' Modellrechnung, wie diese Transformation der Werte in Produktionspreise vor sich gehen könnte, bleibt aber logisch und rechnerisch ungenügend, was in der an Marx anschließenden Literatur eine noch nicht beendete Diskussion über das sogenannte Transformationsproblem ausgelöst hat[532]. Die Problematik der korrekten Berechnung der Produktionspreise ist für unseren Zusammenhang insofern von Bedeutung, als die chinesischen Ökonomen das Konzept der Produktionspreisbildung für die Wirtschaftsplanung fruchtbar machen wollten[533]. Ihr Argument lautete, daß auch in der sozialistischen Produktionsweise wegen des Hinzutretens des Kapitalfaktors neben die Arbeit eine Preis- und Gewinnberechnung auf der Grundlage von Werten analog zur kapitalistischen Produktionsweise nicht möglich ist, folglich auch hier das Produktionspreiskonzept zur Anwendung kommen müsse. Das Transformationsproblem, das sich Marx beim Versuch der ex post-Berechnung von Produktionspreisen stellte, muß sich ebenso bei der ex ante-Berechnung im Zuge der Planfeststellung ergeben. Für den Kontext der Behandlung ideologischer Hintergründe des Liuismus sind aber die Tatsache der Diskussion dieser Frage als solcher und die sich daraus ergebenden Konsequenzen für die Planung und weniger die Operationalisierungsprobleme[534] von Bedeutung.

Yang Chien-pai geht davon aus, daß wirtschaftliches Gleichgewicht nur bei einer engen Beziehung zwischen Wert und Preis möglich ist. "From an economic point of view ... the correct pricing of products is the same thing as the correct handling of the people's internal contradictions."[535] Mittels der Preise als Vergleichsmaßstab aller Gebrauchswerte kann der Wirtschaftsprozeß gesteuert werden. Dahinter steht vor allem die Annahme, daß das Vorhandensein unterschiedlicher Eigentumsformen - Staatseigentum und verschiedene Ebenen des Kollektiveigentums - zu erheblichen Disparitäten zwischen Regionen und Branchen führen, die mittels Gewinnkennziffern erkannt und qua Preise ausgeglichen werden können.

Um das technisch zu ermöglichen, schlägt Yang die Berechnung von Produktionspreisen in jeder Branche vor. Die Unter- oder Überschreitung des so ermittelten Durchschnittsprofits ermöglicht es, die Wirtschaftlichkeit jedes Betriebs zu beurteilen, Orientierungspunkte für die Planer und Betriebsmanager zu setzen und die effektivste Verwendung der vom Staat bereitgestellten Akkumulationsfonds sicherzustellen. Wenn ein Betrieb den Durchschnittsprofit erzielt, bekommt er entsprechende Prämien, liegt er darunter, wird der Betrieb gegebenenfalls geschlossen. Staatliche Investitionen werden nur an solche Betriebe vergeben, die effektive Verwendung, sprich hohe Profite,versprechen. "The more profit an enterprise makes, the higher would be its operational and managerial efficiency, and the greater its contribution to the society."[536] In der Landwirtschaft muß analog die Existenz von Differentialrenten zugestanden werden[537].

Kritiker der Vorschläge à la Sun Yeh-fang und Yang Chien-pai waren Dai Yuan-shen[538] und Ts'ai Chien-hua[539]. Ihre Argumentation läuft darauf hinaus, daß Produktionspreise und Durchschnittsprofitrate Basiselemente des Kapitalismus sind,also nicht wie etwa Sun Yeh-fang annimmt, in jeder Produktionsweise eine gewisse Gültigkeit haben. Würden sie eingeführt, besteht die Gefahr ihrer Verselbständigung auf Kosten der Planung. Ziel der Akkumulation ist nicht der Profit, sondern die Bedürfnisbefriedigung. Unterschiedliche Gewinne verschiedener Betriebe spielen im Sozialismus keine Rolle. Planung und Profit können nicht nebeneinander bestehen, sonst werden nur noch profitable, aber nicht mehr unbedingt notwendige Dinge produziert[540].

Die entscheidende Kontroverse liegt also wie immer in der Frage, ob Effektivität oder politische Ziele Vorrang haben. Die liuistische Position geht davon aus, daß der Aufbau des Sozialismus nur gesichert werden kann, wenn die effektivste Nutzung der vorhandenen knappen Ressourcen erfolgt und die Planung dementsprechend ausgerichtet ist, welbst wenn einige sozialistische Zielvorstellungen zunächst in den Hintergrund treten. Die maoistische Position bewertet die Reseourceneinbüßung geringer und sieht vor allem die Gefahr politischer Restauration. Dieser Prioritätensetzung hat sich die Planung unterzuordnen. Primat der Politik oder Primat der Produktion!

Daß sich 1965 diese Diskussion offenbar zugunsten der Liuisten entschieden hatte, deutet ein Artikel in der Peking Rundschau an, in dem klar zum Ausdruck kommt, daß sich die proportionale Entwicklung der Wirtschaft und die Preispolitik entsprechend dem Wertgesetz auszurichten habe."Bei der Festlegung und der Regulierung der Warenpreise zieht der Staat die Anforderungen des Wertgesetzes sorgfältig in Erwägung und wertet die positive Rolle des Wertgesetzes, die es bei der Entwicklung der sozialistischen Wirtschaft spielen kann, richtig aus. Das heißt: der sozialistische

Staat muß sowohl das Gesetz der planmäßigen Entwicklung der Volkswirtschaft befolgen als auch die richtige Preispolitik gemäß dem Wertgesetz festlegen, um die Entfaltung der Produktion zu fördern, den Warentausch zu begünstigen, die Lebenshaltung des Volkes zu verbessern und die sozialistische Wirtschaft zu festigen und zu entwickeln."[541]

Die Frage bleibt, ob es sich bei der Planungsdiskussion auf liuistischer Seite, weil sie in der Wirtschaftskrise nach dem Sprung eine existentielle Gefahr für das Gesellschaftssystem sah, um eine zur bisherigen Planungspraxis alternative Position handelt, die aber letztlich das gleiche sozialistische Endziel anstrebt, oder ob hier, wie Chen Nai-ruenn vermutet, eine liberale Position zum Vorschein kommt, die sich nur der marxistischen Terminologie bedient[542]. Insofern hat diese ökonomische Fachdebatte, wie in der Sowjetunion die Liberman-Diskussion, einen eminent politischen Hintergrund.

4.4. Liuistische Wirtschaftspolitik 196o bis 1966

An der Frage, welchen Charakter die wirtschaftspolitische Phase zwischen dem Großen Sprung und der Kulturrevolution aufweist, scheiden sich die Geister. Schurmann[543] und Wheelwright/McFarlane[544] vergleichen sie mit der NEP-Phase der 2oer Jahre in der Sowjetunion, was zumindest tendenziell restaurative Tendenzen in Richtung Kapitalismus impliziert. Barnett[545] sieht in der Periode einen Kompromiß zwischen der Politik des 1. Fünfjahresplans und dem Großen Sprung, d.h. einen Kompromiß zwischen sowjetischem und maoistischem Modell. Prybyla[546] spricht auch von NEP, gleichzeitig aber auch von einem Kompromiß zwischen Maoisten und Reformisten. Gray[547] differenziert, indem er für die Jahre 196o bis 1962 eher kurzfristig zu interpretierende Maßnahmen des Krisenmanagements feststellt und danach nur im Bereich der Agrarpolitik eine eigenständige liuistische Konzeption ausmacht. Kosta/Meyer[548] erkennen überhaupt keine eigenständige Konzeption, sondern lediglich Konsolidierungsmaßnahmen. Ähnlich argumentiert auch Weiß[549], der nach Aufgabe des sowjetischen Modells eine Strategie mit verschiedenen Varianten verwirktlicht sieht, wobei allerdings nur das Akkumulationsmodell angesprochen ist. In dieser Arbeit wird die Ansicht vertreten, daß es sich in der Phase von 1960 bis 1966 um keinen Kompromiß, weder zwischen Maoismus und Liuismus noch zwischen Maoismus und sowjetischem Modell gehandelt hat, sondern um eine eigenständige liuistische Wirtschaftspolitik, die bereits 1956 ansatzweise erkennbar war, sich aber zunächst der maoistischen Offensive beugen mußte. Ihr grundsätzliches Anliegen war, unter Verwendung eigenständiger Vorstellungen das sowjetische Entwicklungsmodell auf die anderen Gegebenheiten Chinas auszurichten, wobei dem sowjetischen Primat der Produktion gegenüber der Politik weitgehend entsprochen wurde. Da sich die liuistische Fraktion zu einem Zeitpunkt durchsetzte, als sich die chinesische Wirtschaft in einer tiefen Krise befand, sah sie sich gezwungen, kurzfristige Maßnahmen zur Behebung der Krise zu ergreifen, die vor allem auf die Förderung der privaten Eigeninitiative in Landwirtschaft, Handwerk und Kleinhandel hinausliefen bzw. spontane Tendenzen in diese Richtung ab 1960 zu legalisieren. Die damit verbundenen kapitalistischen Restaurationstendenzen wurden aus dem genannten Grund offenbar solange in Kauf genommen, bis sich die Wirtschaft einigermaßen erholt hatte, um dann auch wieder reduziert zu werden. Die Konturen der eigentlichen liuistischen Wirtschaftspolitik schälten sich erst seit dem Jahre 1963 heraus und lassen sich in ihrer organisatorischen Form sowohl für die Industrie wie die Landwirtschaft feststellen. Das heißt natürlich nicht, daß die Maoisten dieser Entwicklung untätig zugesehen haben. Bis zur Überwindung der Krise hielten sie sich offenbar zurück. Seit 1962/63 wird die Kontroverse in der Partei aber wieder offen ausgetragen. Die liuistische Position gewann in der Partei vermutlich auf allen Ebenen so viele Anhänger[550], daß die Maoisten Ende 1965 zu der Überzeugung gelangten, daß eine Kursänderung nur noch gegen die Partei durchzusetzen sei, zumal am 1.1.1966 der 3. Fünfjahresplan beginnen sollte, für den vor allem Po I-po verantwortlich zeichnete und der die Etablierung des liuistischen Modells in der Wirtschaft bedeutet hätte[551].

4.4.1. Krisenpolitik 196o-1962

Die katastrophale wirtschaftliche Situation der Jahre 1959 bis 1961, die vor allem die Landwirtschaft betraf, wurde Anfang 1961 von Liu im Rahmen der sogenannten "7ooo-Kader-Rede" zum ersten Mal offiziell eingestanden, auch wenn diese Tatsache bereits 1959 parteiintern diskutiert wurde. Bedeutsamer als die Tatsache dieses Eingeständnisses war aber die Begründung für die Ursachen der Krise. Neben dem Verweis auf die schlechten Ernten der Jahre 1959-1961, die auch in Naturkatastrophen ihre Ursache hatten, und den Abzug der sowjetischen Techniker im Juli 196o, eventuell letzter ausschlaggebender Grund für den Stop des Großen Sprungs, wurde die Krise ganz offen auf schlechte Organisation, erhebliche Disproportionen zwischen Branchen und Sektoren sowie die Herstellung von Produkten mit mangelhafter Qualität zurückgeführt[552]. In der genannten Rede Lius fiel auch die berühmte Äußerung, in der Liu Bauern der Provinz Shensi zitiert, die die Krise nur zu 3o Prozent auf Naturkatastrophen und zu 7o Prozent auf Fehlplanung zurückführten, eine Ansicht, der Liu offensichtlich nahestand.

Mit diesem offiziellen Eingeständnis wurde im Nachhinein die seit Frühjahr 196o verfolgte politische Kursänderung[553] gerechtfertigt, die in diametralem Widerspruch zur Sprung-Politik stand. Die neue Generallinie lautete "Anpassung, Konsolidierung, Verstärkung und Verbesserung". Da die Krise in Anbetracht der drastisch gesunkenen Nahrungsmittel- und Industriepflanzenproduktion vor allem eine Agrarkrise war, war die Aussage, daß die Agrarentwicklung im Vordergrund zu stehen habe, jetzt kein Lippenbekenntnis mehr. Das 9. Plenum des 8. ZK faßte im Januar 1961 einen diesbezüglichen Beschluß.

Da die Krise zu einem erheblichen Teil auf organisatorische Mängel zurückgeführt wurde, sahen die Liuisten kurzfristig nur die Möglichkeit, die während des Sprungs so weit vorangetriebene sozialistische Agrarpolitik wieder zurückzunehmen, und es der Eigeninitiative der Bauern zu überlassen, die ärgsten Mängel selber zu beheben. Diese Politik, die zwar erst auf dem 1o. Plenum im September 1962 verkündet, aber bereits vorher praktiziert wurde, lief unter der Losung "San-tzu I-pao", was soviel wie "Drei Freiheiten und eine Festlegung" heißt. Mit den drei Freiheiten sind die Einräumung privat zu bewirtschaftenden Bodens, lokaler Märkte und privater handwerklicher Nebenbeschäftigungen und mit der Festlegung die Festlegung der abzuliefernden Produktionsquoten auf Familienbasis gemeint. Das bedeutete de facto die Rückkehr von der kollektiven Brigade- oder gar Kommune-Produktion zur Produktion im Familienverband. Neben dem an den Staat abzuliefernden Fixum wurde den Bauern private Landwirtschaft und privates Handwerk zugestanden, deren Produkte auf den lokalen Märkten frei verkäuflich waren. Diese Politik wurde von verschiedenen Autoren mit der sowjetischen NEP der 2oer Jahre verglichen. Resultate waren die de facto-Auflösung der Volkskommunen und die Schließung der im Zuge des Großen Sprungs aufgebauten Kleinbetriebe wie etwa der bekannten Kleinsthochöfen. Die starke Ausweitung des privat bewirtschafteten Bodens, die Wiederaufnahme der Nebentätigkeiten, wie sie aus der Hausindustrie bekannt sind, und das Aufblühen von Kleinhandel und Märkten führten dazu, daß die alten sozialen Differenzierungen auf dem Dorf wieder Gestalt annahmen, und sich eine Art Kulakenschicht herausbildete. Laut Chang bestand 1964 sogar die Gefahr, daß die Partei die Kontrolle auf dem Land verlieren könnte.[554]

Resultat war aber auch, daß sich die Agrarproduktion und damit auch die ländlichen Einkommensverhältnisse ab 1962 wieder erholten, und sich damit sowohl von der Angebotsseite (Rohstoffproduktion) wie von der Nachfrageseite (Markt für Industriegüter) die aufgezeigten Disproportionen verringerten. Der theoretisch bereits dargestellte Akkumulationsmechanismus - Industrialisierung nicht mehr auf Kosten der Landwirtschaft, sondern über die Entwicklung der Landwirtschaft - begann zu wirken . Wegen der einjährigen Phasenverschiebung stagnierte die Leichtindustrie infolge der schlechten Industriepflanzenproduktion zwar noch 1962, um dann aber 1963 zu einem erneuten Wachstum anzusetzen (vgl. dazu Schaubild 12). Die Industrie wurde nun ihrerseits angehalten, Kunstdünger und Agrarmaschinen zu produzieren, um ihren Beitrag zur Agrarentwicklung zu leisten. Daß die Agrarentwicklung und damit die gesamte Akkumulation aber langfristig nicht durch die eingeleitete Privatisierung erreicht werden sollte, zeigt der Umstand, daß auch die Liuisten ab 1963 den Privatsektor wieder zurückdrängten. Die Kontroverse in der Agrarpolitik lag an anderer Stelle.

Die Reorganisation betraf aber nicht nur die Landwirtschaft, sondern in gleichem Maße die Industrie. Viele während des Großen Sprungs errichtete Betriebe, gerade im Eisen- und Stahlbereich, wurden wieder geschlossen.[555] Stattdessen konzentrierte man sich wieder stärker auf den Ausbau der vorhandenen Großbetriebe. Die starke Dezentralisierung der Wirtschaftsverwaltung wurde rückgängig gemacht, und der Einfluß der lokalen Parteigremien und Gewerkschaften zurückgedrängt. Der Schwerpunkt der wirtschaftlichen Kontroll- und Steuerungsgewalt lag wieder bei den Pekinger Ministerien und Planungsbehörden. Statt der bislang üblichen Mengen-Kennziffern ging man zu einem System über, das über finanzielle Planziele Kostensenkungen und Produktivitätssteigerungen anregen sollte. Hierbei kam den Banken eine wesentliche Steuerungsfunktion zu.

Innerhalb dieses Systems sollte der Betrieb eine gewisse Autonomie erhalten, die auch direkte Kooperation zwischen Betrieben und eigene Gewinnverwendung einschloß. Diese Autonomie war allerdings entsprechend der strategischen Bedeutung der einzelnen Produkte gestaffelt. Sektorale und regionale Einkommensdisparitäten wurden dabei bewußt als Anreizmittel in Kauf genommen.

Auf Betriebsebene wurde wieder die Alleinverantwortlichkeit der Direktoren und Ingenieure eingeführt. Lohndifferentiale, Prämiensysteme u.a. sollten die Arbeiter zu Produktionssteigerungen animieren, Kontraktarbeit und zeitlich befristete Saisonarbeit, die niedriger bezahlt wurde, statt der üblichen Dauerstellungen sollten die Betriebe auf der Kostenseite entlasten. Wie Tabelle 72 und Schaubild 13 zeigten,wirkten sich diese Maßnahmen dahingehend aus, daß nach 1962 die Industrieproduktion wieder anstieg, und, was genauso bemerkenswert ist, die Proportionen zwischen den Branchen wieder hergestellt werden konnten.

4.4.2. Agrarpolitik

Mao und Liu waren sich Ende der 5oer Jahre darin einig, daß der Landwirtschaft Priorität eingeräumt werden mußte. Maos Konzeption lief darauf hinaus, daß die Bauern letztlich aus eigener Kraft ihre Entwicklung betreiben sollten, indem sie zunächst durch kollektive Organisationsformen Überschüsse erwirtschafteten, mit deren Hilfe kleine Betriebe zur Herstellung agrarischer Inputs aufgebaut werden und in einem fortgeschrittenen Stadium auch aufwendige Geräte wie Traktoren vom Staat gekauft werden konnten, die in den Besitz der Kommune übergingen. Je nach finanziellem Aufwand und Umfang der Gerätschaften und Tätigkeiten sollten so innerhalb der Kommunen verschiedene Ebenen des Eigentums gebildet werden. Die Verwendung lokaler Ressourcen und eigener Kenntnisse und Fertigkeiten der Bauern sollten in vielen kleinen Experimentierstationen gesammelt, ausprobiert und beispielhaft propagiert werden.

Da im Zuge der Reprivatisierung ab 196o die Volkskommunen als organisatorische Einheiten de facto ihre Existenz aufgegeben hatten, fehlte der organisatorische Rahmen für dieses Konzept. Die Liuisten hielten darüber hinaus den Finanzierungsmechanismus aus eigener Kraft für unpraktikabel, er beinhaltete zumindest die Gefahr der weiteren Differenzierung innerhalb der Landwirtschaft, und die Erfolge der eigenständigen Mechanisierung aufgrund mangelhafter Kenntnisse der Bauern für unzureichend. Sie verfolgten deshalb seit 1962 ein Konzept, in dem nicht die eigene Kraft und die eigene Initiative, sondern der Staat die entscheidende Funktion bekam[556]. Dieses Konzept geht möglicherweise auf einen von Po I-po im Jahre 1959 angekündigten "Zehn-Jahres-Plan" zur technischen Transformation der Landwirtschaft zurück, in dem ihre Mechanisierung, Elektrifizierung und Chemisierung mittels staatlicher Hilfe angekündigt wird[557].

Erste Maßnahmen waren 1961 die Schließung von 6oo bis 7oo kleinen Agrarforschungsinstituten und an deren Stelle der Aufbau staatlicher Forschungskapazitäten zur Agrarentwicklung. 1962 wurden 88 Prozent der erst 1958 in Kollektivbesitz übereigneten Traktoren wieder in staatlichen MTS zusammengefaßt. Damit war eine Maßnahme rückgängig gemacht, die im Anschluß an Kang Shengs Inspektionsreise durch die Sowjetunion, der das sowjetische MTS-System für unwirtschaftlich erklärt hatte, eingeleitet worden war. Die Argumente für die neuerliche Verstaatlichung des ländlichen Maschinenparks lauteten, daß nur so eine effektive Auslastung der Geräte möglich sei und die Geräte von Fachkräften bedient würden. Im übrigen ständen nur den staatlichen MTS genügend finanzielle Mittel zur Verfügung, die einen großzügigen Ausbau erlaubten. Die MTS sollten auf Profitbasis arbeiten. Sie stellten neben dem Gerät auch das Bedienungspersonal zur Verfügung. Die Kollektive sollten entsprechende Nutzungsverträge mit den Stationen abschließen. 1966 wurde im Kreis Shuangcheng in der Provinz Heilungkiang das Modell einer solchen MTS herausgestellt. Neben der erwarteten höheren Effektivität stand bei Liu hinter diesem Konzept natürlich auch die Überlegung, daß Bauern aufgrund ihres sozialen Backgrounds ungeeignet seien, moderne Maschinenparks in kollektiver Organisation zu bedienen. Stattdessen sollten nach dem Muster der Industrie Fachkräfte, also Arbeiter, diese Funktionen wahrnehmen. Am Ende eines langen Prozesses würden die Bauern mit fortschreitender Mechanisierung ebenfalls zu Arbeitern.

1965 traten die Liuisten mit einem "Hundert Kreise" Plan zur Agrarentwicklung hervor. Dieser Plan sah vor, daß sich die staatlichen Investitionen in Form von Krediten an die MTS zunächst auf 1oo bis 2oo Kreise konzentrieren sollten, die bereits von Natur aus Überschüsse erzielten. Die Entwicklung dieser Kreise sollte soweit vorangetrieben werden, daß mittels der Gewinne der dortigen MTS die Finanzierung der Entwicklung weiterer Kreise ermöglicht werden könnte. Dabei ging man von jeweils 1o-jährigen Perspektiven aus. Ziel war also, über die Konzentration aller Ressourcen auf die Agrargebiete, die im Hinblick auf die effektivste Nutzung die besten Voraussetzungen versprachen, ein ungleichgewichtiges Wachstum in der Landwirtschaft zu initiieren, um so einerseits die Versorgung der Städte zu garantieren und andererseits die Mittel zur sukzessiven Entwicklung der übrigen Agrarregionen zu akkumulieren. Hier läßt sich also eine partielle Durchbrechung des "Gesetzes der proportionalen Entwicklung" feststellen.

Der Kollektivierungsprozeß sollte auf die Ebene der Produktionsgruppe zurückgeschraubt werden, die quantitativ im wesentlichen mit den früheren LPG des halbsozialistischen Typs identisch waren. Sie fungierten als kollektive Abrechnungseinheit und waren im Besitz der einfacheren Produktionsmittel.Die Arbeitsleistung der Bauern wurde nach einem gestaffelten Punktesystem bewertet,das nach Art der Tätigkeit bzw.Arbeitsqualifikation unterschied.Daneben wurde ein kleines Privatland zur Eigenversorgung mit Gemüse und Kleintierhaltung gestattet.

Wie Mao, der seit 1964 die aus eigener Kraft errungenen Erfolge der Produktionsbrigade Tachai im unwirtlichen Bergland von Shensi als Modell seiner Konzeption propagierte[558], bemühte sich Liu auch um ein Modell seiner Konzeption. Zu diesem Zweck hatte er bereits im August 1958 mit seiner Frau Wang Kwang-mei die Genossenschaft Taoyuan in der Nähe von Peitaiho in der Provinz Hopei inspiziert[559]. Diese Brigade lag in einer Gegend, die durch fruchtbares Ackerland ausgezeichnet war und bereits von sich aus eine Grundausstattung an Geräten und Zugvieh aufwies. Im Dezember 1958 wurde sie von Liu zur Modellbrigade ausersehen. Taoyuan sollte in jeder Hinsicht das völlige Gegenteil zu Tachai bedeuten. Die Brigade stand unter der Leitung eines ehemaligen "oberen Mittelbauern". Statt des Autarkiekonzepts von Tachai sollte eine Spezialisierung der Produktion auf den Anbau von Sorghum betrieben werden. In der Folgezeit erhielt Taoyuan staatliche finanzielle Unterstützung, Kunstdünger, Hochleistungssaatgut, elektrische Energie, Agrarmaschinen und Straßenbau. Dennoch soll der Flächenertrag 1963 nur 1,7 t pro acre gegenüber 2,25 t pro acre in Tachai betragen haben, was mit dem schlechten Management begründet wurde[560]. Deswegen entsandte Liu im November 1963 unter Führung seiner Frau, die dort allerdings unter einem Pseudonym auftrat, ein sogenanntes Arbeitsteam nach Taoyuan, das die Brigadeführung auswechselte und sich bis zum April 1964 dort aufhielt, um Erfahrungen zu sammeln. Der daraus resultierende Bericht Wang Kuang-meis unter dem Titel "Experiences in Taoyuan" lief in seinen Schlußfolgerungen darauf hinaus, die staatliche Kontrolle über die Agrarproduktion zu stärken.

Der organisatorische Beitrag der Industrie zur Agrarentwicklung bestand offenbar darin, daß die Agrarmaschinenproduktion in einer

Art Trust unter Leitung des 8. Ministeriums für Maschinenbau zusammengefaßt und organisiert werden sollte. Im August 1965 wurde eine diesbezügliche Nationalkonferenz abgehalten[561].

Diese Hinweise zeigen, daß das liuistische Konzept der Agrarentwicklung: staatliche Finanzierung, Organisation und Bereitstellung von Agroinputs und wissenschaftliche Agrarforschung einerseits sowie spezialisierte Produktion auf der Basis kleiner Kollektive, die nach dem Leistungsprinzip verfuhren, andererseits, 1965/66 erst im Stadium der Erprobung, der Planung und des Aufbaus war, nachdem zunächst kurzfristige Maßnahmen unter Einschaltung der Privatinitiative die Agrarkrise überwunden hatten. Die Kulturrevolution brachte dann in der Agrarpolitik die vorläufige Entscheidung, daß die Volkskommunen und nicht der Staat die Agrarmechanisierung betreiben sollten.

4.4.3. Industriepolitik

Seit dem Frühjahr 1961, also später als in der Landwirtschaft, wurde auch in der Industrie der Rückzug von der Strategie des Großen Sprungs eingeleitet. Im Dezember 1961 fand eine Konferenz von Parteisekretären statt, auf der Pos "7o Artikel zur Industriepolitik" zur Diskussion standen[562]. Diese 7o Artikel verkörperten die Politik der nächsten Jahre und standen mit der Rückkehr zum Direktionsprinzip, der Zurückdrängung der Partei aus dem täglichen Management, der Gewährung individueller materieller Anreize, also der Rückkehr zum Primat der Produktion, im Gegensatz zu der von Mao favorisierten Anshan-Charta, die die Prinzipien der Massenlinie, der Parteikontrolle und des Primats der Politik bei der Betriebsführung propagierte[563]. In ihrem Tenor sind die "7o Artikel" aber dennoch eher ein Dokument des Krisenmanagements für den Industriebereich als ein langfristiges Programm.

Die eigenständige liuistische Konzeption zur Industriepolitik[564] schälte sich aber nämlich erst in einer Serie von Konferenzen in den Jahren 1965/66 heraus, die von der Staatswirtschaftskommission veranstaltet wurden. Leiter dieser Behörde, die für die Ausarbeitung der Fünfjahrespläne verantwortlich zeichnete, war zu diesem Zeitpunkt Po I-po. Ausgangspunkt der Überlegungen war, wie aus einem Liu zugeschriebenen Zitat von 1963 zu entnehmen ist[565], der Gedanke, sich die Industrieorganisation nach monopolistischem Trustmuster zum Vorbild zu nehmen.

Das bedeutete, jede Branche ist nach Möglichkeit in einer Staatsgesellschaft zusammenzufassen, als deren oberstes Kontrollorgan ein Industrieminierium fungiert. Unterhalb dieser Kontrollebene und der vom Plan gegebenen Kennziffern, die vor allem Gewinn- und Kostengesichtspunkte vorsehen, besteht eine weitgehende Autonomie der Betriebsleiter, die allein verantwortlich sind. Kennzeichen der so organisierten Betriebe sollen Spezialisierung, Standardisierung und Systematisierung der Produktion sein, das heißt weitgehende Arbeitsteilung zwischen den Betrieben, die über ein Netz von Zulieferer- und Montagewerken untereinander verbunden sind. Das Kriterium für die Brauchbarkeit eines Betriebes ist also weniger die Größe als die spezialisierte Funktion. Die Lieferverträge zwischen den Betrieben sollten von der Betriebsleitung ausgehandelt werden. Im Gegensatz zu Maos Konzept der autarken Fabriken nach dem später aufgegebenen Muster der Fordwerke lehnten die Liuisten sich also an die General Motors-Konzeption an.[566]

Während auf Betriebsebene die Kontrolle von Partei und Gewerkschaftsgremien weitgehend ausgeschaltet wurde, fand umgekehrt eine starke Konzentration von Kontrollbefugnissen bei den Pekinger Ministerien statt. Zu diesem Zweck wurde seit 1963 die Zahl der Ministerien, vor allem der rüstungsbezogenen Maschinenbauministerien, gegenüber 1959 von 31 auf 4o Ministerien erhöht. Damit hatte man fast wieder die Spitzenposition des Jahres 1956 mit 41 Ministerien erreicht, die im Zuge des Sprungs drastisch reduziert worden war[567]. Im Verlauf der Kulturrevolution wurde die Zahl der Ministerien erneut stark reduziert. Sie betrug 1971 auf dem Tiefpunkt nur noch 16, um dann bis 1975 wieder auf 26 anzusteigen. Die Zu-

und Abnahme der Zahl der Ministerien, betroffen sind vor allem die Ministerien mit speziellen wirtschaftlichen Aufgaben, spiegelt also die jeweils verfolgte Linie in der Industriepolitik. Dezentralisierung im Sinne der Verlagerung von Verantwortung auf Provinz- oder Kreisebene bedeutet Verringerung der Ministerien. Die Kontrolle wird dann von den unteren Parteigremien ausgeübt. Dezentralisierung im Sinne von stärkerer Verantwortlichkeit der Betriebsleiter bedeutet Zunahme der Ministerien, da jetzt die Kontrolle den unteren Parteigremien entzogen ist und in Peking konzentriert wird.

Neben den branchenspezifisch gekennzeichneten Ministerien für Kohle, Öl, elektrische Energie, Metallurgie, Chemie etc.existierten 1965 allein acht Ministerien für Maschinenbau[568] und zwei Ministerien für Leichtindustrie nebst einem Textilministerium. Die Vermutung liegt nahe, daß diese Ministerien die seit 1965 gegründeten 12 Trust kontrollieren sollten. Dabei handelte es sich um die Branchen Pharmazie und Agrarmaschinen (mit zwei anderen bereits 1964 als Experiment gegründet) Gummi, Aluminium, Automobile, Traktoren, Verbrennungsmotoren, Salz und Textilien. Entsprechende Maßnahmen für Stahl und Öl waren bereits angekündigt[569]. Es kann vermutet werden, daß der unveröffentlichte 3. Fünfjahresplan, der am 1.1.1966 beginnen sollte, diese Konzeption, die bis dahin noch im Stadium des Experimentierens und der Planung war, etablieren sollte. Auch hier legte die Kulturrevolution einen Riegel vor.

4.5. Theorie und Praxis des liuistischen Entwicklungsmodells

Nachdem die verschiedenen Quellen, aus denen sich Hinweise für ein liuistisches Modell entnehmen lassen, untersucht worden sind, sollte es möglich sein, diese Hinweise zu systematisieren und zu einem Gesamtbild zu komponieren[570]. Dabei wird sich herausstellen, daß das liuistische Modell eine ebensolche Konsistenz und Geschlossenheit in erkenntnistheoretischer, politischer, sozialer und wirtschaftlicher Hinsicht in Theorie und Praxis aufweist, wie das bereits bei der Analyse des maoistischen Modells sichtbar wurde.

Ebenso wie bei Mao läßt sich auch die eindeutige Zuordnung des Liuismus auf eine allerdings andere soziale Basis treffen. Die unterschiedlichen sozialen Basen von Liuismus und Maoismus verdanken ihre Entstehung der Herausbildung der heterogenen Wirtschaftsstruktur nach 1842 und lassen Schlüsse auf den sozialen und ökonomischen Hintergrund des chinesischen Linienkampfes zu.

Die folgende Tabelle 74 versucht anhand eines Strukturmodells die einzelnen Dimensionen des Liuismus aufzuzeigen und in einen systematischen Zusammenhang zu bringen.

Zwischen den Feldern der Tabelle sollen sowohl vertikale wie horizontale Beziehungen bestehen. Ausgehend von einem erkenntnistheoretischen Axiom Lius lassen sich die grundlegenden gesellschaftstheoretischen Aussagen des Liuismus (vertikale Achse) herleiten. In der horizontalen Dimension werden die jeweils zu folgernden Konsequenzen bis hin zur Praxis der Wirtschaftspolitik entwickelt, wobei sich in jeder Spalte wieder vertikale Beziehungen ergeben können.

Am Anfang steht bei Liu die Aussage, daß Erkenntnis durch Theorie zu gewinnen ist und nicht, wie bei Mao gefordert, durch gesellschaftliche Praxis ihre Anstöße bekommt. Hierbei handelt es sich um eine Basisaussage des liuistischen Denkens, deren Vermittlung Liu einige Mühe macht, wie die Darstellung seiner Begründung des proletarischen Charakters der Partei auch ohne aktuelle gesellschaftliche Praxis in "On the Party" (vgl. dazu S.375) deutlich macht. Da die soziale Basis der Partei bei Liu das Industrieproletariat ist, und die Niederlage der Revolution in den Städten 1927 vorläufig nur die ländliche Strategie Maos zuläßt, würde er allerdings mit einer praxisorientierten Begründung seiner Konzeption in Schwierigkeiten geraten, will er nicht, wie ganz offensichtlich nicht der Fall, seine politische Theorie ändern. Da die gesellschaftliche Praxis "seines" historischen Subjekts, die Klassenkämpfe des Industrieproletariats, für lange Zeit nicht mehr möglich ist, flüchtet er sich in die Theorie, um darauf den proletarischen Charakter der Partei zu begründen.

Tabelle 74: Strukturmodell von Theorie und Praxis des Liuismus

Gesellschafts-theorie	wirtschaftliche Prinzipien	ökonomische Theorie	Planungsmethode	wirtschaftspolitische Praxis
<u>theoretische Erkenntnis</u> Selbstschulung Erziehung Kaderlinie, Avantgarde Klassenlinie des Proletariats	Primat der Produktion Effektivität Leistung Qualität Kostenbewußtsein Vertrauen auf Experten materielle Anreize	Gebrauchswert und gesellschaftlich notwendige Arbeitszeit Wertgesetz Kostenpreise, Durchschnittsprofite Produktionspreise Differentialrenten komparative Vorteile	direkt nach strategischen Prioritäten indirekt über Preise Gewinne, Steuern, Gewinnkennziffern, Kostenkennziffern, Preiskennziffern	staatliche Hilfe und Forschung Ausbildung von Experten und Facharbeitern Ministerialkontrolle Autonomie der Betriebe Verantwortlichkeit von Direktoren, Ingenieuren, Technikern, LPG-Führern; Kontraktarbeit, Zeitarbeit, saisonale Rotation Lohnskala, Prämien, Sozialleistungen Weiterentwicklung vorhandener Industriezentren und leistungsfähiger Agrarregionen Import von Technologie
<u>Einheit der Gegensätze</u> Endlichkeit des revolutionären Prozesses kontinuierliche, gesetzmäßige Entwicklung Klassenkooperation, Kompromisse	Zentralisierung Standardisierung Systematisierung Spezialisierung Arbeitsteilung Konzentration	Interdependenz proportionale Entwicklung spiralförmiges Wachstum Industrialisierung durch Agrarentwicklung (Markt) und Agrarentwicklung durch Industrialisierung (Lieferung von Produktionsmitteln)	zentraler Plan Akkumulation über zentrale Umverteilung Ausgleich zwischen Betrieben, Branchen und Regionen	Trust, vertikal organisiert Lieferverträge MTS mit Fachkräften spezialisierte Produktionsbrigaden
<u>Determinierung des Überbaus durch die Basis</u>	Produktivkraftentfaltung vor Änderung der Produktionsverhältnisse	Industrialisierung vor Sozialisierung Mechanisierung vor Kollektivierung	Beibehaltung unterschiedlicher Eigentumsformen Planung und Eigeninitiative	Staatseigentum, Kollektiveigentum und Privateigentum: Privatland, Nebentätigkeiten, lokale Märkte

Wenn Klassenbewußtsein und Einsicht in historische Abläufe auch ohne gesellschaftliche Praxis durch Selbstschulung und Erziehung zu vermitteln sind, spielt die eigene Erfahrung des Klassenkampfes nicht mehr die dominierende, bei Liu offenbar nur noch eine untergeordnete Rolle. Daraus ergibt sich zwangsläufig Lius Kaderlinie und sein Verständnis von der Rolle der Avantgarde anstelle des maoistischen Prinzips der Massenlinie.

Auf der vertikalen Ebene des Strukturmodells führt die liuistische Erkenntnistheorie zu einem von Mao verschiedenen Verständnis über die Dynamik des historischen Prozesses. Wie nicht die Praxis des Klassenkampfes, also die Erfahrung von gesellschaftlichen Widersprüchen das Medium von Erkenntnis ist, so ist auch nicht der Widerspruch und seine Überwindung das unendliche Movens der Geschichte. Folglich ist der Widerspruch nicht absolut sondern relativ. Alle Widersprüche sind letztlich in der Einheit der Gegensätze aufhebbar. Das bedeutete für den revolutionären Prozeß die schließliche Aufhebung der gesellschaftlichen Widersprüche in der sozialistischen Gesellschaft. Nach der Revolution sind weiterhin bestehende Widersprüche nicht mehr antagonistisch, sondern durch Erziehung und Überzeugung aufhebbar. Anstelle des permanenten Klassenkampfes tritt die kontinuierliche, gesetzmäßige Entwicklung, der Kompromiß und die Klassenkooperation.

Wenn ein weiterhin bestehender Handlungsspielraum des Subjekts, das durch seine revolutionäre Tat die Widersprüche lösen und die Entwicklung von der Seite der Produktionsverhältnisse und des Überbaus vorantreiben kann, geleugnet wird, dann ist gesellschaftliche Entwicklung durch die Entwicklung der materiellen Basis determiniert.

Es ergeben sich somit auf der vertikalen Ebene des Modells im gesellschaftstheoretischen Bereich drei grundlegende Prinzipien: theoretische Erkenntnisfähigkeit, Einheit der Gegensätze und Determinierung des Überbaus durch die Basis, die auf der horizontalen Ebene im Hinblick auf ihre Auswirkungen in Theorie und Praxis des Entwicklungsmodells weiterverfolgt werden sollen.

Im Bereich wirtschaftlicher Prinzipien bedeutet Primat der Theorie gegenüber der Praxis Primat der Produktion gegenüber der Politik. Hinter dieser grundsätzlichen Alternative des Linienkampfes verbirgt sich nämlich die Frage, ob im Prozeß des wirtschaftlichen Aufbaus die praktische Erfahrung, mithin das bewußtseinsbildende Element des "Produktionskampfes" oder das wirtschaftliche Resultat der Produktion Priorität genießt. Da die Liuisten der gesellschaftlichen Praxis keinen außerordentlichen Stellenwert beimessen und den Klassenkampf nach der Revolution ablehnen, erblicken sie auch keinen Vorteil im Primat der Politik. Primat der Produktion heißt dann aber, daß Prinzipien wie Leistung, Effektivität, Qualität und Kostenbewußtsein, aber weniger sozialistisches Bewußtsein im Vordergrund stehen. Diesen Prinzipien wird am ehesten Genüge getan, wenn man auf Experten und materielle Anreize vertraut.

In der ökonomischen Theorie muß dann neben den Gebrauchswertaspekt eines Produkts das Kriterium der gesellschaftlich notwendigen Arbeit zu seiner Herstellung treten. Um dieser Forderung nicht nur ex post durch den Markt, sondern ex ante durch den Plan gerecht zu werden, wird auf das Wertgesetz zurückgegriffen, dem unabhängig von der Produktionsweise eine zwar durch den Plan korrigierte, aber doch vorhandene Gültigkeit zugemessen wird. Da in entwickelten kapitalistischen Wirtschaftssystemen, wie beschrieben, das "Gesetz vom Ausgleich der Profitraten" die Preisbildung regelt, müssen auch in sozialistischen Wirtschaftssystemen Kostenpreise, Durchschnittsprofite und Produktionspreise in der Industrie, Differentialrenten in der Landwirtschaft und komparative Kostenvorteile im Außenhandel Elemente der ökonomischen Theorie bleiben.

Hinsichtlich der Planungsmethodik tritt neben die gebrauchswertorientierte direkte Planung entsprechend militärischen, politischen und strategisch-ökonomischen Kriterien die indirekte Planung, die mit Preisen, Gewinnen, Steuern u.a. Instrumenten arbeitet und anstelle der Mengenkennziffern Gewinn-, Kosten- und Preiskennziffern vorgibt, die die Gesichtspunkte der Effektivität, Kostensenkung und Qualität der Produktion in den Vordergrund stellen.

In der wirtschaftspolitischen Praxis bedeutet das schließlich den Vorrang staatlich organisierter Maßnahmen auf wissenschaftlicher Basis in jeder Beziehung statt des Vertrauens auf die eigene Kraft. Das Ausbildungssystem soll Experten und Facharbeiter hervorbringen. Forschung und Entwicklung sollen von Wissenschaftlern betrieben werden. Die Verantwortlichkeit liegt auf volkswirtschaftlicher Ebene bei den Pekinger Planungsbehörden und Ministerien, auf betriebswirtschaftlicher Ebene, je nach Tätigkeitsbereich, bei den Direktoren, Ingenieuren, Technikern und in der Landwirtschaft bei den LPG-Führern. Effektivität und Kostensenkungen werden durch Kontrakt- und Zeitarbeit sowie saisonale Rotation statt Dauerarbeit und durch Lohndifferentiale, Prämien und gestaffelte Sozialleistungen statt Einkommensnivellierungen erreicht. Mit dem Import ausländischer Technologie, wenn auch kontrolliert, sollen komparative Vorteile wahrgenommen werden. Bereits vorhandene Industriezentren bzw. von Natur aus fruchtbare Agrarregionen weiter zu entwickeln, verspricht bei knappen Ressourcen den höchsten Effekt.

Die Theorie von der Einheit der Gegensätze führt auf der horizontalen Ebene zu den wirtschaftlichen Prinzipien Zentralisierung und Standardisierung der Produktion. Das gleiche ließe sich auch auf der vertikalen Ebene aus dem Prinzip der Effektivität ableiten. Standardisierte und systematisierte Produktion unter zentraler Leitung läßt sich am effektivsten durch spezialisierte und arbeitsteilige Produktion unter jeweiliger Konzentration der Ressourcen herbeiführen.

Auf dem Gebiet der ökonomischen Theorie bedeutet Einheit der Gegensätze und kontinuierliche, gesetzmäßige Entwicklung die Hervorhebung der Interdependenz aller Sektoren und Branchen, die nur eine proportionale Entwicklung (balanced growth) in Form einer Spirale zuläßt. Die sprunghafte, gleichzeitig auf Bewußtseinsvermittlung gerichtete Entwicklung des maoistischen Modells findet hier keinen Platz. Proportionale und interdependente Entwicklung heißt in der Praxis, daß die Industrialisierung nur auf der Basis gleichzeitiger Agrarentwicklung (Lebensmittel, Rohstoffe, Freisetzung von Arbeitskräften, Markt, Steuern etc.) voranschreiten kann, wobei umgekehrt die Industrie die notwendigen Produktionsmittel zu liefern hat.

Zentralisierung heißt im Bereich der Planung Maßgabe durch einen zentralen Volkswirtschaftsplan und zentral gesteuerte Akkumulation über das Staatsbudget. So können die aus strategischen Gründen notwendigen Korrekturen gegenüber der Eigendynamik des Wertgesetzes vorgenommen werden, und gegebenenfalls im Hinblick auf die erweiterte Reproduktion Umverteilungen zwischen Betrieben, Branchen und Regionen vorgenommen werden, um entweder gleichmäßige Entwicklung, oder wenn es aus Effektivitäts- oder strategischen Gründen notwendig ist, besondere Konzentration zu erreichen.

Die adäquate Organisationsform bilden im Bereich der Industrie vertikal organisierte Trusts, die durch Lieferverträge verbunden und auf die Produktion bestimmter Bauteile spezialisiert sind. Die effektivste Kontrolle und das effektivste Management sind aus den Stichworten der betreffenden Spalte zu entnehmen. Im Bereich der Landwirtschaft bedeutet das staatliche Hilfe bei Forschung und Finanzierung (vertikale Ebene),staatliche MTS, die mit Facharbeitern ausgerüstet sind, und Spezialisierung der Produktionsbrigaden auf bestimmte Anbauprodukte.

Die Determinierung des Überbaus durch die Basis führt zum Prinzip des Primats der Produktivkraftentfaltung. Die Änderung der Produktionsverhältnisse hat sich nur nach dem jeweiligen Stand der Produktivkräfte zu richten. Das heißt konkret, Vorrang der Industrialisierung vor der Sozialisierung in der Industrie und Vorrang der Mechanisierung vor der Kollektivierung in der Landwirtschaft. Für den Planungsprozeß bedeutet das die langfristige Beibehaltung unterschiedlicher Eigentumsformen und die Berücksichtigung der Privatinitiative neben der Planung, die allenfalls durch die genannten indirekten Mechanismen gesteuert werden kann. Also muß neben dem Staatseigentum in der Industrie das Kollektiveigentum in der Landwirtschaft beibehalten und, soweit nötig, Privatland zur Eigenversorgung, handwerkliche Nebentätigkeiten und kleine lokale Märkte gestattet werden.

Wie bereits mehrfach angedeutet, läuft dieses Entwicklungsmodell darauf hinaus, bei der Gesamtentwicklung auf das Potential der bereits vorhandenen industriellen Zentren in der Mandschurei sowie in den ehemaligen Vertragshäfen zu vertrauen, deren Kapazitäten in der Phase der Kooperation mit der Sowjetunion noch weiter ausgebaut wurden. Das agrarische Hinterland hat bei der Gesamtentwicklung nur eine Hilfsfunktion. Die besondere Rücksichtnahme auf die Landwirtschaft erklärt sich nur aus der Rücksicht auf den Akkumulationsprozeß, nicht durch ein primäres Ziel der Agrarentwicklung. Wie die Bauern in Lius politischer Strategie nur die nützlichen Bündnispartner der Arbeiterklasse sind, hilft die Landwirtschaft bei der Industrialisierung. Wie nur das an die Macht gelangte Proletariat schließlich auch die zu ihrer eigenen Befreiung unfähigen Bauern befreien kann, so kann letztlich nur die Industrie bzw. die von den Arbeitern hergestellten Produktionsmittel, eine langfristige Agrarentwicklung garantieren.

Um dieses langfristige Ziel auf schnellstmögliche und effektivste Weise zu erreichen, sind Leistungsprinzip, Experten, materielle Anreize, Einkommensunterschiede etc. unerläßlich. Das wiederum führt zwangsläufig dazu, daß sich das Stadt-Landgefälle im weitesten Sinne: Einkommen, Konsumgüterangebot, Versorgung mit öffentlichen Diensten, Ausbildung, medizinische Versorgung etc. perpetuiert. An dieser Stelle treffen sich die Interessen der sozialen Basis der liuistischen Strategie und die Resultate des liuistischen Akkumulationsmodells. Unbeschadet sonstiger ideologischer Begleitmusik bevorzugt das maoistische Modell mit seiner Konzeption von Dezentralisierung, regionaler Autarkie, Einkommensnivellierung und dem Vertrauen auf die eigene Kraft die Ökonomie des Hinterlandes und damit die Masse der Bauern, während das liuistische Modell qua Zentralisierung, Arbeitsteilung, Einkommensdifferenzierung, Vertrauen auf Experten und Ausbildung von qualifizierten Kopf- und Handarbeitern die Ökonomie der modernen Städte und damit die Industriearbeiter und Intellektuellen, also die Manager, Wissenschaftler, Bürokraten, Parteiführer und Offiziere in erster Linie an der wirtschaftlichen Entwicklung teilnehmen läßt. Insofern besitzt der Liuismus mit den Gewerkschaften, in der Bürokratie, in der Partei und in der Armee immer die stärkeren, weil besser organisierten Lobbyisten gegenüber der unwissenden und schlecht organisierten Bauernschaft.

Der historische Hintergrund für den innerchinesischen Linienkampf, der meiner Meinung nach in erster Linie ein Kampf um die Entwicklungsstrategie mit allen ihren beschriebenen Facetten und Auswirkungen ist, ist in der Gesellschaftsformation des vorrevolutionären China zu suchen.Der konzeptionelle Gegensatz zwischen Liuismus und Maoismus ist ein Reflex der partiell dualistischen und partiell strukturell heterogenen Beziehungen zwischen dem peripherisiertem und dem traditionellen China. Für den Maoismus mißt sich Entwicklung an der Aufhebung dieser Kluft. Deshalb will er auch um den Preis der geringeren Effektivität auf zwei Beinen gehen, um die Kluft von beiden Seiten zu schließen. Der Liuismus mißt Entwicklung am wirtschaftlichen Ergebnis. Die effektivste Nutzung der gesamtwirtschaftlichen Ressourcen, angesichts des noch vorherrschenden Mangels, erfordert sogar auf unbestimmte Zeit das Stadt-Land-Gefälle, das dann sukzessive und regional ausgeweitet von oben abgebaut werden soll. Der Liuismus ist mehr als nur ein sinifiziertes sowjetisches Modell, das den objektiven chinesischen Gegebenheiten Rechnung trägt, sondern wie der Maoismus eine konzeptionelle Variante, die sich aus der vorrevolutionären chinesischen Gesellschaftsformation ergeben hat.

TEIL III

DIE PRAXIS DES CHINESISCHEN ENTWICKLUNGSMODELLS

1. DIE ÜBERWINDUNG DER STAGNATION IM TRADITIONELLEN SEKTOR

Als Ursache für die Stagnation der traditionellen chinesischen Gesellschaftsformation war die Verschränkung dreier Faktoren identifiziert worden, die im Rahmen des traditionellen China nicht zur Auflösung gelangen konnte und im Zuge der Penetration erhalten blieb bzw. regional in deformierter Weise zementiert wurde. Die ungleichmäßige Verteilung des Einkommens und die unproduktive Verwendung der Überschüsse in den Händen der Beamten- und Gentryklasse ließen kaum Investitionen in der Landwirtschaft zu. Bäuerliche Hausindustrie, weitgehend lokale Autarkie und staatliche Monopole verhinderten die Herausbildung eines nationalen Markts für Massenkonsumgüter, der eine Arbeitsteilung zwischen Stadt und Land und eine Kommerzialisierung beider Sektoren zur Folge gehabt hätte. Unter diesen Bedingungen konnte der Ausweg im Kampf gegen das Bevölkerungswachstum nur in der Intensivierung der Arbeit mit der Konsequenz stagnierender Agrartechnologie gesucht werden[1].

Die Tatsache, daß weder die traditionelle chinesische Gesellschaft noch seit 1842 der Imperialismus oder Ansätze einer reformfreudigen nationalen Bourgeoisie in der Lage waren, diesen Kausalzusammenhang aufzubrechen, ohne die gesellschaftlichen Institutionen im traditionellen Sektor grundlegend in Frage zu stellen, deutet darauf hin, daß die Transformation der Produktionsverhältnisse im traditionellen Sektor die Conditio sine qua non jeder Entwicklungsstrategie bedeutet. Die KPCh übernahm nach 1949 trotz aller Erfolge der politischen Arbeit unter den Bauern einen in der Gesamtwirtschaft dominierenden traditionellen Sektor, in dem die überkommenen Sozial- und Herrschaftsbeziehungen auf lokaler Ebene ungebrochen waren. Unabhängig davon, ob das anfängliche Ziel der Agrarpolitik in der Entwicklung des traditionellen Sektors um seiner selbst willen lag, oder ob seine Entwicklung nur dazu dienen sollte, akkumulationsfähige Überschüsse für den modernen Sektor zu produzieren, stand doch in jedem Fall fest, daß diese Ziele, wie von Mao gefordert, nur über vorangehende institutionelle Veränderungen zu erreichen waren. Die produktive Verwendung der Überschüsse setzte ihre Redistribution voraus. Der Aufbau eines Markts für Massenkonsumgüter verlangte die Auflösung der traditionellen Einheit von Manufaktur und Landwirtschaft sowie der Autarkie der traditionellen Marktgemeinden. Eine ländliche Produktivkraftentfaltung qua Mobilisierung ungenutzter Arbeitskraft konnte nur durch die Überwindung des Systems der Zwergbetriebe und der Bodenzersplitterung erreicht werden.

Die chinesische Entwicklungspolitik setzt deshalb trotz aller Kontroversen über Zeitpunkt, Tempo und Umfang der Maßnahmen auf der Ebene der Produktionsverhältnisse an, wobei allerdings verschiedene Phasen mit unterschiedlicher und teilweise sogar widersprüchlicher Zielsetzung auszumachen sind. Parallel dazu verläuft auch der Prozeß der Produktivkraftentfaltung im traditionellen Sektor in Phasen unterschiedlichen Tempos und mit unterschiedlichen Erfolgen. Deshalb soll die im folgenden zu begründende These aufgestellt werden, daß ein direkter Zusammenhang zwischen Erfolg und Tempo der wirtschaftlichen Entwicklung und bestimmten vorangegangenen institutionellen Maßnahmen besteht, wobei Mißerfolge oder Stagnationsphasen jeweils institutionelle Korrekturen oder organisatorische Neuansätze hervorbringen.

1.1. Institutioneller Wandel und Produktivkraftentfaltung - einige Hypothesen

Wenn in diesem Kapitel die Überwindung der Stagnation im traditionellen Sektor behandelt wird, ist damit naturgemäß in erster Linie die Landwirtschaft angesprochen. Die Analyse in Teil I dieser Arbeit hatte aber gezeigt, daß darunter keineswegs nur die agrarische Produktion, ihre Verteilung und Verwendung im engeren Sinne zu verstehen ist, sondern daß die Subsistenzwirtschaft im Rahmen der Marktgemeinden, ergänzt durch die Hausindustrie, auch die kleinindustrielle Fertigung und den Tertiärsektor mit einbezieht. Es wird zu zeigen sein, daß die

Maßnahmen zur Überwindung der Stagnation eben diese Aspekte im System der Volkskommunen und im Konzept der dezentralen Agroindustrialisierung wieder aufgreifen. Darüber hinaus müssen auch einige, im vorrevolutionären China nicht oder nur ungenügend wirksame Effekte wie die staatlichen Aktivitäten und die Rolle des Außenhandels im Hinblick auf den traditionellen Sektor mit einbezogen werden.

Die nähere Beschäftigung mit dem Schicksal des traditionellen Sektors im nachrevolutionären China läßt zwei zentrale Phänomene zu Tage treten, die offenbar in einem ursächlichen Zusammenhang stehen. Dabei handelt es sich um zwei Aspekte einer <u>inneren Logik</u> der von der Partei ausgelösten Maßnahmen im Bereich der <u>Produktionsverhältnisse</u>. Diese Logik besteht sowohl in <u>sachlicher</u> Hinsicht im Hinblick auf die anvisierten Entwicklungsziele als auch in <u>gesellschaftlicher</u> Hinsicht im Hinblick auf die Durchsetzbarkeit dieser Maßnahmen.

Von der Sachlogik ergibt sich die nicht zufällige zeitliche Aufeinanderfolge von Agrarreform, Kollektivierung, Institutionalisierung der Volkskommunen als Trägern von Tätigkeiten, die weit über die eigentliche Agrarproduktion hinausgehen, und schließlich zunehmender staatlicher Intervention[2]. Neben dem Aspekt der Zerschlagung der ökonomischen Basis der Gentry auf dem Lande zielte die sofort nach der Revolution einsetzende <u>Agrarreform</u> auf die <u>Redistributicn</u> der bereits im traditionellen China erwirtschafteten Überschüsse. Es ist nämlich keineswegs so, daß im traditionellen Sektor einer unterentwickelten Wirtschaft keine Überschüsse erzeugt werden, nur werden sie aufgrund der ungleichen Bodenverteilung und anderer institutioneller Mechanismen qua Pacht, Steuer, Zinsen und anderen Abgaben in die Hände einer Minderheit gelenkt, die entweder keinen Anlaß oder keine Möglichkeit sieht, diese Überschüsse produktiv zu verwenden. Es kommt also zunächst darauf an, diese Überschüsse einer produktiven Verwendung zuzuführen, um so eine Inititalzündung für weitere Akkumulation zu geben.

Diesen Effekt übte die Agrarreform aus. Die Umverteilung des Grundbesitzes und, soweit vorhanden, der Produktionsmittel der Landlords und anderer Grundeigentümer wie Kirchen, Militär und Schulen in den Besitz landloser oder landarmer Bauern sowie die Streichung aller Schulden schaffte eine breite Schicht von Kleinbauern, die von Pachtabgaben und Zinslasten befreit waren. Das so entstandene bäuerliche Mehreinkommen verblieb aber nur zu einem Teil in der Hand der Produzenten, es wurde vielmehr über eine effektivere Besteuerung - die Landlords hatten es vorher oft verstanden, sich um ihre Agrarsteuer zu drücken - sowie interne Terms of Trade zwischen Industrie und Landwirtschaft über die staatlichen Handelsorganisationen in den Staatshaushalt umgeleitet, wo es in den ersten Jahren der VR China den entscheidenden Beitrag zur Finanzierung der von jetzt an staatlich organisierten Akkumulation im modernen Sektor leistete. Der ökonomische Effekt der Agrarreform lag also wohlgemerkt primär nicht in einer Outputsteigerung sondern in der Redistribution vorhandener Überschüsse aus den Händen der Gentry in den Staatshaushalt.

Der nächste Schritt bestand in der Kollektivierung, die sich über einen Zeitraum von acht bis neun Jahren in einem weitgehend organischen Prozeß erstreckte. Von den anfänglichen saisonalen und später permanenten "Gruppen der gegenseitigen Hilfe" ging sie über die Kooperativenbewegung, wo jedes Mitglied sein Eigentumsrecht beibehielt, zur eigentlichen Kollektivierung über, wobei jetzt das individuelle durch das kollektive Eigentum ersetzt wurde, um schließlich in den Volkskommunen Ende der 5oer Jahre eine institutionelle Form anzunehmen, die den Rahmen rein agrarischer Tätigkeiten sprengte. Je größer die horizontale Ausdehnung dieser kollektiven Organisationen gedieh, desto differenzierter wurde gleichzeitig ihre vertikale Gliederung.

Die gemeinsame Zielsetzung dieser verschiedenen Kollektivierungsformen galt anders als bei der Agrarreform nicht mehr der Redistribution, sondern darüber hinausgehend der Outputsteigerung, wobei die Mobilisierung von Potentialen im Vordergrund stand, die in der vorrevolutionären chinesischen Landwirtschaft nicht oder nur kaum aktualisierbar waren bzw. deren Mobilisierung zu einer verschütteten Tradition gehörte. Gemeint ist damit in erster Linie die Mobilisierung saisonal oder ganzjährig nicht genutzter Arbeitskraft, die in größeren kollektiven Einheiten effektiver eingesetzt werden konnte. Nur so waren Arbeiten zur Be- und Entwässerung, Terrassenbau, Aufforstung und Infrastrukturbauten in größeren Ausmaß möglich, die wiederum zur Steigerung der Agrarproduktivität beitragen konnten.

Ein weiterer Vorteil lag in der besseren Nutzung vorhandener Produktionsmittel wie Zugvieh und Ackergerät auf größeren Betriebsflächen. Nicht zu unterschätzen sind auch die Effekte im Hinblick auf die Mobilisierung natürlicher Produktionsfaktoren wie Boden und Wasser, die im Zuge von Flurbereinigungen, Entfernen der Ahnengräber, Neulandgewinnung, Flußregulierungen, Anlegen von Wasserreservoiren etc. zur Geltung kamen. Wenn die Dimension dieser Maßnahmen im Laufe der forcierten Kollektivierung auch zunahm, blieb ihnen doch als Gemeinsames die ausschließliche Konzentration auf Aktivitäten, die im Rahmen traditioneller Produktivkraftentfaltung möglich waren, da auf moderne technologische Inputs verzichtet wurde[3], wenn man von den Staatsfarmen absieht, die allerdings von Beginn an dem modernen Sektor zuzurechnen sind. Prominentestes Beispiel solcher Mobilisierung traditioneller Potentiale war der Große Sprung, der die Ausweitung dieser Mobilisierungsstrategie sogar auf nichtagrarische Bereiche zum Ziel hatte.

Eine neue Qualität bekommen die institutionellen Maßnahmen mit der Reorganisation der Volkskommunen seit etwa 1963. Diese Volkskommunen sind gegenüber den 58er Volkskommunen in ihrem Umfang wesentlich verkleinert worden und praktizieren als wesentliches Neuelement ein vierstufiges Eigentumssystem mit entsprechender Funktionsteilung auf den Ebenen von Kommune, Brigade, Gruppe und Einzelhaushalt. Das ökonomische Schwergewicht liegt bei den Gruppen, die Eigentümer des Bodens und damit auch Bezieher und Verteiler der ertragsabhängigen Einkommen sowie die Entscheidungsträger über die Produktion der Grundnahrungsmittel und Industriepflanzen sind. Wichtig ist aber, daß nach einem gestaffelten System wesentliche Bereiche der Erzeugung agrarischer Inputs oder der Verarbeitung agrarischer Outputs und damit auch kollektive Akkumulationsmöglichkeiten und Entscheidungsbefugnisse auf Brigade-, Kommune- oder gar Kreisebene verlagert werden, die den institutionellen Rahmen moderner Produktivkraftentfaltung liefern und damit die Voraussetzung einer technischen Transformation des Agrarsektors ermöglichen.

Das so in Angriff genommene Konzept kleinindustrieller und dezentraler Agroindustrialisierung, d.h. die Erzeugung moderner Inputs wie Kunstdünger, Pflanzenschutzmittel, mechanische Ackergeräte und Bewässerungsanlagen, Hydroenergie u.a. sowie die wissenschaftliche Züchtung leistungsfähiger Saaten in kleinen Agrarforschungsinstituten, unterscheidet sich von ähnlichen Maßnahmen in anderen Ländern der Dritten Welt, wo sie unter dem Stichwort "Grüne Revolution" firmieren, in zweierlei Hinsicht. Erstens ist diese Agrartechnologie nicht bloß in technischem Sinne "intermediär", sondern in gesellschaftlichem Sinne den regionalen Gegebenheiten "angepaßt"[4], da diese Technologie nicht von Instituten der Ford- oder Rockefeller-Stiftungen und Multinationalen Konzernen geliefert, sondern von den betroffenen Bauern weitgehend aus eigener Kraft im weitesten Sinn entwickelt und erzeugt wird, und zweitens ist sie über kollektive Akkumulationsfonds der Brigaden oder Kommunen, wenn auch in unterschiedlichem Maße, finanzierbar, während die "Grüne Revolution" in Mexiko oder Indien nicht zuletzt am Kapitalmangel der Kleinbauern scheitert, die die aufwendigen Agrarinputs nicht finanzieren können[5].

Diese dritte Phase institutionellen Wandels im traditionellen Sektor der VR China, die etwa 1963 ihren Ausgang nimmt, wird in der allerjüngsten Zeit durch verstärkte staatliche Eingriffe ergänzt. Dabei sticht besonders der bereits 1967 einsetzende umfangreiche Import von Kunstdünger und der ab 1973 einsetzende massive Import kompletter Industrieanlagen zur Kunstdüngerproduktion ins Auge. Wie weit diese beiden Daten Markierungspunkte der Entwicklungsstrategie sind, muß noch zu klären sein. Daneben ist auch eine zunehmende Bereitstellung aufwendiger Agrarmaschinen wie Traktoren und Mähdrescher durch den staatlichen Sektor zu beachten. Diese tendenzielle Verlagerung agrarrelevanter Aktivitäten vom kollektiven auf den staatlichen Sektor korrespondiert mit Tendenzen innerhalb der Kommunen, daß bestimmte Aktivitäten auf höhere Ebenen verlagert werden oder, indem die Kreise als unterste staatliche Administrationsebene in die Herstellung von Agroinputs einbezogen werden, den Bereich des kollektiven Sektors zu verlassen.

Dahinter könnten zwei Gründe vermutet werden. Erstens führt die dezentral organisierte und finanzierte Agrarentwicklung im Rahmen der Volkskommunen zu regionalen Disparitäten in der Landwirtschaft, die einige von Natur oder Infrastruktur (Stadtnähe) begünstigte Regionen den Anschluß an den modernen Sektor eher finden lassen, während das Hinterland sich nur langsam entwickelt. Hier könnte ein stärkeres staatliches Engagement ausgleichende Wirkung haben. Der zweite Grund könnte darin bestehen, daß die dezentrale Agroindustrialisierung an Grenzen stößt. Nachdem sie die Initialzündung zur Modernisierung der Landwirtschaft geleistet hat, muß doch eine Verlagerung auf die Großproduktion agrarischer Inputs stattfinden[6].

Die Logik der gesellschaftlichen Durchsetzbarkeit der genannten institutionellen Maßnahmen ist durchaus ebenso eindrucksvoll. In Fällen, in denen die anvisierten Produktionsverhältnisse dem gesellschaftlichen Bewußtsein der betroffenen Bauern und dem Stand der agrikolen Produktivkräfte zu weit zu enteilen drohten (wie in der ersten Phase der Kommune-Bewegung 1958/59),und die neuen Produktionsverhältnisse sich aus verschiedenen Gründen als dysfunktional für die weitere Entwicklung erwiesen, waren Korrekturen bzw. zeitweise sogar echte Rückschritte wie in der Phase der beschriebenen San Tzu I-pao

Politik 1961-62 notwendig. Sie kulminierten allerdings in einer Neuorganisation,die langfristig doch einen gesellschaftlich wie ökonomisch organischen Prozeß erkennen läßt.

Diese These soll anhand einiger Daten veranschaulicht werden, wobei als Indikatoren für diese Entwicklung Zahl und Umfang der kollektiven Einheiten, gemessen in Haushalten und Ackerfläche, zugrunde gelegt werden (vgl. Tabelle 75).

Die Tabelle vermittelt leider nur einen fragmentarischen Überblick über den Verlauf des kollektiven Organisationsprozesses auf dem Lande, da, wie in anderen Bereichen auch, offizielle quantitative Angaben nach 196o sehr spärlich werden. Dennoch lassen sich einige Schlüsse ziehen.

Der Anteil der ländlichen Bevölkerung, der in den Kollektivierungsprozeß einbezogen wird, erreicht innerhalb von neun Jahren (195o - 1958) nahezu 1oo Prozent, verläuft dabei aber keineswegs kontinuierlich,sondern in Wellen. In den ersten beiden Jahren sind erst ca. 2o Prozent der bäuerlichen Haushalte überwiegend in den saisonalen Nachbarschaftsgruppen organisiert. Dieser Prozentsatz erhöht sich 1952 auf 4o Prozent und stabilisiert sich im folgenden Jahr bei dieser Marke. Parallel zu dieser horizontalen Ausweitung vollzieht ein steigender Anteil der Haushalte den Übergang von den saisonalen zu den permanenten Hilfsgruppen. Der nächste Sprung setzt 1954 ein und erreicht die 6o Prozent-Marke, wobei neben der absoluten Ausdehnung der Übergang zur Kooperative einsetzt. 1955 erfolgt wieder eine Konsolidierungsphase in absoluter Hinsicht. Gleichzeitig verlagert sich das Gewicht weiter von den saisonalen über die permanenten Hilfsgruppen zu den echten Kooperativen. 1956 kommt der dritte Sprung über die Marke von 96 Prozent, so daß im Bereich der gesamten kollektiven Organisation kaum noch Ausdehnung möglich ist. Parallel dazu verläuft der Übergang von den Hilfsgruppen zu den Kooperativen und bereits ein mächtiger Schub in Richtung höherer Organisationsformen, da die echten Kollektive, in denen das Privateigentum an Produktionsmitteln vom Einzelhaushalt an das Kollektiv übergeht, zum ersten Mal gewichtige Bedeutung bekommen.

Tabelle 75: Die Entwicklung der kollektiven Einheiten im Agrarsektor (Anzahl und Größe) 195o - 1974

	195o	1951	1952	1953	1954	1955	1956	1957	1958	1959	1961	1963	197o	1974
Zahl der Einheiten														
bäuerliche Haushalte[12] in Mio	1o5,5	1o9,3[7]	113,7	116,3	117,3	119,2	12o,o	121,5	123,5	124,8		137,o		167,o[13]
davon kollektiv organisiert in %[1]	1o,2	19,2	4o,o	39,5	6o,3	64,9	96,3	97,o	99,1					
saisonale Hilfsgruppen[1] in 1ooo	2o97	36oo	627o	5634	613o	3975								
permanente Hilfsgruppen[1] in 1ooo	627	1o75	1756	1816	38o1	3172								
Kooperativen[1] (halbsozialistisch)	18	129	3634	15o53	114165	633213	682ooo	72o22						
Kollektive[1] (vollzialistisch)	1	1	1o	15	2o1	529	312ooo	68oo81	752ooo[12]					
Volkskommunen									26578[1]	24ooo[1]	26ooo[1]	74ooo[2]	51ooo[2]	5oooo[3]
Brigaden in 1ooo										55o[9]	7oo[9]	75o[8]		75o[5]
Gruppen in 1ooo										3ooo[9]	46oo[9]	5ooo[8]		5ooo[6]
durchschnittl. Zahl der Haushalte pro Einheit														
Hilfsgruppen[7]	4	4	6	6	7	8								
Kooperativen[7]	1o	12	16	18	2o	27 32[1o]	51	54						
Kollektive[7]	32	3o	184	137	59	76	246 16o[11]	171	164[a]					
Volkskommunen									4637[a] 29o9[15]	5198[a] 3731[15]		1851[a] 16oo[8]	29oo[4]	3346[4]
Brigaden										227[a]		17o[8]		22o[5]
Gruppen										42[a]		24[8]		33[6]
durchschnittn. ha-Größe pro Einheit														
Kooperativen[8]			37,5	37,5	37,5	37,5	37,5							
Kollektive							153[11]		153[8]					
Volkskommunen										4565[8]		138o[8]		2o33[4]
Brigaden												145[8]		136[5]
Gruppen												2o[8]		2o[6]

1) Crook 1975, S.373
2) Crook 1975, S.374
3) Crook 1975, S.4o9
4) Crook 1975, S.375
5) Crook 1975, S.388
6) Crook 1975, S.395
7) Yeh Kung-chia 197o, S.15
8) Rochlin/Hagemann 1971, S.87
9) Yeh Kung-chia 197o, S.55
1o) Rochlin/Hagemann 1971, S.46
11) Rochlin/Hagemann 1971, S.48
12) Rochlin/Hagemann 1971, S.15
13) Crook 1975, S.367
14) Wong 1973, S.227
15) Skinner 1965, Part III, S.389; unterscheidet zwischen Durchschnitszahlen für ländl. und städt. Kommunen; die auf der Basis der ländl.Haushalte errechnete Zahl korrespondiert mit Skinners Angaben über die durchschnittl.Haushaltszahl aller Volkskommunen.

1957 ist wieder als ein Jahr der Konsolidierung anzusehen, in dessen Verlauf die echten Kollektive überall durchgesetzt werden. 1958 erfolgt der größte organisatorische Sprung. Die 68o ooo Kollektive des Jahres 1957 werden in 26 578 Volkskommunen umgewandelt. Das organisatorische Prinzip liegt also im jährlichen Wechsel von Erweiterung und Vertiefung der Kollektive.

Jetzt scheinen aber die Grenzen der kollektiven Organisation erreicht, wenn nicht überschritten zu sein, da bereits 1959 eine Dekollektivierung durch die Verlagerung des Schwergewichts innerhalb der Kommunen auf die Brigaden und sogar Gruppen einsetzt. Diese führt ab 196o bis 1962 zu einer de facto Auflösung der Kommunen und zu einer Restauration der Privatwirtschaft im Agrarsektor.

Die ökonomischen Hintergründe und politischen Entscheidungen dieses Rückzugs sind bereits geschildert worden. Hier interessiert das weitere Schicksal der Organisationsform der Volkskommune ab 1963 im Vergleich zu den Kollektiven der 5oer Jahre. 1963 wird nämlich die Zahl der Volkskommunen auf 74 ooo verdreifacht, wobei jede Volkskommune im Schnitt aus 1o Brigaden besteht, denen ihrerseits wieder 6 - 7 Gruppen untergeordnet sind. Gegenüber der Organisation von 1959 sind alle drei Ebenen erheblich verkleinert worden. Interessant ist, daß die 75o ooo Brigaden des Jahres 1963 zahlenmäßig mit den vollsozialistischen Kollektiven Anfang 1958 übereinstimmen.

Diese Übereinstimmung wird noch frappierender, wenn man neben das Kriterium der bloßen Zahl die durchschnittliche Größe der betroffenen Haushalte und des zu bewirtschaftenden Bodens stellt. Die Zahl der involvierten Haushalte sinkt 1963 auf Kommune-Ebene analog zur Gesamtzahl von 4 ooo - 5 ooo auf ca.1 85o. Wichtiger noch ist, daß diese Zahl auf Brigade-Ebene mit 17o das Niveau der Kollektive der Jahre 1957/58 und auf Gruppen-Ebene das Niveau der Kooperativen von 1953 bis 1955 erreicht. Analoges gilt für die Ackerfläche.

Die Brigade des Jahres 1963 ist mithin der organische Nachfolger der Kollektive der Jahre 1957 und 1958 und die Gruppe der Nachfolger der Kooperativen des sogenannten halbsozialistischen Typs, wie sie 1953 bis 1955 bestanden,und nicht mit deren größeren Ausführung 1956 bis 1957. Die Größe der 53er - 55er Kooperativen scheint sich mithin als die optimale Einheit für die kollektive Agrarproduktion herausgestellt zu haben. Bei diesen Zahlenvergleichen ist allerdings zu berücksichtigen, daß die Bevölkerung bis 1963 zugenommen hat, genauere Vergleiche also nicht mehr möglich sind.

Die genannte Organisationsstruktur bleibt offenbar bis 1969 bestehen. Dann kommt es zu einer Reduzierung der Volkskommunen um ein Drittel auf etwa 5o ooo, wobei die Zahl der Brigaden und Gruppen unangetastet bleibt. Die wachsende Bevölkerung drückt sich also nicht in einer wachsenden Zahl der Kollektive aus. Vielmehr sind die Kollektive jetzt in der Lage, ihr eigenes natürliches Wachstum zu verkraften. Die Angaben für 1974 hinsichtlich der Größe lassen erwartungsgemäß eine Zunahme der Haushalte und der Ackerfläche pro Kommune nicht aber pro Brigade oder Gruppe erkennen.

Dieser aufgrund der spärlichen vorhandenen Daten nur facettenhafte Überblick läßt den Schluß zu, daß der institutionelle Wandel nicht nur technischer Art war, sondern einen Hintergrund gewachsener oder sinnvoller sozialer Beziehungen aufweist. Wo nach dem Motto "je größer, desto sozialistischer" verfahren wurde, erzwangen die ökonomische und gesellschaftliche Dysfunktionalität entsprechende Korrekturen, wie die Reorganisation der Volkskommunen beweist.

Das folgende Schaubild illustriert den Wandel der Organisationsformen vor dem Hintergrund der traditionellen Sozialbeziehungen.

Schaubild 14: Kontinuität und Wandel in der Organisation des kollektiven Sektors

vor 1949	Einzelhaushalte (Volleigentümer, Pächter, Landarbeiter, Landlords)		Nachbarschaften	Dorf	Marktgemeinden /hsiang (noch ca. 58 000 bzw. 80 000)	Kreis (2110)
1950-52 Agrarreform	**Einzelhaushalte mit nivelliertem Grundbesitz**					
1950-55 Gruppen der gegenseitigen Hilfe	**Einzelhaushalte**	saisonale und permanente Hilfsgruppen				
1954-56 Kooperativen	**Einzelhaushalte**	Arbeitsgruppen	Kooperativen			
1956-57 Kollektivierung		Arbeitsgruppen	Brigaden	**Kollektive**		
August 1958-59 Volkskommunen					**Volkskommunen (24 000)**	
Sommer 59				**Brigaden**		
1960			**Gruppen**			
1961-62 Reprivatisierung	**Einzelhaushalte**					
1963 Reorganisation			**Gruppen**	Brigaden	Volkskommunen (74 000)	
seit ca.1970			**Gruppen**	Brigaden	Volkskommunen (50 000)	dezentrale Agroindustrie

Die umrandeten Einheiten geben die jeweiligen Eigentümer des Bodens an.

Die in Teil I beschriebene soziale Schichtung auf dem Land in Landlords, Volleigentümer, Pächter und Landarbeiter wurde unterhalb der staatlichen Administrationsebene von den aus der dörflichen Reproduktion resultierenden Nachbarschafts- und Dorfgemeinschaften überlagert. Die traditionellen Marktverbundsysteme, soweit noch erhalten, waren weitgehend mit der untersten staatlichen Verwaltungseinheit, den Gemeinden (hsiang) identisch, die in der nächsthöheren Organisation, den Kreisen (hsien) zusammengefaßt waren.

Die Agrarreform beseitigte zunächst die soziale Schichtung auf dem Dorf, indem der Grundbesitz der Landlords auf Pächter, landarme Bauern und Landarbeiter verteilt wurde. Dadurch entstand eine sozial weitgehend homogene Schicht von Kleineigentümern, die im Hinblick auf den Umfang des Grundbesitzes allerdings noch Unterschiede aufwies. Die saisonalen und permanenten Gruppen der gegenseitigen Hilfe organisierten 4 bis 1o Haushalte, blieben damit in ihrem Umfang unterhalb der traditionellen Nachbarschaften. Erst die seit 1954 geschaffenen Kooperativen erreichten mit 2o - 3o Haushalten das Niveau der Nachbarschaften, behielten aber die Organisation der Hilfsgruppen in Form von untergeordneten Arbeitsgruppen bei. Die seit 1956 einsetzende Kollektvierung verlagerte das ökonomische Gewicht von den Einzelhaushalten auf die Dorfebene, da jetzt nicht mehr die Einzelbauern, sondern die Kollektive Eigentümer des Bodens wurden. Die bis dahin bestehenden Organisationsformen wurden in ihrem Umfang aber als Unterabteilungen in Form der Brigaden und Arbeitsgruppen beibehalten. Bis 1957 wird der Prozeß der horizontalen Ausdehnung also von einer vertikalen Gliederung begleitet, die sich an traditionelle soziale Einheiten wie Nachbarschaften und Dörfer anlehnt.

Hätte die weitere Forcierung der Kollektivierung im Jahre 1958 diese Prinzipien beibehalten, dann hätten die neugeschaffenen Volkskommunen sich erstens an die nächsthöhere traditionelle Einheit, die Marktgemeinden anlehnen müssen, und zweitens die bisherige vertikale Gliederung übernehmen müssen. Beide Prinzipien wurden aber verletzt. Die zunächst 26 578 und nach der ersten Reorganisation 24 ooo Volkskommunen faßten im Schnitt 3 hsiang bzw,wo noch vorhanden, drei traditionelle Marktgemeinden zusammen[7]. Damit waren größenmäßige Einheiten geschaffen, die zwischen den traditionellen administrativen Einheiten hsiang und hsien lagen und, so vermutet Skinner, in etwa den traditionellen "mittleren Märkten" entsprachen[8]. Soziale Beziehungen bestanden auf dieser Ebene nicht. Neben dem sozialistischen Enthusiasmus der Jahre 1958/59, der in der Verwirklichung immer größerer kollektiver Einheiten die Möglichkeit sah, dem kommunistischen Endziel möglichst rasch nahe zu kommen, stand dahinter die Überlegung, bewußt organisatorische Einheiten zu schaffen, die mit den traditionellen Sozialbeziehungen brachen. Offenbar hatten trotz Agrarreform und Kollektivierung die traditionellen Dorfführer, solange die Kollektive den Rahmen von Nachbarschaften, Dörfern und Marktgemeinden nicht sprengten, gegenüber den neuen Parteikadern ihren Einfluß behalten.

Vermutlich waren die 58er Volkskommunen in ökonomischer Hinsicht (zu große Betriebsflächen bei kaum vorhandener Mechanisierung),in kommerzieller Hinsicht (Schließung der periodischen Märkte[9]), in sozialer Hinsicht (Ignorierung der traditionellen Beziehungen) und in administrativer Hinsicht (keine korrespondierenden administrativen Einheiten) so sehr überzogen, daß bereits im Sommer 1959 ein Desintegrationsprozeß einsetzte, der erst etwa 1963 mit dem Resultat zum Abschluß kam, daß das bis 1957 gewählte Prinzip der horizontalen und vertikalen Organisation wieder aufgegriffen wurde.

Die in Teil II beschriebene Krise, die zuerst in der Landwirtschaft ausbrach, wurde nicht durch verstärkten Zwang sondern durch rasche Dekollektivierung bzw. sogar Reprivatisierung aufgefangen. Das Bodeneigentum wurde von den Kommunen auf die wiedererstandenen Brigaden und Gruppen zurückgestuft, um dann 1961 schließlich wieder bei den Einzelhaushalten anzulangen, die im Hinblick auf Erhebung der Agrarsteuer und Einkommensverteilung zur Abrechnungseinheit wurden.

Die reorganisierten Volkskommunen, wie sie etwa seit 1963 Gestalt annehmen[10], schließen in ihrer Struktur sehr organisch an die Kollektivierung 1956/57 an. Der Boden ist wieder aus dem Besitz des Haushalts in das Eigentum der Gruppe übergegangen. Die Zahl der Volkskommunen ist verdreifacht worden und entspricht den früheren hsiang, die administrativ in den Kommunen aufgingen. Die vertikale Gliederung in Gruppe, Brigade und Kommune entspricht den traditionellen Einheiten Nachbarschaft, Dorf und Marktgemeinde[11].

Die Verringerung der Zahl der Volkskommunen auf etwa 50 000 seit ca. 1970, unter Beibehaltung der vertikalen Gliederung, mag darauf hinweisen, daß im Zuge der verbesserten Infrastruktur und Kommerzialisierung des traditionellen Sektors immer mehr Marktgemeinden aufgelöst werden, so daß größere kommerzielle Einheiten möglich sind. Im gleichen Zeitraum findet offenbar auch wieder ein Schritt in Richtung horizontale Ausdehnung statt, da in zunehmendem Maße größere Betriebe im Rahmen der dezentralen Agroindustrialisierung auf Kreisebene etabliert werden, die mehrere Kommunen mit agrarischen Produktionsmitteln versorgen.

Es zeigt sich also, daß die heutige Struktur des kollektiven Sektors in erheblichem Maße an gewachsene Sozialbeziehungen anknüpft, die ihrerseits wieder als Reflex auf bestimmte ökonomische Erfordernisse anzusehen sind. Nur vor diesem Hintergrund sind die Erfolge in der Mobilisierung traditioneller Entwicklungspotentiale während der 50er Jahre und die Mobilisierung moderner Potentiale unter Einsatz von Wissenschaft und Technologie seit etwa 1963 im Rahmen kollektiver kleinbetrieblicher Agroindustrialisierung verständlich.

Bevor diese Mobilisierungsmaßnahmen aber im einzelnen untersucht werden, soll noch das zweite der eingangs erwähnten Phänomene diskutiert werden, das auf einen Zusammenhang zwischen institutionellem Wandel und ökonomischen Resultaten hinweist. Zu diesem Zweck soll anhand des Indikators Getreideproduktion, die im Zentrum der wirtschaftlichen Aktivitäten auf dem Lande steht[12], gemessen werden, welche Erfolge die verschiedenen Phasen der Mobilisierung im traditionellen Sektor zeigen und ob dabei mögliche Trends zu beobachten sind.

Es gibt wohl kaum einen Bereich der empirischen Forschung über die VR China, über den so viele in Methodik wie Ergebnissen voneinander abweichende Schätzungen westlicher wie östlicher Beobachter unternommen wurden, wie im Hinblick auf die Getreideproduktion. Die jährliche Getreideernte gilt geradezu als Barometer, das den Erfolg oder Mißerfolg der chinesischen Entwicklungspolitik anzeigt. Sinha bringt für den Zeitraum von 1949-1974 eine sicherlich nicht vollständige Liste von 14 mehr oder weniger unabhängigen Schätzungen[13]. Wie Sinha überzeugend nachgewiesen hat, bergen sämtliche ausländische Schätzungen trotz aller methodischen Raffinesse dermaßen große Unsicherheitsfaktoren, daß es keinen Grund gibt, der einen Schätzung vor der anderen den Vorzug zu geben.

Die offizielle chinesische Agrarstatistik ist für die 5oer Jahre sehr detailliert. Seit 196o werden allerdings nur noch globale Zahlen oder prozentuale Wachstumsangaben offiziell bzw. in Interviews mit befreundeten Journalisten veröffentlicht, die aber immerhin für die Getreideproduktion die Rekonstruktion einer kompletten Zeitreihe zulassen. Das Motiv für die fast vollständige Verlautbarungssperre ab 196o ist möglicherweise in dem "Gesichtsverlust" zu suchen, den die überzogenen und später korrigierten, aber nicht realisierten Produktionsziele für 1958 und 1959 mit sich brachten. Hinsichtlich der 5oer Jahre vermuten westliche Beobachter eher eine Untertreibung bei den chinesischen Angaben, während sie für die 6oer Jahre eher konservativere Schätzungen als die chinesischen Angaben vornehmen, was für den Gesamttrend natürlich geringere Wachstumsraten bedeutet. Interessant ist allerdings, daß für die neueste Zeit die meisten westlichen Schätzungen den offiziellen Angaben sehr nahekommen bzw. die Bereitschaft steigt, diese zu akzeptieren.

Da aber, wie gesagt,diese Schätzungen allesamt sehr unsicher sind, zudem noch stark voneinander abweichen, ist nicht einzusehen, warum ihnen der Vorzug vor den chinesischen Angaben eingeräumt werden soll. Schließlich sollte man unterstellen, daß in einer zentral geplanten Wirtschaft das statistische System so effektiv sein muß, daß für die wichtigsten Produkte zuverlässige Angaben möglich sind. Das entscheidende Argument ist allerdings politischer Natur. Wenn man die VR China als Objekt entwicklungsstrategischer Analysen ernst nimmt, dann muß man auch ihre diesbezüglichen quantitativen Angaben ernst nehmen[14].

Fraglich ist allerdings, was sich hinter den offiziellen Angaben über die Getreideproduktion verbirgt[15]. Ein Problem liegt darin, daß vor 196o die Ernte auf dem Halm gemessen wurde, während seit 196o der Scheunenertrag ermittelt wird[16], die späteren Angaben also den Ernteverlust abziehen. Weiterhin ist aus der chinesischen Statistik zu entnehmen, daß neben den eigentlichen Getreidesorten auch Kartoffeln im Verhältnis 4:1 berücksichtigt werden[17]. Neu ist die Erkenntnis, daß seit Mitte der 6oer Jahre auch die Soja-Produktion hinzugezählt wird[18]. Aus diesem Wechsel in der Bemessungsgrundlage lassen sich aus heutiger Sicht einige scheinbare Ungereimtheiten erklären, die aufgrund offizieller chinesischer Wachstumsraten über bestimmte Zeiträume entstanden sind.

Für die folgende Tabelle wurden demnach die offiziellen chinesischen Angaben benutzt, wobei der weitgefaßte Getreidebegriff zugrunde gelegt wurde. Um die Zeitreihe zu vereinheitlichen, muß demnach bis Mitte der 6oer Jahre die Sojaproduktion addiert werden. Da diese Produktion bis 1959 gesondert ausgewiesen ist, bereitet das keine Schwierigkeiten. Für das Jahr 1974 existiert ebenfalls eine solche Angabe. Aufgrund der bekannten Soja-Erträge für 1949-59 und 1974 wurde ein durchschnittlicher Anteil von 5,5 Prozent Soja gegenüber den übrigen Getreidesorten ermittelt. Folglich wurden für 196o bis 1965 jeweils 5,5 Prozent auf die ausgewiesene Getreideproduktion aufgeschlagen. Lediglich für 1958 und 1959 wurden Abstriche von den offiziellen Angaben über 25o bzw. 27o Millionen t gemacht, da sie erstens im Gesamtverlauf der Entwicklung unrealistisch erscheinen (vgl. Schaubild 15) und zweitens 1966 indirekt auch von chinesischer Seite in Frage gestellt wurden, da die Angabe von 22o Mio t für 1966 als die bislang höchste Ernte bezeichnet wurde[19]. Zieht man von diesen 22o Mio t 5,5 Prozent für Soja ab, gelangt man auf 2o7,9 Mio t und liegt damit gerade über den plausiblen Schätzungen von 2o5 Mio t für 1958[2o], als die Soja-Produktion noch nicht miteinbezogen war. Die offizielle Angabe für 1959 mit 27o Mio t ist ganz und gar unwahrscheinlich. Sie würde erst mit der Ernte von 1975 erreicht worden sein[21]. Die dermaßen adjustierten offiziellen Angaben ergeben über den gesamten Zeitraum das in Tabelle 76 dargestellte Bild.

Die Getreideproduktion steigt von 1949 = 113,2 Mio t bzw. 1952, wenn man dieses Jahr als Abschluß der Restaurationsphase annimmt, von 163,9 auf 3o6 Mio t (mit der Einschränkung in Fußnote 6, Tab. 76) im Jahre 1976. Das ergibt für den gesamten Zeitraum eine jährliche durchschnittliche Zuwachsrate von 3,8 Prozent. Sinnvoller ist allerdings die Rate über den Zeitraum 1952-1976 mit 2,6 Prozent zugrunde zu legen, die auch bei sehr konservativen Schätzungen über der Rate des Bevölkerungswachstums liegt[22]. Gleichgültig, welche Daten man für das Bevölkerungswachstum annimmt, die Pro-Kopf-Produktion von Getreide muß zugenommen haben. Selbst wenn man konzedieren würde, daß die offiziellen Produktionsangaben bis 1956 untertrieben sind, und daß bis 1966 gerade das Niveau von 1958 wieder erreicht worden wäre, bleibt für den von solchen skeptischen Einwänden westlicher Beobachter weitgehend freien Zeitraum 1962 - 1976 immer noch eine jährliche Wachstumsrate von 3,7 Prozent, die mit Sicherheit erheblich über dem Bevölkerungswachstum liegt, zumal seit den 6oer Jahren Maßnahmen zur Beschränkung des Bevölkerungswachstums wirksam werden. Diese Anmerkung ist gegen Autoren im Umkreis der Rand Corporation gerichtet, die ein Pro-Kopf-Wachstum grundsätzlich in Frage stellen.

Tabelle 76: Getreideproduktion 1949-1976 in Mio t (offizielle Angaben)

Jahr	Getreide	Soja[a]	Soja in % von Getreide	Getreide[b] + Soja	jährliche Steigerung in %
1949	1o8,1[1]	5,1[2]	4,7	113,2	
195o	124,7[1]	7,4[8]	5,9	132,1	16,7
1951	135,1[1]	8,6[8]	6,4	143,7	8,8
1952	154,4[1]	9,5[2]	6,2	163,9	14,1
1953	156,9[1]	9,9[3]	6,3	166,8	1,8
1954	16o,5[1]	9,1[3]	5,7	169,6	1,7
1955	174,8[1]	9,1[3]	5,2	183,9	8,4
1956	182,5[1]	1o,2[3]	5,6	192,7	4,8
1957	185,o[1]	1o,o[3]	5,4	195,o	1,2
1958	2o5,o[9]	1o,5[2]	4,2	215,5	1o,5
	(25o,o)[1,c]				
1959	17o,o[9]	11,5[8]	4,3	181,5	-15,8
	(27o,1)[3,c]				
196o	15o,o[7,1o]	8,3[a]		158,3	-12,8
1961	162,o[7,1o]	8,9[a]		17o,9	8,o
1962	174,o[7,1o]	9,6[a]		183,6	7,4
1963	183,o[7,1o]	1o,1[a]		193,1	5,2
1964	2oo,o[7,1o]	11,o[a]		211,o	9,3
1965	2oo,o[7,9,1o]	11,o[a]		211,o	o,o
1966	2o7,9[a]	12,1[a]		22o,o[7,9,1o]	4,3
1967				23o,o[7,9,1o]	4,5
1968				234,o[9,1o]	1,7
1969				237,o[9,1o]	1,3
197o				242,9[4]	2,5
1971				25o,o[4,12]	2,9
1972				24o,o[4]	-4,o
1973				26o-65[4,12]	9,4
1974		ca.15,o[11]	5,8	274,9[4]	4,7
1975	265,o[13]			28o-9o[5]	3,7[d]
1976	27o,3[13]			3o6,o[6]	7,4[d]

1) Ten Great Years, S.91
2) Ten Great Years, S.94
3) Chen Nai-ruenn 1967, S. 338/339
4) Maxwell 1976, S.818
5) unterschiedliche Angaben nach Maxwell 1976, S.818; Weintraub 1976, S.89; Süddeutsche Zeitung vom 2.1.1976; FAZ vom 5.1.1976
6) Blick durch die Wirtschaft vom 3.3.77; nach Peking Rundschau vom 18.1.1977;, S.7 höchste Getreideernte in der Geschichte Chinas. Die 3o6 Mio t sind aber nicht unbestritten. Vgl. dazu MacDougall 1977, S.36o/361.
7) Yeh Kung-chia 197o, S.73.
8) Yeh Kung-chia 197o, S.7o.
9) Stavis 1974, S.9.
1o) Erisman 1975, S.328/329.
11) Weintraub 1976, S.89; Field 1976a, S.97 schätzt 15 - 2o Mio t Soja.
12) Peking Rundschau vom 8.1.1974, S.9.
13) Chinas Wirtschaft vor Konsolidierung und Neuordnung,1977, S.127.

a) Offizielle Angaben der Soja-Produktion für 1949-1959 und 1974 betragen im Schnitt 5,5 % der Getreideproduktion; entsprechend die Schätzung für die dazwischenliegenden Jahre jeweils 5,5 % der Getreideproduktion.
b) Laut Maxwell 1976, S.817, Änderung der chin. Erfassungsmethoden; seit Mitte der 6oer Jahre ist die Soja-Produktion in den Getreideangaben enthalten. Vgl. dazu auch Field 1976a.
c) Die Ernte muß geringer sein als 1966, da hier offiziell die höchste Ernte bislang, vgl. Erisman 1975, S.328. Wenn von den 22o Mio t für 196o 5,5 % für Soja abgezogen werden, ergibt das 1o7,9 Mio t, was das hier geschätzte Ergebnis für 1958 gerade überträfe.
d) Auf der Basis von 285 Mio t für 1975.

Im hier interessierenden Kontext soll die Frage gestellt werden, ob der Gesamttrend verschiedene Einzeltrends überlagert, die möglicherweise in ursächlichem Zusammenhang mit dem aufgezeigten Wandel der agrarischen Produktionsverhältnisse stehen (vgl. Schaubild 15).

Schaubild 15 läßt auf den ersten Blick nur zwei Einbrüche, einen starken ab 1959 und einen schwachen 1972, in der Gesamtentwicklung erkennen. Auf Pro-Kopf-Basis umgerechnet werden vermutlich noch andere Phasen eine Stagnation oder sogar Rückschritte erkennen lassen. Die Berechnung von Trends in einzelnen Phasen ist natürlich sehr stark davon abhängig, wie man die einzelnen Intervalle setzt[23]. Um eine möglichst plausible Einteilung dieser Intervalle zu gewinnen, wurde deshalb nicht nach dem Augenschein der Kurve verfahren, sondern die Einteilung anhand der Daten des beschriebenen institutionellen Wandels vorgenommen. Bis 1958 war eine kontinuierliche Fortschreibung des Kollektivierungsprozesses festgestellt worden. Ab 1959 setzt die Dekollektivierung und anschließend sogar die Reprivatisierung ein. Der erste Einschnitt soll also nach 1958 gemacht werden. Der Reprivatisierung wurde im Jahre 1963 zugunsten der reorganisierten Volkskommunen ein Ende gesetzt. Also soll 1963 der zweite Einschnitt erfolgen. Seit Beginn der 7oer Jahre ließ sich ein weiterer institutioneller Wandel feststellen, der sich durch stärkere staatliche Aktivitäten auszeichnet. Um diese Markierung genauer zu bestimmen, müssen allerdings einige zusätzliche Informationen geliefert werden, die direkte Rückschlüsse auf die Entwicklung im Agrarsektor zulassen. Dabei handelt es sich um den Import von Getreide und den Verbrauch von Kunstdünger.

Schaubild 15: Trends der Getreideproduktion 1949 - 1976

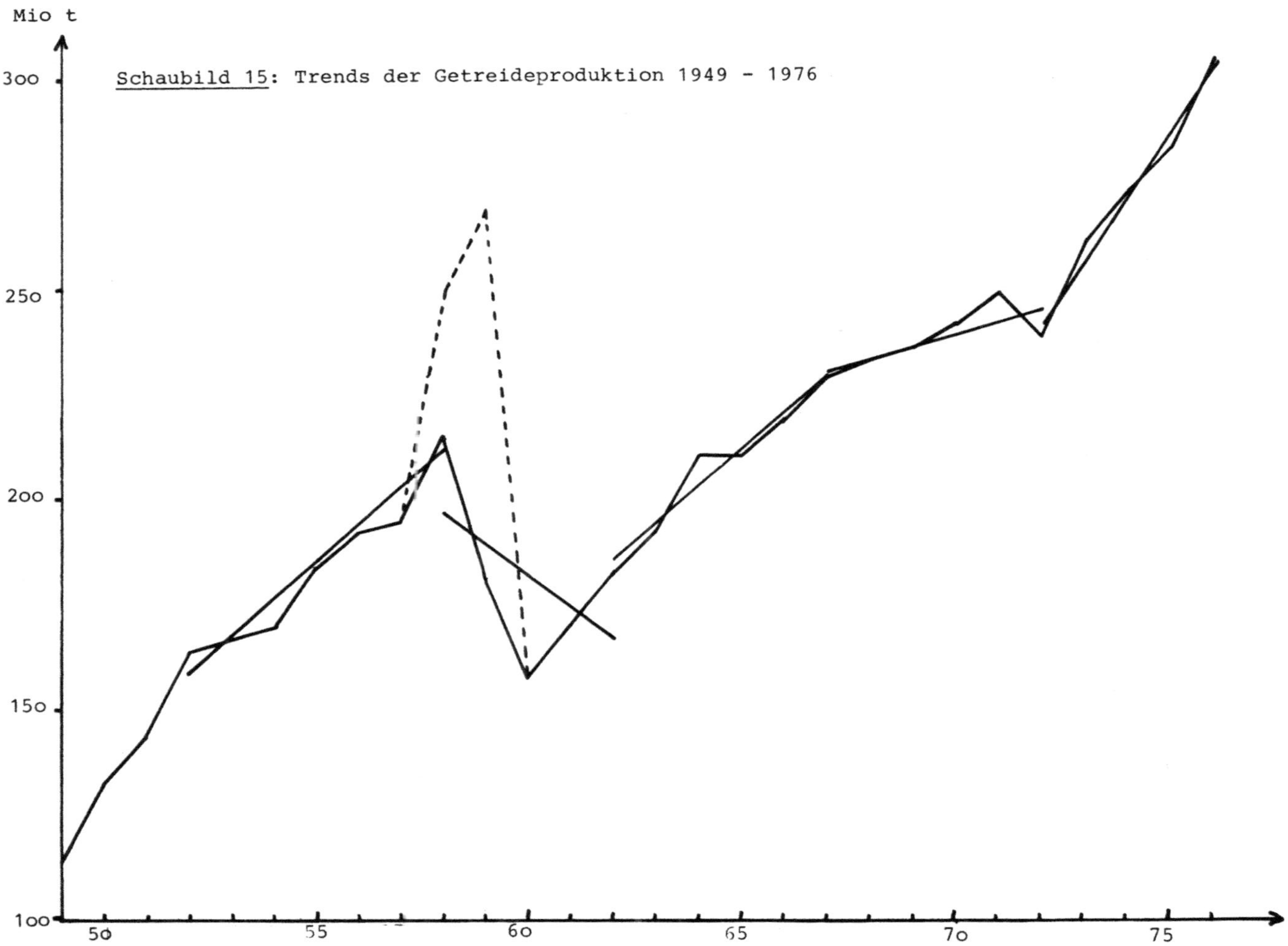

<u>Tabelle 77</u>: Nettoimport von Getreide und Verbrauch von Kunstdünger 1957-1976 in Mio t

	Getreideimport[1]	Reisexport[1]	Getreidenettoimport	Produktion[3] von Kunstdünger	Import[6] von Kunstdünger	Verbrauch[a] von Kunstdünger
1957				o,8	1,1	1,9
1958				1,4	1,2	2,6
1959				1,9	1,1	3,o
196o		1,17	-1,17	2,5	o,9	3,4
1961	5,56	o,44	5,12	1,9	o,9	2,8
1962	4,6o	o,58	4,o2	2,8	1,o	3,8
1963	5,45	o,64	4,81	3,9	1,8	5,7
1964	6,31	o,79	5,52	5,8	1,1	6,9
1965	5,91	o,55	5,36	7,6	2,o	9,6
1966	5,59	1,26	4,33	9,6	2,5	12,1
1967	4,94	1,2o	3,74	8,1	4,3	12,4
1968	4,36	o,96	3,4o	9,5	4,o	13,5
1969	3,91	o,8o	3,11	11,3	4,1	15,4
197o	4,63	o,99	3,64	14,o	4,3	18,3
1971	3,o3	o,97	2,o6	16,8	4,2	21,o
1972	4,84	o,81	4,o2	19,8	4,2	24,1
1973	7,68	1,98	5,7o	24,8	4,1	28,9
1974	7,o1	1,9o[2]	5,11	3o,o[4]	3,o[2]	29,1
1975	3,48[2]	1,5o[2]	1,98	35,o[5]	3,1[2]	39,1
1976	2,o7[7]			39,9[5]		
1977	ca.7,7o[8]					

1) Erisman 1975, S.343/344
2) China's Foreign Trade in 1975, Part II, S. 2 und 4
3) Field 1975, S.166
4) Chao Kang 1975b, S.713
5) Chinas Wirtschaft vor Konsolidierung und Neuordnung, 1977, S.127
6) Chao Kang 1975b, S.719
7) Blick durch die Wirtschaft vom 14.7.77
8) mindestens 7 Mio t Weizen in Kanada (4,5 Mio t) und Australien (2,5 Mio t) geordert; Blick durch die Wirtschaft vom 2.6.77; vgl. auch Blick durch die Wirtschaft vom 14.7.77
a) nur physisches Gewicht, von unterschiedlichem Nährgehalt zwischen einheimischem und importiertem Dünger wird abgesehen.

Bis 196o war die VR China ein Nettoexporteur von Getreide. Ab 1961 setzte ein massiver Nettoimport von Weizen aus Kanada, Australien und den USA ein, der bis heute anhält. Während die schlechte 59er Ernte offenbar noch durch Vorräte der früheren Jahre, vor allem durch die Rekordernte von 1958 aufgefangen werden konnte, zwang die noch schlechtere Ernte von 196o im folgenden Jahr zu umfangreichen Getreideankäufen im Ausland, die der

Versorgung der städtischen Bevölkerung dienen sollten. Auch die schlechte Ernte von 1972 korrespondiert mit einem rapiden Anstieg der Getreideimporte im folgenden Jahr. Beides sind also Indikatoren, die die Tendenz der dargestellten Getreideproduktion bestätigen. Umgekehrt geht der Nettoimport ab 1964 bis 1971 kontinuierlich zurück, was auf eine allmähliche Verbesserung der Inlandsproduktion hinweist, eine Tendenz, die allerdings zu Beginn der 7oer Jahre wieder umschlägt[25].

Mit dieser Entwicklung korrespondiert in etwa der Verbrauch von Kunstdünger. Bis etwa 1962 ist die Zuwachsrate sowohl beim Import wie bei der Inlandsproduktion gering. Das läßt darauf schließen, daß der Rahmen der traditionellen Agrartechnologie, in dem natürlicher Dünger verwandt wurde, kaum gesprengt wurde. Ab 1963 nehmen Inlandsproduktion[25] wie Import in starkem Maße zu, wobei der Zuwachs der einheimischen Produktion, wie noch zu zeigen sein wird, zu einem erheblichen Maße auf den Aufbau kleinindustrieller Düngemittelproduktion zurückzuführen ist. Das korrespondiert mit der Feststellung, daß ab 1963 im Rahmen der reorganisierten Volkskommunen eben diese Kunstdüngerproduktion in Kleinbetrieben auf Kommune-Ebene einsetzt. Die größere Verwendung von Kunstdünger insgesamt weist auf den Übergang von der traditionellen zur modernen Agrartechnologie seit etwa 1963 hin. Seit Anfang der 7oer Jahre (vgl. Tabelle 92) stagniert allerdings der Anteil der kleinbetrieblichen Kunstdüngerherstellung. Desgleichen wird der Kunstdüngerimport nicht mehr ausgedehnt und geht sogar seit 1974 zurück. Stattdessen werden 1973 und 1974 in großem Stil komplette Anlagen zur Herstellung von Kunstdünger importiert. Das bedeutet, daß ein zunehmender Anteil des Kunstdüngerverbrauchs durch moderne Großbetriebe bereitgestellt wird.

Diese Hinweise deuten darauf hin, daß sich in der ersten Hälfte der 7oer Jahre, eventuell ausgelöst durch die schlechte Ernte von 1972, ein Umschwung in der Agrarpolitik anbahnt, der der großbetrieblichen Form der Agroindustrialisierung größeres Gewicht beimißt. Für das Jahr 1973 soll im Bereich der institutionellen Maßnahmen also ein weiterer Einschnitt gewählt werden.

Die Frage bleibt noch, ob die Periode von 1963 bis 1972 als Einheit betrachtet werden kann, oder ob die anfänglichen Erfolge der dezentralen Agroindustrialisierung in ein verlangsamtes Wachstum umschlagen, die gesamte Periode also in zwei Phasen zu unterteilen wäre. Der Kurswechsel ab 1973 wäre dann nicht auf eine einmalige schlechte Ernte sondern eine längerfristige Tendenz zurückzuführen. Aus Tabelle 77 war hervorgegangen, daß die Kunstdüngerproduktion von 1963 bis 1966 wesentlich schneller ansteigt als von 1966 bis 1969. Gleichzeitig verzeichnen die Kunstdüngerimporte 1967 einen großen Zuwachs. Ein Blick auf Schaubild 15 zeigt in der Tat ab 1967 ein Abflachen der Getreidezuwächse.

Aufgrund dieser Überlegungen und Beobachtungen wird die Periode 1963 bis 1973 in zwei Phasen gegliedert, wobei das Jahr 1967 den Wendepunkt bildet[26]. Für die fünf so markierten Intervalle sollen die jeweiligen durchschnittlichen jährlichen Wachstumsraten berechnet werden.

Tabelle 78: Phasen institutionellen Wandels und durchschnittliche Wachstumsraten der Getreideproduktion 1949 - 1976

Periode	institutionelle Maßnahmen	jährliche durchschnittliche Wachstumsrate der Getreideproduktion
1949-1952	Agrarreform und Nachkriegsrestauration	13,1
1952-1958	Kollektivierung und erste Phase der Kommunisierung	4,7
1958-1962	Krise, Dekollektivierung und Reprivatisierung	-3,9
1962-1967	Reorganisation der Volkskommunen mit 3-stufigem Eigentum und Beginn der dezentralen Agroindustrialisierung	4,6
1967-1972	Forcierung der dezentralen Agroindustrialisierung und Krise	1,7
1972-1976	Übergang zu staatlich betriebener Agroindustrialisierung im Rahmen von Großbetrieben	5,2
1949-1976		3,8
1952-1976		2,6
1962-1976		3,7

berechnet nach Tabelle 76

Die Ergebnisse sind frappierend. Die Phasen traditioneller Mobilisierung 1952 bis 1958[27], mit jährlichen Wachstumsraten von 4,7 Prozent, und moderner Mobilisierung 1963 bis 1967, ebenfalls mit Wachstumsraten von 4,6 Prozent, werden jeweils von Rückschritten 1959-1962 (-3,9 Prozent) oder Stagnation 1968-1972 (1,7 Prozent) abgelöst. Nach 1972 steigt die Wachstumsrate, ausgelöst durch neue institutionelle Maßnahmen, wieder auf 5,2 Prozent. Es scheint mithin offensichtlich, daß die ausgemachten Phasen, die sich durch den Wandel der Produktionsverhältnisse unterscheiden, von wandelnden ökonomischen Erfolgen begleitet sind. Es kommt im folgenden also darauf an zu analysieren, wodurch die Erfolge und Grenzen der jeweiligen Maßnahmen bestimmt wurden.

1.2. Redistribution des agrarischen Mehrprodukts im Zuge der Agrarreform

1.2.1. Politische und ökonomische Motive der Agrarreform

Die Forderung nach einer Agrarreform als Voraussetzung wirtschaftlicher Entwicklung steht im Programm jeder progressiven nationalistischen oder sozialistischen Bewegung in der Dritten Welt ganz oben an. Dahinter steht die Überlegung, daß die Umverteilung des Bodens im Besitz der Großgrundbesitzer auf die Masse der landlosen und landarmen Bauern und Landarbeiter per se schon eine Steigerung des agrarischen Outputs und der agrikolen Produktivkraftentfaltung bedeutet. Soweit große Ländereien brach liegen oder nur sehr extensiv als Weideland genutzt werden, wird die Umverteilung und Nutzbarmachung dieses Bodens zumindest eine Outputsteigerung nach sich ziehen. Ob die Schaffung eines breiten bäuerlichen Kleinbesitzes ohne parallele Maßnahmen der Vergenossenschaftlichung auch einen Produktivitätsfortschritt bewirkt, muß allerdings bezweifelt werden.

In China, wie in allen Ländern intensiver Landwirtschaft in Verbindung mit hohem Bevölkerungsdruck, stellt sich die Ausgangslage anders dar. Erstens war der chinesische Großgrundbesitz im internationalen Maßstab äußerst gering, und zweitens wurde dieser Großgrundbesitz infolge der Verpachtung genauso intensiv genutzt wie der Boden der Eigentümerbauern. Es ist also sehr fraglich, ob allein die Umverteilung des Bodens bereits einen zusätzlichen Outputeffekt zu erzielen vermochte. Möglich wäre allerdings, daß über die mit dieser Umverteilung des Bodens verbundene Umverteilung agrarischer Einkommen infolge der Eliminierung von Pacht und Zins ein Investitionseffekt und in der Folge ein Produktivitätseffekt zu erzielen ist. Dieser Effekt entsteht aber nur dann, wenn die umverteilten Einkomen in der Landwirtschaft verbleiben,und der Konsumnachholbedarf der Bauern nicht so groß ist, daß die zusätzlichen Einkommen vollständig aufgezehrt werden. Sollte sich der Staat einen Teil dieser Einkommen aneignen und einer produktiven Verwendung zuführen, bestehen alternative Möglichkeiten, wo diese Investitionen getätigt werden. Nur die Herstellung agrarischer Inputs durch den Staat würde allerdings langfristig zur agrarischen Produktivkraftentfaltung beitragen.

Neben diesen genuin ökonomischen Motiven müssen noch eine Reihe politischer Motive bei der Agrarreform angeführt werden. Wie in Teil I dargestellt, gründete sich die Macht der herrschenden Klasse im traditionellen China auf das Zusammenwirken von Bürokratie und Gentry. Der schrittweise Wechsel vom kaiserlichen zum sozialistischen China hatte zwar die traditionelle bürokratische Elite verschwinden lassen, solange die Besitzverhältnisse in der Landwirtschaft aber weiter bestanden, blieb die lokale Macht der Gentry ungebrochen.

Eine Auflistung möglicher Motive der Agrarreform in China hätte demnach folgendes Aussehen:

1) Mit der Parole "jedem Pflüger sein Feld" sollen die Bauern politisch mobilisiert und als Bündnispartner der Partei gewonnen werden.

2) Eine erfolgreiche und konsequente Durchführung der Agrarreform würde die ökonomische Basis der Gentry beseitigen und damit die Gentry als Klasse zerschlagen. Damit wäre der gefährlichste innenpolitische Gegner aus dem Wege geräumt.

3) Die Agrarreform soll direkt zu Output- bzw. Produktivitätssteigerungen in der Landwirtschaft führen.

5) Neben der Verbesserung des Lebensstandards ermöglichen die Einkommensverbesserungen bäuerliche Investitionen, die langfristige Produktivitätseffekte zur Folge haben.

6) Boden und Einkommen werden nicht gleichmäßig umverteilt. Einen Teil der früheren Gentry-Einkommen eignet sich der Staat an und finanziert damit staatliche Investitionen, die entweder indirekt zur Produktivitätssteigerung in der Landwirtschaft beitragen oder aber in ganz anderen Sektoren Verwendung finden.

Welche dieser Optionen erreicht bzw. tatsächlich beabsichtigt wurden, soll die folgenden Untersuchung zeigen[28]. Die grundsätzliche Zielsetzung der Agrarreform war bereits in Artikel 27 des "Gemeinsamen Programms" vom 29.9.1949 festgelegt worden: "Die Agrarreform ist eine notwendige Voraussetzung für die Ausdehnung der Produktionskraft und die nationale Industrialisierung."[29] Dieser etwas mißverständliche Begriff "Produktionskraft" liest sich in der englischen Version als "productive power"[3o] und gibt damit den intendierten Begriff "Produktivkraft" deutlicher wieder. Noch klarer werden die hier genannten Zielsetzungen in Artikel 1 des Agrarreformgesetzes vom 3o.6.195o: "The land ownership system of feudal exploitation by the landlords shall be abolished and the system of peasant landownership shall be introduced in order to set free the rural productive forces, develop agricultural production and thus pave the way for New China's industrialization."[31] Schließlich sei noch auf Lius Kommentar zum Agrarreformgesetz vom 14.6.195o hingewiesen, in dem festgestellt wird, daß der Grund für Chinas Rückständigkeit in der Agrarstruktur zu suchen ist,und nur eine Agrarreform die Produktivkräfte freisetzen und die Industrialisierung realisieren kann, da die Industrialisierung vom ländlichen Markt abhänge. Zwar soll auch die Situation der Bauern verbessert werden, "but the basic aim of agrarian reform is not purely one of relieving the poor peasants. It is designed to set free rural productive forces from the shackles of the feudal landownership system of the landlord class in order to develop agricultural production and thus pave the way for New China's industrialization."[32]

In diesen Formulierungen kommt klar zum Ausdruck, daß die Zielsetzung lautet: Niederreißen institutioneller Barrieren, um Produktivität und Output in der Landwirtschaft zu steigern, wobei aber weniger die Besserstellung der Bauern als der Beitrag der Landwirtschaft zur Industrialisierung anvisiert ist. Die Denkkategorien des sowjetischen Modells sind, wie in dieser Phase nicht anders zu erwarten, voll präsent. Daß dem Aspekt der Produktionssteigerung gegenüber dem Aspekt der Einkommensverbesserung absoluter Vorrang eingeräumt wird, kommt auch darin zum Ausdruck, daß im Vergleich zu dem radikaleren Agrarreformprogramm vom 13.7.1947[33] die reichen Bauernwirtschaften unangetastet bleiben sollen. Die Begründung wird mit dem Argument geliefert, daß die reichen Bauern am ehesten in der Lage sind, Überschüsse zu erzielen, die in den industriellen Sektor transferierbar sind. Aus dem gleichen Grund wird auch das industrielle Vermögen der Landlords, soweit vorhanden, bei der Agrarreform ausgeklammert[34]. Letztlich soll also, soweit aus der Programmatik zu entnehmen ist, alles vermieden werden, was eine Beeinträchtigung der Agrarproduktion bedeutet, und alles getan werden, um über die Redistribution des Bodens aus den Händen der Landlords in die Hände der Bauern die Redistribution der Einkommen der Landlords in den industriellen, sprich staatlichen Sektor zu ermöglichen[35].

Unter ökonomischen Gesichtspunkten werden die Landlords also nicht enteignet, weil sie Großgrundbesitzer sind, sondern weil sie nicht ökonomisch aktiv sind. Soweit sie im industriellen Bereich tätig sind, wird ihr Besitz vorläufig nicht angetastet. Die reichen Bauern, auch wenn sie vergleichbaren Bodenbesitz haben, dürfen ihn behalten, da er ja von ihnen bewirtschaftet wird. Schließlich sei noch der semantische Hinweis hinsichtlich der Zielsetzung angeführt, daß der chinesische Begriff "Kai ko" eher die Bedeutung von "Transformation" als die Bedeutung von "Reform" trägt[36].

Über die ökonomische Gleichstellung von armen und Mittelbauern soll ihre Interessenidentität geschaffen werden. Die Enteignung der Landlords und die Schonung der reichen Bauern soll die beiden von der Interessenlage verwandten Gruppen mit dem Effekt spalten, daß die Landlords als Klasse verschwinden ,und die reichen Bauern im Dorf isoliert werden[37].

Um dieses differenzierte Vorgehen auf Dorfebene realisieren zu können, war es zunächst notwendig, die Klassenzugehörigkeit jedes einzelnen Dorfbewohners festzulegen. Als Grundlage dienten dabei die "Decisions Concernung the Differentiation of Rural Class Status"[38] vom 4.8.195o, die auf bereits praktizierte Regelungen in den Soviets von Kiangsi 1933 und Maos "Analyse der Klassen in der chinesischen Gesellschaft" von 1926 zurückgingen. Hauptkriterium der jeweiligen Klassenzugehörigkeit war die aktive oder passive Ausbeutung. Der Landlord ist Grundbesitzer ohne eigene ökonomische Aktivitäten. Sein Lebensunterhalt wird ausschließlich durch Ausbeutung in Form der Renten- oder Zinseinkommen bestritten. Ein reicher Bauer besitzt Boden und Produktionsmittel in größerem Umfang, bearbeitet den Boden teilweise auch selbst, bezieht seinen Lebensunterhalt aber zu einem erheblichen, wenn nicht überwiegenden Teil durch Ausbeutung. Der Mittelbauer besitzt soviel bzw. sowenig Land, daß er seinen Lebensunterhalt völlig durch eigene Arbeit bestreitet. Bis zu 25 Prozent seines Einkommens darf er allerdings durch Ausbeutung beziehen. Dann ist er ein wohlhabender Mittelbauer. Der arme Bauer muß in der Regel Land pachten oder hinzupachten und wird deshalb ausgebeutet. Der Landarbeiter besitzt generell weder Land noch Produktionsmittel und lebt vom Verkauf seiner Arbeitskraft.

Anhand dieser Kriterien wurden in Vollversammlungen[39] auf den Dörfern sowohl die Landlords identifiziert, deren Besitz (Boden, Produktionsmittel, Gebäude und Vorräte) umzuverteilen war, als auch die armen und Mittelbauern, denen dieser Besitz zugeteilt werden sollte. Den Landlords wurde allerdings, soweit sie im Dorf verblieben, soviel Boden belassen, daß sie bei eigener Bewirtschaftung ihren Unterhalt besorgen konnten.

Ursprünglich war der Zeitraum, in dem die Agrarreform abgeschlossen sein sollte, auf 2 1/2 bis 3 Jahre angesetzt, wobei im Winter 195o/51 begonnen werden sollte[4o]. Tatsächlich war sie aber bereits Ende 1952 im wesentlichen abgeschlossen, nachdem 88 Prozent der ländlichen Haushalte einbezogen waren[41]. Insgesamt waren ca. 5oo Millionen Menschen involviert, wobei etwa 1o Millionen Landlords enteignet wurden. Umverteilt wurden nach offiziellen Angaben 46,9 Millionen ha auf 3oo Millionen Bauern, was etwa 47,6 Prozent der Anbaufläche vor 1949 entsprechen würde[42], und 3 Millionen Stück Zugvieh nebst diversen anderen agrarischen Produktionsmitteln[43].

Im folgenden soll analysiert werden, welche der anvisierten Ziele erreicht wurden. Tatsache ist, daß der Wert der Agrarproduktion im Zeitraum von 1949 bis 1952 statistisch von 32,59 auf 48,39 Mrd ¥, also um 48,5 Prozent steigt. Gleichzeitig nimmt die kultivierte Anbaufläche nur von 98,4 auf 1o8,5 Millionen ha, also um 1o,2 Prozent zu[44]. Nach 1952 wachsen sowohl die Agrarproduktion wie die Ackerfläche wesentlich langsamer. Während die Zunahme des Ackerlands kaum direkt auf die Agrarreform zurückgeführt werden kann, es wurde ja nichts hinzugewonnen sondern nur umverteilt, kann die hohe Zunahme der Agrarproduktion durch die Ausdehnung der Ackerfläche nur zum Teil erklärt werden. Entweder hat die Agrarreform tatsächlich enorme Produktivitätseffekte erzielt, für die sich Indikatoren finden lassen müßten, oder die statistischen Erfassungsmethoden für die ersten Jahre der Volksrepublik waren, wie vielfach vermutet, so schlecht, daß es sich bei dem Zuwachs nur um eine verbesserte statistische Erfassung handelt, zumal das Staatliche Statistische Büro erst 1952 gegründet wurde. Offiziell wurde jedenfalls immer betont, daß 1952 die wirtschaftliche Restauration abgeschlossen und der Vorkriegsstand wieder erreicht sei[45]. Wenn aber die Agrarreform per se schon Produktivitätsfortschritte bedeutet hätte, dann müßten diese sich besonders nach 1952 gewirkt haben.

1.2.2. Die Umverteilung des Bodens

Die Schwierigkeit bei der Messung der Resultate besteht darin, geeignete Vergleichsgrößen für die Zeit vor und nach der Agrarreform zu finden. Die umfangreichste Repräsentativuntersuchung über die frühere Bodenverteilung bietet Buck für die Jahre 1929-1933. Die im Zusammenhang mit der Agrarreform veröffentlichten Daten sind allerdings so global, daß sie keine Vergleiche zulassen. Glücklicherweise existiert aber eine chinesische Agraruntersuchung[46] aus dem Jahre 1955, die mit einem sample von 16 ooo Haushalten einen ähnlichen Repräsentationsgrad wie die Bucksche Untersuchung aufweist. Peter Schran hat es unternommen, die hier relevanten Daten beider Feldstudien vergleichbar zu machen[47]. Seine Ergebnisse werden hier in geraffter Form präsentiert (Tabelle 79).

Bucks Klassifizierung der Bauernhaushalte von "klein" bis "sehr, sehr, sehr groß"(vgl. Tabelle 2o) sowie die Landlords wurden entsprechend den heutigen chinesischen Bezeichnungen und Durchschnittsgrößen gruppiert. Zu berücksichtigen ist bei Vergleich der Jahre 1929/33 und 1955, daß sich in der Zwischenzeit ein leichter Konzentrationsprozeß in der Landwirtschaft abgespielt hat, für den in Teil I einige Hinweise angeführt wurden, die Verteilung unmittelbar vor der Agrarreform also noch ungleicher war.

Vergleicht man zunächst die Verteilung des gesamten Bodens, erscheinen die Erfolge eindrucksvoll. Arme und Mittelbauern können ihre Anteile von 23,5 auf 46,8 bzw. 3o,3 auf 44,8 Prozent steigern, während die reichen Bauern und Landlords zusammen 37,9 Prozent abgeben müssen. Im Vergleich zu den Bevölkerungsanteilen sind die armen Bauern allerdings immer noch unterrepräsentiert (57,1 Prozent der Bevölkerung zu 46,8 Prozent Boden), während die Mittel- und vor allem die reichen Bauern überrepräsentiert bleiben. Vergleicht man die Schichtenverteilung vor und nach der Agrarreform, wird der positive Eindruck aus dem Vergleich der Bodenverteilung allerdings schon stark relativiert, da der Bodenzuwachs für die unteren Schichten kaum etwas an der Schichtung geändert hat.

Tabelle 79: Bodenverteilung vor und nach der Agrarreform (1929/33 und 1955)

Klassifizierung Buck 1929/33	Klassifizierung Chin.Agraruntersuchung 1955	Anteil am Bodenbesitz in % vor	Anteil am Bodenbesitz in % nach	Anteil der Haushalte in % vor	Anteil der Haushalte in % nach	durchschn.Boden bearbeitet pro Haushalt in ha vor	durchschn.Boden bearbeitet pro Haushalt in ha nach	durchschn.Bodenbesitz in ha vor	durchschn.Bodenbesitz in ha nach
klein) mittel)	arme Bauern	23,5	46,8	61	57,1	o,6o	o,84	o,42	o,81
mittelgroß) groß)	Mittelbauern	3o,3	44,8	31	35,8	1,49	1,27	1,o6	1,24
sehr groß	reiche Bauern	17,7	6,4	8	3,6	3,16	1,68	2,3o	1,76
Landlords	frühere Landlords	28,7	2,1	4	2,6	-	o,82	7,78	o,8o
sonstige					o,9				
gesamt		1oo,o	1oo,o	1o4	1oo,o	1,o9	1,o2	o,77	1,oo

zusammengestellt und berechnet nach Schran 1969, S.19 und 21. Schrans Berechnungen fußen auf Buck 1964 und einer offiziellen chinesischen Agraruntersuchung mit einem sample von 16 ooo Haushalten in 25 Provinzen aus dem Jahre 1955. Vgl. dazu Schran 1969, S.14/15.

Die Gruppe der armen Bauern hat sich nur unwesentlich reduziert. Das wird erklärlich, wenn man die Ackerfläche pro Haushalt entsprechend den sozialen Schichten vor und nach der Reform betrachtet. Dabei muß sinnvoller Weise zwischen Besitz- und Betriebsfläche unterschieden werden, da es auch nach der Agrarreform noch erlaubt war, Boden zu verpachten[48]. Demnach verdoppelt sich zwar der Bodenbesitz der armen Bauern von o,42 auf o,81 ha im Schnitt und nimmt bei den Mittelbauern von 1,o6 auf 1,24 ha zu, ist aber in beiden Fällen immer noch sehr gering. Gemessen am tatsächlich bearbeiteten Boden beträgt der Zuwachs bei den armen Bauern nur noch o,1 ha und ist bei den Mittelbauern sogar negativ.

Die Betriebsflächen der reichen Bauern werden trotz der programmatischen Schonung dezimiert. Hinsichtlich der Landlords schafft die Agrarreform sogar eine zusätzliche Schicht von Kleineigentümern, da diese jetzt selber ökonomisch aktiv werden müssen. Im Gesamtdurchschnitt fällt der Grundbesitz pro Haushalt mithin von 1 ha auf o,77 ha. Die Betriebsfläche pro Haushalt geht ebenfalls leicht von 1,o9 auf 1,o2 zurück.

Tabelle 8o verdeutlicht die Wirkung der Agrarreform hinsichtlich möglicher Skaleneffekte noch einmal. Obwohl arme und Mittelbauern einen großen Teil der gesamten Ackerfläche hinzugewinnen, ist wegen der großen Zahl der Bauern der Zuwachs pro Haushalt minimal, wobei das aus Teil I bekannte Nord-Süd-Gefälle in dieser Tabelle nicht zum Ausdruck kommt[49]. Der Zuwachs der Betriebsfläche pro Haushalt, ein Kriterium,das für die Auslastung brachliegender Arbeitskraft oder den effektiven Einsatz von Zugtieren von Bedeutung wäre, ist sogar noch geringer bzw. im Fall der Mittelbauern sogar negativ. Im Schnitt gewinnt jeder bäuerliche Haushalt o,23 ha an Besitz und gibt o,o6 ha an Betriebsfläche ab.

Tabelle 8o: Ergebnisse der Agrarreform

	Eigentums-zuwachs an der Acker-fläche in %	durchschn. Eigentums-zuwachs pro Haushalt in ha	durchschn. Zuwachs an bearbeitetem Boden pro Haushalt in ha
arme Bauern	+ 23,3	+ o,394	+ o,239
Mittelbauern	+ 14,5	+ o,183	- o,212
reiche Bauern	- 11,3	- o,533	- 1,483
frühere Landlords	- 26,6	- 6,976	+ o,815
gesamt	o,o	+ o,229	- o,o61
gesamter Boden umverteilt	37,8		

berechnet nach Tabelle 79

Eine Tabelle über die soziale Schichtung auf dem Land für das Jahr 1954, bei der allerdings der Durchschnittswert der Hofgröße gegenüber Tabelle 79 und damit auch die Verteilung verändert wurde, zeigt, daß der chinesische Bauer nach der Agrarreform im Schnitt zwischen o,75 und 2,1 ha besitzt, wobei die Masse allerdings nur 1,2 ha beackern kann. Der Produktionsmittelbesitz bewegt sich in ähnlich ärmlichen Dimensionen. Die 2,1 Prozent reichen Bauern besitzen Zugtiere, Pflüge und teilweise Wasserräder. Die übrigen 98 Prozent der Bauernhaushalte verfügen nur zur Hälfte über Zugtiere und Pflüge, und ein Wasserrad, die Voraussetzung einigermaßen effizienter künstlicher Bewässerung, besitzt nur jeder Zehnte.

Tabelle 81: Sozialstruktur auf dem Land nach der Agrarreform 1954

	Soziale Verteilung in Prozent	Produktionsmittelbesitz							
		Ackerland in ha		Zugtiere Stück		Pflug Stück		Wasserrad Stück	
	1	1	2	2	3	2	3	2	3
Kooperativbauern	4,2	1,o83							
arme Bauern	29,o	o,753	o,835	o,47	o,86	o,41	o,45	o,o7	o,o7
Mittelbauern	62,2	1,187	1,274	o,91	1,45	o,74	o,79	o,13	o,14
reiche Bauern	2,1	2,o87	1,681	1,15	2,68	o,87	1,31	o,22	o,37
frühere Landlords	2,5	o,858	o,815	o,23		o,23		o,o4	
gesamt	1oo,o	1,o59	1,o22	o,64		o,54		o,1o	

1) Schran 1969, S.25
2) Su Hsing 1967/68, Part I, S.5. Diese Angaben beruhen auf auf einer chinesischen Agraruntersuchung aus dem Jahr 1954 mit einem Sample von 15.432 Bauernhaushalten in 23 Provinzen.
3) Nolan 1976, S.2o4, kommt zu abweichenden Ergebnissen, obwohl sie auf derselben Untersuchung basieren. Larsen 1965, S.214/215 gibt nochmals leicht abweichende Daten an.

Aus den verfügbaren Daten läßt sich mithin entnehmen, daß die Agrarreform sicherlich einen Einkommenszuwachs für die von Pacht und Zins befreiten Bauern bedeutete, daß aber, wenn diese Einkommensverbesserungen nicht zu bäuerlichen Investitionen führen, allein die Umverteilung von Boden und Produktionsmitteln keinen Output- oder gar Produktivitätseffekt zur Folge haben konnte.

Im Gegenteil, die Nivellierung des Grundbesitzes hat eher zu einer weiteren Bodenzersplitterung geführt, da die Reform nicht mit einer Flurbereinigung verbunden war. Mögliche Skaleneffekte oder bessere Auslastung von Arbeitskraft sind kaum denkbar.
Da die Landlords selbst nicht ökonomisch aktiv waren, hatten sie außer Land auch keine Produktionsmittel zu vergeben, mithin konnte auch keine breitere Streuung oder effektivere Nutzung

von Betriebskapital erzielt werden. Die eingangs registrierte Zunahme der Agrarproduktion kann also kaum in der Agrarreform ihre Ursache haben, zumal nach 1952 die exorbitanten Zuwächse ausbleiben, die Vermutung der reinen Nachkriegsrestauration bzw. besseren statistischen Erfassung also bekräftigt wird.[5o]

1.2.3. Die Umverteilung der Einkommen

Wenn ein direkter Outputeffekt schwerlich zu belegen ist, so ist doch mit der Umverteilung von Boden auch eine Umverteilung von agrarischen Einkommen verbunden gewesen. Die Frage im Anschluß an Baran müßte also lauten, welches Ausmaß hatte dieser Surplus, wer hat ihn sich angeeignet und wie ist er verwendet worden[51]. Offenbar inspiriert durch Barans Fragestellung hat Victor Lippit eine detaillierte Schätzung vorgenommen, welches Ausmaß der real in der Landwirtschaft produzierte Surplus vor der Agrarreform angenommen hat. Lippit geht dabei allerdings im Gegensatz zu der in Teil I unterstellten Annahme davon aus, daß die Pacht im Schnitt nur 4o und nicht 5o Prozent betragen hat, was seine Schätzung nach unten drückt[52].

Tabelle 82: Disponibler agrarischer Surplus vor der Agrarreform in Prozent des Volkseinkommens

Bodenrente	1o,7
Mehrprodukt der Landarbeiter	3,4
Zinsen	2,8
Einkommen der Gentry bzw.reichen Bauern	16,9
potentielle Agrarsteuer	4,8
abzüglich nicht steuerlich erfaßten Bodens	-1,6
tatsächliche Agrarsteuer	3,2
abzüglich Agrarsteuer der Gentry	-1,1
Agrarsteuer der Eigentümerbauern	2,1
qua Agrarsteuer mobilisierbarer Surplus (= Gentry-Einkommen + Agrarsteuer der Eigentümerbauern)	19,o

Zusammengestellt nach den Berechnungen von Lippit 1975, S.45-79

Die Einnahmen von Gentry bzw. reichen Bauern aus Rente, angeeignetem Mehrprodukt der Landarbeiter und Zinsen betrugen demnach 16,9 Prozent des Volkseinkommens. Wäre der gesamte Boden steuerlich erfaßt worden, was aber vor 1949 nicht der Fall war, da sich die Landlords teilweise der Besteuerung entziehen konnten, hätte sich diese Quote durch die Agrarsteuer um 4,8 Prozent erhöht. Da aber ca. ein Drittel des Bodens nicht besteuert wurden, und die Steuerleistungen der Gentry abgezogen werden müssen, um Doppelzählungen zu vermeiden, erhöht sich die Quote nur auf 19 Prozent des Volkseinkommens[53]. Diese 19, bei einer durchschnittlichen fünfzigprozentigen Pacht 21,7,Prozent des Volkseinkommens bilden den agrarischen Surplus, der im Zuge der Agrarreform zur Disposition stand.

Bevor seiner Verwendung weiter nachgegangen wird, muß eine zusätzliche Information geliefert werden. Wie aus der folgenden Tabelle hervorgeht, konnte nämlich parallel zur Agrarreform die gesamtwirtschaftliche Investitionsrate in erheblichem Maße gesteigert werden.

Tabelle 83: Gesamtwirtschaftliche Investitionsrate 1933 und 1952 - 1957

Jahr	Netto-investitions-rate	Brutto-investitions-rate
1933	1,7	5,o
1952	15,4	19,o
1953	2o,2	23,9
1954	21,o	24,8
1955	21,6	25,4
1956	22,3	26,5
1957	21,9	26,2

berechnet nach Liu und Yeh 1965, S.68

Das Jahr 1933 muß dabei als repräsentativ für die Zeit vor der Agrarreform angesehen werden, da es sich hierbei um das einzige Datum handelt, zu dem erstens "normale" wirtschaftliche Bedingungen herrschten, und zweitens genügend Daten vorhanden sind, um eine solche Schätzung vornehmen zu können. Demnach betrugen die durchschnittlichen Nettoinvestitionen im vorrevolutionären China weniger als 2 Prozent des Volkseinkommens. Bis 1952 steigt diese Quote auf 15,4 Prozent und stabilisiert sich ab 1953, dem Jahr nach dem erfolgreichen Abschluß der Agrarreform, bei 2o bis 22 Prozent. Nach 1949 wurden also zum ersten Mal nennenswerte Nettoinvestitionen in der chinesischen Volkswirtschaft getätigt. Damit soll keineswegs die törichte Annahme vertreten werden, die 19 Prozent bzw. 21,7 Prozent agrarischen Surplus vor der Agrarreform seien ausschließlich direkt zu Investitionen verwandt worden. Zunächst muß festgestellt werden, wer diese Investitionen vornimmt, und aus welchen Quellen sie gespeist werden.

Da die Bauern im Zuge der Agrarreform durch die Entlastung von Pacht und Zins in den Genuß erheblicher Mehreinnahmen gekommen sind, könnte vermutet werden, daß sie diese Mehreinnahmen investieren. Das war aber offenbar nur zu einem geringen Teil der Fall. Lippit kommt aufgrund anderer Schätzungen und offizieller Angaben zu dem Schluß, daß die eigenfinanzierten Nettoinvestitionen der Landwirtschaft lediglich 3 Prozent des Volkseinkommens betragen haben[54]. Sie können also nur zu einem geringen Teil die Nettoinvestitionsquote von 15,4 Prozent 1952 bzw. 2o,2 Prozent 1953 erklären. Wenn nicht die Bauern investiert haben, dann bleiben nur die damals noch aktiven "nationalen" Kapitalisten oder der Staat als mögliche Investoren übrig.

Wie aus Tabelle 84 hervorgeht, entfällt ab 1949 ein erheblicher Teil der Investitionsquote auf staatliche Aktivitäten. Da die Eigenfinanzierung des staatlichen Sektors in den ersten Jahren der Volksrepublik noch nicht sehr hoch gewesen sein kann, weil die staatlichen Betriebe erst aufgebaut werden mußten, kommt nur die Landwirtschaft als hauptsächliche Quelle der Akkumulation in Frage. Die folgende Tabelle soll diesen Zusammenhang verdeutlichen, wobei 1933 wieder als Vergleichsjahr herangezogen wird.

Tabelle 84: Einfluß der Agrarreform auf Staatseinnahmen und Investitionsquote

	1933		1952	
	in Mio 33er ¥	in Prozent	in Mio 52er ¥	in Prozent
Inländische Ausgaben	29,73[1]	1oo,o	72,14[1]	1oo,o
Volkseinkommen (NDP)	28,86[2]	1oo,o	71,41[2]	1oo,o
Nettoinvestitionen	o,51[1]	1,72[a]	11,26[1]	15,4[a]
Staatseinnahmen	ca.1,oo[3]	3,47[b]	17,56[4]	24,59[b]
Staatsausgaben			16,79[5]	22,96[a]
davon Investitionen	ca.o,oo[3]	o,o	7,63[5]	1o,43[a]
agrarischer Surplus in Form von:				
Bodenrente	2,97	1o,3[6,b]		
Mehrprodukt der Landarbeiter	o,98	3,4[6,b]		
Zinsen	o,81	2,8[6,b]		
Agrarsteuer der Eigentümer-Bauern	o,61	2,1[6,b]		
gesamt	5,48	19,o[b]	13,57[p]	19,o[p,b]
tatsächlich aus der Landwirtschaft in staatlichen Sektor transferiert qua:				
Agrarsteuer	o,92	3,2[6,b]	2,81[4]	3,94[b]
interne TOT (via staatl.Großhandel u.Industriesteuern)	-	-	3,88[7]	5,43[b]
gesamt	o,92	3,2[b]	6,69	9,37[b]
Verteilung des agrarischen Surplus				
Gentry (abzüglich Agrarsteuer)	4,56	15,8[b]	o,o	o,o
Bauern/Landarbeiter	o,o	o,o	6,88	9,63[b]
Staat	o,92	3,2[b]	6,69	9,37[b]

1) Liu und Yeh 1965, S.68
2) Liu und Yeh 1965, S.66
3) Liu und Yeh 1965, S.23
4) Chen Nai-ruenn 1967, S.442
5) Chen Nai-ruenn 1967, S.446
6) Lippit 1975, S. 45-79
7) Lippit 1975, S.116 und 123

a) in Prozent der inländischen Ausgaben
b) in Prozent des Volkseinkommens
p) potentiell ohne Agrarreform

Von 1933 bis 1953 stieg die Nettoinvestitionsquote von 1,7 auf 15,4 Prozent des Volkseinkommens. Der Anteil der Staatseinnahmen stieg im gleichen Zeitraum von 3,5 auf 24,6 Prozent. Die produktiven Ausgaben des Staates stiegen von 0 auf 1o,4 Prozent der inländischen Ausgaben. Der Staat trägt damit zu mehr als zwei Dritteln zur Nettoinvestitionsquote bei.

Wie bereits dargestellt,betrug der agrarische Surplus 1933 ca.19 Prozent des Volkseinkommens. Diese 19 Prozent sind als Orientierungsgröße des potentiell aus der Landwirtschaft transferierbaren Surplus zu betrachten. Der Anteil der Agrarsteuer an dieser Quote, nämlich 3,2 Prozent, konnte im Zuge der effektiveren Besteuerung nur unwesentlich auf knapp 4 Prozent ausgedehnt werden. Darin enthalten sind bereits die nur unwesentlichen Summen, die qua Staatsanleihen aus dem bäuerlichen Sektor gezogen wurden[55]. Einen wichtigen neuen zusätzlichen Faktor bilden aber die Gewinne der staatlichen Handelsorganisationen, die aus dem Handel mit dem Agrarsektor entstanden sind, sowie die Gewinne privater Industriebetriebe aus ihren Konsumgüterverkäufen an den Agrarsektor, die über die Besteuerung der privaten Industrie in den Staatshaushalt gelangen. Lippit schätzt diese Beträge, die durch interne terms of trade transferiert werden, auf 5,4 Prozent des Volkseinkommens. Die Erklärung dafür, daß solche terms of trade durchsetzbar waren, muß darin gesucht werden, daß die Inflation bis 1949 das chinesische Preisgefüge durcheinander gebracht hatte und die bäuerlichen Einkommensverbesserungen nach der Agrarreform diese neuen Preise zuließen[56].

Demnach hätte sich der aus dem agrarischen in den staatlichen Sektor transferierte Surplus gegenüber 1933 von 3,2 auf 9,4 Prozent des Volkseinkommens erhöht. Die Quote von 19 Prozent, die vor der Agrarreform etwa im Verhältnis 4:1 auf Gentry und Staat aufgeteilt wurde, teilen sich nach der Agrarreform Bauern und Staat zu gleichen Teilen. Während vorher dieser Surplus nur marginal zu Nettoinvestitionen verwendet wurde, können der Staat und die Kleinbauern jetzt in einem erheblichen Umfang damit produktive Ausgaben finanzieren, da rund 3/4 der Nettoinvestitionsquote von 15,4 Prozent durch den Staat (9,4 Prozent) und die Bauern (ca.3 Prozent) aufgebracht werden. Da etwa knapp die Hälfte der Staatsausgaben produktiv verwendet werden, kann man annehmen, daß der indirekte Beitrag der Landwirtschaft zu diesen Ausgaben analog die Hälfte betragen hat. Der Rest floß in den Konsum der Bauern und unproduktive Staatsausgaben. Die Redistribution der ehemaligen unproduktiven Gentry-Einkommen in produktive Staatsausgaben ist also in einem erheblichen Umfang gelungen.

Der eingangs unterstellte Katalog möglicher Motive bei der Agrarreform ist also folgendermaßen realisiert worden: Die politischen Ziele, Mobilisierung der Bauern und Ausschaltung der Gentry als Klasse, sind erreicht worden. Die vorfristige Beendigung der Agrarreform zeigt die Popularität und den Erfolg dieser Maßnahme[57]. Die Umverteilung des ehemaligen Besitzes der Landlords hat diese Klasse ihrer ökonomischen Basis beraubt und sie gezwungen, selber einer produktiven Tätigkeit nachzugehen. Der Gesichtsverlust, der für die Gentry mit der erfolgreichen Agrarreform verbunden war, wird ihr soziales Prestige auf dem Dorf nachhaltig untergraben haben.

Ein direkter Zusammenhang zwischen Agrarreform und Outputsteigerung in der Landwirtschaft konnte nicht festgestellt werden[58]. Soweit im fraglichen Zeitraum eine Zunahme der Agrarproduktion festzustellen ist, kann sie nur auf die allgemeine wirtschaftliche Restauration bzw. verbesserte statistische Erfassungsmethoden zurückgeführt werden. Nach 1952, als mögliche Outputeffekte durch die Agrarreform erst voll hätten zum Tragen kommen können, brechen die hohen Zuwachsraten der Agrarproduktion ab. Eine merkliche Verbesserung des bäuerlichen Lebensstandards konnte erreicht werden, da etwa die Hälfte der zur Disposition stehenden Überschüsse im kleinbäuerlichen Sektor verblieben, die überwiegend zu Konsumzwecken verwendet wurden. Die Agrarreform hat direkt keinen Beitrag zur agrikolen Produktivitätssteigerung geleistet. Die Bodenzersplitterung wurde eher noch verstärkt. Skaleneffekte oder bessere Auslastung brachliegender Arbeitskraft sind angesichts der winzigen Höfe kaum denkbar. Produktionsmittel wurden nur in relativ geringem Umfang verteilt. Die Umverteilung der Einkommen hat zwar zu einem exorbitanten Anwachsen der Investitionsrate beigetragen, nur fließen diese Investitionen kaum in den agrarischen Sektor. Die Masse der staatlichen Investitionen (vgl. Tabelle 69) kommt vielmehr dem Industriesektor zugute und wird dort vorläufig kaum zur Herstellung agrarischer Produktionsmittel verwendet.

Hauptnutznießer der Agrarreform ist somit der schwerindustrielle Sektor, für den die Landwirtschaft ganz im Sinne des sowjetischen Industrialisierungsmodells in der Anfangsphase eine nicht unerhebliche Initialzündung geleistet hat. Erst später spielt die Eigenfinanzierung der Industrie die entscheidende Rolle. Die eigentlichen Agrarprobleme sind zwar durch den Zuwachs an bäuerlichen Einkommen für eine Weile vertagt, bestehen aber ohne Maßnahmen zur Steigerung der Agrarproduktivität weiterhin. Für den nächsten Schritt, die Kollektivierung, ist durch die Ausschaltung der Gentry als der den traditionellen Sektor beherrschenden Klasse immerhin der Boden bereitet. Wird dieser nächste Schritt aber nicht rasch durchgeführt, besteht die Gefahr einer neuen Klassendifferenzierung auf dem Land, denn es wurde nur das feudale, nicht aber das kapitalistische Element im Agrarsektor beseitigt, da die reichen Bauern weitgehend verschont blieben, und das Recht auf Veräußerung oder Verpachtung des Bodens weiterhin garantiert blieb.

1.3. Die Mobilisierung traditioneller Entwicklungspotentiale im Rahmen der Kollektivierung

1.3.1. Die Zielsetzung der Kollektivierung

Da sich bald herausstellte, daß die Agrarreform allein nicht in der Lage war, die Agrarprobleme zu lösen, mußte der Schwerpunkt der Maßnahmen rasch von der Redistribution auf Produktivitätssteigerungen verlagert werden[59]. Geringes Wachstum der Agrarproduktion von 1952 bis 1954, damit verbundene Schwierigkeiten des Ressourcentransfers aus der Landwirtschaft, weiterhin bestehende hohe Unterbeschäftigung und Tendenzen zur Restauration der alten Klassendifferenzierung, da Verkauf und Verpachtung von Land nach wie vor erlaubt waren[60], konnte Mao bei der innerparteilichen Diskussion um das Konzept der Agrarentwicklung anführen, um sich gegen die Liuisten durchzusetzen, die auf die Investitionsbereitschaft der reicheren Bauern bei der von ihnen angestrebten vorrangigen Agrarmechanisierung vertrauten. Maos Alternative, die sich seit Mitte der 5oer Jahre durchsetzte, lag im Vorrang der Kollektivierung.

Sein Argument basierte im Kern auf folgender Überlegung[61]: Das System der Kleinbauernwirtschaft ist nicht in der Lage, die in China reichlich vorhandene Arbeitskraft auszuschöpfen. Außerdem besitzen die Bauern als einzelne nicht genügend Kapital, um eine Mechanisierung aus eigener Kraft zu bewerkstelligen. Die Kollektivierung ist in der Lage, beide Probleme zu lösen, da sie sinnvolle Tätigkeiten neben der eigentlichen Landwirtschaft ermöglicht, die entweder zusätzliche Einkommen oder direkt Investitionen schaffen. Arbeitskraft wird mithin direkt oder indirekt in Kapital verwandelt[62]. Das heißt, nur Kollektive sind in der Lage, Arbeitseinsätze zu Bodenmeliorationen, Be- und Entwässerungsanlagen, Sammeln von Düngemitteln, Brennholz u.a. sowie diverse Nebentätigkeiten zu organisieren. Diese Mobilisierung traditioneller Potentiale wie Arbeitskraft, Boden und Wasser führt zu Output- und in ihrer Kombination auch zu Produktivitätssteigerungen. Darüber hinaus können die größeren Betriebseinheiten der Kollektive Skaleneffekte bei Zugvieh und Arbeitsgeräten erzielen und durch Arbeitsteilung, Spezialisierung und besseres Management weitere Produktivitätsvorteile wahrnehmen. Schließlich sollen die Kollektive über die so erzielten Einkommenssteigerungen kollektive Akkumulationsfonds einrichten, über die eine schrittweise Mechanisierung finanziert werden kann.

Die programmatischen Texte und Resolutionen, die seit Herbst 1955 im Zuge der Kollektivierung[63] und ab Sommer 1958 im Zuge der Kommunisierung[64] von Partei- und Staatsorganen veröffentlicht wurden, greifen diese Überlegungen auf. In den Veröffentlichungen der Jahre 1955 und 1956 lag der Tenor dabei eher auf Maßnahmen, die mehr oder weniger unmittelbar im Zusammenhang mit der Landwirtschaft standen. So forderten die Artikel 38 bis 41 des Modellstatuts für die Kollektive vom 30.6.56 u.a. rationelleren Gebrauch des Bodens, Bau von Bewässerungsanlagen, Ausdehnung der bewässerten Fläche, Verbesserung der Ackergeräte, des Saatguts und der Anbaumethoden, Kleintierhaltung, Sammeln von Dünger, Terrassieren, Aufforsten und Neulanderschließung[65], alles Maßnahmen, die unter zusätzlichem Einsatz von Arbeitskräften und mit Geschick erledigt werden können. Daneben sollten agrarische Nebentätigkeiten wie Handwerk, Transport, Viehzucht etc. ausgebaut werden. Diesen Rahmen sprengten die Texte von 1958, als diese Tätigkeiten auf nichtlandwirtschaftliche Bereiche wie Bergbau, Eisen- und Stahlproduktion, Maschinenbau, Energieerzeugung sowie Infrastrukturbauten im Bereich des Straßenbaus und des Kommunikationswesens ausgedehnt wurden[66]. Die Mobilisierung von ländlichen Arbeitskräften sollte also über den Agrarbereich auf nahezu alle anderen Wirtschaftssektoren ausgedehnt werden. Hier stellt sich bereits die Frage, ob die Unterauslastung der Arbeitskräfte tatsächlich so hoch war, daß die Landwirtschaft diesen Aderlaß verkraften konnte.

Auf eine detaillierte Schilderung der Etappen und Formen der Kollektivierung soll hier verzichtet werden, da sie bereits mehrfach unternommen wurde[67]. Hier sollen vielmehr einige entwicklungsstrategisch relevante Punkte herausgehoben werden, wobei die Frage im Vordergrund steht, ob und bis zu welchem Maße diese genannten Maßnahmen, die ich als traditionelle Mobilisierung bezeichne, in der Lage waren, nachdem die ungleiche Verteilung durch die Agrarreform beseitigt war, das Problem der Stagnation zu bewältigen. Wichtig wäre nur zu betonen, daß die hier untersuchte Phase nach der Agrarreform von 1952 bis 1959 in zwei Abschnitte zerfällt. Von 1952 bis 1955 ist noch das Privateigentum an Produktionsmitteln dominierend. Die anfänglichen saisonalen und später permanenten Gruppen der gegenseitigen Hilfe, die ab 1952 verstärkt in Erscheinung treten, wie die Kooperativen der Jahre 1954 und 1955 behalten das Privateigentum an Boden bei. Man kombiniert also das Kapital der wohlhabenden Bauern mit der Arbeitskraft der ärmeren Bauern. Die Vorteile liegen vor allem in der besseren Ausnutzung der Arbeitskraft, Boden, Zugvieh und anderen Produktionsmitteln. Die Entlohnung besteht in einer Mischung von Renten- und Arbeitseinkommen, wobei letzteres dominiert. Ertragszuwächse schlagen sich nicht in steigender Rente, sondern in steigendem Arbeitseinkommen nieder, so daß die kollektiven vor den individuellen Anreizen in der Vorhand bleiben.

Erst ab 1956 wird wie in der Industrie das Privateigentum an Boden und Produktionsmitteln den Kollektiven übereignet. Die so geschaffenen größeren Betriebseinheiten lassen Arbeitseinsätze in agrarrelevanten und außeragrarischen Bereichen in größerem Stil zu. Der entscheidende Faktor in Maos Überlegung, die direkte Umwandlung von Arbeit in Kapital, wird also erst seit 1956 in vollem Umfang wirksam. Hinsichtlich der Ergebnisse ist es demnach sinnvoll, die Phasen 1952 - 1955 und 1956 - 1959 miteinander zu vergleichen. Unter der Vielzahl der angestrebten Haupt- und Nebeneffekte sollen zwei Punkte im Vordergrund stehen, die als zentral angesehen werden müssen. Ist es erstens gelungen, über die Mobilisierung von Arbeitskraft u.a. Effekte der Kollektivierung den Output im Agrarsektor zu steigern, wobei vor allem die Nahrungsmittelversorgung pro Kopf von Bedeutung ist. Ist es darüber hinaus gelungen, auch die Produktivität zu steigern, wobei die Aspekte Flächen- und Arbeitsproduktivität gesondert behandelt werden[68]. Nur die positive Beantwortung aller drei Fragen liefert den Beweis, daß Maos Konzept der direkten Umwandlung von überschüssiger Arbeitskraft in Kapital im Rahmen von Kollektivierung und Masseneinsätzen auf Dauer in der Lage war, eine traditionelle Landwirtschaft vom Typ China zu dynamisieren. Sollten nur Teilziele erreicht sein, wäre zu fragen, ob es sich hier ähnlich wie bei der Agrarreform nur um eine weitere Übergangslösung handelt, die letztlich auf eine Entwicklung der Produktivkräfte auf wissenschaftlich-technologischer Basis nicht verzichten kann.

1.3.2. Der Beschäftigungseffekt

Zunächst soll festgestellt werden, in welchem Maße Maos vordringlichstes Ziel, die Mobilisierung von Arbeitskräften, erreicht wurde. Die in Teil I referierten Daten von Buck (vgl. Tabelle 23) hatten bereits gezeigt, daß im Durchschnitt nur 35 Prozent der 15 - 6ojährigen in der Landwirtschaft vollbeschäftigt waren und 58 Prozent einer nicht näher spezifizierten Teilbeschäftigung nachgingen. Darüber hinaus gibt Buck an, daß pro Arbeitskraft im Schnitt 1,7 Monate im Jahr keine Beschäftigungsmöglichkeit bestand, wobei diese Zeit vor allem in die Monate November bis Februar fiel[69]. Aus diesen wenigen Angaben läßt sich bereits folgern, daß sowohl bei den insgesamt involvierten Arbeitskräften wie bei der Zahl der Arbeitstage pro Jahr ein auszuschöpfendes Potential vorhanden war.

Um dieses Potential genauer auszuloten, sind zunächst einige Einschränkungen hinsichtlich der gesamten Agrarbevölkerung zu machen. Anhang des Bevölkerungszensus von 1953 läßt sich feststellen[7o], daß 2o,8 Prozent der ländlichen Bevölkerung auf die o - 6jährigen entfallen. Das Rentenalter erreichen die Chinesen bei den Männern mit 61 und bei den Frauen mit 56 Jahren. Der Anteil dieser beiden Gruppen macht zusammen 8,3 Prozent der ländlichen Bevölkerung aus, so daß sich die Quote der potentiellen Arbeitskräfte auf 7o,9 Prozent verringert. Diese Quote dürfte in etwa vor 1949 zugetroffen haben. Die allgemeine Schulbildung war unbekannt und Kinderarbeit, wie aus den Schilderungen von Buck, Fei Hsiao-tung u.a. hervorgeht, an der Tagesordnung. Erklärtes Ziel der kommunistischen Regierung war es aber, allen 7 - 15jährigen eine gestaffelte Schulbildung zu vermitteln, was zwar nicht schlagartig, aber bis 1959 annähernd erreicht wurde[71]. Zieht man die Schulpflichtigen von der Quote der potentiellen Arbeitskräfte ab, vermindert sich diese um 17 Punkte auf 53,9 Prozent. Parallel zu möglichen Mobilisierungsstrategien verläuft also eine drastische Verminderung des ländlichen Arbeitskräftepotentials von 7o,9 auf 53,9 Prozent der ländlichen Bevölkerung. Diese 53,9 Prozent sind als absolutes Maximum der real vorhandenen Arbeitskräfte anzusehen.

Tabelle 85: Beschäftigungsgrad der bäuerlichen Bevölkerung und Art der Tätigkeit 195o - 1959

	ges. bäuerl. Bevölkerung[1] Jahresschnitt in Mio	davon beschäftigt in Mio[2]	in Prozent[2]	Landwirtschaft[2]	davon in (in Prozent): Nebentätigkeiten[2]	Arbeitseinsätze /Investbau[2]	kollekt. Administration[2]	kommunale Dienstleistungen[2]	kommunale Industrie[2]
195o	476,7	222,6	46,7	36,o	9,2	1,5	-	-	-
1951	482,8	225,5	46,7	36,o	9,2	1,5	-	-	-
1952	488,9	228,3	46,7	36,o	9,2	1,5	-	-	-
1953	495,6	231,4	46,7	36,o	9,2	1,5	-	-	-
1954	5o5,3	236,o	46,7	36,o	9,2	1,5	-	-	-
1955	517,6	243,3	47,o	36,o	9,1	1,7	o,2	-	-
1956	528,o	255,6	48,4	36,o	8,2	3,o	1,2	-	-
1957	536,8	26o,3	48,5	36,o	8,2	3,1	1,2	-	-
1958	545,9	271,9	49,8	34,3	8,2	3,1	1,2	1,9	1,1
1959	555,o	3o9,1	55,7[a]	39,8	7,4	3,1	1,1	2,4	1,9

1) Schran 1969, S.47
2) Schran 1969, S.64
a) 7 - 15jährige sowie unproduktiv tätige Personen werden wieder zeitweise beschäftigt, deshalb Anteil der Beschäftigten über 53,9 %. Vgl. dazu Schran 1969, S.62.

Ausgehend von Bucks Daten über die ländliche Beschäftigung, die als repräsentativ für den Beginn der 5oer Jahre angenommen werden, hat Schran unter Verwendung von zwei chinesischen Agraruntersuchungen aus den Jahren 1955 und 1957 sowie Einzelerhebungen über Volkskommunen aus den Jahren 1958 und 1959 die reale Beschäftigungsquote für die gesamten 5oer Jahre und ihre Verteilung nach Tätigkeitsbereichen geschätzt (vgl. Tabelle 85).

Demnach bleibt die Beschäftigungsquote von 195o bis 1955 nahezu stabil bei 46,7 Prozent. Soweit die ersten Kollektivierungsversuche einen Beschäftigungseffekt ausübten, war dieser also gerade in der Lage, ein weiteres Sinken der Quote infolge des Bevölkerungswachstums zu verhindern. 1956, im Zuge der Kollektivierung, steigert sich die Quote erheblich auf 48,8 Prozent. Der Große Sprung und die Bildung der Volkskommunen 1958 lassen diese Quote nochmals auf 49,8 Prozent wachsen, wobei besonders die Mobilisierung im Jahre 1959, die meisten Kommunen wurden erst nach der 58er Ernte gegründet, die exorbitante Steigerung auf 55,7 Prozent erzielt. In absoluten Zahlen heißt das den schlagartigen Einsatz von zusätzlich 12,3 Millionen Arbeitskräften 1956, von 11,6 Millionen 1958 und gar von 37,2 Millionen 1959, wobei interne Verschiebungen auf andere Tätigkeiten noch gar nicht berücksichtigt sind.

Von der Menge der involvierten Arbeitskräfte waren die beiden Kampagnen von 1956 und 1958/59 also ein voller Erfolg. Das Arbeitskräftepotential von 53,9 Prozent wurde nicht nur total ausgeschöpft, sondern 1959 mit 55,7 Prozent sogar so sehr überzogen, daß viele Schulpflichtige zeitweise wieder zu Arbeitseinsätzen herangezogen wurden.

Die Verteilung der Arbeitskräfte auf die diversen Tätigkeitsbereiche zeigt, daß die eigentliche Landwirtschaft sowie die traditionellen Nebentätigkeiten wie die hausindustrielle Verarbeitung agrarischer Produkte von dieser Mobilisierung nicht berührt wurden. Im Gegenteil, der Anteil der rein agrarischen Tätigkeiten bleibt bis 1957 konstant, sinkt sogar 1958 und nimmt erst 1959 wieder zu, wobei hier möglicherweise die einsetzende Dekollektivierung und die sich abzeichnende katastrophal schlechte Ernte eine Rolle spielen. Das geht aber eindeutig auf Kosten der bäuerlichen Nebentätigkeiten, die seit 1955 im Zuge der Entprivatisierung zurückgehen[72].

Was zunimmt, sind die ab 1956 enorm gestiegenen Arbeitseinsätze zur Bewässerung, Terrassierung etc. und der ebenfalls ab 1956 einsetzende Aufwand für kollektive Administration und Arbeitsorganisation. Ab 1958 treten zwei neue Tätigkeitsbereiche hinzu. Einmal werden die letzten Reserven mobilisiert, um die enorme Zahl von Kleinbetrieben wie die bekannten Hochöfen in Betrieb zu nehmen[73]. Das ist aber nur möglich, wenn auch das Potential der Frauenarbeit restlos ausgeschöpft wird. Das wiederum bedeutet, daß die notwendigen häuslichen Funktionen der Frauen kollektiv durchgeführt werden. Die Entlastung dieser Frauen erzwingt also gleichzeitig umfangreiche kommunale Dienstleistungen wie Kindergärten, Kranken- und Altenpflegestätten, Kantinen etc., die ihrerseits wieder Arbeitskräfte absorbieren.

Hier hat die Mobilisierung also offenbar eine weitere Grenze überschritten, so daß die Strategie dysfunktional zu werden beginnt. Jede weitere Freisetzung zu produktiver Tätigkeit erfordert einen höheren Aufwand an kollektiven Dienstleistungen. Der plötzliche und massenhafte Aufbau von kleinen Industriebetrieben in den Jahren 1958/59 ist zudem dafür verantwortlich zu machen, daß die Zahl der in der eigentlichen Landwirtschaft Tätigen rückläufig wird, was sich negativ auf die 59er Ernte bemerkbar machte.

Wie eingangs festgestellt, besteht neben der Ausdehnung der Zahl der Arbeitskräfte auch die Möglichkeit, die Zahl der jährlichen Arbeitstage[74] auszudehnen. Diese beiden Aspekte werden in der folgenden Tabelle 86 zum Ausdruck gebracht.

Tabelle 86: Ausdehnung der Arbeitstage pro Jahr im Bereich der bäuerlichen Bevölkerung 195o - 1959

	durchschnittliche jährl. Arbeitstage in Mann/Arbeitskraft-Äquivalenten[a]		ges. jährliche Arbeitstage in Arbeitskraft-Äquivalenten	insgesamt Beschäftigte bezogen auf die 52er Mann/Jahres-Äquivalente der jährl. Arbeitstage	
	in Tagen	in Prozent des Jahres	in Mrd	Mio Personen	in Prozent
195o	119,o	33,4	26,489	222,6	46,7
1951	119,o	33,4	26,835	225,5	46,7
1952	119,o	33,4	27,168	228,3	46,7
1953	119,o	33,4	27,537	231,4	46,7
1954	119,3	33,5	28,155	236,6	46,8
1955	121,o	34,o	29,439	247,4	47,8
1956	149,o	41,9	38,o84	32o,o	6o,6
1957	159,5	44,8	41,518	348,9	65,o
1958	174,6	48,9	47,474	398,9	73,1
1959	189,o	53,1	58,42o	49o,9	88,5

a) Arbeitstag von Mann und Frau wird im Verhältnis 1:o,8 gewichtet; vgl.Schran 1969, S.54

Zusätzlich zur Steigerung der insgesamt eingesetzten Arbeitskräfte von 46,7 auf 55,7 Prozent wird im gleichen Zeitraum die Zahl der jährlichen Arbeitstage von 119 auf 189 ausgedehnt, was eine Zunahme der jährlichen Arbeitszeit von 33,4 auf 53,1 Prozent bedeutet. Die Tendenz ist hierbei ähnlich, wie sie in Tabelle 85 zu erkennen war. Bis 1955 ist keine oder nur eine unwesentliche Ausdehnung des Arbeitsjahrs zu beobachten. Erst mit der Kollektivierung von 1956 erfolgt eine Steigerung von 34 auf 41,9 Prozent, die in großen Sprüngen bis 1959 auf 53,1 Prozent ausgedehnt wird. Das ist absolut eine Steigerung um 28 Tage von 1955 auf 1956 und eine weitere Steigerung um 4o Tage bis 1959. Die Ausdehnung der jährlichen Arbeitszeit beträgt also in etwa das Doppelte im Vergleich zur Ausweitung der eingesetzten Arbeitskräfte. Die Unterschiede im Kollektivierungsschub von 1956 und dem Kommunisierungsschub von 1958/59 liegen offenbar darin, daß im ersten Fall vordringlich Maßnahmen getroffen wurden, saisonal brachliegende Arbeitskraft auszunützen, während die Volkskommunen vordringlich die Mobilisierung zusätzlicher Arbeitskräfte ermöglichen sollten.

Das Produkt beider Maßnahmen findet sich in der dritten Spalte der Tabelle 86. Die insgesamt geleisteten Arbeitstage werden im genannten Zeitraum mehr als verdoppelt, das heißt, gemessen an der jährlichen Arbeitsquote von 119 Tagen im Jahre 1952 (nach Abschluß der Agrarreform) betrug die Steigerung nicht bloß 8o,8 Millionen, sondern 262,6 Millionen Arbeitskräfte. Die Quote hätte sich also von 46,7 auf 88,5 Prozent gesteigert.

Schließlich soll noch gezeigt werden, daß nicht nur das potentielle Arbeitskräftereservoir[75], sondern auch die potentielle jährliche Arbeitszeit nahezu völlig ausgeschöpft wurde.

Tabelle 87: Gesamter Beschäftigungseffekt der Kollektivierung 195o - 1959

	potentiell[1] arbeitsfähige bäuerliche Bevölkerung (53,9 %-Quote) in Mio	potentielle[2] jährliche ges. Arbeitstage in Mann/AK-Äquivalenten in Mrd	Prozentsatz[3] der tatsächlich geleisteten jährl. Arbeitstage in Mann/AK-Äquivalenten
195o	256,9	83,oo5	31,9
1951	26o,2	84,o71	31,9
1952	263,5	85,139	31,9
1953	267,1	86,3o2	31,9
1954	272,4	88,o14	32,o
1955	279,o	9o,146	32,7
1956	284,6	91,956	41,4
1957	289,3	93,474	44,3
1958	294,2	95,o7o	49,9
1959	299,1	96,656	6o,4

1) Berechnet nach Spalte 1 der Tab.86 und der 53,9 % Quote (= Abzug der o - 15 Jährigen sowie der Männer 61 und älter und Frauen 56 und älter) vgl. Schran 1969, S.51
2) = potentielle arbeitsfähige Bevölkerung x 356 geteilt durch 53,8 x 1 + 46,2 x o,8. Zur Verteilung und Gewichtung vgl. Schran 1969, S.51 und S.54.
3) Berechnet nach Tab.86 (gesamte jährliche Arbeitstage in Mann/AK-Äquivalenten).

Auf der Basis der potentiell arbeitsfähigen Bevölkerung wurden zunächst die potentiellen jährlichen Arbeitstage in Mann/Arbeitskräftäquivalenten berechnet. Die real geleisteten jährlichen Arbeitstage aus Tabelle 86 liefern die Quote. Demnach wurde die durchschnittliche jährliche Arbeitszeit von 31,9 auf 6o,4 Prozent ausgedehnt. Bei Berücksichtigung einer in entwickelten Industrieländern üblichen 5-Tage-Woche inklusive Feiertage und Jahresurlaub wäre demnach vergleichsweise 1959 nicht nur die Vollbeschäftigung erreicht und überschritten, sondern nach dem Standard von Industrieländern die saisonale Arbeitslosigkeit nahezu völlig abgebaut[76].

Die Mobilisierung von Arbeitskräften ist natürlich kein Selbstzweck, entscheidend ist, wozu diese Arbeitskräfte eingesetzt wurden, und ob diese Einsätze auch sinnvoll waren. Deswegen soll im weiteren Verlauf untersucht werden, welche Maßnahmen eigentlich für die Agrarentwicklung getroffen wurden, und wie diese Maßnahmen sich auswirkten.

1.3.3. Der Outputeffekt

Die geschilderten Arbeitseinsätze lassen sich grob in Einsätze unterscheiden, die direkt oder indirekt der Erhöhung der Agrarproduktion dienten, wie Neulandgewinnung und Bewässerung, sowie in Einsätze, die außeragrarischen Zwecken wie Straßen- und Eisenbahnbau sowie Eisen- und Stahlgewinnung dienten[77]. Hier soll vor allem die erste Gruppe von Tätigkeiten untersucht werden, da sie im weitesten Sinn die Bereitstellung agrarischer Inputs betrifft. Da vorläufig moderne Inputs wie Kunstdünger, Traktoren, mechanische Bewässerung u.a. noch nicht vorgesehen waren, ist mit den arbeitsintensiven Maßnahmen die gesamte Palette agrarischer Inputs weitgehend abgedeckt.

Die folgende Tabelle 88 faßt wesentliche Inputs, die auf Arbeitseinsätze zurückzuführen sind, zusammen.

Demnach wurde die gesamte Kulturfläche von 195o bis 1959 um 11,4 Prozent ausgedehnt. Nimmt man allerdings 1952 als Ausgangsjahr, beträgt die Steigerung nur noch 3,6 Prozent, obwohl es sich dabei immerhin um 3,9 Millionen ha handelt. Yeh schätzt allerdings, daß die Neulandgewinnung durch Zusammenlegen der Felder, Entfernen der Ahnengräber u.a. Flurbereinigungen bereits einen Zugewinn von 4,5 Millionen ha ausmachte[78], so daß die Steigerung gegenüber 1952 allein durch diese Maßnahmen erklärt werden könnte. Diese Vermutung wird dadurch gestützt, daß die Zusammenlegung der Felder schon vor der eigentlichen Kollektivierung in Gang kam, wenn auch das Privateigentum erhalten blieb, und seit 1956 die gesamte Kulturfläche nicht mehr ausgedehnt wurde. Die eigentlichen Arbeitseinsätze im Investbau setzen aber erst 1956 ein (vgl. Tabelle 85), was sich aber nicht in einer Ausdehnung der Kulturfläche äußerte, denn 1958 sank diese Fläche sogar.

Tabelle 88: Agrarische Inputs 195o - 1959 (offizielle Angaben)

	Kulturfläche[1]	bewässerte Fläche		Saatfläche[1]	Index der Mehrfach-ernten[1]	Saatfläche[3] Getreide
	in Mio ha	in Mio ha	in Prozent der Kultur-fläche	in Mio ha		in Mio ha
195o	1oo,356	16,667	16,6			1o4,8o3
1951	1o3,671	18,667	18,o			116,968
1952	1o7,919	21,333	19,8	141,256	13o,9	112,3oo
1953	1o8,529	22,ooo	2o,3	144,o35	132,7	114,275
1954	1o9,355	23,333	21,3	147,925	135,3	116,341
1955	11o,157	24,667	22,4	151,o81	137,2	118,397
1956	111,825	32,ooo	28,6	159,173	142,3	124,293
1957	111,83o	34,667	31,o	157,244	14o,6	12o,885
1958	1o7,787	66,667	61,9	156,935	145,o	121,299
1959	111,83o[2]	71,333	63,8			125,9o8[4]

1) Chen Nai-ruenn 1967, S.284/285
2) geschätzt bei Schran 1969, S.1o7
3) Chen Nai-ruenn 1967, S.286/287 u.289
4) geschätzt analog des Zuwachses der Kulturfläche von 1958 auf 1959 um 3,8 %.

Diese Feststellung gilt allerdings nicht für den Umfang der bewässerten Fläche. Hier sind in der Tat 1956, 1958 und 1959 enorme Zuwächse zu verzeichnen. Während 1952 erst 19,8 Prozent der Kulturfläche bewässert wurden, steigt diese Quote 1956 auf 28,6 Prozent und 1958 gar auf 61,9 Prozent. Seit Beginn der Kollektivierung sind bis 1959 also 46,7 Millionen ha zusätzlich bewässert worden[79]. Diese zusätzliche Bewässerung ist mit Sicherheit hauptverantwortlich für die Ausdehnung der Saatfläche, da nur so in großem Umfang Doppelernten möglich wurden. Hier läßt sich tatsächlich gerade 1956 ein großer Zuwachs verzeichnen. Die Saatfläche steigt von 1952 bis 1958 mit 15,7 Millionen ha also wesentlich stärker als die Kulturfläche. Das dürfte sich entsprechend auf die Getreideanbaufläche ausgewirkt haben, denn bei Getreide ist 1956 eine hohe Ertragssteigerung zu verzeichnen. Zu berücksichtigen ist allerdings, daß derartige Maßnehmen nicht notwendig unmittelbare Ergebnisse zeigen müssen, die Steigerung der Agrarproduktion in den 6oer Jahren also durchaus eine Erklärung in den Wasserbauten der 5oer Jahre finden kann. Betrachtet man nämlich die Resultate dieser Maßnahmen anhand der Daten über die Agrarproduktion der 5oer Jahre, lassen sich nicht in jedem Fall eindeutige Korrespondenzen zu den Kollektivierungskampagnen und Arbeitseinsätzen feststellen (vgl. Tabelle 89).

1956 und 1958 steigt zwar die Getreideproduktion jeweils in beachtlichem Maße gegenüber dem Vorjahr, das ist aber auch 1955 der Fall, als noch keine Arbeitseinsätze vergleichbaren Ausmaßes stattgefunden haben. Externe Faktoren wie etwa das Wetter spielen offensichtlich eine große Rolle. Tatsache ist aber, daß die von 1952 bis 1954 stagnierende Getreideproduktion pro Kopf, hier gewann Mao seine Argumente, von 1955 an bis 1958 erheblich zunimmt, ein Erfolg der Kollektivierung hinsichtlich des Agraroutputs also deutlich feststellbar ist. Bemerkenswert ist allerdings der Einbruch von 1959, obwohl doch gerade 1958 und 1959 die umfangreichsten Bewässerungsarbeiten durchgeführt wurden. Allein das schlechte Wetter kann nicht für den spektakulären Rückgang verantwortlich gemacht werden, zumal schlechtes Wetter auch in früheren Jahren ohne diese enormen Rückschläge anzutreffen war. Plausibler scheint mir als Erklärung die nach der 58er Ernte einsetzende enorme Mobilisierung von Arbeitskräften zu außeragrarischen Tätigkeiten, die über das für die Landwirtschaft verkraftbare Maß hinaus erfolgte, so daß aus dem anfänglichen Arbeitskräfteüberschuß ein Arbeitskräftemangel wurde. Die vorhergehende Analyse hatte ja gezeigt, daß der Unterschied zwischen der Mobilisierung von 1956 gegenüber der von 1958/59 nicht mehr im Einsatz saisonal überschüssiger Arbeitskräfte, sondern in der Mobilisierung zusätzlicher ganzjähriger Arbeitskräfte lag. Hier scheint mithin ein wichtiger Faktor in Erscheinung zu treten, der bei einer solchen Strategie unbedingt zu berücksichtigen ist.

Tabelle 89: Gesamtprodukt und Pro-Kopf-Produkt im Agrarsektor 195o-1959

	Getreideproduktion		Bruttoproduktion des Agrarsektor	
	in Mio t[1]	pro Kopf[2]	in Mrd 52er ¥[3]	pro Kopf in 52er ¥[4]
195o	124,7	225,9	38,36	8o,o
1951	135,1	24o,o	41,97	86,4
1952	154,4	268,6	48,39	98,4
1953	156,9	266,8	49,91	1oo,o
1954	16o,5	266,7	51,57	1oo,8
1955	174,8	284,4	55,54	1o6,o
1956	182,5	29o,7	58,29	1o9,5
1957	185,o	288,3	6o,35	111,5
1958	2o5,o (25o)	312,5	75,41	137,o
1959	17o,o (27o)	253,5	88,oo (82,95)[5]	157,3 (148,2)

1) Laut Tab.76 (nur Getreide, ohne Soja)
2) Gesamte Bevölkerung am Jahresende; Quote berechnet nach Schran 1969, S.47.
3) Chen Nai-ruenn 1967, S.364 (= Ackerbau, Viehzucht und Nebentätigkeiten)
4) Nur Agrarbevölkerung am Jahresende; Quote berechnet nach Schran 1969, S.47.
5) abweichende offizielle Angabe nach Schran 1969, S.2o5.

Das wird deutlich, wenn man die Entwicklung der gesamten Produktion des Agrarsektors in Tabelle 89 berücksichtigt, in der auch diverse Nebentätigkeiten enthalten sind. Infolge der ganzjährigen zusätzlichen Mobilisierung erfolgen nämlich hier die entscheidenden Zunahmen 1958 und 1959, die sogar den Einbruch bei Getreide 1959 kompensieren können[8o]. Festzuhalten bleibt vorläufig, daß ab 1952 zunächst eine Stagnation in der Getreide- und der gesamten Agrarproduktion pro Kopf eintritt, die aber durch Maos Initiative bezüglich einer forcierten Kollektivierung seit 1955 in eine Steigerung umschlägt.

1.3.4. Der Produktivitätseffekt

Produktionssteigerungen aufgrund arbeitsintensiver Maßnahmen reichen allerdings auf Dauer nicht aus, da irgendwann die physische Grenze solcher Unternehmungen, wie 1959 offenbar bereits der Fall, erreicht ist. Begleitet sein müssen solche Maßnahmen von Produktivitätssteigerungen, wenn sie dauerhaften Erfolg versprechen sollen. Ob das in der hier interessierenden Phase der Fall war, soll an den Indikatoren "Getreideertrag pro ha Saatfläche" und "Bruttoproduktion des Agrarsektors pro Beschäftigtem" gemessen werden.

Tabelle 9o: Flächenproduktivität und Arbeitsproduktivität im Agrarsektor 195o - 1959

	Getreideertrag[1] pro ha Saatfläche in kg	Bruttoproduktion[2] des Agrarsektors pro Beschäftigtem in 52er ¥
195o	119o	178
1951	1263	192
1952	1375	219
1953	1373	223
1954	138o	226
1955	1476	238
1956	1468	25o
1957	153o	254
1958	169o	325
1959	135o	336 (317)

1) Berechnet nach Tab.76 und Tab.88
2) Berechnet nach Tab.89 und Schran 1969, S.64 (Beschäftigte in Agrar- und Nebentätigkeiten)

Demnach lassen sich für beide Zeitreihen ähnliche Ergebnisse feststellen. Der Getreideflächenertrag stagniert 1952 - 1954 und nimmt von 1955 bis 1958 erheblich zu. Das macht gegenüber 1952 eine Gesamtsteigerung von 22,9 Prozent aus. 1959 erfolgt auch hier der Einbruch. Offenbar ist es also gelungen, im Zuge der Kollektivierung die Flächenproduktivität durch Arbeitseinsätze, insbesondere beim Wasserbau, zu steigern. Ähnliches gilt für die Arbeitsproduktivität nur auf den ersten Blick. Hier muß nämlich berücksichtigt werden, daß bei dem Faktor Arbeitskraft zwei Tendenzen auftraten. Ausgedehnt wurde nicht nur die Zahl der Beschäftigten, sondern auch die Zahl der jährlich geleisteten Arbeitstage. Die gestiegene Produktivität pro Arbeitskraft kann also lediglich Resultat der Ausdehnung des Arbeitsjahres sein, was natürlich auch ein Erfolg ist. Sie braucht sich aber nicht notwendig in einer Produktivitätssteigerung pro Arbeitstag auszudrücken. Um diesen entscheidenden Punkt zu klären, muß weiteres Material zur Analyse herangezogen werden.

Die Schwierigkeit besteht darin, daß viele Arbeitskräfte zu agrarfremden Tätigkeiten eingesetzt wurden, was sich besonders 1958/59 auswirkte. Es müßte also nicht nur die Produktion des Agrarsektors, sondern die des gesamten traditionellen Sektors geschätzt werden. Die verfügbaren Daten für industrielle und Infrastrukturarbeiten erlauben aber keine analogen detaillierten Zeitreihen. Schran hat aber in etwa Durchschnittsgrößen für die Phasen 1952 - 55 (Abschluß der Agrarreform bis Beginn der Kollektivierung) und 1956 bis 1959 (Kollektivierung und Kommunisierung) berechnen können. Wenn auch hier die interessanten Unterschiede von 1955 auf 1956 (Kollektivierungseffekt) und von 1958 auf 1959 (Effekte der überzogenen Mobilisierung) nivelliert werden, so lassen sich doch Unterschiede für die beiden Hauptphasen vor und nach der Kollektivierung feststellen.

Tabelle 91: Geschätzter Nettowert der Produktion und Arbeitsproduktivität im traditionellen Sektor 1952 - 1959[1]

	Schnitt 1952-1955 vor der Kollektivierung	Schnitt 1956-1959 Kollektivierung
gesamt in Mrd. 52er ¥		
Basisinvestitionen und Arbeitseinsätze	1,46	4,42
Agrar- und Nebentätigkeiten	33,89	4o,68
Subsistenzhandwerk und Verarbeitung von Agrarprodukten	4,16	5,3o
Zwischensumme	39,51	5o,4o
einfache Warenproduktion (Handwerk 1954) industrielle Produktion der Kommunen (1958/59)	1,81	2,64
Summe	41,32	53,o4
Zwischensumme pro Kopf in 52er ¥		
pro Kopf der Agrarbevölkerung	78,8	93,1
pro Beschäftigtem	168,3	183,8
pro Mann/AK-Jahresäquivalenten von 1952[a] (=119 Arbeitstage pro Jahr)	167,5	129,3
Summe pro Kopf in 52er ¥		
pro Kopf der Agrarbevölkerung	82,4	98,o
pro Beschäftigtem	176,o	193,4
pro Mann/AK-Jahresäquivalenten von 1952	175,2	136,1
pro geleistetem Arbeitstag[2]	1,47	1,14

1) Schran 1969, S.119 und 121
2) berechnet nach Tab.86
3) vgl. Tab.86

Unter Einschluß aller denkbaren Leistungen steigt demnach die Wertschöpfung im traditionellen Sektor in der Phase der Kollektivierung durchschnittlich um 12,3 Mrd ¥ pro Jahr und bei der gesamten traditionellen Agrarproduktion inklusive Hausindustrie etc. um 11,1 Mrd ¥. In beiden Fällen bedeutet das eine erhebliche Steigerung pro Kopf der Agrarbevölkerung. Auch pro Beschäftigtem im traditionellen Sektor ist eine ähnliche Steigerung feststellbar. Reduziert man allerdings das Arbeitsjahr pro Beschäftigtem auf das Ausgangsniveau von 119 Tagen im Jahre 1952 und berechnet die Produktion pro Beschäftigtem in Arbeitskraftjahresäquivalenten von 1952, geht die Wertschöpfung von 167,5 ¥ auf 129,3 ¥ respektive von 175,2 auf 136,1 ¥ zurück. Das heißt nichts anderes, als daß die Jahresproduktivität aufgrund besserer Auslastung saisonaler Arbeitslosigkeit zwar gestiegen, die Arbeitsproduktivität pro Arbeitstag aber erheblich gefallen ist. Die letzte Zeile der Tabelle bringt das zum Ausdruck. Vor der Kollektivierung brachte jeder Arbeitstag im Schnitt pro Arbeitskraft eine Wertschöpfung von 1,47 ¥, nach der Kollektivierung nur noch von 1,14 ¥. Die zusätzlich mobilisierte Arbeitskraft, sei sie saisonal oder vollkommen neu eingesetzt, weist also eine erheblich sinkende Grenzproduktivität auf. Was sich unter kapitalistischen Vorzeichen als ineffiziente Maßnahme erweisen würde, wurde hier dennoch gemacht, weil offenbar der Outputeffekt absoluten Vorrang vor dem Produktivitätseffekt genoß. Das ging solange gut, bis der Beschäftigungseffekt für den Outputeffekt dysfunktional wurde[81]. Der Große Sprung nach vorn wurde gestoppt, und die Volkskommunen mußten reorganisiert werden.

Maos Strategie, allein durch die Änderung der Produktionsverhältnisse ohne Produktivkraftentwicklung auf wissenschaftlich-technologischer Basis Entwicklungspotentiale zu mobilisieren, läßt sich demnach folgendermaßen würdigen:

1) Infolge der Kollektivierung und Kommunisierung ab 1956 konnten erhebliche Mengen saisonal oder ganzjährig brachliegender Arbeitskräfte mobilisiert werden. Dabei war die saisonale Auslastung in der 1956 praktizierten Form unproblematisch, während der zusätzliche Einsatz neuer Arbeitskräfte, hier vor

allem Frauen, bald an Grenzen stieß, da deren frühere Tätigkeiten (Hausarbeit, Kinderaufzucht etc.) von anderen Personen wahrgenommen werden mußte, so daß der Nettoeffekt gering blieb. Die interne Umschichtung von agrarischen zu außeragrarischen Tätigkeiten wurde in dem Moment problematisch, als sie ganzjährig erfolgte, da sie zu erheblichen Einbußen im Agrarsektor führte. Überschüssige Arbeitskraft ist also durchaus saisonal wie zusätzlich mobilisierbar, nur sind Dosierung und Terminierung genau zu beachten.

2) Soweit diese Arbeitskräfte zur Bereitstellung agrarischer Inputs wie Be- und Entwässerung, Sammeln von Dünger etc. verwendet wurden, war es möglich, sowohl im Zuge der Ausdehnung des Bereichs der Doppelernten wie durch die Steigerung des Flächenertrags die Agrarproduktion so sehr zu steigern, daß auch erhebliche Pro-Kopf-Zunahmen zu verbuchen waren. Zusätzliche Tätigkeiten im industriellen wie Infrastrukturbereich können darüber hinaus zu Einkommenssteigerungen führen bzw. erst langfristig wirksam werden. Hier ist allerdings zu berücksichtigen, daß der gebrauchswertmäßige Nutzen der kleinindustriellen Eisen- und Stahlherstellung 1958-6o sehr umstritten ist, so daß hier evtl. Ressourcen und Energien vergeudet wurden, solange man den Lerneffekt dieser Unternehmungen außer acht läßt.

3) Die Arbeitsproduktivität konnte nur insofern gesteigert werden, als die jährliche Arbeitszeit pro Arbeitskraft erheblich ausgedehnt wurde. Die getroffenen Maßnahmen waren aber nicht in der Lage, die Produktivität pro Arbeitstag zu steigern. Hier mußte im Gegenteil eine sinkende Grenzproduktivität in Kauf genommen werden. Dennoch ist zumindest für einen gewissen Zeitraum die gestiegene Jahresproduktion ein erheblicher Gewinn, nur kann das Arbeitsjahr ohne physische Erschöpfung der Betroffenen nicht beliebig ausgedehnt werden.

4) Ab einem bestimmten Ausmaß, das offenbar 1959 erreicht war, konterkarrieren überzogene saisonale und zusätzliche Mobilisierung von Arbeitskräften im Verbund mit sinkender Grenzproduktivität den Erfolg auf der Outputseite. Sowohl der Einbruch in das Reservoir der Frauenarbeit wie der ganzjährige Abzug agrarischer Arbeitskräfte zu anderen Tätigkeiten ist nur begrenzt

möglich. Das Optimum war 1958 erreicht. Weiteres Wachstum ist allein durch die Mobilisierung weiterer Arbeitskräfte und noch höhere kollektive Organisationsformen nicht mehr möglich, zumal der Administrativ- und Dienstleistungsaufwand sprunghaft zunimmt. Einen zusätzlichen Aspekt liefert das Nord-Süd-gefälle. Infolge des höheren Anteils der Mehrfachernten in der Reiszone war die natürliche Auslastung der Arbeitskräfte im Süden höher (vgl. Tabelle 23). Die Kollektivierungskampagne hat zwar im Süden später, dann aber um so forcierter eingesetzt[82], so daß hier die negativen Folgen der Überbeschäftigung 1958/59 eher und stärker zu Buche geschlagen haben dürften.

5) Die Stagnation im traditionellen Sektor konnte zwar für eine Weile durchbrochen werden, letztlich bewegten sich die ergriffenen Maßnahmen aber durchaus im Rahmen der traditionellen Agrartechnologie, wie sie seit Jahrhunderten bekannt war. Durch die Kollektivierung hatte man unter Einsatz aller traditionellen Möglichkeiten noch die letzte Sprosse der "high level equilibrium trap" (vgl. Schaubild 16) erklommen und damit unter den herrschenden technologischen Bedingungen das absolute Optimum erreicht. Was in diesem Stadium nottat, waren die Reorganisation der kollektiven Einheiten auf ein Maß, das dem möglichen Umfang von Mobilisierung gerecht wurde, und der Übergang von einer Strategie der Outputsteigerung qua Ausdehnung der gesamten Arbeitszeit zu einer Strategie der Outputsteigerung qua Steigerung der Produktivität pro Arbeitstag. Das heißt, die lange hinausgezögerte "Grüne Revolution" mußte endlich in Angriff genommen werden. Die Reorganisation erfolgte rasch, denn die Mechanisierung setzte nach Überwindung der Krise ab 1963 ein. Die grundsätzlichen institutionellen Voraussetzungen für die kontinuierliche und erfolgreiche Entwicklung der 60er Jahre sind aber bereits 1956 - 1958 geschaffen worden. Die Erfahrungen der Krise von 1959 - 1961 haben darüber hinaus das Wissen um die richtige Dosierung der im Prinzip richtigen Strategie der Ersetzung von Kapital durch Arbeit geliefert, wie sie in der Folgezeit praktiziert wurde.

1.4. Moderne Mobilisierung mit Hilfe von Wissenschaft und Technologie

1.4.1. Die technische Transformation der Landwirtschaft im Rahmen der Volkskommunen

Bereits Ende 1959, als das Scheitern des Großen Sprungs für die Partei offenbar geworden war, gab Mao die neue Parole aus: "Der grundsätzliche Ausweg für die Landwirtschaft liegt in der Mechanisierung."[83] Damit kündigte sich ein grundsätzlicher Wandel in der Agrarpolitik an, der allerdings bis 1962 noch nicht zum Tragen kommen konnte, da angesichts des Ausmaßes der Krise weder die liuistische noch die maoistische Variante der Agrarmechanisierung in die Tat umgesetzt werden konnte. Es ist zu vermuten, daß in den Jahren 196o bis 1962 die Existenz der Revolution so sehr auf dem Spiel stand, daß die Liuisten in einer weitgehenden Dekollektivierung und Reprivatisierung[84] der Landwirtschaft ihr Heil suchen mußten. Mit der faktischen Liquidierung der Volkskommunen und der Konzentration auf die private Eigeninitiative der Bauern verschwanden auch die 1958 und 1959 entwickelten ersten Ansätze zur Mechanisierung und Kunstdüngerproduktion im Rahmen der Kleinindustrialisierung, soweit sie durch Volkskommunen betrieben worden waren.

Erst die Verbesserung der Agrarsituation durch die 62er Ernte machte es möglich, daß das 1o. Plenum des 8. ZK im September 1962 das Steuer wieder herumwerfen konnte. Neben dem Slogan "Die Landwirtschaft ist die Grundlage und die Industrie der führende Faktor" wurden auf diesem ZK-Plenum die sogenannten "Vier Transformationen" für die Landwirtschaft verkündet. Damit waren die Mechanisierung, die Elektrifizierung, die Ausweitung der mechanischen Bewässerungsanlagen und der Einsatz von Kunstdünger gemeint[85].

Dieses Datum kann als Beginn der "Grünen Revolution" in China angesehen werden. Unter dem Begriff "Grüne Revolution" wird in der Literatur im biologischen Sinn die Züchtung und Verbreitung neuer Saaten[86], sogenannter Hochleistungssorten, verstanden. Dieses neue Saatgut bringt aber nur dann höhere Erträge, wenn gleichzeitig bestimmte Mengen Wasser, Kunstdünger und Pflanzenschutzmittel verabreicht werden. Neben die biologische tritt also eine technologische Revolution, da die überkommenen Anbaumethoden geändert werden müssen. Die "vier Transformationen" sind also nichts anderes als die chinesische Formulierung der technologischen Voraussetzungen zur intensiven Landwirtschaft auf wissenschaftlicher Basis. Der technologische Wandel setzt wiederum bestimmte ökonomische und soziale Mechanismen in Gang, da die Herstellung der neuen Agrarinputs finanziert werden muß, das Produzentenverhalten von Subsistenzsicherung auf Überschuß- und damit Marktproduktion umgestellt werden muß, und die Herstellung und Anwendung der neuen Agrartechnologien infolge von Spezialisierung und Arbeitsteilung erhebliche Einflüsse auf das traditionelle ländliche Sozialgefüge ausüben. Diesen neuen Anforderungen gerecht zu werden, war die Aufgabe der reorganisierten Volkskommunen, wie sie seit 1963 etabliert wurden.

In erster Linie sollten die drei Ebenen des Eigentums innerhalb der Kommunen eine funktionsgerechte Arbeitsteilung zwischen Gruppen, Brigaden und Kommune garantieren[87], wobei der Gruppe die eigentliche Agrarproduktion vorbehalten blieb, während Brigade und Kommune kapitalaufwendigere Tätigkeiten, nämlich die Erzeugung agrarischer Inputs und die Verarbeitung von Agrarprodukten wahrnahmen. Das ökonomische Gewicht verlagert sich Zuge der fortschreitenden Agroindustrialisierung allerdings zunehmend auf die Brigaden und Kommunen[88].

Die Kontroverse zwischen Maoisten und Liuisten lag in der Folgezeit nicht so sehr in der Sache wie in der Form, in der diese vier Transformationen zu verwirklichen seien. Lius Taoyuan-Modell war das Beispiel für eine Agrarentwicklung, bei der der Staat die notwendigen Inputs nebst Krediten bereitstellen sollte, während das von Mao 1964 propagierte Tachai-Modell die kollektive Selbstorganisation und Eigenfinanzierung dieses Modernisierungsprozesses anvisierte. Da bis 1966/67 die Liuisten in Partei und Staatsverwaltung das Sagen hatten, spielte zunächst das 8. Ministerium für Maschinenbau, dem die Agrarmaschinenindustrie unterstand, und die staatlichen Maschinen-Traktoren-Stationen (MTS) eine wichtige Rolle im Mechanisierungsprozeß, während der Aufbau von Kleinbetrieben auf Kreis- und Kommuneebene erst allmählich in Gang gesetzt wurde. Erst die Ablösung der Liuisten im Zuge der Kulturrevolution brachte den großen Durchbruch der dezentralen kleinindustriellen Agroindustrialisierung. Der Maschinenpark der MTS, bis dato von den Kreisen verwaltet, wurde seit 1969 wieder, wie bereits während des Großen Sprungs, den Volkskommunen übereignet[89], wo er bis heute geblieben ist.

Auf programmatischer Ebene tritt neben die "vier Transformationen" seit 197o Maos "Acht-Punkte-Programm", das die Forderungen "Deep ploughing and soil amelioration, better use of fertilizer, better water conservancy work, use of improved seed, rational close planting, plant protection, better field management and tools reform" erhebt[9o]. Auch wenn ähnliche Begriffe bereits in den 5oer Jahren propagiert wurden, liegt der Akzent jetzt doch stärker auf den qualitativen Aspekten dieser Maßnahmen, die nur im Rahmen moderner Agrartechnologie zu verwirklichen sind. Bis 1957 wurde die gesamte Ackerfläche auf 111,8 Millionen ha und über die Ausdehnung der Regionen mit Mehrfachernten die Saatfläche auf 157,3 Millionen ha ausgedehnt[91]. Die Produktionssteigerungen der 5oer Jahre sind also zu einem großen Teil auf extensive Maßnahmen zurückzuführen. Danach fällt die Ackerfläche auf 1o6,7 Mio ha und wird seit 1962 bis heute nicht mehr wesentlich ausgedehnt. Der Index der Mehrfachernten, der 1958 die Spitze mit 145 erreicht hatte, fällt ebenfalls in den 6oer Jahren erheblich, so daß auch die Saatfläche in starkem Maße zurückgeht. Nach einer chinesischen Quelle aus dem Jahre 1971 beträgt die gesamte Saatfläche nur noch 133 Millionen ha, was bei einer unveränderten Ackerfläche von 1o6,7 Millionen ha nur noch einen Index von 1,255 ergibt[92]. Diese Angabe soll im folgenden verwendet werden. Westliche Schätzungen nehmen einen Index von ca.1,4 an und kommen damit zu einer Saatfläche von 15o Millionen ha[93]. Diese Schätzungen liegen aber auch noch unter den genannten Angaben für die 5oer Jahre. Daß trotz konstanter oder sogar zurückgehender Saatfläche die Agrarproduktion seit der 2. Hälfte der 6oer Jahre das Niveau von 1958 erreicht hat und seitdem in steigendem Maße übertrifft, weist darauf hin, daß die Wachstumsstrategie jetzt auf intensive Maßnahmen abzielt. Nicht die Mobilisierung von Arbeitskräften zur Ausdehnung der Acker- und Saatfläche sondern ihre Mobilisierung zur Herstellung moderner Agrarinputs zur Steigerung des Flächenertrags lautet die Devise.

Um dieses intensive Agrarwachstum zu ermöglichen, sind institutionelle und technologische Bedingungen notwendig, die es im folgenden zu analysieren gilt. Die entscheidenden Unterschiede zu ähnlich anmutenden Agrarentwicklungsstrategien in anderen unterentwickelten Ländern, die dort unter der Bezeichnung "Grüne Revolution" firmieren, lassen sich so formulieren:
1) Nur die Volkskommune, in Verbindung mit der untersten staatlichen Administrationsebene, dem Kreis, wie sie sich seit etwa 1963 darstellt, liefert den institutionellen Rahmen, der die Organisation, Finanzierung und Durchführung der Grünen Revolution ermöglicht.
2) Nur das Konzept der Agroindustrialisierung, das unterhalb der Ebene des zentralen Plans weitgehend auf kollektive Weise verwirklicht wird, ist in der Lage, entsprechend flexibel auf lokale Ressourcen, natürliche Bedingungen, Bedürfnisse und Fertigkeiten zu reagieren, die ein den sozialen und ökonomischen Erfordernissen angepaßtes Vorgehen bei der Modernisierung verlangt[94].

Beide Kriterien sind in Mexiko oder Indien, den Paradepferden der "Grünen Revolution", nicht erfüllt. Saatgutforschung, die so angelegt ist, daß ihre Ergebnisse nur in Verbindungen mit modernen Inputs, die von Multinationalen Konzernen geliefert werden, anwendbar sind, können von der Masse der Kleinbauern nicht eingesetzt werden, da ihnen entsprechende Finanzmittel und Kenntnisse fehlen, zumal eine gleichzeitige konsequente Agrarreform und Vergenossenschaftlichung bei der kapitalistischen Variante der "Grünen Revolution" nicht intendiert sind. Das in China vorausgegangene Redistributions- und Kollektivierungsstadium wird ausgelassen und die sofortige Outputsteigerung angestrebt, die dort nur von Großgrundbesitzern oder ausländischen Investoren erzielt werden kann.

Ein Einwand soll allerdings nicht unterschlagen werden, der auf mögliche Grenzen der dezentralen und kollektiven Agrarentwicklung hinweist. Die Kommunen in den traditionell Überschüsse erzeugenden Regionen, die von der Natur begünstigt sind oder durch die Nähe zu großen Städten Vermarktungs- und Spezialisierungsvorteile genießen, sind eher in der Lage, ein solches Konzept finanziell in Gang zu setzen als die Kommunen des Hinterlands. Daraus resultiert die Gefahr einer sich ständig ausweitenden Kluft innerhalb der Landwirtschaft infolge der unterschiedlich erfolgreichen Verwirklichung dieser Strategie. Dafür lassen sich Indikatoren finden. Hier müßte dann der Staat über Subventionen, Umverteilungen oder die eigene Bereitstellung agrarischer Inputs ausgleichend wirken. Wenn auch mit anderer Intention hieße das, daß die liuistische Konzeption der Agrarentwicklung doch noch zum Zuge käme, worauf verschiedene Indikatoren seit etwa 1973 hindeuten.

1.4.2. Kollektive Agroindustrialisierung - die chinesische Variante der "Grünen Revolution"

Die chinesische und westliche Literatur zum Konzept der Kleinindustrie[95] unterscheidet zwei grundsätzliche Aspekte[96], die im Rahmen der gesamten chinesischen Entwicklungsstrategie einen unterschiedlichen Stellenwert einnehmen. Dabei handelt es sich einmal um die Konzeption des "auf zwei Beinen gehen", die zum ersten Mal während des Großen Sprungs praktiziert wurde[97]. Diese zielt auf den rein ökonomischen Effekt ab, daß neben der modernen kapitalintensiven Technologie der Großbetriebe in begrenzten Bereichen einfache Technologien zur Anwendung kommen können, um Kapital durch die reichlich vorhandene Arbeitskraft zu ersetzen, lokale Ressourcen auszuschöpfen, Transportkosten zu sparen, eine schnellere Amortisation der Investitionen durch kürzere Anlaufzeiten zu erzielen sowie bestimmte Zulieferfunktionen für Großbetriebe wahrzunehmen oder deren Abfälle[98] wieder zu verarbeiten. Diese kleinindustriellen Aktivitäten sind keineswegs auf ländliche Regionen beschränkt, sondern auch in Großstädten zu finden. Es sollen also Funktionen wahrgenommen werden, die die moderne Industrie nicht, noch nicht oder nicht ökonomisch effektiv wahrnehmen kann.

Der zweite Aspekt bezieht sich darauf, daß die Kleinindustrie Teil einer integrierten Strategie umfassender ländlicher Entwicklung und des damit verbundenen sozialen Wandels ist, wobei ökonomische Effizienzkriterien nicht mehr unbedingt entscheidend sind. Hierbei wird ganz offensichtlich an die Tradition der Hausindustrie zur Herstellung agrarischer Inputs und der Verarbeitung von Agrarprodukten angeknüpft, wobei der traditionelle soziale Rahmen der Nachbarschaften, Dörfer und Marktgemeinden in den Volkskommunen erhalten bleibt[99]. Neu ist dabei, daß diese traditionellen Tätigkeiten kollektiv und unter Einsatz von elektrischer Energie, einfachen Maschinen und Kenntnissen der modernen Chemie durchgeführt werden. Dieser zweite Aspekt der Kleinindustrie soll hier im Vordergrund stehen.

Der Begriff "Kleinindustrie" ist insofern irreführend, als er eine Vielzahl von Tätigkeiten zusammenfaßt, die sich nach Umfang, technischem Niveau und Eigentumsverhältnissen erheblich unterscheiden[1oo]. Auf der untersten Ebene, den 75o ooo Brigaden, existieren mehrere 1oo ooo Betriebe zur Weiterverarbeitung von Agrarprodukten wie Getreidemühlen und Ölpressen, Baumwollentkörnung u.a. Außerdem sind hier ca. 1oo ooo kleine Bergwerke und ca.5o ooo kleine Wasserkraftwerke in Betrieb. Diese Brigadeindustrie beschäftigt aber jeweils nur sehr wenige Arbeitskräfte und wird nur saisonal betrieben. Auf Kommuneebene ist die Nahrungsmittel verarbeitende Industrie angesiedelt, die in einem großen Teil der 5o ooo Kommunen anzutreffen ist. Außerdem liegt hier der Schwerpunkt der sogenannten "fünf Kleinindustrien",nämlich ca.5 ooo bis 1o ooo kleine Eisen- und Stahlwerke sowie Zement- und Kunstdüngerfabriken. Diese Betriebe gehören ebenfalls zum Kollektiveigentum und haben, verglichen mit den Brigadeeinrichtungen, ein höheres technisches Niveau und beschäftigen jeweils mehr Arbeitskräfte. Auf der Ebene der 2 11o Kreise, der obersten Ebene dieser Hierarchie, sind ca. 3 ooo kleine und mittlere Maschinenbaubetriebe angesiedelt, die vorwiegend Agrarmaschinen, Bewässerungsanlagen, elektrische Pumpen u.ä. herstellen. Außerdem trifft man hier verschiedene Branchen der Konsumgüterindustrie, die offenbar schon über das Stadium der bloßen Verarbeitung agrarischer Rohstoffe hinaus gewachsen sind[1o1]. Diese Betriebe sind technologisch relativ weit fortgeschritten, beschäftigen die jeweils größte Zahl der Arbeitskräfte und werden von den Kreisbehörden außerhalb des zentralen Plans betrieben. Analog zu diesem dreistufigen System gibt es ein Netz von Reparaturwerkstätten, die anfallende Reparaturen je nach Schwierigkeitsgrad in der Brigade durchführen oder an die Kommune- bzw. Kreiswerkstätten weiterleiten.

Die Gesamtzahl der ländlichen Kleinbetriebe beträgt ohne die städtische Kleinindustrie ca.5oo ooo. Sie beschäftigen ca.1o - 17 Millionen Arbeitskräfte. 1973 entsprach diese Zahl 36,2 Prozent der gesamten Industriearbeiterschaft. Gemessen an den ländlichen Arbeitskräften ergibt das allerdings nur eine Quote von 5 Prozent, die seit 1973 offenbar nicht mehr ausgedehnt werden soll[1o2]. Bei einem Anteil der Kleinindustrie am gesamten Anlagevermögen von 3 Prozent erwirtschaftet sie etwa 5 Prozent des Sozialprodukts bzw. immerhin 14 Prozent der Industrieproduktion[1o3]. Das gemeinsame Kriterium der ländlichen Kleinindustrie ist also weder die Größe noch das technische Niveau, sondern lediglich ihre dezentrale Administration unterhalb der durch den zentralen Wirtschaftsplan geführten Betriebe.

Nach ihrer Funktion im agrarischen Wirtschaftskreislauf läßt sich eine klare Zweiteilung innerhalb des agroindustriellen Gesamtkomplexes zwischen einem der Landwirtschaft vor- und einem nachgelagerten Bereich feststellen. Das Modell[1o4] eines agroindustriellen Komplexes auf Kreisebene hätte demnach das in Schaubild 16 dargestellte Aussehen.

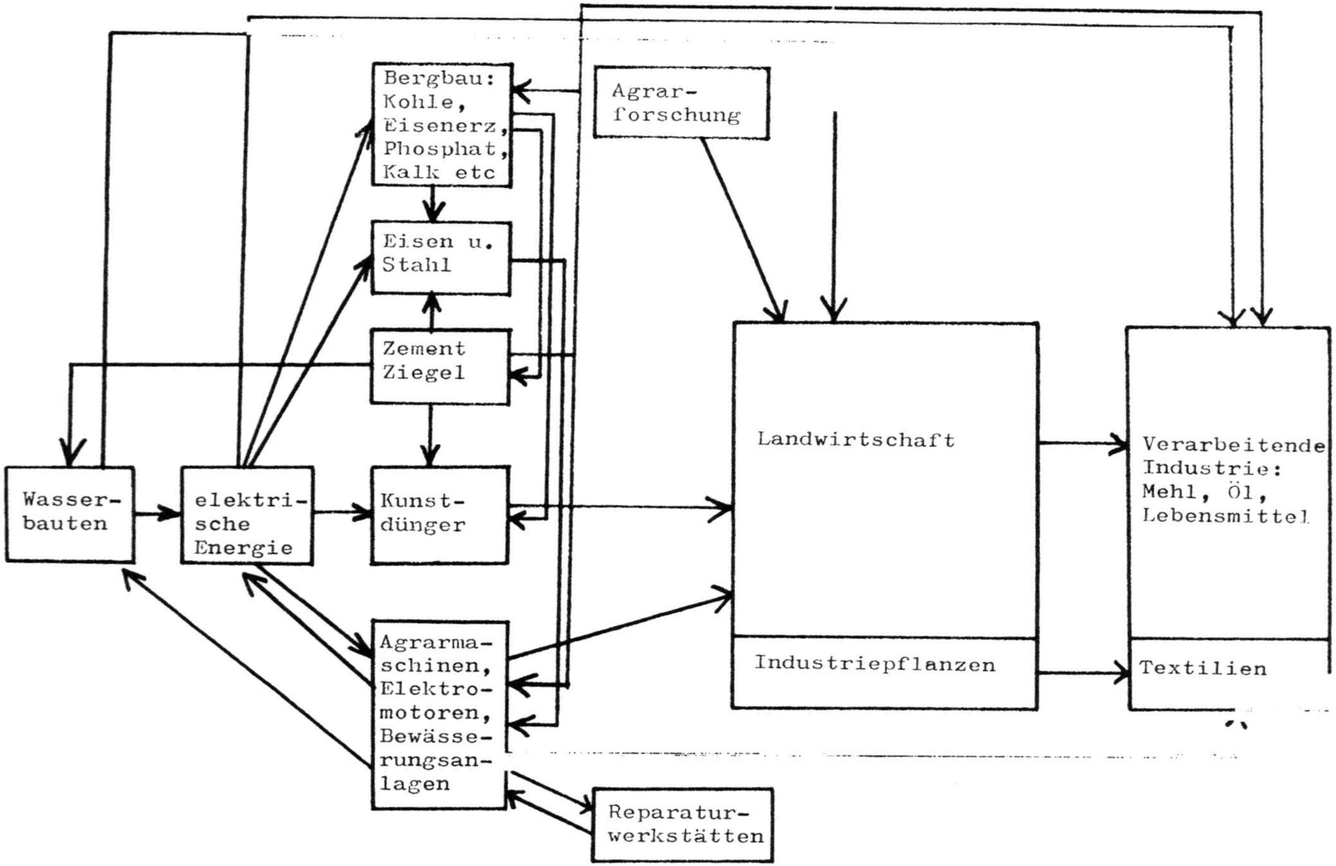

Schaubild 16: Der agroindustrielle Komplex

Am Anfang steht die Errichtung von Wasserbauten, die zunächst mit reinen Arbeitseinsätzen bewältigt werden können. Das Wasser dient sowohl direkt als notwendiger Input für die Landwirtschaft aber auch als Antriebsquelle für kleine Generatoren, die die Energie für die Industriebetriebe liefern. Diese kleinen Wasserkraftwerke[1o5] haben sehr unterschiedliche Leistungen, sind aber in der Lage, einfache Maschinen anzutreiben. Man findet die Hydrokraftwerke naturgemäß eher in gebirgigen Gegenden. Sonst muß auf Wärmekraftwerke zurückgegriffen werden.

Auf der nächsten Stufe befindet sich der Kern des agroindustriellen Komplexes. Dazu gehören in vertikaler Reihenfolge die Bergwerke und Steinbrüche, die Kohle und Eisenerz für die Eisen- und Stahlproduktion, Kalk und Lehm für die Zement- und Ziegelherstellung sowie Kohle und Phosphat als Ausgangsprodukt zur Herstellung von Nitrogen- und Phosphatdünger fördern. Dabei kommt den Chinesen natürlich zugute, daß in großen Teilen des Landes Kohle- und Phosphatlagerstätten vorhanden und offenbar leicht zu erschließen sind.

Die Zement- und Ziegelfabrikation liefert die notwendigen Baustoffe für die Verarbeitungsbetriebe und für fortgeschrittene Formen der Wasserbauten. Die Eisen- und Stahlproduktion liefert die Vorprodukte für die kleine Maschinenbauindustrie[1o6], die Pflüge, Elektromotoren, Handtraktoren, Pumpen, Bewässerungsanlagen u.ä., also die eigentlichen agrarischen Inputs herstellt. Das Rückgrat dieser Agrarmaschinenindustrie bilden die Betriebe auf Kreisebene. Da die Kreise die unterste Ebene der staatlichen Administration bilden, gewinnt der Staat auch ohne Einbindung der Kreisbetriebe in den zentralen Plan eine gewisse Kontrolle und Einflußnahme auf die dezentral organisierte Agrarmechanisierung[1o7]. Ergänzt wird dieser Zweig durch ein Netz von Reparaturwerkstätten, das in 96 Prozent der Kreise, wenn auch noch nicht überall in dreistufiger Form,vorhanden ist[1o8]. Die kleinen Kunstdüngerfabriken[1o9] arbeiten auf Phosphat- und Nitrogenbasis, während der dritte wichtige Ausgangsstoff - Pottasche - vorwiegend in organischem Dünger vorhanden ist. In welchem Maß auch bereits Pflanzenschutzmittel in diesen Betrieben hergestellt werden, ist nicht festzustellen.[110] Dazu gehören schließlich noch die kleinen Agrarforschungsinstitute, wie sie seit der Kulturrevolution aufgebaut wurden[111], die verbessertes Saatgut bereitstellen und neue Kombinationen von Dünger, Wasser und Böden ausprobieren.

Die der Landwirtschaft vorgelagerten Industrien stellen aber gleichzeitig auch Energie, Baustoffe und Maschinerie für die der Landwirtschaft nachgeordneten Industrien zur Verfügung, die ihrerseits die Bauern mit Lebensmitteln und Konsumgütern versorgt. Die vorgelagerten Bereiche dienen also in erster Linie dazu, die Produktivität in der Landwirtschaft zu steigern und führen erst indirekt zu Einkommenssteigerungen für die Kollektive, während die nachgelagerten Verarbeitungsbetriebe direkte Einkommenssteigerungen hervorrufen, da deren Produkte vielfach an die staatlichen Handelsorganisationen veräußert werden.

Der gesamte Komplex ist hier natürlich in idealtypischer Form dargestellt worden. In der Realität werden die regionalen Unterschiede zwischen den Kreisen und Kommunen erheblich sein. Daß die gesamtwirtschaftliche Bedeutung aber auf jeden Fall erheblich ist, sollen die folgenden Zahlen belegen. Dazu ist zu sagen, daß es aus der Vielzahl von Berichten über einzelne Kreise oder Volkskommunen zwar relativ einfach ist, die gesamte Breite der agroindustriellen Tätigkeiten festzustellen und Modelle wie das vorgestellte zu konstruieren, daß es aber außerordentlich schwerfällt, konsistente quantitative Angaben für die verschiedenen Branchen über längere Zeiträume zu machen, da hier die chinesischen Angaben teilweise sehr spärlich und voneinander abweichend sind.

Die folgende Tabelle 92 ist deshalb mit einer gewissen Vorsicht zu betrachten, da nicht alle Daten, auch wenn sie sich auf chinesische Vorlagen berufen, miteinander kompatibel waren. Immerhin lassen sich mit einiger Sicherheit doch verschiedene Trends und Gewichtungen feststellen.

Tabelle 92: Produktion der Kleinbetriebe und Anteile an der Gesamtproduktion nach Branchen 1957 - 1974 (offizielle Angaben und Schätzungen)

	Kunstdünger Mio t	Kunstdünger %	Zement Mio t	Zement %	Kohle Mio t	Kohle %	Roheisen Mio t	Roheisen %	Stahl Mio t	Stahl %	Eisenerz Mio t	Eisenerz %	elektr. Energie Mio kW	elektr. Energie %	Agrarmaschinen in % des Werts
1957					7,5[18]	8[18]	o,2[12]	3[12]			3,5[12]	2o[12]			
1958			1,4[1]	13[1]	51,3[18]	22[18]	4,2[12]	3o[12]	3,1[12]	2o[12]	32,1[12]	54[12]			
1959			1,7[1]	14[1,6,9]	66,1[18]	2o[9]/22[18]	11,1[12]	54[12]	4,7[12]	35[12]	4o,o[12]	48[12]			
196o	o,2[1]	8[1]	3,o[1]	25[1]	66,5[18]	24[18]	13,8[12]	5o[12]	6,2[12]	33[12]	43,o[12]	43[12]			
1961	o,1[1]	5[1]	2,o[1]	25[1]	26,o[18]	15[18]	o,8[12]	9[12]							
1962	o,3[1]	11[1]	1,8[1]	26[1]	26,o[18]	14[18]	o,8[12]	9[12]							
1963	o,7[1]	18[1]	2,5[1]	27[1]	28,o[18]	15[18]	o,9[12]	9[12]							
1964	2,1[2] 1,8[1,3]	3o[1,2,3]	2,2[1]	2o[1]	3o,o[18]	15[18]	o,9[12]	8[12]							
1965	3,o[1]	39[1]	5,1[6] 3,9[1]	34[6]	32,o[18]	15[18]	1,2[12]	9[12]	o,5[12]	4[12]					
1966	4,4[4] 3,8[1]	4o[1,4]	4,4[1]	26[1]	36,o[18]	15[18]	1,2[12]	7[12] 14[11]	o,9[11]	7[11]					67[14]
1967	3,2[1]	4o[1]	3,6[1]	25[1]	29,o[18]	15[18]	1,2[12]	9[12]							
1968	4,4[1]	46[1]	4,7[1]	27[1]	36,o[18]	18[18]	1,4[12]	9[12]							
1969	5,8[1] 4,9[5]	51[1]	9,1[6]	3o[1]	55,o[18]	22[18]	1.4[12]	8[12]	o,5[12]	3[12]	6,3[12]	13[12]			
197o	8,4[2] 7,7[1]	6o[2,7] 55[1]	1o,1[6]	4o[6,7]	75,o[18]	25[18]	3,9[12]	18[12]	1,7[12]	8[12]	18,1[12]	25[12]	11,5[1]	16[7]	8o[7]
1971	1o,o[1,2,3,6]	6o[1,2,3]	13,1[6]	44[6]	83,o[18]	26[18]	6,9[12]	25[12]	2,4[12]	11[12]	25,3[12]	28[12]			
1972	11,9[1,2] 12,9[3]	6o[2,6] 65[1,3]	17,1[6]	48[1,6,9]	92,o[18]	27[18]	8,2[12] 7,8[6]	27[6,12]	2,8[6,12]	12[6,12]			14,9[1]	16[15]	
1973	13,5[2] 15,2[1] 16,6[6]	54[2] 61[1] 63[6]	19,1[6]	5o[1,6]	1o2,o[18]	28[18]	9,6[12]	2o[12]	3,2[12]	13[12]					
1974	14,9[1]	5o[19]	22,o[8]	5o[1o,11]	112,o[18]	29[18]/3o[17]	8,9[12,13]	28[12,13]	3,o[12,13]	13[12,13]				33[a,16]	

1) Field 1975, S.157, 166, 167
2) Chao Kang 1975, S.713-715
3) Benedict Stavis 1974, S.33
4) Chen Ta-lun 1966, S.27
5) Ost-Informationen vom 14.1.1971
6) Sigurdson 1974b, S.96, 114, 126 oder Sigurdson 1975, S.418 und 424
7) Berger 1972, S.12
8) CHINA aktuell, Jan. 1975, S.8o5; seit 197o mehr als 5 Mio t Zuwachs jährlich
9) Sigurdson 1974a, S.75
1o) CHINA aktuell, November 1974, S.679.
11) JPRS Nr.291, vom 25.1o.75
12) Usack und Egan 1975, S.269, 271, 275, 276
13) Clarke 1975, S.34.
14) Riskin 1971, S.271
15) Süddeutsche Zeitung vom 19.6.1973.
16) Peking Rundschau Nr.41 vom 14.1o.1975,S.16.
17) Ashbrook 1975, S.32
18) Smil 1976, S.62
19) berechnet nach Tab. 77

a) = Prozent der Hydroenergie

Der Gesamttrend bringt klar zum Ausdruck, daß die erste Welle der Kleinindustrialisierung während des Großen Sprungs 1958 bis 196o[112], die vor allem auf den Montanbereich konzentriert war, zwar erhebliche absolute und relative Ausmaße erreichte, dann aber schlagartig abebbte und vermutlich bis auf die kleinen Bergwerke nahezu vollständig im Sande verlief. 196o wurden auf diese Weise immerhin 13,8 Millionen t Roheisen, 6,2 Millionen t Stahl, 43 Millionen t Eisenerz und 66,5 Millionen t Kohle produziert, was Anteilen der Gesamtproduktion von 5o, 33, 43 und 24 Prozent entsprach. Sowohl der beschriebene dysfunktionale permanente Abzug von Arbeitskräften aus der Landwirtschaft wie die mangelhafte Qualität dieser Eisen- und Stahlerzeugnisse haben zum Abbruch der Kampagne geführt. Die ersten bekannten Zahlen für 1965, 1,2 und o,5 Millionen t bei Eisen und Stahl, nehmen sich demgegenüber viel bescheidener aus, sind dafür aber sicherlich hinsichtlich des Bedarfs und des Einsatzes von Arbeitskräften homogener in den agrarischen Kreislauf eingepaßt. Offensichtlich stand während der allerersten Phase der Kleinindustrialisierung der erstgenannte rein ökonomische Aspekt im Vordergrund, mittels dualer Technologie, koste es, was es wolle, zusätzliche Produktion zu erzielen. Der zweite Aspekt der integrierten Agrarentwicklung gewann erst während der 6oer Jahre an Bedeutung.

Während des Großen Sprungs sollen auch ca. 3 Millionen Betriebe existiert haben, die ca.1oo Millionen t "Kunstdünger" produzierten. Die Ausgangsbasis dieses Produkts war allerdings organischer Dünger, der durch Zusatz von Ammoniak und durch Erhitzen Nitrogen bilden sollte. Der Nitrogengehalt war aber minimal, so daß dieses Verfahren wieder eingestellt wurde[113].

Die kontinuierlichste Entwicklung ist bei der Zement- und Kunstdüngerfabrikation festzustellen. Wegen der hier zu beobachtenden besonderen Erfolge, ist die chinesische Veröffentlichungsbereitschaft bei diesen beiden Branchen auch am größten. Bei Kunstdünger erfolgt der quantitative Durchbruch 1964, als mit 2,1 Millionen t das Volumen des Kunstdüngerimports zum ersten

Mal übertroffen wird. Die absolute Steigerung der Produktion geht bis 1974 unvermindert weiter und erreicht ca.15 Millionen t. Noch erstaunlicher bei dieser Entwicklung ist, daß die kleinindustrielle Produktion schneller als die Gesamtproduktion zunimmt. Der relative Anteil steigt nämlich von 1963 = 18 Prozent auf 1974 = 6o Prozent der gesamten Kunstdüngerproduktion. Für die neueste Zeit sind nur relative Einzelangaben ausgewiesen. Demnach produzierten die Kleinbetriebe 1975 58 - 6o Prozent des Nitrogen- und 1976 zwei Drittel des Phosphat-Düngers[114]. Da es sich dabei um die beiden wichtigsten Verfahren der Kunstdüngerherstellung handelt, scheint der Trend bis 1975 ungebrochen. Der Anteil des Kunstdüngerrohstoffs Phosphat, der in kleinen Bergwerken gefördert wird, betrug 1974 mehr als 5o Prozent[115]. Kohle, der andere wichtige Rohstoff zur Kunstdüngerherstellung, dürfte in ausreichendem Maße dezentral vorhanden sein. Das gleiche gilt für die Zementherstellung, wo ein großer Sprung in absoluter und relativer Hinsicht von 1964 auf 1965 erfolgte. Von 1964 bis 1974 steigt die kleinindustrielle Produktion von 2,2 auf 22 Millionen t, und der Anteil an der Gesamtproduktion wächst von 2o auf 5o Prozent.

Für die anderen Branchen ist die Entwicklung nach dem Rückschlag von 1961 ähnlich kontinuierlich, setzt allerdings erst etwa 1965 wieder ein und schafft den Durchbruch erst 197o, also nach der Kulturrevolution. Die absoluten Steigerungen für Roheisen, Stahl, Eisenerz und Kohle sind zwar auch erheblich, der relative Anteil an der Gesamtproduktion steigt aber langsamer als bei Zement und Kunstdünger und erreicht 1974 auch "nur" 28 Prozent bei Roheisen, 13 Prozent bei Stahl, 29 - 3o Prozent bei Kohle und 197o 28 Prozent bei Eisenerz. Entweder ist der relative Bedarf nach Eisen- und Stahl bei der Agroindustrialisierung nicht so hoch, oder in diesen Branchen sind echte Schwachstellen zu vermuten, weil die regionalen Voraussetzungen ungünstiger als bei der Zement- und Kunstdüngerproduktion sind.

Die Angaben über die Erzeugung von elektrischer Energie sind spärlich. Der Anteil, der durch kleine Hydrokraftwerke erzeugt wird, scheint gemessen an der Gesamtenergie (Wärme- und Wasserkraftwerke) konstant bei 16 Prozent zu liegen, während der Anteil der Kleinkraftwerke bei der reinen Hydroenergieerzeugung 1974 immerhin 33 Prozent ausmacht.

Schließlich ist noch der Bereich der Agrarmaschinenherstellung von Bedeutung, obwohl hier absolute Angaben fehlen, die Aussagen über das Gewicht der prozentualen Angaben machen könnten. Demnach sind 197o 8o Prozent des Werts der Agrarmaschinen in Kleinbetrieben erzeugt worden. Das hieße, daß außer den Traktoren, Mähdreschern u.a. Großmaschinen nahezu die gesamte Produktion von einfachen Ackergeräten in Kleinbetrieben erfolgt.

1.4.3. Ökonomische und soziale Auswirkungen der kollektiven Agroindustrialisierung

Ohne Zweifel haben die genannten Maßnahmen dazu beigetragen, die Produktion im gesamten agrarischen Bereich erheblich zu steigern. Wie in Tabelle 76 bereits ausgewiesen, stieg die Getreideproduktion inklusive Soja seit Beginn der Agroindustrialisierung von 1964 bis 1976 von 211 auf 3o6 Millionen t. Der geschätzte Wert der gesamten Agrarproduktion stieg im gleichen Zeitraum bis 1974 von 51,5 auf 77,7 Mrd ¥ (vgl. Tabelle 93). Hinzuzurechnen ist noch die nicht unerhebliche Produktion im agroindustriellen Bereich, wie sie in Tabelle 92 ausgewiesen wurde. Da aber im gleichen Zeitraum auch die Bevölkerung gestiegen ist, ist damit noch nichts über die Pro-Kopf-Ergebnisse ausgesagt. Erst die Analyse von Flächen- und Arbeitsproduktivität seit der technischen Transformation der Landwirtschaft läßt eine differenzierte Bewertung über Erfolg oder Mißerfolg der neuen Strategie zu. Um eine solche Bewertung machen zu können, sind drei Angaben notwendig: Entwicklung der ökonomisch aktiven Bevölkerung im Agrarsektor, Umfang der Ackerfläche und Wert der Agrarproduktion.

Die erste Datenreihe ist dabei am schwierigsten zu bestimmen. Ausgehend von zwei US-Projektionen[116] über die Bevölkerungsentwicklung wurde zunächst die Zunahme der Agrarbevölkerung berechnet, deren Anteil laut diverser chinesischer wie ausländischer Hinweise konstant bei 8o Prozent liegt. Diese 8o Prozent sind natürlich nicht alle ökonomisch aktiv. Ausgehend von Schrans Berechnungen, der maximal eine Quote von 53,9 Prozent für die ökonomisch aktive Bevölkerung in der Landwirtschaft ermittelte, die aber zu erreichen, wie die Ausführungen im vorangegangenen Kapitel gezeigt haben, wenig sinnvoll ist, wurde die von Schran ermittelte Quote von 48,5 Prozent für 1957 (vgl. Tabelle 85) als absolute Obergrenze angesehen. Diese Quote umfaßt aber diverse Tätigkeiten, die nicht als rein agrarische bzw. agrarische Nebentätigkeiten anzusehen sind. Unter Abzug der außeragrarischen Tätigkeiten ermittelte Schran für 1957 eine Quote von 44,2 Prozent. Für das Jahr 1964 wurde, da der Kollektivierungs- und Agroindustrialisierungsprozeß erst wieder im Aufbau begriffen ist, angenommen, daß die von Schran für die Jahre vor der Kollektivierung 195o bis 1954/55 ermittelte Quote von 46,7 Prozent in etwa zutrifft. Für die Jahre 197o und 1974 wurde die Angabe Sigurdsons berücksichtigt, daß ca. 5 Prozent der ländlichen Arbeitskräfte in agroindustriellen Bereichen tätig sind. Da die Kollektivierung inzwischen wieder voll realisiert ist und somit ein gewisser zusätzlicher Arbeitskräfte-Mobilisierungseffekt wirksam wird, könnte die Beschäftigungsquote von 48,5 Prozent wieder erreicht sein, was abzüglich der 5 Prozent außeragrarisch Beschäftigten eine Quote von 43,5 Prozent ergäbe[117].

Die Ausdehnung der Ackerfläche ist demgegenüber relativ einfach zu bestimmen. Nachdem der Umfang der Ackerfläche in den 5oer Jahren kontinuierlich durch Erschließungsarbeiten gesteigert wurde, erreichte er 1957 mit 111,8 Millionen ha seinen Gipfel. Danach ging die Ackerfläche wieder zurück und liegt seit 1962 bis heute nahezu unverändert bei 1o6,7 Millionen ha.

Der Wert der Agrarproduktion ist anhand der veröffentlichten Daten für die 5oer Jahre und einiger Angaben von Chou En-lai für den späteren Zeitraum gegenüber Edgar Snow und auf dem 4. Nationalen Volkskongreß in etwa zu bestimmen. Die so ermittelten Daten sind in Tabelle 93 zusammengefaßt.

Tabelle 93: Flächen- und Arbeitsproduktivität in der Landwirtschaft 1957 - 1974

	Agrarbevölkerung[1] = 8o % der Gesamtbevölkerung zu Jahresanfang nach		davon ökonomisch aktiv = 48,5 %[2]		davon nur Landwirtschaft + Nebentätigkeiten		Ackerfläche[3] in Mio ha	Wert der Agrarproduktion[4] in Mio 57er ¥	Flächenertrag in ¥	Produktion pro Kopf der Agrarbevölkerung in ¥		Produkt pro Arbeitskraft in ¥			
	Aird	Orleans	Quote I		Quote II							Quote I		Quote II	
	1	2	1	2	1	2				1	2	1	2	1	2
1957	5o6,4	5oo,6	245,6	242,8	223,8[5]	221,3	111,8	53,7	48o,o	1o6,o	1o7,3	218,6	221,2	239,9	242,7
1964	578,5	568,4	28o,6	275,7	27o,2[6]	265,4	1o6,7	51,5	482,7	89,o	9o,6	183,5	186,8	19o,6	194,o
197o	661,4	63o,1	32o,8	3o5,6	287,7[7]	274,1	1o6,7	72,o[8]	674,8	1o8,9	114,3	224,4	235,6	25o,3	262,7
1974	727,4	67o,1	352,8	325,o	316,4[7]	291,5	1o6,7	77,7	728,2	1o6,8	116,o	22o,o	239,1	245,6	266,6

1) Orleans 1975a, S.75 u. S.77.
2) Vgl. dazu die Berechnungen von Schran 1969, hier Tabelle 85; der Beschäftigungsgrad der Jahre 1956 und 1957 mit 48,8 Prozent wurde als konstant angenommen.
3) Erisman 1972, S.122/123.
4) Perkins 1975c, S.351.
5) = 44,2 % der Agrarbevölkerung, vgl. Tab.85.
6) = 46,7 % der Agrarbevölkerung; geschätzt nach der ursprünglichen Verteilung auf Landwirtschaft, Nebentätigkeiten und Investbauten der Jahre 195o-54, vgl. Tab.85.
7) = 43,5 %; von maximal 48,5 % wurden 5 % Beschäftigte in agroindustriellen Tätigkeiten abgezogen nach Sigudson 1974b, S.VII.
8) entspricht der Angabe von Chou En-lai gegenüber Edgar Snow. Vgl. Snow 1971, S.29.

Demnach ließe sich folgern, daß die Flächenproduktivität im dokumentierten Zeitraum erheblich gesteigert werden konnte. 1964 ist mit einem Ertrag von 482,7 ¥ pro ha die Krise überwunden und das Ergebnis von 1957 übertroffen. Danach setzt ein rapides intensives Wachtsum ein, das den Flächenertrag bis 1974 auf 728,2 ¥ pro ha steigert. Das entspricht einer jährlichen ha-Ertragssteigerung von ca.5 Prozent.

Die Entwicklung der Arbeitsproduktivität verläuft demgegenüber wesentlich anders. Gleichviel, ob man die 48,5 Prozent-Quote als konstant annimmt oder die für jedes Jahr separat geschätzte Quote berücksichtigt, in beiden Fällen liegt die Arbeitsproduktivität 1964 noch erheblich unter dem Wert von 1957. Die Kollektivwirtschaft vor Beginn des Großen Sprungs war also, was auch zu erwarten ist, hinsichtlich der Arbeitsproduktivität effektiver als die erst wieder im Aufbau befindliche Kommunewirtschaft des Jahres 1964. Bemerkenswert ist allerdings, daß erst etwa 197o bei beiden möglichen Beschäftigungsquoten die Arbeitsproduktivität des Jahres 1957 übertroffen wird und seitdem nicht mehr steigt. Daran ändert sich auch kaum etwas, wenn man die vermutlich realistischere Bevölkerungsprojektion von Orleans zugrunde legt, der für die 6oer und 7oer Jahre ein langsameres Bevölkerungswachstum als Aird annimmt. Diese stagnierende Entwicklung von 197o bis 1974 signalisiert möglicherweise eine der bereits angedeuteten Grenzen der dezentralen Agroindustrialisierung.

Die gleiche Tendenz findet sich bei der Agrarproduktion pro Kopf, die erst 197o das 1957er Ergebnis übertrifft, dann aber auch, je nachdem ob man die konservative oder weniger konservative Bevölkerungsprojektion zugrunde legt, nur noch minimal zunimmt bzw. sogar leicht zurückgeht. Dabei ist natürlich zu berücksichtigen, daß der Anteil der Nebentätigkeiten inzwischen erheblich zugenommen hat, hier aber nicht erfaßt wird.

Das beschäftigungspolitische Ziel schließlich erscheint, wie nach den Erfahrungen der überzogenen Mobilisierung von Arbeitskräften während des Großen Sprungs nichts anders zu erwarten, in den Hintergrund getreten zu sein, seitdem mit 5 Prozent der ländlichen Bevölkerung nur noch das ökonomisch vertretbare Maß an Arbeitskräften zu außeragrarischen Tätigkeiten eingesetzt wird. Diese 5 Prozent der ländlichen Bevölkerung entsprechen aber immerhin 1o - 11 Prozent der agrarischen Arbeitskräfte. Solange bei der Agrarproduktion keine Steigerung der Arbeitsproduktivität erzielt werden kann, dürfte damit vermutlich die Obergrenze erreicht sein. In welchem Umfang saisonal brachliegende Arbeitskraft vorhanden ist, kann schwer quantifiziert werden. Der Hinweis, daß die Kleinbetriebe auf Brigade-Ebene, die gleichzeitig die Masse der Betriebe bilden, nur saisonale Aktivitäten entfalten, deutet allerdings darauf hin, daß man jetzt in der Lage ist, dieses Potential sehr flexibel zu handhaben. Hier sind die Lehren des Großen Sprungs gezogen worden.

Das Resultat dieser Überlegungen muß demnach lauten, daß das Konzept der kollektiven Agroindustrialisierung in der Lage war, wesentliche Beiträge zur Bereitstellung von Agrarinputs zu liefern, so daß die Flächenerträge erheblich gesteigert werden konnten. Diese Steigerung reichte aus, mit dem Bevölkerungswachstum Schritt zu halten und ein weitgehend stabiles und ausreichendes agrarisches Pro-Kopf-Produkt zu erzielen. Da die zum Einsatz kommende Technologie zur Bereitstellung der Agrarinputs wie der technologische Grad der bereitgestellten Inputs selber - einfache Maschinen, geringe Energieleistung, geringer Nährgehalt des Kunstdüngers - vergleichsweise niedrig waren, konnte die Arbeitsproduktivität allerdings kaum gesteigert werden. Der Ersatz von Kapital durch Arbeit spielt also immer noch eine tragende Rolle. Die stagnierende Arbeitsproduktivität und, was noch wichtiger ist, die stagnierende Pro-Kopf-Produktion seit Anfang der 7oer Jahre deuten auf Grenzen der Strategie hin.

Daß die einfache Technologie der kollektiven Agrobetriebe zwar in der Lage war, die Flächenproduktivität zu steigern, aber nicht den Durchbruch bei der Arbeitsproduktivität zu leisten vermochte, weist auf ein Dilemma hin. Eine weitere Steigerung der Flächenproduktivität würde weitere agrarische Inputs erfordern. Eine weitere relative Ausdehnung der Agroindustrie ist aber wegen der niedrigen Arbeitsproduktivität in der Landwirtschaft kaum möglich, da sich dann wieder ein Arbeitskräftemangel bemerkbar machen würde. Die Freisetzung von Arbeitskräften in der Landwirtschaft müßte also der Ausweitung der ländlichen Agroindustrialisierung vorangehen, was aber die einfache Technologie der Kleinbetriebe nicht in ausreichendem Maße zu leisten vermag. Der Ausweg kann letztlich nur darin liegen, daß in verstärktem Maße der moderne Sektor agrarische Inputs liefert. Erstens verlangt dessen Produktion relativ weniger Arbeitskräfte, und zweitens sind dessen Produkte in der Lage, die Arbeitsproduktivität in der Landwirtschaft zu steigern. Erst dann könnte der ländliche Agroindustrialisierungsprozeß weiter ausgedehnt werden.

Dieser Zusammenhang liefert eventuell die Begründung, warum seit 1972/73 ein massiver Umschwung in der Art der Bereitstellung von Agrarinputs sichtbar wird, der im Endeffekt auf eine wesentlich stärkere Betonung der Rolle des modernen Sektors hinauslaufen wird. Ein erster Hinweis kann darin gefunden werden, daß die relative Bedeutung der kleinindustriellen Kunstdüngerproduktion stagniert.

Bei der Diskussion der ökonomischen Effekte sollen aber eine Reihe von sozialen und politischen Effekten nicht unterschlagen werden, die nur im Rahmen des dezentralen Agroindustrialisierungskonzepts zum Tragen kommen können[118]. Die Tatsache, daß die Rate der ländlichen Bevölkerung konstant bleibt, weist darauf hin, daß das für andere unterentwickelte Länder so gravierende Binnenwanderungsproblem unter Kontrolle gehalten wird. Noch in den 5oer Jahren nahm die Migration in die Städte erhebliche Ausmaße an. Die städtische Bevölkerung stieg von 77,7 Millionen (1953) auf 13o Millionen (196o). Das bedeutete, daß die Zahl der städtischen Arbeitslosen um 4oo ooo jährlich stieg, weil trotz ihrer raschen Expansion die moderne Industrie nicht in der Lage war, so viele zusätzliche Arbeitsplätze zur Verfügung zu stellen. Ab 1961 wurde dann eine massenhafte Rücksendung aufs Land in Gang gesetzt, von der 2o Millionen Menschen oder noch mehr betroffen gewesen sein sollen. 1964 lautete das offiziell verkündete Ziel, die städtische Bevölkerung von 14o auf 11o Millionen zu senken[119].

Wenn jetzt die Verteilung zwischen städtischer und ländlicher Bevölkerung konstant gehalten werden soll, weist das darauf hin, daß die moderne Industrie nur noch zusätzliche Arbeitsplätze für das natürliche Wachstum der Städte bereitzustellen hat. Die Slumbildung, hervorgerufen durch Landflüchtige, kann also vermieden werden. Andererseits ist der Agrarsektor offenbar in der Lage, immerhin 1o Prozent seiner Arbeitskräfte für außeragrarische Tätigkeiten zu absorbieren. Die bisher geübte Praxis stagnierender Arbeitsproduktivität erweist sich unter diesem Aspekt als Vorteil. Würden kollektive Agroindustrie und Landwirtschaft mit steigender Arbeitsproduktivität produzieren, würden Arbeitskräfte freigesetzt, die kein Ventil in der Binnenwanderung finden könnten. Da andererseits die Zeichen in Zukunft auf Maßnahmen zur Steigerung der Arbeitsproduktivität hindeuten, könnte die chinesische Gesellschaft in ein Dilemma zwischen Erfordernissen der Beschäftigungs- und Sozialpolitik auf der einen und Erfordernissen der Produktionssteigerung auf der anderen Seite geraten. Der Ausweg müßte darin liegen, daß sich zwar die Relationen zugunsten der Herstellung von Agrarinputs durch die moderne Großindustrie verschieben, die kleinbetriebliche Agroindustrialisierung aber in ihrem bisherigen absoluten Umfang nicht nur beibehalten, sondern weiter ausgedehnt wird. Ihre hauptsächliche Funktion läge dann nicht mehr darin, in einem Übergangsstadium die Modernisierung der Landwirtschaft in Gang zu setzen, sondern Beschäftigungsmöglichkeiten für ländliche Arbeitskräfte zu schaffen, die weiterhin ökonomisch sinnvoll sind und dadurch die Entstehung eines "informellen Sektors" wie in anderen Ländern der Dritten Welt verhindern.

Die Unterbindung der horizontalen Mobilität zwischen Land und Stadt hat aber keineswegs dazu geführt, daß jetzt überhaupt keine Mobilität mehr vorhanden ist. Anstelle der horizontalen ist eine vertikale Mobilität innerhalb der Landwirtschaft von agrarischen zu agroindustriellen Tätigkeiten getreten. Der mit dem technologischen Wandel verbundene soziale Wandel, der sonst nur über die Binnenwanderung in Gang kommt, vollzieht sich jetzt innerhalb der Volkskommunen selber. Einerseits können die Bauern, die jetzt industriellen Tätigkeiten nachgehen, innerhalb ihres vertrauten sozialen und familiären Kontexts verbleiben, die sozialen Kosten der Industrialisierung werden also stark gemindert, andererseits wird doch ein wesentlicher Schritt in Richtung Angleichung des sozialen Gefälles zwischen Stadt und Land getan. Hinzu kommen die diversen Aktivitäten der Volkskommunen auf bildungs-, kultur- und gesundheitspolitischem Gebiet, die erst über steigende kollektive Einkommen im Rahmen der Agroindustrialisierung finanzierbar sind.

Ein weiterhin schwer zu quantifizierbares Potential liegt in den innovativen Fähigkeiten, die durch die Hunderttausende von Kleinbetrieben geweckt und entfaltet werden. Damit zusammen hängt der wichtige politische Aspekt der Partizipation. Die Vielzahl dezentraler Aministrations-, Produktions- und Forschungseinheiten läßt nicht nur die Möglichkeit zu, sondern erfordert die Notwendigkeit einer weitgehenden Partizipation eines großen Teils der Arbeitskräfte an den anstehenden Innovations-, Planungs- und Organisationsprozessen[12o]. Diese hier nur angerissenen sozialen und politischen Effekte der dezentral und kollektiv organisierten Agroindustrialisierung, die nicht zufällig seit der Kulturrevolution besonders gefördert werden, sind in Rechnung zu stellen, wenn die ökonomischen Grenzen dieser Konzeption diskutiert werden.

1.4.4. Grenzen der kollektiven Agroindustrialisierung

Die bisher genannten Daten sind natürlich nur nationale Durchschnittswerte, die noch keinen Aufschluß über die regionale Verteilung der Ertragsergebnisse zulassen. Es wäre denkbar, daß die Erfolge sehr ungleich verteilt sind bzw. daß das Gesamtwachstum nur durch einige Regionen mit beschleunigtem

Wachstum hervorgebracht wird, während der Rest in Stagnation verharrt. An diesem Punkt setzen verschiedene Autoren an, die sich kritisch mit diesem Konzept auseinandersetzen[121].

Diese Kritik hat mehrere Aspekte. Die anfänglichen Investitionen, um einen agroindustriellen Komplex aufzubauen, sind eher von Brigaden, Kommunen oder Kreisen aufzubringen, die bereits aufgrund natürlicher Fruchtbarkeit ihrer Regionen oder der verkehrsgünstigen Nähe zu Großstädten und damit Spezialisierungs- und Vermarktungsmöglichkeiten in der Lage sind, Überschüsse zu erzielen. Das mögliche Ausmaß regionaler Einkommensunterschiede dokumentiert folgende Schätzung.

Tabelle 94: Regionale Unterschiede der ländlichen Pro-Kopf-Einkommen (in ¥, ca.1974)

	gesamt	Hinterland	Stadtnähe
Nordchina	141,3	116,4	241,o
Südchina	154,8	134,5	17o,8

Crook 1975, S.4o5

Demnach wäre weniger das Nord-Süd-Gefälle als das Gefälle zwischen stadtnahen Regionen und Regionen des Hinterlands von Bedeutung. Die Pro-Kopf-Einkommen in den stadtnahen Volkskommunen des Nordens wären mit 241,o ¥ mehr als doppelt so hoch wie die Einkommen im Hinterland des Nordens, das nicht die natürlichen Fruchtbarkeitsvorteile des südlichen Hinterlands genießt[122]. Die Spezialisierungs- und Vermarktungsmöglichkeiten schlagen also einkommensmäßig mehr zu Buche als klimatische Vorteile. Vor 1949 wäre die Relation eher umgekehrt gewesen. Es ließe sich einwenden, daß Einkommensunterschiede von 2:1 im Vergleich zu anderen unterentwickelten Landwirtschaften minimal sind. Zu bedenken ist aber, daß am Rande des oder nur unwesentlich über dem Subsistenzniveau ein solcher Unterschied ausreicht, Investitionen finanzieren zu können oder nicht.

Wenn erst einmal der Agroindustrialisierungsprozeß in Gang gekommen ist, führen die steigenden Erträge dazu, daß die unterschiedliche Dynamik sich beschleunigt. Schätzungen besagen, daß 15 - 1o Prozent des Bruttoeinkommens der Volkskommunen für Akkumulationszwecke verwendet werden[123]. Die vergleichsweise wohlhabenderen Kommunen sind in der Folge auch am ehesten in der Lage, aufwendigere Agrarinputs wie Traktoren und Mähdrescher, die nicht in den Kleinbetrieben hergestellt werden können, vom Staat zu kaufen, und den Übergang zur vollmechanisierten Landwirtschaft einzuleiten. Diese ungleichmäßige Entwicklung innerhalb des Agrarsektors bedeutet, daß die bevorzugten Regionen zwar in der Lage sind, die Kluft zu den modernen Städten zu verringern, daß aber gleichzeitig eine neue Kluft innerhalb der Landwirtschaft zwischen sich schneller und langsamer oder gar nicht modernisierenden Regionen des Hinterlandes entsteht.

Da die Agroindustrialisierung entsprechend der maoistischen Konzeption weitgehend aus eigener Kraft, d.h. dezentral und kollektiv durchgeführt wird, besteht kein Mechanismus, über den ein regionaler Ausgleich stattfinden könnte. Im Gegenteil, die weitgehend auf Autarkie bedachte Agroindustrialisierung auf Kreisebene reproduziert einen ökonomischen Separatismus, der bereits aus den traditionellen Marktgemeinden bekannt war.Wirklich integriert in den Wirtschaftskreislauf des modernen Sektors werden nur die Regionen, deren Landwirtschaft und Verarbeitendes Gewerbe spezialisierte Produkte oder Vorprodukte für den Konsum und die Leichtindustrie der Städte liefern, und die über ihre bessere Einkommenssituation auch eher Produktionsmittel und Konsumgüter der Industrie beziehen können.

Diesen regionalen Differenzierungsprozeß mit seinen unterschiedlichen Ausprägungen empirisch genauer zu belegen, ist natürlich schwierig. Ein Indikator ist beispielsweise darin zu suchen, daß die Berichte über Brigaden, Kommunen oder Kreise, die Erfolge im Hinblick auf das Agroindustrialisierungskonzept aufweisen, überwiegend aus den Regionen stammen, die in der Nähe zu den städtischen Zentren oder in agrarisch begünstigten Gegenden liegen[124].

Ein weiterer Indikator ist, daß in chinesischen Darstellungen zwischen "normalen", "sicheren" und "sicheren Hochertragsflächen" unterschieden wird[125]. Das heißt soviel, daß in der ersten Region, die 1975 etwa 7o - 75 Prozent der Anbaufläche ausmacht, nach wie vor Anfälligkeit gegen Naturkatastrophen besteht, während der Rest, etwa 33 Millionen ha[126], soweit modernisiert ist, daß auch bei Unbilden der Natur ein "sicherer" Ertrag gewährleistet ist. Die "sicheren Hochertragsflächen" betrugen 1965 etwa 7,7 und 1971 9,6 Millionen ha Kultur- bzw. 13 Millionen ha Saatfläche, weisen also steigende Tendenz auf[127]. Das hieße, der Einsatz von Kunstdünger, mechanischen Bewässerungsanlagen und Agrarmaschinen würde schwerpunktmäßig auf letztgenannte Region fallen. Daraus ließe sich wiederum schließen, daß, trotz der anderen maoistischen Intention, aufgrund der regional unterschiedlichen Ausgangsbedingungen, sich die liuistische Politik der Konzentration der Ressourcen auf die agrarisch am weitesten fortgeschrittenen Regionen quasi naturwüchsig durchsetzen würde.

Der bislang differenzierteste Versuch, den Umfang der modernisierten Landwirtschaft zu schätzen, stammt von Stavis[128]. Er identifiziert für den Zeitraum Ende der 6oer Jahre 11 Regionen, die insgesamt etwa 23 Millionen ha oder 21,6 Prozent der Saatfläche umfassen. Die größten Regionen liegen in der mandschurischen Tiefebene mit 11,1 Millionen ha, in der Region Peking-Tientsin mit 1,3 Millionen ha, im Tal des Hwang Ho, Provinz Honan, im Bereich von Chengchow und Loyang mit 3,6 Millionen ha, im Delta des Yangtze im Einzugsbereich von Shanghai und Nanking mit 3,1 Millionen ha, in der Region Changsha am Tung-t'ing See mit o,7 Millionen ha und im Delta des Perlflusses in der Canton-Region mit 1,4 Millionen ha. Es handelt sich also fast ausnahmslos um die bereits aus dem vorrevolutionären China bekannten Agrarregionen, die infolge ihrer Nähe zu den traditionellen Zentren einer Teilkommerzialisierung bereits unterworfen waren und Überschüsse produzierten. Umgekehrt könnte man argumentieren, daß die traditionellen Großstädte nur dort angelegt wurden, wo die umliegende Landwirtschaft in der Lage war, Überschüsse für diese Städte zu produzieren bzw. günstige natürliche Transportverbindungen bestanden.

Diese Gebiete sind aber keineswegs alle in gleichem Maße mechanisiert. Nach den Angaben von Stavis waren 1971 21 Millionen ha traktorisiert (= 19,7 Prozent der gesamten Ackerfläche), 9 Millionen ha mit mechanischen Bewässerungsanlagen versehen (= 8,4 Prozent), und Mitte der 6oer Jahre wurden auf 7,7 Millionen ha (= 7,2 Prozent) Hochleistungssorten verwendet.

Knapp 8o Prozent der Saatfläche befanden sich demnach in einem Übergangsstadium, wo zwar schon verbessertes Saatgut, aber noch keine Hochleistungssorten, und nur wenig Kunstdünger verwendet wird, sowie partielle Mechanisierung und Elektrifizierung zu beobachten ist, so daß insgesamt noch nicht von moderner Landwirtschaft gesprochen werden kann.

Die Daten der Tabelle 95 für das Jahr 1957 sind offizielle Angaben. Bis 1971 wurde die Getreideproduktion um 61 Millionen t gesteigert[129], wobei eine Ausdehnung der Saatfläche um 1o Millionen ha angenommen wurde, von der wiederum 2 Millionen auf die Reisfläche und 8 Millionen auf das sonstige Getreide entfielen. 1971 betrug die Hochertragsreisfläche 6,6 Millionen ha, davon 2 Millionen ha Neuland. Die Reisfläche des traditionellen Sektors wurde um 4,6 Millionen ha reduziert. Die Weizenfläche im Norden wurde in erheblich größerem Maße modernisiert, da nur noch 7,5 Millionen ha traditionell bewirtschaftet werden. 3 Millionen ha sind Hochertragsflächen, und 17 Millionen ha sind zumindest mechanisiert, wenn auch noch nicht mit Hochleistungssorten bepflanzt. Die sonstigen Getreideanbauflächen werden zwar ausgedehnt, bleiben aber in den Bewirtschaftungsmethoden traditionell. Der modernisierte und teilmodernisierte Agrarsektor produzierte demnach 1971 auf 2o,3 Prozent der Saatfläche 61,5 Millionen t Getreide, was 24,9 Prozent der Gesamternte entsprach. Berücksichtigt man nur die Hochertragsflächen von Reis und Weizen, lauten die Quoten 7,3 Prozent der Saatfläche und 14,6 Prozent der Getreideernte. Der Zuwachs von 61 Millionen t von 1957 bis 1971 geht etwa zu 34,3 Prozent auf das Konto des modernen, zu 17,4 Prozent auf das Konto des teilmodernisierten und zu 48,4 Prozent auf das Konto des traditionellen Agrarsektors.

Tabelle 95: Getreideproduktion und ha-Erträge im traditionellen und modernen Agrarsektor 1957 und 1971 (Schätzungen)

	1957[1] Saatfläche in Mio ha	1957[1] Ertrag pro ha in t	1957[1] Produktion in Mio t	1971[1] Saatfläche in Mio ha	1971[1] Ertrag pro ha in t	1971[1] Produktion in Mio t	Ertragssteigerung[2] pro ha in t	Gesamtsteigerung[2] in Mio t modern	Gesamtsteigerung[2] in Mio t tradit.
Reis									
traditionell	32,2	2,69	87	27,6	3,o	83	o,31		8,56
Hochertragsfläche				4,6	) 4,2	) 28	1,51	6,95	
neue Hochertragsfläche				2,o	)	)	4,2o	8,4o	
Weizen									
traditionell	27,5	o,86	24	7,5	1,1	8,3	o,24		1,8o
mechanisiert				17,o	1,5	25,5	o,64	1o,88	
Hochertragsfläche				3,o	2,9	8,o	2,o4	6,12	
sonstiges Getreide									
traditionell	5o,6	1,o4	53	5o,6	) 1,2	) 7o	o,16		8,1o
neue Saatfläche				8,o	)	)	1,2o		9,6o
Kartoffeln (1:4)	1o,5	2,o9	22	1o,5	2,3	24	o,21		2,21
gesamt	12o,8		186	13o,8		247		32,35	3o,27

1) Benedict Stavis 1974, S.4
2) eigene Berechnung anhand der Daten von Benedict Stavis; Stavis selber kommt zur Endrelation von 26,1 zu 36,o Mio t, vgl. S.5.

Aus diesen Angaben wird mithin deutlich, daß das Wachstum in der Landwirtschaft insgesamt sehr unterschiedlich ist. Die ha-Ertragssteigerungen im traditionellen Sektor betrugen in einem Zeitraum von 14 Jahren nur o,31 t bei Reis, o,24 t bei Weizen, o,16 t bei sonstigem Getreide und o,21 t bei Kartoffeln. Im teilmechanisierten Sektor (Weizenregion) ist die Steigerung mit o,64 t etwa dreimal so hoch. Spektakuläre Steigerungen verzeichnen nur die Hochertragsregionen bei Reis mit 1,51 t und bei Weizen mit 2,o4 t je ha. Diese dynamischen Regionen sind mit den genannten begünstigten Regionen identisch, die im Einzugsbereich der neuen und alten Industriezentren liegen.

Welchen möglicherweise ausgleichenden Effekt die seit der Kulturrevolution forcierte Agroindustrialisierung ausübt, läßt sich anhand der 1971er Daten natürlich noch nicht beurteilen[13o]. Der Hinweis, daß 1975 die mechanisch bewässerte Saatfläche[131] 33 Millionen ha beträgt, zeigt allerdings, daß in diesem Punkt die modernisierte Landwirtschaft gegenüber 1971 (nur 9 bzw. 13 Millionen ha Saatfläche) erheblich ausgeweitet wurde. Wenn in gleichem Maße die Fläche der Hochleistungssorten ausgedehnt worden ist, was von chinesischer Seite angegeben wird[132], ließe sich folgede <u>hypothetische</u> Schätzung vornehmen(vgl. Tabelle 96).

Die Getreideernte steigt von 1971 bis 1975 von 25o auf ca. 285 Millionen t. Die Saatfläche liegt konstant bei 13o,8 Millionen ha. Davon wären nach Stavis 1971 9,o Millionen ha mechanisch bewässert und 9,6 Millionen ha mit Hochleistungssorten bepflanzt. Wenn, und das ist die entscheidende Annahme, eine direkte Beziehung zwischen der Anwendung von Hochleistungssorten und der durch Mechanik garantierten Bewässerung besteht, die ebenfalls notwendige Düngemittelzufuhr wurde im gleichen Zeitraum erheblich gesteigert (vgl. Tabelle 77), dann wäre es technisch möglich, daß die Fläche der Hochleistungssorten auf 33 Millionen ha ausgedehnt worden ist[133]. Der Anteil der Hochertragsfläche an der gesamten Saatfläche stiege demzufolge von 7,3 auf 25,2 Prozent. Bei einem gleichen ha-Ertrag wie 1971 würde die Ernte, die auf diesen Hochertragsflächen erzeugt wird, 123,8 Mio t betragen, was einen Anteil von 43,4 Prozent ergibt. Der von Stavis für 1974 ermittelte ha-Ertrag in den Hochleistungsregionen von 3,84 t würde die Relationen kaum verändern.

Tabelle 96: Hypothetische Ausdehnung des modernen Agrarsektors 1971 - 1975

	1971		1975	
	gesamt	pro ha in t	gesamt	pro ha in t
Getreideertrag in Mio t	25o[1]		285[1]	
Saatfläche in Mio ha	13o,8[2]		13o,8[2]	
davon mechanisch bewässert	9,o[3]		33,o[4]	
mit Hochleistungssorten	9,6[2]		33,o[4]	
sonstige Saatfläche	121,2		97,8	
Hochertragsfläche in Prozent d.Saatfläche	7,3		25,2	
Ernte auf Hochertragsfläche in Mio t	36,o[2]	3,75	123,8[5](126,7)[7]	3,75(3,84)[6]
in Prozent der Gesamternte	14,4		43,4 (44,5)[7]	
Ernte auf der sonstigen Saatfläche in Mio t	214	1,77	161,2(158,3)[7]	1,65(1,62)[7]

1) laut Tabelle 76
2) laut Tabelle 95; um die Rechnung nicht noch mehr zu komplizieren, wurde eine konstante Saatfläche angenommen, vgl. zu dieser Annahme S.525
3) Benedict Stavis 1974, S.2
4) Erisman 1975, S.336.
5) 33 Mio ha mit einem ha-Ertrag von 3,75 t
6) ha-Ertrag auf den Hochertragsflächen im Jahre 1974 nach Stavis 1976, S.91
7) berechnet nach der Angabe in Fußnote 6

Im traditionellen Agrarsektor wären die ha-Erträge allerdings statistisch von 1,77 auf 1,65 t gefallen. Das wäre deshalb möglich, weil die 1971 teilmechanisierten Regionen inzwischen sämtlich vollmechanisiert wären, also insgesamt dem modernen Sektor zugerechnet werden müßten, mit der Folge, daß die durchschnittlichen ha-Erträge des traditionellen Sektors gedrückt würden, da hier kaum Verbesserungen vorgenommen worden sind. Auch wenn diese hypothetische Schätzung[134] nicht genau zutrifft, ließen sich doch zwei Tendenzen folgern:

1) Das intensive Wachstum des modernen Agrarsektors geht unvermindert weiter. Die ha-Erträge erreichen inzwischen im Vergleich zum traditionellen Agrarsektor ein Verhältnis von ca. 3:1. Die Kluft innerhalb der Landwirtschaft wächst also weiter.
2) Der moderne Agrarsektor insgesamt dehnt sich auf Kosten des traditionellen Sektors weiter aus. Während die Relation, gemessen an der Saatfläche, 1971 1:12,6 ausmachte, beträgt sie 1975 nur noch 1:3.

Die entscheidende Frage bleibt, welche Tendenz sich in Zukunft durchsetzt. Ist im Rahmen der bislang praktizierten Agrarpolitik das Potential modernisierbarer Landwirtschaft ausgeschöpft, und statt horizontaler Ausdehnung des modernen Sektors wird nur noch dieser und damit die Kluft zwischen beiden wachsen, oder kann die horizontale Ausweitung fortgesetzt werden, so daß zwar auch die Kluft zum traditionellen Sektor wächst, dieser insgesamt aber immer weiter zurückgedrängt wird? Das seit 1972 zu beobachtende rapide Anwachsen staatlicher Aktivitäten bei der Bereitstellung agrarischer Inputs könnte eine Antwort geben. Soll in diesem Bereich das Gewicht vom kollektiven auf den staatlichen Sektor verlagert werden, um auch die rückständigen Gebiete zu modernisieren, die dazu aus eigener Kraft nur unzureichend in der Lage sind, oder sollen die staatlich bereitgestellten Agrarinputs weiterhin auf die "Hochertragsregionen" konzentriert werden, da dort im Rahmen der kollektiven Agroindustrialisierung allein keine weiteren Steigerungen mehr möglich sind? Hua Kuo-fengs Ankündigung auf der Tachai-Konferenz im Herbst 1975, bis 1980 soll die Basismechanisierung der Landwirtschaft abgeschlossen sein, würde auf Tendenz 2 hindeuten.

1.4.5. Der Übergang zur Agroindustrialisierung im Rahmen von staatlichen Großbetrieben

Die Analyse der dezentralen und kollektiven Agroindustrialisierung hatte in zweierlei Hinsicht Grenzen aufgezeigt. Erstens war man aufgrund der vergleichsweise einfachen Technologie nicht in der Lage, auf Dauer die Arbeitsproduktivität im Agrarsektor zu steigern. Zweitens bewirkte der Umstand, daß die Agroindustrialisierung dezentral und kollektiv finanziert und durchgeführt wurde, eine zunehmende Differenzierung des Entwicklungsniveaus innerhalb des Agrarsektors. Welcher dieser beiden Faktoren den Ausschlag gab, daß seit 1973 ein deutlicher Umschwung in der Agrarpolitik sichtbar wird, ist nicht eindeutig festzustellen. Fest steht aber, daß Maßnahmen eingeleitet wurden, die das Schwergewicht der Agroindustrialisierung zuungunsten der Kleinbetriebe verlagern werden.

Ein zentraler Indikator für diese Tendenzwende ist in der chinesischen Kunstdüngerproduktion zu suchen. Von 1971 bis 1974 wurden rund 6o Prozent der inländischen Produktion in Kleinbetrieben hergestellt. Der Anteil am inländischen Kunstdüngerverbrauch betrug aber weniger als 5o Prozent, da im gleichen Zeitraum 6 - 8 Millionen Kunstdünger jährlich importiert wurden (vgl. Tabelle 77). Diese Maßnahmen zur Bereitstellung von Kunstdünger - Produktion in Kleinbetrieben, Produktion in Großbetrieben und Importe - werden seit 1972/73 durch die Variante erweitert, komplette Fabrikanlagen zur Herstellung von Kunstdünger zu importieren[135]. Die Kapazitäten dieser importierten Anlagen sind so umfangreich, daß sie das Volumen des Kunstdüngerimports weit überschreiten, also nicht nur als Maßnahme zur Importsubstitution zu interpretieren sind. Sobald diese Kapazitäten betriebsbereit sind, werden die Schwerpunkte der inländischen Kunstdüngerproduktion völlig verlagert. Tabelle 97 gibt einen Überblick über die bestellten Anlagen.

Tabelle 97: Import von Kunstdüngerfabriken 1972 - 1976

Vertrags-datum	Typ	Lieferfirma	Kapazität in Jahrestonnen	Preis in Mio US $	Fertig-stellung /Inbe-trieb-nahme	Standort
1972						
August	1 Ammoniak	Hitachi	365 000			
1973						
Ende Jan.	3 Urea	Kellog Continental	3x480 000	34	1976	3 x Mukden
12.4.	1 Ammoniak)	(Mitsui Toatsu,	330 000	) 42	) 1975	
	1 Urea)	(TEC, Hiroshima Trad.	528 000	)	)	
29.6.	3 Ammoniak	M.W. Kellog	3x330 000	70	1976	3 x Mukden
11.8.	5 Urea	Kellog Continental	5x480 000	56	1976	4 x Luchow
Ende Aug.	1 Ammoniak)	TEC, Mitsui Toatsu	330 000	) 42	) 1976	
	1 Urea)		528 000	)	)	
8.11.	5 Ammoniak	M.W. Kellog	5x330 000	130	1976	4 x Luchow 1 x Chungking
1974						
19.2.	3 Ammoniak)	Heurtey	3x330 000	) 124,6	) Mitte	2 x 2 Nanking
	3 Urea)		3x561 000	)	) 1977	1 x 2 Mand-schurei
März	3 Urea	Dutch State Mines	3x574 200	35		
März	1 Ammoniak)	TEC Mitsui Toatsu	330 000	) 42		
	1 Urea)		528 000	)		
1975						
Februar	3 Ammoniak	Heurtey	3x330 000(?)	105		
	petrochemischer) Komplex, u.a.) Ammoniak)	Toyo Engineering				Takang
1976						
Januar	1 Ammoniak	Nippon Kokan	365 000			
gesamt	20 Ammoniak		6 340 000+)	680,6+		
	17 Urea		8 829 600)			

Quellen: International Herald Tribune vom 6.9.72; US-China Business Review 1.1974,1; 1.1974,6; 1.1974,3; 3.1976,4; Niederländische Wirtschaftsdienst für die Auslandspresse vom 1.5.1974.

Demnach wurden im Zeitraum von August 1972 bis Januar 1976, im Laufe des Jahres 1976 erfolgten keine weiteren Bestellungen mehr, insgesamt 37 Anlagen zur Herstellung von Ammoniak oder Urea geordert, die eine Gesamtkapazität von mehr als 15,17 Millionen Jahrestonnen aufweisen, was in etwa der gesamten heutigen Kunstdüngerproduktion in Kleinbetrieben entspricht. Sie besitzen einen Auftragswert von mehr als 7oo Millionen US $. Die Masse dieser Bestellungen erfolgte 1973 und 1974, so daß ihre Betriebsaufnahme schwerpunktmäßig 1976 und 1977 zu erwarten ist. Die Lieferfirmen stammen aus Japan, den Niederlanden, Frankreich und den USA. Bei den Anlagen handelt es sich in Dimension und Technologie um die modernsten und größten Betriebe, die zur Zeit auf der Welt gebaut werden können[136]. Das gleichzeitig importierte technologische Verfahren zur Herstellung des Kunstdüngers ist wichtig für seinen Nährstoffgehalt. Es wird nämlich bedeuten, daß nicht nur die reine Menge, sondern in noch größerem Maße die Produktion des Nährstoffs ausgedehnt wird. Die importierten Anlagen produzieren nämlich Ammoniak mit einem Nitrogengehalt von 21 Prozent und Urea mit einem Nitrogengehalt von 46 Prozent, während der Nitrogengehalt bei den chinesischen Kleinbetrieben, die Ammoniak herstellen, nur zwischen 15 und 2o Prozent liegt und bei den kleinen Phosphatbetrieben gar nur 1o bis 15 Prozent beträgt[137]. Soweit die Standorte dieser neuen Großbetriebe bekannt sind, liegen sie überwiegend in Regionen, die als "sichere Hochertragsregionen" identifiziert worden waren.

Aus diesen Hinweisen lassen sich verschiedene Schlüsse ziehen, wobei der allgemeine Aspekt einer möglicherweise modifizierten außenwirtschaftlichen Strategie zunächst außer Acht gelassen werden soll. Die erste Konsequenz lautet, daß ab 1976 eine überproportionale Zunahme der Kunstdüngerproduktion in Quantität und Qualität stattfindet.

Tabelle 98: Kunstdüngerkapazitäten der neu importierten Großanlagen 1976 - 78[1]

		Produktion in Mio t	Nährstoff in Mio t
1976	Urea (46 % N)[2]	4,896	2,252
	Ammoniak (21 % N)[2]	3,665	o,77o
	gesamt	8,561	3,o22
1977	Urea	8,8296	4,o62
	Ammoniak	4,985	1,o47
	gesamt	13,8146	5,1o9
1978	Urea	8,8296	4,o62
	Ammoniak	5,975	1,255
	gesamt	14,8o46	5,317

1) berechnet nach Tabelle 97
2) laut Chao Kang 1975b, S.723

Die neu installierten Kapazitäten von 8,6 Milllionen t des Jahres 1976 entsprechen fast der Hälfte der Kapazitäten der bestehenden Großbetriebe des Jahres 1974. Die Gesamtkapazität von 1974 = 3o,o Mio t würde sich,bei sonst unveränderter Produktion, auf 38,6 Mio t erhöhen. Die tatsächliche Produktion betrug 1976 39,9 Millionen t (vgl. Tabelle 77). Das hieße, daß die Chinesen im gleichen Zeitraum nur 1,3 Millionen t eigene Kapazitäten aufgebaut hätten. Berücksichtigt man den wesentlich höheren Nährstoffgehalt der neuen Anlagen, würden die neugeschaffenen Kapazitäten des Jahres 1976 drei Fünfteln der Gesamtkapazität von 1974 entsprechen[138]. Die neuen Kapazitäten, die bis 1977 errichtet sind, würden die 1974er Kapazitäten bereits überschreiten. Das hieße, innerhalb von drei Jahren hätte sich die Kunstdüngerproduktion, gemessen an der Qualität, mehr als verdoppelt. Die Steigerung des Jahres 1978 wird nur noch geringfügig sein. Aus diesen enormen Anstrengungen ist zu entnehmen, daß die Agrarproduktion in den kommenden Jahren weiterhin absolute Priorität genießt, und außerordentliche Zuwächse zu erwarten sind. Der hohe Anstieg der Getreideproduktion des Jahres 1976 um 7,4 Prozent gegenüber dem Vorjahr ist vermutlich ein erstes Ergebnis dieser forcierten Kunstdüngerproduktion.

Tabelle 99: Geschätzte Kunstdüngerproduktion 1973 - 1977 nach Betriebsform in Mio t (Prozentangaben in Klammern)

	1973	1974	1975	1976	1977
gesamt	25,o[1] (1oo)	3o,o[1] (1oo)	35,o[2]	39,9[2] (1oo)	45,1[5]+ (1oo)
davon: Großbetriebe	11,5[1] (46,o)	16,5[1] (55,o)		17,2[4] (43,1)	17,2[6]+ (38,1)
Kleinbetriebe	13,5[1] (54,o)	13,5[1] (45,o)		14,1[4] (35,3)	14,1[6]+ (31,3)
import.Anlagen	- -	- -		8,6[3] (21,6)	13,8[3] (3o,6)
Nährstoffgehalt gesamt	5,14 (1oo)			9,77 (1oo)	11,86+ (1oo)
davon: Großbetriebe	3,o6[7] (59,5)			4,58[8] (46,9)	4,58[8]+ (38,6)
Kleinbetriebe	2,o8[7] (4o,5)			2,17[8] (22,2)	2,17[8]+ (18,3)
import.Anlagen	- -			3,o2[3] (3o,9)	5,11[3] (43,1)

1) Chao Kang 1975b, S.713
2) laut Tabelle 77
3) laut Tabelle 98
4) Die eigene Neukapazität gegenüber 1974 (39,9) - (3o,o + 8,6) = 1,3 Mio t wurde im Verhältnis 55:45 Prozent wie 1974 auf Groß- und Kleinbetriebe aufgeteilt.
5) Mindestproduktion unter Zurechnung der importierten Kapazitäten laut Tabelle 98.
6) Entsprechend der 76er Produktion, wenn keine neuen einheimischen Kapazitäten geschaffen worden sind.
7) Kleinbetriebe erzeugen ca.15 - 2o Prozent N und 1o - 15 Prozent P_2O_5; Großbetriebe erzeugen 21 - 46 Prozent N je nach Verfahren und 17 Prozent P_2O_5. Vgl. dazu Chao Kang 1975b, S.715. Der gesamte Nährstoffgehalt wurde entsprechend den Angaben bei Chao Kang 1975b, S.713 ausgerechnet, wobei Durchschnittswerte für N und P_2O_5 angenommen wurden.
8) Berechnet nach den Werten für 1973

Die zweite Konsequenz betrifft die bisherige Bedeutung der Herstellung von Kunstdünger in Kleinbetrieben. Im Jahre 1973 wurden rund 25 Millionen Kunstdünger produziert. Davon entfiel der größte Teil, nämlich 54 Prozent, auf die Kleinbetriebe. Damit dürfte die relative Bedeutung der Kleinindustrie in dieser Branche ihren Höhepunkt erreicht, wenn nicht bereits überschritten haben (vgl. Tabelle 92). Seitdem scheint die kleinbetriebliche Erzeugung von Kunstdünger zu stagnieren oder nur noch gering zu wachsen, denn die nicht unerhebliche Zunahme des Jahres 1974 geht ausschließlich auf das Konto von Großbetrieben, die die Chinesen in eigener Regie gebaut haben. Der relative Anteil der Kleinbetriebe fällt auf 45 Prozent. Diese abnehmende Tendenz wird sich aber noch beschleunigen, wenn die 1973 und 1974 importierten Großanlagen die Produktion aufnehmen. Das läßt sich für 1976 mit ziemlicher Gewißheit und für 1977 mit einiger Wahrscheinlichkeit nachweisen.

Da der Produktionszuwachs des Jahres 1976 fast ausschließlich durch die importierten Großanlagen zustande kam, sank der Anteil der Kleinindustrie auf 35,3 Prozent, wenn man unterstellt, daß die 1,3 Millionen t eigene zusätzliche Kapazität sich wie 1974 im Verhältnis von 55 zu 45 Prozent auf Groß- und Kleinbetriebe verteilen. Für 1977 sind natürlich noch keine Gesamtdaten vorhanden[139]. Würde man nur die zweite Hälfte der importierten Kapazitäten addieren und alle anderen Daten konstant halten, verringerte sich der Anteil der Kleinindustrie gar auf 31,3 Prozent. Aber selbst wenn die Kleinindustrie weiter ausgebaut wird, könnte diese Zunahme durch den Ausbau eigener Großbetriebe kompensiert werden, so daß sich an den Relationen nichts änderte.

Noch drastischer fällt der Rückgang aus, wenn man den Nährstoffgehalt des Kunstdüngers berücksichtigt, der infolge der einfacheren Technologie bei den Kleinbetrieben wesentlich geringer ist. Die Kleinbetriebe erzeugen nämlich Nitrogendünger mit einem N-Gehalt von 15 - 2o Prozent und Phosphatdünger mit einem P_2O_5-Gehalt von 1o - 15 Prozent. Der N- und P_2O_5-Gehalt des Düngers, der aus Großbetrieben stammt, beträgt demgegenüber je nach Verfahren zwischen 21 und 46 Prozent N und

17 Prozent P_2O_5. Für das Jahr 1973 sind die erhältlichen Daten so detailliert, daß sich die gesamte Produktion sowohl nach Groß- und Kleinbetrieben wie nach Nitrogen- und Phosphatherstellung aufschlüsseln läßt. Demnach beträgt der Anteil der Kleinbetriebe, gemessen in Nährstoffen, immerhin 4o,5 Prozent. Wenn aber ab 1976 die neuen Großanlagen, die unter anderem Urea mit 46 Prozent N produzieren, hinzukommen, sinkt der Anteil der Kleinbetriebe auf 22,2 Prozent. 1977 würde er sogar unter den genannten Annahmen auf 18,3 Prozent sinken. Innerhalb von vier Jahren hätte sich somit die relative Bedeutung eines zentralen Zweigs der kleinbetrieblichen Agroindustrie mehr als halbiert. Daraus kann zwar nicht geschlossen werden, daß die Kleinindustrie bei der zukünftigen Agrarentwicklung keine Rolle mehr spielt, wohl aber, daß diese Rolle ein regional sehr unterschiedliches Gewicht haben dürfte.

Der Indikator Kunstdünger allein genügt natürlich nicht als Beweis. Hinweise auf andere Branchen, wie etwa den Agrarmaschinenbau, sind zu spärlich[14o], um gesicherte Aussagen für die Zukunft machen zu können. Lediglich für den Bereich der Pflanzenschutzmittel gibt es aufgrund der ebenfalls im westlichen Ausland georderten Chemiebetriebe[141] einige Hinweise, daß in dieser Branche ebenfalls verstärkte staatliche Anstrengungen unternommen werden.

Eine <u>dritte Konsequenz</u> dieser neuesten Entwicklung läßt sich aus den bekannten Standorten der neuen Kunstdüngerfabriken ziehen. Von 22 der 37 Betriebe sind die Standorte bekannt. Davon entfallen 8 Standorte auf die größte Hochertragsregion in der mandschurischen Tiefebene und 4 Standorte auf die Hochertragsregion des unteren Yangtze-Tals. Zehn Betriebe wurden in Luchow und Chungking, also im Szechwan-Becken angesiedelt, eine Region, die bislang nur zu einem ganz geringen Teil als Hochertragsregion gilt[142], aber insgesamt einen wichtigen Beitrag zur chinesischen Getreideversorgung leistet. Aus dieser Verteilung ließen sich zwei Schlüsse ziehen. Einerseits besteht eine eindeutige Konzentration der neuen Kunstdüngerfabriken in Regionen, die aufgrund ihrer bisherigen Ausstattung mit Agrarinputs bereits bevorzugt waren. Das würde die Vermutung stützen, daß die zukünftige Agrarpolitik darauf ausgerichtet ist, das Wachstum in den bereits bestehenden Hochertragsregionen weiter zu forcieren. Die Massierung von Kunstdüngerfabriken in dem mit moderner Agrartechnologie bislang unterrepräsentierten Szechwan deutet andererseits darauf hin, daß die Hochertragsflächen mit staatlicher Unterstützung auf ausgewählte Regionen ausgedehnt werden sollen, die dazu bislang aus eigener Kraft nicht in der Lage waren. Die Art und Weise, in der das jetzt geschieht, erinnert allerdings in starkem Maße an die Agrarpolitik der Liuisten in der ersten Hälfte der 6oer Jahre.

Die Frage bleibt, welche Rolle dann noch das Lernen von Tachai in der Landwirtschaft spielt. Sicherlich bleibt Tachai als allgemeiner Ansporn zur Entwicklung der Landwirtschaft überall gültig. Konkret könnte das Tachai-Modell aber auf die Agrarregionen beschränkt bleiben, die bis auf weiteres auf die eigenen Kräfte gestützt bleiben müssen und vorläufig noch keine staatliche Hilfe erwarten können[143]. Das hieße, daß das Ziel für den rückständigen Sektor in der Landwirtschaft bereits erreicht ist, wenn er in der Lage ist, sich in ausreichendem Maße selbst zu versorgen, während die agrarischen Überschüsse, die nötig sind, um die Städte mit Lebensmitteln sowie den Außenhandel und die Leichtindustrie mit Rohstoffen zu versorgen, nur aus den Hochertragsregionen bezogen werden.

Die vierte Konsequenz schließlich könnte lauten, wenn sich die Verlagerung auf modernste und kapitalintensive Technologie auch in anderen Agroindustriebranchen fortsetzt, daß langfristig auch die Arbeitsproduktivität im Agrarsektor wieder steigen würde, was regional sicher schon der Fall ist, so daß das oben angedeutete Dilemma gelöst werden könnte.

1.5. Der Aufbau von Marktbeziehungen

Das dritte Argument, das in Teil I dieser Arbeit für die Stagnation im traditionellen Sektor verantwortlich gemacht worden war, lief darauf hinaus, daß die Einbindung der Landwirtschaft in den Binnenmarkt nur in unzureichendem Maße vollzogen wurde. Statt einer Kommerzialisierung und Spezialisierung, um die Zulieferfunktionen für die städtische Ökonomie wahrzunehmen und einen Absatzmarkt für deren Produkte zu bieten, blieb sie einer weitgehenden agrikolen und manufakturellen Subsistenzwirtschaft verhaftet, deren geringe Austauschbeziehungen sich überwiegend im Rahmen lokaler Marktgemeinden abspielten. Wenn für das traditionelle China das Defizit eines integrierten Binnenmarkts für Massenkonsumgüter festgestellt wurde, und als Axiom autozentrierter Entwicklung die Herstellung eines solchen Markts angezeigt scheint, so gilt das nicht nur für die Überwindung der Unterentwicklung in China, sondern für die Diskussion um autozentrierte Entwicklungsstrategien im allgemeinen[144].

Daß bei einem autozentrierten Entwicklungsprozeß in China der <u>ländliche Markt</u> eine besondere Rolle spielt, bedarf angesichts der Tatsache, daß hier bis auf weiteres 80 Prozent der Bevölkerung leben, keiner weiteren Begründung. So wird denn auch in der heutigen chinesischen entwicklungspolitischen Programmatik im Gegensatz zum sowjetischen Modell immer wieder die große Bedeutung der Landwirtschaft als Absatzmarkt für leichtindustrielle Konsumgüter und schwerindustrielle Produktionsgüter hervorgehoben. Neben diese Marktfunktion tritt natürlich die Bereitstellung von Lebensmitteln und agrarischen Rohstoffen für die rasch wachsende städtische Ökonomie und den Export. Beides, Absatz und Lieferung, verlangen eine stärkere Kommerzialisierung der Landwirtschaft, als sie im traditionellen China vorhanden war. Nur steigende Einkommen im Agrarsektor bedeuten auch höhere zahlungskräftige Nachfrage, und nur eine eher auf Vermarktung als auf Subsistenz ausgerichtete Produktionsstruktur erlaubt die Spezialisierung, die notwendig ist, um Produktivitäts- und damit auch Einkommensfortschritte wahrzunehmen, die aus Arbeitsteilung und Erzielung von Skaleneffekten entstehen. Schließlich ist nur über das Medium des Binnenmarkts eine schrittweise Integration aller Sektoren und Regionen einer Volkswirtschaft möglich und die Grundlage gelegt, daß die heterogenen Stadt-Land-Beziehungen sukzessive nivelliert werden.

Die Analyse in Teil I hatte weiterhin gezeigt, daß das Desiderat dieser Beziehungen nicht zuletzt die Folge verschiedener institutioneller Hemmnisse war. Bis auf einige Regionen entlang den Binnenwasserstraßen fehlte die Infrastruktur, die einen Handel mit Massenkonsumgütern über den lokalen Bereich hinaus möglich und angesichts der immensen Transportkosten auch ökonomisch sinnvoll gemacht hätte. Der in der Endphase der Mandchu-Zeit einsetzende Eisenbahnbau war zwar ein erster Schritt in diese Richtung, orientierte sich in seiner geographischen und funktionalen Anordnung aber mehr an den externen Interessen der imperialistischen Mächte als an den internen Handelsrouten. Außerdem wurden weite Regionen im Süden und Westen nicht oder fast nicht bedacht. Darüber hinaus fehlte ein Straßennetz, das den lokalen und regionalen Verkehr an diese Eisenbahnlinien angebunden und damit eine tatsächliche infrastrukturelle Erschließung des Hinterlands bedeutet hätte, fast völlig.

Das zweite institutionelle Hemmnis ist darin zu suchen, daß der kaiserliche Staat die Herausbildung einer Fernhandel treibenden Kaufmannschaft, deren Bedarf und Standorte in Westeuropa die Keimzellen der Städte auf manufaktureller Basis bildeten, weitgehend verhindert hatte. Soweit Fernhandel betrieben wurde, blieb er auf Luxusgüter wie Tee oder Seide beschränkt. Soweit die interprovinzielle Versorgung mit Massenkonsumgütern unbedingt nötig war, scheute der Staat sich nicht, diese wie im Fall von Salz und Eisen zu monopolisieren und, wie im Fall von Getreide, selber zu organisieren. Der private Handel mit Gütern des täglichen Bedarfs blieb auf die Städte bzw. die periodischen Wochenmärkte des Hinterlands beschränkt.

Um das Ziel der Erschließung des Binnenmarkts zu erreichen, mußte die chinesische Regierung nach 1949 zunächst daran gehen, sowohl die verkehrsmäßige Infrastruktur aufzubauen wie auch ein Netz von Handelsorganisationen zu errichten, daß diesen Handel bis ins letzte Dorf tragen konnte. Mangels ausreichender privater Investitionen hätte eine bloße Verstaatlichung oder Kollektivierung des Handels nicht ausgereicht.

1.5.1. Transportwege und Handelsorganisationen

Obwohl die Erschließung des Binnenmarkts für die Analyse der chinesischen Entwicklung von zentraler Bedeutung ist, scheint eine systematische Behandlung dieses Themas in der China-Literatur noch nicht geleistet zu sein[145]. Statt Struktur, Umfang und Entwicklung des Binnenmarkts einer eingehenden Analyse zu unterziehen, werden allenfalls sich eigentlich erst an solche Untersuchungen anschließende Debatten über Integration oder Disintegration der chinesischen Ökonomie geführt. Auch wenn im Rahmen dieser Arbeit ein solches Unterfangen nicht zu leisten ist, sollen doch einige Grundinformationen zu diesem Komplex zusammengetragen und analysiert werden.

Das Transportwesen

Auf das hinsichtlich der regionalen Verbreitung und quantitativen Dimension unzureichende moderne Transportnetz vor 1949 war bereits hingewiesen worden. Die folgende Tabelle dokumentiert die Erfolge, die die chinesische Regierung seit 1949 im Ausbau des Transportnetzes und in der Vergrößerung der Transportkapazitäten erzielt hat[146] (vgl. Tabelle 1oo).

Demnach wurde das Eisenbahnnetz bis 1971/1972 von 24 ooo auf 44 ooo km, das Fernstraßennetz von 8o ooo auf 65o ooo km und das Wasserstraßennetz von 73 6oo auf 18o ooo km ausgebaut. Die für die vorrevolutionäre Zeit bereits gewaltig klingenden Zahlen relativieren sich angesichts der räumlichen Dimensionen in China.

Tabelle 1oo: Ausbau des Transportwesens 195o - 1973

	Gipfel vor 1949	195o[2]	1952[2]	1958[2]	1965[2]	1971[2]	1972	1973
Eisenbahnnetz in 1ooo km	24,9[1]	22,5	24,5	31,2	35,o	41,o	44,o[6]	
Fernstraßennetz in 1ooo km	8o,o[5]	99,6	126,7	4oo,o	55o,o	65o,o[a]		
Wasserstraßen in 1ooo km		73,6	95,o	15o,o		18o,o[6]		
Eisenbahntransport in Mio t	136,7[2]	99,8	132,2	381,1	41o,o	62o,o	67o,o[6]	
Lkw-Transport in Mio t	8,2[2]	9,2	22,1	176,1		55o-575		
motorisierter Wassertransport in Mio t	12,6[2]	6,7	14,3	76,4		135-16o		
Bestand an Lokomotiven		29oo	32oo	41oo	55oo	6ooo		ca.65oo[3]
Bestand an Waggons in 1ooo		41	54	1oo	15o	185		ca. 2o5[3]
Bestand an Lkw in 1ooo			5o	1oo	25o	5oo		ca. 7oo[3,4]

1) Vgl. Tabelle 36.
2) Vetterling und Wagy 1972, S.178/179.
3) Geschätzt nach der laufenden Produktion 1972 und 1973, vgl. Field 1975, S.165.
4) Die Welt vom 15.9.1975.
5) Dji We 1972, S.14.
6) Statistisches Bundesamt 1975, S.26.

a) 197o

Pro km^2 lauten die Zahlen für 1949/5o nämlich nur 2,6 Meter Eisenbahnstrecke, 8,4 Meter Fernstraßen und 7,7 Meter Wasserwege und für 197o/72 entsprechend immerhin 4,6, 68 und 18,8 Meter. Dabei ist natürlich zu berücksichtigen, daß sich die Masse der Bevölkerung auf ca.3o Prozent des Territoriums zusammendrängt, und die Transportwege eine ähnliche Konzentration aufzeigen. Für die BRD ergeben die Vergleichszahlen für 197o 119 Meter Eisenbahn, 1111 Meter Straße und 17,5 Meter Wasserwege pro km^2 [147]. Die heutige Dichte des Verkehrsnetzes der VR China beträgt also weniger als ein Zehntel der Dichte des Verkehrsnetzes in der BRD.

Die Entwicklung von Umfang und Leistung der Transportkapazitäten ist noch ansehnlicher. Hier zeigen die Daten im Vergleich zu dem Gipfel vor 1949, gemessen in der transportierten Tonnage, für 1971/72 für die Eisenbahn eine Steigerung um 39o Prozent, für die Schiffahrt um ca. 1ooo Prozent und für Lastwagen um 68oo Prozent. Besonders die letzte Steigerung ist von Bedeutung, da sie darauf hinweist, daß das Straßennetz in erster Linie komplementär zum Eisenbahnnetz errichtet wurde, um den regionalen und lokalen Verkehr an die Fernverbindungen anzubinden[148]. Das war aber offensichtlich in den 5oer Jahren noch nicht in besonderem Maße der Fall, da in diesem Zeitraum die Transportleistung des Straßenverkehrs erheblich hinter dem des Eisenbahnverkehrs zurückbleibt und diesem erst gegen Ende der 6oer Jahre in etwa gleichkommt. Eine jüngste Meldung weist darauf hin, daß allein im Jahre 1976 zusätzlich 35 ooo km Landstraßen gebaut wurden, wobei u.a. die Fortschritte in den abseitsgelegenen Provinzen Shansi, Kansu, Tsinghai und Heilungkiang erwähnt werden, so daß jetzt 8o Prozent der Volkskommunen durch Landstraßen miteinander verbunden sind[149]. Offenbar konnte der Ausbau der Straßen und des Lkw-Bestands seit Ende der 5oer Jahre so forciert werden, daß man heute von der weitgehend abgeschlossenen verkehrsmäßigen Erschließung des Hinterlands sprechen kann[15o]. Die geographische Verteilung des Verkehrsnetzes zeigt nämlich, daß die Straßen nur im Westen des Landes Fernverkehrsaufgaben wahrnehmen, während die Eisenbahnen die übrigen Regionen abdecken, wobei nach 1949 vor allem die bislang unterentwickelten Regionen im Süden, Südwesten und Nordwesten erschlossen wurden, obwohl die Masse der Strecken nach wie vor im Osten und Norden des Landes liegen.

Die Organisation des Binnenhandels

Ähnlich wie die gesamte Wirtschaft ist auch der Binnenhandel in einen staatlichen und einen kollektiven Sektor gegliedert, wobei der kollektive Sektor seit der Kulturrevolution spürbar an Boden verliert. Die Daten, die diese Entwicklung dokumentieren, weisen allerdings für die 6oer Jahre eine nicht zu schließende Lücke auf.

Tabelle 1o1: Organisationsformen des Einzelhandels 195o - 1975 (prozentuale Verteilung)

	staatlich[1]	gemischt[1] staatlich-privat und genossenschaftlich	privat[1]
195o	14,9	o,1	85,o
1951	24,4	o,1	75,5
1952	42,6	o,2	57,2
1953	49,7	o,1	49,9
1954	69,o	5,4	25,6
1955	67,6	14,6	17,8
1956	68,3	27,5	4,2
1957	65,7	31,6	2,7
1974[b]	92,5[2]	7,3[2,a]	o,2[2]
1975[b]	96,9[2]	3,o[2,a]	o,1[2]

1) Ten Great Years, S.31.
2) Hsiang Jung und Djin Dji-dschun 1976, Teil I, S.15.

a) Nach 1966 wurden alle gemischten staatlich-privaten Betriebe in genossenschaftliche umgewandelt.
b) Nur Provinz Hunan

Die erste Welle der Verstaatlichung des Binnenhandels setzte sofort nach der Revolution ein und stabilisierte sich 1957 bei etwa 65 Prozent. Nach zögernden Anfängen wurde die Kollektivierung ähnlich wie in der Landwirtschaft erst seit 1955 beschleunigt und erreichte bis 1957 ca.3o Prozent. In dieser Quote sind allerdings die gemischten staatlich-privaten Betriebe enthalten, die erst 1966 in genossenschaftliche umgewandelt wurden[151]. Beides ging zu Lasten des privaten Handels, der seit 1957 vom Volumen her zur Bedeutungslosigkeit herabgesunken ist, wenn er auch auf dem Land in den ersten Jahren nach dem Großen Sprung wieder eine kurze Blüte erfuhr. Seit der Kulturrevolution setzte dann eine zweite Welle der Verstaatlichung des Handels ein[152], die diesmal zu Lasten des kollektiven Sektors ging, so daß 1974 92,5 Prozent des Handels in staatlicher Hand sind. Die Provinz Hunan, die in einem Bericht als repräsentativ für das ganze Land angegeben wird, weist für 1975 sogar einen staatlichen Anteil von 96,9 Prozent aus.

Hinter diesen Daten verbirgt sich allerdings eine sehr wechselvolle Entwicklung. 1953 wurden die freien ländlichen Märkte geschlossen,und seitdem die geplante Erfassung und der Verkauf von Getreide, später auch Ölsaaten und Baumwolle, eingeführt. Versorgungsschwierigkeiten führten aber offenbar dazu, daß diese periodischen Märkte bereits 1956 wieder gestattet wurden[153]. Im gleichen Zeitraum wurden die Kleinhändler und Hausierer auf dem Land in Kooperativen zusammengefaßt, die aber von Anfang an unter staatlicher Kontrolle standen[154]. Seit 1956 etablierten die staatlichen Handelsorganisationen ein Netz von Niederlassungen auf Kreisebene und in wichtigen Marktorten[155], die die unterste Ebene eines dreistufigen Depot-Netzes bildeten, das über das ganze Land verteilt war. Unterhalb dieses Netzes begann erst das Arbeitsfeld der Handelskooperativen. Der gesamte Großhandel und nahezu der gesamte Einzelhandel in den Städten waren also staatlich organisiert, während den Kooperativen der Ankauf der Agrarprodukte auf Weisung der staatlichen Organisationen und die Versorgung der Landwirtschaft mit Konsumgütern und agrarischen Produktionsmitteln vorbehalten blieb, für die seit 1954 eine zentrale Organisation bestand[156]. 1955 existierten ca.3o ooo solcher An- und Verkaufskooperativen.

Im Zuge des Großen Sprungs geriet dieser Bereich des Handels unter die Kontrolle der Volkskommunen. Gleichzeitig wurden die freien Märkte wieder abgeschafft. Aber bereits im Herbst 1959 mußten sie, im Verlauf der rasch einsetzenden Dekollektivierung, abermals eingeführt werden. Die Zahl dieser Märkte betrug ca. 4o ooo. Seit 1961 übernahmen auch die An- und Verkaufskooperativen wieder ihre Tätigkeit. Deren Zahl betrug zunächst wieder 3o ooo, nahm aber offenbar seit 1963 zu und erreichte bereits 1965 8o ooo mit insgesamt rund 2oo ooo Niederlassungen[157]. Das hieße, daß 27 Prozent der ca. 75o ooo Brigaden durch das Niederlassungsnetz der Kooperativen erfaßt wurden.

Dieses Netz reichte aber offensichtlich immer noch nicht aus, eine befriedigende Versorgung der Agrarbevölkerung zu gewährleisten, denn im Jahre 1965 wurde eine Kampagne gestartet, auf Brigadeebene Filialen der Kooperativen zu eröffnen, die zu bestimmten Tageszeiten von Bauern der Brigaden betrieben werden sollten. Diese Bauern sollten neben ihrer eigentlichen agrarischen Tätigkeit als Agenten der Handelskooperativen stundenweise den Basishandel in den Brigaden übernehmen, die durch das staatlich/kollektive System noch nicht erschlossen waren[158].

Das Gesamtsystem des ländlichen Binnenhandels war bis zur Kulturrevolution also folgendermaßen organisiert: Bis hinunter zur Kreisebene bestand ein dreistufiges Netz der staatlichen Handelsorganisationen, das vor allem Großhandelsfunktionen wahrnahm. Darunter spann sich das Netz des kollektiven Handels, das allerdings nicht ausreichte, um tatsächlich die gesamte Agrarbevölkerung in ausreichendem Maße bedienen zu können, denn es wurde seinerseits wieder durch bäuerliche Agenten auf Brigadeebene ergänzt, die diese Tätigkeit nebenberuflich ausübten. Daneben bestanden die traditionellen freien Wochenmärkte in den Marktorten weiter, die allerdings nur für bestimmte Produkte offenstanden.

Seit der Kulturrevolution hat sich das System in zweierlei Hinsicht geändert. Der staatliche Handelssektor schluckt zusehends die Handelskooperativen, und gleichzeitig wird das gesamte Netz so weit ausgebaut, daß eine direkte Versorgung auf Brigadeebene möglich ist. Von den Teilzeithändlern des Jahres 1965 ist in neueren Berichten nämlich keine Rede mehr[159]. Die freien Wochenmärkte bleiben allerdings erhalten. Offenbar orientierte man sich im Zuge der Reorganisation der Volkskommunen nach dem Großen Sprung, die vielfach geographisch mit den früheren Marktgemeinden übereinstimmen, auch bei der Organisation des Handels an den traditionellen ökonomischen Einheiten, da die Standorte der Kooperativen in den traditionellen Marktorten vermutet werden[160].

Eine Schilderung[161] des Kreises Hanschou in der Provinz Hunan aus dem Jahre 1976 soll typisch für die Organisation des ländlichen Handels sein. Dort gibt es auf Kreisebene mehrere staatliche Handelsunternehmen, die mit unterschiedlichen Produkten Handel treiben. Unter ihrer Kontrolle ist in jeder der 26 Volkskommunen des Kreises eine "Versorgungs- und Absatzgenossenschaft" stationiert, die ihrerseits wieder 97 Filialen mit 326 Ankaufsstellen und kleinen Läden betreiben. Das bedeutet, daß 84 Prozent der 518 Brigaden des Kreises über eine Ankaufsstelle verfügen. Die Entfernung für die Bauern zu diesen Stellen beträgt maximal 2 - 3 Kilometer. Vor 1949 gab es demgegenüber nur in den 1o Marktorten des Kreises, wo die periodischen Märkte stattfanden, feste Läden.

Auf der Verkaufsseite liefert dieses Handelsnetz sowohl die Konsumgüter wie die agrarischen Produktionsmittel. Die Ankaufsseite regelt ein <u>Kontraktsystem</u>[162], das sämtliche Agrarprodukte in Kategorien einteilt. Für die Güter der ersten Kategorie - Getreide, Baumwolle, Ölsaaten - werden die abzuliefernde Menge und der Preis im voraus festgesetzt. Darüber hinaus produzierte Mengen können die Bauern entweder behalten oder an den Staat verkaufen. Der freie Verkauf dieser Güter ist nicht möglich. Deshalb handelt es sich bei diesen Produkten um Güter des "geplanten An- und Verkaufs", Die Güter der zweiten Kategorie bilden die sonstigen Rohstoffe für die Leichtindustrie und die

Exportgüter wie Tabak, Tee, Jute und kunstgewerbliche Produkte der Bauern. Hierfür sind ebenfalls die abzuliefernden Mengen und Preise festgesetzt. Überschüsse können von den Bauern allerdings entweder an den Staat oder auf den freien ländlichen Märkten abgesetzt werden. Es handelt sich somit um die Güter des "einheitlichen Ankaufs", während der Verkauf der Überschüsse offensteht. Die Güter der dritten Kategorie, alle sonstigen Agrarprodukte, insbesondere Frischwaren, Obst, Gemüse, Eier, Geflügel, können an den staatlichen Handel oder aber direkt auf den ländlichen oder städtischen Märkten verkauft werden. Deshalb sind das die Güter "ohne zentrale Kontrolle", da ihre Vermarktung nur der Kontrolle der lokalen Behörden obliegt.

Die jeweils festgesetzte Menge der an den Staat zu verkaufenden Produkte wird im voraus entsprechend den örtlichen Gegebenheiten festgelegt, um den regional unterschiedlichen Ertragsleistungen Rechnung zu tragen. Mit diesem Kontraktsystem gewinnt der Staat ein ideales Planungsinstrument zur Steuerung des kollektiven Sektors[163]. Zumindest die vereinbarten Mengen, die so bemessen sind, daß sie in jedem Fall auch erreicht werden können, und das Kostenvolumen sind somit für den Staat ex ante bekannt, so daß die Kapazitäten der Leichtindustrie und das Exportvolumen berechnet werden können. Diese Produktion ist bindend für die Produktionsgruppen. Darüber hinaus erzielte Produktion nimmt der Staat oft zu höheren Preisen ab und gewinnt so ein Bild über die zusätzliche Leistungsfähigkeit der Landwirtschaft. Die übrige Produktion richtet sich nach den örtlichen Möglichkeiten und bietet über das System der freien Märkte ein flexibles Instrument der lokalen Versorgung.

Umgekehrt kann der Staat auch über den ländlichen Handel innovativ auf die Landwirtschaft einwirken, da die Belieferung mit agrarischen Produktionsmitteln mit der Bekanntmachung und Unterweisung der Bauern durch die Agenten der Handelsorganisationen verbunden ist. Neue Agrartechniken, neues Saatgut und der Anbau neuer Produkte werden auf diese Weise erst in größerem Maße verbreitet. Dadurch ist der Staat in der Lage, seinen möglichen Absatz von Agrarinputs sowie das Volumen und die Anbaustruktur im kollektiven Sektor zu steuern. Das bereits erwähnte Beispiel des Kreises Hanschou bietet auch in dieser Hinsicht Informationen. Parallel zur wachsenden Bereitstellung von agrarischen Produktionsmitteln durch die Handelsorganisationen, von 1971 bis 1974 eine Zunahme von 11,46 auf 13,11 Millionen ¥, konnte der ha-Ertrag im Kreis bei Getreide von 7,o8 auf 7,83 t und bei Baumwolle von o,413 auf o,8o3 t gesteigert werden[164].

Es läßt sich also festhalten, daß wie beim Ausbau des Transportsektors auch bei der Organisation des ländlichen Handels in den 5oer Jahren und mindestens bis 1965 noch ein Defizit in der Erschließung des Hinterlands bestanden hat, das offenbar erst seit den 7oer Jahren soweit behoben ist, daß von einer weitgehenden Kommerzialisierung der Landwirtschaft gesprochen werden kann[165].

1.5.2. Die Kommerzialisierung der Landwirtschaft

Auch wenn die Ausdehnung des Transport- und Handelsnetzes sehr eindrucksvoll erscheint, ist damit noch nichts über das Volumen des Warenverkehrs zwischen Stadt und Land gesagt. Es könnte immerhin sein, daß die Masse des Ferntransports nur der interindustriellen Versorgung dient und die Masse der Handelsaktivitäten nur auf die Städte bzw. die lokalen ländlichen Märkte beschränkt bleibt. Soweit Daten über den intersektoralen Austausch vorhanden sind, beziehen sie sich hauptsächlich auf die publizitätsfreudigen 5oer Jahre, so daß Aussagen für die spätere Zeit sehr tentativ bleiben müssen.

Das Gesamtvolumen des Einzelhandels betrug im Jahre 195o 17,o6 Mrd ¥ und stieg bis 1958 auf 54,8 Mrd ¥[166]. Eine Angabe für 1971 spricht davon, daß das Einzelhandelsvolumen zu diesem Zeitpunkt "mehr als das Sechsfache" von 1949 betragen hat[167], was in etwa der Summe von 1o2 Mrd ¥ entsprechen würde. Gemessen am Bruttoproduktionswert von Industrie und Landwirtschaft der betreffenden Jahre ergäbe das Quoten von 26,7 Prozent (195o), 29,8 Prozent (1958) und 29,9 Prozent (1971)[168]. Gemessen an den geschätzten Beiträgen von Landwirtschaft, Industrie und Baugewerbe[169] zum Bruttoinlandsprodukt (Bruttowertschöpfung) betragen die Quoten für 1952 46,8 Prozent, für 1957 57,2 Prozent und für 197o/71 ca. 61,2 Prozent. Die letztere Relation würde darauf hindeuten, daß tatsächlich ein steigender Anteil der Inlandsproduktion vermarktet wird. Der Absatz des Einzelhandels, der davon auf die Landwirtschaft entfällt, betrug 1955 53,1 Prozent[17o] und stieg bis 1965 auf 6o Prozent[171].

Über die Güterzusammensetzung des Warenverkehrs zwischen Stadt und Land ist lediglich für das Jahr 1955 eine detaillierte Aufstellung verfügbar.

Tabelle 1o2: Warenverkehr zwischen Stadt und Land im Jahre 1955

Verkauf von Agrarprodukten außerhalb der Landwirtschaft	in Mio ¥	Verkauf von nichtagrarischen Produkten in ländlichen Regionen	in Mio ¥
Getreide	51o	Baumwollstoff	3 23o
Baumwolle	2 o1o	Pflanzenöl	8oo
Soja	1 52o	Zucker	5oo
Ölsaaten	59o	Salz	59o
Tee, Zucker, Taback	51o	Kerosin	44o
Seide, Hanf etc.	26o	Produktionsmittel	1 97o[a]
Fleisch, Eier, Gemüse	1 6oo		(2 82o)
sonstiges	3 ooo	sonstiges	2 5oo
gesamt	1o ooo	gesamt	1o ooo

Quelle: Perkins 1969, S.125

a) Dürfte laut Tabelle 1o4 zu niedrig angesetzt sein; der Wert betrüge demnach 2,82 Mio ¥.

Das hieße, daß etwa 9,1 Prozent der Bruttoagrarproduktion in der Stadt und 18 Prozent der industriellen Bruttoproduktion (inklusive Handwerk) auf dem Land abgesetzt worden wären[172]. Nach Produktions- und Konsumgüterindustrien aufgeschlüsselt ergäbe das Anteile von 12,3 bzw. 25,2 Prozent[173]. Für einen späteren Zeitraum, etwa Anfang der 7oer Jahre, existiert der vage Hinweis, daß "mehr als zwei Drittel" aller Industriegüter, hauptsächlich Konsumgüter, auf dem Land verkauft werden[174], was eine erstaunliche Steigerung gegenüber 1955 bedeuten würde.

Ein anderes Vorgehen, den Kommerzialisierungsgrad der Landwirtschaft zu bestimmen, besteht darin, die Entwicklung der Marktrate der Agrarproduktion zu verfolgen und umgekehrt festzustellen, welche Produkte die Industrie über einen längeren Zeitraum in welchem Umfang an die Landwirtschaft liefert. Die Marktrate ist mit Genauigkeit wiederum nur für die 5oer Jahre zu bestimmen (vgl. Tabelle 1o3).

Demnach betrug die Marktrate in den 3oer Jahren, wie bereits in Teil I berechnet, etwa 25 Prozent[175]. Dieses Niveau wurde 1951 bereits wieder erreicht. Sie stieg dann innerhalb von drei Jahren auf knapp 34 Prozent und stabilisierte sich bis 1958 auf dieser Marke. Berücksichtigt man weiterhin, daß ab 1952 die Agrarsteuer wieder in Naturalien geleistet wurde, erhöht sich die Quote um weitere 6 - 8 Prozent der Agrarproduktion. Anfang der 3oer Jahre wurde die Agrarsteuer monetär entrichtet, so daß in der Quote von 25 Prozent die Verkäufe zur Entrichtung der Agrarsteuer enthalten sind. Es ist daher legitim, gegenüber der vorrevolutionären Zeit eine Gesamtsteigerung von 25 auf ca.4o Prozent anzunehmen.

Auch wenn damit der überwiegende Subsistenzcharakter der chinesischen Landwirtschaft weiterhin bestehen bleibt, so ist es doch über die genannten institutionellen Maßnahmen gelungen, den steigenden Anforderungen der Industrie gerecht zu werden. Zu berücksichtigen ist dabei, daß der Wegfall der Pacht- und Zinsleistungen im Zuge der Agrarreform ein Potential freigab, das den Bauern eine höhere Kommerzialisierung erlaubte. Daten für die spätere Zeit sind nicht verfügbar. Bekannt ist lediglich, daß die absolute Höhe der in Naturalform zu leistenden Agrarsteuer konstant blieb, so daß sich ihre relative Höhe bis 1974 von ehemals 13 auf 5 - 6 Prozent reduziert hat.

Tabelle 1o3: Marktrate der Agrarproduktion und Agrarsteuer in den 193oer Jahren und 195o - 1974

	Agrarproduktion[1] und Nebenprodukte in Mio 52er ¥ (1)	Ankauf[2] von Agrar- und Nebenprodukten in Mio 52er ¥	in % von (1)	Agrarsteuer[3] in Mio 52er ¥	in % von (1)	in % der Getreide-produktion[3]	Marktrate + Agrarsteuer
1929/33			25,2[4]				
1949	32,59						
195o	38,36	8,oo	2o,9				
1951	41,97	1o,5o	25,o				
1952	48,39	12,97	26,8	3,78	7,8	13,2	34,6
1953	49,91	15,32	3o,7	3,6o	7,2	11,9	37,9
1954	51,57	17,36	33,7	3,77	7,3	12,4	41,o
1955	55,54	17,8o	32,o	3,74	6,7	11,7	38,8
1956	58,29	18,4o	31,6	3,53	6,1	1o,8	37,6
1957	6o,35	2o,28	33,6	3,8o	6,3	11,5	39,9
1958	67,1o[a]	22,76[a]	33,9[a]				
1959		29,18[5,a]					
1966						7,o[6]	
197o						6,o	
1971						6,o	
1974						5,o+	

1) Ten Great Years, S.16.
2) Ten Great Years, S.12o.
3) Perkins 1975c, S.363.
4) Nur Agrarproduktion, vgl. dazu die Tabelle 26.
5) Perkins 1966, S.44.
6) Derek Davies 1966, S.43o.

a) 57er ¥

Der Vermarktungsanteil einzelner Produkte für das Jahr 1955 weist höhere Werte auf, als sie Buck für Anfang der 3oer Jahre ermittelt hatte. Er betrug bei Getreide 16,7 Prozent, was nur eine leichte Zunahme bedeutet. Bei den industriellen Rohstoffen Baumwolle = 82,5 Prozent und Tabak = 99 Prozent lag er gegenüber den 3oer Jahren allerdings beträchtlich höher, als die Werte nur 37 bzw. 76 Prozent lauteten[176]. Baumwolle wird also nur noch zu einem geringen Teil von den Bauern selber verarbeitet. Einige Einzelangaben zeigen, daß die Vermarktung von Getreide auch bis 1974 kaum wesentlich gestiegen sein dürfte. Der Musterkreis Hsiyang (Provinz Shansi), in dem die Tachai-Brigade liegt, vermarktete nur 33 Prozent seiner Getreideproduktion und die gesamte Provinz gar nur 22 Prozent[177]. Da Getreide nach wie vor das mit Abstand wichtigste Agrarprodukt bildet, kann aus diesen Angaben geschlossen werden, daß die Marktrate, wie sie Ende der 5oer Jahre erreicht wurde, bis heute kaum zugenommen haben dürfte. Zu vermuten ist, daß sie Anfang der 6oer Jahre sogar erheblich gefallen ist, weil zunächst infolge der dreijährigen Agrarkrise ab 196o ein massiver Import von Getreide einsetzte, der sich bis heute zwischen 5 und 8 Millionen t bewegt. Perkins schätzt, daß damit etwa zwei Drittel der Großstädte mit Getreide versorgt werden können[178]. Von einer durchkommerzialisierten Landwirtschaft kann also bis heute mit Sicherheit nicht gesprochen werden.

Wie sich der Umfang der Lieferungen der Industrie an die Landwirtschaft im Laufe der Zeit entwickelt hat, ist noch wesentlich unklarer. Für Konsumgüter sind außer der Schätzung in Tabelle 1o3 für das Jahr 1955 überhaupt keine Angaben erhältlich. Soweit nämlich Angaben über die Entwicklung der Konsumgüterindustrie und ihre Branchenverteilung vorhanden sind, ist aus ihnen nicht zu entnehmen, wo deren Produkte abgesetzt werden.

Anders, wenn auch preismäßig schwer zu gewichten, sieht es bei der Lieferung von Produktionsmitteln für die Landwirtschaft aus, da hier von der Art des Produkts auf seine agrarische Verwendung geschlossen werden kann. Tabelle 1o4 faßt die Produktion der wichtigsten Agrarinputs zusammen, die zwangsläufig, abgesehen von geringen Exporten, auch an die Landwirtschaft geliefert worden sein müssen.

Der Wert dieser Lieferungen war für die gesamten 5oer Jahre gering, was mit dem bis dahin praktizierten Akkumulationsmodell korrespondiert, das kaum auf die Landwirtschaft bezogen war. Die gelieferten agrarischen Produktionsmittel betrugen 195o nur 12,9 Prozent des Werts der gesamten Produktionsgüterproduktion und sanken bis 1958 sogar auf 1o,o Prozent, obwohl der Beitrag der Landwirtschaft zur gesamten Bruttoproduktion immerhin noch 36,4 Prozent betrug[179].

Wie aus der Tabelle hervorgeht, sind die gelieferten Mengen an Kunstdünger, Traktoren und Bewässerungsanlagen im Vergleich zu den späteren Jahren minimal. Die 1,6 Millionen t Kunstdünger des Jahres 1956 machen dabei bereits den Löwenanteil von 33 Prozent aus, während "moderne Ackergeräte" nur 8,4 Prozent erreichen[18o]. Erst seit den Jahren 1963/64 ist bei Kunstdünger und seit 1961 bei Traktoren eine spürbare Zunahme der Produktion festzustellen, die in beiden Fällen mit Beginn der 7oer Jahre ein rasantes Tempo annimmt. Während die Kunstdüngerproduktion 1959 lediglich 1,9 Millionen t betrug, erreichte sie 1976 4o Millionen t. Bei der Traktorenproduktion[181] ist die Steigerung von 11o (in 15 PS-Einheiten) 1959 auf ca.133 ooo 1974 noch gewaltiger.

Darüber hinaus existieren noch eine Reihe von Einzelhinweisen, die den Umfang der Lieferung agrarischer Produktionsmittel dokumentieren. So produzierte die Shanghaier Industrie von 197o bis 1973 allein 3oo Fabrikeinheiten zur Herstellung von Ammoniak mit einer Kapazität von je 3ooo t für die ländliche Kleinindustrie[182]. Ein anderer Bericht aus dem gleichen Zeitraum meldet sogar die Produktion von Ausrüstungen für 8oo Ammoniak-Anlagen für die Kleinindustrie[183]. Ende 1976 wurde in Shantung eine neue Traktorenfabrik mit einer Jahreskapazität von 1o ooo Einheiten pro Jahr in Betrieb genommen[184]. Über den massiven Import von kompletten Großbetrieben zur Kunstdünger- und Pflanzenschutzmittelproduktion wurde bereits berichtet. Diese Hinweise ließen sich weiter ausdehnen.

Tabelle 1o4: Produktion und Lieferung von Produktionsmitteln für die Landwirtschaft 195o - 1976

	agrarische Produktionsmittel	Kunstdünger		Pflanzenschutzmittel		Traktoren Produktion[2] in 15 PS-Einheiten	Bewässerungsanlagen Produktion[2] in 1ooo PS
	Lieferung[1] in Mrd ¥	Lieferung[1] in Mio t	Produktion[2] in Mio t	Lieferung[1] in Mio t	Produktion[6] in Mio t		
195o	o,73		o,1				
1951	1,o3		o,1				
1952	1,41	o,3	o,2	o,o2			
1953	1,92	o,6	o,3	o,o2			
1954	2,5o	o,8	o,3	o,o4		6o[7]	
1955	2,82	1,3	o,4	o,o7		523[7]	
1956	3,7o	1,6	o,7	o,16		1 793[7]	17o
1957	3,26	1,9	o,8	o,15			52
1958	6,68	2,7	1,4	o,48			72o
1959	8,1o[8]		1,9			1 1oo	1 255
196o	11,oo[8]		2,5			9 4oo	1 61o
1961			1,9			23 8oo	7oo
1962			2,8			16 2oo	955
1963			3,9		o,12	2o 9oo	64o
1964			5,8			24 6oo	86o
1965			7,6			29 347	1 15o
1966			9,6		o,25	33 271	1 53o
1967			8,1			46 138	
1968			9,5			43 o89	
1969			11,3			47 797	
197o			14,o		o,3-o,4	57 993	
1971			16,8			73 313	
1972			19,9			9o 923	3 o89
1973			24,8			1o6 863	4 o16
1974			31,1[3]			133 263[5]	5 984
1975			35,o[3]			132 84o[4]	
1976			39,9[3]				

1) Ten Great Years, S.121
2) Field 1975, S.165 und 166
3) Laut Tabelle 77
4) Peking Rundschau Nr.41 vom 14.1o.1975,S.11
5) Khan 1976, S.23 gibt 164 ooo für 1974 an.
6) Erisman 1972, S.139/14o
7) Chen Nai-ruenn 1967, S.187
8) Perkins 1966, S.79; Angabe für 196o geplant

Auch wenn die Produktion der gesamten Produktionsgüterindustrie im gleichen Zeitraum ebenfalls erheblich gestiegen ist, dürfte dennoch eine erhebliche Steigerung des Anteils zu verzeichnen sein, den die Landwirtschaft erhält. Mangels Preisangaben ist eine Gewichtung allerdings nicht möglich. Das Akkumulationsmodell, das seit Beginn der 6oer Jahre die Landwirtschaft zur Grundlage nimmt, spiegelt sich in diesen Zahlen auf jeden Fall eindrucksvoll wider.

1.5.3. Zellenwirtschaft oder Integration des Binnenmarkts

Die Aufsätze von Skinner über "Marketing and Social Structure in Rural China" aus dem Jahre 1965 und Donnithorne über "China's Cellular Economy" aus dem Jahre 1972 haben eine inzwischen zur Berühmtheit gelangte Debatte unter China-Experten ausgelöst, ob die chinesische Ökonomie sich einem tendenziellen Integrations- und Vereinheitlichungsprozeß unterzieht und damit auch Maos Widerspruch zwischen Stadt und Land abgebaut wird, oder ob sich in moderner Form die traditionelle Abgeschiedenheit der ländlichen Marktgemeinden und die relative Autonomie der Provinzen oder gar Kreise reproduziert.

Skinners nicht von der Hand zu weisende These lautet, daß der Versuch der Jahre 1958 und 1959, mit Hilfe der Schließung der periodischen Märkte und der Schaffung neuer administrativer Einheiten durch die Volkskommunen die traditionelle ökonomische Struktur des chinesischen Hinterlands zu überwinden, gescheitert ist, da die vorhandene Infrastruktur in Transport und Handel nicht in der Lage war, diesen neuen ökonomischen Einheiten gerecht zu werden. Die Wiedereröffnung der periodischen Märkte seit Herbst 1959 und die Reorganisation und Verkleinerung der Volkskommunen in den Jahren 1961 - 1963 lassen ihn zu der Einschätzung kommen, daß die chinesische Führung die traditionellen ökonomischen und sozialen Einheiten auf dem Land nicht ignorieren konnte und sie zum Ausgangspunkt ihrer Agrarpolitik der 6oer Jahre machen mußte. Eine Modifizierung dieser Strukturen konzediert er nur für die stadtnahen Regionen.

Donnithornes Position, die sich insbesondere auf die Zeit seit der Kulturrevolution bezieht, ist noch viel weitgehender, da sie diese Dezentralisierungs- und Autarkietendenzen nicht nur für Teile des agrarischen Hinterlands,sondern für für die Gesamtwirtschaft feststellt[185]. Ihre These gipfelt in der Aussage, daß China zwar eine "Zollunion", aber keinen "gemeinsamen Markt" bilde. Zur Stützung dieser Aussage werden im wesentlichen vier Argumente angeführt: 1) Die Pekinger Zentralbehörden verlieren zusehends den Einfluß auf viele Bereiche der Wirtschaftspolitik. 2) Die Verfügungsgewalt über das staatliche Budget wächst bei den Provinzebehörden und nimmt bei der Pekinger Zentrale ab. 3) Der massive Aufschwung der Kleinindustrie bedeutet, daß ein erheblicher Teil der Industrialisierung außerhalb des zentralen Plans durch die Kreisbehörden oder Volskommunen kontrolliert wird.
4) Die Self-reliance- und Autarkiebestrebungen der Kreise und Volkskommunen fördern ein "merkantilistisches" Bewußtsein, das jede regionale oder lokale Einheit dazu anhält, möglichst alle Güter "aus eigener Kraft" und in einem für den eigenen Bedarf ausreichenden Maße zu produzieren, also unabhängig von den Lieferungen anderer Regionen zu werden, gleichzeitig aber in andere Regionen "exportieren" zu wollen. Die Konsequenzen liegen erstens darin, daß regionale Unterschiede zementiert oder ausgeweitet werden, da die Möglichkeiten der Pekinger Zentrale, ausgleichend zu wirken, schwinden, und zweitens darin, daß das lokale Autarkiestreben verhindert,mögliche Vorteile aus Arbeitsteilung, Spezialisierung und Skaleneffekten wahrzunehmen, so daß die gesamtwirtschaftliche Entwicklung suboptimal verläuft.

Lardy[186] hat sich insbesondere mit Donnithornes fiskalpolitischem Argument auseinandergesetzt, indem er empirisch nachzuweisen versucht, daß sehr wohl interprovinzielle Transfermechanismen über den Staatshaushalt stattfinden, die eine Subventionierung der rückständigen Provinzen auf Kosten der Wachstumszentren ermöglichen.

Sigurdson[187] befaßt sich mit den binnenwirtschaftlichen Folgen der Kleinindustrialisierung. Er stimmt Donnithorne zwar zu, daß der Ausbau der Kleinindustrie den "zellenwirtschaftlichen" Effekt ausübt, glaubt aber, daß im Zuge des weiteren Ausbaus der Transportwege und der modernen Industrie die Bedeutung der Kleinindustrie abnimmt. Sie selber kann sogar ein integrierendes Moment darstellen, da Technologie und Ausrüstungen der Kleinbetriebe vielfach von der modernen Industrie geliefert werden, und jene, soweit Agrarprodukte verarbeitet werden, Zulieferfunktionen für die Leichtindustrie wahrnimmt.

Snead[188] schließlich versucht aufzuzeigen, daß self-reliance und Ausweitung des Binnenmarkts keine Widerspruchspaare bilden, wobei er allerdings einer weitgehend begrifflichen Kritik an Donnithorne verhaftet bleibt und für seine Gegenthese nur Einzelbeispiele anführt.

Die vorangegangenen Beobachtungen ermöglichen folgende Anmerkungen zu dieser Kontroverse: Den politischen und wirtschaftspolitischen Phasen der Dezentralisierung während des Großen Sprungs und der Kulturrevolution folgen jeweils, sobald sich das innerparteiliche Gewicht wieder zu den Liuisten verlagert hatte, entsprechende Zentralisierungsphasen[189]. Skinners These von der Kongruenz der Volkskommunen mit den traditionellen Marktgemeinden ist zwar zuzustimmen, sobald diese aber durch moderne Verkehrsverbindungen und Handelsorganisationen erschlossen sind, ist nicht mehr einsehbar, warum diese Einheiten nicht in den gesamten Wirtschaftskreislauf integrierbar sind. Bis zur Kulturrevolution bestand in dieser Hinsicht, wie beschrieben, allerdings ein erhebliches Defizit. Die Tatsachen, daß inzwischen 8o Prozent der Volkskommunen durch Landstraßen verbunden und damit an das Eisenbahnnetz angeschlossen sind, und daß der kollektive Sektor des Handels in den 7oer Jahren erheblich zugunsten des staatlichen Sektors und seiner Niederlassungen zurückgegangen ist, sprechen dafür, daß die infrastrukturellen und organisatorischen Voraussetzungen zur Integration seit den 7oer Jahren erheblich verbessert wurden.

Die ländliche Kleinindustrie erreicht zwar in einigen Branchen erhebliche Bedeutung, was für deren lokale Autarkie spricht, doch angesichts der jüngsten Entwicklung der Kunstdünger- und Traktorenproduktion im Bereich der modernen Großindustrie ist Sigurdsons Einschätzung zuzustimmen, daß die Kleinindustrie mittelfristig an Bedeutung verliert, und in verstärktem Maße Agrarinputs aus dem modernen Sektor geliefert werden. Hinsichtlich der Lieferbeziehungen zwischen Stadt und Land ist es richtig, daß sie bis in die Mitte der 6oer Jahre äußerst schwach entwickelt waren bzw. nur einseitig die Landwirtschaft belasteten. Die spärlichen Daten für die zweite Hälfte der 6oer Jahre und die erste Hälfte der 7oer Jahre deuten allerdings darauf hin, daß zumindest die Lieferung von agrarischen Produktionsmitteln, parallel zum Ausbau von Verkehr und Handel, erheblich zugenommen hat. Hinzu kommt der interne Technologietransfer im Zuge der kleinindustriellen Agroindustrialisierung. Der Kommerzialisierungsgrad der Landwirtschaft dürfte allerdings regional immer noch sehr unterschiedlich sein, wie die Ausführungen über die normalen Ertragsflächen und die sicheren Hochertragsflächen zeigten.

Diese Argumente lassen den Schluß zu, daß die traditionelle Zellenwirtschaft in den 5oer Jahren noch sehr ausgeprägt war, daß sie in den 6oer Jahren im Zuge der kleinindustriellen Agroindustrialisierung im Rahmen der Volkskommunen in moderner Form reproduziert wurde, daß aber alle genannten Indikatoren darauf hindeuten, daß etwa seit Mitte der 7oer Jahre ein deutlicher gesamtwirtschaftlicher Integrationsprozeß zu verzeichnen ist, der allerdings, wie Chou En-lais Modernisierungsprogramm bis zum Jahre 2ooo anzeigt, noch eine lange Wegstrecke vor sich hat.

Die These, daß die lokale Agroindustrialisierung suboptimal sei, ist eindeutig zu verneinen. Sie träfe nur zu, wenn dieses Konzept für alle Ewigkeit gültig bliebe und nicht, wie zu beobachten, einer Verlagerung auf großbetriebliche Agroindustrialisierung weicht. Die Kleinindustrie leistet im Gegenteil für die erste Phase der Modernisierung des Hinterlands einen entscheidenden Beitrag in agrarwirtschaftlicher, kommerzieller und sozialer Hinsicht, ohne den die weitere Entwicklung gar nicht denkbar wäre. Solange die moderne Industrie noch nicht in der Lage ist, ausreichende Mengen von agrarischen Produktionsmittel herzustellen, leistet die einfach Technologie Erhebliches. Die so erzielten Produktivitätssteigerungen ermöglichen es den Kommunen überhaupt erst, über die damit verbundenen Einkommenssteigerungen Produktionsmittel aus dem Sektor der Schwerindustrie zu beziehen. Die technologischen und sozialen Innovationsprozesse aus eigener Kraft sollen schließlich doch erst den Boden bereiten, auf dem die Konfrontation der Bauern des Hinterlands mit der Technologie des modernen Sektors eine harmonische Form annehmen kann.

2. DIE ENTWICKLUNG DES MODERNEN SEKTORS

Es würde naheliegen, bei der Darstellung und Analyse des Entwicklungsprozesses im modernen Sektor ein ähnliches Verfahren zu wählen, wie es bei der Abhandlung über den traditionellen Sektor zur Anwendung kam. Dieses methodische Vorgehen läßt sich aber kaum verwirklichen. Zwar sind auch für den modernen Sektor bestimmte Phasen der Entwicklung festzustellen, doch sind sie nicht, wie im traditionellen Sektor, von so einschneidenden Transformationen der Produktionsverhältnisse begleitet. Der grundlegende institutionelle Wandel von der semikolonialen und peripher-kapitalistischen zur staatlich kontrollierten, administrierten und geplanten sozialistischen Ökonomie erstreckt sich über einen Zeitraum von sieben Jahren und ist 1956 im wesentlichen abgeschlossen. Danach erfolgen zwar noch zahlreiche organisatorische Änderungen innerhalb des administrativen Überbaus, die durchaus als Reflex auf anstehende wirtschaftliche Probleme anzusehen sind, doch sind sie, auch wenn den Betrieben seit 1964 eine gewisse Autonomie eingeräumt wird, in keinem Fall von ähnlich weitreichenden Eingriffen in die Produktionsverhältnisse begleitet, wie das im traditionellen Sektor zu beobachten ist.

Die moderne Ökonomie[190] der VR China ist seit 1956 ohne Einschränkung verstaatlicht. Das bedeutet allerdings keineswegs, daß seit diesem Datum ein kontinuierlicher Entwicklungsprozeß zu beobachten wäre. Neben politischen Konflikten, konzeptionellen Irrtümern und externen Ursachen, die massive Einwirkungen auf die industrielle Produktion ausübten, sind offenbar einige der geplanten Wirtschaft immanente Faktoren dafür verantwortlich zu machen, daß das Tempo der chinesischen Industrialisierung Schwankungen unterworfen ist, die sich in Wachstumszyklen und Industrialisierungswellen äußern.

2.1. Die Transformation der Produktionsverhältnisse und der Aufbau von administrativer Kompetenz

Bei der Schilderung der institutionellen Maßnahmen, die die chinesische Regierung überhaupt in den Stand versetzen, in einer unterentwickelten und peripherisierten Volkswirtschaft und Gesellschaft die Grundlagen für eine autozentrierte und selbstbestimmte Entwicklung zu legen, kann generell zwischen Maßnahmen defensiver Natur unterschieden werden, die es den Wirtschaftsbehörden zunächst ermöglichten, die volks- und betriebswirtschaftliche Kontrolle über die Ökonomie zu gewinnen, und Maßnahmen offensiver Natur, die der Gewinnung wirtschaftspolitischer Kompetenz galten. Zu den defensiven Maßnahmen wären zu zählen: die Stabilisierung der Währung, die Reform des Steuerwesens, die Konsolidierung der Staatsfinanzen, die Kontrolle von Binnen- und Außenhandel sowie die Transformation der Produktionsverhältnisse, indem die private Industrie über interne Partei- und Gewerkschaftskontrolle und externe staatlich-administrative Maßnahmen schrittweise in den staatlichen Sektor überführt wird. Zu den offensiven Maßnahmen gehören der Aufbau eines Planungs-, Administrations- und Kontrollapparats, der in der Lage ist, die grundlegenden Aufgaben wie Innovation, Akkumulation und Organisation der Produktion wahrzunehmen.

2.1.1. Die Kontrolle über die Zirkulationssphäre

Die Gründung der VR China im Oktober 1949 bedeutete zwar für einen erheblichen Teil der chinesischen Industrie, nämlich das sogenannte "bürokratische Kapital", die sofortige Verstaatlichung, doch fallen die grundlegenden Maßnahmen, mit denen die Regierung die Wirtschaft unter Kontrolle zu bringen suchte, in den ersten Jahren eher in den Bereich der Zirkulationssphäre, während man den nationalen kapitalistischen Sektor der Produktion weitgehend ungeschoren ließ und sogar an seiner Entwicklung interessiert schien. Gerechtfertigt wurde dieses Vorgehen durch die weitgefaßte Einheitsfrontpolitik der ersten Jahre, die auf das Bündnis von Arbeitern, Bauern,

Kleinbürgern und nationaler, nicht durch die Zusammenarbeit mit der KMT kompromittierter Bourgeoisie abzielte. Ökonomischer Ausdruck dieser Einheitsfrontpolitik war das Nebeneinander von staatlichem, kollektivem, individuellem (Bauern und Handwerker), gemischtwirtschaftlichem (staatlich-private joint ventures) und kapitalistischem Sektor in Industrie und Handel bis 1956.

Neben dem Bemühen, möglichst große Teile des Volkes in die angestrebte sozialistische Gesellschaft zu integrieren, indem man auf die Umerziehung der nationalen Bourgeoisie und der bürgerlichen Intelligenz hoffte[191], stand dahinter der schlichte Mangel an geeigneten Kadern, die neuen vielfältigen Planungs-, Forschungs- und Managementaufgaben wahrzunehmen, für die in Yenan keine Erfahrungen zu sammeln waren. Man war also, wollte man nicht einen Zusammenbruch der Wirtschaft riskieren, auf die zeitweise Mitarbeit der bürgerlichen Intelligenz und der nicht zu sehr kompromittierten Industriebourgeoisie angewiesen[192]. Der Preis für diese Zusammenarbeit war offenbar der einstweilige Verzicht auf eine sofortige Transformation der Eigentumsverhältnisse in weiten Bereichen von Industrie und Handel und eine Beschränkung auf die Kontrolle der "Kommandohöhen" der Wirtschaft.

Eine wesentliche Voraussetzung für eine effektive Wirtschaftspolitik[193] mußte darin bestehen, das Preis- und Marktgeschehen in den Griff zu bekommen. Um ihre Rüstungsausgaben im antijapanischen Krieg und später für den Bürgerkrieg zu finanzieren, hatte die KMT-Regierung nämlich eine <u>inflationäre Politik</u> betrieben, die den Geldwert von 1937 bis August 1948 um das Sechsmillionenfache ansteigen ließ. Diese inflationäre Entwicklung hatte eine Vielzahl von Spekulanten auf den Plan gerufen, die durch Ankauf und Hortung von Waren und Rohstoffen ihr Geschäft zu machen suchten. Diese Inflations- und Spekulationswelle dauerte bis zum Februar 1950, bevor die neue Regierung die Situation einigermaßen in den Griff bekam. Die Maßnahmen im monetären Bereich betrafen die Kontrolle des Bargeldumlaufs durch das alleinige Emissionsrecht der Volksbank, die Unterbindung der Gold-, Silber- und Devisenzirkulation, die Schließung der Börse und die Verhängung administrierter Preise. Um diese Preise aber auch durchzusetzen, bedurfte es eines harten Vorgehens gegen Spekulanten, das aber erst effektiv wurde, als der Staat eigene Großhandelsorganisationen aufbaute und eine zentrale Kontrolle der wichtigsten Rohstoffe, vor allem Getreide und Baumwolle, zustande gebracht hatte[194]. Ab März 195o war ein Rückgang der Preise zu verzeichnen und im Dezember 195o die Preisstabilität erreicht. Dieser Sieg über die Inflation brachte der neuen Regierung ein unschätzbares Prestige bei großen Teilen der Bevölkerung ein. Die Entwicklung an der Preisfront führte zum Zusammenbruch vieler Privatbanken und Spekulationsgeschäfte. Da aber die rasche Auflösung der gehorteten Warenlager zu einem Überangebot auf dem Markt und entsprechenden Produktionsrückgängen führte, sah sich der Staat ab Juni 195o zu einer Förderung der privaten Industrie über Liefer- und Abnahmeverträge gezwungen.

Eine weitere Maßnahme, um die Inflation in den Griff zu bekommen, bestand in der Konsolidierung der Staatsfinanzen. Die KMT-Regierung hatte ihr defizitäres Budget durch die Druckerpresse ausgeglichen. Um die Einnahmen und Ausgaben des Staatshaushalts in Einklang zu bringen, wurden im März 195o die Staatsfinanzen zentralisiert sowie eine Steuerreform durchgeführt, die vor allem eine bessere Erfassung der Agrarsteuer zum Ziel hatte, da diese in den ersten Jahren eine wesentliche Einnahmequelle des Staates bildete. Beide Maßnahmen führten dazu, daß ab 1951 ein ausgeglichener Haushalt vorgelegt werden konnte. Hinzu kam, daß der Haushalt sich zusehends über die Gewinne der staatlichen Betriebe finanzieren konnte (vgl. Tabelle 69).

Im Bereich von Handel und Banken setzten die Kontrollmaßnahmen ebenfalls im März 195o ein. Bis Ende des Jahres hatte man den privaten Banksektor weitgehend unter Kontrolle und überführte bis Ende 1952 alle Banken, mit Ausnahme derjenigen, die im Besitz von Überseechinesen waren, in staatlich-private Joint ventures. Während der Großhandel bis 1952 zu 6o,5 Prozent verstaatlicht war, hielt der private Einzelhandel in diesem Jahr noch einen Anteil von 57,2 Prozent. In beiden Bereichen war der Verstaatlichungs- bzw. Kollektivierungsprozeß erst 1956 abgeschlossen (vgl. Tabelle 1o1). Die Kontrolle über den Außenhandel setzte ebenfalls erst im März 195o ein und erreichte im Laufe des Jahres ca. 6o Prozent. Es dauerte bis 1952, daß die staatlichen Außenhandelsorganisationen 92 Prozent des chinesischen Außenhandelsvolumens abwickelten und erst im Jahre 1956 war der Außenhandel völlig verstaatlicht[195].

Diese Hinweise zeigen, daß es allein ein halbes Jahr dauerte, bis die Behörden überhaupt in der Lage waren, erste effektive Maßnahmen zur Administration der Wirtschaft zu ergreifen, und daß es noch einmal zwei Jahre dauerte, bis die Kommandohöhen der Zirkulationssphäre: Banken, Großhandel, Außenhandel, Währung, Geldmenge, Staatshaushalt etc. unter Kontrolle waren. Unbeschadet der Maßnahmen in der Produktionssphäre waren demnach frühestens ab 1953 die Voraussetzungen für eine effektive Wirtschaftsplanung geschaffen.

2.1.2. Die Kontrolle über die Produktionssphäre

In der Produktionssphäre verlief die Transformation der Eigentumsverhältnisse nach ähnlichem Muster ab, wie für den Agrarsektor bereits geschildert. Auch hier wechseln Phasen der horizontalen Ausdehnung des staatlichen Sektors mit Phasen der vertikalen Vertiefung in den Übergangsstadien. Der gesamte Bereich der modernen Industrie und des Handels gliederte sich 1949 in drei Segmente: das ausländische Kapital, das sogenannte "bürokratische" Kapital im Besitz der mit der KMT liierten Kompradorenbourgeoisie und das sogenannte nationale Kapital, das im Besitz desjenigen Teils der Bourgeoisie war, der im Rahmen der Einheitsfrontpolitik für die KPCh noch bündnisfähig war.

Bei der Nationalisierung des ausländischen Kapitals ging man, anders als vielleicht zu erwarten, sehr behutsam vor, wobei das Prinzip der Nationalisierung gegen Entschädigung[196] verfolgt wurde. Einen großen Teil des ausländischen Kapitals, nämlich die Betriebe, die in japanischem, deutschem und italienischem Besitz waren, hatte die KMT-Regierung bereits 1945 verstaatlicht[197]. Damit war vor allem der schwerindustrielle Kern der Industrie, den die Japaner in der Mandschurei errichtet hatten, in Staatsbesitz übergegangen, soweit diese Betriebe nicht durch den Krieg bzw. die sowjetische Demontage vernichtet waren. Die kommunistische Regierung brauchte diese ehemaligen ausländischen Betriebe 1949 also nur zu übernehmen. Danach geschah in dieser Hinsicht zunächst offenbar gar nichts, wenn auch die ehemaligen Sonderrechte der Ausländer gestrichen wurden[198].

Die zweite Welle der Nationalisierung seit Ende 195o betraf zunächst nur das US-Kapital und wurde den Chinesen quasi aufgezwungen. Als Reaktion auf den chinesischen Eintritt in den Korea-Krieg verhängte die Truman-Regierung unter Berufung auf den "Trading with the Enemy Act" von 1917 am 17.12.195o ein Handelsembargo gegen China und beschlagnahmte sämtlichen chinesischen Besitz in den USA. Die chinesische Antwort war die Beschlagnahmung des US-Besitzes in China am 29.12.195o[199]. Resultat des US-Embargos war nicht nur der sofortige Abbruch aller US-Exporte nach China, dem sich die meisten westeuropäischen Länder mehr oder weniger bereitwillig[2oo] anschlossen, sondern auch erhebliche Schwierigkeiten für die verbliebenen ausländischen Betriebe, die von ihren traditionellen außenwirtschaftlichen Verflechtungen abgeschnitten wurden[2o1]. Die sich anschließende schrittweise Nationalisierung dieser Betriebe erfolgte deshalb des öfteren auf ausländisches Anerbieten hin[2o2]. Die letzte englische Wollfabrik wurde erst 1959 in chinesischen Besitz überführt[2o3]. Demnach hatte die chinesische Regierung von sich aus offenbar gar kein dringliches Interesse an der sofortigen Nationalisierung des ausländischen Sektors, sie wurde ihr vielmehr durch externe Ereignisse förmlich aufgedrängt. Zu erwähnen bleibt noch, daß im Jahre 1954 auch die chinesisch-sowjetischen Joint Ventures, die teilweise an alte russische Chinainteressen angeknüpft hatten, ebenfalls gegen Entschädigung nationalisiert wurden.

Die Verstaatlichung des bürokratischen Kapitals erfolgte dagegen unverzüglich und ohne Entschädigung. Dabei handelte es sich um 2858 Betriebe mit über 75o ooo Beschäftigten, die im wesentlichen den vier Familien Chiang, Sung, Kung und Chen gehörten. Diese Betriebe, inklusive der 1945 nationalisierten, umfaßten ca.9o Prozent der Eisen- und Stahlindustrie, 3o Prozent der Kohleförderung, 67 Prozent der Energieerzeugung, 45 Prozent der Zementindustrie, die gesamte Erdöl- und NE-Metallerzeugung, aber nur Teile der Textilindustrie[2o4]. Neben den politisch motivierten Maßnahmen gegen diesen Sektor stand dahinter natürlich das strategische Erfordernis, sofort den vorhandenen schwerindustriellen Bereich unter Kontrolle zu bringen, da dieser die Ausgangsbasis des sozialistischen Aufbaus bilden sollte.

Der nationale kapitalistische Sektor blieb demgegenüber in den ersten Jahren weitgehend unbehelligt, er vermochte sich im Gegenteil bis 1953 sogar erheblich auszudehnen. Wenn auch im Jahre 1949 die meisten Großbetriebe verstaatlicht worden waren, so war der privatkapitalistische Sektor in Umfang und Zahl der Beschäftigten doch erheblich größer. 1949 bestanden 123 165 private Betriebe mit 1,64 Millionen Beschäftigten und einem Anteil von 63,3 Prozent am Produktionsvolumen der gesamten Industrie. Diese Zahl dehnte sich bis 1953 auf 15o 275 Betriebe aus, von denen 2 o48 mehr als 1oo und 164 mehr als 5oo Beschäftigte aufwiesen. Davon produzierten zwei Drittel Konsumgüter, so daß man von einer Arbeitsteilung zwischen staatlicher und privater Industrie sprechen kann. Auch wenn der relative Anteil am gesamten industriellen Produktionsvolumen (vgl. Tabelle 1o5) bis 1953 auf 36,8 Prozent zurückgeht, so ist doch in absoluter Hinsicht nahezu eine Verdoppelung von 6,82 auf 13,o9 Mrd ¥ (1949 - 1953) zu verzeichnen. Davon wurde etwa die Hälfte in den beiden Städten Shanghai und Tientsin erzielt.

Danach geht die private Industrie relativ wie absolut zurück, um 1956 de facto ihre eigenständige Existenz aufzugeben. Zu diesem Zeitpunkt gab es etwa 1 Million nationale Kapitalisten, von denen die Masse allerdings im Handel- und Gaststättengewerbe tätig war. Nur 27 335 konnte man als echte Industriekapitalisten bezeichnen, von denen wiederum nur 89 ein Kapital über 1 Million ¥ und lediglich 7 ein Kapital über 5 Millionen ¥ besaßen[2o5].

Bevor dieser Sektor allerdings de facto verstaatlicht wurde, wurden mehrere Zwischenstufen eingeschoben, die den friedlichen Übergang dokumentieren und eine Störung der Produktion verhindern sollten. Der erste Schritt zur Verstaatlichung bestand in der Etablierung eines sogenannten staatskapitalistischen Sektors[2o6], für den wiederum eine elementare und eine fortgeschrittene Form unterschieden wurde. Bei der elementaren Form ließ man das private Eigentum und auch die Kontrolle über die Produktionssphäre unangetastet, band diese Betriebe aber durch sogenannte Lohnveredelungsaufträge in den geplanten Sektor ein. Die Betriebe wurden mit Rohstoffen und Vorprodukten beliefert und verkauften ihre Endprodukte an die staatlichen Handelsgesellschaften, wobei ihnen ein Preis garantiert wurde, der einen "angemessenen" Gewinn enthielt. Im fortgeschrittenen Stadium bildete der Staat Joint Ventures mit dem privaten Kapital, indem er über eigene Investitionen zum Teilhaber wurde und auch seine Leute ins Management entsenden konnte. Der Gewinn wurde jetzt entsprechend den Kapitalanteilen aufgeteilt. Damit war eine, wenn auch zunächst partielle Kontrolle der privaten Industrie gewährleistet.

Erst 1956, nachdem sämtliche privaten Betriebe in staatskapitalistische überführt worden waren, kann davon gesprochen werden, daß der Staat tatsächlich die gesamte industrielle Produktionssphäre kontrollierte. Die ehemaligen Kapitalisten wurden zu Rentnern, da man ihnen eine zunächst auf 5 Jahre befristete jährliche fünfprozentige Verzinsung ihres Kapitalanteils gewährte. Diese Verzinsung wurde 1962 noch einmal um 3 Jahre verlängert[2o7] und muß auch noch während der Kulturrevolution bestanden haben, also nochmals verlängert worden sein, da sie hier von den Maoisten heftig kritisiert wurde. Ob diese Rentenzahlung inzwischen eingestellt worden ist, ist zumindest offiziell nicht bestätigt.

Davon betroffen waren 1956 1,14 Millionen Empfänger, hauptsächlich Einzelhändler, die ein zu verzinsendes Gesamtkapital von 2,418 Mrd ¥ besaßen[2o8]. Das heißt, daß der Staat bei einer fünfprozentigen Verzinsung jährlich 12o Millionen ¥ ausschütten mußte, was pro Kopf allerdings nur die geringe Summe von 1o6,1 ¥ ausmacht. Die 89 Kapitalisten, deren Kapitel mehr als 1 Million betrug bzw. die 7 mit mehr als 5 Millionen, erhielten aber immerhin 1o ooo bzw. 5o ooo ¥ jährlich. Mitte der 6oer Jahre empfingen noch ca. 25o ooo Exkapitalisten diese Rendite.

Neben der Rendite erhalten sie vermutlich noch Gehälter aus ihrer weiterhin bestehenden Tätigkeit als Betriebsleiter. Denn 71o ooo, das sind 62 Prozent der ehemaligen Kapitalisten, wurden auch nach der Abschaffung des reinen Privatsektors als staatliche Angestellte in ihren alten Funktionen weiterverwendet. Die fortgeschrittene Form des Staatskapitalismus trennte also Eigentum und Kontrolle über die Produktionsmittel. 196o wurden diese Joint Ventures auch formal in Staatsbetriebe umgewandelt, obwohl die Dividendenausschüttung davon unberührt blieb[2o9]

Einen Überblick über den gesamten Transformationsprozeß im industriellen Sektor gibt Tabelle 1o5.

Die chinesische Statistik rechnet Joint Ventures und Lohnveredelungsbetriebe zum staatskapitalistischen Sektor, was aber im zweiten Fall nicht angemessen scheint, da der Staat weder über den Besitz noch die Kontrolle der Produktion in diesen Betrieben verfügte. Zählt man Lohnveredelungsbetriebe und reine Privatindustrie zusammen, erzielen sie bis 1951 mehr als die Hälfte der Industrieproduktion. Ihr absoluter Umfang wächst bis 1953 erheblich.

Tabelle 1o5: Die Transformation der Eigentumsverhältnisse im industriellen Sektor 1949 - 1956
(Bruttoproduktionswert der Sektoren in Mrd 52er ¥, prozentuale Verteilung in Klammern)

	Gesamte Industrie (ohne Handwerk)	sozialistische Industrie	Staatskapitalistische Industrie	davon: Joint Ventures	davon: Lohnveredelungsbetriebe	private kapitalistische Industrie	gesamte kapitalistische Industrie
1949	1o,78(1oo)	3,73(34,7)	1,o2(9,5)	o,22(2,o)	o,81(7,5)	6,o2(55,8)	6,82(63,3)
195o	14,o6(1oo)	6,36(45,3)	2,5o(17,8)	o,41(2,9)	2,o9(14,9)	5,19(36,9)	7,28(51,8)
1951	2o,21(1oo)	9,29(45,9)	5,13(25,4)	o,81(4,o)	4,32(21,4)	5,8o(28,7)	1o,13(5o,1)
1952	27,o2(1oo)	15,12(56,o)	7,27(26,9)	1,35(5,o)	5,92(21,9)	4,62(17,1)	1o,54(39,o)
1953	35,58(1oo)	2o,45(57,5)	1o,14(28,5)	2,o3(5,7)	8,11(22,8)	4,98(14,o)	13,o9(36,8)
1954	41,51(1oo)	26,o9(62,8)	13,24(31,9)	5,11(12,3)	8,14(19,6)	2,2o(5,3)	1o,34(24,9)
1955	44,75(1oo)	3o,29(67,7)	13,11(29,3)	7,2o(16,1)	5,91(13,2)	1,34(3,o)	9,5o(16,2)
1956	58,66(1oo)	39,52(67,5)	19,16(32,5)	19,o6(32,5)	- -	- -	- -

Berechnet nach Ten Great Years, S.16 und S.3o.

Der wirtschaftliche Wiederaufschwung in den ersten 4 bis 5 Jahren der VR China ist also zu einem erheblichen Teil auf die Aktivitäten des privaten Sektors zurückzuführen. Eine sofortige Verstaatlichung hätte möglicherweise infolge größeren Widerstands zu einer erheblichen Verlängerung der Restaurationsphase geführt.

Sichtbar werden aus der Tabelle auch die verschiedenen Phasen der Transformation. Der Anteil der Lohnveredelungsbetriebe ist seit 195o recht hoch und bleibt von 1951 bis 1954 nahezu konstant. Erst 1954 werden in größerem Umfang Joint Ventures gegründet, die dann innerhalb eines Jahres sämtliche verbliebenen privaten Betriebe aufsaugen. Parallel zur Kollektivierung in der Landwirtschaft erfolgt 1956 die de facto Verstaatlichung, so daß dieses Jahr zumindest für den modernen Sektor als das Datum angenommen werden kann, seit dem eine vollständige Kontrolle der Industrie und damit die letzten institutionellen Voraussetzungen für die zentrale Planung geschaffen sind. Nicht zufällig wird im gleichen Jahr der Planungsapparat erheblich ausgeweitet.

Einige Konflikte in den frühen Jahren zeigen allerdings, daß dieser Prozeß keineswegs so reibungslos und so freiwillig von den Kapitalisten mit vollzogen wurde, wie die bisherige Schilderung vermuten ließe. 1951 kam es offenbar zu großen Unregelmäßigkeiten im staatlich-privaten Wirtschaftsverkehr, so daß die Partei Anfang 1952 die sogenannte "Fünf-Anti-Kampagne" (Wu fan) gegen die Bestechung von Regierungsangestellten, Steuerhinterziehung, Diebstahl von Staatseigentum, Betrug bei staatlichen Aufträgen und Wirtschaftsspionage für private Spekulation startete. Im Rahmen dieser Kampagne wurden ca.45o ooo Industrie- und Handelsbetriebe überprüft, von denen 76 Prozent in mindestens einem Punkt für schuldig befunden wurden[21o]. Neben den teilweise empfindlichen Strafen für die Betroffenen war das Resultat in der Folgezeit eine stärkere Kontrolle der Betriebe von innen durch Gewerkschaften und Parteikader. Es hatte sich offenbar herausgestellt, daß rein administrative Maßnahmen von außen nicht genügten, solange die

Kontrollmöglichkeiten in den Betrieben nicht gegeben waren. In der Folgezeit bemühte die private Industrie sich, wenigstens den Konsumgütersektor zu behalten. Noch im Jahre 1957 regten die Kapitalisten sich in organisierter Form, als sie das alleinige Managementrecht über ihre ehemaligen Betriebe und eine Verlängerung der fünfprozentigen Dividendenzahlung um 2o Jahre forderten[211].

Diese Beispiele zeigen, daß die Rücksichtnahme nicht nur ökonomisch-taktisch bedingt war[212], die nationalen Kapitalisten vielmehr in den ersten Jahren der Volksrepublik besonders in ihren Zentren Shanghai und Tientsin einen echten politischen Faktor darstellten und über nicht unerhebliche wirtschaftliche Macht verfügten, was die Partei zu berücksichtigen hatte. Vor diesem Hintergrund erscheint Lius Tientsin-Affäre aus dem Jahre 1949, als er den dortigen Kapitalisten gegenüber den Gewerkschaften offenbar weitreichende Zugeständnisse machte, in anderem Licht. Die Tatsache, daß man auf dem Land gegen die Gentry sehr rasch und sehr gründlich vorging, während die nationale Bourgeoisie sehr zuvorkommend behandelt wurde, zeigt aber auch, daß die Phase der demokratischen Revolution bis 1956, die einen starken antifeudalen, aber kaum einen antikapitalistischen Charakter trug, nicht nur eine formale Angelegenheit war.

2.1.3. Der Aufbau von Planungskapazitäten

Ähnlich wie die Kontrolle über die Volkswirtschaft in zwei Etappen gewonnen wurde, bis 1952 Beschränkung auf die Zirkulationssphäre und bis 1956 Ausdehnung auf die Produktionssphäre, vollzog sich der Aufbau von Planungskapazitäten[213] auch in zwei Phasen, wobei die genannten Jahre wieder die Markierungspunkte bilden. Zwar bestand 1949 bereits eine staatliche Baukommission, die aber vermutlich mehr mit den kriegsbedingten Wiederaufbauarbeiten als mit Neuinvestitionen beschäftigt war. Auch die ersten Kontrollziffern für die Industrie im Jahre 1951 sind noch nicht als eigentliche Planung zu betrachten.

Diese Grundlagen wurden erst Ende 1952 mit der Etablierung der Staatsplankommission im November und des Staatlichen Statistischen Büros im Oktober gelegt. Im gleichen Jahr markierten die Gründung des Außenhandelsministeriums und von 12 Ex- und Importgesellschaften, daß jetzt auch der Außenwirtschaftsbereich organisatorisch abgedeckt war[214]. Damit waren die formellen Voraussetzungen für eine gesamtwirtschaftliche Planung gegeben. Die Tatsache, daß der offiziell am 1.1.1953 beginnende 1. Fünfjahresplan erst im März 1955 fertiggestellt und im Sommer veröffentlicht wurde, zeigt allerdings, daß die Gründung von Planungsinstitutionen allein noch nicht die sofortige Kompetenz zur Planung bedeutet[215]. Der Entwurf zum 2. Fünfjahresplan (1958 - 1962) wurde zwar 1956 vorgelegt, der Plan selber war aber offenbar 196o noch nicht ganz fertiggestellt[216] und wurde zudem im Zuge der Sprung-Politik konzeptionell über den Haufen geworfen. Der Beginn des 3. Fünfjahresplans, der eigentlich für 1963 vorgesehen war, verzögerte sich ebenfalls bis 1965. Erst seitdem scheint eine regelmäßige Abfolge und Durchführung der Fünfjahrespläne erreicht zu sein, auch wenn manche Autoren sogar das bestreiten.

Im September 1954 wurden die beiden genannten Kommissionen durch die staatliche Baukommission ergänzt. Der bis 1956 im Zuge der Verstaatlichung ungeheuer angewachsene staatliche Sektor überstieg offenbar die bisherigen Planungskapazitäten. 1956 wurde aus der Staatsplankommission nämlich die Staatswirtschaftskommission ausgegliedert, die für die Jahrespläne verantwortlich war, während die Staatsplankommission nur die längerfristige Planung durchführen sollte. Hinzu kamen im gleichen Jahr noch Kommissionen für die Planung von Wissenschaft und Technologie sowie ein Büro zur Beschaffung der Rohstoffe. Gleichzeitig wurde auch die Zahl der branchenbezogenen Industrieministerien, die die Einzelplanung und direkte Kontrolle über die ihnen unterstellten Industriezweige ausübten, erheblich ausgeweitet. Oberstes Planungsorgan, das alle genannten Kommissionen und Ministerien koordiniert, ist der Staatsrat.

Die starke Ausweitung und Ausdifferenzierung des Planungs- und Administrationsapparats im Jahre 1956 weist darauf hin, daß die chinesischen Behörden erst zu diesem Zeitpunkt wirklich in der Lage waren, eine integrierte Planung des staatlichen Sektors vorzunehmen. Unterstützt wird diese Annahme dadurch, daß im gleichen Jahr auch die Kritik an der bloßen Kopie des sowjetischen Planungssystems einsetzt, und seit 1957 erste Dezentralisierungsmaßnahmen stattfinden, die den regionalen Behörden größere Befugnisse einräumen[217]. Diese seit 1956 einsetzende Kritik am sowjetischen Planungs- und Industrialisierungsmodell ist meiner Meinung nach der stärkste Indikator, daß erst seit diesem Zeitpunkt die Chinesen über eigene Kompetenz in diesen Bereichen verfügen. Bis dato handelte es sich lediglich um die Kopie und den Nachvollzug des sowjetischen Vorbilds. Betrachtet man das staatliche Investitionsvolumen im Bereich der Schwerindustrie, erfolgen gerade in den beiden Jahren zunehmender Planungsaktivitäten 1953 und 1956 erhebliche Zuwächse.

Auch wenn in der Folgezeit eine häufige Neuorganisation der Planungsbehörden und Industrieministerien zu beobachten ist, die sowohl als Reaktion auf wirtschaftliche Schwierigkeiten, den fortschreitenden Differenzierungsprozeß der Wirtschaft, wie auf politische Kontroversen über Zentralisierung und Dezentralisierung zu verstehen sind, so bleibt die Grundstruktur des Jahres 1956 doch erhalten. Neu ist lediglich, daß ab 1964 den Betrieben eine größere Autonomie eingeräumt wurde, die in der Kulturrevolution nur für kurze Zeit rückgängig gemacht wurde[218].

2.2. Zyklen und Stadien der Industrialisierung

Herkömmliche Darstellungen[219] zur Wirtschaftsentwicklung der VR China halten sich in der Regel an folgendes Schema:

1949 - 1952	Restauration
1953 - 1957	1. Fünfjahresplan
1958 - 196o	Großer Sprung nach vorn
1961 - 1965	Krise und Konsolidierung
1966 - 1969	Kulturrevolution
197o - heute	Wiederaufnahme der planmäßigen Entwicklung

Diese Gliederung ist eine Mischung von formalen, politischen und ökonomischen Kriterien und erweckt den Eindruck, daß die bisherige Entwicklung ein regelloses Nacheinander von planmäßigem Vorgehen und ökonomischen wie politischen Turbulenzen auszeichnet und keine Logik erkennen läßt, wenn man von der bereits beschriebenen Logik der entwicklungspolitischen Auseinandersetzungen absieht, die natürlich Auswirkungen auf den realen Entwicklungsprozeß ausübte.

Hier soll demgegenüber die These vertreten werden, daß neben den dargestellten Linienkämpfen und ihren Einwirkungen auf Akkumulationsmodell, Wachstumsraten, Außenwirtschaftspolitik etc. dem bisherigen Verlauf der Industrialisierung eine immanente Dynamik und Logik zugrunde liegt, die sich in bislang 4 - 5 Wachstumszyklen geäußert hat, die wiederum von drei Industrialisierungswellen überlagert werden. Als Begründung für diese Phänomene stelle ich die weitere These auf, daß die Zyklen durch Disproportionalitäten im Akkumulationsprozeß und die Wellen durch den technologischen Wandel und die Modifikation des chinesischen Akkumulationsmodells bedingt sind. Sie unterscheiden sich allerdings hinsichtlich des Grads der Disproportionen, der sie tragenden Technologien, der sie beeinflussenden externen außerökonomischen Faktoren und der Rolle, die die Außenwirtschaftsbeziehungen spielen, erheblich. Ihre Darstellung und die tentative Erklärung dieses Phänomens[22o] scheint mir am ehesten in der Lage, ein adäquates Verständnis des chinesischen Industrialisierungsprozesses zu vermitteln.

2.2.1. Exogene und endogene Ursachen der Zyklen

Der Nachweis von Zyklen im Verlauf der chinesischen Industrialsierung ist ein sehr problematisches Unterfangen, da die wichtigsten Daten der volkswirtschaftlichen Gesamtrechnung für die Zeit ab 1960 nicht mehr verfügbar sind. Erhältlich sind seit einigen Jahren wieder in stärkerem Maße Angaben über die Bruttoproduktionswerte einiger Branchen, das industrielle Aufkommen einzelner Provinzen oder mengenmäßige Angaben über einzelne Produkte wie Getreide, Stahl, Kohle etc. bzw. deren Wachstumsraten über unterschiedliche Zeiträume. Der einzige Bereich, der über die Statistiken der Partnerländer sehr gut dokumentiert ist, bleibt der Außenhandel. Vor allem detaillierte Informationen, was die Chinesen zu welchem Zeitpunkt in welchem Umfang importieren und womit diese Importe bezahlt werden, lassen Rückschlüsse auf Tendenzen zu, die diesen außenwirtschaftlichen Aktivitäten zugrunde liegen.

Verdienstvollerweise haben es aber eine Reihe vorwiegend amerikanischer Wissenschaftler unternommen, die in der chinesischen Inlandspresse oder im Rundfunk gemeldeten vielfältigen Einzelangaben zu sammeln, auf ihre Konsistenz zu prüfen und, soweit möglich, zu kompletten Zeitreihen zusammenzufügen, die entweder die absoluten Werte oder Indexreihen wiedergeben. Solche Datenreihen, soweit sie im Hinblick auf ihr Zustandekommen nachvollziehbar sind und mittelbar auf offiziellen chinesischen Angaben beruhen, wurden hier und in den folgenden Kapiteln verwandt. Verzichtet wurde auf sogenannte "unabhängige" Schätzungen, wie sie in rauhen Mengen zu finden sind, die oft nur die durchsichtige Absicht verfolgen, Stagnation und Krisen in China zu konstatieren und den baldigen Zusammenbruch zu prognostizieren. Bemerkenswert ist allerdings der generelle Trend, daß diese Schätzungen sich im Zuge des abflauenden Kalten Krieges und besonders seit der "Normalisierung" der chinesisch-amerikanischen Beziehungen immer mehr den offiziellen Angaben annähern und nicht mehr nur vonvornherein Fälschungen unterstellen.

Tabelle 106: Wirtschaftswachstum 1949 - 1976 (Indexwerte 1957 = 100)

	BSP[1]	Brutto-anlage-investi-tionen[2]	Bau-inve-sti-tionen[3]	Getrei-de[4]	Indu-strie[5] I	Indu-strie[7] II	Indu-strie[8] III	Produk-tions-güter[5]	Konsum-güter[5]	Maschi-nenbau[5]	Import[6] Maschi-nen u. Produktions-anlagen
1949	43		7	58,1	20		18	14	28	8	
1950	52		11	67,7	27		24	21	36	14	12,2
1951	60		22	73,7	38		34	30	48	24	32,5
1952	71	39	37	84,1	48		44	39	60	33	49,8
1953	76	55	53	85,5	61		57	51	73	50	53,9
1954	80	67	70	87,0	70		66	62	82	60	63,2
1955	87	74	77	94,3	73		70	66	81	62	72,5
1956	94	109	112	98,8	88		90	84	94	90	102,7
1967	100	100	100	100,0	100	100	100	100	100	100	100,0
1958	120	172	176	110,5	145		167	166	117	175	115,0
1959	114	208	195	93,1	177		232	212	131	242	195,1
1960	113	199	175	81,2	184			237	114	274	164,0
1961	87	83	121	87,6	108			129	80	116	39,7
1962	99	45	112	94,2	114			138	83	140	12,6
1963	110	56	140	99,9	137			158	109	178	19,6
1964	124	80	162	108,2	163	167	163	183	135	213	35,4
1965	143	107	200	108,2	199	204	195	212	183	263	64,8
1966	154		221	112,8	231	249	235	250	205	326	89,4
1967	150		181	117,9	202			207	195	273	74,7
1968	151		214	120,0	222	217	203	228	214	292	54,0
1969	167		237	121,5	265	283	267	289	233	455	47,2
1970	190		245	124,6	313	344	328	345	271	573	77,6
1971	202		273	128,2	341	381	376	395	270	645	99,2
1972	210		313	123,1	371	416	408	428	294	677	102,2
1973	231		333	134,6	416	463	449	478	332	754	168,0
1974	237p		349	141,0	432	491	471		341		358,5
1975				146,2		538					410,6
1976				156,9							

1) Berechnet nach Ashbrook 1975, S.23.
2) Berechnet nach Chao Kang 1974, S.50 und 69.
3) MacFarlane 1975, S.319; nur Investitionen des staatlichen Sektors.
4) Berechnet nach Tabelle 76.
5) Field 1975, S.149 (Index auf Güterbasis ohne Rüstungsproduktion).
6) Berechnet nach Tabelle in Fußnote 222, Teil III; 1950-64 Importe nur aus der Sowjetunion und den westlichen Ländern, 1965 - 1975 gesamte Maschinen- und Produktionsanlagenimporte.
7) Field/Lardy/Emerson 1976, S.17 (Index auf der Basis von Provinzangaben inklusive Rüstungsgüter).
8) Offizielle Indexwerte nach Field 1975, S.149.

p) vorläufig

lle 1o6 dokumentiert einige für meinen Zweck wichtige Zeitreihen, die der Vergleichbarkeit halber alle auf Indexwerte umgerechnet wurden, da die ihnen zugrunde liegenden Daten teilweise absolut und teilweise nur in Form von Indexwerten vorhanden sind.

Zentral sind dabei die Berechnungen der zivilen Industrieproduktion von Field bzw. Field/Lardy/Emerson[221], die im ersten Fall (Industrie I) auf Güterbasis und im zweiten Fall (Industrie II) auf der Basis von aggregierten Provinzangaben entstanden sind. Die dritte Reihe über die Industrieproduktion (Industrie III) gibt ausschließlich offizielle Angaben wieder, ist aber, da die Krisenjahre 196o - 1963 und 1967 nicht berichtet wurden, hier nur von geringem Wert. Entscheidend ist aber, daß alle drei Indexreihen trotz leichter Abweichungen einen ähnlichen Trend aufweisen, was als hinreichender Grund für ihre Akzeptierung genügen muß. Darüber hinaus hat Field seinen Index nach Konsumgütern und Produktionsgütern aufgeschlüsselt, die zumindestens grob den chinesischen Begriffen Schwer- und Leichtindustrie bzw. den Marxschen Begriffen der Abteilung I und II entsprechen. Innerhalb der Produktionsgüterindustrie hat Field noch den Maschinenbau separiert. Die Unterabteilungen des Industrieindex I sind also keine unabhängigen Schätzungen, so daß ihre Übereinstimmung mit dem Gesamtindex gegeben sein muß.

Der Index über die Getreideproduktion basiert ausschließlich auf offiziellen Angaben und soll hier als Indikator für die gesamte Agrarproduktion verwendet werden. Der BSP-Index basiert auf Schätzungen von Ashbrook, der seinerseits u.a. auf den Field-Index zurückgreift, also nicht ganz unabhängig davon ist. Der Index über den Import von Maschinen und kompletten Betriebsanlagen konnte aus den gesammelten Daten der Partnerstatistiken gewonnen werden.[222] Die reinen Maschinenimporte wurden dem Gesamtimport vorgezogen, da der Trend des Gesamtimports in den 5oer Jahren durch die massiven Rüstungsimporte aus der Sowjetunion (vgl. Tabelle 66)und seit 1961 durch umfangreiche Getreide- und Kunstdüngerimporte aus westlichen Ländern (vgl.

Tabelle 77) verzerrt würde, mithin direkte Zusammenhänge mit möglichen Investitionswellen nicht so eindeutig zum Ausdruck kämen.

Damit ist ein zusätzliches Problem angesprochen. Die vorhandenen Daten mögen zwar zur Dokumentierung von Produktionszyklen ausreichen, Hinweise auf Investitionszyklen sind noch schwieriger zu gewinnen. Offizielle Angaben über die Bruttoanlageinvestitionen gibt es nur für die 5oer Jahre, danach aber nur noch spärliche Hinweise über die Investitionsrate in einzelnen Jahren[223]. Die Schätzungen von Chao reichen nur von 1952 bis 1965, erstrecken sich also, auch wenn der Trend zu den anderen Werten paßt, über einen zu kurzen Zeitraum. Stellvertretend für das Wachstum der Investitionen,nicht der Investitionsrate, soll deshalb der Index von MacFarlane über die Bauinvestitionen genommen werden, der auf den Verbrauch von Stahl, Zement und Holz für Bautätigkeiten zurückgeht. Der Import von Kapitalgütern und der Bauindex sollen also als Indikatoren für mögliche Investitionszyklen verwendet werden, wobei deren Aussagekraft gegenüber den Indikatoren für mögliche Produktionszyklen allerdings geringer zu bewerten ist.

Tabelle 1o6 präsentiert also 7 voneinander unabhängige Indexreihen, die durch ihre in der Tendenz weitgehende Übereinstimmung trotz der teilweise schmalen Datenbasis eine gewisse Aussagekraft besitzen. Die Alternative hieße, auf die Untersuchung ganz zu verzichten. Die Wahl des Basisjahres 1957 bietet sich an, da dieses Jahr allgemein als wirtschaftlich "normal" angesehen wird.

Anhand der Indexwerte für BSP, Industrie, Getreide und Maschinenimporte sollen zunächst einige gesamtwirtschaftliche Trends und Zusammenhänge dargestellt werden.

Schaubild 17: Indikatoren des Wirtschaftswachstums 1949 - 76 (Indexwerte)
1957 = 1oo

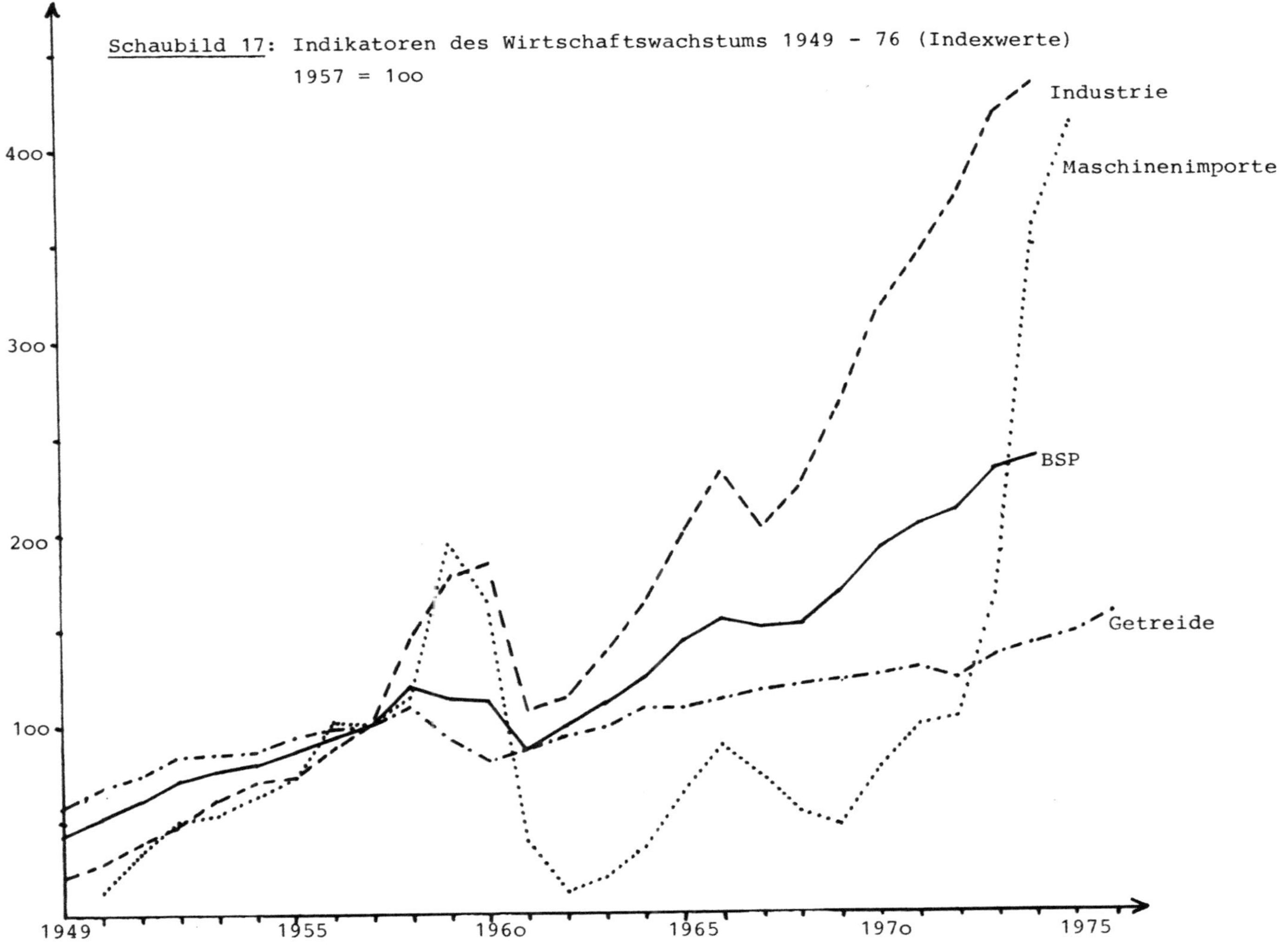

Das Schaubild zeigt für den zentralen Indikator BSP deutliche Fluktuationen Ende der 5oer Jahre, Mitte der 6oer Jahre und weniger deutlich Anfang der 7oer Jahre. Ausgeprägter sind diese Fluktuationen beim Wachstum der Industrieproduktion und beim Import, während die Kurve der Getreideproduktion nur bis zum Beginn der 6oer Jahre eine starke Synchronität mit der BSP-Kurve aufweist. Letzteres deutet darauf hin, daß im Zuge der industriellen Entwicklung die gesamtwirtschaftlichen Fluktuationen in Abhängigkeit von der Agrarproduktion immer geringer werden, und bereits 1967 und noch deutlicher 1972 Rückgang oder Wachstum der Industrie die Entwicklung des BSP stärker beeinflußt als die Landwirtschaft. Eine Begründung der offensichtlichen Fluktuationen des BSP durch schlechte Ernten erscheint deshalb nur bis etwa 196o/61 stichhaltig.

Aus der Präsentation der <u>absoluten</u> Werte kann bereits folgendes entnommen werden: Das gesamtwirtschaftliche und insbesondere das industrielle Wachstum ist erheblichen Schwankungen unterworfen, die sich zeitweise nicht nur in sinkenden Wachstumsraten, sondern sogar in Negativwachstum äußern. Der Umfang des Imports von Maschinen und Ausrüstungen scheint sehr empfindlich auf diese Fluktuationen zu reagieren. Es scheint mithin gerechtfertigt, diese Importe als Indikator für Investitionszyklen zu verwenden. Da die genaue technologische Zusammensetzung der jeweiligen Importe bekannt ist, können sehr differenzierte Aussagen über den chinesischen Industrialisierungsprozeß gemacht werden. Der Import bietet sozusagen ein Spiegelbild des jeweiligen Industrialisierungsstadiums in China.

Besser als die absoluten Werte dokumentieren allerdings die <u>jährlichen Wachstumsraten</u> mögliche Fluktuationen (vgl. Tabelle 1o7).

Zunächst sollen die jährlichen Wachstumsraten für die gesamte Industrie, die Produktionsgüterindustrie und den Maschinenbau gesondert betrachtet werden (vgl. Schaubild 18).

Tabelle 1o7: Jährliche Raten des Wirtschaftswachstums 195o - 1976 (auf der Basis von Indexwerten)[1]

	BSP	Brutto-anlage-investi-tionen	Bauin-vesti-tionen	Getrei-de[a]	Indu-strie (I)	Indu-strie (II)	Indu-strie (III)	Produk-tions-güter	Konsum-güter	Maschi-nenbau	Import Maschinen u.Produk-tionsan-lagen
195o	2o,9		57,1	16,5	35,o		33,3	5o,o	28,6	75,o	
1951	15,3		1oo,o	8,9	4o,7		41,7	42,9	33,3	71,4	166,4
1952	18,3		68,2	14,1	26,3		29,4	3o,o	25,o	37,5	53,2
1953	7,o	41,o	43,2	1,7	27,1		29,5	3o,8	21,7	51,5	8,2
1954	5,3	21,8	32,1	1,8	14,8		1o,5	21,6	12,3	2o,o	17,3
1955	8,8	1o,4	1o,o	8,4	4,3		6,1	6,5	- 1,2	3,3	14,7
1956	8,o	47,3	31,3	4,8	2o,5		28,6	33,3	16,o	45,2	41,7
1957	6,4	- 8,3	-12,o	1,2	13,6		11,1	19,o	6,4	11,1	- 2,6
1958	2o,o	72,o	76,o	1o,5	45,o		67,o	66,o	17,o	75,o	15,o
1959	- 5,o	2o,9	1o,8	-15,7	15,2		38,9	27,7	12,o	38,3	69,7
196o	- o,9	- 4,3	-1o,3	-12,8	4,o			11,8	-13,o	13,2	-15,9
1961	-23,o	-58,3	-3o,9	7,9	-41,3			-45,6	-29,8	-57,7	-75,8
1962	13,8	-45,8	- 7,4	7,5	5,6			7,o	3,8	2o,7	-68,3
1963	11,1	24,4	25,o	5,1	2o,2			14,5	31,3	27,1	55,6
1964	12,7	42,9	15,7	9,3	19,o			15,8	23,9	19,7	81,o
1965	15,3	33,8	23,5	o,o	22,1	22,1	19,6	15,8	35,6	23,5	83,1
1966	7,8		1o,5	4,3	16,1	22,1	2o,5	17,9	12,o	24,o	38,o
1967	- 2,6		-18,1	4,5	-12,6			-17,2	- 4,9	-16,3	-16,4
1968	o,7		18,2	1,8	9,9			1o,1	9,7	7,o	-27,7
1969	1o,6		1o,7	1,3	19,4	3o,4	31,5	26,8	8,9	55,8	-12,6
197o	13,8		3,4	2,6	18,1	21,6	22,8	19,4	16,3	25,9	64,4
1971	6,3		7,3	2,9	9,o	1o,8	14,6	14,5	- o,4	12,6	27,8
1972	4,o		14,7	- 4,o	8,8	9,2	8,5	8,4	8,9	5,o	3,o
1973	1o,o		6,4	9,3	12,1	11,3	1o,o	11,7	12,9	11,4	64,4
1974	2,6		3,8	4,8	3,8	6,o	4,9		2,7		113,4
1975				3,6		9,6				12-14[2]	14,4
1976				7,3							

1) Berechnet nach Tabelle 1o6.
2) Far Eastern Economic Review vom 1.1o.1976, S.47.

a) Leichte Abweichungen gegenüber Tabelle 76.

Schaubild 18: Jährliche Wachstumsrate der gesamten Industrie, Produktionsgüterindustrie und Maschinenbau

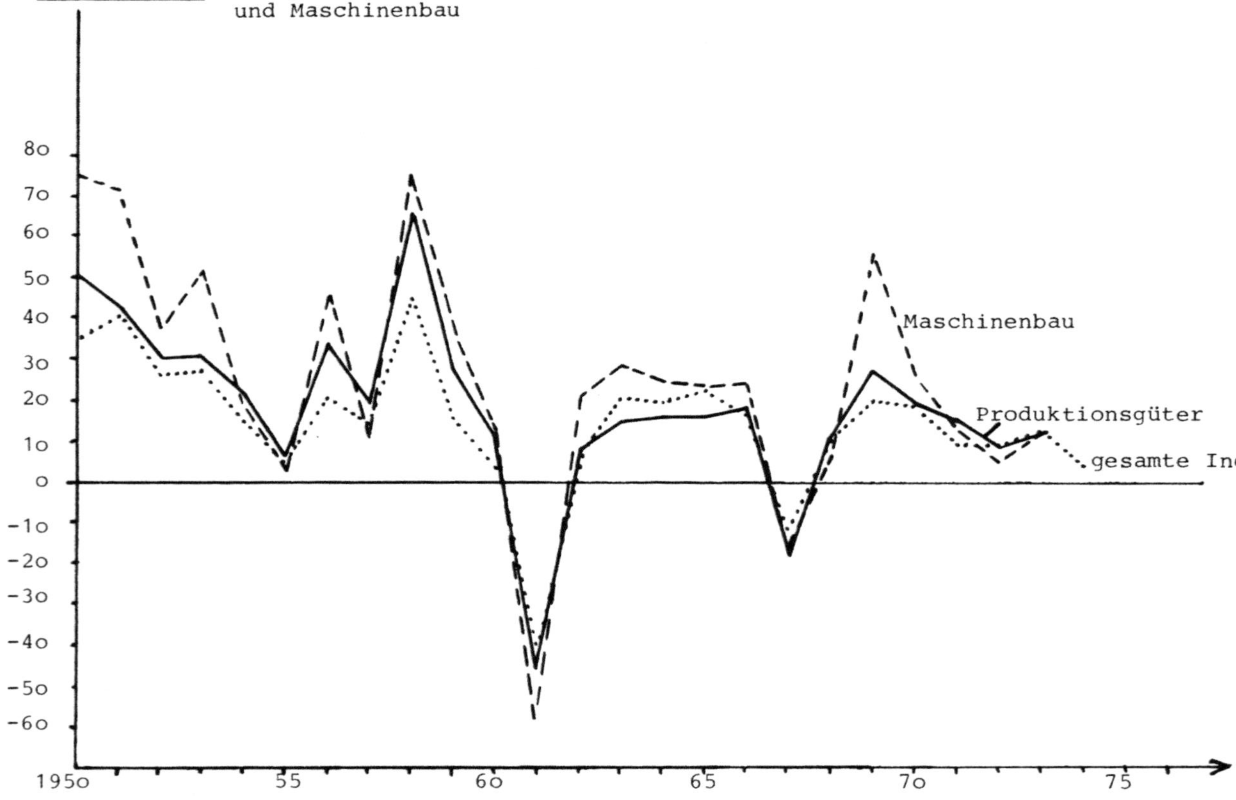

Die anhand der absoluten Werte schon erkennbare Tendenz wird durch die jährlichen Wachstumsraten noch deutlicher und läßt unbestreitbar Fluktuationen erkennen, die den Charakter von Zyklen aufweisen. Bis 1955 sinken die Wachstumsraten der gesamten Industrie, unterbrochen von einem kürzeren Aufschwung, von 35 auf 4,3 Prozent jährlich, steigen 1958 bis auf 45 Prozent, um dann 1961 bis auf -41,3 Prozent zu fallen. Danach folgt bis 1965 ein neuer Aufschwung bis auf 22,1 Prozent, der bis 1967 von einem enormen Abschwung abgelöst wird. Der nächste Aufschwung erreicht 1969 seinen Gipfel. Der folgende Abschwung fällt geringer aus und erreicht erst 1974 seinen Tiefpunkt. 1975 setzt möglicherweise ein neuer Aufschwung ein. Die Kurven für die Produktionsgüterindustrie und den Maschinenbau bestätigen diese Tendenzen, reagieren bei den Hochs und Tiefs aber viel ausgeprägter als die gesamte Industrie, was darauf hindeutet, daß die Schwerindustrie und insbesondere der Maschinenbau besonders sensibel auf diese Zyklen reagieren.

Vergleicht man den Verlauf der Kurven von Produktions- und Konsumgüterindustrie, wird dieser Eindruck bestärkt (vgl. Schaubild 19).

Die Schwankungen der Konsumgüterindustrie sind zwar auch erheblich, aber weniger ausgeprägt als bei der Produktionsgüterindustrie. Auffällig ist, daß in bestimmten Phasen, nämlich 195o - 196o und 1968 - 197o die Wachstumsraten der Schwerindustrie und 1961 - 1965 und 1972 - 1973 die Wachstumsraten der Leichtindustrie höher liegen. Auf diesen sektoralen Wechsel in der Höhe der jährlichen Wachstumsraten soll später noch eingegangen werden.

Schaubild 19: Jährliche Wachstumsraten von Produktionsgüter- und Konsumgüterindustrie 195o - 1974

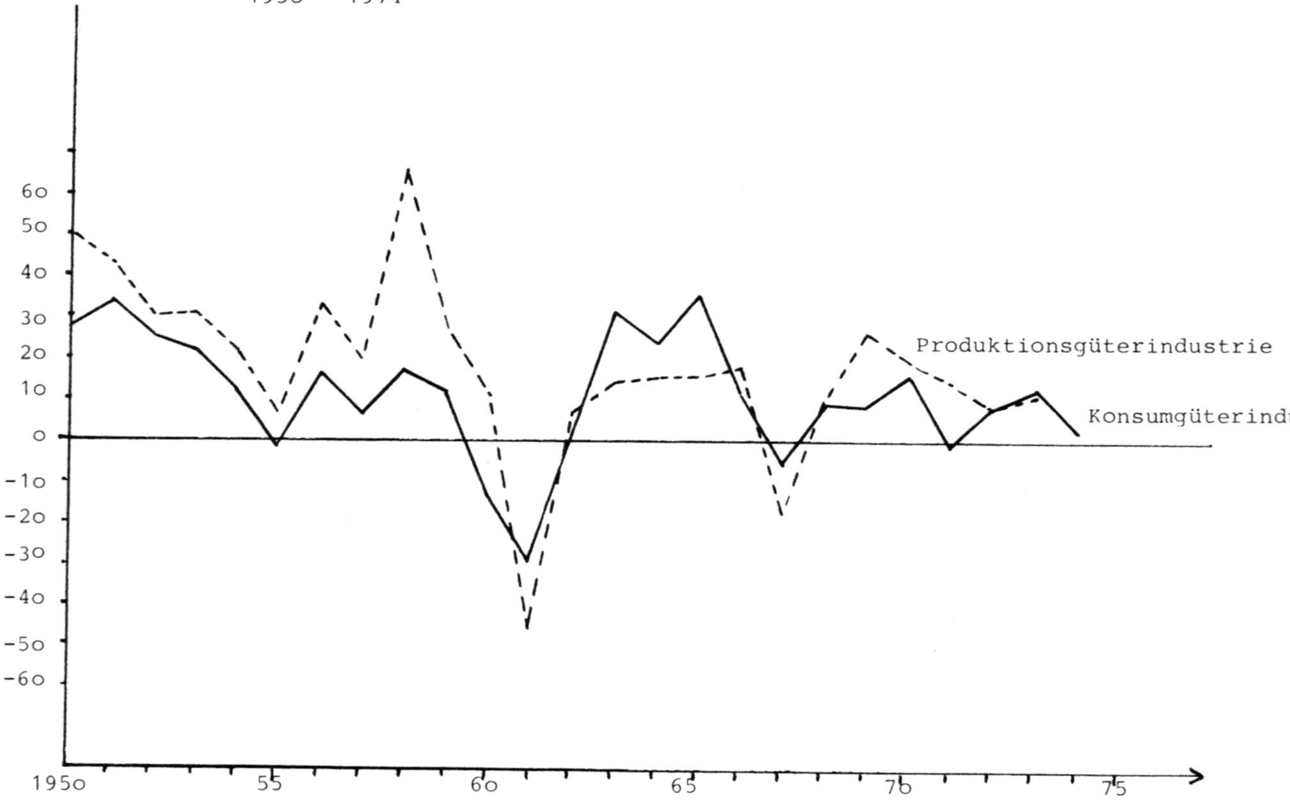

Nimmt man die Fluktuationen, wie sie sich anhand der Schaubilder 18 und 19 darstellen, ließe sich auf den ersten Blick folgende Einteilung vornehmen:

195o - 1955	Abschwung
1956 - 1961	1. Zyklus
1962 - 1967	2. Zyklus
1968 - 1972 bzw. 1974	3. Zyklus

Soweit in der Literatur überhaupt auf Fluktuationen der chinesischen Industrialisierung hingewiesen wird, orientiert man sich in etwa an diesem Schema. Mir erscheint eine solche Periodisierung allerdings unbefriedigend, da sie exogene und endogene Faktoren miteinander vermengt. Zeitpunkt wie Ausprägung der starken Einbrüche von 1961 und 1967 sind nämlich in erheblichem Maße durch externe außerökonomische Faktoren beeinflußt. Dazu gehören im ersten Fall die schlechten Ernten ab 1959, die die Kurve der Konsumgüterindustrie infolge des Rückgangs der Nahrungsmittel- und Textilrohstoffe schon 196o ins Minus bringt, und der Abzug der sowjetischen Techniker im Juli 196o sowie die sich daran anschließende Reduzierung der sowjetischen Kapitalgüterlieferungen, was zu einem weitgehenden Stop für den Ausbau der Schwerindustrie und zu erheblichen Unterbrechungen der laufenden Produktion führt. Folglich stürzt die Kurve der Schwerindustrie 1961 tief ins Minus.

1967 und in geringerem Maße 1968 führen die politischen Auseinandersetzungen der Kulturrevolution zu erheblichen Produktionsausfällen, die einen ähnlichen, wenn auch nicht so starken Einbruch wie 1961 hervorrufen. Hier soll die These vertreten werden, daß der Rückgang der Wachstumsraten 196o und 1961 zwar normal war und auch endogen zu erklären ist, die Schärfe dieses Rückgangs allerdings durch die genannten externen Faktoren bedingt war, während der Einbruch 1967 in Zeitpunkt und Ausprägung rein durch externe Faktoren hervorgerufen wurde und aufgrund endogener Faktoren nicht hätte stattfinden dürfen. Als normal soll demgegenüber die Entwicklung bis 1958 und die Entwicklung ab 1969 angesehen werden.

Um deutlicher zu machen, worauf eine solche Argumentation hinausläuft, muß noch eine gesonderte Darstellung der jährlichen Wachstumsraten der Bauinvestitionen und der Maschinen- und Anlagenimporte angeschlossen werden.

Auf den ersten Blick weist Schaubild 2o, das eher die Investitionszyklen[224] wiedergibt, große Ähnlichkeit mit den Schaubildern 18 und 19 auf, die die Produktionszyklen dokumentieren. Zwar nicht völlig synchron, aber doch mit zeitlich verschobener Übereinstimmung weisen beide Kurven 4 Zyklen auf, wobei allerdings der Einbruch 1967, dessen Berücksichtigung 5 Zyklen ergäbe, aufgrund der genannten externen Ursachen unberücksichtigt bleiben soll.

Bei den Kapitalgüterimporten setzt der erste Aufschwung 1954 ein, der zweite 1958, der dritte 1963 und der vierte ohne den Einbruch in der Kulturrevolution 1972. Eine ähnliche Tendenz ließ sich bereits aus den absoluten Werten in Schaubild 17 entnehmen. Bei den Bauinvestitionen sind die Ausschläge weniger spektakulär, verlaufen aber in etwa parallel. Bringt man diese Zeitspannen in Korrespondenz mit den realen, nicht den formalen Abläufen der bislang fünf Fünfjahrespläne, ergeben sich frappante Übereinstimmungen.

Die Schilderung über die Ingangsetzung des 1. Fünfjahresplans (1953 - 1957) in Teil II, 1 und III, 2.1 hatte ergeben, daß erst seit dem Jahre 1955 von einer die gesamte Wirtschaft erfassende Aufnahme geplanter Investitions- und Produktionstätigkeit gesprochen werden kann, zumal die seit 1951 nennenswert einsetzenden Importe sowjetischer Kapitalgüter (vgl. Tabelle 66) Ende 1953 noch nicht zur Fertigstellung eines einzigen der von der Sowjetunion errichteten Industrieprojekte geführt hatte (vgl. Tabelle 64). Die anfänglich hohen Wachstumsraten bei Produktion und Investition sind demnach weitgehend mit der Reparatur und Wiederinbetriebnahme der aus der vorrevolutionären Zeit vorhandenen Industrien zu erklären.

Schaubild 2o: Jährliche Wachstumsraten der Bauinvestitionen und Importe von Ausrüstungsgütern 195o - 1975

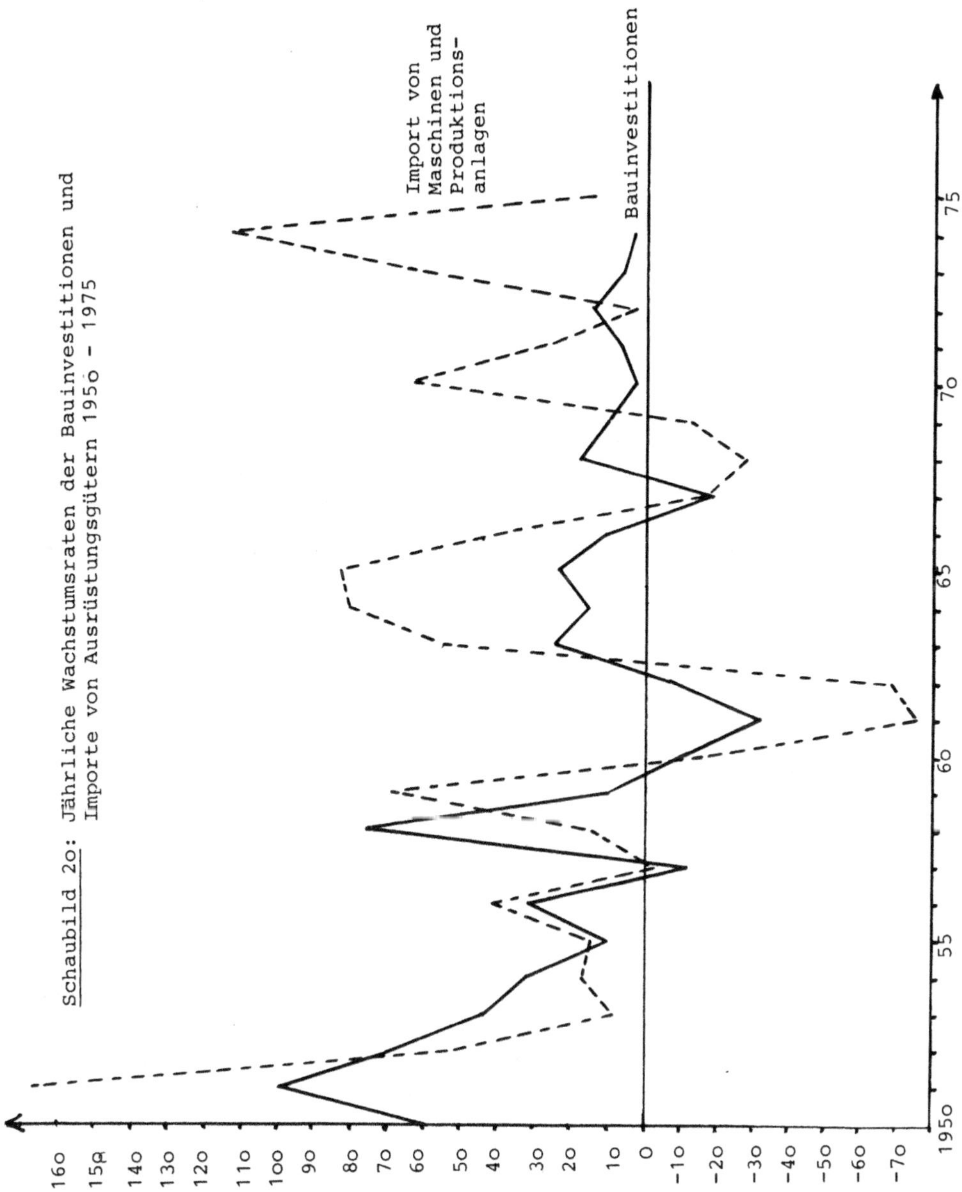

Mit zunehmender Kapazitätsauslastung ist ein Rückgang der Wachstumsraten bis 1955 nur natürlich (vgl. Schaubilder 18 - 2o). Erst 1956, nachdem die ersten neuen Industrieprojekte im Rahmen des 1. Fünfjahresplans die Produktion aufgenommen haben, und das Einsetzen der effektiven Planung und Kontrolle über die gesamte Industrie die Investitionen ansteigen läßt, steigen auch die Wachstumsraten wieder an. Der sich sofort anschließende Rückgang im Jahre 1957 fällt mit dem Ende des 1. Fünfjahresplans zusammen und ist möglicherweise Resultat der beschriebenen gemäßigten Akkumulationspolitik des Jahres 1956.

Der Beginn des 2. Fünfjahresplans (1958 - 1962) läßt die Investitionen und Wachstumsraten wieder anschwellen und führt, da im Zuge der maoistischen Intervention die gemäßigte Politik des Jahres 1956 bis ins Extrem geändert wird, zu den bislang exorbitantesten Wachstumsraten in der Geschichte der chinesischen Industrialisierung. Allerdings wären die Wachstumsraten, insbesondere im Bereich der Schwerindustrie, auch ohne die Sprungpolitik stark angestiegen, da 1958/59 viele der sowjetischen Industrieprojekte fertiggestellt wurden[225]. Die Fluktuation der <u>Investitionsrate</u>[226] im genannten Zeitraum spricht für sich. Sie steigt 1956 von 15 auf 19 Prozent, fällt 1957 auf 16,7 Prozent, um dann 1958 und 1959 wieder auf 24,6 bzw. sogar 26,2 Prozent zu steigen. Aber bereits 196o sind diese enormen Steigerungen nicht mehr durchzuhalten, so daß, auch ohne Mißernten und Abzug der sowjetischen Hilfe ein Rückgang, nicht notwendig ein Negativwachstum, 1961 die Folge ist. Die durch den sowjetischen Abzug verursachte Unterbrechung der Investitionsprojekte des 2. Fünfjahresplans führt dazu, daß ihre Fertigstellung nicht wie vorgesehen im Jahre 1962, sondern erst 1964/65 in etwa abgeschlossen werden kann, soweit das überhaupt möglich war. Ende 1961 wurde sogar beschlossen, alle weiteren Neuinvestitionen zu stoppen[227]. Konsequenterweise verzögert sich der Beginn des 3. Fünfjahresplans (1966 - 197o) um drei Jahre.

In der Tat setzt ab 1964, nachdem der Einbruch im Anschluß an den Großen Sprung überwunden ist, bei den Investitionen und bei der Industrieproduktion ein dritter leichter Aufschwung der Wachstumsraten ein, der allerdings erneut durch externe Faktoren, Produktionsausfälle im Zuge der Kulturrevolution,unterbrochen wird. Der Gipfel der Wachstumsraten während des 3. Fünfjahresplans wird deshalb erst verspätet 1969 erreicht und der Abschwung verzögert sich entsprechend bis 1971/72. Der Einbruch der Wachstumsraten 1967 hat also nichts mit dem Zyklus zu tun. Lediglich die Kurve der Bauinvestitionen (Schaubild 2o) weist den normalen Tiefpunkt im Jahre 197o auf, um dann mit Beginn des 4. Fünfjahresplans 1971 wieder anzusteigen.

Die genaue Entwicklung bis 1975 (Ende des 4. Fünfjahresplans) ist aufgrund der unvollständigen Daten nicht eindeutig zu bestimmen. Zumindest die Wachstumsraten der Konsumgüterindustrie und der Bauinvestitionen lassen aber auch für den 4. Fünfjahresplan den Auf- und Abschwung erkennen.

Konfrontiert man diese Zyklen, gereinigt um ihre externen Einflüsse, mit den Wachstumsraten der Kapitalgüterimporte (Schaubild 2o), wird die bisherige Darstellung bestätigt. Der Torso des 1. Fünfjahresplans (1955 - 1957) und der hoffnungsvolle Beginn des 2. Fünfjahresplans (1958 - 1959) werden von entsprechenden Auf- und Abschwüngen in der Zunahme der Importe begleitet. Das gleiche gilt für den Beginn des 3. und 4. Fünfjahresplans,wobei die Kulturrevolution sicherlich auch Einfluß auf den Außenhandel genommen hat. Daß diese Aufschwünge, ebenso wie der bislang letzte 1973/74, dem Beginn der jeweiligen Pläne vorangehen, deutet darauf hin, daß im Zuge der Planfeststellung die zugehörigen Importe bereits vor dem offiziellen Beginn des jeweiligen Plans einsetzen. Aufgrund der Hinweise, die der letzte dokumentierte Zyklus der Kapitalgüterindustrie bietet, ist demnach zu vermuten, daß für die Phase des 5. Fünfjahresplans (1976 - 198o) eine ähnliche Fluktuation zu erwarten ist.

Ein von externen Störfaktoren gereinigtes Gesamtbild wurde demnach folgendes Ausehen haben:

1949 - 1955	Wiederherstellung der Vorkriegsproduktion mit abnehmenden Wachstumsraten
1956 - 1957	1. Zyklus. Dieser Zyklus deckt sich mit dem Rumpf des 1. Fünfjahresplans (der offizielle Beginn im Jahre 1953 verzögerte sich wie beschrieben).
1958 - 1964	2. Zyklus. Dieser Zyklus wird durch Mißernten und den Abzug der sowjetischen Hilfe unprogrammgemäß verlängert. Die Erreichung der Ziele des 2. Fünfjahresplans verzögert sich entsprechend.
1965 - 197o/71	3. Zyklus. Die Kulturrevolution führt zu einer leichten Verzögerung des 3. Fünfjahresplans.
1971/72 - 1974	4. Zyklus. Dieser Zyklus ist identisch mit dem 4. Fünfjahresplan.
ab 1975	5. Zyklus.

Auch wenn die Parallelität der Zyklen mit den Fünfjahresplänen bereits die Richtung möglicher Interpretationen für die Gründe der Fluktuationen angibt, stellt sich die Frage, worin denn, unter Ausschaltung der externen Einflüsse, genau die endogenen Faktoren bestehen, die diese Fluktuationen hervorrufen.

Soweit die diesbezügliche Literatur dazu Aussagen enthält, werden drei Begründungszusammenhänge geliefert. Die Position von Chen[228] und Klatt[229] läuft darauf hinaus, daß im wesentlichen institutionelle und politische Faktoren für die Fluktuationen verantwortlich gemacht werden. Diese Autoren sprechen folglich auch nicht von Zyklen. Ihre Argumentation bezieht sich auch nur auf die beiden ersten Einbrüche nach dem Großen Sprung und während der Kulturrevolution, die als Folge wirtschaftspolitischer Fehler und innenpolitischer Auseinandersetzungen interpretiert werden. Diese Faktoren spielen zwar unbestritten eine Rolle, da sie aber externer Natur sind, können sie kaum als Erklärung für endogen hervorgerufene Schwankungen in Betracht kommen, da diese ja auch auftreten, wenn keine entsprechenden externen Ursachen vorliegen.

Eckstein[230] spricht bereits von Zyklen und versucht diese durch das Aufeinanderwirken von Erntezyklen und Zyklen politischer Mobilisierung zu begründen. Seine Grundthese lautet, daß die Fluktuationen aus der Konfrontation der angestrebten Entwicklungsziele mit der wirtschaftlichen Rückständigkeit resultieren. Der Beginn jedes Zyklus wird durch eine gute Ernte hervorgerufen, die ein Ansteigen der Investitionsraten zuläßt und Raum gibt für politisch bestimmte Mobilisierungskampagnen, für die die Kollektivierung oder der Große Sprung als Beispiele genannt werden. Da die Akkumulationsrate nicht beliebig zu steigern ist, muß sie an eine ökonomisch bedingte Grenze stoßen. Gleichzeitig läuft die politische Mobilisierung unter Vernachlässigung der Landwirtschaft weiter, so daß in der Folge Stagnation oder Rückgang der Agrarproduktion mit Zeitverzögerung auf die Industrie durchschlagen.Die Akkumulationsrate und die Mobilisierung müssen reduziert werden, bis eine Erholung der Landwirtschaft eine neue Welle zuläßt. Entsprechend den Ernteergebnissen beobachtet Eckstein bis 1965 5 - 6 kurze Zyklen, die er mit "politischen Zyklen" zu vereinbaren sucht.

Eine Variante dieses Ansatzes liefert Rawski[231], der ebenfalls eine Abhängigkeit der gesamtwirtschaftlichen Wachstumsraten von der Agrarentwicklung feststellt, aber einräumt, daß diese heute viel geringer als in den 5oer Jahren sei. Richtig ist an diesem Ansatz, daß zumindest bis zum Ende der 5oer Jahre infolge der starken agrarischen Prägung der Gesamtwirtschaft eine entsprechende Abhängigkeit der Wachstumsraten festzustellen ist. Richtig ist auch, daß die ungeheure Mobilisierung während des Großen Sprungs und das Anschwellen des Investitions- und Produktionsvolumen 1958 vor dem Hintergrund der sehr guten 58er Ernte eher möglich war. Als alleiniges Argument scheint mir der Ernteansatz allerdings zu schwach, zumal etwa 1964 oder 1972, beides Jahre mäßiger bis schlechter Ernten, der von Eckstein prognostizierte Effekt nicht eintritt.

Ishikawa[232] bietet einen theoretisch umfassenderen Erklärungsversuch. Er unterscheidet drei dynamische Faktoren innerhalb des Industrialisierungsprozesses, nämlich die Akkumulationsrate, den technologischen Fortschritt und die menschliche Initiative, und drei restriktive Faktoren, das Nahrungs- und Agrarproblem, das Un- und Unterbeschäftigungsproblem sowie das Außenhandelsproblem. Die zu beobachtenden Wachstumszyklen sind durch das Zusammenwirken dieser 6 Faktoren bestimmt, wobei die Agrarkapazität (und damit die Importkapazität) und das Beschäftigungsvolumen die Bandbreite der industriellen Wachstumsraten bilden.

Die hier angesprochenen Faktoren sind sicher alle von Bedeutung, nur bleibt ihre systematische Verknüpfung bei Ishikawa unbefriedigend. Eine allgemein akzeptierte und systematische Theorie der Investitions- und Wachstumszyklen sozialistischer Ökonomien scheint allerdings noch nicht zu existieren. Unbestritten ist lediglich unter bürgerlichen wie marxistischen Autoren das Phänomen als solches, das inzwischen bei einer Reihe von sozialistischen Ländern, darunter für die Sowjetunion, Polen, Jugoslawien und die CSSR empirisch nachgewiesen wurde. Die jugoslawischen Autoren Čobeljić und Stojanović fassen diese Diskussion zusammen und unterscheiden drei Argumentationsrichtungen[233]:
1) Die Fluktuation der Wachstumsraten, insbesondere zwischen den beiden Abteilungen, ist eine notwendige Vorbedingung für langfristige Konsummaximierung und Produktivitätssteigerung. Die Zyklen sind das Resultat vielfältiger Einzelinvestitionen und des daraus folgenden steigenden Konsums. Das bedeutet, daß das phasenweise ungleichgewichtige Wachstum der Produktions- und Konsumgüterbranchen die Schwankungen der gesamtwirtschaftlichen Wachstumsraten hervorruft.
2) Die zweite Gruppe von Autoren insistiert darauf, daß der geplanten Wirtschaft quasi das Bestreben immanent sei, Überinvestitionen und extreme Wachstumsraten hervorzubringen, die dann jeweils ein den Kapazitäten der Wirtschaft angemessenes Niveau überschreiten und entsprechend reduziert werden müssen. Das sei so, weil in geplanten Wirtschaften, die nicht dem aktuellen und permanenten Verwertungszwang auf dem Markt unterworfen sind, die zukünftigen Bedürfnisse immer Vorrang vor den aktuellen genießen. Es wird also laufend Konsumverzicht in Aussicht auf

späteres Wohlergehen verlangt, um maximale Wachstumsraten zu erzielen, die die Kapazitäten der Wirtschaft aber immer wieder überfordern.
3) Bei der dritten Argumentation steht das Wesen des technologischen Fortschritts im Mittelpunkt. Technologischer Fortschritt ist immer ungleichmäßig. Die Umsetzung neuer Technologien in Produktion erforert jeweils besonders hohe Investitionsanstrengungen, die sich in entsprechenden Zyklen äußern und entsprechend unterschiedliche Wachstumsraten der Produktion hervorrufen.

Allen Argumentationen ist gemeinsam, daß, wie auch immer begründet, temporäre kapazitätsmäßige Ungleichgewichte zwischen einzelnen Branchen und Sektoren auftreten, die jeweils die Herstellung neuer Gleichgewichte verlangen. Das heißt, die Zyklen sind nicht wie in kapitalistischen Ökonomien das Resultat von Überproduktionskrisen, da ein Verwertungszwang über den Markt nicht besteht, sondern das Resultat von Disproportionalitäten zwischen den Branchen, die notwendig mit dem Prozeß der erweiterten Reproduktion verbunden sind. Insofern kann es, wenn keine zusätzlichen externen Einflüsse auftreten, auch nicht zu Negativwachstum, sondern nur zu Phasen verlangsamten Wachstums kommen. Soweit in China echte Produktionsrückgänge zu verzeichnen waren, müssen sie auf die genannten externen Faktoren zurückgeführt werden.

Soweit das spärliche präsentierte Material überhaupt die Formulierung einer Zyklentheorie für China zuläßt, kann folgende tentative Erklärung gegeben werden. Zentrales Argument ist das offensichtliche Auftreten von Disproportionalitäten zu Beginn jedes Zyklus, die gegen Ende des Zyklus nivelliert werden. Diese Disproportionalitäten, ausgedrückt in unterschiedlichen Wachstumsraten, sind feststellbar zwischen der Produktionsgüter- und der Konsumgüterindustrie als ganzer wie innerhalb der beiden Abteilungen zwischen einzelnen Branchen. Schaubild 18 hatte gezeigt, wie das Wachstum des Maschinenbaus jeweils deutlich über dem Wachstum der gesamten Produktionsgüter liegt. Die Analyse der Sprung-Phase in Teil II hatte gezeigt, welche Disproportionalitäten sogar zwischen verwandten bzw. im Produktionsprozeß nachgelagerten Verarbeitungsstufen (vgl. Schaubild 13) aufgetreten waren. Insofern kann der Wachstumszyklus, der mit dem Großen Sprung zusammenfiel, als exemplarisch für auftretende Ungleichgewichte in der Aufschwungphase angesehen werden. Die forcierte Konzentration auf einige Bereiche der Montanindustrie, Kohle, Eisen und Stahl sowie auf den Maschinenbau mußte notwendig zu Überproduktion auf der Inputseite und Überkapazitäten auf der Outputseite führen, die nur durch eine rapide Drosselung der Wachstumsraten wieder abgebaut werden konnten.

Schaubild 19, in dem die Wachstumsraten von Abteilung I und II konfrontiert wurden, hatte zudem gezeigt, daß neben den unterschiedlichen Wachstumsraten beider Abteilungen während eines Zyklus auch im Vergleich mehrerer Zyklen beide Abteilungen in unterschiedlichem Maße wachsen. Während der ersten beiden Zyklen liegen die Wachstumsraten von Abteilung I deutlich höher, im dritten Zyklus wächst Abteilung II schneller, im vierten wieder Abteilung I und, soweit erkennbar, im fünften wieder Abteilung II. Entweder bedeutet das, daß forciertes Wachstum der Produktionsgüterindustrie automatisch ein forciertes Wachstum der Konsumgüterindustrie nach sich zieht, oder der mit dem überproportionalen Wachstum der Produktionsgüterindustrien verbundene Konsumverzicht muß phasenweise schon aus politischen Gründen kompensiert werden.

Schaubild 2o hatte schließlich gezeigt, daß zu Beginn eines Zyklus die Bauinvestitionen erheblich ansteigen und gleichzeitig bzw. sogar vorgelagert auch die Kapitalgüterimporte erheblich zunehmen. Beides deutet darauf hin, daß parallel oder vorgelagert zu den Produktionszyklen Investitionszyklen auftreten, die sich in der Ab- und Zunahme der Investitionsrate ausdrücken. Das hieße, zu Beginn eines Fünfjahresplans werden gleichzeitig viele neue Industrieprojekte wie zum Beispiel die 694 Übernormprojekte des 1. Fünfjahresplans begonnen. Entsprechende Hinweise lassen sich auch für den Beginn des 3. und 5. Fünfjahresplans finden. Das führt dazu, daß die Investitionsrate stark ansteigt. Hinweise gibt der Chao-Index (Tabelle 1o6) für die Jahre 1956, 1958 und 1963/64. Entsprechendes gilt für die Importe von Kapitalgütern, deren Anteil am Gesamtimport in bestimmten Phasen ebenfalls stark ansteigt. Steigende Investitionsraten bedeuten naturgemäß, daß der Output der Branchen, die diese Investitionsgüter herstellen, in gleichem Maße überproportional ansteigt. Die Abteilung I wächst schneller als die Abteilung II und, entsprechend den anvisierten Investitionsprojekten, wachsen einzelne Branchen innerhalb der Abteilung I, wie etwa der Maschinenbau, schneller als die gesamte Abteilung. Da die Investitionsrate aber nicht beliebig gesteigert werden kann, wird hier alsbald eine Drosselung eintreten, die zu langsamerem Wachstum derjenigen Branchen führt, die Produktionsmittel herstellen.

Gleichzeitig führt die zeitlich abweichende Fertigstellung der neuen Investitionsprojekte dazu, daß Kapazitäten entstehen, die evtl. nicht sofort auslastbar sind bzw. Überproduktion hervorrufen, die nicht sofort verwendbar ist. Um Bedarf und Kapazitäten in ein Gleichgewicht zu bringen, werden die Investitionsraten reduziert, und der Output der Investitionsgüterbranchen gedrosselt. Der Zyklus nähert sich seinem Ende, die Wachstumsraten gleichen sich wieder an und ein neues Gleichgewicht auf höherem Niveau ist erreicht.

Da es sich aber nicht um Überproduktionskrisen nach kapitalistischem Muster handelt, die durch Realisierungsschwierigkeiten auf dem Markt entstehen, und die Betriebe auch nicht qua unterschiedlicher Produktivität miteinander konkurrieren, wird das Gleichgewicht nicht über Kapitalvernichtung und Produktionsrückgänge hergestellt. Als Reinigungsmechanismus genügt vielmehr die zeitweise Unterauslastung der Kapazitäten, was sich in verlangsamten Wachstumsraten ausdrückt. Soweit, wie 1961/62 und 1967 geschehen, echtes Negativwachstum auftritt, müssen zu den endogenen exogene Faktoren hinzugetreten sein, es sei denn, die Disproportionalitäten waren so kraß, daß nur Stillegung bzw. Schließung von Betrieben eine Lösung bietet, wie tatsächlich im Anschluß an den Großen Sprung in erheblichem Umfang geschehen. Der Große Sprung nach vorn bietet insofern das klassische Beispiel eines sozialistischen Akkumulationszyklus mit anschließender tiefgreifender Disproportionalitätskrise.

Offenbar ist diese endogene Problematik den chinesischen Planern aber bewußt geworden, wie die Diskussionen im Anschluß an Ma Yin-chu um das gleichgewichtige Wachstum gezeigt haben. Im Zuge der seit den 60er Jahren verfolgten Strategie gleichgewichtigen Wachstums sind die Unterschiede der Wachstumsraten einzelner Branchen im Verlauf der weiteren Zyklen auch wesentlich geringer geworden. Hierbei mag auch eine Rolle spielen, daß die industrielle Basis im Laufe der Zeit immer breiter wird, so daß sich neue Investitionsschübe in geringer werdenden Schwankungen des Gesamtwachstums ausdrücken.

Was die Dauer der Zyklen betrifft, so scheint es offensichtlich, daß unter "normalen", von externen Störungen freien Bedingungen Fünfjahrespläne und Zyklen zusammenfallen. Das wiederum deutet darauf hin, daß die Fluktuationen gar so naturwüchsig und automatisch nicht auftreten, sondern durch planerische Entscheidungen mitgeprägt werden. Soweit die genannten externen Einflüsse die Erfüllung eines Fünfjahresplans verzögerten, verzögerte sich der neue Aufschwung entsprechend.

Ein zusätzlicher Faktor, der im folgenden Kapitel behandelt werden soll, könnte darin zu suchen sein, daß bestimmte Stadien der Industrialisierung oder ein Wechsel des Akkumulationsmodells die massenhafte Einführung neuer Technologien und entsprechender Branchen bedeuten und besonders hohe Investitionen verlangen, wobei die Etablierung der neuen Industrien sich über Zeiträume erstreckt, die die normalen Zyklen überdauern. Entsprechend der Gründung neuer Branchen, der Dauer, bis sie die Produktion aufnehmen, und der dann schlagartig steigenden Kapazitäten können die Fluktuationen mancher Zyklen über das normale Maß hinausgehen. Die durch den normalen Akkumulationsprozeß bedingten Zyklen werden überlagert von Phasen technologischen Wandels, der die Stadien des Industrialisierungsprozesses prägt. In China lassen sich bislang drei solcher Stadien feststellen.

2.2.2. Die Stadien der Industrialisierung

Die Logik der Industrialisierung nach kapitalistischem Muster nahm ihren Ausgang vom Markt und der Herstellung von Massenkonsumgütern. Nicht zufällig stand die Textilindustrie deshalb am Anfang der Industrialisierung. Auf die Textilindustrie folgten Maschinenbau und Montanindustrie. Im Zuge des technologischen Fortschritts und der Erschließung neuer Märkte und der Förderung marktfähiger Bedürfnisse wurden neue Zweige, die Automobilindustrie, die chemische Industrie und heute die Elektronikindustrie zu den dynamischen Branchen der industriellen Entwicklung.

In China ist ebenfalls eine Abfolge im forcierten Aufbau einzelner Branchen festzustellen, der aber eine andere Logik zugrunde liegt, die offenbar durch das Spannungsfeld der von der Sowjetunion entworfenen, sozialistischen Industrialisierungskonzeption und den spezifischen Erfordernissen der chinesischen Ökonomie geprägt ist. Insofern liefert die Analyse des realen Ablaufs der chinesischen Industrialisierung mehr noch als die Exegese entwicklungspolitischer Programmatik das Verständnis für das, was eigentlich den "chinesische Weg" charakterisiert.

Die <u>erste Welle</u> der Industrialisierung setzte etwa mit Beginn des 1. Fünfjahresplans ein und ist geprägt durch den forcierten Aufbau der <u>Montanindustrie</u> und bestimmte Zweige des <u>Maschinenbaus</u>. Diese Phase, die sich ursprünglich über den Zeitraum von drei Fünfjahresplänen, also bis 1967, erstrecken sollte, sollte nach sowjetischem Muster das Fundament zu einer allgemeinen Industrialisierung legen. Um dieses Ziel auf kürzestem Wege zu erreichen, hatte der aufzubauende Produktionsapparat in erster Linie seiner eigenen Erweiterung zu dienen, das heißt, der Maschinenbau z.B. hatte in erster Linie die Aufgabe, Produktionsmittel zur Erzeugung <u>weiterer</u> Produktionsmittel zu liefern.

Die bereits geschilderten Ereignisse, die seit 1956 die Akkumulationsschwierigkeiten dieses Konzepts offenbarten, gipfelten in dem Versuch, durch einen Großen Sprung nach vorn diese Phase rapide zu verkürzen. Die im Zuge der Sprungpolitik kraß hervortretenden Disproportionalitäten, Akkumulationsschwierigkeiten und der Konflikt mit der Sowjetunion zwangen zu einem abrupten Stop dieser Politik und einem radikalen Umdenken der chinesischen Planer. Die Erfüllung des 2. Fünfjahresplans, bereits für 1959 angekündigt, verzögerte sich bis 1965,und der in seiner ursprünglichen Konzeption angelegte 3. Fünfjahresplan sollte und konnte gar nicht mehr in Angriff genommen werden. Die Phase der Industrialisierung, die durch die Montanindustrie geprägt war, reduziert sich damit de facto auf 1 1/2 Fünfjahrespläne mit anschließender Konsolidierung und deckt sich weitgehend mit den beiden ersten Wachstumszyklen.

Die zweite Welle der chinesischen Industrialisierung beginnt etwa 1965[234] und dauert bis etwa 1975, deckt sich also mit dem 3. und 4. Fünfjahresplan. Geprägt wird dieses Stadium durch ein forciertes Wachstum der Ölindustrie, der Chemie und der Petrochemie, wobei insbesondere die Herstellung von Kunstdünger und Kunstfasern im Vordergrund steht, sowie anderer Zweige des Maschinenbaus. Bei letzterem steht im Gegensatz zur ersten Phase die Produktion von solchen Maschinen und Anlagen im Vordergrund, die unmittelbar der Landwirtschaft und der Konsumgüterindustrie dienen, also etwa Traktoren, Bewässerungsanlagen und Anlagen zur Herstellung von Kunstdünger. Das besondere Kennzeichen dieses Industrialisierungsstadiums ist, daß es weitgehend aus eigener Kraft bewältigt wurde. Die Lieferungen aus sozialistischen Ländern gingen fast vollständig zurück und Importe aus westlichen Ländern spielten nur eine vergleichsweise geringe Rolle. Neben dem weiteren Ausbau der modernen Großindustrie wird deshalb nicht zufällig seit etwa 1963 die reaktivierte dezentrale Kleinindustrie zu einem Pfeiler der weiteren Entwicklung für die agrarrelevanten Branchen. Eine nicht unerhebliche Rolle spielt in dieser Phase sicherlich auch der Aufbau einer eigenen Rüstungsindustrie in Reaktion auf die Unterbindung der sowjetischen Waffenlieferungen und die Verschärfung des chinesisch-sowjetischen Konflikts.

Mit Beginn des 5. Fünfjahresplans (1976 - 198o) soll und wird vermutlich eine dritte Industrialisierungsphase einsetzen, über deren

Ausmaß, Dauer und die sie tragenden Technologien nur vorläufige Aussagen zu machen sind. Der Plan sieht ein jährliches Wachstum der Industrie von 15 Prozent vor, was bis 198o eine Verdoppelung des Produktionsvolumens bedeuten würde[235]. Soweit die 1972 und 1973 rapide ansteigenden Importe kompletter Industrieanlagen aus dem OECD-Bereich, die etwa ab 1976 betriebsbereit sind, erkennen lassen, steht vor allem die Petrochemie und hier die Herstellung von Kunststoffen im Vordergrund. Weitere Schwerpunkte mögen die Elektronikindustrie[236] und die Stahlwerke der zweiten Generation sein, wobei es sich nicht um bloße Kapazitätsausweitungen, sondern um die Verlagerung auf qualitativ hochwertige Spezialstähle und die Stahlverarbeitung handelt. Während die beiden ersten Industrialisierungswellen durch unterschiedliche Wachstumsraten einzelner Branchen und in ihrer technologischen Struktur recht gut belegbar sind, lassen sich im Hinblick auf die dritte Welle nur Prognosen auf der Basis von Kapitalgüterimporten machen. Der Umfang dieser Importe weist aber darauf hin, daß eine wenn auch selektive, außenwirtschaftliche Kooperation von chinesischer Seite wieder angestrebt wird.

Die Hinweise für das dargestellte Drei-Stadien-Schema sind vielfältiger Art. Dazu gehört vor allem die Tatsache, daß bislang drei Phasen verstärkter Perspektivplanung zu beobachten waren. Die erste Phase fällt in den Zeitraum von 1954 bis 1956 und ist am besten dokumentiert. In diesem kurzen Zeitraum werden der 1. Fünfjahresplan[237] ausgearbeitet (1954) und veröffentlicht (1955) und bereits im folgenden Jahr der Entwurf für den 2. Fünfjahresplan[238] unterbreitet. Die Planung für den ursprünglichen 3. Fünfjahresplan war 196o bereits im Gang, ist dann aber abgebrochen worden[239]. Die weiteren Pläne sind zwar nicht mehr veröffentlicht worden, aber ein Hinweis auf die Wiederaufnahme verstärkter Perspektivplanung bietet die Tatsache, daß 1965 und 1966 eine Serie von großen Wirtschaftskonferenzen stattfand, wobei vor allem die National- und Parteikonferenz über Industrie und Verkehr vom 27.1. bis 5.3.1966 unter Vorsitz des damaligen Planungschefs Po I-po hervorzuheben ist. Die erhebliche Ausweitung der Zahl der Industrieministerien und die Neuetablierung anderer Planungsbehörden im gleichen Zeitraum deuten darauf hin, daß auch die Planungskapazitäten wieder erheblich ausgedehnt wurden. Eine ähnliche Konzentration von großen Wirtschaftskonferenzen läßt sich erst wieder im Herbst 1975, im Herbst 1976 (Landwirtschaftskonferenz[240]) und im Frühjahr 1977 (Industriekonferenz) feststellen, was die Annahme bestätigen würde, daß mit dem 5. Fünfjahresplan, über dessen genauen Inhalt zur Zeit noch nichts bekannt ist, eine neue Entwicklungsphase eingeleitet wird.

Ein weiterer Indikator ist, daß jeweils im fraglichen Zeitraum der Nationale Volkskongreß einberufen wurde, und die langfristige Wirtschaftsentwicklung auf der Tagesordnung stand. Im Juli 1955 bewilligt der 1. Nationale Volkskongreß den 1. Fünfjahresplan. Vom 21.12.1964 bis zum 4.1.1965 tagt der 3. Nationale Volkskongreß. Hier hält Chou En-lai am 12.12.1964 mit seinem Rechenschaftsbericht der Regierung erstmals seit der Krise nach dem Großen Sprung wieder eine programmatische Rede, in der die Wiederaufnahme der langfristigen Planung angekündigt wird[241]. Das gleiche gilt für den 4. Nationalen Volkskongreß vom 13. - 17.1.1975, auf dem ebenfalls Chou En-lai in seinem inzwischen zur Berühmtheit gelangten Rechenschaftsbericht[242] die Modernisierung Chinas bis zum Jahre 2000 ankündigt.

Der dritte Indikator schließlich, der allerdings nicht nur über den Zeitpunkt, sondern auch über die Art der Industrialisierungswellen Aussagen zuläßt, sind die Kapitalgüterimporte und insbesondere die Importe von kompletten Produktionsanlagen. Eben diese Importe verzeichnen bislang dreimal außerordentliche Zunahmen (vgl. Schaubild 17). Der erste starke Anstieg erfolgt 1955 und erreicht seinen Gipfel 1959, der zweite weniger starke Anstieg 1963 mit dem Gipfel 1966 und der dritte, besonders spektakuläre Anstieg setzt 1973 ein und scheint seinen Gipfel bereits 1975 erreicht zu haben, da der Gesamtimport 1976 erstmals wieder rückläufig ausfällt[243]. Berücksichtigt man, daß die Importe, insbesondere die kompletten Produktionsanlagen, mit 2 - 3-jähriger Verzögerung zur Produktionsaufnahme führen, markieren die genannten Daten genau das vermutete Einsetzen der Industrialisierungswellen. Die erste Welle wird, wie bereits in Teil II geschildert, in großem Maße durch sowjetische Technologie und Importe getragen. Die zweite Welle, da weitgehend auf die eigene Kraft gestützt, bewirkt nur einen bescheidenen, aber doch signifikanten Aufschwung der Kapitalgüterimporte aus dem westlichen Ausland, und die dritte Welle wird massiv von erneuten Importen aus dem OECD-Bereich, vor allem Japan und Westeuropa , begleitet, auch wenn man die Zunahme teilweise durch inflationsbedingte Steigerungen erklären kann. Einen zusätzlichen Hinweis liefern die Serien von westlichen Industrieausstellungen in China, die 1964/65 und Mitte der 7oer Jahre abgehalten wurden.

Da insbesondere für die Zeit ab 196o wenig detaillierte Informationen über den Industrialisierungsprozeß zu erhalten sind, soll die weitere Analyse anhand der Kapitalgüterimporte vorgenommen werden. Über die erste Phase der Industrialisierung wurde im Zusammenhang mit der Darstellung der konzeptionellen Lösung Chinas vom sowjetischen Vorbild bereits ausführlich berichtet, so daß an dieser Stelle einige Hinweise genügen sollen. Die branchenmäßig identifizierbaren der 694 Übernormprojekte des 1. Fünfjahresplans entfielen zu rund 7o Prozent auf die Bereiche Eisen und Stahl, NE-Metalle, Elektrische Energie, Kohle und Maschinenbau. Nur 2,7 Prozent entfielen auf den Bereich der Chemischen Industrie und kein einziges Projekt wurde für die Elektroindustrie identifiziert (vgl. Tabelle 65). Von diesen 694 Übernormprojekten wurden 156 von der Sowjetunion durchgeführt, darunter 65 aus dem Bereich des Maschinenbaus. Bei diesen 156 Projekten betrug der Anteil der genannten Branchen sogar 86 Prozent. Insgesamt hatte die Sowjetunion bis zum 7.2. 1959 die Lieferung von 291 Industrieanlagen zugesagt. Diese Zusagen wurden aber infolge des Bruchs nicht erfüllt. Bis 1963 sollen 198 Projekte fertiggestellt worden sein. Die restlichen blieben vermutlich Investitionsruinen oder wurden erst gar nicht in Angriff genommen.

Resultat dieser auf wenige Branchen konzentrierten Investitionstätigkeit war, daß nach Abschluß der durch den sowjetischen Abzug verzögerten Bautätigkeiten die VR China zu 95 Prozent bei der Stahlerzeugung[244] und zu 9o Prozent beim Maschinenbau autark war.

Tabelle 1o8: Selbstversorgungsgrad für Maschinen und Ausrüstungen 194o - 197o (in Prozent)

1949	24
1952	5o
1953	6o,1
1954	56,2
1955	55
1956	42
1957	6o
1958	78
1959	8o
196o	8o - 85
1961	85
1962	85
1963	9o
1964	9o
3. Fünfjahresplan 1966-7o	9o

1949-64: Offizielle Angaben nach Cheng Chu-yuan 1971, S.66; 3. Fünfjahresplan: Angabe von Chou En-lai gegenüber Han Suyin, vgl. Derek Davies 1966, S.431.

Während die Ausdifferenzierung nach Abschluß der Nachkriegsrestauration zunächst die Quote der Maschinen, die importiert werden mußten, ansteigen ließ, führte die Fertigstellung der neuen Industrieprojekte ab 1957 zu einem kontinuierlichen Anstieg der Selbstversorgungsrate, die China zu Beginn des 3. Fünfjahresplans in die Lage versetzte, seine für den neuen Aufschwung benötigten Ausrüstungen weitgehend selbst zu erzeugen[245]. Der geringe Anstieg der Kapitalgüterimporte insbesondere im Bereich des Maschinenbaus in der folgenden Zeit bestätigt das.

Seit August 1963 werden allerdings mit dem westlichen Ausland Verträge über die Lieferung kompletter Produktionsanlagen abgeschlossen[246], die ab 1965 zu einem Anstieg der Importe führen. Die Tabelle 1o9 faßt diese Vertragsabschlüsse bis 1963, soweit sie mir bekanntgeworden sind, zusammen.

Es ist aber zu vermuten, daß diese Liste weitgehend vollständig ist, da während der Kulturrevolution keine Importe kompletter Anlagen stattgefunden haben[247].

Tabelle 1o9: Import von kompletten Produktionsanlagen aus OECD-Ländern August 1963 - 1965

Vertragsdatum	Zahl der Fabriken	Branche	Preis in Mio US $
1963	7	Chemie und Petrochemie	ca.83,8 - 1o3,4
1964	8	Chemie und Petrochemie	42,7
	1	Nahrungsmittel	2,o
	1	Maschinenbau	o,8
1965	5	Chemie	16,4+
	3	Maschinenbau	5,8
	1	Glas	3,5
	1	Elektro	2,o
	3	Eisen und Stahl	34,o
	1	Papier	?
gesamt	31		
wertmäßig identifiziert	29		191 - 2o7,6

Quellen: Price 1968, S.663; Mac-Dougall 1964, S.156; Chinas Wirtschaft ohne sowjetische Hilfe 1964, S.158; Trautmann 1964, S.249o.

Dabei handelte es sich um 31 Fabriken, von denen 29 hinsichtlich ihres Kaufpreises identifiziert werden konnten, mit einem Gesamtwert von ca. 2oo Millionen US $. Davon fallen allein 2o bzw. 65 Prozent auf den Bereich der chemischen Industrie, wobei die Schwerpunkte Kunstdünger, Erdölverarbeitung und Kunstfaserherstellung bilden. Gemessen am gesamten Auftragswert handelt es sich für diese Branche sogar um rund 75 Prozent. Die in den 5oer Jahren beim Import dominierenden Bereiche Eisen und Stahl und Maschinenbau sind auf 17 bzw. gar nur 3 Prozent zurückgegangen. Vor allem die letzte Quote reflektiert den Fortschritt der chinesischen Maschinenbauindustrie.

Da keine Daten über das Volumen des 3. Fünfjahresplans vorhanden sind und insbesondere keine absoluten Angaben über die Investitionen, kann natürlich auch nicht geschätzt werden, welche Relevanz diese Importe besitzen. Die völlige Umstrukturierung der Branchenverteilung gegenüber den Importen der 5oer Jahre läßt aber zumindest den Schluß zu, daß entsprechend der neuen Strategie, die von der Landwirtschaft als Grundlage ausgeht, in erster Linie solche Industriebranchen gefördert werden, die direkt oder indirekt der Landwirtschaft zugute kommen. Der eine Schwerpunkt Kunstdünger ist eindeutig. Aber auch der andere Schwerpunkt, Petrochemie und Kunstfaserherstellung weist in diese Richtung, da eine Forcierung der Erdölverarbeitung u.a. auch die Produktion von Kunstfasern ermöglicht, die ihrerseits die agrarische Basis der Textilindustrie entlastet.

Die insgesamt aber bescheidenen und nur kurze Zeit andauernden Importe weisen darauf hin, daß in erster Linie eigene Technologien das rasante Wachstum der Erdöl- und Chemieindustrie seit Mitte der 6oer Jahre hervorgebracht haben. Das Beispiel des Erdölfeldes Taching, das 1964 von Mao zum Modell für die gesamte industrielle Entwicklung aus eigener Kraft erhoben wurde, weist in diese Richtung[248].

Völlig aus eigener Kraft wurde seit Mitte der 6oer Jahre auch der zweite Bereich, der den neuen industriellen Aufschwung prägte, nämlich die Rüstungsindustrie entwickelt. Die Neugründung der Maschinenbauministerien Nr.2 - 7 von 1963 - 1965, die für die rüstungsrelevanten Industrien zuständig sind[249], schaffte die institutionellen Voraussetzungen für eine rasche Entwicklung, deren Markierungspunkte der erste chinesische Atombombenversuch am 16.1o.1964, der Abschuß der ersten chinesischen Mittelstreckenrakete am 27.1o.1966 und die Zündung der ersten Wasserstoffbombe am 17.6.1967 sind. Es bestand offenbar sogar ein Konsens unter den streitenden Fraktionen der Kulturrevolution, daß die Betriebe im Bereich des 2. bis 7. Maschinenbauministeriums aus den politischen Auseinandersetzungen herauszuhalten seien[25o], so daß die Produktionsunterbrechungen der Jahre 1967 und 1968 für den Rüstungssektor nicht zutreffen[251].

In den Zeitraum des 4. Fünfjahresplans fallen zwar erneute Auslandskäufe über Produktionsanlagen, doch fällt ihre Lieferung und Inbetriebnahme erst in die Folgezeit. Diese Käufe setzen 1972 zögernd und 1973/74 mit solcher Vehemenz ein, daß sie alle bis dahin getätigten Importe in den Schatten stellen. In den Jahren 1973 und 1974 werden allein Aufträge im Wert von über 2,4 Mrd US $ vergeben, darunter zwei komplette Walzwerke im Wert von 198 bzw. 228 Millionen US $. Anhand einschlägiger Presseberichte habe ich für den Zeitraum 1972 bis 1976 Hinweise zu Verträgen über 156 Fabriken gesammelt, die in der folgenden Tabelle 11o zusammengestellt sind.

Von den 156 Abkommen waren 19 noch unbestätigt bzw. in Verhandlung. Für 137 Anlagen waren Angaben über den Kaufpreis erhältlich, der sich auf insgesamt mindestens 3,437 Mrd US $ beläuft[252]. Davon entfallen über zwei Drittel auf die Jahre 1973 und 1974, was bedeutet, daß ab 1976 verstärkt mit der Betriebsaufnahme zu rechnen ist. Von diesen 156 Projekten entfallen 124 auf den Bereich Chemie und Petrochemie und nur 5 auf den Maschinenbau. Das deutet darauf hin, daß der Trend des 3. Fünfjahresplans fortgesetzt wird. Innerhalb des Chemiesektors dominiert immer noch der Bereich Kunstdünger mit 37 Betrieben. Dazu gehören aber auch komplette petrochemische Komplexe, die alle Arten von Ölprodukten, insbesondere Kunststoffe, synthetischen Kautschuk, Brennstoffe u.a. herstellen. Weniger durch die Zahl als durch sein Volumen bildet der Stahlbereich den zweiten Schwerpunkt. Ein Konsortium unter der Führung von Demag liefert ein Kaltwalzwerk im Wert von 5oo Millionen DM, Nippon Steel ein Warmwalzwerk und ein Silicon-Stahlwerk im Wert von 227,7 Millionen US $ und ebenfalls Demag eine Stranggußanlage im Werte von 15o Millionen DM. Alle drei Anlagen sollen den vorhandenen Eisen- und Stahlkomplex in Wuhan ergänzen. Der Bereich der Elektroindustrie ist erstmals mit 4 Fabriken vertreten.

Aus diesen Angaben lassen sich folgende Schlüsse ziehen. Die Schwerpunkte Chemie und Petrochemie werden auch die dritte chinesische Industrialisierungswelle prägen, wobei aber die Kunststoffherstellung als zusätzliche Komponente hinzukommt.

Tabelle 11o: Import von kompletten Produktionsanlagen aus OECD-Ländern 1972-76

	Zahl der Fabriken	Branche	Preis in Mio US $
1972	9	Chemie	
	2	Elektrische Energie	
	1	Papier	
	1	Textil	
gesamt	13		
wertmäßig identifiziert	9		198,9
1974	61	Chemie und Petrochemie	
	4	Elektro	
	6	Elektrische Energie	
gesamt	71		131o,5
1974	1 +	Bergbau	
	21	Chemie	
	3	Textil	
	2	Elektrische Energie	
	1	Maschinenbau	
	4	Eisen und Stahl	
gesamt	32 +		
wertmäßig identifiziert	3o +		1122,3
1975	22	Chemie und Petrochemie	
	1	NE-Metalle	
	3	Maschinenbau	
gesamt	26		
wertmäßig identifiziert	17		475,7
1976	11	Chemie	
	1	Fahrzeugbau	
	1	Maschinenbau	
	1	Eisen und Stahl	
gesamt	14		
wertmäßig identifiziert	9		329,8
gesamt	156+		
wertmäßig identifiziert	137+		ca.3437,2
davon noch unbestätigt bzw. in Verhandlung	19		

Quellen:

US-China Business Review 1.1974, 1, 2, 3, 6; 2.1975, 1, 4, 6; 3.1976, 4; International Herald Tribune vom 6.9.1972; Yuan Sy 1975; Niederländischer Wirtschaftsdienst für die Auslandspresse vom 1.5.1974; Ostinformationen, Juni 1975; Neue Zürcher Zeitung vom 23.12.1973; Blick durch die Wirtschaft vom 27.4.1975; The Japan Economic Journal vom 4.9.1973; Ostasiatischer Verein, Länderbericht 16/1975; Süddeutsche Zeitung vom 14.5.1975; Current Scene 14.1976, 1o.

Daß so viele Großbetriebe zur Kunstdüngerherstellung importiert werden, bestätigt die abnehmende Bedeutung der Kleinindustrie. Der erneute Schwerpunkt Stahl weist auf vorhandene Engpässe, läßt aber besonders vermuten, daß die Herstellung von Spezialstählen und die Stahlverarbeitung im Vordergrund stehen.

Die Verschiebung der Gewichte bei den drei Industrialisierungswellen, soweit sie aus den Importen abzulesen sind, dokumentiert Tabelle 111.

Tabelle 111: Branchenverteilung und Umfang der drei Wellen von Produktionsanlagenimporten

Branche	sow.Betriebe[1] für den 1. und 2.Fünfjahresplan 195o-62	Importe[2] aus OECD-Ländern 1963-1965	Importe[3] aus OECD-Ländern 1972-1976
Eisen und Stahl	3	3	5
NE-Metalle	18	-	1
Elektrische Energie	24	-	1o
Maschinen und Fahrzeugbau	63	4	6
Kohlebergwerke	27	-	1+
Chemie, Petrochemie, Erdöl	7	2o	124
Elektro	-	1	4
Arznei u.med.Geräte	2	-	-
Nahrungsmittel	-	1	-
Papier	1	1	1
Glas	-	1	-
Textil	-	-	4
unidentifiziert	11	-	-
Zwischensumme (1. Plan)	156		
unidentifiziert (2. Plan)	ca.42[c]		
Summe	198	31	156+
Gesamtwert in Mio US $	1817,8	ca.2oo,o[a]	3437,2[b]
pro Anlage im Schnitt	9,2	6,9	ca.25,o

1) Laut Tabelle 64 - 66
2) Laut Tabelle 1o9
3) Laut Tabelle 11o

a) Nur für 29 wertmäßig identifizierte Fabriken
b) Nur für 137 + wertmäßig identifizierte Fabriken
c) Laut Tabelle 64 wurden bis 1963 198 der von der SU zugesagten Fabriken fertiggestellt. Da nach 1962 keine Lieferungen von kompletten Fabrikanlagen mehr erfolgen, kann geschlossen werden, daß von den 135 für den 2. Fünfjahresplan zugesagten Anlagen nur 42 ganz oder teilweise geliefert wurden.

Es wird deutlich, daß sich nicht nur die Branchenschwerpunkte verlagert haben, sondern auch ein klarer Trend zu größeren Betrieben besteht. Während die vermutlich gelieferten 198 Betriebe aus der Sowjetunion einen Durchschnittswert von 9,2 Millionen US $ aufweisen, betrug dieser bei den westlichen Betrieben ca. 25 Millionen US $. Selbst unter Abzug der inflationsbedingten Preissteigerungen, die etwa die Hälfte ausmachen[253], läge der Durchschnittswert noch etwa 5o Prozent höher. Noch bemerkenswerter ist, daß der Umfang der reinen Anlagenkäufe aus dem Westen für die Jahre 1972 - 1976 die Anlagenkäufe aus der Sowjetunion für die Jahre 195o - 1962 erheblich übersteigt und bei Berücksichtigung der Inflation in etwa gleich kommt. Das hieße, daß das Prinzip des Vertrauens auf die eigene Kraft, wie in den 6oer Jahren konsequent verfolgt, doch einige Löcher bekommen hat. Zu berücksichtigen ist allerdings, daß das chinesische Wirtschaftsvolumen seit den 5oer Jahren erheblich zugenommen hat, in Relation dazu die Westimporte der 7oer Jahre geringer als die Ostimporte der 5oer Jahre sein dürften. Die starke Konzentration auf Chemie und Petrochemie zeigt aber doch, daß zumindest in diesem Bereich ein massiver Technologietransfer aus dem Westen stattfindet und nicht nur selektiv importiert wird. Parallelen zu den 5oer Jahren ergeben sich auch dadurch, daß in Verbindung mit diesen Projekten in größerem Umfang westliche Ingenieure beim Aufbau und der Inbetriebnahme dieser Anlagen helfen,bzw. Chinesen von den Lieferfirmen ausgebildet werden. Außerdem ist China, wenn auch offiziell nicht so deklariert, partiell zu längerfristigen Zahlungszielen bereit. 1973 bis 1975 wies die chinesische Handelsbilanz als Folge der massiven Importe erhebliche Defizite auf, die für die drei Jahre insgesamt ca.1,7 Mrd US $ betrugen[254].

Wie sich die industriellen Gewichte im Zuge der neuerlichen Industrialisierungswelle verschieben werden, wird erst die Zukunft zeigen. Empirisch feststellbar ist die Akzentverschiebung im Verlauf der beiden vorangegangenen Phasen. Anhand der Wachstumsraten exemplarischer Branchen läßt sich das verdeutlichen, wobei die Bereiche Kohle, Stahl und Werkzeugmaschinen für die schwerindustrielle Orientierung und die Bereiche Erdöl, Kunstdünger und Traktoren für die agrar- und petrochemisch orientierte Phase stehen.

Tabelle 112: Jährliche durchschnittliche Wachstumsraten ausgewählter Produktionsgüterbranchen 1952 - 1976

	1952-196o	196o-1965	1965-1976
Kohle	19,7	- 4,7	7,o
Rohstahl	38,9	- 7,7	4,8
Maschinenbau[a]	3o,3	- o,8	14,1[c]
Rohöl	37,1	14,4	2o,6
Kunstdünger	37,8	24,7	16,3
Werkzeugmaschinen	14,3	2,4	7,5[c]
Traktoren (15 PS Einheiten)	-[b]	6,9	18,9[c]
ges. Schwerindustrie	27,5	- 2,2	1o,7[c]

Daten für 1952-73 bei Field 1975, S.165 und 166; 1974-76 nach DIW Wochenbericht 15/77, S.127

a) auf der Basis von Indexwerten
b) erst 1958 Produktionsaufnahme
c) 1966 - 1973

Von 1953 bis 196o, dem letzten Sprungjahr, sind für alle 5 Branchen durchschnittliche jährliche Wachstumsraten zwischen 2o und 39 Prozent zu verzeichnen. Hierbei sind die Wachstumsraten für Kohle und Stahl gegenüber Erdöl und Kunstdünger insofern eindrucksvoller, als in beiden Fällen das Ausgangsniveau erheblich höher lag. Separiert man den Maschinenbau nach schwer- und agrarorientierten Sparten, zeigt sich, daß die Werkzeugmaschinenproduktion mit 14,3 Prozent jährlich erheblich zunimmt, während die Traktorenproduktion erst 1958 in Loyang aufgenommen wird.

In der langen Abschwungphase nach dem Gipfel des 2. Produktionszyklus und der allmählichen Konsolidierung werden die Akzente deutlicher. Bis 1965 sind die Spitzen des Jahres 196o bei Kohle, Stahl und Maschinenbau noch nicht wieder erreicht, was sich in einem für die beiden erstgenannten Branchen nicht unerheblichen Negativwachstum ausdrückt, während der Maschinenbau sich offenbar schneller erholt hat, wobei diese Erholung allerdings durch andere Sparten als in den 5oer Jahren zustande kommt. Die Traktorenproduktion wächst mit 6,9 Prozent jährlich fast dreimal so schnell wie die Werkzeugmaschinenproduktion mit 2,4 Prozent. Ganz anders verläuft demgegenüber die Entwicklung bei Rohöl und Kunstdünger. Trotz der auch hier zu beobachtenden Einbrüche im Jahre 1961 und des inzwischen höheren Ausgangsniveaus liegen die Wachstumsraten mit 14,4 bzw. 24,7 Prozent jährlich deutlich über dem schwerindustriellen Durchschnitt von -2,2 Prozent. Die Hinwendung zur Landwirtschaft zeichnet sich ab.

Das wird erst recht deutlich für die zweite Industrialisierungswelle. Im Zeitraum von 1966 bis 1976 wächst die Montanindustrie zwar wieder stärker, doch dreimal so schnell wächst die Öl- und Kunstdüngerindustrie. Während das Wachstum der Stahlproduktion 1953 - 1960 erheblich über dem Schnitt der gesamten Schwerindustrie lag, nimmt sie 1966 - 1976 erheblich langsamer zu. Hier ist sicherlich auch ein Grund für die neuerlichen spektakulären Stahlwerkimporte zu suchen. Die Relationen im Wachstum von Werkzeugmaschinen und Traktoren haben sich weiter zugunsten der Traktorenindustrie verschoben.

Die Tendenzwende wird auch im absoluten Vergleich deutlich.

Tabelle 113: Stahl- und Kunstdüngerproduktion 1952 - 1976 in Mio t

	Rohstahl	Kunstdünger
1952	1,35	0,19
1960	18,7	2,52
1965	12,5	7,6
1976	21,0	39,9

Daten für 1952-65 bei Field 1975, S.166; für 1976 DIW Wochenbericht 44.1977, 15, S.127.

Während die Stahlproduktion 1952 und 1960 etwa das Siebenfache der Kunstdüngerproduktion betrug, verkehrt sich die Relation bis 1976 fast auf 1:2. Ein deutlicherer Beweis für die gewandelte Industrialisierungskonzeption ist wohl kaum möglich. Mit den 39,9 Millionen t Kunstdünger des Jahres 1976 ist auch das anvisierte Ziel überschritten, das Chou En-lai im Jahre 1970 gegenüber Edgar Snow für 1975 in Aussicht gestellt hatte, und von dem er annahm, daß damit ein gewisser Saturierungspunkt erreich sei[255].

Da die Masse der importierten Kunstdüngeranlagen aber erst in den folgenden Jahren den Betrieb aufnehmen wird, wird diese Marke noch erheblich überschritten werden, und die hohen Wachstumsraten bei Kunstdünger werden trotz des inzwischen hohen Niveaus für einige Zeit aufrecht erhalten werden.

Hinter der aufgezeigten Dynamik wird eine doppelte Logik sichtbar. Die eine Logik liefert das Industrialisierungskonzept nach sozialistischem Muster, wie es von der Sowjetunion geprägt worden ist. Eine anfängliche Konzentration auf die Basisindustrien - Kohle, Eisen, Stahl und dazugehöriger Maschinenbau - bildet ein solides Fundament für eine zweite Phase der Industrialisierung, die sich neuen Bereichen zuwenden kann. Insofern hat sich langfristig gesehen die Politik der 5oer Jahre ausgezahlt. Entscheidend ist aber, das macht die Logik der chinesischen Variante der sozialistischen Industrialisierung aus, daß, wenn auch durch die Agrarkrise 1959 - 1961 mit Macht erzwungen, sehr rasch und konsequent der Übergang zu einem Industrialisierungsmodell vollzogen wurde, das die Landwirtschaft zum Ausgangspunkt nimmt. Während die Sowjetunion nach 4o Jahren forcierter Industrialisierung immer noch unter Agrarproblemen zu leiden hat, ist die chinesische Industrie heute in der Lage, in ausreichendem und weiter steigendem Maße die Agrarinputs herzustellen, die ein im Vergleich zum Bevölkerungswachstum befriedigendes Agrarwachstum garantieren. Die Mobilisierung von Arbeitskräften in den 5oer Jahren und die kleinbetriebliche und dezentrale Agroindustrialisierung der 6oer und der ersten Hälfte der 7oer Jahre waren in diesem Kontext sinnvolle Zwischenschritte.

Auch wenn die Unkenrufe westlicher wie östlicher Beobachter immer wieder eine planvolle Wirtschaftsentwicklung in Frage gestellt haben, so weist der heutige Zustand der chinesischen Wirtschaft trotz der als abträglich behaupteten Kulturrevolution und später der Lin Piao- und Konfuzius-Kampagnen[256] auf das Gegenteil.

2.3. Resultate autozentrierter Entwicklung

Die Analyse der Entwicklung in der ersten Hälfte des 2o. Jahrhunderts, insbesondere der 3oer Jahre, die von vielen Autoren als der hoffnungsvolle Beginn einer chinesischen Industrialisierung bezeichnet werden, hatte die typischen Merkmale abhängiger Industrialisierung aufzeigen können. Ausländische Direktinvestitionen und chinesische Reaktionen auf ausländische Aktivitäten folgten den Mustern von Importsubstitutionen und Exportindustrialisierung in den Vertragshäfen und im Sonderfall Mandschurei den Erfordernissen einer an der japanischen Rüstungsproduktion orientierten Schwerindustrialisierung. Diese externen Motive erzeugten die bekannten Effekte zunehmender sektoraler und regionaler Unausgewogenheit, die sich in einer Konzentration auf wenige Bereiche der Konsumgüterindustrie in den Vertragshäfen und in einer Konzentration auf die Montanindustrie in der Mandschurei äußerten, ohne daß beide Sektoren und Regionen in einem kohärenten Zusammenhang gestanden hätten. Auch wenn die außenwirtschaftliche Abhängigkeit, gemessen in der Außenhandelsquote, nur gering war, so war diese Art von Industrialisierung doch nur lebensfähig über die externe Versorgung mit Technologie und den weitgehenden Absatz der Produkte im Ausland bzw. in den Enklavenökonomien der Vertragshäfen.

Zudem hatte es diese Industrialisierung in keiner Weise vermocht, die starke agrarische und handwerkliche Prägung der Gesamtwirtschaft zu überwinden. 1933 betrug der Anteil von moderner Industrie und Bergbau lediglich etwa 4 Prozent des Bruttoinlandsprodukts. Angesichts der beschriebenen Stagnation des traditionellen Sektors konnte dieses winzige Segment trotz Wachstumsraten von 5,6 Prozent (1912 - 1949) bzw. 8,4 Prozent jährlich (1912 - 1942)[257] nicht zu einem nennenswerten gesamtwirtschaftlichen Pro-Kopf-Wachstum führen. Die Sozialproduktschätzungen von Liu und Yeh weisen im Gegenteil für die 3oer Jahre (vgl. Tabelle 38) ein so geringes Wachstum auf, das sicherlich unter der Bevölkerungszunahme gelegen hat.

Eine Bewertung der chinesischen Entwicklungspolitik nach 1949 aus der Sichtweise autozentrierter Entwicklung müßte nicht nur die gesamtwirtschaftlichen Erfolge, sondern in gleichem Maße die sektorale und regionale Entwicklung miteinbeziehen. Nur dann könnte sich zeigen, daß, entgegen einem Wachstumsmodell à la Brasilien, das sicherlich auch gesamtwirtschaftliches Pro-Kopf-Wachstum zu verzeichnen hat, an die Stelle externer Orientierung eine Orientierung am Binnenmarkt getreten ist, die eine sektoral wie regional kohärente Produktionsstruktur zur Folge hat. Nur dann erscheint die Aussage gerechtfertigt, daß die Entwicklung sich an den Versorgungsbedürfnissen der Masse der Bevölkerung orientiert.

2.3.1. Gesamtwirtschaftliches Wachstum im internationalen Vergleich

Der zentrale Punkt, der über Erfolg oder Mißerfolg einer Entwicklungspolitik entscheidet, ist natürlich zu allererst die Frage, ob langfristig ein reales Pro-Kopf-Wachstum des Sozialprodukts zu verzeichnen ist. Da die Berechnungsgrundlage der chinesischen Sozialproduktsstatistik eine andere als in westlichen Ländern ist, ist es müßig, etwa auf Dollarbasis direkte Vergleiche mit anderen Ländern anzustellen. Entscheidend ist, ob und in welchem Maße bis heute gegenüber dem Jahre 1952 als wirtschaftlichem Restaurationsjahr Pro-Kopf-Zuwächse zu verzeichnen sind.

Um zu einer solchen Erkenntnis zu gelangen, sind drei Schwierigkeiten zu überwinden. Erstens hat China seit den 5oer Jahren nur sehr spärliche Angaben über sein Sozialprodukt gemacht. Zweitens werden immer nur die Bruttoproduktionswerte[258] und nicht die Wertschöpfung einzelner Branchen oder Sektoren angegeben. Das heißt, der Wert der Vorprodukte wird auf jeder Verarbeitungsstufe dem Wert des Gesamtprodukts zugerechnet, so daß der schließlich ausgewiesene Wert eines Endprodukts in großem Maße die Funktion des Integrationsgrads der betreffenden Branche oder Fabrik ist. Wenn z.B. die Bauern ihr Getreide selber zu Mehl verarbeiten, ist der ausgewiesene Wert des Mehls wesentlich geringer, als wenn das Getreide in einer Mehlfabrik verarbeitet wird. Im ersten Fall wird nur die Wertschöpfung durch das Mahlen dem Getreide zugerechnet, während im zweiten Fall Getreide- und Mehlwert addiert werden. Generell dürfte die Schwerindustrie wegen ihres höheren Integrationsgrads statistisch gegenüber der Leichtindustrie unterbewertet sein. Die dritte Schwierigkeit besteht in der Bemessung der jeweiligen Bevölkerungsgröße, über die China nach 1957 ebenfalls nur spärliche und vage Hinweise gegeben hat, die sich im wesentlichen darin erschöpfen, alle paar Jahre die Gesamtbevölkerung um 5o Millionen zu erhöhen. Da die chinesischen Angaben zum Sozialprodukt in konstanten Preisen erfolgen, kann ein möglicher Inflationseffekt ausgeschlossen werden, wenn auch die internen Preisrelationen sich im Laufe der Zeit zugunsten der Konsumgüterindustrie und der Landwirtschaft verschoben haben.

Um das Pro-Kopf-Wachstum zu berechnen, muß also wieder auf westliche Schätzungen zurückgegriffen werden, die nur die Wertschöpfung berücksichtigen und jährliche Angaben über den Stand der Bevölkerung machen. Aus der Vielzahl der Sozialprodukts-schätzungen[259], deren Basis oft nebulös bleibt, sollen die Berechnungen von Perkins[260] und Ashbrook[261] ausgewählt werden, da sie erkennbar auf chinesische Einzelangaben zurückgehen und bis in die jüngste Zeit reichen. Für das Bevölkerungswachstum gibt es zwei prominente Schätzungen der amerikanischen Demographen Aird[262] und Orleans[263]. Beide basieren trotz kritischer Einwände auf dem chinesischen Zensus aus dem Jahre 1953, der mutmaßliche Zensus von 1964 wurde nicht veröffentlicht[264], und auf den jährlichen Wachstumsraten bis 1957, die aus den Angaben in "Ten Great Years" zu entnehmen sind. Sie unterscheiden sich allerdings erheblich in der Bewertung der bevölkerungspolitischen Maßnahmen seit den 6oer Jahren, welchen Einfluß die Krise nach dem Großen Sprung auf das Bevölkerungswachstum hatte, und wie sich die Maßnahmen auf dem Gebiet der medizinischen Versorgung auf die Lebenserwartung und die Geburtenraten seit 1957 ausgewirkt haben[265]. Bei Aird drücken sich diese Maßnahmen erst ab 1972 in einem zudem schwachen Rückgang der Wachstumsrate aus, die 1977 erst knapp unter 2,4 Prozent liegt. Der Rückgang Anfang der 60er Jahre infolge der Agrarkrise ist bei ihm demgegenüber sehr stark. Orleans bewertet die genannten Faktoren wesentlich positiver[266] und kommt bereits seit 1958 zu einem stetigen Rückgang der Wachstumsrate, die er heute bei etwa 1,4 Prozent ansiedelt. Den Rückgang nach dem Sprung wertet er umgekehrt viel geringer und auch kurzfristiger als Aird.

Resultat dieser konservativen und fortschrittlichen Einschätzung der chinesischen Bevölkerungspolitik ist trotz des gleichen Ausgangsniveaus von 1953 (= 576,0 Millionen ohne Taiwan) eine Abweichung von 100 Millionen (975,7 bzw. 875,1 Millionen) bis zum Jahre 1977[267]. Jüngste chinesische Veröffentlichungen auf Provinzbasis ergaben für 1976 die Summe von ca. 835 Millionen, was sogar noch unter der niedrigen Schätzung von Orleans liegen würde[268]. Solche Abweichungen machen sich bei der Berechnung des Pro-Kopf-Produkts natürlich massiv bemerkbar.

Tabelle 114 dokumentiert die möglichen Variationen der Pro-Kopf-Wachstumsraten des Sozialprodukts auf der Basis der genannten Schätzungen.

Die durchschnittlichen Wachstumsraten für das Sozialprodukt über den Zeitraum von 1952 bis 1974 variieren zwischen 6,2 und 5,6 Prozent und für die Bevölkerung zwischen 1,8 und 2,2 Prozent jährlich. Pro Kopf bedeutet das eine Spannbreite von 4,4 bis 3,3 Prozent. Plausibilität gewinnen die Daten dadurch, daß sie in den einzelnen Subperioden ähnliche Trends aufweisen. 1952 - 1957 starkes Wachstum zwischen 6,1 und 4,5 Prozent, danach verlangsamtes Wachstum zwischen 2,8 und 2,6 Prozent und für die 70er Jahre wieder zunehmendes Wachstum. Die Fluktuationen bestätigen die bereits dargestellten Phasen des unterschiedlichen Agrarwachstums und der Produktionszyklen.

Tabelle 114: Jährliche durchschnittliche Wachstumsraten von Sozialprodukt und Bevölkerung 1953 - 1974

	BIP Perkins[1]	BSP Ashbrook[2]	Bevölkerung Orleans[3]	Bevölkerung Aird[4]	pro Kopf[5] Perkins/ Orleans	Perkins/ Aird	Ashbrook/ Orleans	Ashbrook/ Aird
1952 - 1957	8,3	7,o	2,1	2,4	6,1	5,7	4,8	4,5
1957 - 1965	4,7	4,5	1,8	1,9	2,8	2,7	2,7	2,6
1965 - 197o	6,2	6,o	1,7	2,3	4,4	3,8	4,2	3,6
197o - 1974	6,9	5,6	1,5	2,4	5,3	4,4	4,1	3,2
1952 - 1974	6,2	5,6	1,8	2,2	4,4	3,9	3,8	3,3

1) Perkins 1976, S.16
2) Berechnet nach Ashbrook 1975, S.23
3) Orleans 1975a, S.77
4) FDAD-Schätzung = Aird, berechnet nach Aird 1974, S.22 und Orleans 1975a, S.75
5) Berechnet auf der Basis der Bevölkerung am 1. Januar des folgenden Jahres

Wie dieses reale Pro-Kopf-Wachstum zu bewerten ist, soll ein internationaler Vergleich[269] deutlich machen. Als Maßstab werden dabei die jeweiligen Anfangsphasen der Industrialisierung heutiger hochindustrialisierter Länder herangezogen (vgl. Tabelle 115).

Die europäischen Länder Großbritannien, Frankreich und Deutschland wiesen trotz eines erheblich niedrigeren Bevölkerungswachstums im 19. Jahrhundert zu Beginn ihrer Industrialisierung lediglich Pro-Kopf-Zunahmen von 1 bis 1,6 Prozent jährlich auf. In den USA betrug diese Quote in der zweiten Hälfte des 19. Jahrhunderts 2 Prozent, und selbst Meji-Japan wies von 1874 - 19o4 nur Raten von 2,7 Prozent auf. Auch gegenüber der Sowjetunion, deren Wachstumsraten von 1928 - 1958 bei ca. 4,4 Prozent lagen, können die chinesischen Zahlen bestehen.

Selbst die Kombination der beiden konservativen Schätzungen Ashbrook und Aird liegt mit 3,3 Prozent, abgesehen von der Sowjetunion, über den entsprechenden Wachstumsraten der genannten Länder. Berücksichtigt man die Kombination Perkins/Orleans mit 4,4 Prozent, die angesichts der jüngsten chinesischen Bevölkerungsangaben plausibler erscheint, wird auch das Niveau der Sowjetunion erreicht, obwohl der viel höhere Anteil des langsam wachsenden Agrarsektors in den 5oer und 6oer Jahren das gesamtwirtschaftliche Wachstum Chinas vergleichsweise stärker beeinflußt, als das in der Sowjetunion in den 3oer, 4oer und 5oer Jahren der Fall war. Im Hinblick auf die zukünftige Entwicklung verfügt die VR China also im internationalen Vergleich über eine hervorragende Ausgangsposition.

Das gilt sogar für den immer wieder als Engpaß der chinesischen Entwicklung apostrophierten Agrarsektor (vgl. Tabelle 116).

Tabelle 115: Durchschnittliche Wachstumsraten von Sozialprodukt und Bevölkerung ausgewählter Länder in der Anfangsphase der Industrialisierung

	Periode	Dauer in Jahren	Gesamtprodukt pro Dekade	Gesamtprodukt pro Jahr	Bevölkerung pro Dekade	Bevölkerung pro Jahr	Pro-Kopf-Produkt pro Dekade	Pro-Kopf-Produkt pro Jahr
Großbritannien[1]	18o1/11-1831/41	3o	32,1	2,9[3]	15,4		14,5	
	1831/41-1861/71	3o	23,8	2,2[3]	12,2		1o,3	
	1861/71-1891/o1	3o	38,6	3,3[3]	12,4		23,3	
Frankreich[1]	1861/7o-1891/oo	3o	15,7		1,9		13,5	
Deutschland[1]	185o/59-188o/89	3o	26,7		8,9		16,4	
Japan[1]	1874/79-1895/o4	23	39,2		9,3		27,3	
	19o5/14-1925/29	17,5	5o,7		13,5		32,8	
USA[1]	1869/78-1889/98	2o	5o,o		24,7		2o,3	
	1885/94-19o5/14	2o	44,7		2o,5		2o,1	
Sowjetunion[2]	1928 - 1958	3o	53,8		6,9		43,9	
VR China[4]	1952 - 1974	22		6,2		1,8		4,4
				5,6		2,2		3,3

1) Kuznets 1971, S.38-4o
2) Kuznets 1966, S.65
3) Deane/Cole 1964, S.17o
4) Varianten Perkins/Orleans und Ashbrook/Aird nach Tabelle 114

Tabelle 116: Durchschnittliche Wachstumsraten der Agrarproduktion von Großbritannien, Japan und VR China im Anfangsstadium der Industrialisierung

	Periode	Agrarproduktion pro Jahr	Bevölkerung pro Jahr
Großbritannien	18o1/11-1831/41	1,2[1]	1,5[3]
	1821/31-1851/61	1,8[1]	
	1831/41-1861/71	1,3[1]	1,2[3]
	1861/71-1891/o1	o,7[1]	1,2[3]
Japan	1877 - 1919	1,8[2]	1,1[3,4]
	1919 - 1938	o,8[2]	1,3[3,6]
VR China	1952 - 1974	2,7[5]	1,8 - 2,2[3]

1) Deane/Cole 1964, S.17o
2) Ohkawa 197o, S.6
3) Laut Tabelle 115
4) Vgl. dazu Bhattacharya 1974, S.83
5) Berechnet nach Tabelle 93 und Ten Great Years, S.91
6) Vgl. dazu Ohkawa/Rosovsky 1973, S.25

Das jährliche Wachstum der chinesischen Agrarproduktion von 1952 bis 1974 kann auf etwa 2,7 Prozent jährlich veranschlagt werden. Unter Abzug des Bevölkerungswachstums bleibt ein agrarisches Pro-Kopf-Wachstum von o,5 bis 1 Prozent. Vergleicht man das mit dem Agrarwachstum in Großbritannien während des ganzen 19. Jahrhunderts, läßt sich feststellen, daß dieses lediglich zwischen 1821/31 und 1851/61 leicht über dem Bevölkerungswachstum gelegen hat und in den anderen ausgewiesenen Perioden allenfalls Schritt halten konnte. Ab 1861/71 wächst die Bevölkerung sogar erheblich schneller. Auch in der Anfangsphase der japanischen Industrialisierung 1877 - 1919 liegt das Agrarwachstum nur o,7 Prozent jährlich über dem Bevölkerungswachstum.

Die für eine erfolgreiche Industrialisierung in der Anfangsphase allgemein als notwendige Voraussetzung angenommene Zunahme der Agrarproduktion pro Kopf ist in China also in einem stärkeren bzw. zumindest gleichwertigen Maß gegeben wie in den Modellfällen autozentrierter Industrialisierung England und Japan. Auch wenn China ein deutlich höheres Bevölkerungswachstum aufzuweisen hat, reichten die geschilderten agrarpolitischen Maßnahmen aus, diese Bürde mehr als zu kompensieren und einen Beitrag zur Akkumulation zu leisten, der nicht nur auf Kosten der ländlichen Bevölkerung ging.

2.3.2. Sektorale Entwicklung

Die starke agrarische Prägung zu Beginn der 5oer Jahre ließ keine andere Wahl als die anfängliche Finanzierung der Industrialisierung durch agrarische Überschüsse. Diese Überschüsse flossen in Form der Agrarsteuer und seit 1952 überwiegend durch die Einnahmen der staatlichen Handelsgesellschaften, die den Austausch zwischen agrarischen und industriellen Gütern vermittelten, in den Staatshaushalt, aus dem wiederum die Investititionen für den rasch wachsenden staatlichen Industriesektor finanziert wurden.

Soweit die Entwicklung für die 5oer Jahre im Detail ersichtlich ist, lassen sich folgende Linien feststellen:
1) Im Zuge der sukzessiven Verstaatlichung der privaten Industrie werden zunehmend sämtliche industriellen Investitionen aus dem Staatshaushalt vorgenommen.
2) Der Anteil der Investitionen an den Staatsausgaben wächst von 25,5 Prozent (195o) auf 64 Prozent (1958). Gesamtwirtschaftlich gesehen dürfte die Investitionsrate sich in den 6oer Jahren bei ca. 2o Prozent eingependelt haben[27o].
3) Ein zunehmender Anteil dieser Investitionen fällt auf die Industrie und insbesondere auf die Schwerindustrie.
4) Finanziert wird der Staatshaushalt in steigendem Maße durch die Gewinne der staatlichen Betriebe.

Damit wird der Staatshaushalt ab 1957 zum entscheidenden Instrument, mit dessen Hilfe eine sektorale Umverteilungspolitik betrieben werden kann. Einerseits erlaubt die staatliche Kontrolle über die Preise eine flexible Steuerung, in welchen Sektoren, Branchen und Regionen die staatlichen Einnahmen entstehen sollen. Wenn auch letztlich nicht schlüssig nachgewiesen werden kann, besteht doch die begründete Vermutung, daß die Agrarpreise zu Beginn der 5oer Jahre im Vergleich zu den Industriepreisen erheblich unterbewertet waren. Perkins vermutet , daß die internen Terms of Trade erst 1957 wieder die Relationen der Jahre 193o - 1936 erreichten[271]. Seitdem häufen sich die Hinweise in der chinesischen Presse über eine weitere Schließung der Preisschere. 197o soll der Bauer z.B. für die gleiche Menge Weizen oder Baumwolle wie 195o 7o Prozent mehr Salz bzw. 14o Prozent mehr Petroleum erhalten[272]. Auf der anderen Seite garantiert das staatliche Investitionsmonopol in der Industrie eine Konzentration auf solche Bereiche, die der anvisierten Entwicklungsstrategie zupaß kommen.

Der Anteil der staatlichen Investitionen für die Konsumgüterindustrie wie für die Landwirtschaft stagniert in den 5oer Jahren bei jeweils 2 bis 5 Prozent, während der Anteil der Schwerindustrie im gleichen Zeitraum von 6 auf 42 Prozent zunimmt. Das war möglich, weil die Agrarpolitik der 5oer Jahre bewußt auf die Mechanisierung verzichtete,und in der Leichtindustrie erstens ein vergleichsweise hohes Ausgangsniveau vorhanden war, und zweitens dieser Sektor bis 1956 de facto weitgehend den nationalen Kapitalisten überlassen blieb.

Resultat dieser Konzentration der staatlichen Investitionen war innerhalb von 25 Jahren eine völlige Umschichtung des Sozialprodukts auf der <u>Entstehungsseite</u> (vgl. Tabelle 117).

Der Anteil der Landwirtschaft, der 1933 noch 65 Prozent betragen hatte, sank bis 1974 auf 25,2 Prozent, während gleichzeitig der Beitrag der Industrie von 15,7 auf 52,1 Prozent zunahm. Der Strukturwandel von einer ursprünglich handwerklich geprägten Industrie, 1933 noch zu 45 Prozent, zu einer modernen Industrie, 1957 nur noch 17 Prozent Handwerk, unterstreicht diese Entwicklung.

Tabelle 117: Entstehung des Bruttoinlandsprodukt nach Sektoren 1933 - 1974 in Mrd ¥ (Wertschöpfung)

	1933[1]		1952[2]		1957[2]		1965[2]		1970[2]		1974[2]	
	in 33er ¥	in %	in 57er ¥	in %	in 57er ¥	in %	in 57er ¥	in %	in 57er ¥	in %	in 57er ¥	in %
Landwirtschaft	18,76	65,o	32,15	45,7	44,72	42,7	49,1o	32,6	59,96	29,4	67,o9	25,2
Industrie	4,52	15,7	19,31	27,4	34,16	32,6	64,6o	42,9	96,99	47,6	138,84	52,1
davon: Handwerk		45,1[a]		21,3[3]		17,1[3]						
Baugewerbe	o,34	1,2	1,48	2,1	4,oo	3,8	8,oo	5,3	9,8o	4,8	13,96	5,2
Dienstleistungen	5,24	18,2	17,47	24,8	21,8o	2o,8	28,94	19,2	37,15	18,2	46,35	17,4
gesamt	28,86	1oo,o	7o,41	1oo,o	1o4,68	1oo,o	15o,64	1oo,o	2o3,9o	1oo,o	266,24	1oo,o

1) Nettoinlandsprodukt nach Tabelle 48
2) Perkins 1976, S.16
3) Ten Great Years, S.16 (= Anteil der Bruttoproduktion der gesamten Industrie)

a) In Prozent des gesamten industriellen Sektors (Wertschöpfung)

Die Verlagerung vom agrarischen zum industriellen Schwerpunkt wurde allerdings auf der Beschäftigungsseite nicht vollzogen. Nach wie vor sind ca.8o Prozent der Arbeitskräfte in der Landwirtschaft tätig. Die starke Binnenwanderung in die Städte während der 5oer Jahre konnte gestoppt werden. Das war nötig, da infolge steigender Produktivität das Wachstum der Industrie gerade genügend zusätzliche Arbeitsplätze für die natürliche Zunahme der städtischen Bevölkerung bereitstellen konnte. Die Anwendung einfacher Technologie in der Landwirtschaft und der Aufbau kleinindustrieller Agrobetriebe erweist sich unter beschäftigungspolitischen Gesichtspunkten mithin als ideales Mittel, die sonst unvermeidbare Landflucht und anschließende Verslummung der Städte zu verhindern. Das funktioniert allerdings nur, weil die bisherigen Maßnahmen zur agrarischen Produktivitätssteigerung das Bevölkerungswachstum auf dem Land mehr als kompensieren und somit auch für die Landbevölkerung einen, wenn auch bescheidenen Einkommenszuwachs garantieren.

Die sektorale Verlagerung von der Landwirtschaft zur Industrie trifft in gleichem Maße für die Relationen innerhalb des industriellen Sektors zu (vgl. Tabelle 118).

1933 gingen 73 Prozent auf das Konto der Konsumgüterindustrie und allein 63,4 Prozent entfielen auf die beiden Branchen Textil sowie Nahrungs- und Genußmittel. Demgegenüber betrugen die Anteile von Metall, Metallverarbeitung und Maschinenbau zusammen nur 5,1 Prozent[273]. Auch für das Jahr 1952, das eine weitgehende Wiederinbetriebnahme der ehemaligen japanisch/mandschurischen Schwerindustrie unterstellt, betrug die Relation zwischen Leicht- und Schwerindustrie noch 2:1. Trotz erheblicher absoluter Zunahme bis 1973 geht der Anteil der Leichtindustrie dann aber bis auf 4o Prozent zurück.

<u>Tabelle 118</u>: Anteile der Produktions- und Konsumgüterindustrie am Bruttoproduktionswert der gesamten Industrie 1933 - 1973 in Mrd ¥

	1933[1]		1952[2]		1957[2]		1973[3]	
	33er ¥	Prozent	52er ¥	Prozent	57er ¥	Prozent	57er ¥	Prozent
gesamte Industrie	2,9461	1oo,o	34,33	1oo,o	7o,4o	1oo,o	325,955	1oo,o
Konsumgüter	2,1466	72,9	22,11	64,4	37,4o	53,1	131,295	4o,3
nur Textil-, Nahrungs- und Genußmittel		63,4		52,3		39,5		
Produktionsgüter	o,7995	27,1	12,22	35,6	33,o	46,9	194,66o	59,7
nur Metall- und Metallverarbeitung		2,o		1o,5		14,7		
Maschinenbau		3,1		5,2		9,5		

1933 = Bruttowertschöpfung; 1952 - 1973 = Bruttoproduktionswert

1) Nach Tabelle 53
2) Ten Great Years, S.68 und 71
3) Offizielle Angaben nach Field/Lardy/Emerson 1976, S.15.

Auch wenn für die Zeit nach 1957 keine Aufgliederung der Industrie nach Branchen erhältlich ist, besteht doch kein Zweifel, daß von Anfang an der Aufbau eines kompletten Produktionszyklus angestrebt wurde, so daß heute keine Branche von Bedeutung fehlt. Offensichtliche Korrekturen seit den 6oer Jahren betrafen also weniger die Priorität der Schwerindustrie an sich als ihre stärkere Orientierung auf agrarische und leichtindustrielle Bedürfnisse, wie die Wachstumsraten für Kunstdünger und Traktoren veranschaulicht hatten.

Die chinesische Industrialisierung seit den 2oer Jahren hat also zwei grundlegende Einschnitte zu verzeichnen. Der erste erfolgte nach der Revolution und bedeutete den Wechsel von einer an kaufkräftiger Nachfrage der Oberschicht orientierten Industrialisierung im Bereich der Luxusgüterproduktion zu einer vom Markt weitgehend unabhängigen, auf sich selbst gerichteten Schwerindustrialisierung. Der zweite Einschnitt erfolgte etwa Mitte der 6oer Jahre und führte zur Orientierung dieser Schwerindustrie auf die Bedürfnisse von Landwirtschaft und Massenkonsumgüterproduktion, wobei deren prominenteste Errungenschaft die Produktion von Fahrrädern, Radios, Nähmaschinen und Armbanduhren bildet, wenn auch die Texil- und Nahrungsmittelbranchen zweifellos noch dominieren. Die nach wie vor hohen Wachstumsraten der Schwerindustrie, die mit 1o,7 Prozent über dem gesamtindustriellen Durchschnitt liegen, zeigen, daß eine schnelle Akkumulation nicht notwendig auf Kosten des Konsums wie in den 5oer Jahren, sondern auch über steigenden Konsum erfolgen kann, wenn die Schwerindustrie nur in entsprechenden Marktbeziehungen eingebettet ist. In dieser Erkenntnis liegt der Kern der seit Januar 1961 gültigen Losung "Die Landwirtschaft ist die Grundlage und die Industrie der führende Faktor". Sie bedeutet nicht die schlichte Verlagerung der Aktivitäten von der Industrie zur Landwirtschaft, sondern Industrialisierung nach Maßgabe der agrarischen Kapazitäten, Bedürfnisse und Einkommen.

In bezug auf eine mögliche neue externe Abhängigkeit der chinesischen Wirtschaft sei nur folgendes bemerkt. Selbst in den beiden Spitzenjahren des Importbooms 1959 mit 2,o85 Mrd US $

und 1974 mit 3,165 Mrd US $ (jeweils in konstanten Preisen) betrug die Importquote, gemessen am BSP, nur 1,9 bzw. 1,4 Prozent[274]. Auch wenn zu konstatieren ist, daß in beiden Fällen wichtige Bereiche der Industrie, Maschinenbau bzw. Chemie, in erheblichem Maße durch ausländische Technologie gespeist wurden, so zeugt doch die chinesische Außenhandelspraxis seit den traumatischen Erfahrungen mit der Sowjetunion insgesamt von einem sehr selektiven Vorgehen, das seine Akzente nach internen Bedürfnissen ausrichtet. Das Anfang der 7oer zurückgehende Agrarwachstum verlangte eine rasche Reaktion und führte 1973 und 1974 zu den enormen Importen von Kunstdüngerfabriken. Nachdem dieser Engpaß beseitigt ist, wird auf weitere Importe dieser Art verzichtet.

2.3.3. Regionale Entwicklung

Die Analyse über die regionale Verteilung der Industrie vor 1949 hatte gezeigt, daß eine starke Konzentration auf wenige Provinzen oder gar Städte festzustellen war. 1931 entfielen z.B. 82,4 Prozent der ausländischen Direktinvestitionen auf Shanghai und die Mandschurei (vgl. Tabelle 55). Zu Anfang des 2o. Jahrhunderts entfielen 52,1 Prozent des Gründungskapitals der chinesischen Industrie auf die vier Städte Shanghai, Tientsin, Wuhan und Canton (vgl. Tabelle 56).

In der Literatur, die die regionale Entwicklung behandelt[275], wird in der Regel zwischen entwickelten Küsten- und unterentwickelten Inlandsprovinzen unterschieden. Auch wenn diese Unterscheidung einige Signifikanz aufweist, erscheint sie zu formal, da sie einerseits Provinzen wie Fukien und Chekiang mit niedrigem absolutem wie Pro-Kopf-Produkt zur Gruppe der entwickelten Regionen zählt, während umgekehrt Provinzen wie Kirin und Heilungkiang ungerechtfertigterweise zum unterentwickelten Hinterland gezählt werden. Demgegenüber erscheint eine Gliederung sinnvoller, die zwischen Regionen oder Provinzen unterscheidet, die in starkem Maß der ausländischen Penetration unterworfen waren, und solchen, die diese Erfahrung nicht oder nur kaum gemacht haben (vgl. dazu Teil I, 3.5). Zur ersten relativ industrialisierten Gruppe vor 1949 gehören deshalb die Provinzen Heilungkiang, Kirin, Liaoning, Hopei inklusive Peking und Tientsin, Kiangsu inklusive Shanghai und Kwangtung. In diesen 6 Provinzen dürften vor 1949 etwa 75 Prozent der gesamten chinesischen Industrieproduktion erzeugt worden sein[276], während die übrigen 2o Provinzen und Autonomen Gebiete sich in sehr unterschiedlichem Maße den Rest teilten. Bei der Untersuchung, ob ein regionaler Ausgleich im Entwicklungsniveau stattgefunden hat, soll im folgenden also von dieser, dem Imperialismus geschuldeten Umverteilung und nicht von einer womöglich auf natürliche Bedingungen zurückzuführenden Küste-Hinterland-Klassifizierung ausgegangen werden.

Ein Ziel der entwicklungspolitischen Programmatik zu Beginn der 5oer Jahre war erklärtermaßen der Abbau dieser ungleichen regionalen Verteilung[277], wobei neben der ökonomisch-gesellschaftlichen Zielsetzung sicherlich auch militärstrategische Gründe eine Rolle spielten, da man damals die an der Küste konzentrierte Industrie gegenüber amerikanischen Angriffen für besonders verletzlich hielt. Im Zeichen von Interkontinentalraketen und der Verlagerung der möglichen Konfliktregion in Richtung sowjetische Grenze dürfte dieses Argument gegenstandslos geworden sein.

Während des 1. Fünfjahresplans wurde deshalb ein großer Teil der neuen Industrieprojekte vornehmlich in den nördlichen Provinzen des Hinterlands loziert und in Paotow, Lanchow, Tai-yuan, Sian und Loyang neue Industriezentren geschaffen. Diese erste Phase forcierter Standortverlagerung wurde aber offenbar bereits in den Beratungen für den 2. Fünfjahresplan zugunsten einer Orientierung an möglichst rascher Industrialisierung korrigiert, was zwangsläufig darauf hinauslief, verstärkt die vorhandenen Industriezentren weiter auszubauen[278]. Die Dezentralisierung des Großen Sprungs betraf demgegenüber in erster Linie die kommuneeigenen Kleinbetriebe.

Nachdem die Liuisten Anfang der 6oer Jahre das Kommando in der Wirtschaftspolitik übernommen hatten, wurde dem Effektivitätskriterium bei der Standortwahl weitere Priorität eingeräumt, obwohl sich seit dem Ende der Kulturrevolution die Anzeichen mehren, daß der Entwicklung des Hinterlands wieder stärkere Aufmerksamkeit entgegengebracht wird, wobei laut Roll/Yeh jetzt vor allem der Süden, Südwesten und Nordwesten bevorzugt werden[279]. Das würde bedeuten, daß der Erschließungsprozeß des Hinterlands sehr selektiv verlaufen ist, und zunächst die nördlichen Regionen bevorzugt wurden, während das südliche und westliche Hinterland erst seit den 7oer Jahren ins Blickfeld gerät. Eine Analyse der Wachstumsraten einzelner Provinzen bestätigt diese Einschätzung allerdings nicht[28o].

Um diese regionale Umverteilung der Ressourcen vorzunehmen, bediente man sich wie bei der sektoralen Umverteilung des Staatshaushalts. Während des 1. Fünfjahresplans war das deshalb unproblematisch, da die wichtigsten staatlichen Investitionen über den zentralen Haushalt abgewickelt wurden[281]. Die seit Mitte der 5oer Jahre einsetzende Dezentralisierungsdiskussion führte allerdings seit 1958 zu einer weitgehenden Verlagerung der Administrations-, Planungs- und Investitionsbefugnisse auf die Provinzebene. Hierin sah Donnithorne einen Pfeiler für ihre These vom ökonomischen Föderalismus, der zu regionalen Disparitäten führen würde. Lardy hat demgegenüber überzeugend nachgewiesen, daß trotz dieser Dezentralisierung die Pekinger Planungsbehörden über die Fiskalbeziehungen zwischen den Provinz- und dem Zentralhaushalten ein entscheidendes Instrument zur Steuerung der gesamtwirtschaftlichen Akkumulation in der Hand behalten haben.

Die Provinzen müssen nämlich einen Teil ihrer Revenue, die unabhängig von den direkten Einnahmen der Zentrale aufkommt, an den Zentralhaushalt abführen. Das führt dazu, daß reiche Provinzen in Extremfällen bis zu 6o oder gar 8o Prozent ihrer Einnahmen abliefern, während diese Quote für arme Provinzen weniger als 2o Prozent beträgt, oder sie sogar erhebliche Zuschüsse aus dem Zentralhaushalt erhalten. Nicht berücksichtigt sind dabei die direkten Investitionen der Zentralministerien. Im Jahre 1959 z.B. betrug die Quote für die 6 genannten relativ industrialisierten Provinzen zwischen -8o,2 und -27,4 Prozent, während den übrigen Provinzen Quoten zwischen -44,8 und +83,5 Prozent zugestanden wurden[282]. Entsprechend läßt sich zwischen hohen Zuschüssen für einzelne arme Provinzen und derem überdurchschnittlichen Wachstum eine hohe Korrelation feststellen.

Am Beispiel Shanghai läßt sich der Umverteilungsmechanismus exemplarisch verdeutlichen. Shanghai als die mit Abstand am weitesten entwickelte Region überwies während des 1. Fünfjahresplans 17,79 Mrd ¥ an den Zentralhaushalt, was für den genannten Zeitraum einen Anteil von 17,6 Prozent ausmacht. Umgekehrt tätigte die Zentralregierung im gleichen Zeitraum nur Investitionen in Höhe von 1 Mrd ¥ in Shanghai, was lediglich 5,6 Prozent der von Shanghai abgeführten Summe entspricht[283]. Wenn diese internen Fiskalbeziehungen nach 196o auch schwer nachzuweisen sind, so hat Lardy doch immerhin festgestellt, daß Shanghai, Liaoning und Kiangsu im Jahre 1972 weiterhin zwischen 7o und 9o Prozent ihrer Einnahmen abführen, während die rückständigen Provinzen und Autonomen Gebiete wie die Innere Mongolei, Kwangsi, Sinkiang, Ninghsia und Tibet erhebliche Zuschüsse aus dem Zentralhaushalt bekommen[284].

Es kann also festgehalten werden, daß zumindest Anfang der 5oer Jahre eine starke regionale Dezentralisierung der Industrie beabsichtigt war, und daß die Fiskalbeziehungen zwischen Provinz- und Staatshaushalt das Instrument zur regionalen Umverteilung bilden. Wie weit tatsächlich eine Nivellierung zwischen entwickelten und rückständigen Provinzen stattgefunden hat, soll im folgenden empirisch untersucht werden. Zu berücksichtigen ist nämlich, daß gleiche Investitionen nicht überall gleiche Ergebnisse zeigen, sondern von dem Vorhandensein einer adäquaten Infrastruktur, qualifizierten Arbeitskräften und unterschiedlichen Skaleneffekten abhängen.

Als zentraler Indikator für das allgemeine Entwicklungsniveau soll die industrielle Pro-Kopf-Produktion auf Provinzbasis angenommen werden. Die Begründung für diese Wahl ist einerseits rein pragmatisch, da es keinen anderen Indikator gibt, der einen vollständigen Überblick im Vergleich aller Provinzen über einen längeren Zeitraum zuläßt. Darüber hinaus wird allerdings unterstellt, daß eine hohe Korrelation zwischen regionaler industrieller Pro-Kopf-Produktion und Versorgung mit Konsumgütern, Infrastruktur und Daseinsfürsorge im weitesten Sinne besteht, da letztlich trotz zentraler Korrekturen das Ausmaß dieser Versorgung von den örtlichen Kapazitäten der Konsumgüterindustrie und der Finanzkraft der Kommune-, Kreis-, Distrikts- und Provinzbehörden abhängig ist.

Grundlage für diesen Vergleich sind Schätzungen über die Bruttoproduktion der Industrie nach Provinzen über den Zeitraum von 1949 - 1975 von Field/Lardy/Emerson und entsprechende Schätzungen für die Bevölkerung von Aird. Auf der Basis dieser Daten wurden für die Jahre 1952, 1957, 1965, 197o und 1974 die jeweilige Pro-Kopf-Produktion errechnet. Die regierungsunmittelbaren Städte Peking, Tientsin und Shanghai wurden dabei den Provinzen Hopei bzw. Kiangsu zugeschlagen. Die verschiedenen Änderungen der Provinzgrenzen im Laufe der Zeit wurden nicht berücksichtigt, sondern die Grenzen von 1971 zugrunde gelegt (vgl. Tabelle 119).

Das Jahr 1952 gibt in etwa die Verteilung wieder, wie sie vor 1949 bestanden hat. Aus ihr werden die extremen Unterschiede in der Pro-Kopf-Produktion zwischen Liaoning (177,9 ¥) und Kiangsu (172,9 ¥), beides Provinzen mit einer durchschnittlichen Bevölkerung, und etwa dem dichtbesiedelten Szechwan mit 22,3 ¥ bzw. dem dünnbesiedelten Ningshia mit einer Pro-Kopf-Produktion von lediglich 5,4 ¥ sichtbar. Vergleicht man die 52er mit den 74er Werten, läßt sich allerdings feststellen, daß sich an den relativen Unterschieden kaum etwas geändert hat.

Tabelle 119: Industrielle Pro-Kopf-Produktion nach Provinzen 1952 - 1974 in 57er ¥

	1952	1957	1965	197o	1974
Liaoning	177,9	398,8	6o5,1	8o1,3	991,2
Kirin	8o,2	156,o	3o7,3	397,3	457,o
Heilungkiang	141,5	241,3	398,o	521,o	558,5
Hopeh + Peking und Tientsin	86,6	183,8	35o,6	6o8,7	859,3
Shantung	37,7	67,2	98,5	18o,1	266,8
Honan	18,5	33,o	68,7	119,o	161,2
Shansi	4o,8	1o5,6			279,o
Innere Mongolei	46,4	151,o	543,8	673,1	779,1
Kiangsu + Shanghai	172,9	3o4,7	538,5	833,9	1o64,9
Anhwei	18,6	41,o	63,7	92,1	136,7
Chekiang	43,6	86,3	136,5	19o,6	224,1
Hupeh	31,2	83,6	118,7	192,9	216,7
Hunan	21,o	46,o	72,7	136,1	17o,o
Kiangsi	32,5	6o,5			2o2,7
Kwangtung	47,4	96,1	185,5	271,3	348,4
Kwangsi	15,9	34,o	54,o	9o,1	154,1
Fukien	28,6	77,o	1o9,9	135,3	2o9,9
Szechwan	22,3	6o,6	87,2		141,8
Kweichow	16,8	34,2	13o,2		13o,5
Yunnan	17,3	52,8	62,1	88,5	133,o
Tibet	o,o	6,8	13,4		57,2
Shensi	21,8	64,4	127,8	229,3	241,4
Kansu	25,6	55,6	145,2	257,1	356,7
Tsinghai	26,2	59,6	1o6,8	181,o	283,2
Sinkiang	37,9	85,2	1o4,2	167,8	214,8
Ningsia	5,4	12,7	35,o		13o,5
gesamt	53,5	111,2	194,9	292,9	38o,4

Berechnet nach Field/Lardy/Emerson 1976, S.11, 14, 17 und 2o (Bruttoindustrieproduktion) und Aird 1974, S.22 (Bevölkerung).

Bevölkerung in den Grenzen von 1971 jeweils am 1. Januar, für 1952 am 1.1.1953.

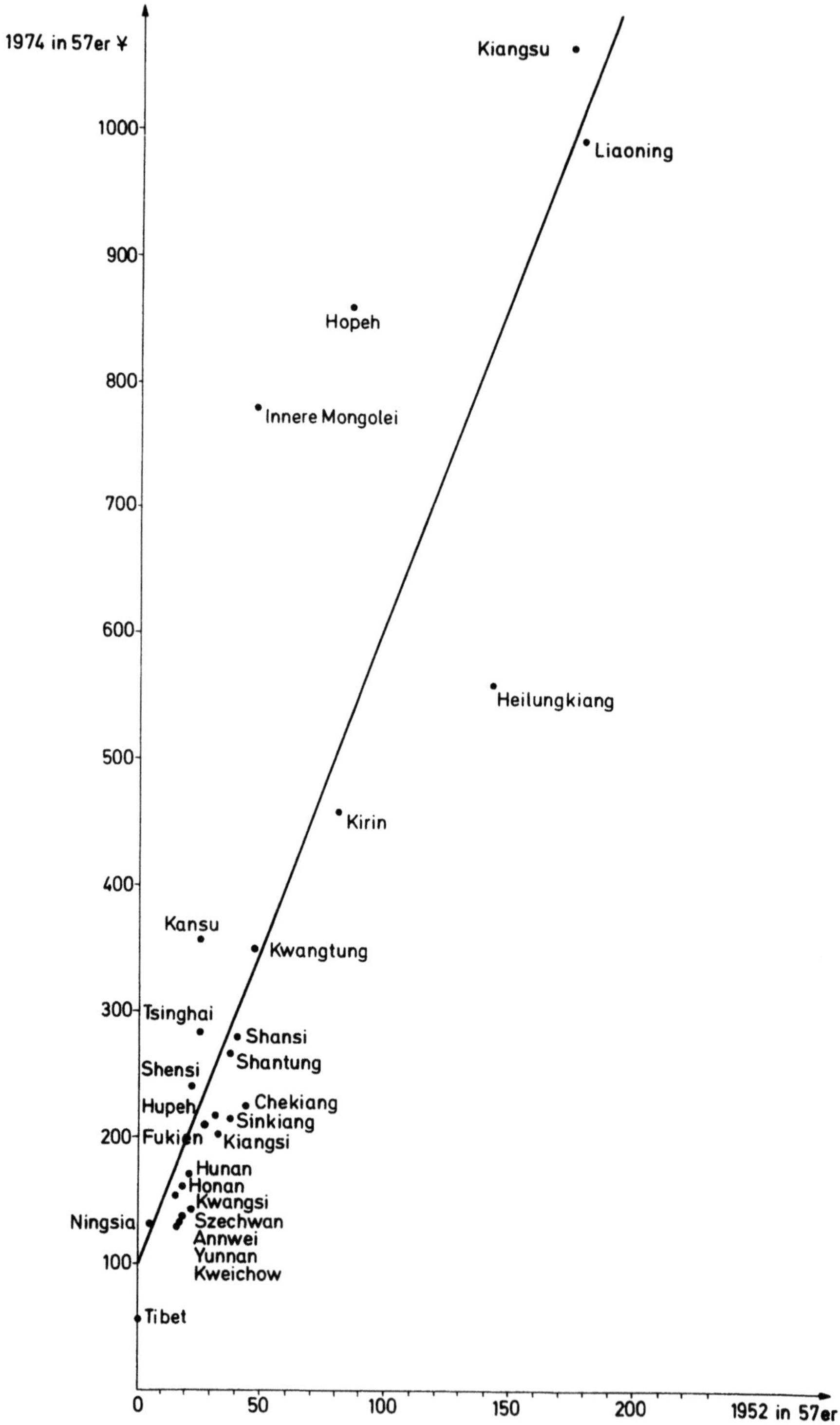
1974 in 57er ¥
1000
900
800
700
600
500
400
300
200
100
0
50
100
150
200
1952 in 57er
Kiangsu
Liaoning
Hopeh
Innere Mongolei
Heilungkiang
Kirin
Kansu
Kwangtung
Tsinghai
Shansi
Shantung
Shensi
Chekiang
Hupeh
Sinkiang
Fukien
Kiangsi
Hunan
Honan
Kwangsi
Ningsia
Szechwan
Annwei
Yunnan
Kweichow
Tibet

Schaubild 21 kombiniert das Ausgangsniveau des Jahres 1952 (X-Achse) mit dem Niveau des Jahres 1974 (Y-Achse). Von den 5 Provinzen mit einem Pro-Kopf-Produkt über 5o ¥ 1952, sämtlich zu den ehemals penetrierten Regionen gehörend, befinden sich 1974 alle in der Spitzengruppe mit einem Pro-Kopf-Produkt über 3oo ¥[285]. Lediglich 3 Provinzen - Innere Mongolei, Kansu und Kwangtung - haben sich sichtbar aus der unteren Gruppe abgesetzt, wobei es sich im Fall Kwangtung um die sechste der ehemals stark penetrierten Provinzen handelt. Es muß allerdings betont werden, daß die rückständigsten Provinzen und Autonomen Gebiete des Westens und Nordwestens, Innere Mongolei, Tibet, Shensi, Kansu, Tsinghai, Sinkiang und Ningsia allesamt überdurchschnittliche jährliche Wachstumsraten zwischen 11,4 und 15,6 Prozent aufweisen, während die industriellen Kernprovinzen nur Wachstumsraten zwischen 6,4 und 9,5 Prozent erreichen. Der nationale Durchschnitt liegt bei 9,3 Prozent jährlich[286]. Doch trotz dieses regional unterschiedlichen Wachstums hat sich an den relativen Abständen zwischen den Provinzen nicht viel geändert.

Das wird besonders deutlich, wenn man nicht die Entwicklung einzelner Provinzen verfolgt, sondern die eingangs vorgenommene Zweiteilung in ursprünglich penetrierte und nicht oder kaum penetrierte Provinzen zugrunde legt (vgl. Tabelle 12o).

Auf die 6 Provinzen der Gruppe 1 entfielen 1952 29,4 Prozent der Bevölkerung und 76,3 Prozent der Industrieproduktion. Das ergibt ein durchschnittliches Pro-Kopf-Produkt von 138,6 ¥ gegenüber nur 18,o ¥ für die Gruppe 2. 1974 ist zwar für beide Gruppen das Pro-Kopf-Produkt auf 944,9 bzw. 128,2 ¥ erheblich gestiegen, die prozentuale Verteilung der Industrieproduktion ist aber nahezu mit der Verteilung des Jahres 1952 identisch. Lediglich bis 1957 ist eine deutliche Verschiebung zugunsten der Gruppe 2 zu verzeichnen. Ihr prozentualer Anteil steigt von 23,7 auf 28,8 Prozent. 1965 ist diese Verbesserung erst um 1,8 Punkte zurückgegangen.

Tabelle 12o: Verteilung der Industrieproduktion zwischen ehemals penetrierten und nichtpenetrierten Provinzen 1952 - 1974 (Prozentangaben in Klammern)

	1952	1957	1965	1974
penetrierte Provinzen[a]				
Bevölkerung in Mio	169,675(29,4)	188,673(29,8)	223,8o8(3o,3)	28o,726(3o,9)
Bruttoindustrieproduktion in Mrd 57er ¥	23,514(76,3)	5o,147(71,2)	1o5,o93(73,o)	265,244(76,7)
pro Kopf in 57er ¥	138,6	265,8	469,6	944,9
nichtpenetrierte[b] Provinzen				
Bevölkerung	4o6,374(7o,5)	444,372(7o,2)		628,489(69,1)
Industrieproduktion	7,317(23,7)	2o,257(28,8)		8o,589(23,3)
pro Kopf	18,o	45,6		128,2
gesamt				
Bevölkerung	576,67o(1oo)	633,o45(1oo)	738,453(1oo)	9o9,215(1oo)
Industrieproduktion	3o,831(1oo)	7o,4oo(1oo)	143,918(1oo)	345,833(1oo)
pro Kopf	53,5	111,2	194,9	38o,4

Berechnet nach den Angaben in Tabelle 119

a) Liaoning,Kirin, Heilungkiang (= ehemalige Mandschurei), Hopeh inklusive Peking und Tientsin, Kiangsu inklusive Shanghai , Kwantung.

b) Übrige 2o Provinzen und Autonome Gebiete.

Das ließe sich so interpretieren, daß die erwähnte Standortpolitik des 1. Fünfjahresplans hier stark zu Buche geschlagen ist,und auch die verzögerte Erfüllung des 2. Fünfjahresplans bis 1965 noch ein schnelleres Wachstum der rückständigen Provinzen erkennen läßt. Mit dem 3. Fünfjahresplan, der in der liuistischen Ära konzipiert wurde, wird die Schraube dann offenbar wieder zurückgedreht, denn bis 1974 sind die alten Relationen wieder hergestellt. Das Effektivitätsdenken ist in dieser Hinsicht gegenüber einer gesellschaftspolitisch motivierten regionalen Diversifizierung trotz Kulturrevolution in der Oberhand geblieben.

Noch deutlicher wird die Trendwende unter Berücksichtigung der jährlichen Wachstumsraten.

Tabelle 121: Durchschnittliche jährliche Wachstumsraten der Industrieproduktion ehemals penetrierter und nichtpenetrierter Provinzen 1952 - 1974

	1952-57	1957-65	1965-74	1957-74	1952-74
penetrierte Provinzen					
Bevölkerung	2,1	2,2	2,5	2,4	2,3
Industrie	16,4	9,7	1o,7	1o,3	11,6
pro Kopf	13,9	7,4	8,o	7,7	9,1
nichtpenetrierte Provinzen					
Bevölkerung	1,8			2,1	2,o
Industrie	22,6			8,5	11,5
pro Kopf	2o,4			6,3	9,3
gesamt pro Kopf	15,8	7,3		7,5	9,3

berechnet nach den Angaben in Tabelle 119

Während das durchschnittliche jährliche Pro-Kopf-Wachstum der Gruppe 2 1952 - 1957 mit 2o,4 Prozent erheblich über dem Wachstum der Gruppe 1 liegt, verkehren sich die Relationen von 1957 bis 1974. Resultat ist über den gesamten Zeitraum eine nahezu identische durchschnittliche Wachstumsrate beider Gruppen von 9,1 bzw. 9,3 Prozent.

Die ursprüngliche Zielsetzung der starken Nivellierung ist offenbar aus ökonomischen Effektivitätserwägungen im Sinne liuistischer Wirtschaftspolitik und vermutlich infolge der hinfällig gewordenen militärstrategischen Rücksichtnahme seit Mitte der 6oer Jahre aufgegeben worden. An dieser Neuorientierung hat offenbar auch die Kulturrevolution nicht gerüttelt, da sich der Trend bis 1974 ungebrochen fortsetzt. Deutlich wird andererseits aber auch, daß angesichts der extremen Unterschiede für das Ausgangsjahr 1952 eine naturwüchsige dezentrale Entwicklung zu einer zunehmenden Kluft zwischen entwickelten und rückständigen Provinzen geführt hätte. Der zentrale Ausgleichsmechanismus hat also zumindest dazu geführt, was unbedingt als Erfolg zu werten ist, daß die Unterschiede bei gleichzeitigem erheblichem Wachstum <u>aller</u> Provinzen wenigstens stabilisiert wurden. Das heißt, auch in den rückständigsten Provinzen wie Kwangsi, Kweichow, Yunnan und Kansu sind über einen Zeitraum von 22 Jahren jährliche reale Pro-Kopf-Wachstumsraten der Industrie von 1o und mehr Prozent zu verzeichnen[287]. Auch wenn die Versorgung mit Konsumgütern, Dienstleistungen, Schulbildung u.a. in den industriellen Zentren wesentlich besser sein dürfte, so bestätigen diese Daten doch die zahllosen Einzelhinweise aus der chinesischen Presse über Fortschritte bei der Entwicklung des Hinterlandes.

ZUSAMMENFASSUNG: SECHZEHN THESEN ZUM CHINESISCHEN ENTWICKLUNGSMODELL

1) Die Penetration Chinas im 19. und 2o. Jahrhundert erfolgte nach einem anderen Muster als in den meisten Ländern der Dritten Welt. Der nennenswerte Kontakt mit den imperialistischen Großmächten qua Außenhandel begann erst 1842, und erst seit 1895 war es Ausländern gestattet, Direktinvestitionen zu tätigen. Die Resistenz des chinesischen Kaiserreichs und die Rivalität der Großmächte verhinderten es, daß das chinesische Kernland je eine formelle Kolonie wurde. Das beherrschende Motiv der ausländischen Aktivitäten war immer die Eroberung des chinesischen Binnenmarkts, was aber nur partiell gelang. Der Import von Konsumgütern, importsubstituierende Direktinvestitionen und sie begleitende Infrastruktur- und Dienstleistungsinvestitionen standen deshalb immer im Zentrum dieser Aktivitäten. Die typischen Merkmale unterentwickelter Länder wie Plantagen- oder Minenwirtschaft, Monokultur, dominierender Exportsektor und hohe Außenhandelsquote und in manchen Fällen weiße Besiedlung fehlten fast völlig. Deshalb wurde China in eine internationale Arbeitsteilung eingegliedert, die sich tendenziell an dem Muster orientierte, eine große Palette von Agrarprodukten zu exportieren und neben Konsum- auch Kapitalgüter zu importieren. Diese Form der Arbeitsteilung ist untypisch im Vergleich zu anderen unterentwickelten Ländern, bei denen der Export eines oder weniger Agrar- bzw. Minenprodukte dem reinen Import von Konsumgütern gegenübersteht. Sie hat erhebliche Konsequenzen für die Stabilität einer internen diversifizierten Produktionsstruktur, die nicht infolge der internationalen Arbeitsteilung zugunsten einer Monokultur aufgegeben wird.

2) Die genannten Faktoren führten dazu, daß von einer völligen Durchdringung nicht gesprochen werden kann. Die typischen Merkmale des peripheren Kapitalismus sind zwar in einigen Provinzen feststellbar, daneben blieb aber der überwiegende Teil des agrarisch geprägten Hinterlands kaum oder völlig unbeeinflußt von ausländischen Aktivitäten. Es scheint somit gerechtfertigt, sowohl von struktureller Heterogenität wie von Dualismus zu

sprechen. Das bedeutet, daß die Unterentwicklung der vorrevolutionären chinesischen Gesellschaftsformation nicht nur durch die Probleme und Widersprüche des peripheren Kapitalismus, sondern in gleichem Maße durch die Probleme und Widersprüche der stagnierenden traditionellen Produktionsweise geprägt war. Beide Formen der Widersprüche galt es nach 1949 zu lösen. Der letztgenannte Problembereich ist bislang bei der Formulierung von Theorien der Unterentwicklung und entsprechenden Überwindungsstrategien, die durch die lateinamerikanische Dependenz-Diskussion inspiriert sind, zu kurz gekommen, da der Dependenzansatz, angesichts der lateinamerikanischen Geschichte durchaus verständlich, die externen Faktoren zur Erklärung von Unterentwicklung zu sehr in den Vordergrund stellt.

3) Den Schlüssel zur Erklärung des Stagnationsprozesses der traditionellen chinesischen Gesellschaftsformation liefert die asiatische Form der tributgebundenen Produktionsweise. Die Landwirtschaft war die soziale und wirtschaftliche Basis eines bürokratischen Staates. Natürliche und demographische Faktoren erforderten eine sehr arbeitsintensive Agrikultur. Das Erb- und Bodenrecht stabilisierten dieses Gesellschaftssystem, indem sie einerseits die Bildung von Großgrundbesitz auf Dauer verhinderten und die Bauern vor völliger Mittellosigkeit weitgehend schützten, andererseits eine Bodenzersplitterung förderten, die die Existenzgrundlage und Überschußfähigkeit der Einzelwirtschaft immer weiter schmälerte und eine wachsende Unterbeschäftigung zur Folge hatte. Soweit Überschüsse über das Existenzminimum erzielt wurden, wurden sie durch die Agrarsteuer und Pacht absorbiert, deren vermeintliche oder tatsächliche Legitimation ökonomische Funktionen des Staates, etwa bei Deich- und Kanalbauten, sowie der Grundbesitz der Gentry bildeten, so daß den Bauern kaum Investitionsmittel zur Verfügung standen. Resultat war eine stagnierende Agrartechnologie, die lediglich in der Verfeinerung der Arbeitsmethoden das Bevölkerungswachstum auszugleichen suchte, was auf Dauer säkular sinkende Pro-Kopf-Erträge nicht verhindern konnte. In Ergänzung der Landwirtschaft war es deshalb für die Bauern unbedingt notwendig, hausindustriellen Nebentätigkeiten nachzu-

gehen, um das Familieneinkommen aufzubessern. Die Produkte des täglichen Bedarfs, soweit sie nicht selber hergestellt werden konnten, wurden im Rahmen weitgehend autarker Marktgemeinden an- und verkauft, was die Herausbildung eines nationalen Binnenmarkts nachhaltig beeinträchtigte. Neben der Garantie der politischen Stabilität und der Organisierung wasserwirtschaftlicher Defensivmaßnahmen unterhielt der Staat in monopolartiger Weise Aktivitäten auf dem Massenkonsumgütersektor. Deshalb waren der Gentry oder einer nationalen Bourgeoisie von zwei Seiten mögliche Investitionsfelder versperrt oder stark eingeengt. Hinter derem subjektivem, durch das konfuzianische Ethos bedingten Nicht-Investieren-Wollen stand somit ein objektives Nicht-Investieren-Können. Die weitgehend unproduktive Verwendung der gesellschaftlichen Überschüsse durch Bürokratie und Gentry war deshalb die Regel. Es konnte somit zu keiner Stadtentwicklung auf manufaktureller Basis und einer Kommerzialisierung der Landwirtschaft kommen, welche ihrerseits die wachsenden Anforderungen der städtischen Ökonomie nach Lebensmitteln, Rohstoffen und Arbeitskräften befriedigen mußte. Die Städte blieben surplusabsorbierende Verwaltungszentren. Die asiatische Form der tributgebundenen Produktionsweise und die sie konstituierende Bürokratie dominierten die Gesellschaftsformation gegenüber den feudalen oder kapitalistischen Elementen, wie sie im Pachtwesen, Handel und Gewerbe zum Ausdruck kamen. Bürokratie und Gentry ergänzten sich allerdings in der arbeitsteiligen Herrschaftsausübung auf staatlicher und dörflicher Ebene und garantierten so eine Stabilisierung ihrer gemeinsamen agrarischen Revenuebasis.

4) Ein Ausweg aus diesem gesellschaftlich bedingten Stagnationszusammenhang kann wie in ähnlich strukturierten asiatischen Ländern nur in einer Änderung der Produktionsverhältnisse liegen. Erst dann ist über die Redistribution der ehemaligen Gentry- und Bürokratieeinkommen in die Hände der Bauern oder des revolutionären Staates eine produktive Verwendung der agrarischen Überschüsse gewährleistet. Eine Mobilisierung brachliegender bereits vorhandener Potentiale wie die saisonal ungenützte

Arbeitskraft und im fortgeschrittenen Stadium der Einsatz von Wissenschaft und Technologie müssen die unabdingbare Produktivkraftentfaltung im Agrarsektor in Gang setzen. Das ist nur möglich, wenn die zersplitterten Zwergbetriebe in kollektive Organisationsformen überführt werden. Bäuerliche Einkommenssteigerungen und die Schaffung eines Binnenmarkts für Massenkonsumgüter sind schließlich die notwendigen Voraussetzungen einer Industrialisierung, die ihrerseits wieder eine Kommerzialisierung der Landwirtschaft in Gang setzen kann.

5) Die Entwicklungsdefizite des traditionellen Sektors wurden ergänzt und überlagert durch die typischen und teilweise auch in anderen Ländern zu beobachtenden Probleme, die der seit 1842 entstehende moderne Sektor hervorrief. Dieser moderne Sektor war nicht in der Lage, die gesamte Ökonomie in seine Entwicklung einzubeziehen. In den Regionen und Sektoren, wo das geschah, waren die Resultate die Zerstörung bzw. Deformierung der traditionellen Wirtschafts- und Sozialbeziehungen, die sich in externer Orientierung und marginalisierter Fortexistenz äußerten. Beispielhaft zeigte sich das im Fall der traditionellen häuslichen Seidenindustrie und Baumwollspinnerei und in der rapiden Ausweitung des Pachtwesens in der Nähe der Vertragshäfen. Die Struktur des modernen Sektors selber war gekennzeichnet durch eine regional ungleichgewichtige und extern orientierte Infrastruktur und eine sektoral wie regional unausgewogene Industrialisierung. Importsubstitution für den gehobenen Markt und Exportindustrialisierung dominierten in wenigen Vertragshäfen. Diese waren abhängig von den Kapitalgüterimporten und Handelsbeziehungen zum Ausland. In diesem Bereich versuchte das nationale mit dem ausländischen Kapital zu konkurrieren, mußte sich aber oft dem Konkurrenzdruck beugen. Das schwerindustrielle Zentrum in der Mandschurei war ausschließlich auf den japanischen Rüstungsbedarf ausgerichtet, während zur chinesischen Konsumgüterindustrie keinerlei Input-Output-Beziehungen bestanden. Die Unterbrechung der Handelsrouten zu Europa und den USA infolge des zweiten Weltkriegs wie die japanische Niederlage führten zum Zusammenbruch beider Industrieregionen.

6) Aufgabe einer Entwicklungspolitik nach 1949 in diesem Bereich mußte es also sein, beide Sektoren und Regionen in eine ausgewogene Beziehung zu setzen. Dazu bedurfte es einer Orientierung der Industrie auf die Herstellung von Massenkonsumgütern für den Binnenmarkt und einer raschen Einbindung der Landwirtschaft und ihrer Bevölkerung. Voraussetzung war der Aufbau einer adäquaten Infrastruktur in Transport und Handel. Um die enorme Kluft zwischen den Wachstumszentren und dem stagnierenden Hinterland zu überwinden, mußte eine rasche Agrarentwicklung und Dezentralisierung der Industrie angestrebt werden. Da der Außenhandel vom Volumen keine zentrale Bedeutung für den internen Akkumulationsprozeß hatte, war im Gegensatz zu den meisten unterentwickelten Ländern eine Umstrukturierung vom Luxusgüterimport hin zum Import von Kapitalgütern unproblematisch. Da keine Monokultur und auch kein ausgeprägter Exportsektor vorhanden waren, konnte das Stadium der Exportdiversifizierung entfallen. Nur das zu erreichen, stößt für ein Land wie Kuba trotz seines sozialistischen Wirtschaftssystems bereits auf große Schwierigkeiten.

7) Die Entwicklungskonzeptionen nach 1949 berücksichtigen die aufgezeigten Erfordernisse zur Überwindung der Stagnation im traditionellen Sektor und zur Schließung des innergesellschaftlichen Gefälles allerdings kaum. Angesichts der internationalen Lage und der Blockade seitens der westlichen Länder bedeutete die außer Frage stehende enge Anlehnung an die Sowjetunion die Übertragung eines Industrialisierungsmodells und Gesellschaftssystems, das für China in vielen Belangen unzulänglich war und trotz unbestreitbarer Erfolge in einigen Bereichen die traditionellen Probleme verschärfte. Die vorrangige Entwicklung der Produktivkräfte nach sowjetischem Muster bedeutete eine hohe Akkumulationsrate und Konzentration der Investitionen auf den schwerindustriellen Sektor. Dessen Produkte sollten in erster Linie dem weiteren Ausbau des schwerindustriellen Sektors dienen unter Vernachlässigung der Herstellung agrarischer und leichtindustrieller Produktionsgüter. Der Außenhandel wurde im Sinne einer sozialistischen Arbeits-

teilung in den Dienst der Schwerindustrialisierung gestellt, um über eine Steigerung der Agrarexporte Kapitalgüterimporte aus der Sowjetunion zu ermöglichen. Finanziert wurde dieses Akkumulationsmodell weitgehend durch die Überschüsse der bereits arg strapazierten Landwirtschaft, die qua Agrarsteuer und interne Terms of Trade über Binnen- und Außenhandel sowie den Staatshaushalt in den schwerindustriellen Sektor gelangten. Die Transformation der vorrevolutionären Gesellschaft war zwar eine notwendige Bedingung für die Überwindung der Unterentwicklung. Sie war aber keineswegs hinreichend, hier liegt die zu verallgemeinernde Erkenntnis, da sie nicht zu einer Konzeption autozentrierter Entwicklung führte, die an den Problemen und Möglichkeiten des eigenen Landes gewonnen war.

8) Erfolgreich war die sowjetische Strategie insofern, als innerhalb weniger Jahre im Bereich der Montanindustrie und des Maschinenbaus ein weitgehend kompletter schwerindustrieller Kern errichtet werden konnte. Problematisch war die einseitige Belastung des Agrarsektors ohne gleichzeitige agrarische Produktivkraftentfaltung. Die Agrarreform vermochte die Belastbarkeitsgrenze der Landwirtschaft nur kurzfristig hinauszuschieben. Hinzu kam eine seit 1956 defizitäre Zahlungsbilanz, die das Akkumulationsmodell auch von der außenwirtschaftlichen Seite ins Wanken brachte, da zusätzliche Agrarexporte kaum zu mobilisieren waren. Grundsätzlicher Art waren die mit der Übertragung des sowjetischen Industrialisierungsmodells verbundenen gesellschaftlichen Probleme. Die einseitige Beschränkung des sozialistischen Aufbaus auf seine materielle Seite war mit den sozialistischen Zielvorstellungen im Bereich der Produktionsverhältnisse nicht vereinbar, da im sowjetischen Sinn Leistungsprinzip, materielle Anreize, Einmannleitung, zentralisierte Planung, Spezialisierung und Arbeitsteilung die rascheste Industrialisierung garantierten. Darüber hinaus trug die einseitige Konzentration der Ressourcen auf städtische Zentren wenig zum Abbau des innergesellschaftlichen Gefälles bei, sondern reproduzierte dieses eher auf erweiterter Stufenleiter. Für die chinesische Partei war das besonders bedenklich, da ihre soziale Basis, die Bauern des Hinterlands, zwar den Preis für

diese Entwicklung zu zahlen hatten, aber kaum an den Früchten teilhatten. Deshalb setzte innerhalb der chinesischen Partei seit Mitte der 5oer Jahre eine Diskussion ein, die das sowjetische Modell in Frage stellte. Der schließliche Bruch mit der Sowjetunion im Jahre 196o war von chinesischer Seite zumindest vorprogrammiert,wenn er auch in seiner Heftigkeit sicher vermieden werden sollte.

9) Die maoistische Variante des chinesischen Entwicklungsmodells knüpft insbesondere an die gesellschaftliche Problematik der Übertragung des sowjetischen Modells auf China an. Der Ursprung dieser Konzeption ist in Maos praxisorientierter Erkenntnistheorie und seinen Erfahrungen mit der autarken Guerilla-Ökonomie in Yenan zu suchen. Bei Mao ist der Mensch die wichtigste Produktivkraft, die sich nur entfalten kann, wenn die Massen selber in der revolutionären Umgestaltung ihrer Lebens- und Arbeitsverhältnisse die gesellschaftlichen Widersprüche erkennen und lösen lernen. Bei der materiellen Entwicklung haben demnach immer die politischen Aspekte im Vordergrund zu stehen,da nur der gesellschaftliche Erkenntnisfortschritt die Produktivkräfte freisetzt, über die der "neue Mensch" verfügt. Insofern hat die Transformation der Produktionsverhältnisse immer Vorrang, da zunächst die gesellschaftlichen und institutionellen Barrieren weggeräumt werden müssen. In allen unterentwickelten und agrarisch geprägten Ländern wie China müssen die Bauern das historische Subjekt dieses Prozesses sein. Hier zeigt sich, daß Mao in besonderer Weise die spezifischen Probleme unterentwickelter Länder reflektiert, da einer seiner Hauptwidersprüche im Gegensatz zwischen Stadt und Land liegt. Deshalb rückt bei Mao die Entwicklung des agrarischen Hinterlands ins Zentrum seiner Überlegungen. Ein erster Schritt dazu ist die Mobilisierung der reichlich vorhandenen Arbeitskräfte und der Erfindungsgabe der chinesischen Bauern. Um diese Potentiale freizusetzen, muß die institutionelle Transformation der Landwirtschaft, also die Kollektivierung und Kommunisierung der technischen Transformation vorangehen. Im Rahmen kollektiver Einheiten soll aus eigener Kraft im weitesten Sinne eine dezentral organisierte

und finanzierte Agrarentwicklung einsetzen, die sich einfache Technologie zunutze macht und eine schrittweise experimentelle Modernisierung der Landwirtschaft in Gang setzt. Entsprechend seinem Verständnis, daß der Widerspruch das ewige Movens der Geschichte ist, kann und soll diese Entwicklung in Sprüngen verlaufen, die zu gesamtwirtschaftlichen Disproportionen führen und ihrerseits Gegenmaßnahmen erfordern. Das innergesellschaftliche Gefälle wird von unten geschlossen, indem der initiierte soziale und technologische Wandel auf dem Land die Kluft zur modernen städtischen Ökonomie vermindert. Die mit der Agrarentwicklung verbundenen Einkommensverbesserungen erschließen die Landwirtschaft als Markt für die Industrie. Die industrielle Entwicklung soll also nicht auf Kosten, sondern über die Entwicklung der Landwirtschaft erfolgen. In der Tatsache, daß das periphere Industrialisierungsmodell nach genau dem gegenteiligen Prinzip verfährt, ist ein wesentlicher Grund zu sehen, warum die strukturelle Heterogenität in anderen unterentwickelten Ländern eher vertieft als abgebaut wird.

1o) Die liuistische Variante des chinesischen Entwicklungsmodells entzündete sich eher an den Akkumulationsproblemen, die durch die Übertragung des sowjetischen Modells auftraten, während die liuistische Gesellschaftstheorie und die soziale Basis des Liuismus sich weniger vom sowjetischen Modell unterscheiden. Liu vertraut gegenüber Maos Erkenntnis- und Widerspruchstheorie auf die Möglichkeit theoretischer Schulung und die Aufhebbarkeit aller Widersprüche. Statt der praxisorientierten Massenlinie setzt er auf eine Kaderlinie und den wissenschaftlich-technischen Fortschritt. Wenn alle Widersprüche durch Klassenkompromisse aufhebbar sind, bedarf es keiner permanenten Revolution, sondern einer kontinuierlichen, proportionalen und planmäßigen Entwicklung, bei der Leistung, Kostenbewußtsein, materielle Anreize und Expertenverantwortlichkeit im Vordergrund stehen. Der Produktivkraftentfaltung wird Priorität zugemessen. Die Transformation der Produktionsverhältnisse hat sich am jeweiligen Stand der Produktivkräfte zu orientieren. Hinsichtlich des Akkumulationsmodells bedeutet das gleichgewichtiges Wachstum, das sich an den Kapazitäten der Landwirtschaft zu orientieren hat. Die Agrarentwicklung in der liuistischen Variante ist eher eine Funktion der städtischen und industriellen Anforderungen und soll weniger um ihrer selbst willen betrieben werden. Deshalb stehen auch nicht das Vertrauen auf die eigene Kraft der Bauern und die lokale Initiative im Vordergrund, sondern eine auf potentielle Wachstumsregionen begrenzte Entwicklung, bei der der Staat die Initiative ergreift, Finanzmittel und moderne Agrarinputs zur Verfügung stellt. Die Schwerindustrie soll sich im Sinne eines gleichgewichtigen Wachstums an der Herstellung agrarischer und leichtindustrieller Inputs orientieren. Die industrielle Organisation verfährt nach den Prinzipien von Zentralisierung, Spezialisierung, Arbeitsteilung, Betriebsleiterverantwortlichkeit und leistungsbezogener Entlohnung. Dezentralisierung im liuistischen Sinn heißt nicht größere Verantwortung lokaler Behörden unabhängig von der Zentrale, sondern größere Autonomie der Betriebsleiter im Rahmen des zentralen Plans. Die soziale Basis der liuistischen Fraktion innerhalb der Partei war ursprünglich die Arbeiterklasse der modernen Vertragshäfen. Insofern bildet für Liu nach orthodoxen marxistischem Verständnis die Arbeiterklasse das historische Subjekt, die zeitweilig ihre Avantgarde in Form der Partei aufs Land geschickt hat, um die Bauern als Bündnispartner zu mobilisieren. Eine Revolutionierung der Gesellschaft und eine Entwicklung der Produktivkräfte ist nur möglich, wenn die Arbeiterklasse die Macht hat. Erst wenn sie den Bauern im Zuge der Industrialisierung Produktionsmittel zur Verfügung stellt, kann eine technische Transformation der Landwirtschaft eingeleitet werden, die die Bauern für die Kollektivierung reif macht und sie bewußtseinsmäßig den Arbeitern gleichstellt.

11) Der innerparteiliche Linienkampf, hier als Auseinandersetzung um die Grundprinzipien gesellschaftlicher wie wirtschaftlicher Entwicklung verstanden, findet seine Ursache somit in den unterschiedlichen Interessen der verschiedenen Klassen und Schichten in China, die innerhalb der Partei repräsentiert sind. Maos Konzeption führt konsequent zu einer stärkeren Allokation gesellschaftlicher Ressourcen im agrarischen Hinterland. Lius Konzeption bedeutet eine stärkere Konzentration der Ressourcen auf

die städtische Ökonomie. Damit wird die städtische Arbeiterklasse zum potentiellen Bündnispartner der bürgerlichen Intelligenz in Wirtschaft, Wissenschaft und Administration, die an einer solchen Entwicklung eher partizipiert und ihre durch Expertenwissen legitimierten Privilegien wahren kann. Der grundsätzliche innergesellschaftliche Widerspruch ist somit der zwischen Stadt und Land und hat seine Ursache in der heterogenen chinesischen Gesellschaftsformation vor der Revolution. Der Ausgang des innerparteilichen Linienkampfes entscheidet darüber, ob diese Kluft bestehen bleibt oder tendenziell abgebaut wird. Was in China mangels politischer Alternativen innerhalb der Partei ausgetragen wird, äußert sich in anderen unterentwickelten Ländern als offener oder latenter Konflikt zwischen den sozialen Klassen und ihren politischen Repräsentanten.

12) In der Realität sind seit Mitte der 5oer Jahre immer Kompromisse zwischen beiden Konzeptionen geschlossen worden. Das vorsichtige Abrücken vom sowjetischen Vorbild im Jahre 1956 infolge der geschilderten Probleme orientierte sich für kurze Zeit an liuistischen Vorstellungen. Gleichzeitig begann aber bereits die maoistische Initiative, die in den Jahren des Großen Sprungs 1958 - 196o zu einer weitgehenden Durchsetzung maoistischer Prinzipien führte. Das Scheitern des Großen Sprungs, das sich in einer Disproportionalitätskrise größten Ausmaßes äußerte, brachte Anfang der 6oer Jahre die Liuisten in die Vorderhand, die nach Überwindung der Krise seit etwa 1963 daran gingen, einen planmäßigen Neuaufbau nach ihren Vorstellungen in Gang zu setzen. Die Außerachtlassung zu vieler gesellschaftspolitischer Prinzipien Maos führte zum Ausbruch der Kulturrevolution, die das Pendel insbesondere in der Agrarpolitik für einige Jahre wieder in die andere Richtung schwingen ließ. Etwa seit 1972 ist eine liuistische Restauration zu beobachten, die sich zunächst zögernd und seit Maos Tod offen zu Prinzipien bekennt, die in der ersten Hälfte der 6oer Jahre vertreten wurden. Jenseits des Linienkampfes liegen die von beiden Seiten akzeptierten Kompromisse heute darin, ein gleichgewichtiges Wachstumsmodell auf der Basis der Landwirtschaft zu verfolgen, wobei die Schwerindustrie sich am Bedarf von Konsumgüterindustrie und Landwirtschaft zu orientieren hat. Das Prinzip des Vertrauens auf die

eigene Kraft wird dermaßen gehandhabt, daß es sowohl für staatlich organisierte wissenschaftlich-technische Entwicklung im nationalen Rahmen wie für die lokale Initiative gilt. Dem entspricht ein technologischer Dualismus, der unter ökonomischen, beschäftigungspolitischen und sozialpolitischen Kriterien gesehen werden muß. Gerade die beiden letztgenannten Aspekte werden in anderen unterentwickelten Ländern außer Acht gelassen, die allein auf den Produktivitätseffekt modernster Technologie fixiert sind. Das self-reliance Prinzip hindert China nicht, in ausgewählten Bereichen auf ausländische Technologie zurückzugreifen. Self-reliance heißt also keineswegs Autarkie. Eine Ökonomie, die ein komplettes Industriesystem und eine ausgewogene Beziehung ihrer Sektoren und Branchen aufweist, kann durchaus Vorteile in außenwirtschaftlicher Kooperation finden, wie etwa der gezielte Import von Kunstdüngeranlagen zur raschen Überwindung von Produktionsengpässen beweist. Im Gegensatz zu Ländern, die eine kohärente Ökonomie noch nicht aufweisen, wird die mit dieser Form des Außenhandels verbundene Arbeitsteilung nicht dazu führen, daß sich die typischen Merkmale abhängiger und extern orientierter Industrialisierung wieder einstellen, da nicht auf Dauer vermeintliche komparative Vorteile oder die Interessen einer Freihandelsbourgeoisie,sondern aktuelle Erfordernisse eines binnenmarktorientierten Industrialisierungsprozesses die Anstöße zum Außenhandel geben. Nach den bitteren Erfahrungen mit der Sowjetunion verfolgt die VR China ihre Politik der begrenzten Kooperation folglich erst, seitdem das fortgeschrittene Stadium der Industrialisierung erreicht ist.

13) Resultat der realen Entwicklung war im traditionellen Sektor die weitgehende Überwindung des geschilderten Stagnationsmechanismus, wobei hier die maoistische Konzeption stärker zum Zuge kam. Grundprinzip war dabei die Initiierung von Produktivkraftentfaltung durch vorangehenden institutionellen Wandel. Die mit der Agrarreform verbundene Redistribution der Einkommen in den Staatshaushalt hatte nur für den schwerindustriellen Sektor eine Initialzündung bedeutet, während die Einkommensverbesserungen für die Bauern nach einigen Jahren durch das Bevölkerungswachstum aufgezehrt waren. Erst die im Zuge der Kollektivierung

einsetzende Mobilisierung von Arbeitskräften, Boden und Wasser brachte eine merkliche Steigerung der Flächenproduktivität. Die reine Konzentration auf die Mobilisierung von Arbeitskräften im Rahmen traditioneller Technologie und Volkskommunen, die in ihrer gesellschaftlichen Organisation zu weit vorangeschritten waren, führte während des Großen Sprungs allerdings zu einer derartigen Übermobilisierung in außeragrarischen Tätigkeitsbereichen, daß eine schwere Agrarkrise die Folge war, die nur durch Dekollektivierung und Reprivatisierung aufgefangen werden konnte. Erst die allmähliche Erholung seit 1963 erlaubte es im Rahmen der reorganisierten Volkskommunen, die den traditionellen sozialen und ökonomischen Einheiten eher angepaßt waren, die technische Transformation der Landwirtschaft auf der Basis lokaler Agroindustrialisierung in Gang zu setzen. Der grundlegende Unterschied zur "Grünen Revolution",wie sie in Mexiko oder Indien praktiziert wird, besteht allerdings darin, daß die zur Anwendung kommende Agrartechnologie nicht von Multinationalen Konzernen geliefert wird und nur von kapitalkräftigen Großgrundbesitzern ohne Rücksicht auf die traditionellen Sozial- und Marktbeziehungen eingesetzt werden kann, sondern entsprechend den lokalen Bedürfnissen und Möglichkeiten konzipiert und den gesellschaftlichen Bedingungen angepaßt ist, und ihr Einsatz von den Volkskommunen auch finanziert werden kann. Diese Konzeption, die besonders seit der Kulturrevolution forciert wurde, stieß aber Anfang der 7oer Jahre an Grenzen, die sich in stagnierender Arbeitsproduktivität und regionalen Ungleichgewichten äußerte. Seitdem spielt der Staat eine zunehmende Rolle bei der Agroindustrialisierung. Der bislang zu beobachtende alternierende Wechsel in der Durchsetzung der maoistischen wie liuistischen Konzeption im traditionellen Sektor zeigt also, daß hinter der Dimension des gesellschaftlich bedingten innerparteilichen Konflikts auch eine Dimension wechselnder ökonomischer Erfordernisse steht, die je nach Entwicklungsstand der Produktivkräfte das eine oder das andere Lösungskonzept angemessen erscheinen läßt. Hinsichtlich der Erschließung des Binnenmarkts sind die infrastrukturellen Voraussetzungen, Transportwege und Handelsorganisationen, offenbar weitgehend abgeschlossen. Am zunehmenden Absatz agrarischer Produktionsmittel und Konsumgüter auf dem Lande und einer gegenüber der Zeit vor 1949 erheblich gestiegenen Marktrate agrarischer Produkte ist eine solche Erschließung ablesbar.

14) Im modernen Sektor hat sich eher die liuistische Variante durchgesetzt. Die 5oer Jahre waren durch die einseitige Bevorzugung der Montanindustrie und des Maschinenbaus auf der Basis sowjetischer Technologie geprägt. Mitte der 6oer Jahre setzte eine zweite Industrialisierungswelle ein, deren neue Schwerpunkte die chemische Industrie und der Agrarmaschinenbau bildeten. Darin drückt sich das gewandelte Akkumulationsmodell aus. Diese zweite Phase der Industrialisierung, die durch die Kulturrevolution nur unwesentlich beeinträchtigt wurde, wurde nahezu völlig aus eigener Kraft bewältigt. Etwa mit dem 5. Fünfjahresplan (1976 - 198o) setzt eine dritte Industrialisierungswelle ein, die insbesondere durch die Petrochemie, die Kunstdüngerproduktion und die Stahlwerke der zweiten Generation geprägt ist. Dabei wird in ausgewählten Bereichen auf westliche Technologie zurückgegriffen. Der gesamte Industrialisierungsprozeß verläuft nicht kontinuierlich, sondern weist erhebliche Fluktuationen auf, die ihre Ursachen in außerökonomischen Ereignissen (Bruch mit der Sowjetunion, Kulturrevolution), in den sozialistischen Akkumulationsprozeß kennzeichnenden endogenen Investitions- und Produktionszyklen sowie in den beschriebenen Industrialisierungsstadien finden, die auf den konzeptionellen Wandel in der Entwicklungsstrategie zurückzuführen sind. Langfristig wurde eine reale Pro-Kopf-Steigerung des Sozialprodukts erreicht, die seit den 6oer Jahren auch für die Agrarproduktion zutrifft. China ist,auch wenn die Masse der Bevölkerung nach wie vor auf dem Lande lebt, von der Entstehungsseite des Sozialprodukts kein Agrarland mehr. Die einseitige Verzerrung zugunsten der Leichtindustrie konnte in eine sektoral ausgeglichene Industriestruktur verwandelt werden, bei der keine Branche von Bedeutung fehlt. Die regionalen Unterschiede konnten allerdings infolge der seit Mitte der 6oer Jahre einsetzenden Konzentration der Ressourcen auf die vorhandenen Zentren gegenüber 1952 bis heute nur partiell abgebaut werden, wenn auch die Kluft

nicht weiter gewachsen ist. Diese Stabilisierung der regionalen Unterschiede bei gleichzeitigem allgemeinem Wachstum pro Kopf ist als Erfolg der maoistischen Dezentralisierungs- und Agroindustrialisierungsbemühungen zu werten. Eine externe Orientierung der Ökonomie ist in keiner Weise festzustellen. Der gesamtwirtschaftliche Akkumulationsprozeß ist am Binnenmarkt orientiert und auf die Herstellung von Massenkonsumgütern ausgerichtet. Genau hier liegen die grundlegenden Unterschiede zu einem Wachstumsmodell à la Brasilien, das seine Dynamik durch einen regional wie sozial begrenzten Binnenmarkt für den gehobenen Bedarf gewinnt, der zwar in sich wächst, aber keine Tendenz aufweist, weitere Regionen mit einzubeziehen oder den marginalisierten Teil der Bevölkerung innerhalb der Wachstumszentren zu integrieren. Die dort praktizierte Importsubstitutionsindustrialisierung reproduziert die internationale Arbeitsteilung nur auf einer höheren Ebene, da nicht mehr Luxuskonsumgüter, sondern Produktionsmittel und Technologien zur Herstellung von Luxuskonsumgütern importiert werden.

15) Der innerparteiliche Linienkampf gewinnt für den gesamten Entwicklungsprozeß einen doppelten Stellenwert. Einerseits wirkt er qua unterschiedlicher politischer Optionen als autonomes Element auf die reale Entwicklung ein und treibt sie nach Maßgabe der innerparteilichen Machtverhältnisse entsprechend den maoistischen oder liuistischen Prinzipien voran. Andererseits verläuft der reale Prozeß, nicht zuletzt dank der politisch motivierten Anstöße, nicht kontinuierlich, sondern durchaus krisenhaft, so daß sich zur Lösung der jeweiligen Krise einzelne Elemente der liuistischen oder maoistischen Strategie geradezu aufdrängen. In solchen Situationen sind die Verlagerung des innerparteilichen Gleichgewichts und der Strategiewechsel nur Reaktionen auf reale Engpässe.

16) Das "chinesische Modell" ist demnach keineswegs eine kodifizierte, ex ante bereits vorhandene Konzeption, wie sie sich etwa im sowjetischen Lehrbuch "Politische Ökonomie" findet; es hat sich vielmehr durch einen Prozeß gesellschaftlicher

Konflikte und ökonomischer Probleme in seiner heutigen Form herauskristallisiert, ohne daß dieses Modell bereits den Charakter des Abschlußhaften trägt. Bei dessen Herausbildung hat der Maoismus zwar eine hervorragende Rolle gespielt, das chinesische Modell ist aber nicht, wie von vielen Autoren suggeriert oder mißverstanden, identisch mit der maoistischen Konzeption. Maoismus und Liuismus sind beides originäre und durch die gesellschaftliche Realität in China legitimierte Theorien politisch-ökonomischer Entwicklung; beide haben sie zur Formulierung des chinesischen Modells beigetragen. Das chinesische Beispiel macht deutlich, daß Entwicklungspolitik nicht anhand vorfabrizierter Modelle auf technokratische Weise planbar ist, sondern das experimenthafte Vorgehen nach der Maßgabe der jeweiligen gesellschaftlichen wie ökonomischen Realität erfordert. Der Begriff "Modell" bezieht sich in diesem Sinne eher auf die Methode als auf ein Patentrezept, das bruchlos auf andere Länder und Gesellschaften übertragbar wäre.

APPENDIX:

ZEITTAFEL ZUM INNERPARTEILICHEN LINIENKAMPF UM DEN CHINESISCHEN ENTWICKLUNGSWEG 1921 - 1977

1921	
1.Juli(oder später):	1. Parteitag der KPCh in Shanghai
1922	
	Liu beginnt Gewerkschaftsarbeit in Shanghai bis 1927
Mai oder Juli:	2. Parteitag der KPCh in Hangchou
1923	
Juni	3. Parteitag der KPCh in Canton
1924 - 1927	1. Einheitsfront mit der KMT, Liu KMT-Mitglied bis 1927
1925	
Januar	4. Parteitag der KPCh in Shanghai
	Rückkehr Maos nach Hunan, Studium der Bauernbewegung
1926	
März	Maos "Analyse der Klassen in der chinesischen Gesellschaft"
Dezember	Wuhan-Regierung zwischen linkem Flügel der KMT und KPCh
1927 - 1935	Richtungskämpfe in der Partei
1927 - 1934	Kiangsi-Hunan-Phase, radikale Agrarpolitik, begrenzte Landumverteilungen
1927	
März	Maos "Untersuchungsbericht über die Bauernbewegung in Hunan"
	keine bürgerliche Führung der Revolution, revolutionäres Potential der armen Bauern

1927	
12.April	Massaker von Shanghai, Verbot der KPCh
	Im Anschluß daran organisiert Mao die Guerilla im Grenzgebiet Kiangsi-Hunan = neue agrarrevolutionäre Strategie. Liu arbeitet in den Städten im Untergrund, Zusammenarbeit mit Li Li-san
April oder Mai	5. Parteitag der KPCh in Wuhan
1928 - 1931	Li Li-san de facto Parteiführer, Strategie: statt Guerillakampf offener Aufstand in den großen Städten
1928	
Mai	Vereinigung der Truppen von Mao und Chu Teh im Chingkangshan
Juni oder Juli-September:	6. Parteitag der KPCh in Moskau
	Liu ins ZK gewählt (?)
1929	
August	Bildung der Kiangsi-Sowjets
193o - 1934	5 Vernichtungsfeldzüge gegen die Stützpunktgebiete in Südchina durch die KMT-Truppen
193o	
Juli/August	Li Li-san verliert Parteiführung an Chen Shao-yu, den Führer der Moskau-orientierten Franktion. Liu gehörte zur Li Li-san-Linie und wurde evtl. nach Kiangsi abgeschoben
1931	
7. November	1.allchinesischer Sowjetkongreß, Gründung der chinesischen Sowjetrepublik, Mao Vorsitzender
1932	
Herbst	Liu trifft in Kiangsi ein.
Oktober	Das ZK verlegt seinen Sitz von Shanghai in die Sowjetrepublik von Kiangsi

1933

2o. August	Maos Rede in Kiangsi: "Man muß die Arbeit auf wirtschaftlichem Gebiet beachten"

1934

Januar	2. allchinesischer Sowjetkongreß, "Resolution zum sowjetisch-ökonomischen Aufbau"
	stärkere Orientierung an der sowjetischen Klassenlinie als an Maos Massenlinie
Januar	5. Plenum des 6. ZK in Juichin (Kiangsi), Liu wird ins ZK und Politbüro gewählt, seitdem Zusammenarbeit zwischen Mao und Liu
23. Januar	Maos Referat "Unsere Wirtschaftspolitik"
14. Oktober 1934 - Oktober 1935	Langer Marsch von Kiangsi nach Nordshensi, Liu nur am Anfang dabei, dann wieder Untergrundarbeit in den KMT-Gebieten bis 1942

1935

13.Januar	Tagung des erweiterten Politbüros in Tsunji, Mao übernimmt die Führung des ZK und ist damit de facto Parteiführer
Ende 1935 bis Anfang 1936	Agrarrevolution im Shensi-Gebiet
Juli 1937 - August 1945	Chinesisch-japanischer Krieg, 2. Einheitsfront mit der KMT = Yenan-Periode
1937 - 194o	de facto keine Agrarpolitik der Partei

1937

Mai	Parteikonferenz, auf der Mao/Liu-Kurs gegen die Moskau-Fraktion bestätigt wird
Juli	Mao "Über die Praxis"
August	Mao "Über den Widerspruch"
15. August	Forderung der Partei zur Reduzierung von Pacht und Zins

1938

Oktober	6. Plenum des 6. ZK
	Mao fordert zum ersten Mal Sinifizierung des Marxismus, Attacke gegen Moskaufraktion, die die totale Unterordnung der KPCh unter die KMT verlangt. Liu hält Rede gegen die Moskaufraktion "Liquidate the Menshevik Thought within the Party" (evtl. erst Anfang 1943 entstanden), hier spricht Liu zum ersten Mal von den "Mao Tse-tung-Ideen"

1939	
7. August	Lius "Training of the Communist Party Member" (später unter dem Titel "How to Be a Good Communist")
194o - 1946	gemäßigte Agrarpolitik
194o	
Januar	Maos "Über die Neue Demokratie"
	Abschaffung der Pacht, keine sozialistische Landwirtschaft
28. Januar	Richtlinien zur Agrarpolitik, gültig bis 1946
1941	
Juni	Lius "The Class Character of Man"
2. Juli	Lius "On the Intra Party Struggle"
1942 - 1944	Kampagnen zur Abschaffung von Pacht und Zins, Genossenschaftsbewegung, Produktionsbewegung in den befreiten Gebieten
	gleichzeitig 1. Berichtigungskampagne (Cheng-feng)
	Schulung von Kadern im Marxismus/Leninismus, Sinifizierung des Marxismus, gegen russische Studenten unter Führung von Wang Ming; dabei Verwendung von Mao- und Liu-Texten
1942	
1. Februar	Maos "Den Arbeitsstil der Partei verbessern", Auslösung der Cheng-feng-Kampagne
Dezember	Maos "Wirtschafts- und Finanzfragen in der Periode des Widerstandskrieges gegen die japanische Aggression"
1943	
Anfang des Jahres	Liu kommt nach Yenan, wird Mitglied des ZK-Sekretariats
1. Juni	Resolution des Politbüros zur Massenlinie, seitdem Propagierung der Massenlinie
29. November	Maos "Organisieren!"

1945	
1o. Januar	Maos "Man muß lernen, auf wirtschaftlichem Gebiet zu arbeiten"
23. April - 11. Juni	7. Parteitag der KPCh in Yenan Mao wird Parteivorsitzender, Liu 2. Mann in der Partei, "Mao-Denken" wird ins Parteiprogramm aufgenommen
14. Mai	Lius "On the Party", theoretische Begründung für die Programmrevision
August	Kriegsende und Beginn der sowjetischen Demontage in der Mandschurei, Besetzung des Stützpunkts Port Arthur und Übernahme der Changchun-Bahn durch die Sowjetunion
7. November	Maos "Pachtsenkung und Produktion - zwei wichtige Aufgaben der der Verteidigung der befreiten Gebiete"
Dezember	1. Plenum des 7. ZK
1946	
4. Mai	"Direktive vom 4. Mai" bedeutet Enteignung und Umverteilung des Bodens der Großgrundbesitzer
ab Juli	Beginn des Bürgerkriegs mit der KMT in größerem Ausmaß
1947	
1o. Oktober	Agrargesetz; radikaler als die "Direktive vom 4. Mai"
25. Dezember	Maos "Die gegenwärtige Lage und unsere Aufgaben"
1948	
11. Februar	Maos "Die 'linken' Fehler in der Propaganda für die Bodenreform korrigieren" bedeutet Bündnis mit den Mittelbauern
15. Februar	Maos "Wesentliche Punkte der Bodenreform in den neuen befreiten Gebieten" bedeutet mäßige Agrarpolitik
1949 - 1952	Restaurationsphase in wirtschaftlicher Hinsicht
1949 - 1955	Anlehnung an das sowjetische Industrialisierungsmodell, da keine eigenen Erfahrungen mit der städtischen Ökonomie

1949

31. Januar	VBA erobert Peking
Frühjahr	Lius Tientsin-Affaire
2. März	2. Plenum des 7. ZK, Beschluß, die Revolution in die Städte zu tragen
25. Mai	VBA erobert Shanghai
3o. Juni	Maos "Über die demokratische Diktatur des Volkes", hier Aussage "von der Sowjetunion lernen"
August bis Ende 1952	Nordöstliche Volksregierung unter Kao Kang
1. Oktober	Gründung der VR China
Dezember	Lius "How To Be a Good Communist" (2. Aufl.)
5. Dezember	Mao: Teilnahme der VBA an der Aufbauarbeit ist langfristig

195o

14. Februar	1. sowjetisch-chinesisches Abkommen über Wirtschaftshilfe: 5o Industrieprojekte, Rüstungslieferungen und Rüstungskredite
27. März	Verträge über Joint Ventures mit der Sowjetunion
1. Mai	Lius "Adresse zum 1. Mai"
6.-9. Juni	3. erweitertes Plenum des 7. ZK
	Bericht über die Landreform, Beginn der Landreform; Liu ursprünglich im Gegensatz zu Mao radikaler (Umverteilung); dann befürworten beide eine mäßige Politik mit Aufrechterhaltung der reichen Bauernwirtschaften
14. Juni	Lius "On the Agrarian Reform Law", gemäßigte Agrarpolitik
3o. Juni	Gesetz über die Agrarreform
195o - 1951	Mao-Liu Kontroverse über die Reihenfolge von Mechanisierung und Kollektivierung in der Landwirtschaft

195o

25.Juni 195o-28.Juli 1953	Koreakrieg
9. Oktober	Chinesische Entscheidung zur Teilnahme am Koreakrieg
25. Oktober	chinesischer Kriegseintritt

1951	
	Bildung von Gruppen der gegenseitigen Hilfe auf dem Land
August	Beginn der 3-Anti-Kampagne gegen Korruption, Verschwendung und Bürokratismus
1952	
Januar	Beginn der 5-Anti-Kampagne gegen Bestechung von Regierungsangestellten, Steuerhinterziehung, Diebstahl von Staatseigentum, Betrug bei staatlichen Aufträgen, Wirtschaftsspionage für private Spekulation
November	Einrichtung der staatlichen Planungskommission mit Kao Kang an der Spitze
28. November	Nordöstliche Verwaltungskommission unter Vorsitz von Kao Kang
Oktober bis Januar 1953	Moskaureise Lius : Koreakrieg und wirtschaftliche Kooperation
Ende des Jahres	Rückgabe der Changchung-Eisenbahn durch die Sowjetunion
1953	
1. Januar	Offizieller Beginn des 1. Fünfjahresplans
5. März	Tod Stalins
März	ZK - "Thesen zum Studium und zur Verbreitung der Generallinie der Partei in der Übergangsepoche" bedeuten langfristige Industrialisierung innerhalb von drei Fünfjahresplänen
28. Juli	Ende des Koreakriegs
Herbst	Bildung von Produktionsgenossenschaften halbsozialistischen Typs, Tachai-Brigade beginnt mit der Arbeit unter Leitung von Chen Yung-kwei
September	2. Serie der sowjetisch-chinesischen Wirtschaftsabkommen: 91 Industrieprojekte = Grundlage des 1. Fünfjahresplans
Ende des Jahres	Sturz Kao Kangs und Jao Shu-shihs, Mao setzt sich damit gegen zentralisierte Planung durch (?)
1954	
	Kang Chengs Reise in die Sowjetunion zur Inspizierung des MTS-Systems, empfiehlt keine Nachahmung
6.-1o.Februar	4. erw. Plenum des 7. ZK; Liu hält Bericht gegen Jao und Kao und befürwortet kollektive Führung
15.-28. September	1. Volkskongreß

1954

15. September	Lius "Bericht zum Verfassungsentwurf der VR China"
2o. September	Verfassung der VR China
12. Oktober	Nationalisierung der sowjetisch-chinesischen Joint Ventures
17. Oktober	Politbürositzung, Beschluß zur beschleunigten Kollektivierung

1955

	Beginn der Kreditrückzahlung an die Sowjetunion
	Errichtung des Lohnsystems anstelle des Zuteilungssystems
31. März	Parteiausschluß von Kao und Jao
4. April	5. Plenum des 7. ZK
Mai	sowjetischer Abzug aus Port Arthur
2o. Mai	zentrale Arbeitskonferenz, Verlangsamung der Kollektivierung
5. - 3o. Juli	1. Nationaler Volkskongreß, Ratifizierung des 1. Fünfjahresplans (= Anlehnung an das sowjetische Modell)
3o. Juli	Veröffentlichung des 1. Fünfjahresplans
31. Juli	Maos "Zur Frage des genossenschaftlichen Zusammenschlusses in der Landwirtschaft" Verschärfung und Beschleunigung der Kollektivierung gefordert
Sommer-Herbst	Liu läßt 2oo ooo Genossenschaften wieder auflösen
4. - 11. Oktober	6. erweitertes Plenum des 7. ZK
	Beschluß zur Schaffung der Produktionsgenossenschaften vollsozialistischen Typs, Diskussion der Artikel aus "Der sozialistische Umschwung in Chinas Landwirtschaft"
16. - 24. November	Konferenz über die Umwandlung von Industrie und Handel von kapitalistischem in sozialistisches Eigentum
6. Dezember	Maos "Durch schnellere Vergenossenschaftlichung ein neuer Kontinent in Sicht"
27. Dezember	Maos (Mithrsg.) "Der sozialistische Umschwung in Chinas Landwirtschaft", Handbuch für die ländliche Bevölkerung, Rückbesinnung auf das Yenan-Modell, Mittelbauern wichtig

Dezember-Frühjahr 1956: Höhepunkt der Genossenschaftsbewegung

1956	Verstaatlichung der privaten Industrie Beginn des Zahlungsbilanzdefizits mit der Sowjetunion, seit diesem Jahr Ökonomen-Debatten über gleichgewichtiges Wachstum
23. Januar	Zwölfjahresprogramm für die Landwirtschaft
7. April	Vertrag mit der Sowjetunion über 55 Industrieprojekte
25. April	Maos Rede "Über die zehn großen Beziehungen" auf einer erweiterten Politbürokonferenz
2. Mai	Maos"Hundert-Blumen-Rede", Reaktion auf den Ungarnaufstand, Liberalisierung
Ende August- 6. September	7. Plenum des 7. ZK, Vorbereitung des 8. Parteitages
15.-27. September	8. Parteitag der KPCh (1. Sitzung)
15. September	Lius "Politischer Bericht des ZK zum 8. Parteitag"
16. September	Chou En-lais Bericht zum 2. Fünfjahresplan. Annahme des 2. Fünfjahresplans, gemäßigte Generallinie, allmähliches Wirtschaftswachstum, Gesetz der proportionalen Entwicklung (= insgesamt differenziertes sowjetisches Modell), Mao-Denken wird aus dem Parteiprogramm gelöscht
28. September	1. Plenum des 8. ZK
1o.-15. November	2. Plenum des 8.ZK über Polen und Ungarnaufstand
1957	
	Disproportionalitätskrise in der Wirtschaft
27. Februar	Maos Rede "Über die richtige Behandlung der Widersprüche im Volke" (veröffentlicht in der 2. Fassung am 19.6.)
März	Konferenz in Chengtu über die Mechanisierung in der Landwirtschaft; Mao: Bauern und nicht der Staat sollen die Mechanisierung durchführen.
8.Mai-3.Juni	"Hundert Blumen-Kampagne", anschließend 4. Berichtigungsbewegung
Ende Juli	Ch'ingtao-Konferenz, Mao tritt für radikalere Wirtschaftspolitik ein
September	Politbürositzung, Beschluß zum Großen Sprung nach vorn
2o.September - 9. Oktober	3. erweit.Plenum des 8. ZK, Legitimierung des Sprung-Beschlusses, Revidierung des 12-Jahres-Programms für die Landwirtschaft, Maos Slogan "Let us built socialism more, faster, better and more.." = neue Generallinie

1958 - 196o	Großer Sprung nach vorn Studienbewegung zur Politischen Ökonomie
1958	
1. Januar	Beginn des 2. Fünfjahresplans
Anfang Januar	Hangchou-Konferenz
Ende Januar	Nanning-Konferenz
März	Ch'engtu-Konferenz
	Die drei Konferenzen dienen der Vorbereitung des Großen Sprungs
31. Januar	Maos "6o Punkte über Arbeitsmethoden" = Handbuch zum Großen Sprung (Konklusion der Hangchou- und Nanning-Konferenzen)
1o. u. 2o. März	Maos Chengtu-Reden zur Wirtschaftspolitik
April	Gründung der 1. Volkskommune
2. Mai	4. Plenum des 8. ZK
5. - 23. Mai	8. Parteitag der KPCh (2. Sitzung)
5. Mai	Lius "Bericht über die Arbeit des ZK der KPCh auf der 2. Sitzung des 8. Parteitags" Liu trägt die Strategie des Großen Sprungs und die Theorie der permanenten Revolution vor; 2. revidiertes 12-Jahres-Programm für die Landwirtschaft
17. Mai	Maos "Warum kann unsere Aufbaugeschwindigkeit größer sein als in der Sowjetunion"
25. Mai	5. Plenum des 8. ZK
1o. Juli	Maos "China ist arm und ein unbeschriebenes Blatt"
7. August	Satzung der "Sputnik" Volkskommune
8. August	Vertrag mit der Sowjetunion über 47 Industrieprojekte
17-3o. August	Erweiterte Politbürokonferenz in Peitaiho, Resolution über den Aufbau der Kommunen angenommen
28. August	Beschluß der 3 Roten Banner: die (neue) Generallinie des sozialistischen Aufbaus, der Große Sprung nach vorn, die Volkskommunen
Anfang November	Maos Rede über Stalins "Ökonomische Probleme des Sozialismus"
2.-1o.November	1. Chengchou-Konferenz des erweiterten Politbüros Diskussion des Kommune-Konzepts, partielle Distanzierung

21.-27. November	Wuchang Konferenz, Diskussion der Volkskommunen
Dezember	Liu wählt Taoyuan als Musterbrigade aus
28. November - 1o. Dezember	6. erweit.Plenum des 8. ZK in Wuhan (Wuhan-Plenum)
	Revision des Beschlusses über die Volkskommunen; Maos Entschluß, als Staatspräsident zurückzutreten, angenommen
2. Dezember	Maos Rücktritt in die "zweite Führungslinie"
3o. November und 12. Dezember	Maos Reden zu den Leitern der Kooperationsgebiete
1959 - 1961	Drei Jahre Krise (Disproportionen, Mißernten)
1959	
	Lius "Reflections" über das sowjetische Lehrbuch Politische Ökonomie (?)
Januar	erweit. Politbürokonferenz über die Wirtschaftsplanung
7. Februar	Vertrag mit der Sowjetunion über 78 Industrieprojekte
Ende Februar-Anfang März	2. Chengchou-Konferenz des erweiterten Politbüros; Einführung der drei Ebenen des Eigentums in den Volkskommunen
Frühjahr	Konsolidierung der Volkskommunen
Ende März - Anfang April	Erweiterte Politbürokonferenz in Shanghai, Probleme des Sprungs
2.-5. April	7. Plenum des 8. ZK in Shanghai
18.-28. April	2. Nationaler Volkskongreß
27. April	Liu wird Staatspräsident
2.Juli-1.August	1. erweiterte Politbürokonferenz auf dem Lushan
14. Juli	Peng Te-huai kritisiert die Sprung-Politik; innerparteiliche Auseinandersetzung; Mao droht mit Wiederaufnahme der Guerilla
23. Juli	Maos Selbstkritik-Rede
2. - 16. August	8. Plenum des 8. ZK (Lushan-Plenum) Peng Te-huai und seine Anhänger werden kritisiert und amtsenthoben; Produktionszahlen für 1958 werden korrigiert; Planzahlen für 1959 herabgesetzt
23. August	Maos Lushan-Rede
September	Liu stellt Forderung nach wirtschaftlichem Gleichgewicht auf

14. September	Lius "The Victory of Marxism-Leninism in China" (Rechtfertigung der Sprungpolitik)
17. September	Lin Piao löst Peng Te-huai als Verteidigungsminister ab
29. November	Maos Rede an die Leiter der Produktionsbrigaden, Mäßigung in der Kommune-Politik
196o - 1962	Ernährungskrise, da die Ernten 1959 - 1961 schlecht ausfielen
	Krisenpolitik der Liuisten
196o	Maos "Notizen zum Lehrbuch Politische Ökonomie"
	Wiederaufnahme der Ökonomiedebatten über gleichgewichtiges Wachstum
22. März	Formulierung der Anshan-Charta durch Mao
Seit Frühjahr	Materielle Anreize, Spezialisten, straffe Organisation
Juni	Scharfe Auseinandersetzungen zwischen der chinesischen und der sowjetischen Delegation auf dem Parteitag der rumänischen KP in Bukarest
16. Juli	Abzug der sowjetischen Techniker aus China, abrupte Reduzierung der sowjetischen Kapitalgüterlieferungen
November	KP-Treffen in Moskau mit scharfer Kontroverse zwischen der Sowjetunion und der VR China über die Frage des Übergangs zum Sozialismus; Liu macht hier eventuell den Versuch, den Abzug der sowjetischen Techniker rückgängig zu machen.
1961 - 1962	Reprivatisierung der Landwirtschaft
1961 - 1964	Ökonomen-Debatte über Wertgesetz und Planung
1961	
Januar	Veröffentlichung von Wu Hans Oper "Hai Juis Entlassung", Anspielung auf Peng Te-huai und Kritik an Mao
14. - 18. Januar	9. Plenum des 8. ZK ohne Teilnahme Maos, grundsätzliche Änderung der Entwicklungsstrategie mit der Landwirtschaft als Grundlage; Reduzierung der Sprung-Betriebe; inoffiziell Erweiterung des Privatlandes, freie Märkte, kleine Privatbetriebe(= San Tzu I-pao); weitere Reorganisation der Volkskommunen; Festsetzung der Produktionsquoten auf Familienbasis, offizieller Stop des Großen Sprungs

1961

seit Februar bis heute: umfangreiche Getreidekäufe im Westen

August-September	2. Lushan-Konferenz des Politbüros, weitere Reorganisation der Kommunen
erste Hälfte Dezember	Konferenz von Parteisekretären über Pos "7o Artikel zur Industriepolitik"

1962

	Lius "How To Be a Good Communist" in überarbeiteter Neuauflage, darin Mao-Kritik
	Überführung der Traktoren in MTS
Januar-Februar	Erweit. ZK-Arbeitskonferenz um 7ooo Kader
	Lius "7ooo Kader-Rede", weitere wirtschaftliche Liberalisierung, Eingeständnis der schlechten wirtschaftlichen Lage, Diskussion über Liberman-Reformen; Liu propagiert selektive Mechanisierung auf der Basis von MTS-Stationen, Standardisierung der Produktion von Agrarinputs; Wiederherstellung von MTS-Stationen
August-September	Erweit. ZK-Arbeitskonferenz in Peitaiho und Peking, Mao stoppt weiteren Rückzug von der Sprung-Politik, Entlassung Teng Tze-huis als Direktor der Landwirtschaftsabteilung; Mao kritisiert Liu, Chen Yun, Li Fu-chun, Po I-po und Li Hsien-nien
24.-27. September	1o. Plenum des 8. ZK mit Mao, der aber noch in der Minderheit ist. Interne Diskussion über ökonomische Probleme, Einführung des Leistungsprinzips, offizielle Losung der drei Freiheiten und einer Festlegung = privater Boden, lokaler Handel, kleine Privatbetriebe + Festlegung der Produktionsquoten auf Familienbasis (Politik aber bereits vorher praktiziert), Partei sollte wieder gestärkt werden. Gleichzeitig steigt aber Maos Einfluß wieder. Hier Beginn des antagonistischen Mao/Liu-Konflikts. Mao propagiert Tachai- und Ta'ching-Modelle. Regeln für die reorganisierten Volkskommunen mit dreistufigem Eigentum. Entschluß zur technischen Transformation der Landwirtschaft

1963

	Wieder Zurückdrängung des privaten Sektors; Politik der Geburtenkontrolle Konflikt, ob Tachai oder Taoyuan das Modell für die Agrarentwicklung bilden soll. Seit diesem Jahr starke Erhöhung der Zahl der Industrieministerien
Mai	Maos "Woher kommen die richtigen Ideen der Menschen"

1963	
Mai	Mao fordert die "3 großen revolutionären Bewegungen": Klassenkampf, Produktionskampf und das wissenschaftliche Experiment als Methode
Seit August	Bestellung von Industrieanlagen aus dem westlichen Ausland
November - April 1964	Wang Kuang-mei inspziert Taoyuan, Bericht mit dem Tenor nach straffer staatlicher Kontrolle der Volkskommunen
1964 - 1965	Versuch, in der Industrie das Trust-System einzuführen = Arbeitsteilung, Betriebsautonomie, Ministerialkontrolle, Ausschluß der unteren Parteigremien bei der Kontrolle der Produktion
1964	Tachai- und Taching-Kampagnen von Mao initiiert; Aufbau von zwei experimentellen Trusts in der Industrie
16. Oktober	1. chinesischer Atombombenversuch
21. Dezember- 4. Januar 1965	3. nationaler Volkskongreß, Chou En-lai stellt u.a. die Programmatik des 3. Fünfjahresplans vor und kündigt neuen wirtschaftlichen Aufschwung an.
1965	"1oo-Kreise"-Plan zur Agrarentwicklung; weitere 1o Trusts in der Industrie gegründet
Mai	Konferenz der Staatswirtschaftskommission in Tientsin über Spezialisierung und Zusammenarbeit der Betriebe
August	Nationalkonferenz zur zentralisierten Produktion von Agrarmaschinen
1o. November	Yao Wen-yüans Kritik an "Hai Juis Entlassung" (=Auftakt zur Kulturrevolution)
1966 - 1968	Linke Phase der Kulturrevolution unter Chen Po-ta
1966	
1. Januar	Beginn des 3. Fünfjahresplans
27. Januar-5. März	National- und Parteikonferenz über Industrie und Verkehr, Vorsitz Po I-po, hier evtl. Diskussion über die langfristige Strategie des 3. Fünfjahresplans
Anfang des Jahres	Vorschläge des Parteikomitees von Hunan über die Mechanisierung der Landwirtschaft; Mao billigt und kommentiert die Vorschläge und überwies sie ans ZK; Peng Ch'eng unterschlug Maos Kommentare, um einen anderen Tenor zu erzielen

3. Juni	Sturz Peng Chengs
16. Juli	Mao schwimmt im Yangtze und dokumentiert seine wiedergewonnene Macht
1. - 12. August	11. Plenum des 8. ZK, Rückkehr zur gemäßigten Sprung-Politik, ca. die Hälfte der Mitglieder ist anwesend, knappe Mehrheit für Mao
4. August	Lius 1. Selbstkritik
5. August	Maos Wandzeitung "Bombardiert das Hauptquartier"
8. August	16-Punkte-Beschluß des ZK über die Große Proletarische Kulturrevolution
18. August	Liu fällt auf Platz 8 der Parteihierarchie
August-November	Massenveranstaltungen von Rotgardisten in Peking
1. Oktober	Letzter öffentlicher Auftritt Lius
8. - 25. Oktober	Zentrale Arbeitskonferenz, Kritik an Liu und Teng (23.1o.)
27. Oktober	1. chinesische Mittelstreckenrakete mit Nuklear-Sprengkopf
1967	
	Interne Mao-Schriften II von Aktivisten veröffentlicht
Januar	Armee greift in die Kulturrevolution ein
Januar	Von Mao initiierte Dreierkomitees sollen den Staats- und Parteiorganen die Macht entreißen
31. Januar	1. Revolutionskomitee in Heilungkiang gegründet
Februar	Gegenkampagne der Liuisten
1. April	Beginn der heftigen Angriffe gegen Liu
April - August	Kämpfe in den Städten
17. Juni	1. chinesische Wasserstoffbombe
Juli - August	Ultralinke Phase der Kulturrevolution gegen die VBA
Seit Mitte des Jahres:	Propagierung der Anshan-Charta (seit Anfang 1968 in Kraft)
seit September	allmähliche Konsolidierung unter Einschaltung der VBA
1968	
Januar - September	Gründung von Revolutionskomitees im ganzen Land
August	Maos proletarisches Hauptquartier als einziges Führungszentrum
Oktober	Liu wird aus der Partei ausgeschlossen

1968	
13. - 31.Oktober	12. Plenum des 8. ZK Entwurf eines neuen Parteistatuts; Liu aller Ämter enthoben (am 18.1o.); Revidierung des Parteistatuts des 8. Parteitags (1. Sitzung) von 1956
22. Dezember	Aufruf an die städtische Jugend, aufs Land zu gehen
April 1969 - August 1971	Dominanz der VBA und Aufstieg Lin Piaos
1969	
1. - 24. April	9. Parteitag der KPCh, Ende der Kulturrevolution, Ausrichtung auf den pragmatischen "neuen Kurs"; Lin Piao wird offiziell Maos Nachfolger, starke Stellung der Armee im ZK (44 Prozent der Sitze), Mao-Denken wird wieder ins Parteiprogramm aufgenommen; Chen Po-ta wird Mitglied des Ständigen Ausschuß des Politbüros.
28. April	1. Plenum des 9. ZK
August	Interne Mao-Schriften I werden von Aktivisten veröffentlicht
197o	
24. April	Start des 1. chinesischen Satelliten
23. August - 6. September	2. Plenum des 9. ZK; interne Kritik an Lin Piao und Chen Po-ta, Frage des Staatspräsidentenamts
August	Sturz Chen Po-tas
1971	
1. Januar	Beginn des 4. Fünfjahresplans
August	Stahl-Elektronik-Debatte (Parteiführung gegen Armee), Versuch, größere Ressourcen auf den Rüstungssektor zu konzentrieren
26. August	Parteikomitees in ganz China wieder hergestellt
Mitte August- 12. September	Inspektionsreise Maos durch die Provinzen zur Lin-Kritik
12./13. September	Sturz Lin Piaos und militärischer Führer der rüstungsbezogenen Maschinenbauministerien
13. September	Absturz Lin Piaos über der Mongolei
ab September	Beginn der "pragmatischen" Chou En-lai-Phase

1972	Entschluß der Partei, im großen Stil westliche Technologie und Produktionsanlagen zu importieren; Anstieg des Außenhandels mit Präferenz zu Agrarinputs, Reduktion der Rüstungsinvestitionen
28. Juli	Offizielle Bekanntgabe des Todes von Lin Piao
Herbst	Rehabilitierung wichtiger, in der Kulturrevolution gestürzter Fuhrer
1973	
12. April	Teng Hsiao-ping erscheint wieder in offizieller Funktion
August	Rehabilitierung Tengs
24. - 28. August	1o. Parteitag der KPCh Revision des Parteiprogramms, Zurückdrängung der Armeemitglieder im ZK
3o. August	1. Plenum des 1o. ZK Führung der Partei über die Armee bekräftigt
September	Beginn der Kampagne zur Kritik an Lin Piao und Konfuzius, Konfuziuskampagne gegen Chou En-lai
1974	
Januar	8 regionale Armeeführer abgesetzt
1975	
8. - 1o. Januar	2. Plenum des 1o. ZK ohne Teilnahme Maos, Teng stellvertretender Vorsitzender des ZK, Vorbereitung des 4. Nationalen Volkskongresses
13. - 17. Januar	4. Nationaler Volkskongreß, revidierte Verfassung mit Maos Generallinie
13. Januar	Chou En-lais "Bericht über die Tätigkeit der Regierung", Modernisierung bis zum Jahr 2ooo
18. Januar	Teng übernimmt von Chou die Führung der Staatsgeschäfte
Juli	Tengs "Entwurf über die Arbeit der Akademie der Wissenschaften", Modernisierung in Wissenschaft und Technologie
15. September - 19. Oktober	Nationalkonferenz über das Lernen von Tachai in der Landwirtschaft, Hauptrede Hua Guo-feng Basismechanisierung der Landwirtschaft bis 198o
7. Oktober	Tengs "Generalprogramm für die Arbeit der ganzen Partei und des ganzen Landes", 3 Weisungen als Hauptkettenglied; dazu als Ausführungsbestimmungen "Einige Probleme bei der Beschleunigung der industriellen Entwicklung"

1976	
1. Januar	Beginn des 5. Fünfjahresplans
Ende Januar/ Anfang Februar	Sturz Tengs
Februar - März	Kampagne gegen Teng
7. April	Offizieller Sturz Tengs
9. September	Tod Maos
7. Oktober	Entmachtung der "Viererbande" und Beginn der Kampagne gegen die "Viererbande"
6. November	Hua Guo-feng zum Parteivorsitzenden ernannt
Mitte Dezember	Landwirtschaftskonferenz in Peking, Modernisierung der Landwirtschaft bis 198o
1977	
März	Zentrale Arbeitskonferenz mit Beschluß, Teng zu rehabilitieren
Anfang Juli	Tjiän Hsüä-sens "Wir müssen noch in diesem Jahrhundert das fortgeschrittene Weltniveau einholen und überholen"
16.-21. Juli	3. Plenum des 1o. ZK in Peking Formelle Absetzung und Parteiausschluß der "Viererbande", Bestätigung Huas als Parteivorsitzender, zweite Rehabilitierung Tengs, Vorbereitung des 11. Parteitags
1. August	Yeh Chien-ying kündigt Modernisierung der Armee an
2.- 18. August	11. Parteitag der KPCh Bündnis von Armee und Pragmatikern; Ergänzung des Parteiprogramms: Wirtschaftlicher, wissenschaftlicher, technischer und militärischer Fortschritt bis zum Jahr 2ooo; Einrichtung von Disziplinarausschüssen, Wiedereinführung der Kandidatenzeit für neue Parteimitglieder. Neben Hua leiten zwei Militärs - Yeh Chien-ying und Wang Tung-hsing - sowie zwei ehemalige Liuisten - Teng Hsiao-ping und Li Hsien-nien - die Parteiführung und den Ständigen Ausschuß des Politbüros.

FUSSNOTEN

Die vollständigen Angaben der zitierten Titel finden sich im Literaturverzeichnis. Bei chinesischen Namen wurde immer der Nachname vorangestellt, auch wenn er im Original nachgestellt ist.

VORWORT

1) Vgl. dazu Senghaas 1977.

2) Den gleichen Ansatz und Zweck wie die hier vorgelegte Arbeit verfolgen die Beiträge des von Dieter Senghaas geleiteten Projekts "Strategien zur Überwindung peripherer Gesellschaftsformationen. Studien zu Albanien, China, Kuba und Nordkorea" von Wolfgang Ruß über Albanien und Rosemarie Juttka-Reisse, Reiner Knoblauch und Gerd Wontroba zu Nordkorea, wobei die Arbeit von Horst Fabian über Kuba die Schwierigkeiten einer unterentwickelten Gesellschaft dokumentiert, trotz des eingeschlagenen sozialistischen Wegs die Merkmale der Peripherisierung abzulegen.

3) Einen guten Überblick über Trends und Richtungen der China-Literatur gibt Gittings 1975.

TEIL I

1) Die Kenntnis dieses theoretischen Ansatzes zur Erklärung von Unterentwicklung wird im folgenden vorausgesetzt. Wesentliche theoretische Prämissen beziehen sich, soweit sie nicht im Text gesondert abgeleitet werden, immer auf dieses Konzept. Der interessierte Leser sei dabei auf folgende Literatur hingewiesen, Amin 197o, 1974 und 1975; Córdova 1973; Córdova und Michelena 1969; Palloix 1971; Senghaas 1972 und 1974; Senghaas und Menzel 1976.

2) Am deutlichsten wird diese Position bei Frank (etwa Frank 1969). Aber auch der definitorische Satz von Senghaas: "Unterentwicklung ... ist ein sich historisch entfaltendes integrales Moment des von kapitalistischen Metropolen dominierten internationalen Wirtschaftssystems und damit der internationalen Gesellschaft" weist in diese Richtung. Einleitung zu Senghaas 1974, S.18.

3) Das Standardwerk zur Dualismustheorie ist Boeke 1953. Ein gutes Kompendium der wichtigsten Aussagen der Dualismustheorie bietet Gerald Meier 1975, S.121 - 164.

4) Marini 1974, S.1o9.

5) Die Wichtigkeit, die besonderen internen Bedingungen neben der Penetration zu berücksichtigen, betont u.a. Chaliard 1976, S.18.

6) Ebenso wie die Theorie des peripheren Kapitalismus werden auch die Grundzüge der Theorie der asiatischen Produktionsweise beim Leser vorausgesetzt. Nicht weiter explizierte Prämissen im weiteren Verlauf der Arbeit beziehen sich auf diese Theorie. Als diesbezügliche Literaturhinweise seien Ahlers u.a. 1973, Nguyen 1975, Sofri 1972 und Tökei 1969 genannt.

7) Die einzige umfangreiche empirische Arbeit, der das APW-Konzept zugrunde liegt, ist Wittfogel 1931. Seine Vorgehensweise gerät aber dadurch etwas ins Zweifelhafte, daß er bestimmte, auf Hinweise von Marx zurückgehende Prämissen wie etwa die "hydraulische" Grundlage der chinesischen Gesellschaft von vornherein außer Frage stellt und es nur auf den empirischen Nachweis dieser Prämissen abgesehen hat. Eine weitere umfangreiche empirische Arbeit von Madgar aus den 3oer Jahren liegt leider nur in Russisch vor. Als Auswahl der Schriften des frühen Wittfogel, der sich noch eindeutig auf Marx bezieht, seien Wittfogel 1932 und 1938 genannt.

8) Hier wäre an erster Stelle das "Formen"-Kapitel aus den Grundrissen zu nennen. Wichtig sind außerdem die in den 185oer Jahren verfaßten Aufsätze über Indien und China, die hauptsächlich in der "New York Daily Tribune" erschienen sind. Abgedruckt in MEW, Bde. 9, 11, 12 und 13.

9) Madgar 1929.

1o) Rjazanow 1925/26.

11) Roy 193o ist zwar kein expliziter Vertreter der APW-Position. In seinen politischen Schlußfolgerungen kommt er allerdings, wie seine Auseinandersetzung mit Lenin über die Strategie der Komintern in den Ländern der Dritten Welt zeigt, dieser Position sehr nahe. Vgl. dazu Schlesinger 197o und Vogel 1976.

12) Varga 1925 und 1928.

13) Etwa Leggewie 1975.

14) So Juttka-Reisse 1975; Kramer 1972; Lewin 1964 und 1965; Vogel 1974.

15) Amin 1975, S.11-46 und S.235-265.

16) Marx, Grundrisse, S. 375 ff.

17) Amin unterscheidet fünf Produktionsweisen: (1) Die Produktionsweise der Urgemeinschaft; (2) die Produktionsweise auf der Grundlage der Tributpflicht gegenüber dem Staat (tributgebundene Produktionsweise), zu deren frühen Formen (a) die Dorfgemeinschaften mit eigenem Grundbesitz und zu deren entwickelteren Formen (b) die feudale Produktionsweise zählt, wo die Dorfgemeinschaft das Grundbesitzrecht an den Feudalherrn verloren hat; (3) die auf Sklavenarbeit beruhende Produktionsweise; (4) die Produktionsweise der kleinen Warenproduzenten; (5) die kapitalistische Produktionsweise. Amin 1975, S.11.

18) Diese Datierung ist unter den Fachgelehrten umstritten. Unter der Han-Dynastie wurde zum ersten Mal die Macht der Zentralgewalt gegen die feudalen Fürsten durchgesetzt. Im Kontext der hier behandelten Fragestellung ist das Problem der Datierung allerdings irrelevant; wichtig ist nur die Tatsache einer Jahrhunderte langen, nahezu unveränderten Wirtschafts- und Gesellschaftsstruktur. Meine Datierung stützt sich auf Wilhelm 196o, S.31 und Wittfogel 1931, S.287 ff.

19) Hsiao Liang-lin 1974 hat die Außenhandelsdaten zu einer kompletten Außenhandelsstatistik von 1867 - 1949 kompiliert.

2o) Liu und Yeh 1965.

21) Chang Chung-li 1962, Supplement I.

22) Remer 1933.

23) Gegenstand dieser Agraruntersuchung waren 16 786 Bauernhöfe in 168 Ortschaften und 22 Provinzen im Zeitraum 1929 bis 1933, Buck 1964 (Reprint). Dieser Stüdie voraus ging eine weniger umfangreiche Arbeit des Autors zum gleichen Thema, Buck 193o.

24) Fei Hsiao-tung 1946 (a) liefert eine Studie über ein Dorf im Einzugsbereich von Shanghai, das im Zentrum der traditionellen chinesischen Seidenindustrie liegt und sehr starkem Wandel unterworfen ist. Fei und Chang 1945 berichten über drei Dörfer in der Provinz Yunnan, die auch noch in den 4oer Jahren weitgehend von externen Einflüssen verschont geblieben sind, also das genaue Gegenteil der anderen Studie darstellen.

25) Chen Han-seng 1936, 1939 und 1946 behandelt den Einfluß der Kommerzialisierung auf die Landwirtschaft vornehmlich in den stadtnahen Regionen des Südens.

26) Statistisches Bundesamt, S.17.

27) A scientific survey of land utilization, S.4.

28) Wenn man berücksichtigt, daß die früheren chinesischen Staatsgrenzen erheblich umfangreicher waren, reduziert sich der Anteil der genutzten Fläche auf ca. 5 Prozent der Gesamtfläche zu Beginn des 19. Jhs.

29) Obwohl diese Karte das China der 6oer Jahre zeigt, ist die Struktur der Kultivierungskonzentration ähnlich der der vorrevolutionären Zeit, wie ein Vergleich mit einer entsprechenden Karte von Buck 1964, S.168 zeigt.

3o) Errechnet aus den Angaben bei Buck 1964, S. 162 und 163.

31) Buck 1964, S.167.

32) Ten Great Years, S. 1o (inklusive Taiwan).

33) Liu und Yeh 1965, S.184; Perkins 1969, S.212.

34) Liu und Yeh 1965, S.183 geben 73 bis 77 Prozent an; Feuerwerker 1969, S. 15 nimmt 8o Prozent an.

35) Berechnet nach Chen Nai-ruenn 1967, S.127.

36) Buck 1964, S.365.

37) Perkins 1969, S.16.

38) Perkins 1969, S.15. Die in Tabelle 4 wiedergegebenen Zahlen stützen sich auf eine von Perkins entwickelte Schätzmethode, die davon ausgeht, daß der minimale und maximale Verbrauch pro Kopf gegeben ist, und die jeweilige kultivierte Fläche und die Bevölkerungszahl die Variablen sind. Vgl. dazu Perkins 1969, S.16f. Die Zahl von Buck für 1933 ist demgegenüber nicht geschätzt, sondern empirisch ermittelt.

39) Buck 1964, S.173.

4o) Diese Meinung vertritt Feuerwerker 1969, S.2.

41) Illustrated Atlas of China, S. 54/55.

42) Illustrated Atlas of China, S. 57.

43) Wittfogel 1931, S.294.

44) Diese Angaben decken sich mit den Ergebnissen von Perkins 1969, S.67 (vgl. Tabelle 1o).

45) Wittfogel 1931, S. 298/99.

46) Buck 1964, S.23o; Wittfogel 1931, S. 298f.

47) Vgl. dazu Wittfogel 1931, S. 3off und Buck 1964, S. 134ff.

48) Buck 1964, S.192.

49) Wittfogel 1931, S. 128f.

5o) Wittfogel 1931 gibt auf den Seiten 192/93 eine tabellarische Übersicht der einzelnen wasserwirtschaftlichen Regionen.

51) Vgl. dazu Tawney 1932, S.47. Einen Überblick über die Vielfalt und Einfachheit der chinesischen Ackergeräte gibt Hommel 1937. Zur frühen Agrartechnologie vgl. auch Elvin 1975.

52) Fei Hsiao-tung 1946 (a), S.16o und Wittfogel 1931, S.157.

53) Elvin 1975, S. 89/9o.

54) Perkins 1969, S.77.

55) Tawney 1932, S.47.

56) Wittfogel 1931, S.163. Tawney 1932, S. 45ff führt eine ähnliche Argumentation.

57) Vgl. zu diesem Argument sehr ausführlich Juttka-Reisse 1975, S.3ff.

58) Das stellen übereinstimmend Tawney 1932; Fei Hsiao-tung 1946(a); William Hinton 1972 und Moore 1974, S. 248 fest.

59) Fei Hsiao-tung 1946(a) beschreibt diese familieninterne Arbeitsteilung in seiner Feldstudie über das Dorf Kaishienkung im Jahre 1936. S. 7off.

6o) Vgl. Fei Hsiao-tung 1946(a), S.16o.

61) Wittfogel 1931, S.13o.

62) Dieses Argument bringt Fei Hsiao-tung 1946(a), S.17of. Auch Whitney 1973, S.96, vertritt die Ansicht, daß, abgesehen von den ausgesprochenen Großprojekten, die Masse der Erd- und Wasserbauarbeiten ohne Einschaltung der Bürokratie auf der Ebene des Kreises oder der Marktgemeinde von den Bauern und der lokalen Gentry organisiert und durchgeführt wurden.

62) Dieses Argument bringt Fei Hsiao-tung 1946(a), S.17of.

63) Wittfogel 1931, S.128/129.

64) Tawney 1932, S.46.

65) Perkins 1969, S.61.

66) Vgl. zum folgenden Fei Hsiao-tung 1946(a), S.177ff.

67) Feuerwerker 1968, S.35.

68) Buck 1964, S.183.

69) Feuerwerker 1968, S.33.

7o) Fei Hsiao-tung 1946 (a), S.34.

71) Vgl. zu diesem Argument Chu 1933, S.159. Perkins 1969, S.91 hält die Buckschen Zahlen ebenfalls für zu niedrig.

72) Zu dieser Feststellung kommt auch Chu 1933, S.162.

73) Perkins 1969, S.1o2.

74) Feuerwerker 1968, S.37.

75) Vgl. dazu Chen Han-seng 1936, S. VIIff. Der Zusammenhang zwischen hoher Kommerzialisierung und schlechten Lebensbedingungen wird in Abschnitt 3.6.3.(Teil I) behandelt.

76) Tawney 1932, S. 37 bringt dieses einleuchtende Argument. Vgl. auch Perkins 1969, S.97.

77) Vgl. dazu die Zahlen von Tawney 1932, der für die besagten Provinzen einen Eigentümeranteil von 2/3 annimmt. S.37.

78) Diese Feststellung trifft auch Chu 1933, S.16o.

79) Tawney 1932, S.37.

8o) Diese These wird in Kapitel 3.6.3. noch weiter ausgeführt und empirisch zu belegen versucht.

81) Chu 1933, S.155/156.

82) Buck 1964, S.193.

83) Perkins 1969, S.91/92. An dieser Quote habe sich im Zeitraum von 13oo bis 1949 kaum etwas verändert. Ebd. S.1o2.

84) Tawney 1932, S.4o.

85) Feuerwerker 1969, S.14.

86) Das gilt z.B. für einige Tabakanbauregionen in den 3oer Jahren in Südchina. Vgl. dazu die Daten bei Chen Han-seng 1939, S.82.

87) Buck 1964, S.272.

88) Chu 1933, S.163/164.

89) Feuerwerker 1968, S.33.

9o) Unerklärlich ist die Verteilung in der Südwest-Reisregion, wo die zweithöchsten Pro-Kopf-Erträge erzielt werden. Vielleicht handelt es sich bloß um einen Druckfehler in der Quelle.

91) Buck hat für die wichtigsten Anbauprodukte folgende Marktraten ermittelt: Reis = 15 Prozent, Weizen = 29 Prozent, Sorghum = 25 Prozent, Gerste = 18 Prozent, Hirse = 1o Prozent, Soja = 3o Prozent, Baumwolle = 37 Prozent. Vgl. Tabelle 26. Perkins geht von einer Marktrate von 26 bis 39 Prozent aus. Perkins 1969, S.136/137.

92) Als absolutes Minimum können 2ooo Kalorien pro Tag angesehen werden. 1 kg geschälter Reis enthält 36oo Kalorien. Demnach bedeuten 2o3 kg Reis pro Kopf und Jahr das absolute Existenzminimum. Vgl. dazu Griffin 1974, S. 114.

93) Darin stimmen viele Autoren überein; so Chu 1933, S.163; Feuerwerker 1969, S.14 und Feuerwerker 1968, S.36; Fei und Lippit berichten von 4o Prozent, Fei Hsiao-tung 1946(a), S.188; Lippit 1975, S.6o.

94) Wie diese Schätzung zustande kommt, geht aus Feuerwerkers Angabe allerdings nicht näher hervor. Feuerwerker 1969,S.15.

95) Buck 1964, S.298.

96) Hou 1973, S.165; Feuerwerker 1969, S.3. Perkins 1969, S.77, datiert den Beginn der stagnativen Entwicklung der Agrartechnologie sogar schon auf das Jahr 14oo.

97) Feuerwerker 1968, S.26.

98) Tawney 1932, S.54.

99) Fei und Chang 1945, S.45. Die Form der dörflichen Subsistenzwirtschaft schildern die Fallstudien von Fei Hsiao-tung 1946(a), Fei und Chang 1945 und William Hinton 1972.

1oo) Hommel 1937.

1o1) Diese Ansicht vertritt auch Moore 1974, S.248.

1o2) Wittfogel 1931, S.497.

1o3) Vgl. dazu die Angaben bei Buck 1964, S.234.

1o4) Vgl. dazu die Aufstellung der Haushaltsbilanz einer durchschnittlichen Bauernfamilie bei Fei Hsiao-tung 1946(a), S.137. Hier S. 221.

1o5) Tawney 1932, S.47.

1o6) Die nicht zur unmittelbaren oder mittelbaren Landwirtschaft gehörenden Bereiche werden vorläufig ausgeklammert, spielen aber quantitativ (vgl. Tabelle 6) keine große Rolle.

1o7) Dieses Modell stammt in anderer Terminologie ("high level equilibrium trap") von Elvin 1972, S.17off. Vgl. dazu auch Dernberger 1975.

1o8) Wittfogel 1931, S.651.

1o9) Vgl. dazu Fei und Chang 1945, S.173.

11o) Vgl. dazu Dietrich 1972; Feuerwerker 1972; Hu Teh-wei 197o, S. 266.

111) Etwa seit Ende der Ming-Zeit, Dietrich 1972, S.112.

112) Dietrich 1972, S.133.

113) Im Süden war das Klima für den Baumwollanbau zu feucht.

114) Dietrich 1972, S.133.

115) Dietrich 1972, S.112.

116) Feuerwerker 1972, S.374.

117) Sun E-tu Zen 1972; Fei Hsiao-tung 1946(a).

118) Die Besteuerung der Seidenherstellung in Naturalien und nicht in Geld weist darauf hin, welche Bedeutung die Seide, auch als Einnahmequelle, für den kaiserlichen Hof hatte. Sung E-tu Zen 1972, S.79/8o. Der Hof betrieb bis 1894 auch eigene Seidenwebereien, ebd. S.99/1oo.

119) Fei und Chang 1945.

12o) Fei und Chang 1945, S.176.

121) Berechnet nach Liu und Yeh 1965, S.66. Vgl. dazu im Detail Tabelle 5o.

122) Tawney gibt an, daß seit 5oo Jahren kaum Veränderungen in der Herstellungsweise zu verzeichnen sind. Tawney 1932, S.11.

123) Vgl. dazu Evelyn Rawski 1972, S.9.

124) Die folgende Darstellung schließt sich an Skinner 1965, Part I und II, an. Skinner 1971 faßt die Thesen noch einmal zusammen und besonders die soziale Abgeschlossenheit der Marktgemeinden. Vgl. dazu auch die Arbeiten von John C.H. Fei 1975 und Plattner 1975.

125) Frank 1969.

126) Skinner 1965, Part I, S.4o.

127) Skinner 1965, Part I, S. 32 ff.

128) Hierzu vor allem Skinner 1971 und Skinner 1965, Part I, S. 39ff.

129) Skinner 1965, Part II, S. 211.

13o) Skinner 1965, Part II, S.213ff.

131) Vgl. dazu Perkins 1969, S.12o/121.

132) Buck 1964, S.349.

133) Perkins 1969, S.114/15 und S.136.

134) Fei Hsiano-tung 1946(a); Fei und Chang 1945; Evelyn Rawski 1972. Generell wird die Bedeutung der lokalen Märkte im 2o. Jh. bei Perkins 1969, S.114; Feuerwerker 1968, S.3; Feuerwerker 1969, S.44 betont.

135) Skinner 1965, Part II, S.228.

136) Vgl. zum Beispiel Wilhelm 196o.

137) Wittfogel 1958, S.234. Diese Position wird bei dem späten Wittfogel besonders deutlich. Vgl. dazu vor allem Wittfogel 196o, 1962 und 1969.

138) Vgl. dazu Kuo Mo-jo 1973;Kuo Heng-Yü 1971 und die Sekundärliteratur von Feuerwerker 1961 und 1965.

139) Stalin 1939, S.149.

14o) Diese abenteuerliche Periodisierung unternimmt Yu 1975, S.1o, der sich dabei auf einen zeitgenössischen chinesischen Historiker stützt. Andere chinesische Autoren setzen den Beginn des Feudalismus auch später an; Kuo Mo-jo 1973, S.4, der die heutige offizielle chinesische Geschichtsschreibung vertritt, auf 475 vor Chr. (= Übergang von den Frühjahrs- und Herbstannalen zu den Kämpfenden Reichen); Kuo Chien 1975, S.187 datiert den Beginn des Feudalismus mit dem Übergang von der frühen Ch'in zur westlichen Han Dynastie.

141) Vgl. dazu allgemein Balazs 1964.

142) Fei Hsiao-tung 1968, S.79.

143) Das Standardwerk zur chinesischen Gentry ist Chang Chung-li 1955.

144) Vgl. dazu Fei Hsiao-tung 1968, S.97ff und Fei Hsiao-tung 1946(b), S.12.

145) Moore 1974, S.199f; Fei Hsiao-tung 1968, S.31; Fei Hsiao-tung 1946(b), S.5.

146) Moore 1974, S.2o5.

147) Fei Hsiao-tung 1968, S.32.

148) Moore 1974, S.2oo.

149) Fei Hsiao-tung 1968, S.8o.

15o) Fei Hsiao-tung 1968, S.84.

151) Hsiao Kung-ch'uan 1952, S.175ff; Fei Hsiao-tung 1968, S.86ff; Fei Hsiao-tung 1946(b), S.11off.

152) Chang Chung-li 1962, Supplement I und II.

153) Feuerwerker 1969, S.65; Wang Yeh-chien 1971, S.829 gibt als Anteil der Agrarsteuer für 1651 86,5 Prozent und für 1849 77,2 Prozent an.

154) Perkins 1968, S.177 nimmt allerdings für 19o8 noch 43,6 Prozent Anteil der Agrarsteuern an.

155) Feuerwerker 1969, S.65 spricht von durchgängig 75 bis 8o Prozent der Staatseinnahmen aus der Agrarsteuer.

156) Wang Yeh-chien 1971, S.832.

157) Moore 1974, S.2o7.

158) Vgl. dazu Wang Yeh-chien 1971, S.833. Vgl. auch Franke und Trauzettel 1968, S.312.

159) Chen Han-seng 1936, S.83.

16o) Feuerwerker 1969, S.68.

161) Hu Ch'ang-tu 1955, S.5o5.

162) Zu den Zahlen vgl. Harold C. Hinton 1952, S.34o.

163) Harold C. Hinton 1952, S.345. Zum System der Getreideversorgung vgl. auch Perkins 1969, S.141ff.

164) Vgl. dazu das Konzept der "key economic areas" von Chi Chao-ting 1963, der davon ausgeht, daß die Beherrschung der ökonomischen Schlüsselgebiete die Voraussetzung der Gesamtherrschaft des Hofes war. Insbesondere S.5ff.

165) Harold C. Hinton 1952, S.349/5o.

166) Harold C. Hinton 1952, S.345.

167) Harold C. Hinton 1952, S.346.

168) Hu Ch'ang-tu 1955, S.5o6.

169) Hu Ch'ang-tu 1955, S.5o8f.

17o) Hu Ch'ang-tu 1955, S.512.

171) Hu Ch'ang-tu 1955, S.513.

172) Chi Chao-ting 1963, S.1.

173) Hu Ch'ang-tu 1955, S.5o9.

174) Baran 1971. Riskin 1975a stellt auf der Basis des Baranschen Konzepts Berechnungen über den potentiellen und tatsächlichen Surplus im vorrevolutionären China auf.

175) Chi Chao-ting 1963, S.7.

176) Vgl. dazu Moore 1974, S.21o.

177) Chang Chung-li 1962.

178) Chang Chung-li 1962, S.327/28.

179) Chang kommt zu anderen Pro-Kopf-Einkünften, da er nicht die gesamte Revenue miteinbezieht, die Staatsbedienstete erhalten. Seine Zahlen lauten 9o bzw. 5,7 Taels pro Kopf. Chang Chung-li 1962, S.328.

18o) William Hinton 1972; Fei Hsiao-tung 1946(a); Fei und Chang 1945.

181) Fei Hsiao-tung 1946(b), S.12.

182) Fei Hsiao-tung 1968, S.73.

183) Hohe Kinderzahl als Statussymbol!

184) Fei Hsiao-tung 1968, S.98.

185) Vgl. dazu Chen Po-ta 1971 und Chen Han-seng 1936.

186) Marx, Grundrisse, S.375ff. Die auf diese Reihenfolge hindeutende Formulierung aus dem Vorwort zur Kritik der Politischen Ökonomie ist aufgrund des späten Marx (Sassulitsch-Briefe) nicht haltbar. Vgl. dazu Leggewie 1975.

187) Marx, Grundrisse, S.376/77.

188) Marx an Engels vom 2.6.1853; Engels an Marx vom 6.6.1853, in Marx und Engels 1953, S.97ff.

189) Diese Herleitung findet sich in den Grundrissen nur andeutungsweise (S.377), wird aber im Brief von Engels an Marx vom 6.6.1853 eindeutig angeführt. Marx und Engels 1953, S.99.

19o) Auch Amin betont eindeutig, daß der Staat nicht der Grundeigentümer ist. Amin 1975, S.19.

191) Marx, Grundrisse, S.377; Marx, Die Revolution in China und Europa, S.96f; Marx, Der Handel mit China, S.54o; ebenso Engels an Sorge vom 1o.11.1894 in Marx und Engels 1953, S.576.

192) Amin 1975, S.13.

193) Marx, Entwürfe einer Antwort auf den Brief von Vera Sassulitsch. In diesem wie auch in dem Brief an die Redaktion des "Otetschestwennyje Sapiski" legt Marx dar, daß er die westeuropäische Entwicklung für einzigartig hält, also kein universelles Produktionsweisenablaufschema im von Stalin später kodifizierten Sinn im Auge hatte, auch wenn sich das aus der berühmten Stelle im Vorwort zur Kritik der politischen Ökonomie herausinterpretieren läßt.

194) Amin 1975, S.12.

195) Amin 1975, S.2o.

196) Er bezieht sich dabei auf die bereits mehrfach erwähnte Stelle in den Grundrissen. Amin 1975, S.159. Engels Formulierung im Brief an Marx vom 6.6.1853 ließe sich ebenfalls in diesem Sinne deuten. Marx und Engels 1953, S.99.

197) Amin 1975, S.41.

198) Amin 1975, S.43.

199) Riskin 1975a versucht, die diversen Antworten der Chinaliteratur zu dieser Frage zu gruppieren und unterscheidet zwei Gruppen, wobei er selber dem Verteilungsargument zuneigt. Die im folgenden zitierten Autoren beziehen sich bei ihren Erklärungsversuchen der Stagnation allerdings nicht auf das Konzept der APW oder TPW.

2oo) Dieses Argument wird bei Perkins 1969 in extenso empirisch behandelt und bei Elvin 1972 im Modell vorgeführt. Vgl. dazu auch Dernberger 1975, der dieses Modell leicht modifiziert. Vgl. in diesem Text Schaubild 3.

2o1) Vertreter dieser Position sind Chen Han-seng 1937, Fei Hsiao-tung 1946 (b) und 1968 sowie der zitierte Riskin 1975.

2o2) Baran 1971.

2o3) Riskin 1975, S.68ff, insbesondere Tabelle S.74.

2o4) Nurkse 1957, S.4/5.

2o5) Vertreter dieser Position ist z.B. Moore 1974, S.214.

2o6) Moore 1974, S.215. Der Begriff "Gut" ist in diesem Zusammenhang eine unglückliche Übersetzung.

2o7) Elvin 1975, insbesondere S.1o5/o6. Diese Zusammenhänge werden ausführlicher bei Elvin 1973 behandelt.

2o8) Vgl. dazu die eingehende Analyse von Marx über die Hintergründe der Opiumkriege in den beiden Aufsätzen über "Die Geschichte des Opiumhandels" und "Die Geldkrise in Europa - Aus der Geschichte der Geldzirkulation".

2o9) Fan 1959, S.12f.

21o) Die wichtigsten Bestimmungen dieses und der weiteren Verträge finden sich bei Hsu 1934, S.38ff.

211) Marx, Die Geldkrise ..., S.67f.

212) Marx, Die Revolution in China und Europa.

213) Marx, Über den britisch-chinesischen Vertrag, S.569. Ähnliche Äußerungen finden sich auch im Brief an Engels vom 8.1o.1858; in : Marx und Engels 1953, S.133/34; sowie in Marx, Der Handel mit China, S.54o und ders., Über den britisch-chinesischen Vertrag, S. 565.

214) Vgl. dazu Marx, Der britisch-chinesische Vertrag, S.587/88 und Fan 1959, S.89.

215) Marx, Englische Greueltaten in China, S.162ff. Dieser Krieg heißt nach der Bezeichnung des Typs des erwähnten Schiffs aus "Lorcha"-Krieg.

216) Vgl. dazu Hsu 1934, S.38ff.

217) Der Likin betrug nominell 1/2o des Warenwerts. Es bestanden insgesamt 79o Haupt- und 53oo Untereinnahmeämter. Für jede Ware gab es einen besonderen Tarif, in der Regel 5 Prozent, der sich durch mehrmalige Erhebung auf der Handelsroute drastisch erhöhen konnte. Durch die einmalige Entrichtung erhielten die englischen Kaufleute einen Wettbewerbsvorteil gegenüber ihren chinesischen Kollegen. Hsu 1934, S.47.

218) Vgl. dazu Kuo Heng-yu 1971, S.4o6ff.

219) Sun Yu-tang 1975, S.17; Kuo Heng-yu 1971, S.4o8ff. Vgl. auch Wehler 1969 über die Motive der amerikanischen Chinapolitik.

22o) Schlomka 1924, S.186.

221) Vgl. dazu Wehler 1969, S.69.

222) Sun Yu-tang 1975, S.9.

223) Wehler 1969, S.65.

224) Manche Autoren interpretieren allerdings bereits den Taiping-Aufstand (185o - 1864) in dieser Hinsicht. Vgl. dazu Gregory 1959.

225) Bei diesem "Mukden-Zwischenfall" handelte es sich ähnlich dem "Überfall auf den Sender Gleiwitz" um einen von Japan vorgetäuschten chinesischen Bombenanschlag auf eine Bahnlinie, der zum Anlaß der Besetzung der Mandschurei genommen wurde.

226) Zum Tanaka-Memorandum und der japanischen Kriegszielpolitik hinsichtlich der Mandschurei und Mongolei vgl. Tanaka 1932a (Text des Memorandums) sowie Tanaka 1932b, Stephan 1973.

227) Ein Geplänkel in der Nähe von Peking (an der Marco-Polo-Brücke) zwischen chinesischen und japanischen Soldaten, dessen Provozierung sich beide Parteien gegenseitig unterstellten, veranlaßte die Japaner zur weiteren Besetzung Chinas und setzte damit eine Politik fort, die im Tanaka-Memorandum konzipiert und im Mukden-Zwischenfall begonnen wurde.

228) Vgl. dazu Sun Kungtu 1969.

229) Diese Feststellung treffen Cheng Yu-kwei 1956, S.21f und Remer 1933, S.53. Der Anteil der USA erhöht sich dadurch, daß ein Teil des US-Handels über Japan abgewickelt wird; vgl. dazu Remer 1933, S.53.

23o) Die Zahlen für 1936 täuschen einen geringeren japanischen Anteil vor, da der Außenhandel der Mandschurei nicht mehr im gesamtchinesischen Außenhandel erscheint, Japan in dieser Region aber besonders stark vertreten war.

231) Liu Kwang-ching 1959, S.435.

232) Dorpmüller 1928, S.11o2.

233) Schlomka 1924, S.125.

234) Schlomka 1924, S.134.

235) Dorpmüller 1928, S.11o1.

236) Schlomka 1924, S.141.

237) Schlomka 1924, S.149.

238) Liu Kwang-ching 1959, S.452.

239) Remer 1933, S.67; vgl. auch Schlomka 1924, S.118.

24o) Sun E-tu Zen 1955, S.187.

241) Vgl. dazu Schlomka 1924; Lochow 1948; Sun E-tu Zen 1955.

242) Der Tributreis wurde seit Eröffnung der Dampferlinie auf dem Küstenweg nach Peking gebracht. Liu Kwang-chi 1959, S.443.

243) Schlomka 1924, S.147; Sun E-tu Zen 1955, S.18o.

244) vgl. auch einen gleichlautenden Index bei Feuerwerker 1968, S.43.

245) Feuerwerker 1968, S.46.

246) Remer 1933, S.14o.

247) Feuerwerker 1968, S.43.

248) Feuerwerker 1968, S.45.

249) Hou 1973, S.1o7/1o8.

25o) Berechnet nach Illustrated Atlas of China, S.37.

251) Das detaillierteste Handbuch zum chinesischen Außenhandel nach Umfang, Gütern, Partnern, Häfen, Zahlungsbilanz etc. für den Zeitraum 1864 bis 1949 bietet Hsiao Liang-lin 1974.

252) Am umfangreichsten ist die sorgfältige Arbeit von Liu und Yeh 1965, die alle möglichen Daten für das Jahr 1933 aufbereitet. Dieser Arbeit liegt die unveröffentlichte Dissertation von Yeh Kung-chia 1964 zugrunde.

253) Feuerwerker berichtet allerdings von 83 Ländern, unter denen China die niedrigste Exportquote besaß. Hier sind aber eventuell die Industrieländer mit einbezogen. Feuerwerker 1969, S.56.

254) Menzel 1974, S.22.

255) Hou 1973, S.192.

256) Zu diesem peripheren Akkumulationsmodell vgl. Amin 1974.

257) Solche positiven Effekte glaubt z.B. Hou 1961a feststellen zu können.

258) "'Backward linkage effect'indicates that every non-primary economic activity will induce attempts to supply through domestic production the inputs needed in that activity; 'forward linkage effect' indicates that every activity that does not by his nature cater exclusively to final

demand will induce attempts to utilize its outputs as inputs in some new activities." Cheng Chu-yuan 1971, S.194. Vgl. allgemein zur Theorie der forward and backward linkages Hirschmann 1967, Kapitel 6.

259) Vgl. zu diesen verschiedenen Stadien internationaler Arbeitsteilung Senghaas und Menzel 1976 in Senghaas und Menzel 1976. Hierbei handelt es sich um den Übergang von den sogenannten Ricardo-Gütern zu den Heckscher/Ohlin-Gütern, die auf der fortgeschrittenen Stufe internationaler Arbeitsteilung zwischen Industriestaaten und unterentwickelten Ländern getauscht werden.

26o) Vgl. dazu Fabian, im Ersch.

261) Overlach 1919, S.19 weist darauf hin, daß 1884 noch nicht von der Eroberung des chinesischen Binnenmarkts gesprochen werden kann. Dazu bringt er folgendes Zitat eines zeitgenössischen englischen Geschäftsmanns: "If we consider the vastness of the native population within reach of our goods at the opening of trade, we are forced to the conclusion that we were no nearer capturing the native markets, in the sense of supplying the very day needs of the masses in 1884 than in 1834 ... The economic self-sufficiency of China was perhaps the most formidable barrier which we had as yet encountered in our career of industrial and commercial expansion."

262) Overlach 1919, S,17.

263) John K. Chang 1967 und 1969; Feuerwerker 1958, 1968 und 1969; Allen und Donnithorne 1962, Hou 1973.

264) Vgl. dazu Biggerstaff 1966, Teng und Fairbank 1954 und das Sonderheft "The Chinese Reform Movement of the 189o's".

265) Zur Rolle des Staates im japanischen Entwicklungsprozeß vgl. Lockwood 197o.

266) Vgl. dazu besonders Feuerwerker 1958.

267) Das letzte Aufbäumen der restaurativen Kräfte von 1862 - 1874 behandelt Wright 1957.

268) Feuerwerker 1969, S.32.

269) Vgl. in diesem Zusammenhang LeFevour 1968, der die umfangreichen industriellen Aktivitäten des bedeutendsten ausländischen Handelshauses in China, Jardine, Matheson & Co., beschreibt.

27o) Zu diesen Kompradoren vgl. Hao 197o.

271) Hou bringt eine Aufstellung über die Verteilung zwischen privaten und staatlichen chinesischen Aktivitäten im Zeitraum 1872 bis 1911, aus der hervorgeht, daß zuerst die staatlichen Unternehmen eindeutig überwiegen, gegen Ende der Periode aber eine Verschiebung zugunsten der Privatbetriebe zu verzeichnen ist. Hou 1973, S.135.

272) Die Industrialisierung der Mandschurei behandelt mit breitem empirischen Material Sun Kungtu C. 1973. Einen knappen Überblick vermittelt auch Thomas G. Rawski 1975a, S.216ff. Zur Anfangsphase vgl. das Manchoukuo Handbuch von 1933. Eine Bestandsaufnahme der Industriekapazitäten nach Kriegsende liefert der Pauley-Report 1946, der im Auftrag des US-Präsidenten angefertigt wurde.

273) Diese 15 Güter sind Kohle, Eisenerz, Roheisen, Stahl, Antimon, Kupfer, Gold, Quecksilber, Zinn, Wolfram, Baumwollgarn, Baumwollstoffe, Zement, Rohöl und Elektrische Energie. Von den wichtigen Branchen fehlt also vor allem die Lebensmittelindustrie. John K. Chang 1969, S.36/37.

274) John K. Chang 1969, S.71.

275) An der Konstatierung dieser Dynamik muß festgehalten werden, auch wenn etwa Paauw für die KMT-Phase eine stagnative Entwicklung nachzuweisen versucht. Vgl. dazu Paauw 1952 und 1957.

276) Z.B. Boeke 1953. Im Hinblick auf China vertreten Hou 1963 und Murphey 197o das Dualismuskonzept.

277) Als wichtigste Vertreter solcher Entwicklungsstrategien seien Hirschman 1967, Lewis 1954 und Nurkse 1953 genannt. Sehr praktisch als Einführung ist der Band von Gerald Meier 1975.

278) Vgl. dazu die Aufsätze in Senghaas 1972, 1974, Senghaas und Menzel 1976 sowie Côrdova 1973 und Córdova und Michelena 1969.

279) Diese Konsequenzen werden bei Senghaas 1977 aufgezeigt.

28o) Liu und Yeh 1965.

281) Diese großzügige Rechnung betont auch Feuerwerker selbst, 1968, S.8. Die ähnliche Zahl von Hou läßt auf die gleiche Grundlage (Liu und Yeh) schließen, ihr Zustandekommen wird allerdings nicht expliziert

282) Die 4,88 Prozent für 1933 bei Perkins sind meine eigene Berechnung anhand seiner Auswahl auf der Basis der Zahlen von Liu und Yeh. Die 7,36 Prozent bei Perkins gibt er selber am genannten Ort an.

283) Vgl. Hou 1973, S.129.

284) Hou 1973, S.153.

285) Hou 1973, S.85.

286) Hou 1973, S.54.

287) Hou 1973, S.68ff.

288) Hou 1973, S.89.

289) Feuerwerker 1968, S.18 und Feuerwerker 1969, S.37.

29o) Gegen diese Argumentation wendet sich vor allem Hou 1961b.

291) Murphey erwähnt z.B., daß in den späten 9oer Jahren Chinesen 4oo Mio Taels in ausländischen Firmen investiert hatten.Murphey 197o, S.2o.

292) Hou 1973, S.54.

293) Insofern ist das Argument Hous, der auf die niedrige chinesische Pro-Kopf-Quote von 5,7 US $ der Direktinvestitionen im Vergleich zu anderen Ländern der Dritten Welt hinweist und daraus den geringen Einfluß dieser Direktinvestitionen folgern will, nicht stichhaltig. Die regionale Konzentration der Direktinvestitionen auf Shanghai und die Mandschurei von ca.rd. 2 Mrd US $ 1936 bei etwa 4o Millionen Einwohnern ergäbe eine Quote von 5oo US $ pro Kopf, was außerordentlich hoch ist. Da Hou von einer gesamtwirtschaftlichen Perspektive ausgeht, kann er die Probleme der strukturellen Heterogenität nicht erfassen. Vgl. dazu Hou 1973, S.97f.

294) Feuerwerker 1968, S.13.

295) Tang 196o, S.1o.

296) John K. Chang 1969, S.98.

297) Sun Kungtu 1969, S.17.

298) Sun Kungtu 1969, S.64.

299) Sun Kungtu 1969, S.67ff.

3oo) Sun Kungtu 1969, S.97.

3o1) Die Produktionsaufnahme in Anshan erfolgte aber erst 1935.

3o2) Vgl. dazu Sun Kungtu 1969, S.177ff.

3o3) Die wichtigsten Planziele des ursprünglichen und des revidierten Plans sind wiedergegeben bei Sun Kungtu 1969, S.82/83.

3o4) Sun Kungtu 1969, S.83.

3o5) Cheng Yu-kwei 1956, S.194.

3o6) Sun Kungtu 1969, S.1o2.

3o7) John K. Chang 1969, S.71.

3o8) John K. Chang 1969, S.99.

3o9) Feuerwerker 1968, S.24.

31o) John K. Chang 1969, S.81/82; Pauley 1946.

311) Marx hatte diese Ansicht zwar 1853 in seinem Aufsatz "Die Revolution in China und Europa" vertreten, sich aber in späteren Briefen und Artikeln davon distanziert und im Gegenteil die Stabilität der Einheit von Agrikultur und Manufaktur in China betont. So in "Der Handel mit China", S.54o, "Über den britisch-chinesischen Vertrag", S.569 und im Brief an Engels vom 8.1o.1858 in Marx/Engels 1953, S.133/34.

312) Feuerwerker 1969, S.17: "... on both theoretical and empirical grounds, however, there is reason to believe that the total domestic and export demand for handicrafts did not decline in the twentieth century, and a fortiori that handicraft industry as a whole was not seriously undermined between 187o and 1911." Vgl. auch Feuerwerker 1972.

313) John K. Chang 1969, S.87ff.

314) Hou 1973, S.165ff.

315) Chao Kang 1975a.

316) Vgl. hierzu vor allem Chen Han-seng 1936 und 1939.

317) Vgl. Chao Kang 1975a, S. 181.

318) Hu Teh-wei 197o, S.266.

319) Feuerwerker 1972, S.339/34o und Feuerwerker 1969, S.19.

32o) Die erste moderne Textilfabrik wurde 189o in Shanghai gegründet. Chao Kang 1975a, S.168.

321) Hu Teh-wei 197o, S.269. Der japanische Anteil bei den betriebenen Spindeln wuchs von 13,6 Prozent (1913) auf 44,1 Prozent (1936), Chao Kang 1975a,S.17o.

322) Feuerwerker 1972.

323) Chao Kang 1975a,S.172.

324) Feuerwerker 1972, S.346.

325) Feuerwerker 1972, S.347; Hou 1973, S.173ff; Myers 1965.

326) Marx, Über den britisch-chinesischen Vertrag, S.569, Der Handel mit China, S.54o. Mit diesen Äußerungen aus den Jahren 1858 und 1859 nahm er seine ursprüngliche Annahme von 1853 zurück, daß der chinesischen Textilindustrie infolge der Importe englischen Tuchs rasch ein ähnliches Schicksal wie in Indien beschieden sein würde. In: Die Revolution in China und Europa, S.96/97.

327) Chao Kang 1975a,S.179.

328) Chao Kang 1975a,S.178.

329) Chao Kang 1975a,S.182 hat diese Berechnung angestellt.

33o) Feuerwerker 1972, S.376. Warum diese unterschiedliche Preisentwicklung zu verzeichnen war, leuchtet mir allerdings nicht ein.

331) Chao belegt diese Feststellung mit entsprechenden empirischen Beispielen. Chao Kang 1975a,S.182.

332) Chao Kang 1975a,S.199.

333) Vgl. dazu Feuerwerker 1972, S.374.

334) Dieser Rückgang wird auch von Chao zugegeben. Chao Kang 1975a,S.199/2oo. Vgl. dazu auch Feuerwerker 1972, S.378.

335) Feuerwerker 1969, S.26.

336) Hu Teh-wei 197o, S.266.

337) Chao Kang 1975a,S.18o.

338) Beispiele für solche Feldstudien sind:Martin C. Yang 1945; Ting 1968 (Neuauflage); Crook, Isabel und David 1959; der Sammelband Agrarian China 1939; und besonders die Arbeiten von Fei und Chang 1945 und Fei Hsiao-tung 1946(a).

339) Fei Hsiao-tung 1946(a).

34o) Fei Hsiao-tung 1946(a), S.191.

341) vgl. dazu etwa die Feldstudien von Fei und Chang 1945 über drei Dörfer in der Provinz Yunnan in den 4oer Jahren, die von der Penetration noch weitgehend abgeschottet waren.

342) Myers 1972.

343) Buck 1964, S.233ff.

344) Fei und Chang 1945.

345) Skinner 1965; vgl. auch die ähnliche Arbeit von John C. Fei 1975.

346) Diese Ansicht vertreten Feuerwerker 1968, S.39; Tawney 1932 S.37; und Myers selber in Myers und Uhlie 1972; Moore 1974, S.26o.

347) Myers und Uhlie 1972.

348) Sun Kungtu 1969, S.46ff.

349) Sun Kungtu 1969, S.54.

35o) Hou 1973, S.123.

351) Hou 1973, S.87/88; Feuerwerker 1968, S.39. Vgl. dazu besonders die Studie von Chen Han-seng 1939 über den Tabakanbau.

352) Diese Ansicht vertreten auch Tawney 1932, S.37 und Feuerwerker 1968, S.39.

353) Bei Moore 1974, S.26o.

354) Diese Einzelfälle sind bei Buck 1964, S.195 und bei Perkins 1969, S.9o dokumentiert, wobei entweder der Anteil der Pächter oder der Anteil des verpachten Bodens ausgewiesen ist.

355) Tawney 1932, S.37 und Tawney, Vorwort zu "Agrarian China" 1939, S.XVI.

356) Chen Han-seng 1936.

357) Myers 197o, S.234ff.

358) Murphey 197o, S.5o/51 gibt auf der Basis des Verkehrsaufaufkommens in den Vertragshäfen eine regionale Charakterisierung nach Zentren und Subzentren, wobei er als Anhänger des Dualismuskonzepts allerdings eine strikte Trennung zwischen Vertragshäfen und Hinterland macht. "The treaty ports represented a new and exclusively urban phenomenon on Western models, while the rest of China remained not only predominantly rural but characterized by urban models ... which were of a fundamentally different sort and which also had a far closer symbiotic relationship with their rural hinterland, something which the treaty ports distinctively lacked." ebd. S.57.

TEIL II

1) Hierbei wäre natürlich zu überlegen, wie weit Mao sein Yenan-Modell Anfang der 5oer Jahre wirklich ad acta legen wollte und nicht nur auf die Gelegenheit wartete, seine eigenen Entwicklungsvorstellungen durchzusetzen. Bis 1955 äußert er sich jedenfalls, soweit mir bekannt geworden ist, nicht zu wirtschaftlichen Fragen, insbesondere nicht über das sowjetische Modell. Bd. V der Ausgewählten Werke, der die 5oer Jahre abdeckt , lag bei Abschluß des Manuskripts noch nicht vor.

2) Marx verweist in dieser Schrift darauf, daß im Gegensatz zur kommunistischen Gesellschaft, wo das Bedürfnisprinzip herrscht, in der vorhergehenden sozialistischen Phase das Leistungsprinzip noch nicht zu vermeiden sei. Marx, Kritik des Gothaer Programms, S.2o-22.

3) Vgl. dazu Tabelle 42 dieser Arbeit.

4) Ich beziehe mich dabei vor allem auf die Beiträge führender chinesischer Wirtschaftspolitiker in dem Sammelband "New China's Economic Achievements, 1949-1952", diverse Einzelveröffentlichungen des Verlags für fremdsprachige Literatur, Peking, die in der ersten Hälfte der 5oer Jahre veröffentlicht wurden, Beiträge wirtschaftspolitischer Art in der Zeitschrift "People's China", die von 195o bis 1957 erschienen ist und mit der "Peking Review" fortgesetzt wurde, die veröffentlichten Berichte über den ersten Fünfjahresplan und die einzelnen Jahrespläne dieser Periode, sowie die Dokumente wirtschaftspolitischer Art, die im Sammelband von Bowie/ Fairbank wiedergegeben sind.

5) "Proposals of the 8th National Party Congress for the 2nd 5-Year Plan for Development of the National Economy, 1958-1962" (Proposals, 1956) in Bowie/Fairbank 1962 und Chou En-lai, "Report on the Proposals for the 2. Five-Year Plan for Development of the National Economy" (Chou En-lai 1956), ebenfalls in Bowie/Fairbank 1962.

6) Li Fu-chun,,Report on the First Five-Year Plan for Development of the National Economy of the People' Republic of China in 1953-1957 (Li Fu-chun 1955) in Bowie/Fairbank 1962.

7) Mao 1955a.

8) Mao 195o, S.2.

9) Mao 1949, S.451.

1o) Sämtliche wirtschaftspolitischen Vereinbarungen zwischen der Sowjetunion und der VR China im Zeitraum 1949 bis Mitte 1957 sind bei Dernberger 1959, S. 163-169 wiedergegeben.

11) Vgl. dazu Chen Yün, 195ob: "Here we must point out emphatically that the experience of the Soviet Union have been of great help to us and we are deeply grateful for this. To learn from the Soviet experience with an open mind must be our regular practise from now on." (S.1o7), Po I-po, 1952a: "Our rapid and gigantic achievements during the past three years in rehabilitation work on all fronts are inseparable from the selfless help by our great neighbour, the Soviet Union, and from the fraternal co-operation of the People's Democracies. Such help and co-operation will play an important part also in our future construction work." (S.163) oder Soong Chingling, 1954: "... the Soviet Union's today is our tomorrow." (S.9).
Tseng Wen-ching, 1954, S.7: "The theories of Lenin and Stalin on Socialist industrialization and the practical experience of the Soviet Union in carrying out Socialist industrialization guide the Chinese people as they industrialize their own country."

12) Li Fu-chun 1955, S.83. Vgl. dazu auch Wang Kuang-wei 1955, S.11.

13) Li Fu-chun 1955, S.58 erklärte sogar, daß alle neuen Industrieprojekte mit Hilfe der Sowjetunion begonnen wurden.

14) Diese und ähnliche Formulierungen finden sich bei Li Fu-chun 1955, S.49 und 51, Wang Kuang-wei 1955, S.11

15) Vgl. dazu Kuan Ta-tung 196o.

16) Vgl. dazu Teil I, S.95.

17) Li Fu-chun ist sogar in der Lage, diese beiden Begriffe von Sozialismus in einem Satz zu vereinbaren: "Socialist industrialization is the keystone for building Socialism in our country." Li Fu-chun 1955, S.46.

18) Soong Ching-ling 1954, S.9.

19) Vgl. dazu Li Fu-chun 1955, S.47 und Soong Ching-ling 1954, S.7.

2o) Tseng Wen-ching 1954, S.4.

21) Li Fu-chun 1955, S.46.

22) Vgl. dazu Hsueh Mu-chiao 1952b, S.283; Tseng Wen-ching 1954, S. 3 und Wang Hua 1954, S.3 und ebd. S.7: "Only when the continuous growth of the socialist sector of the national economy is ensured can the people's democratic system be further consolidated and developed, and the material basis for Socialism built up. That is why, in the period of transition to Socialism, the state-owned economy plays a cardinal, decisive role."

23) Tseng Wen-ching 1954, S.4. Wang Kuang-wei 1955, S.5 argumentiert, daß nur die Konzentration auf die Schwerindustrie das materielle und kulturelle Wohlbefinden der Bevölkerung hervorbringen könne.

24) Wei Yi 1955, S.16.

25) Tseng Wen-ching 1954, fordert höhere Wachstumsraten für die Kapitalgüterproduktion und schnelleres Wachstum der Produktion als der Löhne, S. 4 und S.6.

26) Li Fu-chun 1955, S.79.

27) Li Fu-chun 1955, S.5o weist ausdrücklich darauf hin, daß die staatlichen Investitionen in der Landwirtschaft noch gering sind, da vorerst noch keine Mechanisierung durchgeführt werden kann. Der Ausbau der Produktionsgüterindustrie muß absolute Priorität genießen. Ebd. S.59. Vgl. auch Soong Ching-ling 1954, S.9.

28) Li Fu-chun 1955, S.48, 59 und 83.

29) Li Fu-chun 1955, S.6o. Li sagt ausdrücklich, daß die Erfüllung des 1. Fünfjahresplans weitgehend von der alten Industrie abhängt. S.62. Vgl. dazu auch Li Fu-chun 1951, S.129.

3o) Po I-po 1952(b), S.1o; Li Fu-chun 1952, S.184 und 185.

31) Li Fu-chun 1955, S.62/63; Liao Lu-yen 1952, S.173/174.

32) Der Entwurf eines 12-Jahresprogramms für die Entwicklung der Landwirtschaft vom 23.1.56 sah im wesentlichen nur Produktivitätssteigerungen mit traditionellen Mitteln vor. "Entwurf des Programms...".

33) Vgl. dazu Li Fu-chun 1955, S.47; Liao Lu-yen 1952, S.173/174.

34) Yeh Chi-chuang 1952, S.244; Chen Yün 195ob, S.1o3. "Foreign exchange once used for purchasing foodstuffs and cotton ... can now be deverted to purchasing machinery and accumulating capital for industrialization."

35) Li Fu-chun 1955, S.63.

36) Hsueh Mu-chiao 1952a, S.23.

37) Diese internationale sozialistische Arbeitsteilung war nach dem Bruch mit der Sowjetunion einer der Hauptvorwürfe. Mitte der 5oer Jahre las sich das noch so: "Division of labor among the nations of the socialist camp is a system instituted in the course of economic cooperation ... Today there has emerged in this world a strong socialist camp, and each nation can concentrate its manpower and financial resources to develop the economic departments with the most favorable natural and economic conditions and with production experiences and cadres ... In order to make the best use of the economic resources and productivity of the entire socialist camp, the economic plans of all nations in this camp must be all the more closely coordinated ... Through specialization and cooperation, the nations in the camp can concentrate their energy on developing certain production lines as they should and organize for large-scale production of certain products ... Specialization of production, cooperation and coordination of long-range plans among the nations in the socialist camp is the highest form of economic cooperation between these nations." "Mutual Assistance and Cooperation between Nations of the Socialist Camp" 1956. Zitiert nach de Vylder 1974, S.44.

38) Daß vorläufig die Hauptlast der Finanzen auf den Bauern liegt, erklärt Po I-po 1949, S.43.

39) Tseng Wen-ching 1954, S.5.

4o) Vgl. dazu etwa Grow 1973b und Galtung 1975.

41) Auf dieser Ebene argumentieren z.B. Eckstein 1957, S.87 und ders. 1964a,S.156; Whiting 1957, S.18; Cheng Chu-yuan 1964, S.93.

42) Die bis 196o erschienene Literatur untersucht vor allem diesen Aspekt der sowjetisch-chineischen Beziehungen. Vgl. dazu Eckstein 1957; Dernberger 1959; Mah 1959 und Whiting 1957. In Reaktion auf den sowjetisch-chinesischen Bruch steht die Frage möglicher wirtschaftlicher Hintergründe in der Literatur der frühen 6oer Jahre im Vordergrund. Vgl. dazu Cheng Chu-yuan 1964; Eckstein 1964a;Galenson 1961; Hoeffding 1961; Klatt 1965. Aus der Sicht des Imperialismusvorwurfs ist mir als empirisch untermauerte Arbeit nur der Aufsatz von Grow 1973b bekanntgeworden. Aus der Perspektive der Dependenztheorie ist, abgesehen von Galtung 1975, im Hinblick auf die Vertiefung struktureller Deformationen offensichtlich noch keine empirische Analyse der sowjetisch-chinesischen Beziehungen der 5oer Jahre unternommen worden.

43) Vgl. dazu Mah 1959, S.41/42.

44) Nach Li Fu-chun 1955, S.45 war die 2. Gruppe der Projekte im Mai noch nicht bewilligt.

45) Die generelle Annahme, daß die Sowjetunion die chinesische Industrialisierungsplanung übernommen hatte, vertritt auch Eckstein 1957, S.92.

46) Li Fu-chun 1955, S.51.

47) Nach Mah 1959, S.79 handelte es sich nur um 49 Projekte.

48) Mah 1959, S.47.

49) Hinweise zu diesem Projekt wie auch zu anderen Anlagen, die nicht fertiggestellt wurden, bietet Klochko 1971, S.559. Klochko war einer der sowjetischen Techniker, die im Juli 196o zu ihrer eigenen Überraschung in die Sowjetunion zurückbeordert wurden. Die Lieferung von nur einer Turbine für Sanmen Gorge ist bei Mah 1959, S.47 belegt.

5o) Nach Price 1968, S.592 ist es nicht fertiggestellt worden. Liu Shao-chi spricht 1956 erst von "Vorbereitungen" zum Bau des Kraftwerks, Liu Shao-chi 1956, S.357.

51) Hsüä Mu-tjiao u.a. 1962, S.76.

52) Von den 694 Übernormprojekten sollten 455 im 1. Fünfjahresplan fertiggestellt werden. Daneben bestanden noch 23oo Unternormprojekte, von denen ca.5oo in der 1. Planperiode vollendet werden sollten. Liu Shao-chi 1956, S.356;vgl.auch Simonis 1968, S.97.

53) Diese Aussage trifft auch Wang Kuang-wei 1955, S.6.

54) Zum Umfang der sowjetischen Beteiligung am Aufbau der chinesischen Eisen- und Stahlindustrie vgl. M. Gardner Clark 1973, insbesondere Tabelle S.112 ebd.

55) Ten Great Years, S.46 und 48.

56) Galenson 1961, S.39.

57) Mah 1959, S.88.

58) Zum folgenden vgl. Cheng Chu-yuan 1964, S.76ff und Mah 1959, S.75ff.

59) Derek Davies 1966, S.431.

6o) Siehe Tabelle auf der folgenden Seite 69o.

61) Whiting 1957, S.6.

62) Mah 1961, S.36.

63) Die Prozentangaben sind berechnet auf der Basis der Tabellen 66 und 67.

64) Eckstein 1964a, S.148.

65) Diese Hinweise sind bei Cheng Chu-yuan 1964, S.36/37 zusammengestellt.

66) Das russische Engagement bei der chinesischen Ostbahn wurde bereits in Teil I dieser Arbeit behandelt. Zu den früheren russischen und sowjetischen Aktivitäten bei der Gewinnung von Bodenschätzen in Sinkiang vgl. Whiting und Sheng 1957.

Fußnote 6o: Chinesische Angaben und westliche Kalkulationen über die sowjetischen Kredite und ihre Verwendung 195o -57 in Mio US $ (1 US $ = 2,355 ¥)

	Li Hsien-nien[1]		veröffentlichte[2] sowjet.Wirtschafts-kredite		Chengs Kalkulation[3]			Mahs Kalkulation[4]		
	gesamt	davon Wirt-schaft	Abkommen	Auszahlung	wirt-schaft-liche	sonsti-ges	gesamt	wirt-schaft-liche	sonsti-ges	gesamt
195o	)		3oo	6o	6o	)	)	)		)
1951	) 925			6o	6o	) 745[a]	) 925	) 12o[e]		) 927
1952	)			6o	6o	)	)	)		)
1953	)	)		6o	6o	126[b]	186	6o	127	187
1954	)	)	13o	6o+?	18o	185[c]	375	6o	317[c]	377
1955	) 1.325	) 31o			o	7o4[d]	7o4	13o	577[d]	7o7
1956	5o	)			o	5o[b]	5o	5o[e]	o	5o
1957	1o	)			o	1o[b]	1o	1o[e]	o	1o
gesamt	2.25o		43o		43o		2.25o	43o		2.258

1) Li Hsien-nien, Report on 1956 Final Accounts and 1957 State Budget. Zitiert nach Mah 1959, S.76 u.85
2) Vgl.Dernberger 1959, S.163-169.
3) Cheng Chu-yuan 1964, S.76-82.
4) Mah 1959, S.78-86; vgl. auch Mah 1961, S.36.

a) Kredite für Rüstungslieferungen im Korea-Krieg
b) ungeklärt
c) Kredite zur völligen Übernahme der vier sowjetisch-chinesischen Gesellschaften
d) Kredit zur Übernahme von Rüstungsgütern nach der Aufgabe des sowjetischen Stützpunkts Port Arthur
e) 195o-1952 wurden nicht die gesamten fälligen 18o Mio US $ aufgebracht. Sie verteilten sich auf spätere Jahre.

67) In diesem Zusammenhang ist interessant, daß die Sowjetunion auch Zinn aus China importierte. Hoeffding 1961,S.11.

68) Li Fu-chun 1955,S.4.

69) Vgl. dazu Klochko 1964 u. 1971.

7o) Eckstein 1964a, S.148 spricht nur von 7ooo chinesischen Studenten; sonst Grow 1973b, S.1o.

71) M. Gardner Clark 1973, S.3 und S.33 sieht demzufolge eine Hauptschwierigkeit des chinesischen Wiederaufbaus und der Industrialisierung im Bereich der Schwerindustrie in dem kaum vorhandenen Potential von Ingenieuren und Facharbeitern.

72) Cheng Chu-yuan 1964, S.38.

73) Vgl. dazu M. Gardner Clark 1973, S.32. Dabei handelt es sich vor allem um unterschiedliche Erzgehalte der Lagerstätten.

74) Po I-po 1952b, S.1o.

75) In den 5oer Jahren bestand ein Lohnsystem mit 3o Stufen. Howe 1973, S.252.

76) Über diese Schwierigkeiten berichtet ebenfalls M. Gardner Clark 1973.

77) Klochko 1971, S.559.

78) Z.B. Hoeffding 1961.

79) Vgl. dazu die "Erklärung der Delegation der Kommunistischen Partei Chinas auf der Bukarester Beratung der Bruderparteien" vom 26.6.196o. In: Die Polemik über die Generallinie, S.123 - 127.

8o) Zu den Bestimmungen des Jalta-Abkommens vgl. Fischer 1968.

81) Zu den Zahlenangaben vgl. Sun Kungtu C. 1969, S,88; Chang, John K. 1969, S.81/82; Grow 1973b, S.5; und den Bericht der Pauley-Kommission, Pauley 1946.

82) Dernberger 1959, S.163/164 und Cheng Chu-yuan 1964, S.12/13.

83) Mah 1959, S.86 und Cheng Chu-yuan 1964, S.72 (vgl. Tabelle 66).

84) Dernberger 1959, S.163/164.

85) Cheng Chuh-yuan 1964, S.13.

86) Dernberger 1959, S.165.

87) Entsprechende Hinweise finden sich in Staatsplan 1952, S.467; Li Fu-chun 1951, S.126.

88) Grow 1973b, S.7/8.

89) Dernberger 1959, S.151/152 schätzt die Abfindungen auf 175 Mio, Cheng Chu-yuan 1964 auf 185 Mio und Mah 1959 auf 317 Mio US $ (vgl. dazu Tabelle in Fußnote 6o, S.69o).

9o) Whiting 1957, S.6 spricht sogar von 2 Mrd US $ Rüstungslieferungen im Hinblick auf den Koreakrieg. Diese Zahl ist aus der Außenhandelsstatistik allerdings nicht zu belegen.

91) Chen Yun 1951, S.117/118. Er spricht davon, daß die Investitionen 1952 vornehmlich für Rüstungsbetriebe verwendet wurden. Vgl. dazu Po I-po 1952a, S.16o.

92) Die Daten über die Kreditrückzahlung in Tabelle 68, zumindest bis 1959, wurden von Ying Lung-kwei 1966 gegenüber Han Suyin bestätigt. Vgl. dazu Derek Davies 1966, S.431.

93) Hoeffding 1961, S.14.

94) Zitiert nach Hoeffding 1961, S.13/14.

95) Unter Sozialprodukt werden hier nur die Beiträge von Landwirtschaft, Industrie, Bergbau, Transport und Kommunikation sowie Handel verstanden. Die übrigen Dienstleistungen, da nach marxistischem Verständnis aus dem Mehrwert finanziert, erscheinen nicht in der Sozialproduktstatistik.

96) Berechnet nach Chen Nai-ruenn 1967, S.141. Der Staatsanteil für 195o war vermutlich wesentlich niedriger, das betreffende Sozialprodukt ist aber in der zur Verfügung stehenden Statistik nicht ausgewiesen.

97) Berechnet nach Ten Great Years, S.42 und Chen Nai-ruenn 1967, S.141.

98) Chen Yun betont 195o die große Bedeutung der Agrarsteuer; Chen Yun 195oa; ebenso Po I-po 1949, S.43.

99) Pe Li 1972, S.47/48 bringt einige Beispiele, wie sich die Preisrelationen zwischen Agrar- und Industriegütern während der 5oer Jahre zuungunsten der Landwirtschaft verändern. Vgl. dazu Teil III, 1.2.3 dieser Arbeit.

1oo) Chao Kang 1966, S.382; 1949 betrug die städtische Einwohnerschaft 57,7 Millionen. Emerson 1966, S.418/419, spricht für 196o von 12o Millionen.

1o1) Chao Kuo-chun 196o, S.3o1. Diese Angaben beziehen sich auf unverarbeitetes Getreide.

1o2) Perkins 1969, S.157. Vgl. dazu auch Tabelle 26 .

1o3) Hsueh Mu-chiao 1952a, S.23.

1o4) Perkins 1969, S.134.

1o5) Perkins Pro-Kopf-Zahlen für den Brutto-Wert der Agrarproduktion lauten für 1914 - 1918 = 36,1 - 38,4 yuan, 1931 - 1937 = 38,1 - 39,4 yuan, 1957 = 37,5 yuan. Perkins 1969, S.3o. Vgl. zum Argument vor allem die Seiten 189-191.

1o6) 195o = 225,9 kg Getreide pro Kopf und 1957 = 286,1 kg Getreide pro Kopf. Chao Kuo-chun 196o, S.3o1.

1o7) vgl. dazu Tabelle 77.

1o8) Vgl. dazu Emerson 1968, S.418, und Hou 1968, S.376/377.

1o9) Zu dieser Theorie vgl. u.a. Emmanuel 1972a.

11o) Galtung 1975.

111) Aus der kaum noch überschaubaren Literatur zum "chinesischen Entwicklungsmodell", die sich in einer Charakterisierung der wesentlichen Elemente,weitgehend ohne besondere empirische Analyse, erschöpft, sei folgende Auswahl genannt: Schurmann 1963; MacFarquhar 1963; von Groeling 197o; Singh 1973; Imfeld 1974; Reynolds 1974; Nakagane 1974; Deleyne 1974;

Reynolds 1975; Rifkin 1975; Maxwell 1975; Lin 1975; Sreedhar 1975; Løvbraek 1976; Sweezy 1977. Kritisch, aber unergiebig aus trotzkistischer Position Padoul 1975 und Halliday 1976/77. Die Unterschiede zum sowjetischen Modell behandeln insbesondere Zauberman 1962; Spulber 1963; Yeh Kung-chia 1965; Zagoria 1967; Mesa-Lago 1973; Magdoff 1975.

112) Vgl. dazu Handke 1956/57.

113) "Proposals", S.2o5; Chou En-lai 1956, S.22o.

114) Po I-po 1956, S.19 - 22.

115) Chou En-lai 1956, S.221.

116) Po I-po 1956, S.16/17.

117) Po I-po 1956, S.18.

118) "Proposals", S.2o4; Chou En-lai 1956, S.224. Diesen Aspekt hebt Holubnychy 1956, S.1777 sogar als besonderes Kennzeichen des 2. Fünfjahresplans hervor.

119) Vgl. dazu das Zitat in Fußnote 37, Teil II.

12o) Zur chinesischen Weigerung, dem RGW beizutreten, vgl. Hoeffding 1961, S.4.

121) Diese Verträge sind bei Dernberger 1959, S.168/169 aufgelistet. Ein langfristiges Vertragswerk fehlt in seiner Zusammenstellung.

122) Po I-po 1956, S.2o.

123) "If the scale and standard are lowered somewhat, many factories and mines can be designed by ourselves. We should rely on our own strength as far as possible. Except for a few large enterprises and precision machines to be built with the help of the Soviet Union and fraternal countries, new factories and mines in general should strive to provide 7o to 8o per cent of their equipment by themselves. This will reduce inventories and the spending of foreign exchange." Li Fu-chun auf einer Kaderkonferenz in Chungking im Mai 1957. Zitiert nach Whiting 1957, S.15.

124) So bei Gray 1974a, Weiss 1975a und 1975b, S.69 - 81.

125) Wichtig wären zu diesem eingeschränkten Verständnis noch die von Mao kommentierte und mit edierte Aufsatzsammlung "Socialist Upsurge in China's Countryside" (entstanden in der zweiten Hälfte 1954 und der ersten Hälfte 1955), Maos Reden auf der Chengtu-Konferenz vom März 1958 und der Lushan-Konferenz vom Juli 1959 sowie die bei Schram 1974, Martin 1974 und Jerome Chen 1972 gesammelten und ebenfalls in den Jahren 1958 und 1959 entstandenen Äußerungen Maos zur Politik des Großen Sprungs. Die Mao-Editionen von Jerome Chen, Schram und Martin gehen auf zwei inoffizielle Sammlungen von Mao-Texten zurück, die von Rotgardisten während der Kulturrevolution veröffentlicht wurden. Soweit Texte aus diesen beiden Editionen inzwischen offiziell veröffentlicht wurden, wie etwa "Über die zehn großen Beziehungen", bestätigen sie die Echtheit dieser Texte. Weitere Sammlungen inoffizieller Mao-Texte sind in Current Background No.892 vom 21.1o.1969 und unter dem Titel "Miscellany of Mao Tse-tung Thought (1949 - 1968)" in JPRS No.61269, 1-2 übersetzt worden. Vgl. auch die Aufstellung in Martin 1974a, S.283.

126) Hierbei handelt es sich um einige wenige Texte aus den Jahren 1927 bis 1934 "Untersuchungsbericht über die Bauernbewegung in Hunan", "Man muß die Arbeit auf wirtschaftlichem Gebiet beachten" und "Unsere Wirtschaftspolitik" sowie die in der Yenan-Phase entstandenen Texte. Hier neben anderen besonders "Wirtschafts- und Finanzfragen in der Periode des Widerstandskrieges gegen die japanische Aggression" (Dezember 1942), "Organisieren!" (November 1943) und "Man muß lernen, auf wirtschaftlichem Gebiet zu arbeiten" (Januar 1945).

127) Die bekannten Texte Maos zu seiner theoretischen Auseinandersetzung mit dem sowjetischen Modell und Stalins Theorie der Übergangsgesellschaft sind seine "Rede über das Buch 'Ökonomische Probleme des Sozialismus'" (November 1958), "Notizen nach der Lektüre des Lehrbuchs 'Politische Ökonomie' (Abschnitt Sozialismus)" (196o) und "Kritische Bemerkungen zu Stalins 'Ökonomische Probleme des Sozialismus in der UdSSR" (undatiert). Vgl. dazu die Analyse der Texte von Levy 1975.

128) Vgl. dazu Nakanishi 197o/71, S.1o/11.

129) Mao 1926, S.13-15.

13o) Mao 1927, insbesondere S.56 und 58/59.

131) Mao 1927, S.21/22 Fußnote.

132) Mao 1933, S.149-154.

133) Mao 1934, S.162/163.

134) Vgl. hierzu die Arbeiten von Selden 1969, Schran 1975, Gurley 1975 und die Einleitung zu Nee/Peck 1975a.Vgl. dazu auch die in Erscheinung begriffene Arbeit von Schran.

135) Vgl. dazu die regionale Aufgliederung in den Tabellen 1o (Anteil der bewässerten Fläche), 18 (Regionale Verteilung des Pachtwesens) und 22 (Ertragsleistung pro Kopf) in Teil I. Ähnliche Ergebnisse zeigt auch Yeh Kung-chia 1971 über die soziale Lage in der Yenan-Region, insbesondere S.1o3ff.

136) Vgl. dazu Mao 1942b, S.127 und 131.

137) Mao 1942b, S.131. "Eine andere falsche Ansicht besagt, daß man die Schwierigkeiten des Volkes zu ignorieren und nur den Bedürfnissen der Regierung und der Armee Rechnung zu tragen habe; das hieße 'um Fische zu fangen, das Wasser aus dem Teich ablassen', an das Volk ohne Unterlaß übermäßige Forderungen stellen."

138) Mao 1945a, S.22o.

139) Mao 1943a, S.151; Mao 1945a, S.22.

14o) Mao 1942b, S.132.

141) Mao 194o. Hier fordert Mao die Abschaffung der Pachtverhältnisse, "jedem Pflüger sein Feld", aber noch keine Egalisierung des Grundbesitzes, S.412.

142) Mao 1943a, S.152; Mao 1945a, S.222/223.

143) "Unter den gegenwärtigen Bedingungen ist die Organisation der Arbeitskräfte das zentrale Kettenglied in der Entwicklung der Produktion." Mao 1943a, S.155.

144) Vgl. dazu die "Einleitung" zu Nee und Peck 1975a, S.43.

145) Mao 1937b, S.394.

146) "'Arbeitsaustauschbrigade' und 'Arbeitsgemeinschaft' - beide waren Arbeitsorganisationen für kollektive gegenseitige Hilfe in der landwirtschaftlichen Produktion im Grenzgebiet Schensi-Kansu-Ningsia. 'Arbeitsaustausch' war eine Methode, bei der die Bauern untereinander den Einsatz ihrer Arbeitskräfte regulierten; menschliche Arbeitszeit wurde gegen menschliche, tierische gegen tierische oder auch menschliche gegen tierische ausgetauscht usw. Die Bauern, die den 'Arbeitsaustauschbrigaden' beitraten, stellten diesen ihre Arbeitskräfte oder ihr Arbeitsvieh zur Verfügung, um die Felder der einzelnen Gruppenmitglieder nacheinander kollektiv zu bestellen; bei der Verrechnung galt als Austauscheinheit ein geleisteter Arbeitstag und den Mitgliedern, welche mehr menschliche oder tierische Arbeitstage geleistet hatten, wurden von jenen, die weniger beigesteuert hatten, die Differenz vergütet. Die 'Arbeitsgemeinschaften' wurden in der Regel von landarmen Bauern gebildet. Ihre Mitglieder tauschten nicht nur untereinander ihre Arbeitskräfte zur gegenseitigen Hilfe aus, sondern bildeten vor allem Kollektive, welche sich an jene Höfe verdingten, die knapp an Arbeitskräften waren." Mao 1943b, S.184/185 (Anmerkung 4). Vgl. auch ebd., S.178/179. Außerdem Mao 1943a, S.152 und Mao 1945a, S.222.

147) "Man muß ferner ein nach Art der Arbeitsqualität gestaffeltes System der Gewinnverteilung einführen, damit die unmittelbar mit der Produktion Beschäftigten einen Anteil erhalten können, und so die Produktion angespornt wird." Mao 1945a, S.224/225. Vgl. ebd. S.222 und Gurley 1975, S.55.

148) Selden 1969, S.139.

149) Selden 1969, M.139.

15o) Mao 1942b, S.129.

151) Selden 1969, S.14o.

152) Mao 1945a, S.222; Mao 1945c, S.326.

153) Mao 1942b, S.131; Mao 1945c; Mao 1943a, S.153; Mao 1943b, S.176; Mao 1945a, S.224.

154) Mao 1945b.

155) Selden 1969, S.137.

156) "Wir müssen in die Massen gehen, von den Massen lernen, ihre Erfahrungen zu besseren, systematisierten Erkenntnissen und Methoden verallgemeinern, diese sodann wieder in die Massen tragen (sie propagieren), die Massen aufrufen, diesen Erkenntnissen und Methoden gemäß zu handeln, und die Probleme der Massen zu lösen, damit die Massen Befreiung und Glück erlangen." Mao 1943b, S.181.

157) Vgl. dazu Selden 1969, S.143-149.

158) Schran 1975, S.296.

159) Mao 1945d.

16o) Mao 1948a, S.2o3. Mao 1948b, S.2o5; hier wird die Bedeutung der Mittelbauern betont· Mao 1948a; Mao 1948d, S. 243 und 25o.

161) "Entwicklung der Produktion und Sicherung der Versorgung, zentralisierte Leitung und dezentralisierte Wirtschaftsführung, Berücksichtigung sowohl der Interessen der Armee als auch der Interessen des Volkes, Berücksichtigung sowohl der staatlichen wie der individuellen Interessen, Betonung sowohl der Produktion als auch der Sparsamkeit - alles dies sind immer noch die geeigneten Leitprinzipien für die Lösung unserer finanziellen und ökonomischen Probleme." Mao 1945e, S.77/78; vgl. auch Mao 1948d, S.253.

162) Mao 1948d, S.253.

163) "Der Schlüssel zum Sieg in der Produktionskampagne liegt in der Organisierung der großen Mehrheit der Produzenten zu Produktionsorganisationen der gegenseitigen Hilfe." Mao1945d, S.72; vgl. auch Mao 1948e, S.27o.

164) "Die Pachtsenkung soll das Resultat eines Massenkampfes und nicht ein Gnadengeschenk der Regierung sein." Mao 1945d, S.72. "Das Tempo der Bodenreform muß nach den Umständen, dem Bewußtseinsgrad der Massen und der Stärke der führenden Kader bestimmt werden." Mao 1948c, S.2o9; vgl. auch Mao 1948a, S.2o3 und Mao 1948e, S.27o.

165) "Die Beseitigung des Feudalsystems und die Entwicklung der landwirtschaftlichen Produktion werden den Grundstein für die Aufgabe legen,die industrielle Produktion zu entwickeln und einen Agrarstaat in einen Industriestaat zu verwandeln." Mao 1948d, S.254.

166) Eine Gesamtdarstellung der sowjetischen China-Literatur bringt Kirby 1975, zu wirtschaftlichen Fragen Kap.7. Vgl. dazu außerdem den sehr guten Aufsatz von Rozman 1974.

167) Zum Beispiel Sladkovskij 1967; Wjatski und Dimitrijew 1969; Mähnel 1968; Astajew 1973; Korbash 1974.

168) Mähnel 1968, S.969.

169) Als Auftakt zur Durchsetzung des maoistischen Denkens wird die von Mao mit edierte Aufsatzsammlung "Der sozialistische Aufschwung im chinesischen Dorf" gewertet, die Mao als Argumentationsbasis für die von ihm angestrebte forcierte Kollektivierung benutzte. Durch diese Forcierung der Kollektivierung wurde bereits der Rahmen des 1. Fünfjahresplans gesprengt. Sladkovskij 1967, S.596.

17o) Astajew 1973, S.1o.

171) Astajew 1973, S.9; Wjatski und Dmitrijew 1969, S.1361/62; Mähnel 1968, S.977.

172) Korbash 1974, S.11; Wjatski und Dmitrijew 1969, S.1369. Hinsichtlich dieses fundamentalen Unterschieds im Verständnis historischer Prozesse vgl. auch Berger 1975, S.555ff.

173) Korbash 1974, S.28.

174) Astajew 1973, S.11.

175) Korbash 1974, S.35/36.

176) Astajew 1973, S.9.

177) Korbash 1974, S.34 und 41; Wjatski und Dmitrijew 1969, S.1367; Sladkovskij 1967, S.573.

178) Korbash 1974, S.52-54.

179) Astajew 1973, S.12.

18o) Korbash 1974, S.1o9.

181) Korbash 1974, S.55 und S.59.

182) Mähnel 1968, S.973/974; Wjatski und Dmitrijew 1969, S.1364; Astajew 1973, S.1o; Korbash 1974, S.64.

183) Astajew 1973, S.12.

184) Sladkovskij 1967, S.571.

185) Korbash 1974, S.155.

186) Mähnel 1968, S.979; Astajew 1973, S.9.

187) Sladkovskij 1967, S.574.

188) Auch wenn es Spekulationen gibt, daß diese Schriften nicht von Mao selber, sondern von seinem "Ghost-Writer" Chen Po-ta stammen, bedeutet, ungeachtet dieser Spekulation, ihre Aufnahme in den autorisierten Mao-Kanon ihre Authentizität im Hinblick auf das Mao-Denken.Hinweise für solche Annahmen gibt Wladimirov 1976.

189) Der Text "Mao Tse-tungs Notizen zum sowjetischen Lehrbuch Politische Ökonomie" befaßt sich nur mit dem 3. Abschnitt "Die sozialistische Produktionsweise", und richtet sich nach der 3. überarbeiteten und ergänzten russischen Ausgabe, hrsg. von der Akademie der Wissenschaften der UdSSR, die auf deutsch zum ersten Mal 1959 erschienen ist. Als Vergleichstext sollte die 3. Auflage der deutschen Ausgabe von 1961 benutzt werden. Der Mao-Text ist neben den Schriften "Rede über das Buch 'Ökonomische Probleme des Sozialismus'", "Kritische Bemerkungen zu Stalins 'Ökonomische Probleme des Sozialismus in der UdSSR" und anderen Kommentaren zu Stalin-Texten in Martin 1975a enthalten.

19o) Vgl. zu dieser Studienbewegung Martin 1975b.

191) Die zweite Version (die erste Version fußt auf einer anderen Textauswahl und entstand drei Monate früher) dieser 3-bändigen Textsammlung besteht aus 176 Artikeln, zu der Mao die Einleitung und die Kommentare von 1o4 Artikeln verfaßte. Sie befassen sich mit den Erfahrungen bei der Bildung von Genossenschaften. Die Sammlung ist am 1. Januar 1956 erschienen. Die wiedergegebenen Texte beziehen sich auf die 1. Hälfte 1955 und zum Teil auf die 2. Hälfte 1954. Damit sind sie teilweise schon vor der Genossenschaftsrede (am 31.7.1955 gehalten) entstanden. Eine einbändige Auswahl von 44 Artikeln ist 1957 auf englisch unter dem Titel "Socialist Upsurge in China's Countryside" erschienen. Diese Ausgabe wurde hier benutzt. Einleitung und einige Kommentare sind auch in Mao, Selected Readings abgedruckt. Vgl. zur Edition S.43o, Fußnote 1. Die Texte dienten teilweise als Diskussionsmaterial auf dem 6. Plenum des 7. ZK (4.-11.1o. 1955), auf dem der Beschluß zur Bildung von Genossenschaften des vollsozialistischen Typs gefaßt wurde. Vgl. dazu Vorwort, S.7. Der Band bildet insgesamt ein Plädoyer für die rapide Kollektivierung und war als eine Art Handbuch für ländliche Kader gedacht.

192) Die offizielle Ausgabe dieses Texts von 1977 (deutsch in Peking Rundschau 14.1977, 1, S.1o-27) weicht in einigen Nuancen gegenüber der Edition von Schram, die auf den Rotgardistentext aus der Kulturrevolution zurückgeht, ab. Insbesondere werden Maos Aussagen zur Dezentralisierung abgeschwächt. Vgl. dazu Schram 1977.

193) Die Konferenz von Chengtu im Frühjahr 1957 befaßte sich unter anderem mit der Mechanisierung der Landwirtschaft, wobei Mao die Position vertrat, daß die Finanzierung der Mechanisierung von den Bauern selber und nicht durch den Staat erfolgen sollte. Von den 3 Chengtu-Reden Maos befassen sich nur die 1. vom 1o.3. und die 3. vom 2o.3.1957 mit wirtschaftlichen Fragen. Sie sind abgedruckt in Martin 1974 und Schram 1974.

194) Auf der Lushan-Konferenz (2.7. bis 1.8.1959) übte Mao Selbstkritik im Hinblick auf die zu sehr forcierte Sprung-Politik und die Bildung der Volkskommunen. Vgl. dazu Mao 1959b, insbesondere S. 137 - 14o.

195) Mao Tse-tung, Vier philosophische Monographien. 1. Auflage 1965. Darin enthalten sind zur Erkenntnistheorie "Über die Praxis" (1937) und "Woher kommen die richtigen Ideen der Menschen" (1963) und zur Widerspruchstheorie "Über den Widerspruch"(1937) und "Über die richtige Behandlung der Widersprüche im Volke" (1957).

196) Mao 196oa,S.99/1oo und S.146.

197) Mao 1937a, S.356. Vgl. dazu auch Mao 196oa, S.151.

198) "Die rationale Erkenntnis hängt von der sinnlichen Erkenntnis ab, die sinnliche Erkenntnis aber muß sich zur rationalen Erkenntnis entwickeln - das ist die Erkenntnistheorie des dialektischen Materialismus." Mao 1937a, S.357/58.

199) Dahinter steht, wenn auch an dieser Stelle des Texts "Über die Praxis" nicht explizit gesagt, daß die rationale Erkenntnis zum Verständnis der Welt als einer Geschichte von Klassenkämpfen führt (vgl. dazu Mao 1937b, S.372), die es nach Marx nicht zu interpretieren, sondern zu verändern gelte. Marx, Dritte These über Feuerbach. Vgl. dazu auch Mao 1937a, S.358.

2oo) Mao 1937a, S.358/59.

2o1) Im Text von 1963 "Woher kommen die richtigen Ideen der Menschen?" erübrigt sich die Bedeutung des nationalen Kampfes. Hier heißt es nur noch:"Die richtigen Ideen der Menschen können nur aus der gesellschaftlichen Praxis herrühren, nur aus dem Produktionskampf, dem Klassenkampf und dem wissenschaftlichen Experiment - diesen drei Arten der gesellschaftlichen Praxis." Mao 1963, S.149.

2o2) "Zu einer richtigen Erkenntnis gelangt man oft erst nach einer vielfachen Wiederholung der Übergänge von der Materie zum Bewußtsein, das heißt von der Praxis zur Erkenntnis und von der Erkenntnis zur Praxis." Mao 1963, S.151. Vgl. dazu auch Mao 1937a, S.359 und S.361.

2o3) Mao 196oa,S.98 und 1963, S.15o.

2o4) Mao 1963, S.151.

2o5) Mao 1943b, S.181.

2o6) Vgl. dazu Mao 196oa,S.98.

2o7) Vgl. zum folgenden Mao, "Über den Widerspruch" (August 1937). In den mehr als 2o Jahre später entstandenen "Notizen" finden sich nahezu die gleichen Formulierungen wie in der Schrift von 1937. Vgl. insbesondere S.76-79. Sogar in der Chengtu-Rede vom 2o.3.1958, die im Vorfeld des Großen Sprungs entstanden ist, mobilisiert Mao sein dialektisches Entwicklungsprinzip als Rechtfertigung der Sprung-Politik. Mao 1958c, S.1o9.

2o8) Mao 1937b, S.369.

2o9) Mao 1937b, S.394. Vgl. dazu weiter ebd.: "Wenn sich ohne eine Änderung der Produktionsverhältnisse die Produktivkräfte nicht weiter entwickeln können, dann spielt die Änderung der Produktionsverhältnisse die hauptsächliche, entscheidende Rolle. Wenn Lenins Worte 'Ohne revolutionäre Theorie kann es auch keine revolutionäre Bewegung geben' unmittelbare Aktualität erlangen, dann spielt die Schaffung und Verbreitung der revolutionären Theorie die hauptsächliche, entscheidende Rolle. Wenn irgendeine Aufgabe zu lösen ist (gleichgültig welche), diesbezüglich aber noch kein politischer Kurs, keine Methode, kein Plan, keine Richtlinie vorhanden ist, dann wird die Ausarbeitung des entsprechenden politischen Kurses, der Methode, des Plans oder der Richtlinie zum Hauptsächlichen, Entscheidenden. Wenn der Überbau (Politik, Kultur usw.) die Entwicklung der ökonomischen Basis behindert, dann werden politische und kulturelle Umgestaltungen zum Hauptsächlichen, Entscheidenden."

21o) Mao 1937b, S.399.

211) "Gleichgewicht ist relativ, Ungleichgewicht ist absolut, das ist das allgemeine Gesetz." Mao 196oa,S.1o9. Vgl. auch Mao 1937b, S.4o2.

212) Mao 196oa,S.1o8.

213) Vgl. dazu Mao 1937b, S.4o4/4o5.

214) Vgl. dazu Mao 196o a,S.81/82 und 76ff, sowie Mao 1937b,S.388.

215) Mao 196o a,S.52.

216) Mao 196o a,S.69.

217) "... je ärmer die Menschen sind, desto mehr verlangen sie nach Revolution." Mao 196oa,S.69. Zum Arbeiter-Bauern-Bündnis vgl. S.52.

218) Mao 1958e, S.312.

219) Mao 196o a,S.88. Zur Einschätzung der Sowjetunion in dieser Frage vgl. S.67.

22o) Mao 196o a,S.144/145.

221) Vgl. dazu Mao 1957, S.9o; und "Auch im Zeitalter des Sozialismus sind die Widersprüche nach wie vor Triebkraft der gesellschaftlichen Entwicklung." Mao 196oa,S.82.

222) Levy unterscheidet bei Mao 5 Stadien, die auf diese Weise einander ablösen: Bürgerliche Revolution; Übergang zum Sozialismus; sozialistische Revolution mit verschiedenen Eigentumsformen; sozialistisches Eigentum des ganzen Volkes; Kommunismus mit verschiedenen Stadien. Levy 1975, S.1o8/1o9.

223) Mao 196o a,S.96. Im selben Text heißt es an anderer Stelle: "Man kann lediglich sagen, daß keine soziale Revolution durchgeführt werden muß, in der eine Klasse die andere stürzt; aber dennoch gibt es eine soziale Revolution, in der neue Produktionsverhältnisse an die Stelle der alten treten , und ein neues Gesellschaftssystem das alte ablöst." S.78. Vgl. auch S.136.

224) "Wir müssen Gleichgewicht und Ungleichgewicht zwischen Produktivkräften und Produktionsverhältnissen und zwischen Produktionsverhältnissen und Überbau als Leitfaden für die Erforschung der ökonomischen Probleme im Sozialismus nehmen." Mao 196oa,S,11o. Vgl. dazu auch Mao 1957, S.1o2-1o6 und 196oa,S.5o.

225) Das geht daraus hervor, daß eine von Maos Hauptforderungen die Angleichung der Eigentumsverhältnisse in den einzelnen Sektoren der Wirtschaft ist. Vgl. dazu z.B. Mao 196oa,S.78.

226) Mao 196oa,S.97.

227) Vgl. dazu Mao 196oa,S.61; Mao 1957, S.1o4. Bis 1965 bestand die Praxis der Verzinsung noch fort und ist evtl. bis heute immer noch existent. Vgl. dazu Nakanishi 197o/71, S.26/27.

228) Mao 196oa,S.74; vgl. dazu auch S.83, wo der Übergang vom Leistungs- zum Bedürfnisprinzip als Revolution verstanden wird.

229) Mao 196oa,S.49.

23o) Mao 1957, S.119.

231) Vgl. zu den beiden Beispielen Mao 196oa,S.86.

232) Vgl. zur Kritik an Teng die Aufsätze in der Peking Rundschau Nr.35 vom 31.8.1976,vor allem Gao und Tschang 1976, in denen die konkreteste Formulierung der Teng gegenüber erhobenen Vorwürfe zu finden ist.

233) Mao 196oa,S.83.

234) Mao 1955a, S.31/32.

235) Vor allem Mao 1956, S.65-67; vgl. dazu auch Mao 196oa, S.96 und S.138.

236) Mao 1957, S.91.

237) Vgl. dazu Mao 1957, S.112, wo insbesondere das Schicksal der "5oo Millionen Bauern" als zentral für die politische Stabilität des Systems angesehen wird.

238) "... weiterhin existiert der Unterschied zwischen geistiger und körperlicher Arbeit, zwischen Stadt und Land, Arbeitern und Bauern. Obgleich das nicht antagonistische Widersprüche sind, müssen erst Kämpfe stattfinden, bevor sie gelöst werden können." Mao 196oa,S.96.

239) Mao 196oa,S.82/83 und 1957, S.91.

24o) Mao 1956, S.69-71.

241) Mao 1957, S.99; vgl. dazu auch S. 1o3.

242) Vgl. dazu Maos Drohung in der Auseinandersetzung mit Peng Te-huai auf der Lushan-Konferenz, den Guerilla-Kampf wieder aufzunehmen, wenn das ZK ihm das Vertrauen entziehen werde. Nakanishi 197o/71, S.18/19.

243) Die Darstellung dieses Zusammenhangs ist das Generalthema von Schurmann 1968.

244) Die These, daß die eigentliche Ursache des Bruchs zwischen China und der Sowjetunion in der Kritik am sowjetischen Modell zu suchen ist, vertritt Rossanda 1971, S.7. Vgl. dazu auch Levy 1975, S.177 und Gray 1973a, S.267.

245) Mao 1955b, S.87.

246) Mao 1956, S.8o - 82.

247) Mao 1957, S.133.

248) Mao 1957, S.145.

249) "Weil wir nichts davon verstanden, überhaupt keine Erfahrungen hatten,sowieso nicht Bescheid wußten, konnten wir zunächst nur übernehmen." Mao 1958b, S.33; und ebd. "In der Schwerindustrie waren wir selber in den Bereichen Projektierung, Aufstellung und Montage sehr schlecht, wir hatten keine Erfahrung. China verfügte nicht über Spezialisten, die Minister waren keine Fachleute, da blieb uns nichts anderes übrig, als das Ausland zu kopieren. Und selbst beim Kopieren verstanden wir nicht, eine überlegte Auswahl zu treffen, sondern mußten uns noch sowjetische Erfahrungen und Spezialisten ausleihen, dazu Chinas alten Spezialisten das bürgerliche Denken austreiben. Sowjetische Projektierungen in China anzuwenden, war größten Teils korrekt, teilweise jedoch auch nicht korrekt, sie wurden zu starr übernommen." S.34.

25o) Mao 1958b, S.34.

251) Mao 1958d.

252) Mao 1958g, S.126.

253) Hier insbesondere S.187/188. Vgl. dazu auch die undatierten "Kritischen Bemerkungen zu Stalins 'Ökonomische Probleme des Sozialismus in der UdSSR'", die vermutlich im gleichen Zeitraum entstanden sind; insbesondere S.196.

254) Wie weit die "Notizen" Grundlage eines offiziellen chinesischen Lehrbuchs zur Politischen Ökonomie sind, ist, solange ein solcher Text nicht offiziell veröffentlicht wird, nicht mit Sicherheit festzustellen. Es existiert allerdings ein diesbezüglicher Text "Fundamentals of Political Economy", herausgegeben von einer anonymen Autorengruppe, der 1974 in China als populärer Einführungstext erschienen ist. Der zweite Band behandelt die sozialistische Produktionsweise, und die Kapitel 17 - 21 beziehen sich speziell auf China. Leider war mir die Übersetzung dieser besonders interessanten Kapitel bei Abschluß dieses Manuskripts noch nicht zugänglich.

255) Mao 196oa, S.55.

256) Diesen grundsätzlichen Ansatz verfolgt auch Rossanda, indem sie vier Streitpunkte im Hinblick auf den sozialistischen Aufbau in China herausstellt: 1) Was zeichnet die sozialistische Produktionsweise aus; 2) Ist der Aufbau der materiellen Grundlagen des Sozialismus nur ein technisches Problem; 3) darf dieser materielle Aufbau Priorität vor der Umwälzung des Überbaus haben; 4) wer ist das gesellschaftliche und politische Subjekt der Umwandlung. Rossanda 1971, S.11/12 u. ff.

257) Die wichtigste Literatur zum maoistischen Entwicklungsmodell im engeren Sinn, allerdings ohne Berücksichtigung der "Notizen" findet sich bei Gray 1973a (zuerst 1969 veröffentlicht); Gray 1973b und Gray 1974a, Weiss 1975a. Die "Notizen" und andere Texte berücksichtigen Levy 1975 und Martin 1975b. Eine gute Zusammenfassung aus chinesischer Sicht bringt Tao Chu 1967.

258) Dieser Aspekt der koordinierten Beziehung zwischen den volkswirtschaftlichen Sektoren wird detailliert bei Weiss 1975a dargestellt; vgl. insbesondere sein Sektorenmodell S.112/113.

259) Mao 1957, S.142.

26o) Mao 1957, S.143. Vgl. dazu auch Mao 1955a, wo die Kollektivierung der Landwirtschaft mit den damit verbundenen Einnahmesteigerungen begründet wird, die dann über Steuern und Preise der Akkumulation der Industrie zugute kommen sollen. Mao 1955a, S.33/34.

261) Dieses Argument bringt auch Gray 1973b, S.113/114. Zu Bucharins und Basarows Position in der Industrialisierungsdebatte vgl. Erlich 1971.

262) Mao 1959a, S.215. Die Formulierung "Das Hauptziel((der Pläne)) ist, die Industrie der Landwirtschaft dienstbar zu machen" ist wohl mehr als Tendenzäußerung zu verstehen. Mao, 1958a, S.85.

263) Die These, daß Mao den Vorrang der Schwerindustrie letztlich nicht in Frage stellt, läßt sich auch an mehreren Stellen der Schriften belegen, die nach 1958 entstanden sind. Vgl. dazu Mao 196oa, S.132.

264) Mao 196oa, S.1o4.

265) Mao 1957, S.1o6.

266) Mao 196oa, S.134.

267) Vgl. dazu Mao 196oa, S.71/72.

268) Nurkse 1953. Die Möglichkeiten der Operationalisierung des Ansatzes von Nurkse im Hinblick auf China untersucht Reubens 1964.

269) Mao 1957, S.124 und Mao 1955d, S.299.

27o) Mao 196oa, S.123 und Mao 1957, S.141.

271) Mao 196oa, S.123.

272) "Jeder Kreis, jeder Bezirk und jede Provinz muß ein Landmaschineninstitut errichten, an dem Wissenschaftler, erfahrene Schmiede und Stellmacher beschäftigt sind. Ihnen müssen fortschrittliche Modelle landwirtschaftlicher Geräte zur Verfügung stehen, die sie prüfen, vergleichen, ausprobieren und verbessern sollen, bevor sie in großen Mengen für den allgemeinen Gebrauch hergestellt werden können." Mao 1959c,S.23. Sehr wichtig für diesen Komplex sind auch Maos "6o Punkte über Arbeitsmethoden", insbesondere S.87 - 91. "(Wir) müssen Politik und Technologie miteinander verbinden. In der Landwirtschaft (bedeutet das) Versuchsfelder, in der Industrie die Auslese fortschrittlicher Modelle und die Erprobung neuer technischer Verfahren und Produkte." Ebd. S.91. Vgl. dazu auch Mao 1958c, S.1o3 und Mao 196oa, S.124.

273) Mao 196oa, S.129/13o.

274) Vgl. dazu Mao 1956, S.71/72; Mao 1958a, S.1o1; Mao 1959d, S.195; Mao 196oa, S.139.

275) Mao 196oa, S.116.

276) Mao 196oa, S.118.

277) Mao 196oa, S.1o4. Vgl. dazu auch ebd. "Zunächst muß man die Produktionsverhältnisse ändern, danach erst ergibt sich die Möglichkeit, die gesellschaftlichen Produktivkräfte in großem Ausmaß zu ändern." S.127.

278) Vgl. dazu Mao 196oa, S.91 und 149.

279) Mao 196oa, S.73/74. Vgl. dazu auch Mao 1957, S.112.

28o) Mao 196oa, S.87/88.

281) Mao 196oa, S.77.

282) Mao 196oa, S.5o; Mao 1958f, S.191.

283) Mao 196oa, S.137/138.

284) Mao 196oa, S.93.

285) Mao 196oa, S.128; Mao 1958f, S.193.

286) Das schrittweise Vorgehen wird von Mao an vielen Stellen betont. Z.B. Mao 1955e, S.3o9.

287) Vgl. dazu etwa Mao 1955a, S.19.

288) Diese Aussage bildet den Grundtenor des Sammelbandes "Der sozialistische Aufschwung im chinesischen Dorf" bei Mao 1955a und anderen Texten.

289) Vgl. dazu Mao 196ob.

29o) Mao 196oa, S.99 und 116 bringt die gleichen Vorstellungen wie die Anshan-Charta (Mao 196ob).

291) Mao 196oa, S.15o/151.

292) Mao 196oa, S.93.

293) Mao 1958a, S.87.

294) Vgl. dazu Mao 196oa, S.1o5, S.112 und S.129.

295) Mao 196oa, S.138.

296) Mao 196oa, S.95.

297) Diese Kritik übt Mao 196oa, S.71.

298) Mao 196oa, S.66.

299) "Die Weisungen Mao Tse-tungs", S.113/114.

3oo) Im Hinblick auf die Kader spricht Mao im Jahre 1958 von viermonatigen Arbeitseinsätzen pro Jahr. Mao 1958a, S.93.

3o1) Mao 1957, S.117/118.

3o2) "Die Weisungen Mao Tse-tungs", S.112/113.

3o3) Vgl. dazu Mao 196oa, S.71 und S.1o6/1o7; Mao, Kritische Bemerkungen zu Stalins 'Ökonomische Probleme des Sozialismus in der UdSSR", S.21o.

3o4) Vgl. dazu Mao 196oa, S.112.

3o5) Zu diesem Aspekt der Kollektivierung vgl. z.B. Mao 1955a, S.22/23.

3o6) Mao 196oa, S.75.

3o7) Diese These wird von vielen Autoren geteilt. Vgl. dazu Gray 197o, S.9; 1973b, S.1o9; 1974a, S.495; Nee/Peek 1975b, S.34; Schran 1975, S.298.

3o8) Vgl. dazu Jones 1972, S.54.

3o9) Die These, daß die soziale Basis Maos die armen und Mittelbauern des Hinterlands sind, vertritt auch Nakanishi 197o/71, S.32.

31o) Peck 1975, S.87. "The dichotomy of êlite and mass, leaders and led, mental and manual work thus have far more radical and profound implications in Chinese revolutionary traditions than in the west." Ebd., S.89.

311) Diese These vertritt auch Rossanda 1971, S.31/32.

312) Hier konnte natürlich nur eine Auswahl dieser Schriften herangezogen werden, die allerdings infolge der feststellbaren immer wiederkehrenden Wiederholungen der Vorwürfe in den einzelnen Artikeln einen hohen Repräsentationsgrad aufweisen sollten. Vgl. im einzelnen: "A Chronicle of Events in the Life of Liu Shao-ch'i (1899 - 1967)" (Chronicle); "More Accusations Against Liu Shao-ch'i" (Accusations); "Six Anti-Liu Shao-ch'i Lectures for Rural Youths" (Lectures); "Completely Purge Liu Shao-ch'i for His Counter-Revolutionary Revisionist Crimes in United Front, Nationalities and Religious Work" (Purge); "Selected Edition on Liu Shao-ch'i's Counterrevolutionary Revisionist Crimes" (Edition); "Outline of the Struggle Between the Two Lines..." (Outline); "A Report by the CCP Central Committee's Special Panel on Renegade, Traitor and Scab Liu Shao-chi's Crimes" (Report). Vgl. dazu außerdem noch einige Texte in D. Milton/N.Milton/Schurmann 1974.

313) "The Case of Po I-po" (Case). Po war als Vorsitzender der Staatswirtschaftskommission bis 1966, die für die Ausarbeitung der Jahrespläne verantwortlich war, einer der Hauptvertreter des liuistischen Kurses in der Wirtschaftspolitik.

314) "Counter-Revolutionary Revisionist P'eng Cheng's Towering Crimes of Opposing the Party, Socialism and the Thought of Mao Tse-Tung". Peng Cheng war bis 1966 Bürgermeister von Peking und das erste prominente Opfer der Kulturrevolution.

315) "Thirty Three Leading Counterrevolutionary Revisionists."

316) Vgl. dazu Chi Wen-shun 1972; "Criticism Against Sun Yeh-fang and Struggle-Criticism-Transformation on the Economic Front" (Critisism). "Die ketzerischen Maximen des Nationalökonomen Sun Yeh-fang"; "Ich gehe noch weiter als Liberman!"; Sun war neben vielen anderen Tätigkeiten offizieller Art bis 1966 Direktor des Instituts für Volkswirtschaft an der chinesischen Akademie der Wissenschaften.

317) Vgl. dazu Walker 1963 und 1964.

318) Etwa die Kritik zu Lius Schrift "Training of the Communist Party Member" aus dem Jahre 1939, die Liu 1949 unwesentlich und 1962 stärker revidiert unter dem Titel "How To Be a Good Communist" wieder auflegen ließ.

319) "Self-Criticism" vom 4.8.1966, "Self-Examination" vom 9.7.1967, "Confession" vom Sommer 1967 und "The Self-Examination of Liu Shao-ch'i at the Chinese Central Committee Work Conference".

32o) "Teng Hsiao-ping's Self-Examination Published."

321) Vgl. dazu Artikel II "China's Krustchev Opposes Armed Seizure of Political Power and Betrays the Chinese Revolution and World Revolution" in Lectures, S.7ff; zur Frage des parlamentarischen Weges vgl. Accusations, S.3 und S.7 sowie Chronicle, S.9.

322) "Liu Shao-ch'i and His How To Be a Good Communist" (Liu and His), S.17. Nach dem 2. Plenum des 7. ZK im März 1949 habe Liu eine 15-jährige Zusammenarbeit mit den Kapitalisten vorgeschlagen und diese zusammen mit den reichen Bauern ermuntert, sich weiter wirtschaftlich zu entwickeln. Vgl. dazu Lectures, S.11. Diese Stelle ist auf die Zeit nach der Befreiung gemünzt; vgl. auch Accusations, S.33 und 4o und Edition in CB No.652, S.2.

323) Edition, in CB No.652, S.17; Chronicle, S.15. Die Bestätigung dieses Vorwurfs befindet sich auch in Liu, 1967b, S.366/367.

324) Edition in CB No.652, S.4.

325) Accusations, S.11.

326) Case, S.1.

327) Chronicle, S.16/17. Diese Aussage bezieht sich in erster Linie auf die 1962er Neuausgabe von Lius "How To Be a Good Communist". Vgl. zu dieser Einschätzung Wang Chang-lin 1968, S.23.

328) Vgl. dazu vor allem Liu and His, S.2. Chen Po-ta interpretiert diese Schrift insofern differenzierter, als er urteilt, daß das Buch zwar vom Klassenkampf handle, aber nur auf konzeptueller Ebene ohne praktische Konsequenzen. Edition, CB, No.651, S.9. Vgl. auch Chronicle, S.16.

329) Der Idealismus wird von Mao persönlich kolportiert. "I have read several times Liu Shao-ch'i's 'How To Be a Good Communist'. It is anti-Marxist-Leninist." Zitiert in Edition, in CB No. 651, S.2.

33o) Lectures, S.15.

331) Edition, in CB No. 652, S.19.

332) Chronicle, S.16.

333) Edition, in CB No. 652, S.18; Chronicle, S.15.

334) Chronicle, S.2o.

335) Case, S.11.

336) Liu and His, S.8.

337) In diesem Zusammenhang werden eine Reihe von Liu-Zitaten angeführt: "the time to enter Socialism must be considered in the light of industrial achievements"; "without industrialization it is basically impossible to carry out agricultural collectivization"; "collected farms should be promoted when machines are available in the future" u.a. Zitiert in Accusations, S.41.

338) Vgl. dazu "Abolition of Socialist Planned Economy Means Capitalist Restauration" in Accuations, S.2off und Lectures, S.11.

339) Accusations, S.4o/41.

34o) Liu and His, S.47.

341) Vgl. dazu Accusations, S.21; Case, S.1o/11.

342) Damit ist die seit Beginn der 6oer Jahre vertretene außenpolitische Konzeption "Three reconsilidations and one reduction" (= Versöhnung mit Imperialismus, Revisionismus und Reaktion sowie Reduzierung der Unterstützung für Befreiungsbewegungen) gemeint. Vgl. dazu Ch'i Peng-yü in Edition, CB No.651,S.14 und Lecture II in Lectures.

343) Liu and His, S.12 und S.35.

344) Liu Shao ch'i 1966, S.363.

345) Vgl. dazu "Defend Until Death the Great Leader Chairman Mao, Death by a Thousand Cuts to China's Krushchev" in Lectures und Ch'i Pen-yü in Edition, CB No. 651, S.14. In derselben Textsammlung sind eine Reihe von Liu-Zitaten wiedergegeben (No.651, S.18ff), in denen er sich gegen den theoretischen und politischen Führungsanspruch von "Chinas Marx und Lenin" wendet, wobei insbesondere die veränderte Version von "How To Be a Good Communist" aus dem Jahre 1962 herangezogen wird, vgl. ebd. S.19 und Liu and His, S.6.

346) Outline, S.1.

347) Liu and His, S.2o und 26.

348) In Edition,CB No. 651, S.31ff werden verschiedene Beispiele solcher Verschwörernetze genannt, die bereits in den 3oer, 4oer und 5oer Jahren bestanden haben sollen. Dabei wird offensichtlich jede von der Parteimehrheit abweichende Linie mit Liu in Verbindung gebracht.

349) Vgl. dazu "China's Krushchev Pieces Together the Bourgeois Headquarters to Make Organizational Preparations for Usurping Party and State Leadership". In Lectures S.2off.

35o) Chronicle S.9. Möglicherweise handelt es sich dabei aber um drei Briefe Lius an seinen Sohn aus den Jahren 1955/56 mit ähnlichem Inhalt. Vgl. dazu Liu, Three Letters to His Son.

351) Liu Shao-ch'i 1966, S.36o.

352) Edition, CB No. 652, S.11-15; Chronicle, S.11.

353) Liu and His, S.17.

354) Liu and His, S.35.

355) Edition, CB No.652, S.2; Accusations, S.4o, Lectures, S.11/12.

356) Edition, CB No.652, S.3.

357) Chronicle, S.12.

358) Edition, CB No.652, S.3; Accusations, S.39.

359) Chronicle, S.13.

36o) Chronicle, S.13.

361) Liu Shao-ch'i 1966, S.36o.

362) Liu and His, S.35.

363) Chronicle, S.13; Accusations, S.41.

364) Chronicle, S.13.

365) Chronicle, S.13.

366) Accusations, S.32.

367) Edition, CB No.652, S.15; Liu Shao-ch'i 1966, S.36o; Accusations, S.43; Lectures, S.14.

368) Accusations, S.43.

369) Case, S.11.

37o) Edition, CB No.652, S.3.

371) Chronicle, S.15.

372) Case, S.6.

373) Edition, CB No.652, S.2.

374) Edition, CB No.652, S.3; Accusations, S.2o.

375) Lectures, S.15.

376) Edition, CB No.652, S.18 und 21; Chronicle, S.16.

377) Case, S.6.

378) Edition, CB No.652, S.9.

379) Case, S.6.

38o) Liu Shao-ch'i, S.36o.

381) Case, S.6-9.

382) Lectures, S.17; Accusations, S.36/37.

383) Edition, CB No.652, S.4.

384) Edition, CB No.653, S.1.

385) Case, S.9/1o. Der vollständige Text der "7o Artikel" ist nicht zugänglich. Eine Zusammenfassung bringt "Main Content of the 7o Articles of Industrial Policy". Nach dieser Quelle wurden die "7o Artikel" erst im Dezember 1961 von der Partei diskutiert. Vgl. dazu auch URS, Vol.63, Nr.7 und 8.

386) Purge, S.14.

387) Chronicle, S.2o; Liu and His, S.1; Counterrevolutionary Revisionist P'eng Chen, S.8/9.

388) Chronicle, S.21.

389) Accusations, S.37; Liu Shao-ch'i 1966, S.361; Case, S.8.

39o) Edition, CB No.652, S.5.

391) Edition, CB No.652, S.4.

392) Case, S.8.

393) Edition, CB No.652, S.4/5.

394) Chronicle, S.21.

395) Edition, CB No.651, S.14.

396) Edition, CB No.651, S.6.

397) Edition, CB No.651, S.12.

398) Edition, CB No.652, S.27/28.

399) Liu Shao-ch'i 1966, S.36o; Edition, CB No.652, S.22-26; Case, S.9.

4oo) Liu and His, S.23.

4o1) Liu and His, S.35.

4o2) Case, S.9.

4o3) Edition, CB No.652, S.7/8; Accusations, S.21.

4o4) Case, S.12.

4o5) Chronicle, S.23; Outline, S.24.

4o6) Edition, CB No.651, S.9; Accusations, S.22/23.

4o7) Edition, CB No.652, S.6.

4o8) Case, S.9-13. 1964 wurden erst vier und 1965 dann 12 Trusts aufgebaut.

4o9) Case, S.11/12.

41o) Accusations, S.21/22.

411) Vgl. hierzu an offiziösen Artikeln in der Peking Rundschau "Selbstbekenntnis des Versuchs..." und Gao Lu/Tschang Go 1976; sowie die Wandzeitung "Das Wolkenkuckucksheim", die freundlicherweise Ulrich Manthe für mich übersetzte (Text in meinem Besitz), und Schirach 1976.

412) "Selbstbekenntnis des Versuchs...".

413) Zur Trustorganisation und Ministerialkontrolle heißt es: "Es war dies der Weg zur Liquidierung des Kommandos des Zentralkomitees der Partei und der lokalen Parteikomitees über die Wirtschaft und zur Ausschaltung der einheitlichen Führung durch die Parteikomitees auf verschiedenen Ebenen." Gao Lu/Tschang Go 1976, S.7.

414) Vgl. zu den drei Prinzipien Gao Lu/Tschang Go 1976.

415) "Wolkenkuckucksheim" und "Selbstbekenntnis", S.1o.

416) Daß es Meinungsverschiedenheiten über das Ausmaß der Kooperation mit der Sowjetunion gab, deutet der Fall Kao Kang an. Kao Kang wurde 1954 gestürzt und war bis dahin seit Anfang 1949 regionaler Parteimachthaber in der Mandschurei, deren Industriepotential forciert mit sowjetischer Hilfe wieder aufgebaut wurde, und ab 1952 erster Planungschef der VR China. Er galt als "Stalins Mann in China". Vgl. dazu Näheres bei Grow 1973a.

417) Vgl. dazu Dittmer 1974, S.26o.

418) Vgl. zur Analyse des Inhalts dieser Texte vor allem Weidenbaum 1957.

419) Vgl. dazu die Kurzbiographie Lee Mong-ping 1967, Boormann 1968, Klein/Clark 1971 sowie die umfangreiche Arbeit von Dittmer 1974.

42o) Boorman 1968, S.4o7.

421) Chang Kuo-t'ao, Introduction zu "Collected Works of Liu Shao-chi". Als Beleg erwähnt er einen unveröffentlichten Brief aus dem Jahre 1937, der allerdings auch in der Kulturrevolution keine Erwähnung fand, ebd. S.IX.

422) Vgl. dazu Feng Wen 1966, S.48, die Einleitung zu Compton 1952 und Wladimirow 1976, S.113. Wladimirow war während der Jahre 1942-1945 sowjetischer Komintern-Beobachter in Yenan und hat über diese Zeit ein detailliertes Tagebuch verfaßt.

423) Diese Texte finden sich in Compton 1952.

424) Die Datierung des dritten Textes ist umstritten. Nach Compton 1952, S.255 ist der Text anläßlich des 22. Geburtstags der Partei, also 1943, verfaßt worden. Nach Lee Mong-ping, 1967, S.25 handelt es sich dabei um eine Rede Lius auf dem 6.Plenum des 6. ZK im Oktober 1938 gegen die Moskau-Fraktion in der Partei.

425) Anläßlich der Revision des Parteiprogramms auf dem 7. Parteitag 1945 in Yenan äußerte Liu: "Using Mao Tse-tung's theory of the Chinese Revolution - the theory which unites the theories of Marxism-Leninism with the actual practice of the Chinese revolution - as a guide in all its work ..." Liu Shao-ch'i 1945, S.1o;ähnlich S.27.An anderer Stelle dieses Texts heißt es, daß das Parteiprogramm "the embodiment of the teachings of Mao Tse-tung" ist. Ebd. S.16. Ähnliches gilt für die bereits genannten Texte der Cheng Feng-Kampagne, vor allem "Liquidation of Menshewik Thought in the Party", wo die Korrektheit der Mao-Linie gegenüber der Wang Ming-Linie betont wird. Vgl. dazu auch Weidenbaum 1957, S.7o/71.

426) Vgl. zum folgenden Lieberthal 1971, S.497 - 499.

427) Vgl. dazu Mao 1947.

428) Lieberthal 1971, S.518/19.

429) Feng Wen 1966, S.49.

43o) Weidenbaum 1957, S.56/57 vermutet auf Anweisung Moskaus.

431) Klein und Clark 1971, S.623.

432) Chen Yung-ping 1971, S.9.

433) Boorman 1968, S.41o.

434) Laut Rotgardistenwandzeitungen soll Mao auf Druck der Liu-Fraktion zurückgetreten sein. Lee Mong-ping 1967,S.27.

435) Vgl. dazu die Dokumente in "The Case of Peng Te-huai",1968.

436) Eine Taiwan-Quelle weist darauf hin, daß Liu bereits im Mai 1958 gegen die Sprung-Politik gewesen sein soll. Vgl. dazu Lee Mong-ping 1967, S.27. Dittmer argumentiert demgegenüber, daß Liu auf dem Lushan-Plenum noch die Sprung-Politik verteidigt habe. Dittmer 1974, S.39/4o. Boorman 1962 will bis 1961 überhaupt keine Differenzen zwischen Mao und Liu festgestellt haben.

437) Der chinesische Text vom Juli 1939 unter dem Titel "Training of the Communist Party Member" (englisch in Compton 1952) erschien 1946 und 1949 weitgehend unverändert unter dem Titel "How To Be a Good Communist" und erreichte bis 1961 eine Auflage von zwei Millionen Exemplaren. 1962 wurde er in Hongqui, Nos.15-16, in revidierter Fassung veröffentlicht, in 8 Sprachen übersetzt und erreichte in der Neufassung eine Auflage von 2o Millionen. Die englische Ausgabe unter dem Titel "How To Be a Good Communist" erreichte vier Auflagen. Die 1. bis 3. Auflage (Oktober 1951, Februar 1952, Oktober 1952) entspricht dem unveränderten Text von 1939. Die 4. englische Ausgabe vom Februar 1964 entspricht der revidierten chinesischen Ausgabe von 1962. Um die Textvarianten zu vergleichen, kann man also die 1. und die 4. englische Ausgabe heranziehen. Die deutsche Ausgabe von 1965, nach der hier zitiert wurde, entspricht der revidierten chinesischen von 1962. Vgl. dazu das Editorial in Liu 1962 und Heinzig 1967. Heinzig hat einen Textvergleich vorgenommen, auf den hier Bezug genommen wird.

438) Liu Shao-ch'i 1962, S.13/14 (englische Ausgabe) oder S.16/17 (deutsche Ausgabe). Die ursprüngliche Version dieser Stelle lautet: "They attempted to imitate in a superficial way certain styles of Marx and Lenin, picked up at random some Marxist-Leninist terminology, regarded themselves as the Marx and Lenin of China, posed as Marx and Lenin within the party, and had the impudence to ask our Party members to respect them as we do Marx and Lenin, to support them as 'leaders' and to offer them loyalty and devotion. They also made bold to appoint themselves as 'leaders', climbed into responsible positions without waiting to be nominated by others, issued orders like patriarchs within the Party, attempted to teach our party, abused everything within the Party and wilfully attacked and punished and rode rough shod over Party members." Liu Shao-ch'i 1949, S.18/19.

439) Liu Shao-ch'i 1962, S.8o/81 und S.89 (englische Ausgabe) oder S.96 und 1o6 (deutsche Ausgabe).

44o) Nach Rice 1974, S.184 waren es 15 Millionen Exemplare des Liu- und 1,5 Millionen Exemplare der Mao-Texte. Nach Heinzig 1967, S.31 waren es 2o Millionen Exemplare des Liu-Texts und 11 Millionen Exemplare der Mao-Ausgabe bis 1966.

441) Leys 1972, S.33 sieht keinen Unterschied zwischen den Textausgaben von 1939 und 1962 und behauptet sogar, die Neuausgabe sei auf Betreiben von Kang Sheng, einem engen Vertrauten Maos, unternommen worden. Leys sieht darüber hinaus grundsätzlich keinen theoretischen Unterschied zwischen Mao und Liu. Ebd. S.31/32. Aus Lius Rede zum 4o. Gründungsjubiläum der KPCh am 3o. Juni 1961 ist in den fraglichen Punkten allerdings noch keine Kritik an Mao zu entnehmen. Vgl. Liu-Shao-ch'i 1961. Nach der Aussage von Heinzig handelt es sich bei den genannten Passagen um die einzigen veröffentlichten Liu-Texte mit eindeutiger Anti-Mao-Tendenz. Heinzig 1967, S.35.

442) Ein Hinweis darauf ohne nähere Inhaltsangabe findet sich in "Criticism Against Sun Yeh-fang", 1971, S.256.

443) Vgl. dazu Dittmer 1974, S.52.

444) Gefördert durch den damaligen Bürgermeister von Peking, Peng Cheng, der erstes prominentes Opfer der Kulturrevolution wurde, wurde in den Jahren 1961 bis 1964 Kritik an Maos Politik der 3 Roten Banner in literarischer Form veröffentlicht. Dabei handelte es sich um die Oper "Hai Juis Entlassung" von Wu Han, in der eine historische Parallele des Sturzes von Peng Te-huai zur Entlassung eines kaiserlichen Beamten, der in einer berechtigten Angelegenheit Kritik geübt hatte, gezogen wurde, sowie um die "Abendgespräche am Yenshan" von Teng To und die "Geschichten aus dem Drei-Familiendorf" von Wu Han, Teng To und Liao Mo-sha, Texte z.T. bei Glaubitz 1969. Bezeichnenderweise wird die Kulturrevolution auf der gleichen Ebene durch eine literarische Antikritik von Yao Wen-yuan ausgelöst.

445) Dittmer 1973, S.1.

446) Liu Shao-ch'i 1949, S.9. Vgl. auch ebd. S.24/25.

447) Liu Shao-ch'i 1945, S.36.

448) Vgl. zum folgenden vor allem Liu Shao-ch'i 1945, S.17ff.

449) Liu Saho-ch'i 1949, S.6o. Auch hier ist keine Rede von Bauern!

45o) Liu Shao-ch'i 1945, S.18/19.

451) Liu Shao-ch'i 1941b, zitiert nach Weidenbaum 1957, S.67. Eine ähnliche Argumentation findet sich auch in Liu Shao-ch'i 1941a, S.119.

452) "For long years the main sections of our Party have been in the rural districts. This is due to the fact that China is a semi-colonial and semi-feudal country, with a broad mass of peasants constituting the main force of the present revolution, and that the Chinese working class, oppressed in the cities and for a long time unable to carry on revolutionary activities freely, sent its vanguard to the the countryside, there to organize the broad mass of its allies and act in coordination with them for the liberation of the cities when the moment arrived." ... "This is the actual meaning of our Partys long-term work in the countryside." Liu Shao-ch'i 1945, S.25.

453) Liu Shao-ch'i 1945, S.25.

454) Liu Shao-ch'i 1941a, S.116.

455) Liu Shao-ch'i 1941a, S.117.

456) Zur allgemeinen Entwicklungsproblematik, die sich dahinter verbirgt,vgl. Lipton 1977.

457) Liu Shao-ch'i 1945, S.31.

458) Liu Shao-ch'i 1945, S.32.

459) Liu Shao-ch'i 1949, S.47.

46o) Dieses Argument ist einer Argumentation à la Li Ming-hua entgegenzuhalten, die von der unterschiedlichen Praxis und Theorie Maos und Lius nach 1949 absieht und ähnliche Positionen für beide vor 1949 feststellt und daraus folgert, daß eigentlich Liu die korrekte beiderseitige Linie verfolgt habe, während Mao eine willkürliche Wandlung vollzogen habe. Li Ming-hua 1968, S.1o/11.

461) "The industrialization of China must rely on the vast rural markets at home. Without a thorough agrarian reform, it would be impossible to realize the industrialization of New China." Liu Shao-ch'i 195ob, S.219. "But the basic aim of agrarian reform is not purely one of relieving the poor peasants. It is designed to set free the rural productives forces from the shackles of feudal agricultural production and thus pave the way for New China's industrialization." Ebd. S.22o.

462) "The problem of poverty among the peasants can be finally solved only, if agricultural production can be greatly developed, if the industrialization of New China can be realized, if the living standards of the people througout the country can be raised and if China finally embark upon the road to Socialism. The mere carrying out of agrarian reform can only solve part, but not the whole, of the problem of the peasants powerty." Liu Shao ch'i 195ob, S.22o.

463) Liu Shao-ch'i 195ob, S.226.

464) Liu Shao-ch'i 1954, S.287.

465) Liu-Shao-ch'i 1956, S.345.

466) Vgl. dazu Sinha 1973, S.22.

467) Liu Shao-ch'i 1956, S.459.

468) Liu Shao-ch'i 1956, S.362/364.

469) Liu Shao-ch'i 1956, S.366.

47o) Liu Shao-ch'i 1956, S.373.

471) Liu Shao-ch'i 1956, S.366.

472) Liu Shao-ch'i 1956, S.376/377.

473) Liu Shao-ch'i 1956, S.379.

474) Liu Shao-ch'i 1957, S.449.

475) Liu Shao-ch'i 1957, S.456.

476) Liu Shao-ch'i 1958, S.19.

477) Liu Shao-ch'i 1958, S.23.

478) Liu Shao-ch'i 1958, S.24/25.

479) Liu Shao-ch'i 1958, S.28.

48o) Liu Shao-ch'i 1958, S.34/35.

481) Liu Shao-ch'i 1958, S.35.

482) Liu Shao-ch'i 1959.

483) Teng Hsiao-ping 1959

484) Po I-po 1959.

485) Teng Tze-hui 1959.

486) Vgl. dazu Gittings 1976. Diese drei Texte sind nicht offiziell veröffentlicht worden.

487) Chou En-lai 1975, S.59/6o.

488) Gittings 1976, S.49o/91.

489) Gittings 1976, S.492.

49o) Tjiän 1977. Vgl. auch den Aufsatz in der Peking Rundschau von Dschung Ko 1977, der eine ähnliche Tendenz aufweist.

491) Eine ausführliche Darstellung dieser Diskussion, deren Texte leider nicht übersetzt verfügbar sind, findet sich bei Walker 1963 und 1964.

492) Walker 1964, S.161 und Walker 1963, S.116.

493) Zur Position Mas vgl. Walker 1963, S.119-121 und S.127-128; sowie Walker 1964, S.165-176.

494) Zu den Daten über die Getreideproduktion ohne Soja vgl. Tabelle 76.

495) Zur Entwicklung der chinesischen Eisen- und Stahlindustrie vor und nach dem Großen Sprung, insbesondere zu den Stadien der Produktionsaufnahme vgl. M. Gardner Clark 1973.

496) An dieser Stelle ist nur der Rückgang in den Pro-Kopf-Werten nach 1958 von Bedeutung. Deshalb wurden alternative BSP- und Bevölkerungsschätzungen nicht verwendet. Dadurch würden nur die absoluten Werte, nicht aber die Tendenz verändert. Vgl. dazu Tabelle 114.

497) S. 72 in Teil I.

498) Vgl. dazu Tabelle 77.

499) Als Auswahl der zahlreichen Artikel seien hier Huang Yen 196o, Yang Ch'i-hsien 1961, Chung Huang 1963 und Yueh Wei 1968 (Reprint von 1963) aufgeführt.

5oo) So Chung Huang 1963.

5o1) Vgl. dazu Liu Ku-kang 1961.

5o2) Huang Yen 196o, S.2; Yang Ch'i-hsien 1961, S.2; Yueh Wei 1964, S.11; "Aus der Diskussion der Wirtschaftstheoretiker", S.714.

5o3) Huang Yen 196o, S.2.

5o4) Huang Yen 196o, S.1; Yang Ch'i-hsien 1961, S.2; Yueh Wei 1964, S.16/17.

5o5) Yang Ch'i-hsien 1961, S.3; "Aus der Diskussion ...",S.715.

5o6) Yueh Wei 1964, S.8/9.

5o7) Walker 1964, S.184.

5o8) Mao 1949b, S.483/484.

5o9) Mao 1957, S.124.

51o) Walker 1964, S.177 und Walker 1963, S.124.

511) Eine Darstellung der beiden Positionen nebst einer Zusammenstellung einschlägiger Marx- und Engelspassagen bringt Meek 1956.

512) Vgl. dazu Marx, Das Kapital Bd.1, S.662ff.

513) Walker 1964, S.187/188.

514) Liu Shao-ch'i 1958, S.26.

515) Vgl. dazu Walker 1964, S,177ff, Walker 1963, S.124ff und Aird 1972, S.241/242.

516) Dazu Walker: "The level of population was high, the labor force seeking employment large, but capital accumulation was low (because of consumption demands), so that the rate of industrialization was bound to slow down. Thus the demand of labour would fall." Walker 1963, S.126.

517) Zur chinesischen Bevölkerungspolitik vgl. Aird 1972 und Prybyla 1966, S.6o2.

518) Vgl. dazu " A Discussion on the Problem of Value"; Chen Nai-ruenn 1966, S.33/34.

519) Originaltexte Suns sind mir in Übersetzung nicht bekannt geworden. Es existiert aber eine reiche Literatur von Kompilationen bzw. Kritiken seiner Ansichten. Letztere sind vor allem während der Kulturrevolution veröffentlicht worden. Vgl. dazu "Ich gehe noch weiter als Liberman!"; "Criticism against Sun Yeh-fang..."; "Class Struggle in the Field of Socialist Construction"; "Die ketzerischen Maximen"; Chi Wei-shun 1972; Meng und Hsiao 1966.

52o) "Class Struggle", S.268; "Criticism against ...", S.256; Chi Wen-shun 1972, S.889. Einen Hinweis liefert angeblich der nicht in Lius "Collected Works" aufgenommene "Black Letter" "Answer to Sung Liang", in dem Liu gegen Mao und für Sun Partei nehmen würde.

521) Vgl. dazu "Ich gehe noch weiter...",S.573/574.

522) Zitiert nach Chi Wen-shun 1972, S.889.

523) Zitiert nach "Ich gehe noch weiter...", S.574.

524) Vgl. dazu Chi Wen-shun 1972, S.89o-899.

525) "Class Struggle", S.27o; "Die ketzerischen Maximen", S.22.

526) "Class Struggle", S.274; "Die ketzerischen Maximen",S.22.

527) Zitiert nach "Criticism against...", S.259.

528) Zitiert nach "Criticism against...", S.262/263.

529) Vgl. zu diesen 5 Punkten "Criticism against...", S.259/263.

53o) Yang Chien-pai 1967 (Reprint von 1963).

531) Vgl. dazu Marx, Kapital, Bd.3, 2. Abschnitt.

$$\text{Produktionspreis} = c + v + \frac{M}{C+V}(c+v)$$

$$\text{Kostpreis} = c + v$$

$$\text{Durchschnittsprofitrate} = \frac{M}{C+V}$$

wobei M = insgesamt produzierter Mehrwert; C+V=insgesamt eingesetztes Kapital.

532) Vgl. zum Für und Wider der logischen Möglichkeit dieser Transformation Emmanuel 1972b, Appendix V, Sweezy 197o und neuerdings Cogoy 1977. Dort ist eine nahezu vollständige Literaturliste zum Thema angegeben.

533) Vgl. dazu neben dem bereits zitierten Yang Chien-pai die in der Zeitschrift "Chinese Economic Studies" veröffentlichten Beiträge, die im Original in den Jahren 1963 und 1964 erschienen sind; Hsueh Mu-chiao 1967 und 1969/7o; Chang Yi-fei 1969/7o; Chao Li-ku'an und Hsiang Ching-ch'uan 1969/7o. Sekundärliteratur dazu Lee 1965 und Chen Nai-ruenn 1966.

534) Zur chinesischen Diskussion der Berechnung von ex ante-Produktionspreisen vgl. Chen Nai-ruenn 1966, S.4off. Soweit ich die Literatur überschaue,haben auch die chinesischen Ökonomen keine befriedigende Lösung des Transformationsproblems erzielt.

536) Ho Chien-chang und Chang Ling zitiert nach Lee 1965,S.74.

537) Vgl. dazu Chen Nai-ruenn 1966, S.44ff.

538) Die Position von Dai Yuan-shen erschien in der chinesischen Zeitschrift Jingyi Yangjiu (Wirtschaftswissenschaft) im September 1974 unter dem Titel "Criticism of the Theory of Production Prices and the Average Rate of Profit". Der Aufsatz stand mir nicht in Übersetzung zur Verfügung.

539) Ts'ai Chien-hua 1967 (Reprint).

54o) Vgl. zur Argumentation Dais Lee 1965, S.75 - 77.

541) Yang Bo 1965, S.14.

542) Chen Nai-ruenn 1966, S.52.

543) Schurmann 1964. Dieser Aufsatz ist allerdings zu einem so frühen Zeitpunkt verfaßt worden, daß die Gesamtentwicklung noch nicht abzusehen war.

544) Wheelwright/McFarlane 1971, Kapitel 3.

545) Barnett 1974, S.126.

546) Prybyla 1969, S.354 - 356.

547) Gray 1973b, S.136/37 und S.144.

548) Kosta/Meyer 1976, S.168.

549) Weiß 1975a, S.93/94.

55o) Zum Entmaoisierungsprozeß in Partei, Verwaltung und Wirtschaft ab 1961/62 vgl. Hoffmann 1972.

551) Vgl. dazu Diao/Zagoria 1972, S.158, "Industrial Development", S.6 und "The Conflict Between Mao and Liu over Agricultural...", S.16. Der 3. Fünfjahresplan ist nicht veröffentlicht worden.

552) So argumentiert Fang Chung 1964 in der Peking Rundschau u.a. "... while all branches of industry registered increases in productive capacity during 1958-6o, the rate of increase was not even. It was higher in some branches, but lower in others. This can set certain discrepances between industries producing raw and other materials and processing industries, between extractive and metallurgical industries and between heavy and light industries. Again, as some new branches of industries were built and industrial output grew rapidly, certain products failed to maintain a stable level of quality." S.6, und ebenfalls in der Peking Rundschau: "During the few preceding years, because of the lack of experience in construction and in the absence of comprehensive specific policies, and because some of the work was not done in the spirit of the general line, some shortcomings and mistakes occured in our practical work; this, too, made difficulties for our economic construction." "Building an Independent, Comprehensive and Modern National Economic System", S.1o.

553) Zum folgenden vgl. Schurmann 1964; Wheelwright/McFarlane 1971, Kapitel 3; Prybyla 1966 und 1969; Dittmer 1974, S.243ff; Hoffmann 1972, S.115ff; Schram 1972b, S.288ff.

554) Parris H. Chang 1968, S.46.

555) Diese Forderung stellt auch Po in seinen "7o Artikeln". Vgl. "Main Content of the 7o Articles of Industrial Policy".

556) Vgl. dazu "The Conflict Between Mao and Liu over Agricultural Mechanization" 1968, deutsch "Kontroverse Mao-Liu über Agrarmechanisierung" 1968; Parris H. Chang 1968; Gray 1973b, S.14off.

557) Vgl. dazu "The Conflict", S.4/5.

558) Vgl. dazu "Dadschai. Vorbild für die Landwirtschaft in China".

559) Zum Taoyuan-Modell vgl. Burchett 1976, S.144ff.

56o) Burchett 1976, S.146.

561) "Industrial Development in China", S.5.

562) Zusammenfassung des Texts der "7o Artikel" in "Main Content...".

563) Mao 196ob.

564) Vgl. dazu "Industrial Development in China"; "Spezialisierung und Zusammenarbeit in der Industrie"; Gray 1973b, S.145.

565) "The capitalist experience in management of enterprises - especially the experience of monopolistic enterprises - must be studied." und "It is necessary to consider the trust method. Control must be exercised over manufacture as well as business management." The "East Is Red" Commune 1968, S.2o.

566) Ford baute in seiner ursprünglichen Konzeption komplette Autos in jeder seiner Fabriken, während General Motors von Anfang an arbeitsteilig in einzelnen Fabriken Motoren, Getriebe, Karosserien etc. baute.

567) Vgl. dazu Bartke 1975.

568) Von den 8 Maschinenbauministerien kontrollierten das 2. - 7. die Rüstungsproduktion, das 1. den zivilen und das 8. den Agrarmaschinenbau. Nachdem ihre Zahl während der Kulturrevolution reduziert worden war, wurden sie 1975 wieder in alter Form etabliert. Vgl. dazu Cheng Chu-yuan 1971, S.12 und Bartke 1975.

569) "Industrial Development in China", S.4.

57o) Jack Gray hat den nach meiner Kenntnis bislang einzigen Versuch gemacht, die einzelnen Elemente des Liuismus auf politischer, sozialer und wirtschaftlicher Ebene aufzulisten. Gray 1973b, S.149/15o.

TEIL III

1) Zur weiteren Ausführung dieser Argumentation und der gegenseitigen Bedingtheit dieser drei Faktoren vgl. Teil I, S. 118 ff. Wer an der Standfestigkeit des technologischen Arguments zweifelt, dem sei noch einmal der bereits zitierte Hommel 1937 zur Lektüre empfohlen.

2) Vgl. dazu meinen Beitrag "Mobilisierung von Arbeitskraft, angepaßte Technologie und kollektive Agroindustrialisierung in der VR China", im Ersch.

3) Sowohl Maos Edition "Socialist Upsurge in the Chinese Countryside" von 1955 wie die agrarpolitischen Bestandteile des 1. Fünfjahresplans, vgl. dazu Chang Liu-chih 1955, wie auch der 12-Jahresplan für die Entwicklung der Landwirtschaft aus dem Jahre 1956 (Entwurf des Programms für die Entwicklung der Landwirtschaft...) erschöpfen sich in Beispielen und Programmen zur Mobilisierung traditioneller Produktivkräfte im Agrarsektor.

4) Die hier verwendete Unterscheidung der Begriffe "intermediäre" und "angepaßte" Technologie geht auf einen Vortrag von D. Goldschmidt "Technologie in Entwicklungsländern und Probleme des Technologietransfers" auf der VDW-Jahrestagung 1976 "Technologie in Entwicklungsländern" am 1.1o.1976 in Königstein zurück.

5) Zur hier nur angedeuteten Kritik an der Grünen Revolution vgl. Griffin 1974; "The Social and Economic Implications of Large-Scale Introductions of New Varieties of Foodgrain"; Feder 1976a, 1976b und 1976c; Hewitt de Alcantara 1974; Jacoby 1972; Petras/LaPorte Jr.197o.

6) Dieses zweite Argument vermutet auch Sigurdson 1974b, S.113.

7) Zum organisatorischen Verhältnis von Volkskommunen und traditionellen Marktgemeinden vgl. Skinner 1965, Part III.

8) Skinner 1965, Part II, S.387.

9) Skinner 1965, Part III, S.372.

1o) Zur Reorganisation der Volkskommunen, die das dreistufige Eigentumssystem festsetzte, vgl. die "Regulations on the Work of the Rural People's Communes (Revised Draft)" vom September 1962.

11) Vgl. dazu Skinner 1965, Part III, S.396/397.

12) Laut Tabelle 5 betrug der Anteil der Getreideproduktion inklusive Soja 1933 71,5 Prozent des Gesamtwerts der Agrarproduktion. Diese Quote dürfte sich heute nur unwesentlich verändert haben.

13) Sinha 1975, S.212/213. Zur statistischen Problematik dieser Schätzungen vgl. ebd.; allgemein zur Problematik der Agrarstatistik Einleitung zu Chen Nai-ruenn 1967, Chen Nai-ruenn 1975a sowie Li Choh-ming 1962.

14) Ähnlich argumentiert auch Stavis 1974, S.11.

15) Vgl. dazu die Diskussion bei Maxwell 1976, Field 1976a und Field 1976b sowie Stavis 1974, S.1o-12.

16) Sinha 1975, S.2o4.

17) Ten Great Years S.93.

18) Vgl. dazu Maxwell 1976.

19) Vgl. Erisman 1975, S.328.

2o) Vgl. zu diesen plausiblen Schätzungen für 1958 und 1959 Stavis 1974, S.9. Würde man bereits 1965 als das Jahr annehmen, in dem die Soja-Produktion einbezogen ist, käme man abzüglich 5,5 Prozent auf ca.18o Mio t. Da man aber erst 1966 und nicht bereits 1964 oder 1965 als höchstes Ergebnis in der Geschichte angibt, spricht alles für den Zurechnungswechsel von 1965 auf 1966. Sonst hätte das 58er Ergebnis unter 19o Mio t liegen müssen, was sogar von den konservativsten westlichen Schätzungen nicht angenommen wird.

21) 285 Mio t abzüglich 5,5 Prozent ergibt 269,3 Mio t.

22) Vgl. dazu Tabelle 115.

23) Perkins 1973, S.57 wählt z.B. ein Intervall von 1956 - 1963, Stavis 1974, S.9 eins von 1958 bis 1963, ohne daß diese Einschnitte überzeugend begründet werden.

24) Dieser Indikator wird allerdings dadurch etwas relativiert, daß die Getreideimporte auch zur nicht unerheblichen Vorratshaltung verwendet werden. Diese Vorräte sollen 197o ca.4o Mio t betragen haben. Vgl. dazu Snow 1971, S.28.

25) Ab 1963 ordert China komplette Düngemittelfabriken im westlichen Ausland. Vgl. dazu Liu Jung-chao 1965, S.921 und Tabelle 1o9.

26) Stavis 1974, S.9 kommt für die Periode 1964 bis 1972 ebenfalls zu einem Einschnitt zwischen 1967 und 1968, ohne allerdings eine überzeugende Begründung für diese Einteilung zu liefern. Vgl. ebd. S.15/16.

27) Die Produktionssteigerungen der Jahre 1949 - 1952 werden ausgeklammert, da sie vermutlich in erster Linie auf der Rekultivierung von Ackerland beruhen, das seit 1937 während des Kriegs mit Japan und im Verlauf des Bürgerkriegs nicht bewirtschaftet wurde. Schätzungen besagen, daß 1949 ca.15 - 2o Prozent weniger Ackerland als 1937 bewirtschaftet waren. Vgl. Sinha 1975, S.2o5. Für 1939 wird bereits ein Verlust an Kulturfläche infolge der Kriegseinwirkungen von über 2,7 Mio ha und von 8 Mio Wasserbüffeln angegeben. Peter S.H. Tang, 196o, S.12.

28) Auf eine detaillierte Schilderung des Ablaufs der Agrarreform wird hier verzichtet. Vgl. dazu Wong 1973 und Chao Kuo-chun 196o, Kap.III. Hinsichtlich der ökonomischen Auswirkungen vgl. Schran 1969, Kap.2 und Lippit 1975.

29) "Das gemeinsame Programm der Politischen Beratungsversammlung des chinesischen Volkes", Appendix in Knoll 1975, S.1o5. Zu Zielsetzung und Erfolg der Agrarreform vgl. auch den seinerzeit führenden chinesischen Agrarpolitiker Teng Tze-hui 1954.

3o) Die englische Version dieses und anderer wichtiger wirtschaftspolitischer Dokumente findet sich in Chao Kuo-chun 1959. Hier zitiert nach Chao Kuo-chun 196o, S.95.

31) "The Agrarian Reform Law of the People's Republic of China", Appendix B in Wong 1973, S.286.

32) Liu Shao-ch'i 195ob, S.22o.

33) "The Outline Land Law of China", Appendix A in Wong 1973.

34) Vgl. dazu Liu Shao-ch'i 195ob,S.22o und Artikel 4 und 6 des Agrarreformgesetzes.

35) Die Dominanz des Effekts der Einkommensredistribution wird auch bei Wong 1973, S.65 und Lippit 1975 betont.

36) C.M. Chang 1951, S.51.

37) Vgl. Liu Shao-ch'i 195ob,S.218 und Liao Lu-yen:"... reliance on poor peasants and farm labourers, uniting with middle peasants, neutralization of rich peasants...". Zitiert nach Chao Kuo-chun 196o, S.95.

38) Text auszugsweise bei Chao Kuo-chun 196o, S.96/97; deutsch bei Müller 1967 nebst anderen Materialien zur Kollektivierung.

39) Wie diese Vorgänge im einzelnen abliefen, beschreibt William Hinton 1972 in großer Ausführlichkeit.

4o) Vgl. dazu Liu Shao-ch'i 195ob,S.217.

41) Wong 1973, S.1o2.

42) Nach den offiziellen Angaben erhielten 3oo Millionen Bauern, die kein oder nur wenig Land besaßen, 7oo Millionen mou (= 46,9 Mio ha), was etwa 47,6 Prozent des Kulturlandes vor 1949 entsprechen würde; Ten Great Years, S.22 und S.96. Aufgrund der weiter unten angestellten Berechnungen ergibt sich aber, daß diese Angaben evtl. überhöht sind und tatsächlich nur ca.38 Prozent der Anbaufläche umverteilt wurden. Vgl. dazu Schran 1969, S.13 - 2o.

43) Larsen 1965, S.214.

44) Berechnet nach Ten Great Years, S.91 und S.96.

45) Ein Vergleich der Beiträge der Landwirtschaft zum Sozialprodukt bei Liu und Yeh für die Jahre 1933 und 1952 zeigt zudem, daß die Summen für beide Jahre kaum differieren, die Version der Restauration bis 1952 also gestützt wird. Vgl. dazu Liu und Yeh 1965, S.66.

46) Vgl. dazu die auszugsweise wiedergegebenen Daten bei Su Hsing 1968/69.

47) Schran 1969, S.15 ff.

48) Entsprechend Artikel 6 und Artikel 3o des Agrarreformgesetzes.

49) Vgl. dazu Chao Kuo-chun 196o, S.99.

5o) Der Vermutung von Axilrod, der die agrarischen Produktionssteigerungen 1949 - 1952 auf die Agrarreform zurückführt, kann also nicht zugestimmt werden.

51) Die Verteilung und Verwendung des gesellschaftlich produzierten Surplus ist bei Barans klassischer Studie die zentrale Analysekategorie, mit der wirtschaftliche Rückständigkeit bzw. Wachstum erklärt werden können; Baran 1971, 2. Aufl.

52) Lippit 1975, S.6o.

53) Ein direkter Vergleich zu Tabelle 28 ist nicht möglich, da dort der gesamtwirtschaftliche Surplus berechnet wurde, von dem aber nur der Teil erfaßt ist, den die herrschende Klasse absorbiert, während hier nur die Landwirtschaft, dort aber die transferierbaren Einkommen von Landslords und Eigentümerbauern berücksichtigt werden. Würde man von einem 5oprozentigen Rentensatz ausgehen, würde sich die Quote auf 21,7 Prozent erhöhen.

54) Lippit 1975, S.112.

55) Vgl. dazu Chen Nai-ruenn 1967, S.442.

56) Diese Argumente bringt Lippit 1975, S.117.

57) Diese Einschätzung teilt u.a. auch C.M. Chang 1951, S.55o.

58) Auch Walker 1966, S.4 betont, daß die Agrarreform nur einen geringen Output-Effekt hatte.

59) Daß bei der Kollektivierung in China gegenüber der Sowjetunion der Output- vor dem Redistributionseffekt Vorrang genoß, wird von verschiedenen Autoren betont. So Fung 1974, Nolan 1976, S.2o2.

6o) Vgl. dazu Teil II, S.286ff . Ansonsten vgl. zu diesen Argumenten Walker 1966, S.22ff; Yeh Kung-chia 197o, S.16/17; Wong 1973, S.188ff; Nolan 1976, S.2o4.

61) Vgl. dazu auch Gray 1974b.

62) Beispiele für diese Überlegungen finden sich in Maos Edition "Socialist Upsurge in China's Countryside".

63) Zur Kollektivierung vor allem die "Decisions on Agricultural Co-operation" des 6. Plenums des 7. ZK vom 11.1o.1955 sowie die "Model Regulations for an Agricultural Producers' Co-operative" des Ständigen Ausschusses des Nationalen Volkskongresses vom 17.3.1956, die den sogenannten "halbsozialistischen" Kooperativen galten, und die "Model Regulations for Advanced Agricultural Producers' Co-operatives" des Nationalen Volkskongresses vom 3o.6.1956 hinsichtlich der vollsozialistischen Kollektive. In diese Phase fällt auch der "Entwurf des Programms für die Entwicklung der Landwirtschaft in der Volksrepublik China 1956/1967" des Politbüros vom 23.1.1956.

64) Entsprechende Texte zur Kommunisierung sind die "Tentative Regulations of the Weihsing (Sputnik) People's Commune" vom 7.8.1958, Die "Resolution of the Central Committee of the Chinese Communist Party on the Establishment of People's Comunes in Rural Areas" vom 29.8.1958, der Leitartikel von Honqui am 1.9.1958 "Greet the Upsurge in Forming People's Communes" sowie Teng Tze-huis Beitrag zu "Ten Glorious Years" von 1959.

65) "Model Regulations" vom 17.3.56, S.27ff und "Model Regulations" vom 3o.6.56, S.16ff.

66) Vgl. dazu Artikel 6 der "Tentative Regulations" vom 7.8.1958, S.312/13 und "Greet the Upsurge" vom 1.9.1958, S.458.

67) Als Primärmaterial sind neben der genannten Edition von Mao die beiden Reports der indischen Delegationen nach China zu nennen, die den Kollektivierungsprozeß untersucht haben. Zwei chinesische Agraruntersuchungen von 1955 mit einem Sample von 26.935 Kooperativen und von 1957 mit einem Sample von 228 Kollektiven sind leider nicht übersetzt, aber von Schran 1969 ausgiebig ausgewertet worden. An Literatur zur Kollektivierung vgl. Wong 1973 und 1975; Walker 1966; Biehl 1958; Nolan 1976; Rochlin/Hagemann 1971; Yeh Kung-chia 197o; Yu 1975, Teil I; Chao Kuo-chun 196o; Gray 1969; Schweizer 1971; Wu 1961 und Yamamoto 1961.

68) An dieser Stelle muß auf die vorzügliche Arbeit von Peter Schran 1969 hingewiesen werden, dessen detaillierte Schätzungen und Berechnungen die wichtigsten Unterlagen zur Beantwortung dieser Fragen liefern. Glücklicherweise ist das offizielle chinesische Datenmaterial für die 5oer Jahre so umfangreich und detailliert, daß solche Berechnungen und Schätzungen überhaupt möglich sind. Für die 6oer und 7oer Jahre müssen andere methodische Verfahren angewandt werden.

69) Buck 1964, S.294/295. Zu diesen beiden Aspekten der Arbeitslosigkeit in China vgl. auch Karcher 1975; Orleans 1961; Mesa-Lago 1968.

7o) Die folgende Berechnung orientiert sich an Schran 1969, S. 51 - 54. Dabei werden die Ergebnisse des Zensus von 1953 in ihrer Verteilung als repräsentativ für die gesamten 5oer Jahre genommen. Tatsächlich weitet sich der Sockel der Bevölkerungspyramide aber immer weiter aus, so daß gegen Ende der 5oer Jahre die Quote der potentiellen Arbeitskräfte geringer gewesen sein dürfte.

71) Vgl. dazu Schran 1969, S.52.

72) Für diese Feststellung liefert Biehl 1958, S.64 - 66 einige Hinweise.

73) Eine Quelle spricht von mehr als 3oo ooo Kleinbetrieben; Notes on Small Industry, S.3. Yeh spricht für 1959 sogar von 6 Millionen Kleinbetrieben; Yeh Kung-chia 197o, S.5o.

74) Dabei soll berücksichtigt werden, daß Männer und Frauen unterschiedlich intensive Arbeit leisten und zu unterschiedlichen Teilen an der Quote von 53,9 Prozent beteiligt sind. Gerade die Mobilisierung der Frauenarbeit war aber ein besonderes Anliegen von Mao (vgl. Mao 1955d). Um also korrekte Ergebnisse zu bekommen, muß eine Gewichtung der gesamten Arbeitskräfte nach den Anteilen von Männer- und Frauenarbeit vorgenommen werden, die sich in sogenannten Mann/Jahresarbeitsäquivalenten ausdrückt. Auf der Basis der Buckschen Untersuchung gewichtet Schran die Männerarbeit mit dem Faktor 1, die Frauenarbeit mit dem Faktor o,8 und die Kinderarbeit mit dem Faktor o,5. Dieser Faktor wird dann mit dem jeweiligen Anteil der Gruppe an den gesamten Arbeitskräften multipliziert. Vgl. Schran 1969, S.52 und 54.

75) Tabelle 87 ist insofern nicht ganz korrekt, da infolge des allmählichen Aufbaus des Schulsystems die Kinderarbeit nicht sofort total abnimmt. 1959 nimmt sie auch wieder zu. Vgl. dazu Schran 1969, S.52.

76) Die Zahl der arbeitsfreien Tage in der BRD unter Zugrundelegung der 5-Tage-Woche und 25 Tagen Urlaub, bei einer normalen Verteilung der gesetzlichen Feiertage auf die Wochentage, beträgt etwa 14o Tage oder 38,4 Prozent des Jahres. Die jährliche Arbeitszeit beträgt also nur 61,6 Prozent, was der chinesischen Quote von 1959 nahekommt.

77) Zur Kleinindustrialisierung der Jahre 1958/59 vgl. vor allem "Notes on Small Industry...".

78) Yeh Kung-chia 197o, S.18.

79) Welcher Art diese Bewässerung war, ist allerdings aus den chinesischen Angaben nicht genau ersichtlich. Die Quelle unterscheidet einmal zwischen Naß- und Trockenfeldern und bei den Trockenfeldern wieder zwischen bewässerten und nicht bewässerten Feldern, wobei diese Differenzierung allerdings nur bis 1955 reicht. Vgl. dazu Chen Nai-ruenn 1967, S.284/285. 1955 hätte es demnach 26,54 Mio ha Naßfelder und 5,516 Mio ha bewässerte Trockenfelder gegeben. Die rapide Ausdehnung ab 1956 ging dann vermutlich auf das Konto der bewässerten Trockenfelder.

8o) Hier ist allerdings zu bedenken, daß die Zahlen für 1958 und 1959 analog zu den offiziellen Angaben für Getreide stark aufgebläht sind. Plausibel sind sie aber insofern, als gerade 1958 und 1959 die kleinindustrielle Fertigung (agrarische Nebentätigkeiten) in großem Maße einsetzte.

81) In diesen Zielkonflikten sieht Wong den entscheidenden Grund für die Grenzen der traditionellen Mobilisierung. Wong 1975, S.16.

82) Vgl. dazu Wong 1973, S.2o3.

83) Vgl. dazu Berger 1972, S.11. Etwa im gleichen Zeitraum fordert auch Po I-po, als Vertreter des liuistischen Flügels "Strive to carry out the great tasks of the technical transformation of agriculture more swiftly", abgedruckt unter diesem Titel in Ten Glorious Years, 196o. Der Artikel erschien zuerst in Honqui im Jahre 1959 und wurde bereits im November 1959 unter dem Titel "Speeding up the technical transformation of China's agriculture" in der Peking Review gebracht.

84) Zur Phase der Reprivatisierung der Landwirtschaft, besonders 1961 und 1962, vgl. Walker 1965, Kapitel 6.

85) Vgl. dazu "Fundamentals of Agricultural Production Techniques", S.2o/21. Dieser Text ist die auszugsweise Übersetzung eines chinesischen Handbuchs aus dem Jahre 1965, das zum ersten Mal in systematischer Form alle relevanten Aspekte der modernen Landwirtschaft behandelt.

86) Im Hinblick auf China vgl. dazu "Plant Studies in the People's Republic of China".

87) Zum Organisationsprozeß innerhalb der Volkskommunen vgl. Pelzel 1972 und Crook 1975.

88) Crook 1975, S.395.

89) Crook 1975, S.38o.

9o) "The Movement of Scientific Farming", S.336.

91) Erisman 1972, S.123.

92) Chi Wei 1971, S.5. Stavis 1974, S.4 nimmt als reine Saatfläche für Getreide 13o Millionen ha an. Die restlichen 3 Mio ha werden für Industriepflanzen und Gemüse genützt.

93) Vgl. zur unterschiedlichen Einschätzung über die Entwicklung von Acker- und Saatfläche nach 1958 Erisman 1972, S.122; Chao Kang 197o, S.3o6; China's Agriculture, S.37; Perkins 1973, S.57.

94) Jacoby 1974, S.29 und S.65 sieht ebenfalls in der Koordination institutioneller und technologischer Maßnahmen das besondere der chinesischen Agrarentwicklung.

95) Von chinesischer Seite gibt es zwar keine grundlegende Gesamtdarstellung über das Konzept der dezentralen Agroindustrialisierung, aber eine Reihe von kürzeren Artikeln, die wichtige systematische Aspekte betonen und hier in Auswahl genannt sind: Chen Ta-lun 1966; Chi Wei 1971; The Development of Local Industries in Hunan Province; Chuang Ning 1974; "Why China Stresses Small and Medium-Sized Industrial Enterprises"; Djiang Hung 1975. Diese Artikel häufen sich seit Beginn der 7oer Jahre. Neuerdings empfiehlt China das Konzept sogar offiziell als Modell für andere Länder der Dritten Welt. Vgl. dazu "Offenkundige Vorteile aus der Entwicklung von Kleinbetrieben", in Peking Rundschau Nr.11, vom 15.3.1977. Aus der westlichen Literatur sind vor allem die Arbeiten von Sigurdson und Riskin hervorzuheben. Sigurdson 1972, 1973a und 1973b, 1974a und 1975 und vor allem 1974b; Riskin 1969 und 1971. Weiterhin seien noch Jacoby 1974, Biehl 197o, Tissier 1976. Unger 1971, Crook 1975, Yu 1971 und Champeau 1976 genannt. Angekündigt ist die Monographie von Khan 1977. Als Dokument für das Interesse internationaler Entwicklungsorganisationen sei noch auf die UN, ECOSOC Publikation "Rural Industrialization" verwiesen.

96) Dazu vor allem Sigurdson 1975, S.411; Tissier 1976, S.66; Riskin 1971, S.247; von chinesischer Seite "Why China Stresses..." und Chen Ta-lun 1966.

97) Vgl. dazu insbesondere "Notes on Small Industry...".

98) Zu letztem Aspekt vgl. Kapp 1974.

99) Diese These vertritt auch Parish 1976, S.54 - 56.

1oo) Die folgenden Angaben finden sich bei Sigurdson 1974b, S.IV/V; Sigurdson 1975, S.411/12 und Crook 1975.

1o1) So existieren etwa in der Provinz Kiangsu 17 kleine Kunstfaserfabriken, die ihre Rohprodukte auch zu Garn weiterverarbeiten. "Relying On Our Own Efforts...".

1o2) Chuang Ning 1974 weist z.B. ausdrücklich darauf hin, daß die Möglichkeiten der Kleinindustrie nach örtlicher Maßgabe von Kapital, Arbeitskräften und Rohstoffen beachtet werden müßten, da sonst statt der Unterstützung nur eine Belastung für die Landwirtschaft stattfinde.

1o3) Zu den Daten vgl. Sigurdson 1975, S.412 und Djou Djin/ Hsiang Yun 1976, Teil I, S.21. Letztgenannte beziehen sich auf die Industrie in "kollektivem" Besitz, was aber mit den Kommune-Industrien weitgehend identisch sein dürfte.

1o4) Ähnliche Modelle bei Yu 1971, S.336; Sigurdson 1973a, S.71 und 1974b, S.28.

1o5) Riskin 1971, S.271/272. Vgl. allgemein dazu "Small hydroelectric stations in the countryside"; "Last year China newly built and expanded..."; "The birth of mini-hydraulic turbines".

1o6) Die Literatur über die Agrarmechanisierung ist seit Anfang der 7oer Jahre besonders zahlreich, was darauf schließen läßt, daß erst seitdem in großem Maße kleine Agrarmaschinenbetriebe aufgebaut werden. Vgl. dazu "Mechanization of Agriculture"; "Insist of the Simultaneous Employment of Mechanization and Semimechanization"; "China's Rice Producing Areas Acellerate the Pace of Agricultural Mechanization"; "China's Farm Machinery Has Increased Greatly"; CCP Committee of the Liuchi Commune..., 1975; "Recent Developments in Agricultural Mechanization in Hunan Province"; "Strive to Produce More and Better Agricultural Machines" . Den Prozeß der Mechanisierung bis zur Kulturrevolution behandelt "Farm Mechanization", wo auch die Entwicklung der MTS geschildert wird. Die grundlegende Arbeit von westlicher Weite bis zur Kulturrevolution über die technische Transformation der Landwirtschaft ist Leslie T.C. Kuo 1972. Für die neuere Zeit vgl. Berger 1972; Hallford 1976 und Khan 1976.

1o7) Vgl. dazu Hallford 1976, S.3/4.

1o8) "Rural Areas Made and Repaired Farm Machines"; "Establish a Three-level ...".

1o9) Zur Kunstdüngerproduktion vgl. "The development of the chemical fertilizer industry";"Production of chemical fertilizer of Mainland China in 1973"; Chao Kang 1975b und Liu Jung-chao für die Zeit bis zur Kulturrevolution.

11o) 1972 betrug die Gesamtkapazität zur Produktion von Pflanzenschutzmittel 3oo ooo - 4oo ooo t. Der mögliche Anteil der Kleinindustrie ist unbekannt; vgl. Etienne 1974b, S.19. Auch A. Meier 1974 spricht nur von Pflanzenschutzmitteln, die durch Großbetriebe entwickelt und produziert wurden.

111) Vgl. dazu "Scientific Experiment in Agriculture"; "The Movement of Scientific Farming"; The Revolutionary Committee of the Northwestern Agricultural Institute, 1975.

112) Zur Kleinindustrie bis zum Großen Sprung vgl. "Notes on Small Industry".

113) Vgl. dazu Kao Kuang-chien 196o und Liu Jung-chao 1965, S.92o.

114) Peking Rundschau Nr.4o/41 vom 11.1o.1976, S.48 (absolut das Neunzehnfache von 1965); Peking Rundschau Nr.32 vom 12.8.1975, S.2o.

115) Hsiang Jung 1975, S.17.

116) Zu den Unterschieden dieser beiden Schätzungen von John S. Aird und Leo A. Orleans vgl. S.612f . Orleans Schätzung stimmt eher mit den jüngsten offiziellen Angaben für das Jahr 1976 überein. Vgl. dazu MacDougall 1977, S.369.

117) Es wäre denkbar, noch einmal 1,5 Prozent abzuziehen, die im Investbau (Wasser, Boden, Infrastruktur) tätig sind (vgl. Tabelle 86). Dann verminderte sich die Quote der agrarisch Tätigen auf 42 Prozent. Andererseits ist aber unklar, wie weit frühere traditionelle Nebentätigkeiten jetzt zum agroindustriellen Komplex gezählt werden, ob Einsätze für Investbauten auch in Sigurdsons 5 Prozent-Quote enthalten sind, und ob der Wert der gesamten Agrarproduktion auch Produkte umfaßt, die früher Nebentätigkeiten umfaßten, also dazugehörten, heute aber z.T. dem agroindustriellen Bereich zugerechnet werden. Aufgrund dieser Unwägbarkeiten bleibe ich bei 43,5 Prozent, zumal die Relation von 197o auf 1974 sich dadurch nicht ändert.
Ein weiteres schwer abzuschätzendes Problem liegt darin, daß sich die Basis der Bevölkerungspyramide gegenüber den 5oer Jahren verbreitert hat, der Anteil der 0 - 15 Jährigen also zugenommen bzw. der Anteil der ökonomisch aktiven Bevölkerung entsprechend abgenommen hat. Aus allen diesen Gründen sind die folgenden Berechnungen über die Entwicklung der Arbeitsproduktivität nur als sehr tentative anzusehen.

118) Darauf geht besonders der UN-Bericht "Rural Industrialization" ein.

119) Vgl. zu den genannten Zahlenangaben Chao Kang 1966, S.382. Emerson1966, S.42o- 422 spricht für 196o von 12o Millionen städtischer Bevölkerung.

12o) Vgl. zu diesem Argument Park 1977.

121) Z.B. Machetzki 1975, S. 44 - 59; Machetzki 1974/75, Teil I, S.715/717; Bürkner/Park 1976, S.514/515; Donnithorne 1972. Gegen Donnithornes Argument der Zellenwirtschaft hält Sigurdson 1974b, S.31/32 eine Einbettung der dezentralen Agroindustrie in die Gesamtwirtschaft für möglich.

122) Damit korrespondiert die Schätzung von Aziz 1973, S.4, der das Einkommensgefälle zwischen Kommunen auf maximal 2:1 schätzt. Vgl. dazu auch Etienne 1974b, S.3o.

123) Aziz 1973, S.5.

124) Champeau 1976 berichtet z.B. über 5 Volkskommunen, die allesamt in der Nähe von Peking, Shanghai und Canton liegen. Vgl. auch "Rural areas made and repaired farm machines", S.22o und 222/223 sowie diverse Presseberichte über Volkskommunen in NZZ vom 26.2.1975; SZ vom 18.9.1974; Times vom 14.2.1973; NZZ vom 5.1.197o und NZZ vom 3.1o.1971.

125) Vgl.dazu Machetzki 1974/75, Teil I S.716/717 und Erisman 1972, S.134.

126) Erisman 1975, S.336 schätzt die 1975 mechanisch bewässerte Ackerfläche auf 33 Millionen ha, was bei einer Gesamtfläche von 1o6,7 Millionen ha 3o,9 Prozent ergäbe. Unklar bleibt allerdings, ob die Saat- oder die Ackerfläche gemeint ist. Bezogen auf die Saatfläche wären es 25,2 Prozent.

127) Diese Angaben macht Stavis 1974, S.1 und 2. Machetzki spricht bereits für 1965 von 33,5 Mio ha "sicheren Ertragsflächen", die seitdem nicht mehr ausgeweitet worden sind. Allerdings sind die "sicheren Hochertragsflächen" von 7,6 Mio ha (1963) auf 13 Mio ha (1971) ausgeweitet worden. Seine Zahlen sind also für 1971 wesentlich höher als die von Stavis. Vgl. dazu Machetzki 1974/75 Teil I, S.716, Erisman 1972, S.134 und Etienne 1974b, S.13.

128) Stavis 1974, S. 1 - 2. Daten über die regional unterschiedliche Entwicklung der Getreideproduktion liefert auch Thomas G. Rawski 1973, S.4. Diese Angaben bestätigen die Richtung der Aussagen von Stavis.

129) Stavis geht bei seinen Berechnungen von 186 Mio t (1957) und 247 Mio t (1971) aus. Das steht im Gegensatz zu Tabelle 76 , wo 185 bzw. 25o Millionen t angenommen wurden. Um aber Stavis'Schätzungen über die Ausdehnung der Saatfläche und die Steigerung der ha-Erträge übernehmen zu können, wurden seine leicht abweichenden Gesamterträge beibehalten. Bei seiner Berechnung der gesamten Ertragssteigerungen kommt er allerdings auf 62,1 Millionen und nicht wie vorher angenommen auf 61 Millionen t (vgl. Stavis 1974, S.5). Die hier errechneten 62,6 Millionen t ergeben sich durch Rundungsfehler.

13o) Perkins 1973, S.6o vermutet z.B. eine ungleiche Verteilung des Kunstdüngers zugunsten der Regionen mit künstlicher Bewässerung.

131) Hier wird unterstellt, daß die unklare Angabe von Erisman sich auf die Saatfläche bezieht. Die Steigerung gegenüber 1971 wäre, wenn sich die 33 Mio ha auf die Ackerfläche bezögen, außerordentlich.

132) Diese Angabe macht Erisman 1975, S.336.

133) Dafür spricht erstens die entsprechende chinesische Angabe, vgl. Erisman 1975, S.336. Zweitens spricht dafür die Überlegung, daß die Literatur über die Grüne Revolution in anderen Ländern immer darauf hinweist, daß Hochleistungssorten nur im Verbund mit Bewässerung, Kunstdünger, Pflanzenschutzmitteln etc. erfolgreich angewendet werden können. D.h., ohne eine vorherige Sicherstellung der Bewässerung und Bereitstellung von Kunstdünger ist es nicht sinnvoll, Hochleistungssorten überhaupt anzubauen. Vgl. dazu Feder 1976a, Griffin 1974, Palmer 1972. Die Literatur über die chinesische Saatgutzüchtung weist darauf hin, daß z.T. ähnliche Reis- und Weizensorten gezüchtet worden sind, wie sie im IRRI auf den Philippinen und dem CIMMYT in Mexiko entwickelt wurden, bzw. sogar Kreuzungen mit diesen Sorten vorgenommen wurden. Vgl. dazu Jacoby 1974, S.64/65, Etienne 1974c, Stavis 1974, S.19ff.

134) Stavis 1976 hat allerdings für das Jahr 1974 ein Modell konstruiert, das eine wesentlich langsamere Ausdehnung des modernen Agrarsektors gegenüber 1971 anzeigen würde. Relativ würde er sogar zurückgehen. Seine Ausgangsdaten sind eine auf 138 Millionen ha gestiegene Saatfläche und eine Getreideproduktion von 257 Mio t (meine Daten für 1975 lauten 13o,8 Mio ha und 285 Mio t).

Ausdehnung des modernen Agrarsektors 1974

	Saatfläche in Mio ha	in %	Ertrag / ha in t	Produktion in Mio t	in %
Hochertragsfläche	1o,9	7,9	3,84	41,9	16,3
verbeserte Ertragsfläche	31,6	22,9	2,12	67,o	26,1
traditionelle Fläche	95,o	68,8	1,56	148,o	57,6
gesamt	138,o	1oo,o		257,o	1oo,o

berechnet nach Stavis 1976, S.91

Demnach würden 1974 auf 7,9 Prozent der Saatfläche (= Hochertragsfläche) 16,3 Prozent und auf 22,9 Prozent der teil- oder vollmechanisierten Saatfläche 26,1 Prozent der Getreideproduktion erzeugt.

135) Ein ähnliches Phänomen war auch bereits 1963/64 zu beobachten, fällt von den importierten Kapazitäten her aber kaum ins Gewicht. Vgl. dazu Tabelle 11o.

136) Vgl. dazu diverse Presseberichte in "Blick durch die Wirtschaft" vom 11.7.1975, 18.11.1974 und 21.2.1973; "Commerce Today" vom 14.1o.1974; "Niederländischer Wirtschaftsdienst für die Auslandspresse" vom 1.5.1974; "Chemische Industrie" vom Mai 1973, Oktober 1973 und April 1974; "The Japan Economic Journal" vom 19.3.1974; "Wirtschaft des Ostblocks" vom 5.3.1974; "Le Monde" vom 19.2.1974; "Journal of Commerce" vom 18.5.1973 und 16., 21. und 29.11.1973; FEER vom 23.4.1973; "International Herald Tribune" vom 6.9.1972.

137) Vgl. dazu Chao Kang 1975b, S.715 und 723.

138) Berechnet nach Erisman 1975, S.333 und Tab.98.

139) Chao Kang 1975b, S.728 schätzt die Gesamtkapazität bis 198o auf 75 Mio t. Der Zuwachs von 5o Mio t gegenüber 1973 würde zu 25 Mio auf ausländische Anlagen, zu 2o Mio t auf eigene chinesische Großbetriebe und nur zu 5 Mio t auf Kleinbetriebe entfallen. Das hieße, daß der relative Anteil der Kleinbetriebe bis 198o nach Chaos Schätzung auf 24,7 Prozent fallen würde. Woher Chao die Angaben über die 5 bzw. 2o Mio t eigene aufgebaute Kapazitäten bezieht, bleibt allerdings sein Geheimnis.

14o) In den jüngsten chinesischen Artikeln zur Agrarmechanisierung häufen sich trotz der Betonung der Wichtigkeit der Kleinindustrie allerdings Hinweise, die die Bedeutung der Großbetriebe zur Lieferung von Agrarmaschinen herausstellen. Z.B. Chuang Ning 1974, S.62; "China's farm machinery has increased greatly"; "Why China stresses small and medium sized industrial enterprises", S.1o5; "Strive to produce more and better agricultural machines", S.3o; "China records sharp rise in farm machinery production"; "China increases output of farm machinery".

141) Vgl. dazu die in Tabelle 97 zitierten Nummern der "US-China Business Review". Einige der dort genannten Chemiebetriebe wären von ihrer Ausstattung her in der Lage, Pflanzenschutzmittel zu produzieren.

142) Vgl. dazu Stavis 1974, S.1.

143) Diese These vertritt Machetzki 1974/75, Teil II.

144) Vgl. dazu den jüngsten Beitrag von Senghaas, der in seinem "Versuch über autozentrierte Entwicklung" als erstes Element einer autozentrierten Ökonomie feststellt: "Eine autozentrierte Ökonomie zeichnet sich ... durch die dynamische Entwicklung ihres Binnenmarktes aus, in den die Masse der Bevölkerung produktiv eingegliedert ist. Deren Nachfrageprofile übersetzen sich in eine zuallererst binnenmarktorientierte Produktionsstruktur, die auf eine Mobilisierung von lokal verfügbaren Ressourcen und eine Nutzung dieser Ressourcen an Ort und Stelle angelegt ist und die Anreize zur Produktion eigener Technologie entfaltet." Senghaas 1977, S.265. Die Begriffe "lokal", "an Ort und Stelle" sowie "eigen" sollen hier nationale gegenüber im- bzw. exportorientierten Aktivitäten bezeichnen.

145) Trotz intensiver Suche habe ich keine Monographie von westlicher Seite zu diesem Thema ausfindig machen können. Der Binnenmarkt oder Binnenhandel wird allenfalls in übergreifenden Gesamtdarstellungen zur chinesischen Ökonomie wie bei Donnithorne 1967 oder Perkins 1966 und 1969 kapitelweise abgehandelt. Teilaspekte des ländlichen Markts behandelt Skinner 1965, Part III. Auch auf chinesischer Seite ist dieses Thema trotz seiner programmatischen Bedeutung nur Unterkapitel wie bei Hsüä Mu-tjiao u.a., 1962 oder kleine, wenig systematische Aufsätze wert. Hier sind u.a. zu nennen Hsiang Jung/Djin Dji-dschu 1976; Kuan Yao 1964; "Rely on the poor and lower-middle peasants to manage rural commerce well"; "The direction of China's socialist commerce".

146) Zum chinesischen Transportwesen vgl. Vetterling and Wagy 1972 sowie Wu 1967.

147) Berechnet nach Statistisches Amt der EG, 1971, S.69 - 74.

148) Vgl. dazu Vetterling/Wagy 1971, S.148.

149) Peking Rundschau 14.1977, 16 vom 19. April, S.31/32.

15o) Donnithorne 1967, S.3o5 vermutet, daß bis 1966 noch kein vollständiges Handelsnetz zur Erschließung des Hinterlands vorhanden war.

151) Hsiang Jung/Djin Dji-dschun 1976,Teil I, S.15.

152) Hsiang Jung/Djin Dji-dschun 1976, Teil IV, S.2o.

153) Hsüä Mu-tjiao u.a. 1962, S.171 - 173; Skinner 1965, Part III, S.373.

154) Kuan Yao 1964, S.9.

155) Donnithorne 1967, S.276.

156) Donnithorne 1967, S.279.

157) Zu diesen quantitativen Angaben vgl. Donnithorne 1967, S.3o3-3o5; "Rural supply and marketing cooperatives set up agencies in production brigades and teams of rural communes", S.32o.

158) Vgl. dazu "Rural supply ..."; "Es ist gut, daß die armen Bauern und unteren Mittelbauern ländlichen Handel treiben"; Donnithorne 1967, S.28o.

159) Vgl. dazu "The state purchase of farm produce"; Hsiang Jung/Djin Dji-dschun 1976.

16o) Vgl. dazu Donnithorne 1967, S.3o4 und Skinner 1965, Part III, S.363/364.

161) Hsiang Jung/Djin Dji-dschun 1976, Teil IV.

162) Vgl. dazu Fun Chen-mae 1967 und Pfeffer 1973, Kap.5; Donnithorne 1967, S.284.

163) Vgl. dazu Fun Chen-mae 1967, S.317; "The state purchase of farm produce"; Weggel 1973, S.46.

164) Hsiang Jung/Djin Dji-dschun 1976, Teil IV, S.2o.

165) Skinner setzt diesen Zeitpunkt meiner Meinung nach zu früh bereits für 1958 bzw. 1964 an. Vgl. Skinner 1965, Part III, S.366 und 378.

166) Ten Great Years, S.119.

167) Dji We 1972, S. 15.

168) Quoten für 195o und 1958 berechnet nach Ten Great Years, S.16; für 1971: Bruttowert der Industrieproduktion = 294,4 Mrd 1952er ¥ (Field 1975, S.17o). Das entspricht 263,4 Mrd 1957er ¥. Bruttowert der Agrarproduktion 197o ca. 77,7 Mrd 57er ¥ (Perkins 1975c, S.351). Das ergibt zusammen 341,1 Mrd ¥.

169) Berechnet nach Ten Great Years, S.119 und Tabelle 117. Der 71er Wert für den Einzelhandel wurde mit dem geschätzten Wert der 7oer Produktion in Tabelle 117 kombiniert. Der 52er Wert wurde in 57er ¥ umgerechnet.

17o) Berechnet nach Chen Nai-ruenn 1967, S.386.

171) Angabe in "Rural supply ...", S.321.

172) Berechnet nach Ten Great Years, S.16.

173) Berechnet nach Ten Great Years, S.68.

174) Yu 1973, S.265.

175) Die Schätzung von Perkins 1969, S.114, daß die Marktrate bereits in den 2oer und 3oer Jahren ca.4o Prozent betragen habe, von der die Hälfte auf den ländlichen Markt entfiel, erscheint mir zu hoch. Dann hätte es in den 5oer Jahren keine Steigerung mehr gegeben.

176) Vgl. zu den 55er Werten Chen Nai-ruenn 1967, S.4o5; für Anfang der 3oer Jahre Buck 1964, S.234.

177) Hallford 1976, S.7.

178) Perkins 1969, S.16o.

179) Berechnet nach Ten Great Years, S.68 und S.16.

18o) Chen Nai-ruenn 1967, S.4o1 bringt die Gesamtverteilung der Lieferung agrarischer Inputs für 1956.

181) Zur chinesischen Traktorenproduktion vgl. die Aufstellungen bei Munthe-Kaas 1966, S.154 und Khan 1976.

182) "China's industry produced more to equip agriculture last year", S.56. Vgl. auch "Shanghai industry ..."; und "The working class of Shanghai...".

183) "The situation in China of industry's support of agriculture ...".

184) Peking Rundschau Nr.11 vom 15.3.1977.

185) Vgl. dazu Donnithorne 1972a und 1972b sowie die Antikritik von Donnithorne 1976 an Lardy 1975b. Eine ähnliche Position vertritt auch Durant 1965, besonders S.223.

186) Lardy 1975a, 1975b und 1976.

187) Sigurdson 1973a, insbesondere S.78/79, und 1974b, S.32.

188) Snead 1976.

189) Vgl. dazu Parris H. Chang 1972.

19o) Auf eine detaillierte Darstellung des ökonomischen Systems wird hier verzichtet. Aus der kaum noch überschaubaren Flut von Literatur, die sich damit befaßt,seien nur die sogenannten Standardwerke genannt. Neben den drei Veröffentlichungen des Joint Economic Committee des US Congress vor allem Adler 1957, Li Choh-ming 1959, Eckstein 1961, Cheng Chu-yuan 1963, Wu 1965, Ishikawa 1965, Donnithorne 1967, Eckstein/Galenson/Liu 1968, Chen Nai-ruenn/Galenson 1969. Auch im Bereich der deutschsprachigen Literatur gibt es inzwischen eine Reihe von Gesamtdarstellungen, so Handke 1959, Grossmann 196o, Chang Tsung-tung 1965, Weiss 1975b, Kosta/Meyer 1976. Aus französischer Sicht vgl. Poulain 1977; Deleyne 1972.

191) Diese Begründung findet sich in vielen chinesischen Texten, so bei Mao 1949, S.446/47, Kuan Ta-tung 196o und Hsüä Mu-tjiao u.a. 1962.

192) Diese Notwendigkeit kommt klar zum Ausdruck bei Hsüä Mu-tjiao u.a. 1962, S.37, 57 und 19o; Kuan Ta-tung 196o, S.42/43; Chien Chia-chun 1954, S.4.

193) Vgl. zum folgenden Perkins 1966; Kuan Ta-tung 196o; Hsüä Mu-tjiao u.a. 1962.

194) Regelrechtes Staatsmonopol wie zu kaiserlichen Zeiten wurde der Handel mit Getreide, Baumwolle, Textilien, Tee und Erdöl allerdings erst im November 1953. Vgl. dazu "Peking zieht die Schraube fester an", S.726.

195) de Vylder 1974, S.11 und Hsüä Mu-tjiao u.a. 1962, S.64.

196) Po I-po 1964, S.3.

197) Hsüä Mu-tjiao u.a. 1962, S.1o.

198) Hsüä Mu-tjiao u.a. 1962, S.18.

199) Vgl. dazu Clarke und Avery 1975, S.5o5/5o6. Der US-China Handel wurde erst 1971 offiziell wieder aufgenommen. Die Verrechnung der gegenseitigen Beschlagnahmungen ist heute noch ein wichtiger Streitpunkt vor der Aufnahme diplomatischer Beziehungen.

2oo) Zur Reaktion der englischen Wirtschaft auf das Embargo vgl. Solodkin 1952.

2o1) Hsüä Mu-tjiao u.a. 1962, S.18.

2o2) So ist zumindest für einige englische Firmen belegt, die zwischen 1951 und 1955 nationalisiert wurden. Vgl. dazu Cheng Cho-yuan 1956, S.12/13.

2o3) Donnithorne 1967, S.145.

2o4) Hsüä Mu-tjiao 1962, S.1o-12.

2o5) Alle genannten Daten bei Kuan Ta-tung 196o, S.24 - 29.

2o6) Vgl. dazu Chien Chia-chu 1954; Wang Hua 1954; Chen Yün 1956; Kuan Ta-tung 196o, S.56 ff; Hsüä Mu-tjiao u.a. 1962, S. 195ff; "Buying out private enterprises in China"; "New organisation of Chinese private enterprise ".

2o7) Donnithorne 1967, S.146.

2o8) Hsüä Mu-tjiao u.a. 1962, S.24o und Kuan Ta-tung 196o, S.87.

2o9) Donnithorne 1967, S.147.

21o) Vgl. dazu Dittmar 1975, S.56.

211) Hsüä Mu-tjiao u.a. 1962, S.256.

212) Offenbar hatte man auch aus den Nachteilen der gewaltsamen Enteignung der Industrie in der Sowjetunion gelernt. Vgl. dazu "Buying out private enterprise in China", S.737.

213) Einen Überblick über diesen Prozeß geben Diao/Zagoria 1972, Kapitel 1; Chang Tsung-tung 1965, Kapitel "Volkswirtschaftsplanung"; Donnithorne 1967, Kapitel 17 und Appendix III.

214) de Vylder 1974, S.13. Anfang 197o wurden diese 12 Gesellschaften auf 8 reduziert.

215) Hierbei ist allerdings, wie bereits berichtet, zu berücksichtigen, daß der 1. Fünfjahresplan von den sowjetischen Zusagen über die Industrieprojekte abhängig war, die sich so lange verzögert hatten.

216) Chang Tsung-tung 1965, S.152.

217) Vgl. dazu "Dezentralisierung der Wirtschaftsverwaltung in der VR China".

218) Thomas G. Rawski 1975b, S.19o.

219) So zum Beispiel Ashbrook 1968, 1972 und 1975 und Kosta/Meyer 1976.

22o) Das Phänomen als solches hat in der China-Literatur durchaus schon Aufmerksamkeit gefunden und auch einige Erklärungsversuche hervorgerufen. Eine systematische Behandlung dieses Themas ist allerdings noch nicht erfolgt. Vgl. dazu Eckstein 1968b; Chen Kuan-i 1972; Ishikawa 1973.

221) Field hat in den drei Berichten des Joint Economic Committee jeweils vollständigere und genauere Indexreihen vorgelegt, die in der Literatur allgemein akzeptiert werden, vgl. Field 1968, 1972 und 1975. Field/Lardy/Emerson haben bislang zwei Schätzungen der Industrieproduktion auf Provinzbasis vorgenommen, von denen die zweite sehr viel genauer und vollständiger ist. Vgl. Field/Lardy/Emerson 1975 und 1976.

222) Siehe Tabelle S.735.

223) So machte Chou En-lai 1965 gegenüber Han Suyin etwa die vage Angabe, daß in Zukunft die Investitionsrate ca.2o Prozent des Bruttoproduktionswerts von Industrie und Landwirtschaft betragen würde. Davies 1966, S.43o.

224) Sinnvollerweise müßte an dieser Stelle eigentlich die Entwicklung der Investitionsrate dargestellt werden. Eine solche Berechnung ist aber aufgrund der verfügbaren Daten nur für die 5oer Jahre möglich. Vgl. dazu Chao Kang 1974, S.86.

225) Vgl. dazu Field 1975b, S.151 und Tabelle 64.

226) Gemeint sind die Bruttoanlageinvestitionen in Prozent des BSP; Daten bei Hollister 1968, S.125. Zur entsprechenden Entwicklung der Nettoinvestitionen vgl. Collin Clark 1965, S.163.

227) Punkt 3 und 4 von Pos "7o Artikeln zur Industriepolitik" vom Dezember 1961 lauten: "3. In view of the present industrial policy, all capital construction projects except those specially provided for should stop. 4. Unless specially approved all the expansion or new construction projects formerly planned should stop without exception." "Main Content of the 7o Articles of Industrial Policy", S.689.

228) Chen Kuan-i 1972, S.351.

229) Klatt 1973, S.42.

23o) Insbesondere Eckstein 1968b; nicht so ausgeprägt findet sich diese Argumentation auch bei Eckstein 1964b, S.28o/81 und Eckstein 1973, S.225 - 227.

231) Thomas G. Rawski 1973, S.22.

232) Ishikawa 1973.

233) Čobeljić und Stojanović 1969, S.26.

Fußnote 222: Gesamtimporte von Ausrüstungsgütern (Maschinen und Produktionsanlagen) 1950 - 1975 in Mio US $

	Gesamtimport[1]	Ausrüstungsgüter aus der Sowjetunion[3] (1)	Ausrüstungsgüter aus westlichen Ländern[3] (2)	Ausrüstungsgüter (1)+(2)	gesamte Ausrüstungsgüterimporte[a]
1950	590	41,2	-	41,2	
1951	1120	109,5	-	109,5	
1952	1015	156,2	11,8	168,0	
1953	1255	161,0	21,0	182,0	
1954	1290	198,9	13,5	213,4	
1955	1660	229,6	15,1	244,7	
1956	1485	304,9	41,5	346,4	
1957	1440	271,5	65,9	337,4	
1958	1825	318,3	69,8	388,1	
1959	2060	597,8	60,3	658,1	980[4]
1960	2030	504,1	49,4	553,5	
1961	1490	107,9	25,9	133,8	
1962	1150	27,3	15,5	42,8	120[5]
1963	1200	42,3	23,9	66,2	
1964	1470	57,5	61,8	119,3	180[4]
1965	1845	76,6	154,7	231,1	330[4]
1966	2035	85,9	237,0	322,9	455[1]
1967	1950	24,6	202,3	226,9	380[1]
1968	1820				275[1]
1969	1830				240[1]
1970	2240				395[1]
1971	2305				505[1]
1972	2835				520[1]
1973	4975				855[1]
1974	7300[2]				1825[2]
1975	7490[2]				2090[2]
1976	6480[2]				

1) Chen Nai-ruenn 1975b, S.645 und 646.
2) DIW Wochenbericht 44.1977, 15, S.128.
3) Mah Feng-hwa 1971, S.197 und 199.
4) Usack und Batsavage 1972, S.348 und 353.
5) Price 1968, S.586.

a) Hauptsächlich zusätzlich inklusive Importe aus den übrigen RGW-Ländern.

234) Auch Cone 1969, S.12 vermutet für 1965 eine neue Investitionswelle, während er für die Zeit von 196o bis 1965 kaum Neuinvestitionen festgestellt hat.

235) Vgl. dazu Goodstadt 1975, S.44 und "Chinas Wirtschaft vor Konsolidierung und Neuordnung", S.126.

236) Diese Vermutung äußert Klatt 1975, S.34. Vgl. dazu auch Einzelhinweise in Peking Rundschau 14.1977, 25, S.32.

237) "1.Five Year Plan for development of the national economy of the People's Republic of China in 1953 - 1957", angenommen am 3o.7.1955 vom 1. Nationalen Volkskongreß. Vgl. dazu auch Li Fu-chuns Bericht zum 1. Fünfjahresplan, Li Fu-chun 1955.

238) "Proposals of the 8th National Party Congress for the 2nd 5-year plan for development of the national economy, 1958 - 1962", angenommen auf dem 8. Parteitag am 27.9.1956; vgl. dazu Chou En-lais Bericht vom 16.9.1956, Chou En-lai 1956.

239) Vgl. dazu "Mao Tse-tung Tries 'Yun Chou-huseh'", S.467/468.

24o) Vgl. dazu Hua Kuo-feng 1975.

241) Vgl. dazu"Wirtschaft der Volksrepublik China am Vorabend des dritten Fünfjahresplans", S.14; "Die Wirtschafts- und Finanzlage 1964", S.2; Davies 1966.

242) Chou En-lai 1975.

243) Zwar sind die Daten über die Güterzusammensetzung des chinesischen Imports für das Jahr 1976 noch nicht zugänglich, aber die Tatsache, daß der Gesamtimport von 7,49 Mrd US $ (1975) auf 6,48 Mrd US $ (1976) zurückgegangen ist, weist darauf hin, daß auch die Kapitalgüterimporte rückläufig gewesen sein mögen. Vgl. zu den Daten DIW-Wochenbericht 44.1977, 15,S.128.

244) So Chou En-lai gegenüber Han Suyin, vgl. Davies 1966, S.431.

245) Das bekräftigt auch Po I-po in seinem Beitrag zu der kubanischen Zeitschrift "Cuba Socialista". Vgl. Po I-po 1964, S.4/5.

246) Vgl. dazu "Die Wirtschaft der Volksrepublik China am Vorabend des dritten Fünfjahresplans", S.19; Ashbrook 1968, S.35; "Chinas Wirtschaft ohne sowjetische Hilfe", S.157; MacDougall 1964, S.155/156.

247) Perkins 1974, S.21.

248) Vgl. dazu "Datjing - ein rotes Banner an Chinas industrieller Front".

249) Entsprechende Belege finden sich bei Cheng Chu-yuan 1971, S.12.

25o) So jedenfalls Diao/Zagoria 1972, S.229 und Cheng Chu-yuan 1971, S.13/14.

251) Vgl. dazu Oldham 1973, S.92/93. An dieser Stelle gehörte eigentlich ein Exkurs über den Einfluß der Rüstungsindustrie und der für die Rüstung Verantwortlichen auf die gesamtwirtschaftliche Entwicklung. Es kann mit Sicherheit angenommen werden, daß die Rüstungsindustrie nicht nur erhebliche Ressourcen absorbierte, die anderen Bereichen nicht zur Verfügung standen, sondern daß die dafür Verantwortlichen auch erheblichen Einfluß auf die gesamtwirtschaftliche Prioritätensetzung nahmen. Die Stahl-Elektronik-Debatte vom August 1971 (vgl. dazu "Line Struggle in Industry") und der Sturz Lin Piaos im September 1971, zu dessen Gruppe auch einige Führer der rüstungsbezogenen Maschinenbauministerien gehörten, weisen in diese Richtung. Vgl. dazu Diao/Zagoria 1972, S.46. Aus zeitlichen Erwägungen wurde eine diesbezügliche Analyse vorerst zurückgestellt.

252) Ashbrooks wesentlich niedrigere Schätzung beläuft sich für 1972 auf 6o Millionen, 1973 auf 1,2 Mrd und 1974 auf 85o Millionen US $. Vgl. Ashbrook 1975, S.31.

253) Vgl. dazu die Importdaten zu konstanten Preisen bei Chen Nai-ruenn 1975b, S.645.

254) Hagemann 1976, S.239.

255) Snow 1971, S.29.

256) So z.B. Klatt 1975, S.34.

257) Die Wachstumsraten für verschiedene Subperioden der Zeit von 1912 - 1949 finden sich bei John K. Chang 1969, S.71.

258) Vgl. dazu Field/Lardy/Emerson 1975, S.2.

259) Als Auswahl eher konservativer Schätzungen seien Liu Ta-chung 1968 und Liu und Yeh 1973 genannt. Interessanterweise läßt sich aus den Schätzungen dieser und anderer Autoren aus dem Umkreis der Rand-Corporation das jeweilige Stadium der chinesisch-amerikanischen Beziehungen ablesen. Je mehr sich die Beziehungen entspannen, desto wohlwollender verhalten sich diese Autoren gegenüber chinesischen Angaben, und desto höher werden auch die zugebilligten Wachstumsraten.

26o) Perkins 1976.

261) Ashbrook 1975.

262) Die Schätzungen von Aird sind identisch mit denen des US-Department of Commerce, Foreign Demographic Analysis Division (FDAD). Ansonsten vgl. Aird 1968a, 1968b und 1974.

263) Orleans 1975a.

264) Vgl. dazu Aird 1974, S.6 und Klatt 197o, S.1o4. Dieser Zensus soll "über 713 Millionen" ergeben haben.

265) Zur chinesischen Bevölkerungspolitik vgl. Djerassi 1974; Linhard 1975; Morrison und Salman 1973; Spengler 1975.

266) Vgl. dazu Orleans 1975b.

267) Vergleichsdaten über den gesamten Zeitraum bei Orleans 1975a,S.75 und 77.

268) Anläßlich der Trauerfeier zum Tode Maos im September 1976 veröffentlichten die Provinzen ihre Trauerbekundungen unter Angabe ihrer Bevölkerungszahlen. Vgl.dazu MacDougall 1977, S.369.

269) Vgl. dazu auch Bhattacharya 1974, S.83, der zu ähnlichen Ergebnissen kommt.

27o) Vgl. Davies 1966, S.43o.

271) Vgl. dazu die Preisindizes bei Perkins 1966, S.3o.

272) Vgl. dazu "Lebhafter Markt, stabile Preise", S.8.

273) Bis 1966 steigt der Anteil des Maschinenbaus am Bruttoproduktionswert der Industrie auf 12 Prozent; Cheng Chu-yuan 1971, S.1.

274) Berechnet nach Chen Nai-ruenn 1975b, S.645 und Ashbrook 1975, S.23.

275) So etwa bei Roll/Yeh 1975 und Wu 1967.

276) Vgl. dazu die Provinzverteilung der Industrie für das Jahr 1952 in Tabelle 12o, die in etwa der vorrevolutionären Verteilung entsprochen haben dürfte.

277) Vgl. dazu Lardy 1975a, Li Fu-chun 1955 oder Maos fünfte der "Zehn Großen Beziehungen" über das Verhältnis zwischen Zentrum und Regionen, Mao 1956, S.71/72.

278) Vgl. dazu die Hinweise bei Chou En-lai 1956 und Liu Shao-chi 1956.

279) Vgl. dazu Roll/Yeh 1975, S.86.

28o) Vgl. dazu die Tabelle in Fußnote 286, Teil III.

281) Von den 694 Übernormprojekten des 1. Fünfjahresplans standen 612 unter der Verwaltung der Zentralregierung. Lediglich bei den 23oo Unternormprojekten dominiert die örtliche Administration mit 14oo Projekten. Eine detaillierte Aufstellung gibt Simonis 1968, S.97.

282) Lardy 1975a, S.1o6.

283) Lardy 1975a, S.1o4. Vgl. dazu auch Field/Lardy/Emerson 1976, S.16.

284) Lardy 1975a, S.111.

285) Eine Regressionsanalyse, in der die Pro-Kopf-Produktion von 1974 in Abhängigkeit der Pro-Kopf-Werte von 1952 gesetzt wurde , ergab für den Korrelationskoeffizienten einen Wert von o,88.

286) Durchschnittliche jährliche Wachstumsraten der Industrieproduktion pro Kopf 1952 - 1974

	1952-57	1957-65	1965-7o	197o-74	1952-74
Liaoning	17,5	5,3	5,8	5,5	8,1
Kirin	14,2	8,8	5,3	3,6	8,2
Heilungkiang	11,3	6,2	5,5	1,8	6,4
Hopeh + Tientsin und Peking	16,2	8,4	11,7	9,o	11,o
Shantung	12,3	4,9	12,8	1o,3	9,3
Honan	12,3	9,6	11,6	7,9	1o,3
Shansi	2o,9				9,1
Inn. Mongolei	26,6	17,4	4,4	3,7	13,7
Kiangsu + Shanghai	12,o	7,4	9,1	6,3	8,6
Anhwei	17,1	5,7	7,7	1o,4	9,5
Chekiang	14,6	5,9	6,9	4,1	7,7
Hupeh	21,8	4,5	1o,2	3,o	9,2
Hunan	17,o	5,9	13,5	5,7	1o,o
Kiangsi	13,2				8,7
Kwangtung	15,2	8,6	7,9	6,5	9,5
Kwangsi	16,4	6,o	21,6	14,3	1o,9
Fukien	21,9	4,5	4,2	11,6	9,4
Szechwan	22,1	4,7			8,8
Kweichow	15,3	18,2			9,8
Yunnan	25,o	2,o	7,3	1o,7	9,7
Tibet		8,8			13,3[a]
Shensi	24,2	8,9	12,4	12,9	11,5
Kansu	16,8	12,7	12,1	8,5	12,7
Tsinghai	17,9	7,6	11,1	11,8	11,4
Singkiang	17,6	2,5	1o,o	6,4	8,2
Ningsia	18,7	13,5			15,6
gesamt	15,8	7,3	8,5	6,8	9,3

a) 1957-74

berechnet nach Tabelle 119

287) Vgl. Tabelle in Fußnote 286, Teil III.

VERZEICHNIS DER BENUTZTEN ZEITSCHRIFTEN

1) Chinesische Zeitschriften

China reconstructs. Peking.

China's Foreign Trade. Peking.

New China News Agency ("Hsinhua") (NCNA). London.

Peking Review. Peking.

Peking Rundschau. Peking.

People's China. Peking.

2) Übersetzungsdienste chinesischer Zeitschriftenaufsätze und Rundfunksendungen

Chinese Economic Studies. White Plains/N.Y.

Chinese Education. White Plains/N.Y.

Chinese Law and Government. White Plains/N.Y.

Chinese Studies in History. White Plains/N.Y.

Chinese Studies in History and Philosophy. White Plains/N.Y.

Current Background (CB). Hongkong.

Selections from China Mainland Magazines (SCMM). Hongkong.

Survey of China Mainland Press (SCMP). Hongkong.

Survey of People's Republic of China Press (SPRCP). Hongkong.

Translations on Communist China. Joint Publications Research Service (JPRS). Arlington.

Translations on People's Republic of China. Joint Publications Research Service (JPRS). Washington D.C.

Union Research Service (URS). Kowloon/Hongkong.

3) Zeitschriften, die ausschließlich oder regelmäßig über China publizieren

Asia Quarterly. Brüssel.

Asian Forum. Washington.

Asian Survey. Berkeley/Calif.

Berichte des Österreichischen China Forschungsinstitutes. Wien.

China Aktuell. Hamburg.

China News Analysis. Hongkong.

The China Quarterly. London.

China Report. New Delhi.

China-Analysen. Frankfurt/M.

Chinese Communist Affairs: Facts & Features. Taipei. Beilage zu: Issues & Studies.

Communist Affairs. Los Angeles/Calif.

Contemporary China. Hongkong, London.

Current Scene. Hongkong.

Eastern Horizon. Hongkong.

Far Eastern Economic Review (FEER). Hongkong.

Far Eastern Quarterly (= heute Journal of Asian Studies). Ann Arbor (Michigan).

Internationales Asienforum. München.

Issues & Studies. Taipei.

Journal of Asian and African Studies. Toronto.

The Journal of Asian Studies. Ann Arbor /Mich.

Modern Asian Studies. London/New York.

Ostasiatischer Verein, Länderbericht. Hamburg.

Ostinformation. Köln: Bundesstelle für Außenhandelsinformationen.

Ost-Probleme. Bonn/Bad Godesberg.

Ostwirtschaftsberichte. Köln: Bundesstelle für Außenhandelsinformationen.

Pacific Community. Tokyo.

Problems of Communism. Washington D.C.

U.S. China Business Review. Washington D.C.

4) <u>Sonstige Zeitschriften</u>

The American Economic Review. Menasha (Wisconsin).

American Historical Review. New York.

American Journal of Sociology. Chicago.

The Annals of the American Academy of Political and Social Science. Philadelphia.

Archiv für Eisenbahnwesen. Berlin.

Archiv für Sozialwissenschaft und Sozialpolitik. Tübingen.

Aus Politik und Zeitgeschichte. Beilage zur Wochenzeitschrift "Das Parlament". Bonn.

Außenhandelsdienst

Australian Economic Papers. Adelaide.

Blick durch die Wirtschaft. Frankfurt/M.

Bulletin of the Atomic Scientists. Chicago.

Challenge. White Plains/N.Y.

Chemische Industrie. Düsseldorf.

Commerce Today. Washington D.C.

Comparative Studies in Society and History. London.

La correspondance internationale. Wien.

Cultures et développement, Louvain (Belgien).

Deutsche Außenpolitik. Berlin (Ost).

The Developing Economies. Tokyo.

Development and Change. Beverly Hills (Cal.).

DIW Wochenbericht. Berlin (West).

Economic Affairs. Calcutta.

Economic and Political Weekly. Bombay.

Economic Development and Cultural Change. Chicago.

Economic History Review. London.

Economist. London.

Foreign Affairs. Washington.

Frankfurter Allgemeine Zeitung. Frankfurt/M.

G.D.I. Topics. Rüschlikon(Schweiz).

Ifo-Schnelldienst. München.

International Affairs. London.

International Development Review. Washington D.C.

International Herald Tribune. Paris.

International Journal. Toronto.

Jahrbuch für Amerikastudien. Heidelberg.

The Japan Economic Journal. Tokyo.

Journal of Commerce. Liverpool.

The Journal of Development Studies. London.

Journal of Economic History. New York.

Journal of Farm Economics. Menasha (Wisc.).

Journal of Peace Research. Oslo.

The Journal of Peasent Studies. London.

Kyklos. Bern.

The Manchester School of Economic and Social Studies. Manchester.

Moderne Welt. Düsseldorf.

Le Monde. Paris.

Monthly Review. New York.

Monthly Review (deutsche Ausgabe). Neu Isenburg.

Neue Zürcher Zeitung. Zürich.

new left review. London.

Niederländischer Wirtschaftsdienst für die Auslandspresse. Den Haag.

Osteuropa-Wirtschaft. Stuttgart.

Probleme der Ökonomie. Monatsschrift. Institut für Ökonomie, Akademie der Wissenschaften der UdSSR. Moskau.

Revue Tiers Monde. Paris.

Scientific American. New York.

Soviet Studies. Glasgow.

Süddeutsche Zeitung (SZ). München.

The Times. London.

Unter dem Banner des Marxismus. Moskau u.a.

Vierteljahresberichte zur Wirtschaftsforschung. Berlin (West).

Der Volkswirt. Frankfurt/M.

Die Welt. Bonn.

Wirtschaft des Ostblocks. Bonn.

Wirtschaftswissenschaft. Berlin (Ost).

Wissenschaftliche Zeitschrift der Humboldt-Universität zu Berlin, Gesellschafts- und Sprachwissenschaftliche Reihe, Berlin (Ost).

Wissenschaftliche Zeitschrift der Karl Marx Universität. Leipzig.

World Development. Oxford, New York u.a.

Zeitschrift für Bevölkerungswissenschaft. Stuttgart.

Zeitschrift für Sozialforschung. Frankfurt/M u.a.

LITERATURVERZEICHNIS

Bei chinesischen Namen wurde immer der Nachname vorangestellt, auch wenn im Titel die Schreibweise des Namens europäisiert wurde.

Adams, Ruth (ed.),1969: Contemporary China. London: Peter Owen.

Adler, Solomon,1957: The Chinese economy. New York: Monthly Review Press.

Agrarian China, 1939. Selected Source Materials from Chinese Authors. Chikago: University of Chicago Press.Reprint 1976.AMS.

The Agrarian Reform Law of the People's Republic of China. In: Wong 1973, S.286 - 296.

Ahlers/Donner/Kreuzer/Orbon/Westhoff, 1973: Die vorkapitalistischen Produktionsweisen. Erlangen: Politladen.

Aird, John S., 1968a: Estimates and Projections of the Population of Mainland China: 1953-1986. U.S. Department of Commerce. Washington D.C.

Aird, John S., 1968b: Population Growth. In: Eckstein/Galenson/Liu 1968.

Aird, John S., 1972: Population Policy and Demographic Prospects in the People's Republic of China. In: People's Republic of China: An Economic Assessment, 1972. S.22o-331.

Aird, John S., 1974: Population estimates for the provinces of the People's Republic of China, 1953 to 1974. = International Population Reports. U.S. Department of Commerce, Social and Economic Statistics Administration. Bureau of Economic Analysis. Series P 95. No.73. Washington D.C.

Akademie der Wissenschaften der UdSSR, Institut für Ökonomie: Politische Ökonomie, Lehrbuch. Nach der dritten überarbeiteten und ergänzten russischen Ausgabe. Berlin: Dietz, 3. Aufl. 1961.

Allen, George C., and Audrey G. Donnithorne, 1962: Western enterprise in Far Eastern economic development, China and Japan. London: Allen & Unwin, 2. Aufl.

Amin, Samir, 197o: L'accumulation à l'echelle mondiale. Paris: anthropos-idep.

Amin, Samir, 1974: Zur Theorie von Akkumulation und Entwicklung in der gegenwärtigen Weltgesellschaft. In: Senghaas 1974, S.71 - 97.

Amin, Samir, 1975: Die ungleiche Entwicklung. Essay über die Gesellschaftsformationen des peripheren Kapitalismus. Hamburg: Hoffmann und Campe.

Andors, Stephen, 1974: Factory, Management and Political Ambiguity, 1961-1963. In: The China Quarterly No.59, July-September 1974. S.435-476.

Ashbrook Jr., Arthur G., 1968: Main lines of Chinese communist economic policy. In: An economic profile of Mainland China, 1968, S.15 - 44.

Ashbrook Jr., Arthur G., 1972: China: Economic Policy and Economic Results. In: People's Republic of China: An Economic Assessment. 1972. S.3 - 51.

Ashbrook Jr., Arthur G., 1975: China: Economic Overview, 1975. In: China: A Reassessment of the Economy, 1975. S.2o-51.

Astajev, G.V., 1973: Die "Theorien" und die Politik Mao Tse-tungs auf ökonomischem Gebiet. In: Deutsche Aussenpolitik. 18.1973, Sonderheft, S.7-17.

Aus der Diskussion der Wirtschaftstheoretiker. In: Ostprobleme 14.1962,23. S.713-715.

Axilrod, Eric, 1972: The political economy of the Chinese Revolution. Union Research Institute. Kowloon/Hongkong.

Aziz, Sartaj, 1973: The Chinese Approach to Rural Development. In: International Development Review 1973,4. S.2-7.

Balazs, Etienne, 1964: Chinese civilization and bureaucracy. Variations on a theme. New Haven, London: Yale Univ.Press.

Baran, Paul A., 1971: Politische Ökonomie des wirtschaftlichen Wachstums. Neuwied-Berlin: Luchterhand. 2. Aufl.

Barnett, A. Doak (ed.), 1969: Chinese Communist Politics in Action. Seattle: University of Washington Press.

Barnett, A. Doak, 1974: Uncertain passage. China's transition to the post-Mao era. Washington D.C.: The Brookings Intitution.

Bartke, Wolfgang, 1975: Die Ministerien der VR China, 1949-1975. In: CHINA aktuell, August 1975. S.455-463.

Berger, Roland, 1972: The Mechanisation of Chinese Agriculture. In: Eastern Horizon, März 1972. S.7-26.

Berger, Roland, 1975: Economic planning in the People's Republic of China. In: World Development 3.1975, 7/8: China's road to development. S.551-564.

Bernstein, Henry (ed.) , 1973: Underdevelopment and Development. Harmondsworth: Penguin.

Bhattacharya, Debesh, 1974: China's economic grwoth since 195o. In: Economic Affairs. 19.1974, 1/2. S.48-56, 75-84.

Biehl, Max, 1958: Die Umwälzungen in der Landwirtschaft Chinas. In: Gegenwartsprobleme der Agrarökonomie. Festschrift für Fritz Baade zum 65. Geburtstag. Hamburg 1958. S.37-82.

Biehl, Max, 197o: Die dezentralisierte Kleinindustrie Chinas im "grossen Sprung" und heute. In: Internationales Asienforum. 1.197o,2. S.2o2-214.

Biggerstaff, Knight, 1966: Modernization and Early Modern China, In: Journal of Asian Studies, 25.1966, 4. S.6o7 - 62o.

The Birth of Mini-Hydraulic Turbines. In: SPRCP, No.59o9, 6.8.1975. S.39-46.

Boeke, Julius Herman, 1953: Economics and Economic Policy of Dual Societies as Exemplified by Indonesia. New York: Institute of Pacific Relations.

Boorman, Howard L./Eckstein, Alexander/ Mosely, Philip E./ Schwartz, Benjamin, 1957: Moscow-Peking Axis. Strengths and Strains. New York: Harper.

Boorman, Howard L., 1962: Liu Shao-ch'i: A Political Profile. In: The China Quarterly, No.1o, 1962. S.1-23.

Boorman, Howard L., 1968: Biographical Dictionary of Republican China. Vol.2. New York: Columbia University Press. Darin: Liu Shao-ch'i, S.4o5-411.

Bowie, R.R./Fairbank, J.K., 1962: Communist China, 1955-1959, Policy documents with analysis. Cambridge/Mass.:Harvard Univ.Press.

Buck, John Lossing, 193o, Chinese Farm Economy. Shanghai: Commercial Press.

Buck, John Lossing, 1964: Land Utilization in China, 1929-1933. New York: Paragon (Neuauflage).

Bürkner,Hans-Paul/Park Sung-jo, 1976: Optimal Technology Policy and Autonomous Development. In: Cultures et développement 8.1976, 3. S.494-516.

Building an independent, comprehensive and modern national economic system. In: Peking Review, 6.1963, 49. S.9-11.

Burchett, Wilfred with Alley, Rewi, 1976: China: The Quality of Life. Harmondsworth: Penguin.

"Buying Out" Private Enterprise in China. In: FEER 29.1955, 24. S.737-738.

The Case of P'eng Te-huai 1959-1968. Union Research Institute, Hongkong 1968.

The Case of Po I-po. In: Current Background, No.878 vom 28.4.1969.

CCP Committee of the Liuchi Commune of Hsinchou hsien, Hopei: The Fundamental Way out for Agriculture Lies in Mechanization. In: SPRCP, No.5778, 22.1.1975. S.73-78.

Chaliard, Gérard, 1976: Mythes révolutionaires du tiers monde. Paris: Éditions du seuil.

Champeau, Harold C., 1976: Five Communes in China. In: Current Scene 14.1976, 1. S.1-17.

Chang, C.M., 1951: Mao's stratagem of land reform. In: Foreign Affairs. 29. 1951, 4. S.55o-563.

Chang Chung-li, 1955: The Chinese Gentry. Seattle: University of Washington Press.

Chang Chung-li, 1962: The Income of the Chinese Gentry. Seattle: University of Washington Press.

Chang, John K., 1967: Industrial development of Mainland China 1912 - 1949. In: The Journal of Economic History. 27.1967, 1. S.56-81.

Chang, John K., 1969: Industrial Development in Pre-Communist China: A Quantitative Analysis. Chikago: Aldine Publishing Co.

Chang Kuo-tao, 1969: Introduction. In: Collected Work of Liu Shao-ch'i. 1969.

Chang Lin-chih, 1955: A Five-Year Plan for Increasing Agricultural Output. In: People's China, 16.9.1955, S.7-11.

Chang, Parris H., 1968: Mao und Liu: Das Ringen um die Agrarpolitik 1953 bis 1967. In: China-Analysen. 7.1968, April. S.39 - 48.

Chang, Parris H., 1972: Centralization versus Decentralization in the Chinese Political System 1949 - 1971. In: Asian Forum, 4.1972, 2. S.14-36.

Chang Tsung-tung, 1965: Die chinesische Volkswirtschaft. Grundlagen, Organisation, Planung. Forschungsinstitut für Internationale Technische Zusammenarbeit an der Rhein.-Westf. Techn. Hochschule Aachen. Köln, Opladen: Westd.Verl.

Chang Yi-fei, 1969/7o: Several Problems of Commodity Pricing under the Socialist System. In: Chinese Economic Studies. 3.1969/7o, 2. S.146 - 176.

Chao Kang, 1966: Industrialization and Urban Housing in Communist China. In: The Journal of Asian Studies. 25.1966, 3. S.381 - 396.

Chao Kang, 197o: Agricultural Production in Communist China 1949 - 1965. Madison und London: University of Wisconsin Press.

Chao Kang, 1974: Capital Formation in Mainland China 1952-1965. Berkeley: University of California Press.

Chao Kang, 1975a: The Growth of a Modern Cotton Textile Industry and the Competition with Handicrafts. In: Perkins 1975a, S.167 - 2o1.

Chao Kang, 1975b: The production and application of chemical fertilizers in China. In: The China Quarterly. No.64, 1975. S.712 - 729.

Chao Kuo-chun, 1959: Economic planning and organization in Mainland China. A documentary study, 1949 - 1957. Vol.2. Cambridge, Mass.: Harvard Univ.Press.

Chao Kuo-chun, 196o: Agrarian policy of the Chinese Communist Party, 1921 - 1959. Bombay u.a.: Asia Publ. House.

Chao Li-ku'an und Hsiang Ching-ch'uan, 1969/7o: The Objective Basis of Differential Prices of Commodities and the Basis of Enacting Differential Prices Under the Socialist System. in: Chinese Economic Studies. 3.1969/7o, 2. S.119 - 145.

Ch'en Han-seng, 1936: Landlord and Peasant in China: A Study of the Agrarian Crisis in South China. New York: International Publishers.

Ch'en Han-seng, 1939: Industrial Capital and Chinese Peasants. Shanghai: Kelly and Walsh.

Ch'en Han-seng, 1946: Agrarian Problems in Southernmost China. Hongkong: Kelly and Walsh.

Ch'en, Jerome (Hrsg.), 1972: Mao Papers. Mit einem Essay über den literarischen Stil Mao Tse-tungs und einer Bibliographie seiner Schriften von Jerome Ch'en. München: Nymphenburger Verlagsbuchhandlung.

Chen Kuan-i, 1972: Economic Fluctuations in a Planned Underdeveloped Economy - A Case Study of Mainland China, 1952-65. In: Asian Survey, 12.1972, 4. S.349 - 362.

Chen Nai-ruenn, 196o: The Theory of Price Formation in Communist China. In: The China Quarterly July - Sept. 1966, No.27. S.33 - 53.

Chen Nai-ruenn, 1967: Chinese economic statistics. A handbook for mainland China. Social Science Research Council, Committee on the Economy of China. Edinburg: Univ.Press.

Chen Nai-ruenn, 1975a: An Assessment of Chinese Economic Data: Availability, Reliability, and Usability. In: China: A Reassessment of the Economy. 1975. S.52 - 68.

Chen Nai-ruenn, 1975b: China's Foreign Trade, 195o-1974. In: China: A Reassessment of the Economy, 1975. S.617 - 652.

Chen Nai-ruenn and Galenson, Walter, 1969: The Chinese economy under communism. Social Science Research Council, Committee on the Economy of China. Chikago: Aldine Publ. Co.

Ch'en Po-ta, 1971: Eine Studie über die Grundrente im alten China. In: Ders.: Klassenanalyse und Partei in China. Frankfurt/M. S.11-1o2.

Chen Ta-lun, 1966: Small Plants Play a Big Role. In: China Reconstructs, 15.1966, 6. S.26 - 29.

Chen Yun, 195oa: The Economic Situation and Problems Concerning Readjustment of Industry, Commerce and Taxation. In: New China's Economic Achievements, 1952.

Chen Yun, 195ob: Financial and Economic Situation in the People's Republic of China during the Past Year. In: New China's Economic Achievements, 1952.

Chen Yun, 1951: On Economic and Financial Work. In: New China's Economic Achievements, 1952.

Chen Yün, 1956: "Staatlich-private" Wirtschaftsexperimente. In: Ostprobleme, 8.1956, 42. S.1458 - 1462. Aus: New China News Agency, 21.9.56.

Chen Yung-ping, 1966: Chinese Political Thought: Mao Tse-tung and Liu Shao-ch'i. The Hague: Martinus Nijhoff.

Cheng Chu-yuan, 1956: The China Mainland market under communist control. Union Research Institute. Hongkong.

Cheng Chu-yuan, 1963: Communist China's economy 1949 - 1962. Structural changes and crisis. South Orange/N.J.: Seton Hall Univ.Press.

Cheng Chu-yuan, 1964: Economic relations between Peking and Moscow: 1949 - 63. New York, London: Praeger.

Cheng Chu-yuan, 1971: The Machine-building Industry in Communist China. Chikago und New York: Aldine-Atherton Publishing Co.

Cheng Yu-kwei, 1956: Foreign Trade and Industrial Development of China. An Historical and Integrated Analysis Through 1948, Washington,D.C., Univ.Press of Washington.

Chi Ch'ao-ting, 1963: Key Economic Areas in Chinese History. As Revealed in the Development of Public Works for Water Control. New York: Paragon Book Reprint Corp. 1. Aufl. 1936.

Chi Wei, 1971: Local Industries. In: China Reconstructs, Nov. 1971.

Chi Wen-shun, 1972: Sun Yeh-fang and his revisionist economics. In: Asian Survey. 12.1972, 1o. S.887 - 9oo.

Chien Chia-chu, 1954: State Capitalism in China. In: People's China 1.12.1954, S.3 - 8.

China. A reassessment of the economy. A compendium of papers submitted to the Joint Economic Committee. Congress of the United States. Washington: Gov.Print.Off. 1975.

China Increases Output of Farm Machinery. In: SCMP, No. 5616, 6.5.1974. S.235.

China Records Sharp Rise in Farm Machinery Production. In: SPRCP, No. 5769, 26.12.1974. S.146 - 148.

China's Agriculture. In: US China Business Review 2.1974, 1. S.36 - 44.

China's Farm Machinery Has Increased Greatly. In: Chinese Economic Studies 7.1974, 3. S.39 - 43.

China's Foreign Trade in 1975 (Part I und Part II). In: Current Scene 14.1976, 9. S.1 - 13 und 14.1976, 1o. S.1 - 17.

China's Industry Produced More to Equip Agriculture Last Year. In: Chinese Economic Studies 8.1974, 1. S.54 - 57.

China's Rice-Producing Areas Accelerate the Pace of Agricultural Mechanization. In: Chinese Economic Studies 7.1974, 3. S. 35 - 38.

Chinas Wirtschaft ohne sowjetische Hilfe. In: Außenhandelsdienst, 1964. S.156 - 158.

Chinas Wirtschaft vor Konsolidierung und Neuordnung. In: DIW Wochenbericht 44.1977, 15. S.126 - 13o.

The Chinese Reform Movement of the 189o's. Sonderheft: Journal of Asian Studies 29.1969, 1.

Chou En-lai, 1956: Report on the proposals for the 2. Five-Year Plan for Development of the National Economy. Delivered at the 8th National Congress of the Communist Party of China on Sept. 16, 1956. In: Bowie/Fairbank, 1962.

Chou En-lai, 1975: Bericht über die Tätigkeit der Regierung. Erstattet auf der 1. Tagung des IV. Nationalen Volkskongresses der Volksrepublik China am 13.Januar 1975. In: Dokumente der 1. Tagung des IV. Nationalen Volkskongresses der Volksrepublik China. Peking: Verlag für fremdsprachige Literatur. S.47-72.

A Chronicle of Events in the Life of Liu Shao-ch'i(1899-1967). In: Current Background, No.834, 17.8.1967. S.1 - 29.

Chu Ping, 1933: Bodenreform in China. Diss. Leipzig.

Chuang Ning, 1974: Run Local Industries Well with Agriculture as the Starting Point. In: SCMM, Nr.772, 3.3.1974. S.61 - 66.

Chung Fang, 1964: An economic policy that wins. A survey of the policy "readjustment, consolidation, filling out and raising standards". In: Peking Review 7. 1964, 11. S.6 - 9.

Chung Huang, 1963: Basing Industry on Agriculture. In: Peking Review 7.1963, 19. S.11 - 14.

Clark,Colin, 1965: Economic growth in Communist China. In: The China Quarterly, No.21,1965, S.148 - 167.

Clark,M. Gardner, 1973: Development of China's steel industry and Soviet technical aid. Publ. through a grant from the Committee on the Economy of China of the Social Science Research Council. Ithaca/N.Y.

Clarke, William W., 1975: China's Steel. The Key Link. In: US China Business Review 4.1975, 2. S. 27 - 4o.

Clarke, William/Avery, Martha, 1975: The Sino-American Commercial Relationship. In: China: A Reassessment of the Economy, 1975. S.5oo - 534.

Class Struggle in the field of socialist construction and economics. In: Chinese Economic Studies 4.1971, 4. S.268 - 289.

Čobeljić, Nicola/Stojanović, Radmila , 1969: The Theory of Investment Cycles in a Socialist Economy. White Plains, N.Y.: International Arts and Sciences Press.

Cogoy, Mario, 1977: Wertstruktur und Preisstruktur. Die Bedeutung der linearen Produktionstheorie für die Kritik der politischen Ökonomie. Frankfurt/M: Suhrkamp.

Completely Purge Liu Shao-ch'i for His Counter-Revolutionary Revisionist Crimes in United Front, Nationalities, and Religious Work. In: SCMM No. 645 vom 3.3.1969, S.1- 23.

Compton, Boyd (ed.), 1952: Mao's China: Party Reform Documents, 1942 - 44. Seattle: University of Washington Press.

Cone, Frederick M., 1969: Chinese Industrial Growth: Recent Developments and Potential Growth Rate. Santa Monica: Rand Corporation.

The Conflict between Mao Tse-tung and Liu Shao-ch'i over Agricultural Mechanization. In: Current Scene,6.1968,17.S.1-2o.

Córdova, Armando, 1973: Strukturelle Heterogenität und wirtschaftliches Wachstum. Frankfurt/M: Suhrkamp.

Córdova, A., Michelena, H.S., 1969: Die wirtschaftliche Struktur Lateinamerikas. Drei Studien zur politischen Ökonomie der Unterentwicklung. Frankfurt/M: Suhrkamp.

Counter-Revolutionary Revisionist P'eng Chen's Towering Crimes of Opposing the Party, Socialism and the Thought of Mao Tse-tung. In: SCMM No.639, vom 6.1.1969, S.1 - 36; No.64o, vom 13.1.1969, S.1 - 32.

Cowan, C.D. (ed.), 1964: The Economic Development of China and Japan. Studies on Modern Asia and Africa. School of Oriental and African Studies, No.4. London.

Criticism against Sun Yeh-fang and struggle-criticism-transformation on the economic front. In: Chinese Economic Studies 4.1971, 4. S.255 - 267.

Crook, Frederick W., 1975: The Commune System in the People's Republic of China, 1963-74. In: China: A Reassessment of the Economy, 1975. S.366 - 41o.

Crook, Isabel and David, 1959: Revolution in a Chinese Village Ten Mile Yun. London: Routledge and Kegan Paul.

Dadschai. Vorbild für die Landwirtschaft in China. Peking: Verlag für fremdsprachige Literatur. 1972.

Datjing. Ein rotes Banner an Chinas industrieller Front. Peking: Verlag für fremdsprachige Literatur. 1972.

Davies, Derek, 1966: Interview with Han Suyin. In: Far Eastern Economic Review 54. 1966, 8. S.43o - 434.

Deane, Phyllis/Cole, W.A., 1962: British Economic Growth 1688 - 1959. Trends and Structure. London: Cambridge University Press.

Decisions on agricultural co-operation, adopted at the 6. Plenary Session (enlarged) of the 7. Central Committee of the Communist Party of China, Oct.11, 1955. in: Bowie/Fairbank 1962, S.1o6 - 117.

Deleyne, Jan, 1972: Die chinesische Wirtschaftsrevolution. Eine Analyse der sozialistischen Volkswirtschaft Pekings. Mit einem Nachw. von Christa Plath. Reinbek/Hamburg:Rowohlt.

Deleyne, Jan, 1974: Idéologie et développement en Chine Populaire. In: Revue Tiers Monde, 15.1974, 57. S.189 - 2o4.

Dernberger, Robert, F., 1959: The International Trade of Communist China. In: Remer 1959.

Dernberger, Robert F., 1975: The Role of the Foreigner in China's Economic Development 184o - 1949. In: Perkins 1975a, S.19 - 47.

The development of local industries in Hunan province. In: Union Research Service 7o. 1973, 2. S.17 - 3o.

The development of the chemical fertilizer industry. In: Union Research Service 75.1974, 1o. S. 122 - 134.

Dezentralisierung der Wirtschaftsverwaltung in der VR China. In: Ostwirtschaftsberichte. Köln 1958,41.

Diao, Richard/Zagoria, Donald, 1972: The Nature of Mainland Chinese Economic Structure, Leadership and Policy (1949-1969) and Prospects for Arms Control and Disarments. 2. Vol. U.S.Arms Control and Disarment Agency, Report ACDA/E-124. Februar.

Dietrich, Craig, 1972: Cotton Culture and Manufacture in Early Ch'ing China. In: Willmott 1972, S.1o9 - 135.

The direction of China's socialist commerce. In: Chinese Economic Studies 5.1971, 1. S.66 - 81.

A Discussion on the Problem of Value and the Law of Value under the Socialist System. In: SCMP, No.2o14 vom 15.5.1959. S.15 - 21.

Dittmar, Peter, 1975: Wörterbuch der chinesischen Revolution. Freiburg: Herder.

Dittmer, Lowell, 1973: The Cultural Revolution and the Fall of Liu Shao-ch'i. In: Current Scene 11.1973, 1. S.1 - 13.

Dittmer, Lowell, 1974: Liu Shao-ch'i and the Chinese Cultural Revolution. Berkeley u.a.: University of California Press.

Djerassi, Carl, 1974: The Chinese achievement in fertility control. In: Bulletin of the Atomic Scientists 3o.1974, 6. S.17 - 24.

Dji We, 1972: Wir machen Fortschritte - Chinas Errungenschaften im Aufbau der sozialistischen Wirtschaft. In: Peking Rundschau Nr.39, vom 3.1o.1972. S.11 - 15.

Djiang Hung, 1975: Wichtige Rolle der kleinen und mittelgroßen Betriebe. In: Peking Rundschau 12.1975, 45. S.23 - 25.

Documents of Chinese Communist Party Central Committee, September 1956 - April 1969, Vol. I. Hongkong: Union Research Institute. 1971.

Donnithorne, Audrey, 1967: China's economic system. London: Allen & Unwin.

Donnithorne, Audrey, 1972a: China's cellular economy. Some economic trends since the Cultural Revolution. In: The China Quarterly No. 52,1972. S.6o5 - 619.

Donnithorne, Audrey, 1972b: The Budget and the Plan in China. Central-local Economic Relations. Canberra: Australian National University Press.

Donnithorne, Audrey, 1976: Centralization and Decentralization in China's Fiscal Management. In:The China Quarterly No.66, June 1976. S.328-34o.

Dorpmüller, J., 1928: Von Eisenbahnbau in China. In: Archiv für Eisenbahnwesen 1928, 5. S.1o97 - 114o.

Dschou Djin/Hsiang Yung, 1976: Die sozialistische Industrie I - IV. In: Peking Rundschau 13.1976, 17-2o. Nr. 17, S.2o - 24, 27; Nr. 18 , S.13 -17; Nr.19 , S.2o-24; Nr. 2o, S.22 - 25.

Dschung Ko, 1977: Wissenschaftliche Forschung muß der Produktion vorausgehen. Eine Zurückweisung der Absurditäten der "Viererbande". In: Peking Rundschau 14.1977, 27. S.11 - 14.

Durant, François, 1965: Le Financement du Budget en Chine Populaire. Paris: Editions Sirey.

The "East Is Red" Commune of the Peking Institute of Agricultural Mechanization of the Capital Red Guard Congress: The Reactionary Nature of China's Krushchev in Promoting the Trust. In: SCMM, No.613 vom 5.2.1968. S.2o - 23.

Eckstein, Alexander, 1961: The National Income of Communist China. New York: Free Press.

Eckstein, Alexander, 1957: Moscow-Peking Axis: The Economic Pattern. In H. Boorman u.a. 1957.

Eckstein, Alexander, 1964a: Sino-Soviet economic relations: A re-appraisal. In: Cowan 1964, S.128 - 159.

Eckstein, Alexander, 1964b: The Economic Crisis in Communist China. In: Eckstein 1975, S.279 - 291.

Eckstein, Alexander, 1968a: The Economic Heritage. In: Eckstein 1975. S.125 - 176.

Eckstein, Alexander, 1968b: Economic Fluctuations in Communist China's Domestic Development. In: Eckstein 1975, S.3oo - 338.

Eckstein, Alexander, 1973: Economic growth and change in China. A twenty-year perspective. In: The China Quarterly. No.54,1973. S.211 - 241.

Eckstein, Alexander, 1975: China's Economic Development. The Interplay of Scarcity and Ideology. Ann Arbor: University of Michigan Press.

Eckstein, Alexander/Galenson, Walter/Liu Ta-chung, 1968: Economic Trends in Communist China. Edinburgh: University Press.

An economic profile of Mainland China. Joint Economic Committee of the U.S. Congress. Forew. by William Proxmire. New York: Praeger 1968.

Elvin, Mark, 1972: The High-Level Equilibrium Trap: The Causes of the Decline of Invention in the Traditional Chinese Textile Industries. In: Willmott 1972. S.137 - 172.

Elvin, Mark, 1973: The Pattern of the Chinese Past. Stanford: University Press.

Elvin, Mark, 1975: Skills and Resources in Late Traditional China. In: Perkins 1975a, S.85 - 113.

Emerson, John Philip, 1968: Employment in Mainland China: Problems and Prospects. In: An Economic Profile on Mainland China. 1968.

Emmanuel, Arghiri, 1972a: Unequal Exchange. A Study of the Imperialism of Trade. New York u. London: Monthly Review 1972.

Emmanuel, Arghiri, 1972b: Some Keenly Contested Points. = Appendix V in: Emmanuel 1972a. S.387-431.

Entwurf des Programms für die Entwicklung der Landwirtschaft in der Volksrepublik China 1956/67. Unterbreitet vom Politbüro des ZK der KP Chinas am 23.1.1967. Peking: Verlag für fremdsprachige Literatur. 1956.

Erisman, Alva Lewis, 1972: China, Agricultural development 1949-71. In: People's Republic of China. An economic assessment. 1972. S.112 - 146.

Erisman, Alva Lewis, 1975: China: Agriculture in the 197o's. In: China: A Reassessment of the Economy, 1975, S.324 - 349.

Erklärung der Delegation der Kommunistischen Partei Chinas auf der Bukarester Beratung der Bruderparteien. In: Die Polemik über die Generallinie der internationalen kommunistischen Bewegung. Berlin: Oberbaumverlag o.J. S.123-127.

Erlich, Alexander, 1971: Die Industrialisierungsdebatte in der Sowjetunion 1924 - 1928. Frankfurt/M: EVA.

Es ist gut, daß die armen Bauern und unteren Mittelbauern ländlichen Handel betreiben. ' Untersuchungsbericht'. In: Peking Rundschau 6.1969, 7. S.3 - 5.

Establish a three-level repair and manufacture network to facilitate farm mechanization. In: Chinese Economic Studies 6.1973, 3. S.89 - 93.

Etienne, Gilbert (ed.), 1974a: China's Agricultural Development. Production, Inputs, External Trade, Research. Asian Documentation and Research Center, Graduate Institute of International Studies. Geneva. Studies and Documents 1.1974, 3 - 4.

Etienne, Gilbert, 1974b: The Global Process of Rural Development in China. In: Etienne 1974a.

Etienne, Gilbert, 1974c: Some Observations in Agricultural Research. In: Etienne 1974a.

Fabian, Horst, im Ersch.: Strategien zur Überwindung peripherer Gesellschaftsformationen. Das Beispiel Kuba. (Arbeitstitel) Frankfurt/M.

Fan Wön-lan, 1959: Neue Geschichte Chinas. Bd.1 (184o-19o1). Berlin: VEB Verlag der Wissenschaften.

Fang Chung, 1964: An Economic Policy that Wins. A Survey of the Policy of "Readjustment, Consolidation, Filling Out and Raising Standards". In: Peking Review No.11, 13.3.1964. S.6 - 9.

Farm Mechanization. In: SCMM No. 643 vom 3.2.1969, S. 1 -34, No.644 vom 1o.2.1969, S.1 - 4o.

Feder, Ernest, 1976a: Die neue Penetration der Landwirtschaften der unterentwickelten Länder durch die Industrienationen und ihre multinationalen Konzerne. In: Senghaas/Menzel 1976. S.1o3 - 127.

Feder, Ernest, 1976b: The New World Bank Programme for the Self-Liquidation of the Third World Peasantry. In: The Journal of Peasant Studies 3.1976, 3. S.343 - 354.

Feder, Ernest, 1976c: McNamara's Little Green Revolution. In: Economic and Political Weekly, 3.4.1976.

Fei Hsiao-tung, 1946a: Peasant Life in China: A Field Study of Country Life in the Yangtze Valley. New York: Oxford University Press.

Fei Hsiao-tung, 1946b: Peasantry and Gentry. In: American Journal of Sociology, 52.1946, 1. S.1 - 17.

Fei Hsiao-tung, 1968: China's Gentry. Essays in Rural-Urban Relations. Chicago: University of Chicago Press. 2. Aufl.

Fei Hsiao-tung/Chang Chih-i, 1945: Earthbound China. A Study of Rural Economy in Yunnan. Chikago: University of Chicago Press.

Fei, John C.H., 1975: The "Standard Market" of Traditional China. In: Perkins 1975a, S.235 - 259.

Feng Wen, 1966: Assumptions and Proofs of Mao-Liu Power-Struggle. In: Chinese Communist Affairs, 3.1966, 4. S. 47 - 55.

Feuerwerker, Albert, 1958: China's Early Industrialization. Cambridge: Harvard Univers. Press.

Feuerwerker, Albert, 1961: China's History in Marxian Dress. In: American Historical Review, 66.1961, 2. S.323 - 353.

Feuerwerker, Albert, 1964: China's Nineteenth-Century Industrialization: The Case of the Hanyeping Coal and Iron Company, Limited. In: Cowan 1964.

Feuerwerker, Albert, 1965: China's modern economic history in Communist Chinese historiography. In: The China Quarterly, No.22 , 1965. S.31 - 61.

Feuerwerker, Albert, 1968: The Chinese Economy, 1912 - 1949. Ann Arbor/Mich: The University of Michigan, Center for Chinese Studies.

Feuerwerker, Albert, 1969: The Chinese Economy, ca.187o - 1911. Ann Arbor/Mich.: The University of Michigan, Center for Chinese Studies.

Feuerwerker, Albert, 1972: Handicraft and Manufactured Cotton Textiles in China, 1871 - 191o. In: Journal of Economic History, 3o.1972, 2. S.338 - 378.

Field, Robert Michael, 1972: Chinese Industrial Development 1949-7o. In: People's Republic of China: An Economic Assessment, 1972, S.61 - 85.

Field, Robert Michael, 1975: Civilian Industrial Production in the People's Republic of China: 1949-74. In: China: A Reassessment of the Economy, 1975. S.146 - 174.

Field, Robert Michael, 1976a: Recent Chinese Grain Claims. In: The China Quarterly, No.65, 1976. S.96 - 97.

Field, Robert Michael, 1976b: Robert Michael Field Replies. In: The China Quarterly, No.68, 1976. S.819 - 821.

Field, R.M./Lardy, N.R./Emerson, J.Ph., 1975: A Reconstruction of the Gross Value of Industrial Output by Province in the People's Republic of China: 1949-73. Foreign Economic Reports, No.7. U.S. Department of Commerce, Social and Economic Statistics Administration, Bureau of Economic Analysis. Washington D.C.

Field, R.M./Lardy, N.R./Emerson, J.Ph., 1976: Provincial Industrial Output in the People's Republic of China: 1949-75. U.S. Department of Commerce. Bureau of Economic Analysis. Foreign Economic Report No.12. Washington,D.C.

1. Five-Year Plan for development of the national economy of the People's Republic of China in 1953 - 1957. (Adopted on July 3o, 1955 by the 1. National People's Congress of the People's Republic of China, at its 2. sess.) Peking: Foreign Languages Press 1956.

Fischer, Alexander (Hrsg.), 1968: Teheran-Jalta-Potsdam. Die sowjetischen Protokolle von den Kriegskonferenzen der "Großen Drei". Köln: Verlag Wissenschaft und Politik.

Frank, Andre Gunder, 1969: Die Entwicklung der Unterentwicklung. In: Frank,A.D. u.a.: Kritik des bürgerlichen Anti-Imperialismus. Berlin: Wagenbach.

Franke, Herbert und Trauzettel, Rolf, 1968: Das chinesische Kaiserreich. Fischer Weltgeschichte Bd.19. Frankfurt/M: Fischer.

Fun Chen Mae, 1967: Agricultural contracts in China: Give and take. In: Far Eastern Economic Review. 56.1967, 6. S.317 - 319.

Fundamentals of Agricultural Production Techniques. In: Translations on People's Republic of China, No.266, 15.4.1974. JPRS Nr.61746.

Fundamentals of Political Economy. Ed. by the "Fundamentals of Political Economy" Writing Group. In: Chinese Economic Studies 8.1975, 4; 9.1975/76, 2-3 und weiter.

Fung, K.K., 1974: Output vs. "Surplus" Maximization: The Conflicts Between the Socialized and the Private Sector in Chinese Collectivized Agriculture. In: The Developing Economies, 12.1974, 1. S.41 - 56.

Galenson, Walter, 1961: Economic relations between the Soviet Union and Communist China. In: Spulber 1961. S. 32 -56.

Galtung, Johan, 1975: Social Imperialism and Sub-Imperialism: Continuities in the Structural Theory of Imperialism. World Indicators Program No.7. Oslo.

Gao Lu/Tschang Go, 1976: Zum ökonomischen Konzept Deng Hsiaopings, einem Konzept der Kompradorenbourgeoisie. In: Peking Rundschau Nr.35, 31.8.1976. S.7 - 1o.

Das gemeinsame Programm der politischen Beratungsversammlung des chinesischen Volkes. Angenommen bei der ersten Vollsitzung der Politischen Beratungsversammlung des chinesischen Volkes am 29. September 1949. In: Knoll 1975. Engl. in: Chao Kuo-chun 1959, Vol.I.

Gittings, John, 1975: How to Study China's Socialist Development. IDS Communication 117. Institute of Development Studies at the University of Sussex. Brighton

Gittings, John, 1976: Research Note: New Material on Teng Hsiao-ping. In: The China Quarterly, No.67, Sept.1976. S.489 - 493.

Glaubitz, Joachim (Hrsg.), 1969: Opposition gegen Mao, Abendgespräche am Yenshan und andere politische Dokumente. Olten und Freiburg: Walter.

Goldschmidt, G., 1976: Technologie in Entwicklungsländern und Probleme des Technologietransfers. Vortrag auf der Jahrestagung der VDW "Technologie in Entwicklungsländern" vom 1. - 3.1o.1976 in Königstein.

Goodstadt, Leo, 1975: China Steps up Growth Goal. In: FEER 88.1975, 21. S.44 - 45.

Gray, Jack, 1969: Some aspects of the development of Chinese agrarian policies. In: Adams 1969. S.199 - 219.

Gray, Jack, 197o: Ist Mao's Strategie des Wirtschaftswachstums irrational? In: China Analysen, Februar 197o. S.9 - 13.

Gray, Jack, 1973a: The economics of Maoism. In: Bernstein 1973. S.254 - 273.

Gray, Jack, 1973b: The Two Roads: Alternative Strategies of Social Change and Economic growth in China. In: Schram 1973, S.1o9 - 157.

Gray, Jack, 1974a: The Chinese Model: Some Characteristics of Maoist Policies for Social Change and Economic Growth. In: Nove/Nuti 1974, S.491 - 51o.

Gray, Jack, 1974b: Mao Tse-tung's Strategy for the Collectivisation of Chinese Agriculture: An Important Phase in the Development of Maoism. In: de Kadt, Emanuel/Williams, Gavin (ed.): Sociology and Development. London: Tavistock Publications 1974.

Greet the Upsurge in Forming People's Communes. In: Bowie/Fairbank 1962. S.457 - 459.

Gregory, John S., 1959: British Intervention Against the Taiping Rebellion. In: Journal of Asian Studies, 19.1959, 1. S.11 - 24.

Griffin, Keith, 1974: The Political Economy of Agrarian Change. An Essay on the Green Revolution. London: Macmillan.

Groeling, Erik von, 197o: Pekings entwicklungspolitische Konzeptionen. In: Moderne Welt. 11.197o, 3. S. 239 - 261.

Grossmann, Bernhard, 196o: Die wirtschaftliche Entwicklung der Volksrepublik China. Methoden und Probleme kommunistischer Entwicklungspolitik. Stuttgart: Fischer.

Grow, Roy Franklin, 1973a: The Politics of Industrial Development in China and the Soviet Union. Organizational Strategy as a Linkage between National and World Politics. Diss. University of Michigan 1973.

Grow, Roy F., 1973b: Soviet Economic Pentration of China, 1945 - 196o: "Imperialism" as a Level of Analysis Problem. Preliminary. Paper Brandeis University, November.

Gurley, John G., 1975: Die Entwicklung der ökonomischen Strategie Maos zwischen 1927 und 1949. In: Monthly Review. Deutsche Ausgabe, 1.1975, 4. S.52 - 115.

Hagemann, Ernst, 1976: Außenhandel und Zahlungsbilanz der Volksrepublik China. In: Vierteljahresberichte zur Wirtschaftsforschung, Heft 4, 1976. S.238 - 243.

Hallford, Scott S., 1976: Mechanization in the PRC. In: Current Scene 14.1976, 5. S.1 - 11.

Halliday, Fred, 1976/77: Marxist Analysis and Post-revolutionary China. In: new left review No. 1oo, Nov. 1976/Jan.1977. S.165 - 192.

Handke, Werner, 1956/57: The "law of proportional development". In: Contemporary China, 2.1956/57. S.1oo - 1o4.

Handke, Werner, 1959: Die Wirtschaft Chinas. Dogma und Wirklichkeit. Hrsg. vom Institut für Asienkunde, Hamburg. Frankfurt/M: Metzner.

Hao Yen-p'ing, 197o: The Comprador in Nineteenth Century China: Bridge between East and West. Cambridge: Harvard University Press.

Heinzig, Dieter, 1967: Mao contra Liu. Berichte des Bundesinstituts für ostwissenschaftliche und internationale Studien 48/1967. Köln.

Hennicke, Peter (Hrsg.), 1973: Probleme des Sozialismus und der Übergangsgesellschaften. Frankfurt/M: Suhrkamp.

Herrmann, Albert, 1966: An Historical Atlas of China. Edingburgh: University Press.

Hewitt de Alcântara, Cynthia, 1973: Die Geschichte der Grünen Revolution: Die Erfahrungen in Mexiko. In: Ernest Feder (Hrsg.): Gewalt und Ausbeutung. Hamburg: Hoffmann und Campe 1973. S.473 - 495.

Hinton, Harold, C., 1952: The Grain Tribute System of the Ch'ing Dynasty. In: Far Estern Quarterly, 11.1952, 3. S.339 - 354.

Hinton, William, 1966: Fanshen. A Documentary of Revolution in a Chinese Village. New York, London: Monthly Review Pr. Deutsch: Frankfurt/M: Suhrkamp 1972. 2 Bde.

Hirschman, Albert O., 1967: Strategie des wirtschaftlichen Wachstums. Stuttgart: G. Fischer.

Hoeffding, Oleg, 1961: Die wirtschaftlichen Beziehungen zwischen der Sowjetunion und China. In: Osteuropa-Wirtschaft, 6.1961, 1. S.1 - 17.

Hoffmann, Rainer, 1972: Entmaoisierung in China. München: Weltforum Verlag.

Hollister, William W., 1968: Trends in Capitalformation in Communist China. In: An Economic Profile of Mainland China, 1968.

Holubnychy, Vsevolod, 1956: Soll und Haben der chinesischen Wirtschaft. In: Ost-Probleme, 8.1956, 51/52. S.1777 - 1785.

Hommel, Rudolf P., 1937: China at Work. An Illustrated Record of the Primitive Industries of China's Masses, whose Life is Toil, and thus an Account of Chinese Civilisation. New York: The John Day Co.

Hou Chi-ming, 1961a: External Trade, Foreign Investment and Domestic Development: The Chinese Experience, 184o - 1937. In: Economic Development and Cultural Change, 1o.1961, 1. S.21 - 41.

Hou Chi-ming, 1961b: The Oppression Argument on Foreign Investment in China, 1895 - 1937. In: Journal of Asian Studies, 2o.1961, 4. S.435 - 448.

Hou Chi-ming, 1963: Economic Dualism: The Case of China, 184o - 1937. In: The Journal of Economic History. 23.1963, 4. S.277 - 297.

Hou Chi-ming, 1968: Manpower, Employment and Unemployment. In: Eckstein u.a. 1968.

Hou Chi-ming, 1973: Foreign Investment and Economic Development in China 184o - 1937. Cambridge/Mass.: Harvard University Press. 2. Aufl.

Howe, Christopher: 1973: Labour Organization and Incentives in Industry, before and after the Cultural Revolution. In Schram 1973. S.233 - 256.

Hsiang Jung, 1975: Eine Methode zum raschen Anstieg der Kunstdüngerproduktion. In: Peking Rundschau 12.1975, 32. S.17 - 2o und 23.

Hsiang Jung/Djin Dji-dschu, 1976: Der sozialistische Handel I - IV. In: Peking Rundschau 13.1976, 28, 3o, 31 und 32/33.

Hsiao Kung-ch'uan, 1952: Rural Control in Nineteenth Century China. In: Far Eastern Quarterly, 12.1952, 2. S.173 - 182.

Hsiao Liang-lin, 1974: China's Foreign Trade Statistics 1864 - 1949. Cambridge /Mass.: Harvard University Press.

Hsieh Chiao-min, 1973: Atlas of China. Ed. by Christopher L. Salter. New York, London u.a.: McGraw-Hill.

Hsu, Oscar T., 1934: Handel und Handelspolitik Chinas. Diss. Hamburg.

Hsueh Mu-chiao, 1952a: New China's Great Economic Victories. In: People's China 17.9.1952, S.18 - 28.

Hsueh Mu-chiao, 1952b: China's Great Victories on the Economic Front During the Past Three Years. In: New China's Economic Achievements, 1952.

Hsueh Mu-chiao, 1967: Several Pending Problems Concerning Commodity Prices in Our Socialist Economy Which Await Discussion. In: Chinese Economic Studies, 1.1967, 1. S.65 - 77.

Hsueh Mu-chiao, 1969/7o: The Law of Value and Our Price Policy. In: Chinese Economic Studies, 3.1969/7o, 2. S.99 - 118.

Hsüä Mu-tjiao, Su Hsing, Lin Dsi-li, 1962: Die sozialistische Umgestaltung der chinesischen Volkswirtschaft. Peking: Verlag für Fremdsprachige Literatur.

Hu Ch'ang-tu, 1955: The Yellow River Administration in the Ch'ing Dynasty. In: Far Eastern Quarterly, 14.1955, 4. S.5o5 - 513.

Hu Teh-wei, 197o: The Development of the Cotton Textile Industry and Chinese Economic Development, 189o - 1937. In: Journal of Asian and African Studies, 5.197o, 4. S.266 - 273.

Hua Guo-feng, 1975: Die ganze Partei mobilisieren für noch größere Anstrengungen in der Landwirtschaft und für den Aufbau von Kreisen vom Typ Dadschai. Zusammenfassender Bericht des ZK der KPCh auf der 1. Landeskonferenz zum Lernen von Dadschai in der Landwirtschaft vom 15.1o.1975. Peking: Verlag für Fremdsprachige Literatur.

Huang Yen, 196o: The Development of the National Economy Must Be Based on Agriculture. In: SCMP, Nr.2325, August 196o . S.1 - 9.

Ich gehe noch weiter als Liberman! In: Ostprobleme Nr.18, vom 9.9.1966. S.573 - 574.

Illustrated Atlas of China. Published 1972 by Rand McNally & Company from Materials prepared by the United States Government.

Imfeld, Al, 1974: China als Entwicklungsmodell. Freiburg/ Schweiz: Imba Verl.; Stein/Nürnberg/ Laetare Verl.

Industrial Development in China: A Return to Decentralization. In: Current Scene, 6.1968, 22. S.1 - 18.

Insist on the Simultaneous Employment of Mechanization and Semimechanization. In: Chinese Economic Studies 7.1974, 3. S. 32 - 34.

Ishikawa, Shigeru, 1965: National Income and Capital Formation in Mainland China. Tokyo: Institute of Asian Economic Affairs.

Ishikawa, Shigeru, 1973: Prospects of the Chinese economy. Trends and cycles. In: Pacific Community, 4.1973, 2. S.25o - 264.

Jacoby, Erich H., 1972: Effects of the "Green Revolution" in South and South-East Asia. In: Modern Asian Studies 6. (Part I) 1972. S.63 - 69.

Jacoby, Erich H. with Lotte Jacoby, 1974: Agricultural Development in China. China's Development Strategy, 4. Stockholm: The Economic Research Institute at the Stockholm School of Economics.

Jones, Edwin F., 1972: The Cultural Revolution: In Search of a Maoist Model. In: People's Republic of China: An Economic Assessment, 1972. S.52 - 58.

Juttka-Reisse, Rosemarie, 1975: Gesellschaft und Revolution in China. Diss. Frankfurt/M. Jetzt u.d.T. Geschichte und Struktur der chinesischen Gesellschaft. Stuttgart: Frommann-Holzboog 1977.

Kao Kuang-chien, 196o: China's chemical fertilizer industry leaps forward. In: Peking Review, 3.196o, 43. S.13 - 15.

Kapp, W.K., 1974: "Recycling" in Contemporary China. In: Kyklos 27.1974. S.286 - 3o3.

Karcher, Martin, 1975: Unemployment and Underemployment in the People's Republic of China. In: China Report 11. 1975, 3 u.4., S.22 - 49.

Die ketzerischen Maximen des Nationalökonomen Sun Yeh-fang. In: China-Analysen, April 197o. S.2o - 25.

Khan, Amir V., 1976: Agricultural Mechanization and Machinery Production in the People's Republic of China. In: US China Business Review 3.1976, 6. S.17 - 26.

Khan, Amir V., 1977: Rural Small Scale Industry in the People's Republic of China. Berkeley u.a.: University of California Press.

Kirby, E. Stuart, 1975: Russian Studies of China. London: MacMillan

Klatt, Werner, 1965: Sino-Soviet economic relations. Chinese dependence on Soviet aid. In: Ders.(ed.): The Chinese model. A political, economic, and social survey. Institute of Modern Asian Studies. University of Hong Kong, Hong Kong.

Klatt, Werner, 197o: A review of China's economy in 197o. In: The China Quarterly, No.43, 197o. S.1oo - 12o.

Klatt, Werner, 1973: Zusammenschau. Binnenwirtschaft und Außenhandel 1949 - 1973. In: China-Analysen, 12.1973, Juli/Aug. S.41 - 48.

Klatt, Werner, 1975: China's Economy after the National People's Congress. In: China Report 11.1975, 2. S.29 - 39.

Klein, Donald W./Clark, Anne B., 1971: Biographic Dictionary of Chinese Communism, 1921 - 1965. Cambridge: Harvard Univ. Press. Darin: Liu Shao-ch'i. Vol.1. S.616 - 626.

Klochko, Mikhail A., 1964: Soviet scientist in Red China. Montreal: International Publishers' Representatives.

Klochko, Mikhail A., 1971: The Sino-Soviet split, the withdrawal of the specialists. In: International Journal, 26.1971,3. S.556 - 566.

Knoll, Bernd, 1975: China, Revolution plus Produktion. Entwicklung und gegenwärtiger Stand des ökonomischen Systems der Volksrepublik. Giessen: Focus-Verl.

Korbash, E., 1974: The economic "theories" of Maoism. Moscow: Progress Publ.

Kosta, Jiri/Meyer, Jan, 1976: Volksrepublik China. Ökonomisches System und wirtschaftliche Entwicklung. Frankfurt/M, Köln: EVA.

Kramer, Fritz, 1972: Kollektivwirtschaftliche Ursprünge des Sozialismus in China und Rußland. In: K. Meschkat/O.Negt, Hrsg.: Gesellschaftsstrukturen. Frankfurt/M: Suhrkamp. S.188 - 213.

Kuan Ta-tung, 196o: The socialist transformation of capitalist industry and commerce in China. Peking: Foreign Languages Press.

Kuan Yao, 1964: Socialist commerce in China. In: Peking Review, 7.1964,8. S.8 - 11.

Kuo Chien, 1975: An Historical Experience in the Triumph of the Feudal System Over the Slavery System in China. In: SPRCP, No.5892, 11.7.1975. S.187 - 193.

Kuo Heng-yü, 1971: Über die Periodisierung der modernen Geschichte Chinas. In: Internationales Asienforum,2.1971, 3. S.394 - 411.

Kuo, Leslie T.C., 1972: The technical transformation of agriculture in Communist China. New York, London u.a.:Praeger.

Kuo Mo-jo, 1973: The Periodization of Chinese History. In: Chinese Studies in History, 6.1973, 4. S.3 - 15.

Kuznets, Simon, 1966: Modern Economic Growth. Rate, Structure, and Spread. New Haven und London: Yale University Press.

Kuznets, Simon, 1971: Economic Growth of Nations. Total Output and Production Structure. Cambridge/Mass.: Harvard University Press.

Lane, John E.(ed.), 1957: Researches in the Social Sciences in China. New York: Columbia University, East Asian Institute.

Lardy, Nicholas R., 1975a: Economic Planning in the People's Republic of China: Central-Provincial Fiscal Relations. In: China: A Reassessment of the Economy. 1975. S.94 - 115.

Lardy, Nicholas R., 1975b: Centralization and Decentralization in China's Fiscal Management. In: The China Quarterly No.61, March 1975. S.25 - 6o.

Lardy, Nicholas R., 1976: Nicholas R. Lardy Replies. In: The China Quarterly No.66, June 1976. S.34o - 354.

Larsen, Marion R., 1968: China's agriculture under communism. In: An economic profile of Mainland China. 1968. S.197 - 267.

Last Year China Newly Built and Expanded a Number of Large and Medium-Sized Electric Power Generating Stations. In: Chinese Economic Studies,6.1973, 4. S.26 - 29.

Lebhafter Markt, stabile Preise. Ausgezeichnete Lage an Chinas Handelsfront. In: Peking Rundschau, 7.197o, 39. S.7 - 11.

Lee, G.W., 1965: Current Debate on Profits and Value in Mainland China. In: Australian Economic Papers, June-December 1965. S.72 - 78.

Lee Mong-ping, 1967: Biography: Liu Shao-ch'i: Symbol of Opposition. In: Communist Affairs, 5.1967, 4. S.23 - 29.

LeFevour, Edward, 1968: Western Enterprise in Late Ch'ing China. A Selective Survey of Jardine, Matheson & Company's Operations, 1842 - 1895. Cambridge: Harvard Univ.Pres.

Leggewie, Claus, 1975: Asiatische Produktionsweise und Unterentwicklung. In: Handbuch 2 Unterentwicklung. Hrsg. v. B. Tibi u. V. Brandes. Frankfurt/M: EVA. 1975. S.87 - 119.

Levy, Richard, 1975: New Light on Mao: His Views on the Soviet Union's Political Economy. In: The China Quarterly, Vol. 61, March 1975. S.95 - 117.

Lewin, G., 1964: Zu einigen Problenen der 'Asiatischen Produktionsweise' in der gesellschaftlichen Entwicklung Chinas. In: Wissenschaftliche Zeitschrift der Karl-Marx-Universität Leipzig, 1964. S.251 - 256.

Lewin, G., 1965: Die Erforschung der vorkapitalistischen Gesellschaftsformation Chinas als Schlüssel zum besseren Verständnis der Zeitgeschichte. In: Wissenschaftliche Zeitschrift der Karl-Marx-Universität Leipzig, 14.1965, 3. S.361 - 368.

Lewis, W. Arthur, 1954: Economic Development with Unlimited Supplies of Labour. In: The Manchester School of Economic and Social Studies 22.1954, 2.S.139 - 191.

Leys, Simon, 1972: Maos neue Kleider. Hinter den Kulissen der Weltmacht China. München: Desch.

Li Choh-ming, 1937: International Trade under Silver Exchange: China 1888-1935. Ph.D.thesis, University of California, Berkeley.

Li Choh-ming,1959: Economic development of Communist China. An appraisal of the first five years of industrialization. Berkeley, Los Angeles: Univ. of Calif. Press.

Li Choh-ming,1962: The statistical system of Communist China. Berkeley, Los Angeles: Univ. of Calif. Press.

Li Choh-ming (ed.), 1964: Industrial development in Communist China. New York, London: Praeger.

Li, Dun J. (ed.), 1969: The Road to Communism: China since 1912. New York: Van Nostrand Reinhold.

Li Fu-chun, 1951: The Present Situation of China's Industries and the Direction of Our Future Work. In: New China's Economic Achievements. 1952.

Li Fu-chun, 1952: The Restauration and Development of Our Industries in the Past Three Years. In: New China's Economic Achievements, 1952.

Li Fu-chun, 1955: Report on the first Five-Year Plan for development of the national economy of the People's Republic of China in 1953-1957. In: Bowie/Fairbank 1962. S.42 - 91.

Li Ming-hua, 1968: A study of the CCP two-road struggle in the countryside. In: Issues and Studies, 4. 1968, 8. S.7 - 18.

Liao Lu-yen, 1952: The Great Victory in Land Reform During the Past Three Years. In: New China's Economic Achievements, 1952.

Lieberthal, Kenneth, 1971: Mao versus Liu? Policy Towards Industry and Commerce, 1946 - 49. In: The China Quarterly No.47, 1971. S.494 - 52o.

Lin, Paul T.K., 1975: Development guided by values. Comments on China's road and its implication. In: International Development Review, 17. 1975, 1. S.2 - 7.

Line Struggle in Industry. A Criticism of Liu Shao-ch'i and Other Political Swindlers' Theory of "Electronics as the Core". In: SCMP, No. 5o45, vom 3.1.1972.

Linhard, José, 1975: Bevölkerungspolitik und Familienplanung in der Volksrepublik China. In: Zeitschrift für Bevölkerungswissenschaft, 1975, 3/4. S.135 - 15o.

Lippit, Victor D., 1975: Land Reform and Economic Development in China: Institutional Change and Development Finance. White Plains, N.Y.: IASP.

Lipton, Michael, 1977: Why Poor People Stay Poor. Urban Bias in World Development. London: Temple Smith.

Liu Jung-Chao, 1965: Fertilizer supply and grain production in Communist China. In: Journal of Farm Economics, 47. 1965, 4. S.915 - 932.

Liu Ku-kang, 1961: Spiralling to socialism. In: Far Eastern Economic Review, 34.1961, 2. S.123 - 126.

Liu Kwang-ching, 1959: Steamship Enterprise in Nineteenth Century China. In: Journal of Asian Studies, 18.1959, 4. S.435 - 456.

Liu Shao-ch'i: Collected Works of Liu Shao-ch'i. Hongkong: Union Research Institute, 1969. 2 Bde: 1945 - 1957, 1958 - 1967.

Liu Shao-ch'i, 1939: Training of the Communist Party Member. In: Compton 1952.

Liu Shao-ch'i, 1941a: The Class Character of Man. Appendix in ders.: How To Be a Good Communist. Peking: Foreign Languages Press 1951.

Liu Shao-ch'i, 1941b: On the Intra Party Struggle. In: Compton 1952.

Liu Shao-ch'i, 1943: Liquidation of Menshewik Thought in the Party. In: Compton 1952:

Liu Shao-ch'i, 1945: On the Party. In: Collected Works of Liu Shao-ch'i 1945-1957.

Liu Shao-ch'i, 1948: Internationalism and Nationalism. In: Collected Works of Liu Shao-ch'i 1945-1957.

Liu Shao-ch'i, 1949: How To Be a Good Communist. Peking: Foreign Languages Press 1951. = engl. Ausgabe der 2. Ausgabe von Dezember 1949.

Liu Shao-ch'i, 195oa: May Day Address. In: New China's Economic Achievements, 1952.

Liu Shao-ch'i, 195ob: On the Agrarian Reform Law. In: Collected Works of Liu Shao-ch'i 1945-1957.

Liu Shao-ch'i, 1953: An Address on the Third Anniversary of the Sino-Soviet Treaty of Friendship, Alliance and Mutual Assistance. In: Collected Works of Liu Shao-sh'i 1945-1957.

Liu Shao-ch'i, 1954: Report on the Draft Constitution of the People's Republic of China. In: Collected Works of Liu Shao-ch'i 1945-1957.

Liu Shao-ch'i, 1955/56: Three Letters to His Son. In: Collected Works of Liu Shao-ch'i 1945-1957.

Liu Shao-ch'i, 1956: The Political Report of the Central Committee of the Communist Party of China to the Eigth National Congress of the Party. In: Collected Works of Liu Shao-ch'i 1945-1957.

Liu Shao-ch'i, 1957: The Significance of the October Revolution. In: Collected Works of Liu Shao-ch'i 1945-1957.

Liu Shao-ch'i, 1958: Report on the Work of the Central Committee of the Communist Party of China to the Second Session of the Eigth National Congress. In: Collected Works of Liu Shao-ch'i 1958-1967.

Liu Shao-ch'i, 1959: The Victory of Marxism-Leninism in China. In: Ten Glorius Years, 196o.

Liu Shao-ch'i, 1961: Address at the Meeting in Celebration of the 4oth Anniversary of the Founding of the Communist Party of China. Hier unter dem Titel: Liu Shao-ch'i's Speech at the Meeting to Celebrate the 4oth Anniversary of the Founding of the CCP. In: Documents of the Chinese Communist Party Central Committee, 1971. S.389 - 4o4.

Liu Shao-ch'i, 1962: How To Be a Good Communist. Peking: Foreign Languages Press. 4. Aufl. 1964, deutsch 1965.

Liu Shao-ch'i, 1966: Self-Criticism. In: Collected Works of Liu Shao-ch'i 1958-1967.

Liu Shao-ch'i, 1967a: Self-Examination. In: Collected Works of Liu Shao-ch'i 1958-1967.

Liu Shao-ch'i, 1967b: Confession. In: Collected Works of Liu Shao-ch'i 1958-1967.

Liu Shao-ch'i and His "How To Be A Good Communist". In: Current Background, No.827 vom 1.6.1967.

Liu Ta-Chung, 1959: Structural Changes in the Economy of the Chinese Mainland, 1933 to 1952-57. In: The American Economic Review, 49.1959, 2. S.84 - 93, Diskussion S.127 - 13o.

Liu Ta-chung, 1968: The tempo of economic development of the Chinese Mainland, 1949-65. In: An economic profile of Mainland China, 1968. S.45 - 75.

Liu, T.C./Twanmo, C./Yeh, K.C., 1964: Production of Food Crops on the Chinese Mainland: Prewar and Postwar. Santa Monica: Rand.

Liu Ta-chung and Yeh Kung-chia, 1965: The Economy of the Chinese Mainland: National Income and Economic Development, 1933-1959. Princeton: University Press.

Liu Ta-chung/Yeh Kung-chia, 1973: Chinese and Other Asian Economies: A Quantiative Evaluation. In: American Economic Review,63.1973,2. S.215-223.

Lochow, H.J. von, 1948: China's National Railways. Peiping: The University Press.

Lockwood, William W. (ed.), 197o: The State and Economic Enterprise in Japan. Essays in the Political Economy of Growth. Princeton: University Press. 2. Aufl.

Løvbraek, Asbjørn, 1976: The Chinese Model of Development. In: Journal of Peace Research, 13.1976, 3. S.2o7 - 226.

Lu Hsun,1967/68: On frugality for increased production. In: Chinese Economic Studies, 1.1967/68, 2. S.25 - 57.

MacDougall, Colina, 1964: Eight plants for Peking. In: Far Eastern Economic Review, 43.1964,4. S.155 - 158.

MacDougall, Colina, 1977: The Chinese Economy in 1976. In: The China Quarterly No.7o, June 1977. S.355 - 37o.

MacFarlane, Ian H., 1975: Construction Trends in China, 1949-74. In: China: A Reassessment of the Economy, 1975. S.311 - 322.

MacFarquhar, Roderick, 1963: The Chinese model and the underdeveloped world. In: International Affairs, 39. 1963, 3. S.372 - 385.

Machetzki, Rüdiger, 1974: Chinas langer Marsch zur mechanisierten Landwirtschaft. In: China aktuell, November 1974. S.714-724.

Machetzki, Rüdiger, 1975a: Chinas langer Marsch zur mechanisierten Landwirtschaft. II. Lernt Chinas Landwirtschaft von Tachai oder Hsin-ching Quo vadis? In: China aktuell, Januar 1975. S.819 - 831.

Machetzki, Rüdiger, 1975b: Die Entwicklungspolitik der VR China: Hilfe aus der Dritten Welt für die Dritte Welt? = Mitteilungen des Instituts für Asienkunde Nr.7o. Hamburg.

Madgar, L., 1929: Die Ökonomik der Landwirtschaft in China. In: Unter dem Banner des Marxismus, Bd.3, S.15o - 17o.

Magdoff, Harry, 1975: CHINA - Unterschiede zur Sowjetunion. In: Monthly Review (dt. Ausgabe), 1.1975, 4. S.11 - 51.

Mähnel, Klaus, 1968: Zur Wirtschaftspolitik der Mao Tse-tung-Gruppe. In: Wirtschaftswissenschaft, 16. 1968, 6. S. 961 - 978.

Mah Feng-hwa, 1959: The First Five-Year Plan and Its International Aspects. In: Remer 1959.

Mah Feng-hwa, 1961: The financing of public investment in Communist China. In: Journal of Asian Studies, 21.1961, 1. S.33 - 48.

Mah, Feng-hwa, 1971: The foreign trade of Mainland China. Social Science Research Council, Committee on the Economy of China. Chikago, New York: Aldine-Atherton.

Main Content of the 7o Articles of Industrial Policy. In: Documents of the Chinese Communist Party Central Committee, 1971. S.689 - 693.

Manchoukuo. Handbook of Information. Published by Bureau of Information and Publicity Department of Foreign Affairs, Manchoukuo Government. Hsinking 1933.

Mao Tse-tung: Ausgewählte Werke (AW). 5 Bde. Peking: Verlag für fremdsprachige Literatur 1968ff.

Mao Tse-tung: Selected Readings from the Works of Mao Tse-tung. Peking: Foreign Languages Press 1971.

Mao Tse-tung: Vier philosophische Monographien. Peking: Verlag für fremdsprachige Literatur 1971.

Mao Tse-tung: Die Weisungen Mao Tse-tungs. In: Ch'en 1972, S.1o7 - 2o5.

Mao Tse-tung, 1926: Analyse der Klassen in der chinesischen Gesellschaft. In: AW, Bd.I, S.9 - 19. (März 1926)

Mao Tse-tung, 1927: Untersuchungsbericht über die Bauernbewegung in Hunan. In: AW, Bd.I, S.21 - 63. (März 1927)

Mao Tse-tung, 1933: Man muß die Arbeit auf wirtschaftlichem Gebiet beachten. In: AW, Bd.I, S.147 - 156. (2o.8.1933)

Mao Tse-tung, 1934: Unsere Wirtschaftspolitik. In: AW, Bd.I, S.161 - 167. (23.1.1934)

Mao Tse-tung, 1937a: Über die Praxis. In: AW, Bd.I, S.347 - 364. (Juli 1937)

Mao Tse-tung, 1937b: Über den Widerspruch. In: AW. Bd.I, S.365 - 4o8. (August 1937)

Mao Tse-tung, 194o: Über die Neue Demokratie. In: AW, Bd.II, S.395 - 449. (Januar 194o)

Mao Tse-tung, 1942a: Den Arbeitsstil der Partei verbessern. In: AW, Bd.III. (1.2.1942)

Mao Tse-tung, 1942b: Wirtschafts- und Finanzfragen in der Periode des Widerstandskrieges gegen die japanische Aggression. In: AW, Bd.III, S.127 - 133. (Dezember 1942)

Mao Tse-tung, 1943a: Die Bewegungen zur Pachtherabsetzung, zur Produktionssteigerung und zur Unterstützung der Regierung und Sorge für das Volk in den Stützpunkten entfalten. In: AW, Bd.III, S.151-156. (1.1o.43)

Mao Tse-tung, 1943b: Organisieren! In: AW, Bd.III, S.175 - 185. (29.11.43)

Mao Tse-tung, 1945a: Man muß lernen, auf wirtschaftlichem Gebiet zu arbeiten. In: AW, Bd.III, S.219 - 227. (1o.1.45)

Mao Tse-tung, 1945b: Auch in den Partisanengebieten kann man sich mit der Produktion befassen. In AW, Bd.III, S.229 - 333. (31.1.45)

Mao Tse-tung, 1945c: Über die Produktionstätigkeit der Armee für ihre Selbstversorgung und über die Bedeutung der großen Ausrichtungs- und Produktionsbewegungen. In: AW, Bd.III, S.325 - 33o. (27.4.45)

Mao Tse-tung, 1945d: Pachtsenkung und Produktion - zwei wichtige Aufgaben bei der Verteidigung der befreiten Gebiete. In: AW, Bd.IV, S. 71 - 73. (7.11.45)

Mao Tse-tung, 1945e: Kurs für die Arbeit in den befreiten Gebieten im Jahre 1946. In: AW, Bd.IV, S.75 - 79. (15.12.45)

Mao Tse-tung, 1947: Die gegenwärtige Lage und unsere Aufgaben. In: AW, Bd.IV, S.161 - 183. (25.12. 1947)

Mao Tse-tung, 1948a: Die differenzierte Taktik bei der Durchführung des Bodengesetzes in verschiedenen Gebieten. In: AW, Bd.IV, S.2o1-2o3. (3.2.48)

Mao Tse-tung, 1948b: Die "linken" Fehler in der Propaganda für die Bodenreform korrigieren. In: AW, Bd.IV, S. 2o5-2o7. (11.2.48)

Mao Tse-tung, 1948c: Wesentliche Punkte der Bodenreform in den neuen befreiten Gebieten. In: AW, Bd.IV, S. 2o9 - 211. (15.2.48)

Mao Tse-tung, 1948d: Rede auf einer Kaderkonferenz im befreiten Gebiet Shansi-Suiyüan. In: AW, Bd.IV, S.241 - 255. (1.4.1948)

Mao Tse-tung, 1948e: Arbeit der Bodenreform und der Konsolidierung der Partei im Jahre 1948. In: AW, Bd.IV, S.267 - 276. (25.5.1948)

Mao Tse-tung, 1949a: Über die demokratische Diktatur des Volkes. In: AW, Bd.IV, S.437 - 452. (3o.6.1949)

Mao Tse-tung, 1949b: Der Bankrott der idealistischen Geschichtsauffassung. In: AW, Bd.IV, S.481 - 49o. (16.9.49)

Mao Tse-tung, 195o: Fight for a Fundamental Turn for the Better in the Financial and Economic Situation in China. In: New China's Economic Achievements. 1952. (6.6.195o)

Mao Tse-tung, 1955a: Zur Frage des genossenschaftlichen Zusammenschlusses in der Landwirtschaft. Peking: Verlag für fremdsprachige Literatur 1968. (31.7.1955)

Mao Tse-tung, 1955b: Rede gegen Rechtstendenzen und Konservatismus. In: Martin 1974, S.84 - 88. (6.12.1955)

Mao Tse-tung (coed.), 1955c: Socialist Upsurge in China's Countryside. Peking: Foreign Languages Press 1957. (dt. Der sozialistische Aufschwung im chinesischen Dorf.) (27.12.1955)

Mao Tse-tung, 1955d: Die Frauen Chinas bilden eine riesige Arbeitskraftreserve. In: Schram 1972, S.299.

Mao Tse-tung, 1955e: Schaffen wir verbesserte Genossenschaften. In: Schram 1972a,S.3o9.

Mao Tse-tung, 1956: On the Ten Great Relationships. In: Schram 1974, S.61 - 83. Deutsch in Peking Rundschau 14. 1977, 1. S.1o - 27. (25.4.1956)

Mao Tse-tung, 1957: Über die richtige Behandlung der Widersprüche im Volke. In: Vier philosophische Monographien 1971. S.89 - 147. (27.2.1957)

Mao Tse-tung, 1958a: Sechzig Punkte über Arbeitsmethoden - Ein Entschließungsentwurf des Amtes beim Zentralkomitee der KPCh. In: Ch'en 1972. S.81 - 1o3. (31.1.1958)

Mao Tse-tung, 1958b: Rede auf der Ch'engtu-Konferenz vom 1o.3.1958. In: Martin 1974. S,31 - 39.

Mao Tse-tung, 1958c: Chengtu-Rede vom 2o.3.1958. In: Schram 1974. S.1o3 - 113.

Mao Tse-tung, 1958d: Zweite Rede auf der Zweiten Sitzung des VIII. Parteitages. In: Martin 1974. S.1o9 - 113. (17.5.1958)

Mao Tse-tung, 1958e: China ist arm und ein unbeschriebenes Blatt. In: Schram 1972a. S.311 - 312.

Mao Tse-tung, 1958f: Rede über das Buch "Ökonomische Probleme des Sozialismus". In: Martin 1975a. S.187 - 193. (November 1958)

Mao Tse-tung, 1958g: Speech at the Group Leaders' Forum of the Enlarged Meeting of the Military Affairs Committee. Excerpts. In: Schram 1974. S.125 - 13o. (28.6.1958)

Mao Tse-tung, 1959a: Einige wichtige Weisungen. In: Martin 1974, S.146 - 149 und Martin 1975a, S.213 - 216. (29.6. und 2.7.1959)

Mao Tse-tung, 1959b: Rede auf der Lushan-Konferenz. In: Martin 1974. S.125 - 141. (23.7.1959)

Mao Tse-tung, 1959c: An die Leiter der Produktionsbrigaden. Aus: Lang leben den die Maotsetungideen. In: Ch'en 1972. S.21 - 24. (29.11.1959)

Mao Tse-tung, 1959d: Einige Bemerkungen zur "Antwort an die Genossen A.W. Sanina und W.G. Wensher". In: Martin 1975a. S.194 - 195. (etwa 1959)

Mao Tse-tung, 196oa: Notizen nach der Lektüre des Lehrbuchs "Politische Ökonomie" (Abschnitt Sozialismus). In: Martin 1975a, S.47 - 17o. (196o)

Mao Tse-tung, 196ob: Betriebsverfassung des Hüttenkombinats Anschan. In: Peking Rundschau, 14.1977, 14. S. 3 - 4.

Mao Tse-tung, 1963: Woher kommen die richtigen Ideen der Menschen? In: Ders.: Vier philosophische Monographien. 1971. S.149 - 151. (Mai 1963)

Mao Tse-tung, undatiert: Kritische Bemerkungen zu Stalins "Ökonomische Probleme des Sozialismus in der UdSSR". In:Martin 1975a. S. 196 - 21o.

Mao Tse-tung Tries "Yun Chou-huseh".In: Economist vom 29.1o.196o. S.467 - 471.

Marini, Ruy Mauro, 1974: Die Dialektik der Abhängigkeit. In: Senghaas 1974. S.98 - 136.

Martin, Helmut (Hg.), 1974: Mao intern. Unveröffentlichte Schriften, Reden und Gespräche Mao Tse-tungs 1949 - 1971. München: Hanser.

Martin, Helmut (Hg.), 1975a: Mao Tse-tungs Notizen zum sowjetischen Lehrbuch Politische Ökonomie (196o). Mitteilungen des Instituts für Asienkunde. Nr.65. Hamburg.

Martin, Helmut, 1975b: Die Bewegung zum Studium der Politischen Ökonomie 1958 - 196o. In: Martin: 1975a, S.15 - 38.

Marx, Karl/Engels, Friedrich: Werke. (MEW). Berlin: Dietz 1956ff.

Marx, Karl: Thesen über Feuerbach. In: MEW Bd.3.S.5 - 7.

Marx, Karl: Die Revolution in China und Europa. In: MEW Bd.9. S.95 - 1o2.

Marx, Karl: Die Geldkrise in Europa - Aus der Geschichte der Geldzirkulation. In: MEW Bd.12. S.64 - 7o.

Marx, Karl: Englische Greueltaten in China. In: MEW Bd.12. S.162 - 165.

Marx, Karl: Die Geschichte des Opiumhandels. In: MEW Bd.12. S.549 - 552.

Marx, Karl: Die Geschichte des Opiumhandels. In: MEW Bd.12. S.553-556.

Marx, Karl: Über den britisch-chinesischen Vertrag. In: MEW Bd.12. S.565 - 569.

Marx, Karl: Der britisch-chinesische Vertrag. In: MEW Bd.12. S.584 - 589.

Marx, Karl: Zur Kritik der politischen Ökonomie. In: MEW Bd. 13. S.3 - 16o.

Marx, Karl: Der Handel mit China. In: MEW Bd.13. S.54o - 544.

Marx, Karl: Kritik des Gothaer Programms. In: MEW Bd.19. S.11 - 32.

Marx, Karl: Brief an die Redation der "Otetschestwennyje Sapiski". In: MEW Bd.19. S.1o7-112.

Marx, Karl: Brief an V.I. Sassulitsch. In: MEW Bd.19. S.242 - 243.

Marx, Karl: Entwürfe einer Antwort an den Brief von V.I. Sassulitsch. In: MEW Bd.19. S.384 - 4o6.

Marx, Karl: Grundrisse der Kritik der politischen Ökonomie. Frankfurt/M: EVA o.J.

Marx, Karl: Das Kapital, Bde 1 u.3. Berlin: Dietz 1959.

Marx, Karl/Engels,Friedich, 1953: Ausgewählte Briefe. Stuttgart: Verlag Das neue Wort.

Maxwell,Neville (Hrsg.),1975: China's road to development.In: World Development, 3.1975, 7/8. S.453 - 6o8.

Maxwell, Neville, 1976: Recent Chinese Grain Figures. In: The China Quarterly No.68, 1976. S.817 - 818.

Mechanization of agriculture. In: China News Analysis. No.933,1973.

Meek, Ronald L. (Hrsg.),1956: Marx und Engels über Malthus. Berlin: Dietz.

Meier, A., 1974: Pest Control in the People's Republic of China. In: Etienne 1974.

Meier, Gerald M., 1975: Leading Issues in Economic Development. Studies in International Poverty. Oxford u.a.: University Press.

Meng Kuei/Hsiao Lin, 1966: On Sun Yeh-fang's Reactionary Political Stand and Economic Programme. In: Peking Review vom 21.1o.1966. S.21 - 25.

Menzel, Ulrich, 1974: Internationalisierungsprozeß und Integration in den OECD-Ländern. Unveröff. Manuskript. Frankfurt/M.

Menzel, Ulrich, i. Ersch.: Mobilisierung von Arbeitskraft, angepaßte Technologie und integrierte Agroindustrialisierung in der VR China. In: Hartmut Elsenhans (Hrsg.): Mobilität der Arbeitskraft und Akkumulation. i. Ersch.

Mesa-Lago, Carmelo, 1968: Unemployment in Socialist Countries: Soviet Union, East Europa, China and Cuba. Cornell University, Ph.D..

Mesa-Lago, Carmelo, 1973: A continuum model to compare socialist systems globally. In: Economic Development and Cultural Change, 21. 1973, 4, P.1. S.573 - 59o.

Milton, David/Milton, Nancy/Schurmann,Franz, 1974: People's China. Social Experimentation, Politics, Entry onto the World Scene 1966 through 1972. New York: Vintage Books.

Miscellany of Mao Tse-tung Thought (1949 - 1968). In: JPRS No.61269, 1-2 vom 2o.3.1974.

Model regulations for advanced agricultural producers' cooperatives. Adopted on June 3o, 1956, by the 1st National People's Congress of the People's Republic of China at its 3. sess. Peking: Foreign Languages Press 1956.

Model regulations for an agricultural producers' co-operative. Adopted by the Standing Committee of the National People's Congress of the People's Republic of China, on March 17, 1956, at its 33rd meeting. Peking: Foreign Languages Press. 1956.

Moore, Barrington, 1974: Soziale Ursprünge von Diktatur und Demokratie. Frankfurt/M: Suhrkamp.

More Accusations Against Liu Shao-ch'i. In: Current Background, No.836. 25.9.1967. S. 1 - 55.

Morrison Jr., R.L. and Salmon, J.D., 1973: Population Control in China: A Reinterpretation. In: Asian Survey, 13.1973, 9. S. 873 - 89o.

The movement of scientific farming. In: Union Research Service, 72. 1973, 25. S.336 - 35o.

Müller, R. Reiner, 1967: Materialien zur Kollektivierung der Landwirtschaft in der Volksrepublik China. In: Wissenschaftliche Zeitschrift der Humboldt-Universität zu Berlin. Gesellschafts- und Sprachwissenschaftliche Reihe, 16. 1967, 3. S.419 - 434.

Munthe-Kaas, Harald, 1966: China's fields and factories. In: Far Eastern Economic Review, 51.1966, 5. S.153 - 155.

Murphey,Rhoads, 197o: The Treaty Ports and China's Modernization: What Went Wrong? Ann Arbor: Michigan Papers in Chinese Studies No.7.

Myers, Ramon H., 1965: Cotton Textile Handicrafts and the Development of the Cotton Textile Industry in Modern China. In: Economic History Review, 18.1965, 3. S.614 - 632.

Myers, Ramon H., 197o: The Chinese peasant economy. Agricultural development in Hopei and Shantung, 189o - 1949. Cambridge/Mass.: Harvard Univ. Press.

Myers, Ramon H., 1972: The Commercialization of Agriculture in modern China. In: Willmott 1972. S.173 - 191.

Myers, R.H. and Ulie, Th.R., 1972: Foreign Influence and Agricultural Development in Northeast China: A Case Study of the Liaotung Peninsula, 19o6 - 1942. In: Journal of Asian Studies, 31.1972, 2. S.329 - 35o.

Nagakane, Katsuji, 1974: Notes on the Chinese model of economic development. Its impact on and influence from foreign economic systems. In: The Developing Economies, 12.1974, 1. S. 23 - 4o.

Nakanishi, Tsutomi, 197o/71: The Chinese Revolution and Mao Tse-tung Thought. In: Chinese Law and Government, 4.197o/71, 1-2. S.5 - 37.

Nee, Victor/Peck, James, 1975a: China's Uninterrupted Revolution. From 184o to the Present. New York: Pantheon.

Nee, Victor/Peck, James, 1975b: Introduction: Why Uninterrupted Revolution? In: Nee/Peck 1975a.

Needham, Joseph, 1954: Science and Civilization in China. Bd.I: Introductory Orientations. Cambridge: University Press.

New China's Economic Achievements, 1949 - 1952. China Committee for the Promotion of International Trade. Peking 1952.

New Organization of Chinese Private Enterprise. In: FEER 19. 1955, 24. S.771.

Nguyen Than-hung, 1975: Zur Theorie der vorkapitalistischen Produktionsweisen bei K. Marx und F. Engels. Gaiganz: Politladen.

Nolan, Peter, 1976: Collectivization in China: Some Comparisons with the USSR. In: The Journal of Peasant Studies, 3.1976, 2. S.192 - 22o.

Notes on small industry and handicraft development in mainland China, 1952 - 1958. Based on original Chinese materials in the library of the Hoover Institution on War, Revolution ans Peace at Stanford University. Menlo Park, Calif. Dec. 1958.

Nove, Alec/Nuti, D.M. (ed.): Socialist Economics. Harmmondsworth: Penguin.

Nurkse, Ragnar, 1953: Problems of Capital Formation in Underdeveloped Countries. Oxford: Basil Blackwell.

Ohkawa, Kazushi, 197o: Phases of Agricultural Development and Economic Growth. In: Ohkawa, K./Johnston, B.F./Kaneda, H. (eds.): Agriculture and Economic Growth: Japanese Experience. Tokyo: University of Tokyo Press.

Ohkawa, Kazushi/Rosovsky, Henry, 1973: Japanese Economic Growth. Trend Acceleration in the Twentieth Century. Stanford: Stanford University Press.

Oldham, C.H.G., 1973: Science and Technology Policies. In: Oksenberg 1973.

Oksenberg, Michel (ed.), 1973: China's developmental experience. New York. = Proceedings of the Academy of Political Science. Vol.31. No.1.

Orleans, Leo A., 1961: Problems of manpower absorption in rural China. In: The China Quarterly No.7, 1961. S.57 - 68.

Orleans, Leo A., 1975a: China's Population: Can the Contradictions Be Resolved? In: China: A Reassessment of the Economy, 1975. S.69 - 8o.

Orleans, Leo A., 1975b: China's experience in population control. The elusive model. In: World Development, 3. 1975, 7/8. China's road to development. S.497 - 525.

The Outline Land Law of China. In: Wong 1973.

Outline of the Struggle Between the Two Lines from the Eve of the Foundation of the People's Republic of China through the 11th Plenum of the 8th CCP Central Committee. In: Current Background, No.884. 18.7.1969. S.1 - 31.

Overlach, Theodor W., 1919: Foreign Financial Control in China. New York: The Macmillan Company.

Paauw, Douglas S., 1952: Chinese National Expenditure in the Nanking Period. In: Far Eastern Quarterly, 12.1952, 1. S. 3 - 26.

Paauw, Douglas S., 1957: The Kuomintang and Economic Stagnation, 1928 - 37. In: Journal of Asian Studies, 16.1957, 2. S.213 - 22o.

Padoul, Gilbert, 1975: China 1974. Problems not Models. In: new left review Nr.89, Jan./Febr. 1975. S.73 - 84.

Palloix, Christian, 1971: L'èconomie mondiale capitaliste. Paris: Maspero. 2 Bde.

Palmer, Ingrid, 1972: Food and the New Agricultural Technolgy. Geneva: UNRISD.

Parish, William L., 1976: China - Team, Brigade, or Commune? In: Problems of Communism, März - April 1976. S.51 - 65.

Park Sung-jo, 1977: Allokative Effizienz, Bürokratisierung und Partizipation in der Entwicklungsplanung (unter besonderer Herausstellung der partizipativen Planung in der Volksrepublik China). In: Th. Leuenberger/K.-H.Ruffmann (Hrsg.): Bürokratie. Motor oder Bremse der Entwicklung. Bern u.a.: Peter Lang.1977. S.279 - 296.

Pauley, Edwin W., 1946: Report on Japanese Assets in Manchuria to the President of the United States. Washington, C.D.: U.S. Government Printing Office.

Pe Li, 1972: Development of the socialist construction of the Maoist. In: Issues & Studies, in Forts., beginnt mit 8.1972, 11 ff.

Peck, James, 1975: Revolution versus Modernization and Revisionism: A Two-Front Struggle. In: Nee/Peck 1975a.

Peking zieht die Schraube fester. In: Ost-Probleme, 6.1954, 18. S.726 - 73o.

Pelzel, John C., 1972: Economic management of a production brigade in post-leap China. In: Willmott 1972. S.387 - 414.

People's Republic of China. An economic assessment. A compendium of papers subm. to the Joint Economic Committee, Congr. of the U.S. Washington, D.C.: Gov. Print.Office. 1972.

Perkins, Dwight H., 1966: Market control and planning in Communist China. Cambridge/Mass.: Harvard Univ. Press.

Perkins, Dwight H., 1969: Agricultural Development in China, 1368 - 1968. Chikago: Aldine Publishing Co.

Perkins, Dwight H., 1973: Development of Agriculture. In: Oksenberg 1973.

Perkins, Dwight H. , 1974: China's Fourth Five-Year Plan. In: U.S. China Business Review 2.1974, 1. S.19 - 23.

Perkins, Dwight H. (ed.), 1975a: China's Modern Economy in Historical Perspective. Stanford: Stanford University Press.

Perkins, Dwight H., 1975b: Growth and Changing Structure of China's Twentieth-Century Economy. In: Perkins 1975a. S.115 - 165.

Perkins, Dwight H., 1975c: Constraints Influencing China's Agricultural Performance. In: China: A Reassessment of the Economy. 1975. S.35o - 365.

Perkins, Dwight H., 1976: Estimating China's Gross Domestic Product. In: US China Business Review, 3.1976, 5. S.13 - 17.

Petras, James F./LaPorte Jr., Robert, 197o: Modernization from Above versus Reform from Below: U.S. Policy toward Latin American Agricultural Development. In: The Journal of Development Studies, 6.197o, 3. S.248 - 266.

Pfeffer, Richard M., 1973: Understanding business contracts in China, 1949 - 1963. Publ.by East Asian Research Center. Harvard Univ. Cambridge/Mass.: Harvard Univ.Press.

Plant Studies in the People's Republic of China. Washington D.C.: National Academy of Science, 1975.

Plattner, Stuart, 1975: Rural market networks. In: Scientific American, 232. 1975, 5. S.66 - 79.

Po I-po, 1949: The Draft Budget for 195o. In: New China's Economic Achievements. 1952.

Po I-po, 1952a: Three Years of Achievement of the People's Republic of China. In: New China's Economic Achievements. 1952.

Po I-po,1952b: Die Erfolge der Volksrepublik China in den letzten drei Jahren. Peking: Verlag für fremdsprachige Literatur.

Po I-po, 1956: How much to invest, how much to consume. In: People's China 1956, 21. S.16 - 22.

Po I-po, 1959: Strive to Carry Out the Great Task of the Technical Transformation of Agriculture More Swiftly. In: Ten Glorious Years, 196o. S.255 - 27o.

Po I-po, 1964: Die sozialistische Industrialisierung Chinas. In: Industrialisierung und Kollektivierung im neuen China. Peking: Verlag für fremdsprachige Literatur. 1964. S.1 - 27.

Poulain, Edouard,1977: Le mode d'industrialisation socialiste en Chine. Paris: maspero.

Price, Robert L., 1968: International trade of Communist China, 195o - 65. In: An economic profile of Mainland China, 1968. S.579 - 6o8.

Production of chemical fertilizer of Mainland China in 1973. In: Union Research Service, 74.1974, 6. S.7o - 85.

Proposals of the 8th National Party Congress for the 2nd 5-Year Plan for development of the national economy, 1958 - 1962. In: Contemporary China, 2.1956/57. S.142 - 161.

Prybyla, Jan S., 1966: Communist China's strategy of economic development 1961 - 1966. In: Asian Survey, 6.1966, 1o. S.589 - 6o3.

Rawski, Evelyn Sakakida, 1972: Agricultural Change and the Peasant Economy of South China. Cambridge: Harvard University Press.

Rawski, Thomas G., 1973: Recent trends in the Chinese economy. In: The China Quarterly, No.53. 1973. S.1 - 33.

Rawski, Thomas G., 1975a: The Growth of Producer Industries, 19oo - 1971. In: Perkins 1975a. S.2o3 - 234.

Rawski, Thomas G., 1975b: China's Industrial System. In: China: A Reassessment of the Economy, 1975. S.175 - 198.

Recent developments in agricultural mechanization. In: Union Research Service, 76. 1974, 1o. S.119 - 132.

Recent developments in agricultural mechanization in Hunan Province. In: Union Research Service, 69.1972, 13. S.176 - 189.

Regulations on the Work of the Rural People's Communes (Revised Draft.) In: Documents of the Chinese Communist Party Central Committee, 1971. (September 1962)

Rely on the poor and lower-middle peasants to manage rural commerce well. In: Chinese Economic Studies, 6.1973, 3. S.47 - 59.

Relying On Our Own Efforts and Adopting Indigenous Methods to Develop "Small-Scale Fiber Plants". Joint Investigation by Kiangsu Provincial Revolutionary Committee u.a. In: Chinese Economic Studies, 5.1971/72,2. S.122 - 13o.

Remer, C.F., 1933: Foreign Investments in China. New York: The Macmillan Company (Neuauflage New York 1968).

Remer, C.F. (ed.), 1956: Three Essays on the International Economics of Communist China. Ann Arbor: University of Michigan Press.

A Report by the CCP Central Comittee's Special Panel on Renegade, Traitor and Scab Liu Shao-chi's Crimes. In: Documents of the Chinese Communist Central Committee, 1971. S.243 - 25o.

Report of the Indian Delegation to China on agrarian co-operatives. Gov.of India, Planning Commission, New Delhi. May 1957.

Report of the Indian Delegation to China on Agricultural Planning & Techniques. Government of India, Ministry of Food & Agriculture. New Delhi:Government of India Press 1956.

Resolution of the Central Committee of the Chinese Communist Party on the Establishment of People's Communes in the Rural Areas. In: Bowie/Fairbank 1963. S.454 - 456.

Reubens, Edwin P., 1964: Under-Employment Theory and Chinese Communist Experience. In: Asian Survey, 4.1964, 12. S.1191 - 12o4.

The Revolutionary Committee of Northwestern Agricultural Institute, 1975: Bring the Agricultural University down to the Countryside. In: Chinese Education, 8.1975, 1. S.22 - 32.

Reynolds, Lloyd G., 1974: China's economy. A view from the grass roots. In: Challenge, 17. 1974, 1. S.12 - 2o.

Reynolds, Lloyd G., 1975: China as a less developed economy. In: The American Economic Review, 65. 1975, 3. S.418 - 428.

Rice, Edward E., 1974: Mao's Way. Berkeley: University of California Press.

Rifkin, Susan B., 1975: The Chinese Model for Science and Technology: Its Relevance for Other Developing Countries. In: Development and Change, 6. 1975, 1. S. 23 - 4o.

Riskin, Carl, 1969: Local industry and choice of techniques in planning of industrial development in Mainland China. In: Planning for advanced skills and technologies. Studies pres. at the Ad Hoc Meeting of Experts on the Role of Advanced Skills and Technologies in Industrial Development. New York, 22. - 29.5.1967. New York 1969. = United Nations Publication. E.69.II.B.8.

Riskin, Carl, 1971: Small Industry and the Chinese Model of Development. In: The China Quarterly No.46, 1971. S. 245 - 273.

Riskin, Carl, 1975a: Surplus and Stagnation in Modern China. In: Perkins 1975a. S.49 - 84.

Riskin, Carl, 1975b: Workers' incentives in Chinese industry. In: China: A Reassessment of the Economy, 1975. S.199 - 224.

Rjazanow, D., 1925/26: Einleitung zu Karl Marx über Indien und China, in: Unter dem Banner des Marxismus I, 1925-1926. S.37o - 4o2.

Rochlin, R. Peter/Hagemann, Ernst, 1971: Die Kollektivierung der Landwirtschaft in der Sowjetunion und der Volksrepublik China. Eine vergleichende Studie. Berlin: Duncker & Humblot.

Roll, Charles Robert, Jr./Yeh Kung-chia, 1975: Balance in Coastal and Inland Industrial Development. In: China: A Reassessment of the Economy, 1975. S.81 - 93.

Rossanda, Rossana, 1971: Der Marxismus von Mao Tse-tung. Berlin: Merve.

Roy, Manabendra Nath, 193o: Revolution und Konterrevolution in China. Berlin: Soziologische Verlagsanstalt.

Rozman, Gilbert, 1974: Soviet Reinterpretation of Chinese Social History: The Search for the Origins of Maoism. In: Journal of Asian Studies, 34.1974, 1. S.49 - 72.

Rural areas made and repaired farm machines and tools to support spring farming. In: Union Research Service, 75. 1974, 17. S.211 - 224.

Rural Industrialization. Report of the Expert Group Meeting on Rural Industrialization held at Bucharest from 24 to 28 September 1973. New York: UN, ECOSOC 1974.

Rural supply-marketing cooperatives set up agencies in production brigades and teams of rural communes. In: Union Research Service, 41.1965, 22. S.319 - 334.

Schirach, Richard von, 1976: Das politische Programm der "Revisionisten" in Stichworten. Eine Dokumentation von oppositionellen Äußerungen gegen die "revolutionär-proletarische" Linie Mao Tse-tungs. In: CHINA aktuell, April 1976. S.146 - 155.

Schlesinger, Rudolf, 197o: Die Kolonialfrage in der Kommunistischen Internationale. Frankfurt/M: EVA.

Schlomka, Margarete, 1924: Das chinesische Verkehrswesen in seiner neueren Entwicklung. Diss. Frankfurt/M.

Schram, Stuart R., 1972a: Das Mao-System. Die Schriften von Mao Tse-tung. Analyse und Entwicklung. München: Hanser.

Schram, Stuart R., 1972b: Mao Tse-tung and Liu Shao-ch'i, 1939 - 1969. In: Asian Survey, 12.1972, 4. S.275 - 293.

Schram, Stuart R. (ed.),1973: Authority, Participation and Cultural Change. Cambridge: University Press.

Schram, Stuart R. (ed.), 1974: Mao Tse-tung Unrehearsed, Talks and Letters: 1956 - 1971. Harmondsworth: Penguin.

Schram, Stuart R., 1977: Chairman Hua Edits Mao's Literary Heritage: "On the Ten Great Relationships". In: The China Quarterly No.69, 1977. S.126 - 135.

Schran, Peter, 1969: The development of Chinese agriculture, 195o - 1959. Urbana, London u.a.: Univ. of Illinois Press.

Schran, Peter, 1975: On the Yenan Origins of Current Economic Policies. In: Perkins 1975a. S.279 - 3o2.

Schran, Peter, i.Ersch.: Guerilla Economy, 1937 - 1945: The Development of the Shensi-Kansu-Ninghsia Border Region.

Schurmann,Franz, 1963: Economic Policy and Political Power in Communist China. In: The Annals of the American Academy of Political and Social Science. Vol.349, Sept. 1963. S.49 - 69.

Schurmann,Franz, 1964: China's New Economic Policy: Transition or Beginning? In: Li Choh-ming 1964.

Schurmann, Franz, 1968: Ideology and Organization in Communist China. Berkeley, Los Angeles: University of California Press. 2. Aufl.

Schweizer, Heinrich, 1972: Sozialistische Agrartheorie and -praxis. Sowjetunion und China und ihre Relevanz für Entwicklungsländer. Bern, Frankfurt: Lang.

Scientific experiment in agriculture. In: Union Research Service, 68. 1972, 17. S.232 - 246.

A scientific survey of land utilization. In: China News Analysis. No.562, 1965. S. 1 - 5.

Selbstbekenntnis des Versuchs der Revision gefällter richtiger Urteile und der Restauration - Kommentar zu einem auf Deng Hsiao-pings Veranlassung verfaßten Artikel. In: Peking Rundschau, Nr.28 vom 13.7.1976. S.9 - 13.

Selden, Mark, 1969: The Yenan Legacy: The Mass Line. In: A. Doak Barnett 1969.

Selected Edition on Liu Shao-ch'i's Counter-revolutionary Revisionist Crimes. In: SCMM, No. 651. 22.4.1969; S.1 -41; No.652, 28.4.1969, S.1-39; No.653, 5.5.1969, S.1-41.

The Self-Examination of Liu Shao-ch'i at the Chinese Communist Central Committee Work Conference. In: Translations on Communist China, No.92, 197o.

Senghaas, Dieter (Hrsg.), 1972: Imperialismus und strukturelle Gewalt. Analysen über abhängige Reproduktion. Frankfurt/M: Suhrkamp.

Senghaas, Dieter (Hrsg.), 1974: Peripherer Kapitalismus. Analysen über Abhängigkeit und Unterentwicklung. Frankfurt/M: Suhrkamp.

Senghaas, Dieter, 1977: Weltwirtschaftsordnung und Entwicklungspolitik. Plädoyer für Dissoziation. Frankfurt/M: Suhrkamp.

Senghaas, Dieter/Menzel, Ulrich (Hrsg.), 1976a: Multinationale Konzerne und Dritte Welt. Wiesbaden: Westdeutscher Verlag.

Senghaas, Dieter/Menzel Ulrich, 1976b: Multinationale Konzerne und Dritte Welt. In Senghaas/Menzel 1976a. S.47-66.

Shanghai Industry Continuously Makes New Contributions to the Support of Agricultures. In: Chinese Economic Studies, 7.1974, 3. S.26 - 31.

Sigurdson, Jon, 1972: Rural industry. A traveller's view. In: The China Quarterly, No.5o, 1972. S.315 - 332.

Sigurdson, Jon, 1973a: Rural Economic Planning. In: Oksenberg 1973.

Sigurdson, Jon, 1973b: Rural Industry and the Internal Transfer of Technology. In: Stuart R. Schram 1973. S.199 - 232.

Sigurdson, Jon, 1974a: Technology and employment in China. In: World Development, 2.1974, 3. S.75 - 85.

Sigurdson, Jon, 1974b: The Role of Small Scale and Rural Industry and its Interaction with Agriculture and Large Scale Industry in China. China's Developmental Strategy:5. The Economic Research Institute at the Stockholm School of Economics.

Sigurdson, Jon, 1975: Rural Industrialization in China. In: China: A Reassessment of the Economy, 1975. S.411 - 435.

Simonis, Udo Ernst, 1968: Die Entwicklungspolitik der Volksrepublik China 1949 bis 1962. Unter bes. Berücksichtigung der technologischen Grundlagen. Berlin: Duncker & Humblot.

Singh, Ajit, 1973: Political economy of socialist development in China since 1949. In: Economic and Political Weekly, 8.1973, 47. S.2o97 - 2111. Deutsch in Hennike 1973.S.392-433.

Sinha, R.P., 1973: Competing Ideology and Agricultual Strategy: Current Agricultural Development in India and China Compared with Meiji Strategy. In: World Development, 1.1973, 6. S.11 - 3o.

Sinha, R.P., 1975: Chinese agriculture. A quantitative look. in: The Journal of Development Studies, 11.1975, 3. S.2o2 - 223.

The Situation in China of Industry's Support of Agriculture is Excellent and Output of Major Products in Support of Agriculture Increases Substantially. In: Chinese Economic Studies, 7.1973/74, 2. S.27 - 3o.

Six Anti-Liu Shao-ch'i Lectures for Rural Youths. In: Current Background, No. 847. 16.2.1968. S.1 - 29.

Skinner, William G., 1965: Marketing and Social Structure in Rural China. Part I, II und III. In: Journal of Asian Studies, 24.1965, 1-3. S.3 - 43, S.195 - 228, S.363 - 399.

Skinner, William G., 1971: Chinese peasants and the closed community. An open and shut case. In: Comparative Studies in Society and History, 13.1971, 3. S.27o - 281.

Sladovskij, M., 1967: Generalabrechnung mit Maos Wirtschaftspolitik. In: Ost-Probleme, 19. 1967, 21. S.568 - 575.

Small hydro-electric stations in the countryside. In: Union Research Service, 69.1972, 22. S.3o1 - 314.

Smil, Vaclav, 1976: Energy in China: Achievements and Prospects. In: The China Quarterly No.65, Jan. 1976. S.54 - 81.

Snead, William G., 1975: Self-Reliance, Internal Trade and China's Economic Structure. In: The China Quarterly No. 62, June 1975. S.3o2 - 3o8.

Snow, Edgar, 1971: The Open Door. In: Anglo-Chinese Educational Institute (ed.), Hand and Brain in China and Other Essays. Modern China Series No.2, 1971. S.28 - 34.

The Social and Economic Implications of Large-Scale Introductions of New Varieties of Foodgrain: Summary of Conclusions of a Global Research Project. Project Manager Andrew Pearse. Geneva: UNRISD 1974.

Sofri, Gianni, 1972: Über asiatische Produktionsweise. Frankfurt/M: EVA.

Solodkin, Ja., 1952: Was England durch den Abbruch des Handelsverkehrs mit China verliert. In: Probleme der Ökonomie, 1952, 3. S.84 - 94.

Soong Ching-ling, 1954: On the Road to Industrialization. In: People's China, 16.2.1954. S.6 - 9.

Spengler, Tilman, 1975: Geplantes Bevölkerungswachstum im Entscheidungsprozeß der Wirtschafts- und Sozialpolitik der Volksrepublik China. Hamburg. = Mitteilungen des Instituts für Asienkunde, Hamburg. Nr.61.

"Spezialisierung und Zusammenarbeit" in der Industrie. In: China-Analysen, 4.1965, Sept. S.34 - 36.

Spulber, Nicholas (ed.), 1961: Study of the Soviet Economy. Bloomington: Indiana University Press.

Spulber, Nicholas, 1963: Contrasting economic patterns. Chinese and Soviet development strategies. In: Soviet Studies, 15. 1963, 1. S.3 - 16.

Sreedhar, 1975: Chinese Strategy for Economic Development. In: China Report, 11.1975, 1. S.8 - 12.

Staatsplan 1952. In: Ostprobleme Nr.15, 1952. S.466 - 469.

Stalin, Josef, 1939: Geschichte der Kommunistischen Partei der Sowjetunion (Bolschewiki). Kurzer Lehrgang. Moskau.

The state purchase of farm produce. In: Union Research Service, 69. 1972, 9. S.118 - 131.

Statistisches Amt der Europäischen Gemeinschaft (SAEG): Statistische Grundzahlen der Gemeinschaft. Brüssel 1971.

Statistisches Bundesamt Wiesbaden: Allgemeine Statistik des Auslands. Länderkurzberichte: Volksrepublik China 1975. Stuttgart, Mainz: Kohlhammer 1975.

Stavis, Benedict, 1974: China's Green Revolution. Ithaca, N.Y.: Cornell East Asia Papers.
Auch unter dem Titel: Making Green Revolution: The Politics of Agricultural Development in China. Ithaca, N.Y.: Cornell Center for International Studies. 1974.

Stavis, Benedict, 1976: A Preliminary Model for Grain Production in China, 1974. In: The China Quarterly, No.65, Jan. 1976. S.82 - 96.

Stephan, John J., 1973: The Tanaka Memorial (1927): authentic or spurious? In: Modern Asian Studies,7.1973, 4. S.733 - 745.

Strive to Produce More and Better Agricultural Machines. In: Chinese Economic Studies, 6.1973, 4. S.3o - 33.

Su Hsing, 1968: The two-way struggle between socialism and capitalism in China's rurel areas after the land reform. In: Chinese Economic Studies, 1.1968, 4.2.1968/69, 1.2. S.3-35, 3- 31, 5o - 8o.

Sun E-tu Zen, 1955: The Pattern of Railway Development in China. In: Far Eastern Quarterly, 14.1955, 2. S.179 - 2oo.

Sun E-tu Zen, 1972: Sericulture and Silk Textile Production in Ch'ing China. In: Willmott 1972. S.79 - 1o8.

Sun Kungtu C., assisted by Huenemann, Ralph W., 1969: The Economic Development of Manchuria in the first Half of the Twentieth Century. Cambridge/Mass.: Harvard University Press.

Sun Yü-t'ang, 1975: The Historical Development and Aggressive Nature of American Imperialist Investment in China (1784 - 1914). In: Chinese Studies in History and Philosophy, 8.1975, 3. S.18 - 44.

Sweezy, Paul M., 197o: Theorie der kapitalistischen Entwicklung. Frankfurt/M: Suhrkamp.

Sweezy, Paul M., 1977: Theory and Practice in the Mao Period. In: Monthly Review 28. 1977, 9. S. 1 - 12.

Tanaka, Giichi, 1932a: Eingabe an den japanischen Kaiser über eine positive Politik gegen die Mandschurei und Mongolei, eingereicht am 25. Juli 1972 vom Premierminister Tanaka. Woosung: Tung-chi University.

Tanaka, Giichi, 1932b: Die Kriegsziele des japanischen Imperialismus. Das geheime Memorandum des japanischen Ministerpräsidenten Tanaka über die japanische Politik in der Mandschurei. Hamburg: Hoym.

Tang, Peter S.H., 196o: Communist China as a developmental model for underdeveloped countries. Washington, D.C. = Research Institute on the Sino-Soviet Bloc Studies: Monographic Series. No.1.

Tao Chu, 1967: A discussion on the problems of economic laws during the transitional period. In: Chinese Economic Studies, 1.1967, 1, S.78 - 1o2.

Tawney, R.H., 1932: Land and Labour in China. New York: Harcourt, Brace and Co.

Ten Glorious Years. Peking: Foreign Languages Press 196o.

Ten Great Years. Statistics of the economic and cultural achievements of the People's Republic of China. Comp. by the State Statistical Bureau. Introd. by Feng-hwa Mah. Peking 196o. Reprint. Bellingham/Wash. 1974.

Teng Hsiao-ping, 1959: The Great Unity of the Chinese People and the Great Unity of the Peoples of the World. In: Ten Glorious Years, 196o. S.9o - 1o4.

Teng Hsiao-ping's Self-Examination Published. (The Self-Examination of Teng Hsiao-ping at the China Communist Central Committee Work Conference). In: Translations on Communist China, 197o, Nr.91 (2o.2.). S.9 - 18.

Teng Ssu-yü und Fairbank, John K., 1954: China's Response to the West. Cambridge: Harvard University Press.

Teng Tse-hui, 1954: The outstanding success of the agrarian reform movement in China. Peking: Foreign Languages Press.

Teng Tse-hui, 1959: The Socialist Transformation of Agriculture in China. In: Ten Glorious Years, 196o. S.298 - 327.

Tentative Regulations of the Weihsing (Sputnik) People's Commune (August 7, 1958). In: Dun J.Lin 1969. S.311 - 319.

Thirty-Three "Leading Counterrevolutionary Revisionists". In: Current Background, No. 874 vom 17.3.1969.

Ting Hsin, 1968: A North China Rural Community. Standford: University Press. 1. Aufl. 1953.

Tissier, Patrick, 1976: La Chine. Transformations rurales et développement socialiste. Paris: Maspero.

Tjiän Hsüä-sen, 1977: Wir müssen noch in diesem Jahrhundert das fortgeschrittene Weltniveau einholen und überholen. In: Peking Rundschau 14. 1977, 3o. S.8 - 13.

Tökei, Ferenc, 1969: Zur Frage der asiatischen Produktionsweise. Neuwied, Berlin: Luchterhand.

Trautmann, Walter, 1964: Geschäfte mit Industrieanlagen. Ein Regierungsabkommen mit Peking erwünscht und fällig. In: Der Volkswirt, 18. 1964, 47. S.2489 - 249o.

Ts'ai Chien-hua, 1967: Refuting the Production Price Theory of Comrade Yang Chien-pai and Others. In: Chinese Economic Studies, 1.1967, 1. S.43 - 64.

Tseng Wen-ching, 1954: The Socialist Industrialisation of China. In: People's China 1.3.1954. S.3 - 7.

UN Statistical Yearbook. New York. 1948 ff.

Unger, Jonathan, 1971: China. Mao's million amateur technicians. In: Far Eastern Economic Review, 72. 1971, 14. S.115 - 118.

Usack, A.H./Batsavage, R.E., 1972: The International Trade of the People's Republic of China. In: People's Republic of China: An Economic Assessment, 1972. S.335 - 37o.

Usack, Alfred, H./ Egan, James D., 1975: China's Iron and Steel Industry. In: China: A Reassessment of the Economy, 1975. S.264 - 288.

Varga, Eugen, 1925: La situation économique en Chine. In: La correspondance internationale Nr.122, 16.12.1925. S.1o35 - 1o37.

Varga, Eugen, 1928: Les problèmes fondamentaux de la révolution chinoise. In: La correspondance internationale Nr.56, 16.6.1928. S.669 - 67o. Fortsetzung in Nr. 6o - 63.

Vetterling, Philip W./Wagy, James J., 1972: The Transportation Sector, 195o-71. In: People's Republic of China: An Economic Assessment, 1972. S.147 - 181.

Vogel, Ulrich, 1974: Zur Theorie der chinesischen Revolution. Frankfurt/M: Athenäum.

Vogel, Ulrich, 1975: Gesellschaft und Politik im vorrevolutionären China. Eine Untersuchung zu den nationalrevolutionären Bewegungen und der Strategie der Kommunistischen Internationale. Diss. Frankfurt/M.

Vylder, Stefan de, 1974: Foreign Trade and Self-Reliance in China. An Introduction. China's Development Strategy: 11. The Economic Research Institute at the Stockholm School of Economics.

Walker, Kenneth, 1963: Ideology and economic discussion in China: Ma Yin-ch'u on development strategy and his critics. In: Economic Development and Cultural Change, 11.1963, 2, Pt.1. S.113 - 133.

Walker, Kenneth, 1964: A Chinese discussion on planning for balanced growth. A summary of the views of Ma Yin-Ch'u and his critics. In: Cowan 1964. S.16o - 191.

Walker, Kenneth, 1965: Planning in China's Agriculture. Socialisation and the Private Sector 1956 - 1962. London: Frank Cass and Co.

Walker, Kenneth, 1966: Collectivisation in retrospect. The "socialist high tide" of Autumn 1955 - Spring 1956. In: The China Quarterly, No.26, 1966. S.1 - 43.

Wang Chang-lin, 1968: A Comparison of the Ideologies of Mao Tse-tung and Liu Shao-ch'i. In: Issues and Studies 4. 1968, 12. S.22 - 31 (Teil I).

Wang Hua, 1954: The State-Owned Economy of New China. In: People's China 16.1.1954. S.3 - 7.

Wang Kuang-wei, 1955: A great plan. In: People's China, 1955,15. S.5 - 11.

Wang Yeh-chien, 1971: The Fiscal Importance of the Land Tax During the Ch'ing Period. In: Journal of Asian Studies, 3o.1971, 4. S.829 - 842.

Weggel, Oskar, 1973: Volkschina. In Richtung De-Zentralisation? In: G.D.I Topics, 4.1973, 2. S.29 - 47.

Wehler, Hans-Ulrich, 1969: Der amerikanische Handelsimperialismus in China, 1844 - 19oo. In: Jahrbuch für Amerikastudien, 14.1969. S.55 - 76.

Wei Yi, 1955: The Rate of China's Industrial Growth. In: People's China 1.1o.1955. S.15 - 17.

Weidenbaum, Rhode Sussman , 1957: The Career and Writings of Liu Shao-ch'i. In: Lane 1957.

Weintraub, Peter, 1976: China Weathers the Storm. In: FEER, 3o.7.1976. S.89 - 9o.

Weiss, Udo, 1975a: Das chinesische Entwicklungsmodell. In: Berichte des Österreichischen China-Forschungsinstituts Nr.1. 1975. S.62 - 114.

Weiss, Udo, 1975b: Die Wirtschaft der Volksrepublik China. Entwicklungslinien und Strukturen. Schriftenreihe der niedersächsischen Landeszentrale für Politische Bildung,7. Hannover.

Wheelwright, E.L./McFarlane, Bruce, 1971: The Chinese Road to Socialism. New York and London: Monthly Review.

Whiting, Allen S., 1957: "Contradictions" in the Moscow-Peking Axis. Santa Monica: Rand.

Whiting, Allen S. and Sheng Shih-tsai, 1957: Sinkiang: Pawn or Pivot? Santa Monica: Rand.

Whitney, J.B.R., 1973: Ecology and Environmental Control. In: Oksenberg (ed.) 1973. S.95 - 1o9.

Why China Stresses Small and Medium-Sized Industrial Enterprises. In:SPRCP, No.5946, 18.9.1975. S.1o4 -1o6.

Wilhelm, Hellmut, 196o: Gesellschaft und Staat in China. Hamburg: Rowohlt.

Willmott, W.E.(ed.), 1972: Economic Organization in Chinese Society. Stanford: University Press.

Die Wirtschaft der Volksrepublik China am Vorabend des dritten Fünfjahresplans.In: Ifo-Schnelldienst,18.1965, 13. S.14 - 2o.

Die Wirtschafts- und Finanzlage 1964. Ausblick 1965/66. In: China-Analysen, 4.1965, Mai. S.1 - 7.

Wittfogel, Karl August, 1931: Wirtschaft und Gesellschaft Chinas. Bd.1. Leipzig: C.L. Hirschfeld.

Wittfogel, Karl August, 1932: Die natürlichen Ursachen der Wirtschaftsgeschichte. In: Archiv für Sozialwissenschaft und Sozialpolitik, Bd.67, 1932, Heft 4 - 6. S.466 - 492, S.579 - 6o9, S.711 - 731.

Wittfogel, Karl August, 1938: Die Theorie der orientalischen Gesellschaft. In: Zeitschrift für Sozialforschung, VII, 1938. S.9o - 121.

Wittfogel, Karl August, 1958: Die chinesische Gesellschaft. Eine historische Übersicht. Aus Politik und Zeitgeschichte, Beilage zur Wochenzeitung "Das Parlament", 14. Mai 1958. S.229 - 239.

Wittfogel, Karl August, 196o:A Stronger Oriental Despotism. In: The China Quarterly, No.1, January-March 1969. S.29 - 34.

Wittfogel, Karl August, 1962: Die orientalische Despotie. Köln/Berlin: Kiepenheuer & Witsch.

Wittfogel, Karl August, 1969: Results and Problems of Oriental Despotism. In: The Journal of Asian Studies, 23.1969, 2. S.357 - 365.

Wjatski, W. und G. Dmitrijew, 1969: Der pseudowissenschaftliche und voluntaristische Charakter der Wirtschaftspolitik Mao Tse-tungs. In: Wirtschaftswissenschaft, 17.1969, 9. S.1358 - 1372.

Wladimirow, P.P., 1976: Das Sondergebiet Chinas 1942 - 1945. Berlin: Dietz.

Das Wolkenkuckucksheim des Teng Hsiao-ping, der Parteimachthaber, der schon immer den kapitalistischen Weg ging. Wandzeitung in der Tsinghua-Universität, Peking, vom 27.2.1976.

Wong, John, 1973: Land reform in the People's Republic of China. Institutional transformation in agriculture. New York, London u.a.: Praeger.

Wong, John, 1975: Communization of peasant agriculture. China's organizational strategy for agricultural development. Conference on Group Farming. Land Tenure Center, University of Wisconsin, USA. 1o. - 12.6.1975.

The Working Class of Shanghai Wholeheartedly Supports Agriculture by Manufacturing 3oo Sets of Key Equipment for the Small Chemical Fertilizer Industry in Three Years. In: Chinese Economic Studies, 6.1973, 4. S.38 - 41.

Wright, Mary, 1957: The Last Stand of Chinese Conservatism. The T'ung-chih Restoration 1862 - 1874. Stanford: University Press.

Wu Yuan-li, 1961: Some economic effects of land, "reform", agricultural collectivization and the commune system in Communist China. In: Land tenure, industrialization and social stability. Experience and prospects in Asia. Editor: Walter Froehlich. Milwaukee, Wisc. 1961. S.17 - 37.

Wu Yuan-li, 1965: The economy of Communist China. An introduction. New York, London: Praeger.

Wu Yuan-li, 1967: The spatial economy of Communist China. A study on industrial location and transportation. With H.C. Ling and Grace Hsiao Wu. New York, Washington: Praeger. London: Pall Mall Pr.

Yamamoto, Hideo, 1961: Development of agricultural collectivization in China. Tokyo, Japan. March 1961. = The National Research Institute of Agriculture. Bulletin No.5 = Publication No.215.

Yang Bo, 1965: Preispolitik im Neuen China. In: Peking Rundschau Nr.6, 1965. S.12 - 17.

Yang Ch'i-hsien, 1961: On the Need to Arrange National Economic Plans in the Order - Agriculture, Light Industry and Heavy Industry. In: SCMP, Nr.2649, Dez. 1961. S.1 - 7.

Yang Chien-pai, 1967: The equilibrium of the national economy and production prices. In: Chinese Economic Studies, 1.1967, 1. S.3 - 42.

Yang, Martin C., 1945: A Chinese Village. Taitou, Shantung Province. New York: Columbia University Press.

Yeh Chi-chuang, 1952: Three Years of China's Foreign Trade. In: New China's Economic Achievements, 1952.

Yeh Kung-chia, 1964: Capital Formation in Mainland China: 1931 - 36 and 1952-57. Unveröff. Diss. Columbia University.

Yeh, K.C., 1965: Soviet and communist Chinese industrialization strategies. The Rand Corporation. Santa Monica/Calif.

Yeh, K.C., 197o: Agricultural policies and performance. Santa Monica: Rand.

Yeh, K.C., 1971: Land Reform and the Revolutionary War. A Review of Mao's Concepts and Doctrines. Santa Monica: Rand.

Yu, C.L. 1971: The local industry and its impact on the agricultural development in China. A report on 23 counties in 19 provinces and 1 autonomous region. In: Asia Quarterly 1971, 4. S.321 - 341.

Yu, C.L., 1973: The Chinese way of industrialization. An analysis of the interdependence between industry and agriculture in China. In: Asia Quarterly, 1973, 4. S.263 - 277.

Yu Cheung-lieh, 1975: Der Doppelcharakter des Sozialismus. Zur politischen Ökonomie der VR China. I. Teil: Die Revolution auf dem Land. Berlin: Wagenbach.

Yuan Sy, 1975: China's Chemicals. In: US China-Business Review, 2.1975, 6. S.37 - 53.

Yueh Wei, 1968: Several problems on the general equilibrium of the national economy. In: Chinese Economic Studies, 1.1968,3. S.3 - 19.

Zagoria, Donald S., 1967: Russia, China, and the new states. In: Soviet and Chinese communism. Seattle, London 1967. S.4o5 - 425.

Zauberman, Alfred, 1962: Soviet and Chinese Strategy for economic growth. In: International Affairs, 38.1962, 3. S.339 - 352.

Zur Wirtschaftsentwicklung in der VR China. Anhaltend starke Westimporte im Dienste der Industrialisierung? Bearb. von Ernst Hagemann. In: DIW Wochenbericht, 43.1976, 3o/31. S.286 - 291.

VERZEICHNIS DER ABKÜRZUNGEN

AK	Arbeitskraft
APW	Asiatische Produktionsweise
AW	Ausgewählte Werke
BSP	Bruttosozialprodukt
CB	Current Background
CCP	Chinese Communist Party
CIMMYT	International Centre for the Improvement of Maize and Wheat
DIW	Deutsches Institut für Wirtschaftsforschung
ECOSOC	Economic and Social Council
EG	Europäische Gemeinschaften
FAZ	Frankfurter Allgemeine Zeitung
FDAD	Foreign Demographic Analysis Division
FEER	Far Eastern Economic Review
IRRI	International Rice Research Institute
JPRS	Joint Publications Research Service
KMT	Kuomintang
KP	Kommunistische Partei
KPCh	Kommunistische Partei Chinas
KPdSU	Kommunistische Partei der Sowjetunion
LPG	Landwirtschaftliche Produktionsgenossenschaft
MEW	Marx Engels Werke
MTS	Maschinen-Traktoren Station
N	Nitrogen
NCNA	New China News Analysis
NDP	Net Domestic Product
NE-	Nichteisen-
NEP	Novaja Ekonomičeskaja Politika (Neue ökonomische Politik)
NZZ	Neue Zürcher Zeitung
OECD	Organisation of Economic Cooperation and Development
P_2O_5	Phosphorpentoxid
PRC	People's Republic of China
RGW	Rat für gegenseitige Wirtschaftshilfe
SCMM	Selections from China Mainland Magazines
SCMP	Survey of China Mainland Press
SME	Südmandschurische Eisenbahngesellschaft
SPRCP	Survey of People's Republic of China Press
SU	Sowjetunion
SZ	Süddeutsche Zeitung

TEC	Toyo Engineering Co.
TOT	Terms of Trade
TPW	Tributgebundene Produktionsweise
UN	United Nations
UNRISD	United Nations Research Institute of Social Development
URS	Union Research Service
VBA	Volksbefreiungsarmee
VDW	Verein Deutscher Wissenschaftler
VR	Volksrepublik
¥	Yuan
ZK	Zentralkomitee

GPSR Compliance

The European Union's (EU) General Product Safety Regulation (GPSR) is a set of rules that requires consumer products to be safe and our obligations to ensure this.

If you have any concerns about our products, you can contact us on ProductSafety@springernature.com

In case Publisher is established outside the EU, the EU authorized representative is:

Springer Nature Customer Service Center GmbH
Europaplatz 3
69115 Heidelberg, Germany

Batch number: 10809470

Printed by Printforce, the Netherlands